Josef A. Keller / Felix Novak

Kleines Pädagogisches Wörterbuch

HERDER spektrum

Band 4898

Das Buch

Das bewährte Standardwerk zur Pädagogik in der völlig überarbeiteten und aktualisierten Neuausgabe. Beim rapiden Fortschritt der Erkenntnisse und Trends in der Pädagogik und Erziehungswissenschaft hilft dieses Buch, auf dem Stand der Dinge zu bleiben: Grundbegriffe, Praxisorientierungen und Reformideen machen neue und präzisere Begriffsbestimmungen für ein breites, an der Wirklichkeit geschultes pädagogisches Basiswissen notwendig. Sowohl alte als auch neue pädagogische Denkmodelle (wie die Montessori-, Waldorf- oder Gestaltpädagogik) und Ideen großer Pädagogen (wie Comenius, Pestalozzi und Kerschensteiner) werden hier anschaulich dargestellt. Für alle, die eine Neuorientierung im Spannungsfeld zwischen autoritärer und antiautoritärer Erziehung suchen und die sich schnell, aktuell und kompetent zu allen wichtigen Fragen der Pädagogik informieren wollen, das wissenschaftlich fundierte, aber allgemein verständlich formulierte Nachschlagewerk zweier Experten. Mit zahlreichen Hinweisen und Entscheidungshilfen zur Praxis: Ideal für Studierende und Erziehende.

Die Autoren

Josef A. Keller, geb. 1944, Dr. phil., Diplompsychologe, Privatdozent am Institut für Psychologie der Universität Würzburg.

Felix Novak, geb. 1942, Dr. phil., Diplompsychologe, Lehrer für Pädagogik, Psychologie und Ethik an der Fachoberschule Schweinfurt (Zusammen mit Christian Michel) Herausgeber von: „Kleines Psychologisches Wörterbuch“ (Band 4899).

Josef A. Keller / Felix Novak

Kleines Pädagogisches Wörterbuch

Grundbegriffe – Praxisorientierungen – Reformideen

Völlig überarbeitete und aktualisierte Neuausgabe

Herder
Freiburg · Basel · Wien

Gedruckt auf umweltfreundlichem,
chlorfrei gebleichtem Papier

8. Auflage

Originalausgabe erstmals veröffentlicht als Herder-Taschenbuch 1979
Herstellung: Freiburger Graphische Betriebe 2001
Umschlaggestaltung und Konzeption:
R·M·E München / Roland Eschlbeck, Liana Tuchel
Umschlagmotiv: © Egon Schiele
ISBN 3-451-04898-1

Vorwort

Der Leser mag überrascht sein, daß ihm hier, trotz vieler bereits vorhandener einschlägiger Wörterbücher und Lexika ein neues pädagogisches Wörterbuch vorgelegt wird. Dem Verlag und den Autoren schien dieses Vorhaben jedoch gerechtfertigt, weil im Bereich der Pädagogik durch den schnellen Fortschritt der Wissenschaft neue und präzisere Begriffsbestimmungen notwendig sind und der Leser über neue Erkenntnisse informiert werden soll. Weiterhin wurde in diesem Wörterbuch eine neue inhaltliche Darstellung verwirklicht.
So haben wir vor zwölf Jahren die Notwendigkeit eines „Kleinen pädagogischen Wörterbuchs" und seine inhaltliche Konzeption gesehen. An dieser Einschätzung und Bewertung können wir heute noch festhalten.
Wir haben bei der Neubearbeitung die sehr schnelle Entwicklung der Pädagogik und deren Schwerpunkte einzufangen versucht, die sich aus einem rapiden gesellschaftlichen, politischen und kulturellen Wandel ergeben. Wir glauben, daß in der Pädagogik und Erziehungswissenschaft heute eine gewisse Orientierungslosigkeit existiert und daß man angesichts vieler Probleme, wie z. B. Schulmüdigkeit, Perspektivlosigkeit, Konsumorientierung, Egoismus, Gewaltbereitschaft und Ausländerfeindlichkeit teilweise durchaus von Enttäuschung, Resignation und Ratlosigkeit sprechen kann. Mehr und mehr werden die Grenzen der „Pädagogik nach 1968„ (antiautoritäre Bestrebungen, naturwissenschaftlich und sozialwissenschaftlich ausgerichtete Erziehungsstilforschung, Glaube an Allmacht der Umwelt usw.) deutlich.
Insgesamt wächst das Bewußtsein für die Notwendigkeit einer Neuorientierung auch in der Erziehung. Ganz ohne Autorität scheint es doch nicht zu gehen. Man wendet sich den bereits erprobten Wegen großer Pädagogen (Comenius, Pestalozzi, Kerschensteiner u. a.) und pädagogischen Konzepten wie Montessori-Pädagogik, Waldorfpädagogik, Gestaltpädagogik und Themenzentrierte Interaktion zu. Sowohl die angesprochenen pädagogischen Denkmodelle als auch die Ideen großer Pädagogen wurden bei der Neubearbeitung des Wörterbuchs berücksichtigt. Demgegenüber erschien es uns in Anbetracht

des vorliegenden „Kleinen psychologischen Wörterbuchs“ sinnvoll, die inhaltlich eher psychologisch relevanten Artikel zu kürzen.
Zuerst zur Zielgruppe: Gedacht ist hier einerseits an einen fachlich nicht weiter vorgebildeten, aber an pädagogischen Fragen interessierten Leserkreis (z. B. Eltern), andererseits an Studenten (Fachhochschule und Hochschule) der Fachrichtung Sozial- und Sonderpädagogik, an Fachoberschüler (Sozialwesen), an Berufsschüler (Fachakademien, Fachschulen für Erzieher) und an Gymnasiasten (erziehungswissenschaftliche Richtung). Zum Aufbau und zum Inhalt: Bei der Erstellung des Wörterbuchs ließen sich die Autoren von der Annahme leiten, daß sich Leser sowohl kurz und schnell über die Bedeutung eines Fachterminus, eines unbekannten Stichwortes oder allgemein verwendeter Grundbegriffe informieren, als auch weitere Erkenntnisse suchen bzw. den aktuellen Stand von Wissenschaft und Praxis kennenlernen wollen. Dabei zu berücksichtigen ist die besondere Stellung und der Auftrag der Erziehungswissenschaft, die sich einerseits als eine die gegebene Erziehungswirklichkeit erforschende Erfahrungswissenschaft, andererseits aber auch als Geistes- und Sozialwissenschaft versteht, welche sich den historisch gewachsenen Bedingungen und Schöpfungen des menschlichen Geistes widmet; als normative Wissenschaft oder als Handlungsforschung schließlich fällt Pädagogik Werturteile zur Praxis und versucht, Sinnzusammenhänge zu erschließen.
Ein Einbezug aller dieser Aspekte erfordert ein relativ aufwendiges Vorgehen, damit unzulässige Vereinfachungen und Verallgemeinerungen vermieden werden. Erzieherische Praxis muß die Individualität der Person und die Einmaligkeit der Situation ebenso berücksichtigen wie historische und aktuelle gesellschaftspolitische Gegebenheiten. Ratschläge in Form von Kochrezepten verbieten sich daher von selbst. Hinweise zur Praxis sind jedoch unumgänglich, damit der Leser sein eigenes Handeln kritisch überprüfen und das Handeln anderer kompetent beurteilen kann.
Entsprechend diesen Überlegungen gliedern sich die Hauptartikel in die Teile Problemerörterung, Begriffsbestimmung, wichtige Erkenntnisse (Theorien, Forschungsergebnisse, Modellvorstellungen usw.) und Hinweise zur Praxis. In der Problemerörterung erfährt der Leser etwas darüber, mit welchen Fragen und Problemen sich Wissenschaftler befassen, vor welchen Problemen Praktiker stehen, was ungelöst und fragwürdig bleibt, worüber kontroverse Auffassungen bestehen. Die Begriffsbestimmung bemüht sich um mehr als bloße Nominaldefinitionen. Der Leser soll einen Begriff über das Gemeinte und mit einem bestimmten Wort Bezeichnete erwerben. In einem dritten Teil werden Theorien und Forschungsergebnisse vorgestellt. Der Leser soll dabei über wesentliche Ursache-Wirkungs-Zusammenhänge, über grundlegende Prozesse, Sinnzusammenhänge, Ordnun-

gen und Ordnungskriterien, wesentliche Merkmale der Sachverhalte, über Ziele der Handelnden oder Beteiligten u. ä. informiert werden. Die Hinweise zur Praxis verstehen sich als Entscheidungshilfen, die auf aufweisbaren Sinnzusammenhängen gründen, jedoch jederzeit als revidierbar gelten. Sie dürfen nicht als Ratschläge, als Rezepte, als Normen und Vorschriften oder als anwendbare Handlungsanweisungen verstanden werden. Es handelt sich eher um Handlungsalternativen und -möglichkeiten, um Wahrnehmungs- und Reflexionshilfen. Die eigene Verantwortung und Kreativität des Lesers sind hier in besonderer Weise gefordert.

Der besondere Dank der Autoren gilt Herrn Dr. Utho Grieser für seinen Rat und seine Anregungen sowie das Durchlesen eines Großteils des Manuskripts auf Verständlichkeit und Stimmigkeit. Die meisten Abbildungen und Schemata wurden dankenswerterweise von Frau Annelore Novak angefertigt.

A

ABC-Differenzierung ist die Bezeichnung für die Einrichtung von Niveaukursen in den Fächern Englisch und Mathematik in den integrierten →Gesamtschulen. Die Anforderungen sind vom A-Kurs über den B-Kurs zum C-Kurs abnehmend. In Berlin wurde in den Fächern Deutsch, Englisch, Mathematik und Physik das FEGA-Modell (F = Fortgeschrittenenkurs, E = Erweiterungskurs, G = Grundkurs, A = Anschlußkurs) bevorzugt.

Abendschulen wurden ab 1904 in Deutschland als Abendkurse in der Erwachsenenbildung und unmittelbar nach dem ersten Weltkrieg als Abendvolkshochschulen gegründet. Angeregt wurde diese Form der Erwachsenenbildung durch die Entwicklung in den skandinavischen Ländern. Es handelte sich zunächst um eine „Universitätsausdehnungsbewegung“ nach englischem Vorbild, wobei wissenschaftliche Erkenntnisse einem nicht-akademischen Publikum zugänglich gemacht werden sollten. Inzwischen werden viele Maßnahmen der Aus- und Weiterbildung, vor allem der beruflichen Bildung in Abendschulform durchgeführt, damit Besucher solcher Schulen weiterhin erwerbstätig bleiben können. →Erwachsenenbildung, →Volkshochschulen

Abitur, *Reifeprüfung, allgemeine Hochschulreife* gilt als die klassische Berechtigung zum Studium an der Universität. Die erste Normierung der Reifeprüfung oder des Abiturientenexamens erfolgte am staatlich anerkanntem humanistischen Gymnasium bereits 1812. Als Zulassung zur „Reifeprüfung“ wurde kurze Zeit später der Besuch eines 9jährigen Gymnasiums eingeführt. Bis in die jüngste Zeit gelten 13 Vollzeitschuljahre als Voraussetzung für den Erwerb des Abiturs. Durch die Wiedervereinigung, durch die notwendig gewordene Angleichung an andere europäische Länder und wahrscheinlich auch wegen Finanzierungsproblemen wurde die Verkürzung der Zeit bis zum Abitur auf 12 Jahre angeregt. Während bisher das Abitur in der Regel durch eine streng kontrollierte Prüfung mit teils zentral gestellten Aufgaben in den schriftlichen Fächern weitgehend nur am Gymnasium erworben werden konnte, wird in neuerer Zeit nach Wegen gesucht, damit die Berechtigung zum Studium auch über das berufliche Schulwesen erworben werden kann.

Der Anteil der Absolventen mit Hochschul- und Fachhochschulreife steigerte sich im Zeitraum von 1965 bis 1990 von 7% auf über 30%.

Absorptions-Ansatz, auch *Penetrationsansatz* genannt, ist ein Lösungsversuch in der → Bildungsplanung, der davon ausgeht, daß Menschen in ihren erworbenen Qualifikationen auch entsprechende berufliche Positionen finden. Aufwendige Prognose- und Planungsverfahren sind überflüssig. Es handelt sich um einen marktwirtschaftlichen oder freiwirtschaftlichen Gedanken, nach dem der „Markt", d. h. Angebot und Nachfrage die Wahl der Berufsausbildung oder des Studiums regeln.

Abwehrmechanismus → Psychoanalyse und Pädagogik

Abweichendes Verhalten. *Problemerörterung*. „Wie verrückt ist noch normal?" Mit dieser Überschrift hat R. Garside einen Artikel versehen, der das Problem der → Norm und die Möglichkeit behandelt, zu bestimmen, welches Verhalten als von der Norm abweichend charakterisiert werden kann. Wer bestimmt, welches Verhalten als „normal", „gestört", „abweichend", „strafbar" einzustufen ist? Wo liegt die Grenze zwischen „normal" und „abweichend"? Manche Pädagogen sind der Meinung, daß Inhaber sozialer Macht, wie Eltern und Lehrer, das Verhalten von Kindern, Schülern und Jugendlichen relativ willkürlich und rein subjektiv als normal oder abweichend, als verhaltensgestört oder sozial erwünscht einstufen. Wird nun einmal eine Verhaltensweise als abweichend oder verhaltensgestört eingeordnet, dann werden solche Kinder abgelehnt, was erst recht zur Ausbildung einer Verhaltensstörung führt (→ Stigmatisierung).
Begriffsbestimmung. Ein Verhalten kann erst dann als abweichend eingestuft werden, wenn es sich um ein erhebliches, dauerhaftes und immer wieder auftretendes Mißverhältnis zwischen den Ansprüchen der Umwelt, die je nach Art des geregelten Zusammenlebens berechtigt sind, und dem individuellen Beitrag, diesen Ansprüchen der Umwelt gerecht zu werden, handelt. Die Bestimmung, ob ein Verhalten noch normal oder schon abweichend ist, hängt von dem jeweiligen Bezugssystem ab: von der Gruppe und der Kultur, in der man lebt, von der Position, die man innehat.
Mit der Bezeichnung abweichendes Verhalten will man abwertende und damit diskriminierende Begriffe wie Verwahrlosung, Gefährdung, Verhaltensstörung, Schwererziehbarkeit vermeiden. Damit ist allerdings nicht viel erreicht, denn im Alltag werden auch Angehörige bestimmter Minderheiten durch die sprachliche Bezeichnung verurteilt, zur Ächtung freigegeben und mit Vorurteilen belegt. Beispiele sind: „Radikaler" (politische Minderheit), „Itaker" (nationale Minderheit), „Irrer" (geistig Behinderter oder Kranker), „Nigger" (rassi-

sche Minderheit), „Asozialer“ (soziale Minderheit), „Perverser“ (sexuelle Minderheit), „Krüppel“ (Körperbehinderter) u. a. Damit wird das Problem der Norm bzw. der Mehrheit deutlich. Warum ist schon die Zugehörigkeit zu einer Minderheit problematisch?
In der Diskussion um abweichendes Verhalten werden weitere kritische Momente gegen die Zuordnung eines bestimmten Verhaltens oder eines Menschen in die Kategorie „abweichend“ aufgeführt. Jeder von uns hat irgendwann abweichend von irgendeiner Norm gehandelt. Wird man dabei von „Normüberwachern“ aufgedeckt, so kann es leicht vorkommen, daß aus einer abweichenden Einzelhandlung die abweichende Person wird (Diebstahl führt zum Dieb). Damit setzt eine „Karriere“ des abweichenden Verhaltens ein. Es ist ein Teufelskreis von Reaktion und Gegenreaktion und es handelt sich nicht um ein abweichendes Verhalten, sondern um eine völlig „normale“ und unausweichliche Interaktion zwischen Individuum und Gruppe.
Das von einer Norm abweichende Verhalten gehorcht in der Regel einer anderen, allerdings nicht von der Mehrheit anerkannten Norm. Somit kann es sich um *wertvolles* Verhalten handeln, und zwar dann, wenn die Normen der Mehrheit nicht mehr wertvoll sind.
Abweichendes Verhalten erfüllt in der Regel eine wichtige *Funktion*, d. h. es ist für den betreffenden Menschen in der jeweiligen Situation die beste Lösung seiner Probleme. Warum soll ein nützliches, sinnvolles, problemlösendes Verhalten abweichend sein? Weil die Gruppe die Lösung nicht akzeptiert, für sie das Verhalten unerträglich ist, sie die Hintergründe des Handelns nicht sieht oder evtl. selbstkritisch eigestehen müßte, daß sie an der Problemschraube gedreht hat (z. B. ein strenger, leistungsbetonter Lehrer, der das abweichende Verhalten eines Schülers nicht akzeptiert). Dabei wird übersehen, daß Kindern, Jugendlichen oder Erwachsenen nicht verborgen bleibt, daß ihr Verhalten als abweichend eingestuft wird. Diese müssen dann immer neue Techniken entwickeln im Umgang mit neuen Interaktionspartnern, z. B. mit Gruppenerziehern im Heim, mit Sozialarbeitern, mit Psychologen, mit Polizisten, Anwälten, Ärzten und Richtern. Sie müssen ihr Problem verstecken, sich unterwerfen oder sich aggressiv durchsetzen, lügen und manipulieren oder sich zurückziehen, und schlüpfen so in Rollen hinein, die sie zu immer neuem Versteckspiel zwingen.

Adoption. *Gesetzgebung.* Die Adoption, die „Annahme als Kind“ (nicht mehr „Annahme an Kindes Statt“), ist im BGB (§§ 1741–1772) und in örtlichen Richtlinien der Jugendbehörden geregelt. Grundsätzlich ist die Annahme als Kind nur zulässig, wenn sie dem Wohle des Kindes dient (§ 1741 des BGB). Die Annahme als Kind kann durch eine Einzelperson, wenn sie älter als 25 Jahre, oder durch ein Ehe-

paar, wenn ein Ehepartner 25 Jahre alt ist, erfolgen. Durch Adoption entsteht rechtlich gesehen ein Eltern-Kind-Verhältnis. Das Kind erlangt die Rechte des ehelichen Kindes. Damit erlischt auch das Verwandtschaftsverhältnis des Kindes zu seinen bisherigen Verwandten, wenn die Annehmenden mit dem Kind nicht im zweiten oder dritten Grad verwandt oder verschwägert sind.
Pädagogische Bewertung. Die Adoption wird als die beste Möglichkeit angesehen, gefährdeten Kindern eine optimale Entwicklungschance zu verschaffen. Früher wurde der Zweck der Adoption darin gesehen, dem Annehmenden ein Kind zu verschaffen. Jetzt geht es darum, dem Kind ein Elternhaus zu vermitteln. Die Adoptionsvermittlung erfolgt durch Jugendwohlfahrtsbehörden (→Jugendamt) und von →Wohlfahrtsverbänden (Innere Mission, Deutscher Caritasverband, Arbeiterwohlfahrt, Rotes Kreuz und Paritätischer Wohlfahrtsverband). In der Diskussion um die Reform des Adoptionsrechts werden folgende Verbesserungen gefordert:
Voll-Adoption (Gleichstellung mit den leiblichen Kindern); Förderung der Früh-Adoption (möglichst bald nach der Geburt); Ersetzung der elterlichen Einwilligung durch das Vormundschaftsgericht, wenn Gefahr für das Wohl des Kindes besteht; allgemeine Erleichterung der Adoption und Verbesserung der Adoptionsvermittlung.
Diese Maßnahmen haben das Ziel, die pädagogische Bedeutung der Adoption (Adoption als Erziehungs- und Fürsorgemaßnahme) zu verstärken.

Ätherleib →Waldorfpädagogik

Aggression und Erziehung. *Problemerörterung.* In den letzten Jahrzehnten steht das Thema Aggression im Mittelpunkt sozial- und humanwissenschaftlicher Forschung. Meist wird die Frage diskutiert, ob Aggression angeboren oder erlernt ist, ob es einen Aggressionstrieb gibt oder nicht. Da die aggressiven Akte individueller und kollektiver Art auf verschiedenen Altersstufen zunehmen, ist die wissenschaftliche Erforschung des Phänomens Aggression von großem gesellschaftlichem und politischem Interesse. Auch die Erziehungswissenschaft befaßt sich mit dem Thema Aggression, obwohl es eine Vielzahl von sich zum Teil widersprechenden Hypothesen und Theorien über die Entstehung der Aggression bereits gibt. Für die Erziehungswissenschaft sind folgende Gesichtspunkte von Bedeutung:
- Die Aggression stört die erzieherische Interaktion in Familie, Kindergarten, Schule.
- Es besteht Übereinstimmung darüber, daß die Aggression – unabhängig davon, ob sie triebhaften Ursprungs oder durch die Gesellschaft vermittelt ist – Ausdruck der Gesamtpersönlichkeit ist und daher in der Kindheit entscheidend beeinflußt werden kann.

- Die Erziehung muß als Erziehung zum friedlichen Zusammenleben begriffen werden.

Begriffsbestimmung. In der Regel werden mit Aggression alle Verhaltenweisen bezeichnet, welche die Schädigung eines anderen Organismus (direkt oder indirekt) zum Ziel haben. Demnach keine Aggression sind schädigende und zerstörende Akte, die keine Schädigung zum Ziel haben. In vielen wissenschaftlichen Abhandlungen werden aber auch solche verletzende oder schädigende Verhaltensweisen Aggression genannt, die nicht mit der Absicht der Schädigung erfolgen. Aggression kann man mit Hife standardisierter Meßverfahren (Fragebogen) ermitteln bzw. beschreiben (= operationale Definition). Die Fragen des Buss-Durkee-Inventory lassen sich folgenden Gruppen zuordnen:

1. Körperliche Gewaltanwendung gegen Personen.
2. Indirekte oder ungerichtete Aggressionen (z. B. Türenknallen).
3. Erregbarkeit (z. B. Explodieren bei geringfügigen Provokationen).
4. Negativismus (z. B. mangelnde Kooperationsbereitschaft, störendes Verhalten).
5. Ressentiments (z. B. Eifersucht, Haß, Intrige).
6. Verdächtigungen (z. B. Mißtrauen).
7. Verbale Aggressionen (z. B. ironische Bemerkungen, Schimpfen).

Anmerkung: Der Fragebogen enthält keine Fragen über kollektive Aggression.

Im allgemeinen werden folgende Formen der Aggression unterschieden:

- Aggression als Verteidigung } (= instrumentelle Aggression)
- Aggression als Angriff }
- Aggression als Destruktivität (Grausamkeit, Quälen)
- unmotivierte Zornesaggression.

Theorien über die Entstehung der Aggression. Es werden noch immer grundverschiedene Auffassungen über die Entstehung der Aggression vertreten. Hinweise auf pädagogische Möglichkeiten, aggressive Verhaltensweisen zu verhindern oder abzubauen, orientieren sich an folgenden Erklärungskonzepten:

- Aggression ist eine Trieb- oder Instinktäußerung (S. Freud, K. Lorenz).
- Aggression ist eine Reaktion auf → Frustration (J. Dollard u. a.).
- Aggression ist das Ergebnis von Lernprozessen (A. Bandura u. a.).

Gegenwärtig wird überwiegend das lerntheoretische Erklärungskonzept der Aggression vertreten. Mit der Frustrations-Aggressions-Hypothese und dem Trieb-Instinkt-Konzept läßt sich die Aggression nicht ausreichend erklären, weil im ersten Fall auf Frustrationen auch nicht-aggressive Verhaltensweisen folgen (z. B. Regression, Passivität) und im zweiten Fall bisher kein Auslöser (Schlüsselreiz) für den

Aggressionsinstinkt und kein angeborener Handlungsablauf festgestellt werden konnten.

Der Hoffnung mancher Pädagogen, man könnte das Lernen der Aggression vollständig verhindern, stehen zwei Argumente entgegen:

1. Der menschliche Organismus enthält Systeme, welche die Entstehung der Aggression begünstigen (Erregung, Hormonausschüttung),
2. er ist für das Lernen der Aggression „vorbereitet" (K. E. Moyer). Da unsere Gesellschaft stark von Aggression und Gewalt bestimmt ist, wird es kaum möglich sein, eine aggressionsfreie Erziehung zu realisieren.

Aggression im Kindes- und Jugendalter. Die in den letzten Jahren in erschreckendem Maße angestiegene Gewalt- und Aggressionsbereitschaft der Jugendlichen (z. B. gegenüber Schwächeren und Ausländern und vor allem in den neuen Bundesländern) sowie die Aggression und Gewalt in der Schule (in den Umkleideräumen von Sporthallen, in den Gängen, auf dem Pausenhof und z. T. auch im Klassenzimmer) lassen die besorgte Frage nach den Ursachen und nach pädagogischen Gegenmaßnahmen stellen. Es ist sicher, daß Gewalt in der Schule und Gewalt gegenüber Ausländern teilweise gleiche und teilweise unterschiedliche Ursachen hat. Beide Gewaltarten dürften ihren Nährboden haben in der Verherrlichung und permanenten Darstellung der Gewalt in den Medien, im Funktionsverlust der Familie (Ehescheidungen, zerrüttete Familien, Gewalt in der Familie, z. B. Kindesmißhandlungen, keine Zeit für Kinder), im Anwachsen der freien und totzu schlagenden Zeit, also auch in der Langeweile, in Vereinsamung, Streß, in der Unfähigkeit, Konflikte mit gewaltfreien Mitteln zu lösen, in der Sündenbock- und Außenseiterrolle, die viele Kinder in der Schule und in der Jugendgruppe übernehmen müssen. Gewalt und Aggression in der Schule werden zudem bedingt durch Frustrationserlebnisse, durch Leistungsdruck, durch Schulversagen und Sitzenbleiben, durch belastendes Klassenklima (Cliquenbildung, verbale Aggression, Konkurrenzverhalten) und auch durch die fehlende Fähigkeit und Bereitschaft der Familie, Schulprobleme, psychische Nöte und Frustrationen ernst zu nehmen, Ausgleich und Geborgenheit zu bieten und zu Gesprächen über schulische Probleme bereit zu sein.

Gewalt in Jugendgruppen und durch Jugendbanden wird begünstigt:

- durch Vorurteile gegenüber Minderheiten,
- durch Ablehnung der Idee der Gleichheit und Gleichwertigkeit aller Menschen,
- durch Propagierung der Gewalt als Mittel zur Lösung gesellschaftlicher Konflikte,
- durch Gruppendruck, Arbeitslosigkeit, Perspektivlosigkeit (Jugend

ohne Zukunft), Politikverdrossenheit und unglückliches Agieren vieler Politiker,
- durch fehlende Ideale, kritische Lebensereignisse wie der Zusammenbruch der DDR, fehlende Ich-Stärke und psychische Labilität, Unsicherheit in einer sich schnell wandelnden Welt (auch Wertewandel) und
- durch mangelnde Integration in wirtschaftliche, soziale und politische Strukturen (Parteien, Vereine, Betriebe, Freizeitgruppen).

Die Gewalt unter Schulkindern und von Jugendlichen hat auch entwicklungspsychologische Gründe. Aggressionen des Kindes, z. B. das Sich-auf-den-Boden-Werfen, Um-sich-Schlagen, Atemanhalten (bis zum Affektkrampf und Bewußtlosigkeit), während der Trotzphase sind durch Autonomiestreben bedingt und Ausdruck kindlicher Möglichkeiten, eigene Ziele zu verfolgen. Im Schulkindalter handelt es sich bei Aggression häufig um physiologisch (hormonell, reflexartig) bedingtes Ankämpfen gegen Außenbestimmung, um kognitiv unkontrolliertes Entladen von angestauten Gefühlen und von unterdrückten Aggressionen (z. B. gegenüber einem strengen, zynischen oder mit Ironie verspottenden Lehrer).

Hinweise zur erzieherischen Praxis. Räumt man dem Trieb-Instinkt-Modell einen gewissen Erklärungswert ein, dann muß der Erzieher dem Kind Möglichkeiten der Abreaktion anbieten, den Aggressionstrieb kanalisieren und entgegengesetzte Verhaltensweisen wie Verantwortung, Hilfsbereitschaft aufbauen. Nach der Frustrations-Aggressions-Hypothese erscheint es wichtig, kindliche Wünsche nicht zu unterdrükken, die Umwelt frustrationsarm zu gestalten, eine gewisse Frustrationstoleranz aufzubauen und das Kind zu befähigen, Frustrationen realitätsgerecht zu bewältigen.

Entsprechend dem Lernkonzept ist es die eine Aufgabe der Erziehung, nach Möglichkeit zu verhindern, daß das Kind erfolgreiche Aggressionsmodelle beobachtet und die andere, zu verhindern, daß aggressive Verhaltensweisen verstärkt werden (→ Lerntheorien und Pädagogik). Zugleich muß sozial-integratives Verhalten erlernt werden, müssen Verantwortung, Selbstwertgefühl, Liebesfähigkeit und nichtaggressive Techniken der Konfliktlösung gefördert werden.

Erziehung zur Eindämmung der Gewaltbereitschaft, zur Kontrolle der vorhandenen Aggressionen, die häufig mit Lusterlebnissen einhergehen, und zur gewaltfreien Konfliktlösung ist zu einem wichtigen Anliegen für alle gesellschaftlichen Gruppen geworden. Folgende Forderungen werden immer wieder aufgestellt und sind sicher gerechtfertigt:
- Weniger Gewaltdarstellung in den Medien.
- Unterstützung und Förderung der Familie.
- Lehrer und Eltern dürfen nicht mehr tatenlos und hilflos zuschauen.

- Politiker und Personen des öffentlichen Lebens müssen sich ihrer Vorbildrolle bewußt werden; von ihnen darf mehr Friedfertigkeit, Standfestigkeit und Glaubwürdigkeit erwartet werden.
- Im Unterricht, im Rahmen der Jugendarbeit, in den Kirchen ist die Gewaltbereitschaft und Ausübung individueller und kollektiver Gewalt zu thematisieren. Dabei sind Methoden zu wählen, die Betroffenheit bewirken und Identifikationsmöglichkeiten mit Schwächeren, mit Ausländern und mit Minderheiten bieten.
- Schule ist als Lebens- und Erlebniswelt zu gestalten (Tutoren betreuen jüngere Kinder auf dem Pausenhof, auf dem Schulweg, Schulspiel, Schulchor, Schulfeier, Schüler gestalten Klassenräume und übernehmen Verantwortung, z. B. gegen Vandalismus, Notengebung ist transparent zu gestalten).
- Mit überzeugender Information ist den Vorurteilen zu begegnen.

Es gilt: Gewalt ist einfach, Alternativen zur Gewalt sind komplex.

Agrammatismus, auch Dysgrammatismus genannt. Diese Form der Sprach(aufbau)störung liegt vor, wenn das Kind im fünften bis sechsten Lebensjahr unfähig ist, einen Satz grammatikalisch richtig zu bilden. Die Fehler – nach Schwierigkeitsgrad geordnet – sind: Einwortsätze, Aneinanderreihungen, beugungslose Sprache, Infinitivform der Zeitwörter, Beugungs- und Steigerungsfehler, Wortvertauschungen und allgemeine Sprachschwäche (geringer Wortschatz, Ausdrucksschwierigkeiten).
Hinweise für die Praxis. Feststellung möglicher Ursachen (z. B. geistige → Behinderungen, Schwerhörigkeit). Je nach Schwierigkeitsgrad sind folgende Maßnahmen erforderlich: Einweisung in ein Heim für Sprachbehinderte, Besuch eines Kindergartens für Sprachbehinderte, Förderung in der Familie durch Sprachspiele, Förderung in der Schule durch tätigkeits- und erlebnisbezogene Sprachgestaltungsübungen (Gespräch, Rollenspiele, Kurzreportage) sowie durch Arbeit mit Lückentexten, Comics, Nacherzählungen, Gedichten.
Besonders wichtig sind rechtzeitige Erkennung und Betreuung.

Aids und Pädagogik. *Problemerörterung.* Durch AIDS wurden nicht nur Helferberufe vor neue Probleme gestellt, sondern auch Eltern, Lehrer, Jugendpfleger u. a. Nur selten gelang es im Elternhaus oder Schule, über AIDS so zu sprechen oder zu unterrichten, daß Jugendliche bereit waren, die Krankheit ernst zu nehmen, ohne Angst zu haben. Angesichts vieler Probleme, die in naher Zukunft gelöst werden müssen, wäre es unverantwortlich, die Jugend auch mit einer „AIDS-Angst" zu belasten. AIDS hat ebenso wie manche andere, die Gesundheit der Jugend und die Zukunft der Gesellschaft gefährdende Erscheinungen, z. B. Alkoholismus, Gewaltbereitschaft, Drogenabhängigkeit, Pädagogen und Politiker herausgefordert und auch die Grenzen der bisherigen Pädagogik aufgezeigt.

Begriffsbestimmung. AIDS ist die Bezeichnung für die durch den HIV-Virus (Human immuno deficiency virus) verursachte Erkrankung des Immunsystems. Die Folge der Ansteckung durch den HIV-Virus (von der Ansteckung bis zum Ausbruch der Krankheit können viele Jahre vergehen) ist ein Zusammenbruch des Abwehrsystems. Der Aidskranke zeigt zunächst verschiedene Symptome schwindender Abwehrkraft wie Gewichtsverlust, Durchfall, Nachtschweiß und im späten Stadium z. B. Lungenentzündungen, Pilzerkrankungen und Hautkrebs sowie andere schwere Krankheiten.

Nach bisherigen Erkenntnissen ist eine größere Menge Viren notwendig, um sich anzustecken. Da der Virus im Blut und Sperma in höchster Konzentration vorkommt, verbreitet sich die Krankheit über Blutaustausch z. B. bei Fixern, die das gleiche Besteck benutzen, über Blutstropfen bei Verletzungen und über größere Mengen von Sperma oder Vaginalsekret bei ungeschütztem Sexualverkehr. Es wird angenommen, daß sich 99% der Infizierten über Blut oder Sperma angesteckt haben. Seit 1985 werden alle Blutkonserven auf HIV-Antikörper getestet, so daß eine Ansteckung über Bluttransfusionen nahezu ausgeschlossen ist.

Maßnahmen zu Prävention. Durch AIDS sind verschiedene Bereiche der Pädagogik, vor allem der →Sozialpädagogik betroffen. Solange es keine Impfmöglichkeit gibt und solange keine wirksamen Medikamente gefunden worden sind, ist Vorbeugung, also Schutz vor Anstekkung notwendig. Dies bedeutet, daß bestimmte Menschen oder Menschengruppen ihr Verhalten ändern müssen. Die größte Gruppe der in der Bundesrepublik Infizierten sind homosexuelle Männer. Die Zahl der infizierten Kinder und der heterosexuellen Erwachsenen steigt zwar nicht so schnell, wie noch Mitte der 80er Jahre befürchtet, sie steigt aber stetig.

Verschiedene Aufklärungskampagnen, auch solche in den Schulen, z. B. im Rahmen des Biologieunterrichts, und der Einsatz verschiedener Werbespots haben bisher noch nicht die erwünschte vorbeugende Wirkung gezeigt. Verschiedene Organisationen und auch Selbsthilfegruppen, z. B. Homosexuellen-Gruppen haben mit sehr viel Kreativität Plakate, Comics, Anzeigen in Tageszeitungen und Videos entwikkelt, um für „Safer Sex" zu werben. Es sieht aber so aus, als ob Aufklärung allein nicht genügt, um Gewohnheiten, Vorlieben und Einstellungen zu ändern. Wie kann man das „riskante" Verhalten ändern? Angesichts des problematischen Verhaltens von Risikogruppen wie Drogenabhängigkeit, Homosexualität, Kriminalität ist es schwer z. B. über die Thematisierung der Angst oder der Betonung der Gefährdung anderer pädagogisch wirksam zu sein. Hinzu kommt noch die Angst, Aggression – man könnte fast sagen Hysterie – der Normal-

bevölkerung und auch mancher Politiker gegenüber Risikogruppen, da sie in ihnen die Schuldigen für die Ausbreitung einer „mysteriösen“ Krankheit sehen.
Hinweise zur Praxis. In vielen Einrichtungen, die zur Bekämpfung der AIDS-Krankheit ins Leben gerufen wurden, hat sich inzwischen die Erkenntnis durchgesetzt, daß nicht massenmediale sondern nur eine persönliche Kommunikation und Begegnung erfolgsversprechend ist. In der Suchtberatung hat HIV-Prävention einen hohen Stellenwert erreicht. Leider hat AIDS die Behandlung und Therapie von Drogenabhängigen erschwert. Angesichts der Gefahr, schon infiziert zu sein, haben es die Berater und Therapeuten schwer, die Depression zu bekämpfen, Hoffnung zu wecken und den Wert des neuen, drogenfreien Lebens darzustellen. Es besteht die Gefahr, daß das Thema AIDS im Unterricht nicht mehr ernst genommen wird. Sowohl die Schule als auch das Elternhaus sind weiterhin herausgefordert, die heranwachsenede Generation angstfrei aber überzeugend zu informieren und Gewohnheiten anzubahnen, die dem Schutz der Gesundheit dienen.

Akkulturation, 1. Anpassung einzelner an eine fremde Kultur (z. B. Gastarbeiter), 2. Bezeichnung für den Kulturwandel, verursacht durch wechselseitige Beeinflussung zwischen Gruppen verschiedener Kulturen (z. B. Amerikaner in Europa: Coca-Cola, Jeans).
Hinweis: Akkulturation wird nicht gleichbedeutend mit → Enkulturation gebraucht.

Akzeleration, die Beschleunigung (auch zeitliche Vorverlegung) der körperlichen und insbesondere der geschlechtlichen Entwicklung, die im Laufe der letzten Jahrzehnte beobachtet wurde.
Mögliche Ursachen. Veränderte und bessere Ernährung (mehr Proteine), Reizüberflutung (Akzeleration ist in den Städten stärker ausgeprägt als auf dem Land), größere Anforderungen durch Sport, Familie, Schule, Berufsausbildung.
Pädagogische Probleme können auftreten, wenn die physische Entwicklung der psychischen vorauseilt und dem Jugendlichen mehr Verantwortung zugemutet wird, als er verkraften kann.

Alkoholismus. *Problemerörterung.* Alkoholismus ist zum größten Suchtproblem geworden. Die Zahl der Alkoholiker wird in der Bundesrepublik Deutschland auf über eine Million geschätzt, wobei in letzter Zeit vor allem der Anteil trunksüchtiger Jugendlicher stark gestiegen ist (ca. 10–15 %). Seit 1968 ist der Alkoholismus in der Bundesrepublik als Krankheit anerkannt.
Begriffsbestimmung. Mit Alkoholismus werden psychische (Rausch) und physische Zustände (Leberverfettung, Entzugserscheinungen) umschrieben, die durch regelmäßigen und umfangreichen Alkohol-

konsum entstehen. Nach der Definition der Weltgesundheitsorganisation (WHO) werden diejenigen Trinker Alkoholiker genannt, deren Abhängigkeit vom Alkohol deutliche Störungen ihrer körperlichen und geistigen Gesundheit verursacht und ihre mitmenschlichen Beziehungen sowie sozialen und wirtschaftlichen Funktionen nachhaltig beeinträchtigt. Nach E. M. Jellinek versteht man unter Alkoholismus „jeglichen Gebrauch von alkoholischen Getränken, der einem Individuum oder der Gesellschaft oder beiden Schaden zufügt".

Alkoholismusformen. Nach der Art der durch Alkoholkonsum verursachten Störungen unterscheidet Jellinek folgende Formen des Alkoholismus: Alpha-Trinker: psychische Abhängigkeit vom Alkohol, deshalb familiäre und soziale Komplikationen; Beta-Trinker: körperliche Schäden; Gamma-Trinker: Stoffwechselstörungen, Entzugserscheinungen, Kontrollverlust; Delta-Trinker: tägliches Trinken, selten nüchtern.

Mögliche Ursachen. Trinksitten (bei bestimmten Anlässen ist das Trinken von Alkohol „normal" und sozial erwünscht), Trinkverhalten bestimmter Berufsgruppen (Bauarbeiter), Versagen im Beruf, familiäre Probleme, Alkohol als Trostspender, Arbeitslosigkeit und Freizeitverhalten. Sehr bald geraten Alkholiker in einen Teufelskreis: Sie trinken, weil sie Probleme haben, und haben immer mehr Probleme, weil sie trinken.

Phase	Charakteristische Merkmale
1. Voralkoholische Phase	Steigerung des sog. „Erleichterungstrinkens", psycho-sozial motiviertes Trinken.
2. Prodromalphase	Heimliches Trinken, Räusche mit Erinnerungslücken, Toleranzsteigerung, dauerndes Denken an Alkohol, Schuldgefühle.
3. Kritische Phase	Zwangstrinken, Widerstand gegen Vorhaltungen, großspuriges, aggressives Benehmen; Verlust der Freunde und des Arbeitsplatzes, Selbstmitleid, Impotenz, Vernachlässigung angemessener Ernährung.
4. Chronische Phase	verlängerte, tagelange Räusche, Beeinträchtigung des Denkens, Angstzustände, Zittern (Alkoholpsychose), körperliche Erkrankungen, hirnorganische Störungen (Demenz, Korsakow-Syndrom = Intelligenz- und Merkschwäche).

Hinweise zur Praxis. Im Rahmen der →Sozialarbeit und →Sozialpädagogik werden nur selten gezielte Maßnahmen zur Vorbeugung ergriffen, wie z. B. Durchführung der Jugendschutzgesetze, Aufklärung, Aufbau gegenwirkender Persönlichkeitseigenschaften, wie Selbstvertrauen, Kontaktfähigkeit, rechtzeitige Beratung bei psychosozialen Schwierigkeiten, Freizeit- und Beschäftigungsangebote usw. Außer in den Selbsthilfeorganisationen (z. B. „Anonyme Alkoholi-

ker") finden Alkoholabhängige eine gewisse Hilfe auch im Rahmen der „Nichtseßhaftenbetreuung". Eine Entziehungskur allein ist in den seltensten Fällen erfolgversprechend. Es ist eine langfristige psychosoziale Betreuung notwendig, wobei der Alkoholiker aus der Rolle des Opfers, Versagers herausgeführt werden muß.
Pädagogische Probleme. Schädigende Auswirkungen des Alkohols werden oft verharmlost. Das Verhalten der Erwachsenen begünstigt das Nachahmungslernen. Jugendveranstaltungen sind ohne Alkohol fast undenkbar (Gruppenzwang) geworden. Alkoholkranke Eltern oder ein kranker Elternteil gehören zu den schwersten psychischen Belastungen, denen ein Kind oder Jugendlicher ausgesetzt sein kann.

Allgemeinbildung → Bildung

Alternativschulen. Es handelt sich um eine heterogene Gruppe von freien → Schulen, die sich nicht dem Konzept eines „großen" Gründers oder Pädagogen verpflichtet fühlen, sondern die Schule nach eigenen Ideen gestalten wollen. Sie sind Ausdruck des gesellschaftlichen Protestes, der Ende der 60er Jahre in den Industrieländern einsetzte und sich als radikal-demokratische Bewegung bezeichnete. Kennzeichen der Alternativschulen sind: starke Einbeziehung der Eltern (viele Diskussionsabende), Ablehnung von Leistungszwang und Konkurrenzdruck (weitestgehende Selbstbestimmung der Kinder), liberale Einstellung in Erziehungsfragen und Ausrichtung nach den Ideen der → Psychoanalyse und der humanistischen Psychologie, Verzicht auf Leistungsbeurteilung und Abschaffung des lehrerzentrierten Frontalunterrichts.
Alternativschulen sind in Dänemark, Holland, Frankreich, Belgien, Schweiz, Österreich und Deutschland gegründet worden. Diese Schulen sind ständig in Bewegung, da mit neuen Kindern und neuen Eltern auch eine erneute Suche nach einem pädagogischen Konzept beginnt. → Schulen, freie.

Altenhilfe → Altern und Pädagogik

Altern und Pädagogik. *Problemerörterung.* Durch die rückläufige Entwicklung der Gesamtbevölkerung vor allem wegen sog. geburtenschwacher Jahrgänge seit Mitte der 70er Jahre und wegen des Anstiegs der durchschnittlichen Lebenserwartung änderte sich die sog. Bevölkerungspyramide zugunsten der älteren und ältesten Menschen. Die Situation alter Menschen, gekennzeichnet durch Ein-Personen-Haushalt, Verlust der Kompetenz, der sozialen Kontakte und der Gesundheit, durch Hilfs- und Pflegebedürftigkeit (politische Diskussion um Pflegeversicherung) bei gleichzeitiger relativer Zufriedenheit mit der finanziellen Situation (obwohl jeder 5. alte Mensch an der

Grenze zum durch Sozialhilfe definierten Existenzminimum lebt) und mit den Wohnverhältnissen, stellt eine Gesellschaft, die sich human und sozial nennt, vor beachtliche politische, ökonomische und pädagogische Herausforderungen.

Begriffsbestimmung. Das *Alter* läßt sich nicht durch kalendarische Altersangaben (wenn auch nach dem 65. Lebensjahr vom Alter gesprochen wird) oder durch biologische und psychologische Veränderungen beschreiben. Vom biologisch-medizinischem Aspekt her sind bestimmte Veränderungen der Haut, der Knochen, Muskeln, der Herzleistung und des Stoffwechsels sowie typische Alterskrankheiten wie Arteriosklerose, rheumatische Beschwerden, Schwerhörigkeit, Sehstörungen, Verschleißkrankheiten (z. B. Gelenke) typische Symptome des Alters. Auf Grund der wegen Arbeitslosigkeit vielfach praktizierten Vorruhestandsregelung kann man nicht mehr Alter mit dem Zeitpunkt des Ausscheidens aus dem Berufsleben gleichsetzen. Im Bereich der Pädagogik wird von „Alten" gesprochen, wenn Personen endgültig aus dem Erwerbsleben ausgeschieden sind.

Altern ist ein Prozeß, der sich im biologischen, psychologischen und sozialen Bereich vollzieht und auch die Auseinandersetzung des Individuums mit dem eigenen Alter einschließt. *Alters- oder Altenbildung* gilt als Bezeichnung einerseits für Bildungsaktivitäten und Bildungsangebote, die sich an ältere Menschen richten und andererseits für Bildungsangebote, die den Prozeß des Alterns und den Status Alter zum Gegenstand haben (z. B. im Rahmen der Ausbildung zum Altenpfleger oder zum Zwecke der Professionalisierung der Altenhilfe). Mit *Altenhilfe* werden alle praktischen Bemühungen zusammengefaßt, die durch das Bundessozialhilfegesetz garantiert sind, um Schwierigkeiten, die durch das Alter entstehen, zu verhüten, zu überwinden und zu mildern. Es ist Hilfe zur Selbsthilfe mit dem Ziel einer Eingliederung und der Teilnahme älterer Menschen am Leben in der Gemeinschaft gemeint.

Modelle des Alters und Alterns. H. Thomae sieht Altern als „soziales Schicksal" an, weil Alterungsprozesse weniger biologisch bedingt sind, sondern eher durch soziale (Schulbildung, Beruf, Einstellungen, Freundeskreis, Einkommen, Besitz), ökologische (Wohnung, Umgebung), gesundheitliche und biographische Faktoren (bisheriger Lebensstil, Freizeitaktivitäten, Nachbarschaftskontakte, Schulbildung). Das *Defizitmodell*, das von einem generellen Nachlassen der körperlichen, geistigen, gefühlsmäßigen und sozialen Fähigkeiten im Alter ausgeht, gilt als widerlegt. Die *Disengagement-Hypothese* besagt, daß ein zufriedenes Altern mit einem deutlichen Rückzug aus sozialen Bezügen gekoppelt ist. Es zeigte sich jedoch, daß je nach Art der Persönlichkeit sowohl der Rückzug als auch eine Intensivierung sozialer Kontakte zur Zufriedenheit führen können. Rückzug ist allerdings eher nach kritischen Lebensereignissen, z. B. nach dem Tod eines langjährigen Partners zu beobachten. Im *kognitiven Ansatz* wird die subjektive Sichtweise und Bewertung der Umgebung als die entscheidende Komponente des Alterns angesehen. Die *Kompetenzhypothese* betont die Fähigkeit einzelner alternder Menschen, bei geringfügiger Hilfe ihr Leben eigenverantwortlich zu gestalten und zu organisieren. Aus den aufgeführten Vorstellungen über das Alter und Altern wird deutlich: Die Einstellungen und Erwartungen der sozialen Umwelt den älteren Mitmenschen gegenüber lassen nicht nur das Alter bewußt werden, sondern bewirken oft auch Passivität, Sich-Zurückziehen, Resignation und Mißtrauen. Der Alltag alter Menschen wird ausgefüllt durch die Suche nach Erholung, durch Maßnahmen, die der Kompensation von Belastungen und Schwächen dienen (persönliche Hygiene, Haushalt, Einkaufen, regelmäßige Essenszeiten), durch Tätigkeiten, die der Information und Orientierung dienen, sowie durch Aktivitäten der Selbstfindung. Das Leben im Alter ist in der Regel Fortführung des bisherigen Lebens ohne Berufstätigkeit. Damit ist das Konzept des „erfolgreichen Alterns" und der „Kontinuität des Lebensstils" angesprochen. Hier werden konkrete Aufgaben der Altenberatung, Altenhilfe und der Altenbildung gesehen.

Altenberatung und Altenhilfe. Aufgabe der Altenberatung und der Altenhilfe ist es, altersbedingten Schwierigkeiten vorzubeugen, sie zu überwinden oder zu mildern und alten Menschen die Möglichkeit zu erhalten, am Leben der Gemeinschaft teilzunehmen (§ 75 →Bundessozialhilfegesetz).

Mögliche Maßnahmen:

- Vermittlung und Förderung sog. Altenwohnungen (Altersheime), die in ihrer baulichen Gestaltung den Bedürfnissen alter Menschen entsprechen; Wohngeldberatung; Hilfen zur Beibehaltung der bisherigen Wohnung.
- Beratung und Hilfe bei der Aufnahme in eine Einrichtung, die der Betreuung alter Menschen dient.
- Hilfe und Beratung in allen Fragen der Inanspruchnahme altersgerechter Dienste, z. B. Mahlzeitdienste, Wäschedienste, Transportdienste, medizinische Versorgungsuntersuchungen.
- Bildungs- und Freizeitangebote, z. B. Altenbegegnungsstätten, Film- oder Theaterveranstaltungen, Ausflüge, Altenerholungsmaßnahmen.
- Hilfen, damit alte Menschen die Verbindung mit nahestehenden Personen und der Gemeinschaft aufrechterhalten können, z. B. Übernahme von Reisekosten.
- Hilfen zur Vorbereitung auf das Alter und allgemeine Sozialhilfen, z. B. →Einzelfallhilfe, soziale →Gruppenarbeit, →Gemeinwesenarbeit, Hobbykurse, Sprachkurse.

Die Altenhilfe wird vorwiegend von freien →Wohlfahrtsverbänden

ausgeübt. Dem Slogan „Getrost älter werden“ wird die gegenwärtige Altenhilfe in den meisten Fällen nicht gerecht.
Altenbildung. Ziele der Bildungsangebote im Alter sind: Die Anpassung an die körperlichen und geistigen Veränderungen (Sinngebung angesichts des körperlichen Abbaus), die Bewältigung der vermehrten Abhängigkeit, die Bewältigung des sozialen Wandels, die Erhaltung der Leistungsfähigkeit im Alter, die Ermöglichung der Einflußnahme auf die Lebensbedingungen und des individuellen Beitrags zum Gemeinwohl (alte Menschen wollen sich nützlich machen, anderen helfen). U. Lehr und H.-D. Schneider sehen in der Altenbildung einen wichtigen Beitrag zur Bewältigung der „Entwicklungsaufgabe“ Altern. Es geht um die Fähigkeit, das eigene Altern zu verstehen, veränderte soziale Rollen anzunehmen (im Sinne der Lebensbereicherung), um das Entwickeln neuer zufriedenstellender Rollen und Aufgaben im Alter und um die Integration in die Gemeinschaft. Im Rahmen der Altenbildung kann eine realistische Einschätzung eigener Möglichkeiten und die Erschließung zukünftiger Aktivitätsbereiche erfolgen, unangemessene Erwartungen können revidiert, realistische Pläne ermittelt und Informationen über Alterungsprozesse sowie über Hilfen im Alter können vermittelt werden.
Im Alter kann Bildung sowohl *instrumentell* (nützlich, auf bestimmte äußere Ziele ausgerichtet) als auch rein *expressiv* (persönlich bereichernd, Ausdruck der Lernfähigkeit und -bereitschaft, direkter Beitrag zur Lebenszufriedenheit) sein. Eine Vorbereitung auf das Altern darf sich nicht so sehr mit dem Zukünftigen befassen, sondern muß vielmehr die gegenwärtige Lebenssituation thematisieren. Bildung im Alter ist immer freiwillig. Methodisch gesehen ist eine angstfreie, partnerschaftliche, Sicherheit vermittelnde Atmosphäre wichtig. Alte Menschen müssen die Möglichkeit erhalten, ihre Schwächen (Seh-, Hör,- Konzentrations-, Ausdrucksschwäche) zu kompensieren und die sich gesteckten Ziele zu erreichen (klare Strukturierung, kleine Arbeitsschritte, häufige Pausen, angemessenes →Anspruchsniveau). Angesichts der erweiterten Medienlandschaft in der Bundesrepublik Deutschland sollten sich Massenmedien wie Fernsehen der Aufgabe der Altenbildung stärker als bisher annehmen.
Hinweise zur Praxis. Sowohl die Altenhilfe als auch die Altenbildung sind auf das Interesse und die Mitarbeit alter Menschen angewiesen und müssen sich als Hilfe zur Selbsthilfe realisieren. Altenclubs, Seniorenvereinigungen, Altengemeinschaften, Altenbegegnungsstätten und die Einrichtung von Selbsthilfegruppen, die durch alte Menschen geleitet werden, sind zu fördern. Immer mehr alte Menschen organisieren in eigener Regie soziale Dienste, erörtern in Gesprächskreisen ihre persönlichen Probleme und übernehmen Aufgaben im Rahmen der Erwachsenenbildung. Für jeden, der mit alten Menschen zu tun hat, ist wichtig, sich jederzeit bewußt zu sein, daß dem Streben nach

Autonomie und Selbstverwirklichung im Alter mit Wertschätzung und Achtung zu begegnen ist.

Altsprachlicher Unterricht. *Problemerörterung.* Latein und Griechisch waren jahrhundertelang Garanten einer humanistischen Bildung, Grundlage einer umfassenden Menschlichkeit und des ethischen Lebens. Angesichts des Wissenszuwachses durch Naturwissenschaften und der Notwendigkeit einer lebendigen Fremdsprache wird häufig der fehlende praktische Nutzen der alten Sprachen kritisiert. Dieser Kritik wird die Fragwürdigkeit einer Bildung entgegengehalten, die sich an direkt Verwertbarem orientiert. Außerdem ist zu fragen, wodurch in einer sich wandelnden, fragwürdigen, kritikbedürftigen, fremdbestimmten Welt noch echte Bildung erreicht werden kann. Den Wert alter Sprachen sehen Altphilologen in der formalen →Bildung, d. h. im Wachsen solcher innerer Kräfte und Fähigkeiten, die ein Individuum jederzeit befähigen, der äußeren Welt kompetent gegenüberzutreten. Außerdem wird herausgestellt, daß durch die Beschäftigung mit der Antike und deren Kultur die Grundlage der Selbstreflexion und der Reflexion der gegenwärtigen gesellschaftlichen, politischen und ökonomischen Verhältnisse gelegt wird. Nicht zuletzt sieht man im Sinne des Transfers in Latein und Griechisch eine Unterstützung für das Erlernen neuer Sprachen und für das Verstehen wissenschaftlicher Terminologie. Die Wahl eines altsprachlichen oder neusprachlichen Gymnasiums wird angesichts vieler Gründe für die eine oder andere Form eine Entscheidung sein, bei der persönliche Vorlieben, Begabungen der Kinder, Einstellungen zur Antike und zur Bildung, berufliche Absichten u. a.m. ausschlaggebend sein dürften.
Ziele und Inhalte des altsprachlichen Unterrichts. Das Griechische, die Sprache des Neuen Testaments, der Philosophen Aristoteles, Platon, Sokrates und des Dichters Homer, umfaßt in der Regel nur drei Schuljahre (9., 10. und 11. Klasse). Der dreijährige Griechischkurs gliedert sich in die Spracherwerbsphase und in die Lektürephase. Wegen der knappen Zeit bemühen sich Fachdidaktiker um optimale Lehrbücher und um die Lösung der Frage, welche Grammatikkenntnisse vor Beginn des Lektüreunterrichts unbedingt vorhanden sein müssen. Bei der Wahl der Lektüre gibt es verschiedene Ansichten. Anzustreben ist ein Weg „vom Mythos zum Logos“, damit die Schüler den Weg der Loslösung des Menschen aus mythischer Gebundenheit nachvollziehen können. Als Anfangslektüre wird oft die Odyssee empfohlen. Als weitere Lektüre scheinen Platons Schriften gut geeignet. Als Leitziele des Griechischen lassen sich damit eine Einführung in die antike Philosophie und in die logische Denkschulung herausstellen.
Die drei Lehrgangsformen des Latein (Jahrgangsstufe 5 bis 10) setzen

sich zum Ziel, Latein als „Reflexionssprache" aufzubauen im Gegensatz zu den Kommunikationssprachen Englisch und Französisch. Die Bedeutung des Latein liegt in der Förderung der Sprach- und Textreflexion, in der intensiven Übung des Entschlüsselns von Texten und in der Vermittlung eines allgemeinen Sprachbewußtseins. Als fachspezifische Methode gilt das Übersetzen und die sinnvolle Beschäftigung mit Texten. Es geht um eine möglichst frühzeitige Beherrschung von Texterschließungsstrategien und der dafür notwendigen Grammatik. Es ist ein Lernen durch Vergleichen, durch Gegenüberstellen von muttersprachlichen Elementen. Nach der analytischen Phase folgt die kreative Auseinandersetzung mit Texten. Dabei lernen die Schüler auch, daß jede Sprache der Welt nur *eine* mögliche Perspektive der Welt abbildet und daß durch verschiedene Sprachen verschiedene Welten entstehen.
Hinweise zur Praxis. Viele Schüler scheitern am Latein. Das Problem der Motivation für ein langfristiges Lernen einer „toten" Sprache scheint ungelöst. Es ist vor allem darauf zu achten, daß in der Anfangsphase, in der Spracherwerbsphase, also in der Jahrgangsstufe 5 und 6, keine großen Lücken entstehen, denn hier findet das größte Lerntempo und der schnellste Lernzuwachs statt. Auch die Leistung der Schüler wird in der Regel sehr streng bewertet, was sich demotivierend auswirkt angesichts des erheblichen Arbeitsaufwands. Der Bestand des Lateinunterrichts scheint gesichert. Die Anspruchshaltung der heutigen Jugend dürfte aber eine Herausforderung für den Lateinlehrer sein, wenn es um die Erhaltung der Motivation geht.

Anale Phase → Psychoanalyse und Pädagogik

Anamnese, Bezeichnung für die Ermittlung der Lebensgeschichte eines Klienten oder Patienten bzw. für die Ermittlung der Vorgeschichte einer Erkrankung. Durch die Anamnese werden objektive Daten über die → Entwicklung des Klienten erhoben, z. B.: Daten über Geburtsverlauf, soziale Situation der Eltern, Stellung in der Geschwisterreihe, Schulbesuch, Krankheiten, sowie Daten über die aktuelle Lebenssituation.
Als Informationsquellen dienen das persönliche Gespräch, Informationen von Eltern und Bekannten, Stellungnahmen von Lehrern und Ärzten sowie das Aktenstudium – falls Akten vorhanden sind.
Die Durchführung der Anamnese richtet sich nach der jeweiligen Fragestellung. Für Probleme der Familien-, Ehe- und Erziehungsberatung sind ausführliche Anamneseschemata („Leitfaden") entwickelt worden. Ein Anamneseschema ist kein Fragebogen, und eine Anamnese ist kein Verhör!
In jeder Anamnese sollen Informationen erhoben werden über:
– Grund der Vorstellung

- Wohnort und äußeren Lebensrahmen
- Krankheiten
- Biographie
- Familiensituation
- vorliegende Symptomatik.

Andragogik, die Wissenschaft von den grundlegenden Bedingungen der Bildungs- und Selbstentfaltungsprozesse im Erwachsenenalter. →Erwachsenenbildung

Angst. *Problemerörterung.* Die Angst spielt im Erleben und Verhalten der Menschen eine zentrale Rolle. Man hat Angst vor diesem und jenem: Angst vor der Zukunft, vor Krankheit, vor dem Verlust geliebter Personen, vor Prüfungen, vor der Schule, bei Bedrohung und Gefahr. Angst gilt als „offizielles Gefühl unseres Zeitalters" (Schlesinger). Angst ist auch aus dem Leben des Kindes und aus der Erziehung nicht wegzudenken, auch wenn man versucht, ohne Angst zu erziehen. Einerseits besitzt die Angst wichtige Schutzfunktionen, andererseits ist sie Ursache vieler psychischer Störungen.
Begriffsbestimmung. Es gibt keine einheitliche Definition der Angst. Angst wird sowohl als ein erlebtes →Gefühl, ein Ich-Zustand, als auch als ein körperlicher Reaktionskomplex (Herzklopfen, Änderung der Muskelspannung, Schweißabsonderung, Erröten, Zittern, Atembeschleunigung) definiert. Durch folgende Merkmale läßt sich die Angst ausreichend charakterisieren:
- Angst wird als unangenehmes, beklemmendes Gefühl erlebt.
- Das unangenehme Gefühl, die Spannung entsteht als Reaktion auf eine reale oder vermeintliche äußere oder innere Bedrohung, eine Gefährdung.
- Das Erleben wird begleitet von körperlichen Reaktionen.
- Die Angst beeinflußt in der Regel das Verhalten (Vermeidungsverhalten, Flucht, Passivität). Sie führt u. a. zu Schlafstörungen und Impotenz.

Man unterscheidet nicht mehr zwischen Furcht (Reaktion auf eine bestimmte Gefahr) und Angst (keine direkte Gefahr).
Dagegen ist die Unterscheidung zwischen Angst, als Erlebnis, und *Ängstlichkeit*, als Bezeichnung für mehr oder weniger stark ausgeprägte Angstbereitschaft (= Persönlichkeitsmerkmal), in der Erziehungswissenschaft von Bedeutung. Einerseits muß sich die Erziehung nach der bereits vorhandenen Ängstlichkeit des Kindes richten, andererseits soll die Ausbildung von Ängstlichkeit vermieden werden.
Ängstlichkeit umfaßt nach J. P. O'Connor mindestens fünf voneinander unabhängige Dimensionen:
- die Tendenz, sich Sorgen zu machen
- motorische Spannungen bzw. motorische Unruhe

- erhöhte physiologische Reaktionsbereitschaft
- Schlafstörungen, gekoppelt mit inneren Spannungen
- geringes Selbstvertrauen.

S. Freud unterscheidet zwischen angepaßter, nicht-krankhafter Realangst und unangepaßter, krankhafter, neurotischer Angst, die aufgrund innerer oder vermeintlicher äußerer Gefahren entsteht. Als Ursache neurotischer Angst werden genannt: verdrängte sexuelle Wünsche; Schuldgefühle, bewußte und unbewußte Wünsche, die für das Ich oder Über-Ich eine Gefahr darstellen; hohe Ängstlichkeit im Sinne der Angstbereitschaft.

Angstauslösende Situationen im Kindesalter. Kinder ängstigen sich normalerweise vor allem, was neuartig, fremd, undurchschaubar ist und dem sie nicht ausweichen können (Angst vor Gewitter, vor dem dunklen Keller, vor der Schule, vor der ärztlichen Untersuchung). Weiterhin wirken angstauslösend:

- Isolation oder drohender Kontakt- bzw. Liebesverlust;
- Überforderung und die damit verbundenen Gefühle der Unzulänglichkeit;
- Situationen, in denen sich das Kind nicht orientieren kann, Unsicherheit, Fehlen von verläßlichen Normen;
- massive Einengung kindlicher Aktivitäten, Bestrebungen und Eigeninitiative;
- Ängstlichkeit und Unsicherheit der Bezugspersonen (Mutter, Vater, Lehrer).

Angstabwehr und Angstbewältigung. Nach S. Freud setzt der Mensch Abwehrmechanismen ein, um die Angst abzuwehren. Ebenso dient das Vermeidungsverhalten der Angstüberwindung. Angstauslösende Situationen werden vermieden, was allerdings Vermeidungslernen (→Lerntheorien und Pädagogik) zur Folge hat. Es werden also Verhaltensweisen, mit denen Angst vermieden wird, immer häufiger auftreten (z. B. Schuleschwänzen; Bauchweh bei Schulangst). Weitere Angstabwehrreaktionen sind: Aggression, vor allem dann, wenn Vermeidungsverhalten nicht möglich ist; Zwangshandlungen, Lügen, Stottern, sowie andere Verhaltensstörungen.

Um Angst abzubauen (z. B. verschiedene Formen der Phobie), wird am häufigsten die Technik der Systematischen Desensibilisierung (→Verhaltensmodifikation) angewandt.

Hinweise zur erzieherischen Praxis. Die Angst läßt sich nicht mit Hilfe der Vernunft und Einsicht bekämpfen. Ängste lassen sich nicht „ausreden" und treten wider besseres Wissen auf. Zeigt das Kind Angst oder ist es ganz allgemein ängstlich, dann darf es nicht überrumpelt, zu etwas gezwungen oder verspottet werden. Der Erzieher muß die Angst des Kindes ernst nehmen. Das Kind soll die Angst nicht verbergen müssen. Es ist wichtig, die schrittweise Annäherung an Angstsituationen zu üben. Bei Erwartungsangst (z. B. Angst, in der

Schule zu versagen) muß man mit dem Kind sprechen, aktiv zuhören, Einfühlung zeigen. Das Kind darf nicht überfordert, nicht bedroht werden. Man muß im Gegenteil dem Kind bei jeder Bewältigung einer Angstsituation Anerkennung zeigen. Zeigt ein Kind Angst, dann muß der Erzieher es genau beobachten, um Rückschlüsse auf die Ursachen der Angst ziehen zu können. Wenn es sich z. B. vor Hausaufgaben „drückt", dann hat es möglicherweise Angst vor Versagen und vor Strafe.

Anlage-Umwelt-Problem. *Problemerörterung.* Kaum ein anderes Thema sorgt für so viele Schlagzeilen sowohl in der Presse als auch in der wissenschaftlichen Literatur wie die Kontroverse um das Verhältnis von Anlage und Umwelt bei der Entwicklung interindividueller Unterschiede im Verhalten. Anfang der 70er Jahre glaubte z. B. A. Jensen nachweisen zu können, daß 80% der Intelligenz der nordamerikanischen weißen Bevölkerung erbgenetisch festgelegt seien. Später wurden Jensen methodische Fehler und Fälschungen der Daten vorgeworfen. Das Anlage-Umwelt-Problem ist deshalb so umstritten, weil diese Frage nicht nur pädagogisch bedeutsam, sondern auch gesellschaftspolitisch brisant ist. Viele meinen nämlich, man könnte die Gesellschaft von dem Vorwurf reinwaschen, sie sei mitverantwortlich für die soziale Ungleichheit und verhindere die → Chancengleichheit, wenn z. B. die Ausprägung der individuellen Intelligenz hauptsächlich genetisch bedingt ist. Für praxisorientierte Pädagogen ist es unverantwortlich, beobachtbares Leistungsverhalten als unabwendbares Schicksal, als Folge einer anonymen unveränderbaren Größe „Anlage" zu akzeptieren. Sie wissen, daß erzieherische Einflüsse von enormer Bedeutung sind.
Begriffsbestimmung. Eine kritische Erörterung des Sachverhalts setzt die genaue Klärung folgender Begriffe voraus: Erbe, Genotyp, Phänotyp, Anlage, natürliche Umwelt, sozio-kulturelle Umwelt, Erbe-Umwelt-Problem, Anlage-Umwelt-Problem, vererbt, angeboren.
Erbe ist die Gesamtheit der im Erbgut beider Eltern enthaltenen genetischen Information über die Entwicklung einzelner Organsysteme und des dazugehörigen Verhaltens. Diese Information enthält in der Regel die befruchtete Eizelle (= *Genotyp*), womit das Erbe an die nächste Generation weitergegeben (vererbt) wird. *Phänotyp* gilt dagegen als Bezeichnung für die zu einem bestimmten Zeitpunkt real gegebene und beobachtbare Erscheinungsform eines Individuums. Eine direkte Entsprechung zwischen Genotyp und Phänotyp ist möglicherweise in der Erscheinungsform einzelner Zell- oder Organsysteme des menschlichen Organismus gegeben, sie wird im psychischen Bereich kaum gegeben sein, zumal sich der Mensch in seinem Verhalten immer mehr von der natürlichen Umwelt entfernt.
Anlage ist die Gesamtheit von innerorganismischen Informationen

über die Entwicklung des Menschen, die bei der Geburt vorhanden sind. Die Anlagen sind weitgehend biologischen Ursprungs und werden vererbt, zum Teil aber durch Umwelteinflüsse vor und während der Geburt festgelegt.

Umwelt umfaßt alle direkten und indirekten Einflüsse, denen ein Individuum von der Befruchtung der Eizelle bis zum Tode ausgesetzt ist. Zu der Umwelt gehören nicht nur natürliche Gegebenheiten physikalischer und chemischer Art, sondern auch künstlich geschaffene soziokulturelle Merkmale, wie soziale Ungleichheit, Gruppennormen, Wertvorstellungen, Sprache, Sitten usw.

Erbe-Umwelt-Problem. Hier wird die Frage angesprochen, inwieweit sich der Genotyp des Menschen durch Umwelteinflüsse von Generation zu Generation (phylogenetische Betrachtungsweise) verändert hat und ob Ergbut der Eltern geändert wird, z. B. durch die Ernährung, Trinkgewohnheiten, Beruf und andere Umwelteinflüsse.

Anlage-Umwelt-Problem. Hier wird das Verhältnis zwischen den bei der Geburt vorhandenen innerorganismischen (endogenen) Informationen über die Entwicklung (= angeboren) und den äußeren (exogenen) Einflüssen bei der Ausprägung individueller Persönlichkeitsmerkmale und Verhaltensweisen untersucht.

Kontroversen über den Grad der Erziehbarkeit. Über die Auswirkung von Anlage und Umwelt bei der Entwicklung von Persönlichkeitsmerkmalen werden folgende Auffassungen vertreten:

a) Die Erziehbarkeit ist an Reifungsphasen gebunden, die einem „festgelegten Plan des Werdens" stufenhaft folgen. Sie ist stark eingeschränkt durch die stammesgeschichtlichen Vorprogrammierungen, die im Rahmen der Vererbung von Generation zu Generation weitergegeben werden. Die Aufgabe der Erziehung besteht in der Entfaltung der genetisch vorgegebenen Möglichkeiten. Pädagogische Maßnahmen, die sich nicht an den endogen bedingten Reifungsfortschritten orientieren, bleiben nicht nur erfolglos, sondern sind auch gefährlich, weil sie im Sinne der Überforderung die Entfaltung von Anlagen verhindern können. Entsprechend dieser Auffassung können sich die Umwelteinflüsse nur hemmend oder störend, nicht aber fördernd auswirken (R. Oerter). Vererbungs- und Reifungstheorie führen zum *Pädagogischen Pessimismus*: „Die Erziehung folgt der Entwicklung des Kindes gleichsam wie ein Schatten" (O. Ewert).

b) Extreme Umwelt- bzw. Milieutheoretiker, wie J. B. Watson und B. F. Skinner, glauben an die totale Formbarkeit des Menschen, die, unabhängig von dessen Anlagen, allein durch geeignete Auswahl und Gestaltung von Umwelteinflüssen erreichbar sei. „Erziehung kann alles" *(pädagogischer Optimismus)* – entscheidend sind Umwelteinflüsse in der frühen Kindheit.

c) Inzwischen ist die Mehrheit der Wissenschaftler von der Unfruchtbarkeit der Kontroverse zwischen extremen Erb- und Milieutheoretikern überzeugt. Deshalb wird nicht mehr die Frage nach dem Verhältnis, sondern nach dem Zusammenspiel bzw. nach der Interaktion zwischen Anlage und Umwelt gestellt.

Interaktionstheoretiker betonen,

- daß zwischen Anlage und Umwelt eine multiplikative Beziehung besteht;
- daß die →Entwicklung einzelner Merkmale, z. B. der Intelligenz, zu 50% von der Anlage und zu 50% von der Umwelt abhängt, beide sind daher als gleichwertig zu betrachten; daß gleiche genetische Ausstattung durch unterschiedliche Umwelteinwirkungen zu unterschiedlichen Phänotypen ausgeformt werden kann;
- daß der Erziehung durch die Anlage zwar Grenzen gesetzt sind, die genetisch vorgegebenen Grenzen jedoch nur bei optimaler Umweltbeeinflussung ausgeschöpft werden.

Konsequenzen für die Praxis. Es ist sicher so, daß es neben der genetischen Information, über die wir im Einzelfall in der Regel nichts wissen, für die Entwicklung der Intelligenz, Ängstlichkeit, Aggressivität usw. Gründe gibt, die im Bereich der erzieherischen Verantwortung liegen und den genetischen Ursachen zumindest gleichwertig sind. „Es ist sehr leicht zu sagen, der Schüler ist dumm. Es ist aber viel interessanter zu fragen, warum er dumm geblieben ist. (...) Nicht die Natur hat sie dumm gemacht, die Umwelt hat sie dazu gezwungen" (W. Fthenakis). Die Interaktionstheoretiker gehen davon aus, daß das genetische Potential in jedem Fall größer ist, als es bisher ausgeschöpft wurde, und daß Verlauf, Tempo, Zielrichtung und Niveau der psychischen Entwicklung durch erzieherische Maßnahmen beeinflußbar sind. Die Erziehung muß sich an dem jeweiligen Entwicklungsstand und der vorausgegangenen Reifung von organischen Funktionen orientieren, wobei nach H. Heckhausen eine „mäßige Verfrühung" sinnvoll sein soll.

Bei jedem Versuch, die psychophysische Entwicklung zu fördern, ist zu beachten, daß nur solche Umwelt als Quelle der Förderung anzusehen ist, mit der sich das Kind aktiv auseinandersetzt. H.-R. Lückert ist der Auffassung, daß folgende fünf Grundbedürfnisse des Kindes angeboren sind und seine aktive Auseinandersetzung mit der Umwelt in Gang setzen und steuern:

1. das Bedürfnis nach Erwachsenenkontakt, nach Zuwendung, Liebe, Zärtlichkeit, Geborgenheit;
2. das Bedürfnis nach Selbständigkeit und Selbsttätigkeit sowie Unabhängigkeit von Erwachsenen;
3. das Bedürfnis nach Weltorientierung, nach Wissen, Erkennen (Neugierverhalten);
4. das Lust- und Expressionsbedürfnis (Sich-mitteilen-können, sich ausdrücken ist mit Lust verbunden);

5. das Leistungs- und Bewältigungsbedürfnis, der Wunsch, kompetent, zuständig zu sein.

Eine Umwelt, in der Kinder entsprechend den aufgeführten Bedürfnissen aktiv sein können, fördert das angeborene Entwicklungspotential und ist damit „begabend".

Anpassung, umfassende Bezeichnung für situationsgerechtes Handeln, für die Orientierung in der Umwelt, für die Ausrichtung des Verhaltens nach den jeweils herrschenden Umweltbedingungen. Gegenseitiges Sich-Anpassen ist eine unabdingbare Voraussetzung für dauerhaftes Zusammenleben.

Pädagogische Probleme. Erziehungswissenschaftler interessieren sich insbesondere für die Anpassung als den Prozeß der Eingliederung (Integration) in das geregelte Zusammenleben. K. Mollenhauer betont, daß der Prozeß der Anpassung zu einem pädagogischen Problem ersten Ranges geworden ist, weil die „Differenzen und Widersprüche der Institutionen, Gruppen, Meinungen, Familien, Personen" einen Vorgang kompliziert machen, der einfach sein müßte. Früher war – im Gegensatz zu heute – eindeutig klar, an welche Gruppe sich das Kind anzupassen hatte, welche → Normen für es Gültigkeit hatten.

Ungelöst ist auch die Frage des Zuviel und Zuwenig an Anpassung. Ein Individuum ist dann angepaßt, wenn es sich aus der Sicht eines Beurteilers innerhalb des von ihm als gültig angenommenen Abweichungs-Toleranz-Bereichs verhält. Die meisten Beurteiler richten sich nach der Funktionsfähigkeit des Individuums, d. h. der „angepaßte" Mensch setzt sich aktiv mit der Natur und soziokulturellen Umwelt auseinander, um seine Bedürfnisse zu befriedigen.

Da jeweils Gruppennormen als Beurteilungsmaßstäbe angelegt werden, wird ein Individuum von verschiedenen Beurteilern als angepaßt oder als nicht-angepaßt eingestuft. Daraus ergeben sich Konflikte und Unsicherheiten für den Beurteilten. Von Überanpassung sprechen wir, wenn ein Individuum den ihm von der diagnostizierenden Instanz zugestandenen Verhaltensspielraum nicht ausnützt oder versucht, sich jeweils möglichst so zu verhalten, wie die diagnostizierende Instanz. In beiden Fällen kommt es zum Verlust der Ich-Identität, zu bedingungslosem Konformismus, zu neurotischen Verhaltensweisen.

Anspruchsniveau. In der Regel hat der Mensch aufgrund vorausgegangener Erfahrungen Erwartungen über die Güte (Qualität und Quantität) einer vollbrachten Leistung. Die Ansprüche an eine Leistung, z. B. das Abschneiden in einer Schulaufgabe, sind von Individuum zu Individuum unterschiedlich hoch. Erfolgserlebnisse führen eher zu hohem Anspruchsniveau als Mißerfolgserlebnisse.

Aufgabe der Erzieher: Erfolgserlebnisse vermitteln und darauf achten, daß das Anspruchsniveau nicht allzu sehr von der Leistungsfähigkeit des Kindes abweicht.

Anthropologie, pädagogische. Als fächerübergreifende Wissenschaft untersucht Anthropologie sowohl mit Hilfe erfahrungswissenschaftlicher Methoden als auch mit geisteswissenschaftlichen Methoden das Wesen des Menschen mit seiner organischen und psychischen Eigenart und seiner besonderen Stellung in Natur und Geschichte. Gefragt wird nach den biologischen Merkmalen des Menschen (biologische Anthropologie), wie Abstammung, Entwicklung, Vererbung, Rasse, nach seiner Kulturfähigkeit und -abhängigkeit (Kulturanthropologie) und nach den zwischenmenschlichen (sozialen) Beziehungen, wie Geschlechterrollen, Arbeitsteilung, Machtverhältnisse, Unterschiede zwischen Stadt- und Landbevölkerung, Beziehungen zwischen Minderheit und Mehrheit, Problemen hochentwickelter Industriegesellschaften, z. B. Umweltverschmutzung (Sozialanthropologie).
Pädagogisch bedeutsame anthropologische Thesen. Durch den Nachweis verschiedener grundlegender Merkmale und Eigenschaften des Menschen, die von Anthropologen unter Stichworten wie „soziokulturelles Wesen“, „biologisches Mängelwesen“ (A. Gehlen), „instinktreduziertes Wesen“ (N. Tinbergen), „physiologische oder extrauterine Frühgeburt“ (A. Portmann) und „weltoffenes Wesen“ (J.v. Uexküll) zusammengefaßt wurden, konnte die zentrale Bedeutung der Erziehung für die Entwicklung des Menschen zum Menschen herausgestellt werden. Durch Begriffe wie „soziales Wesen“, „kulturelles oder soziokulturelles Wesen“, rationales und geistiges Wesen werden die Wesensmerkmale des Menschseins herausgestellt, die die Tiere nicht besitzen. Allein durch die Herausstellung der Unterschiede zwischen Mensch und Tier ist das Wesen des Menschen nicht erfaßt. Daraus folgt: Die Unterschiede zwischen Mensch und Tier und die zweite „Natur“ des Menschen ermöglichen einerseits die Erziehung, deshalb spricht man von *Erziehbarkeit* und *Erziehungsfähigkeit* des Menschen, sie führen aber andererseits auch zur *Notwendigkeit der Erziehung,* deshalb spricht man von *Erziehungsbedürftigkeit.* Wäre das menschliche Verhalten durch Instinkte geregelt oder durch spezialisierte Organe auf wenige Möglichkeiten begrenzt, dann wäre Erziehung nicht möglich. Andererseits ist die Erziehung nur in einem geregelten Zusammenleben, in einer Kultur, möglich. Die biologische Ausstattung des Menschen wird durch die Vererbung, die kulturelle durch die Tradition von Generation zu Generation weitergegeben.
Anthropologische Betrachtung von Arnold Gehlen. Die Beobachtungen der menschlichen Eigenart haben A. Gehlen dazu veranlaßt, den Menschen als *„biologisches Mängelwesen“* zu charakterisieren. Diese

Charakterisierung begründet Gehlen durch „organische Unspezialisiertheit", „organische Unfertigkeit" und durch „Instinktreduktion".
A. Gehlen geht davon aus, daß der Mensch nur deshalb überleben konnte, weil es ihm gelungen ist, die Mängel seiner Natur zu kompensieren. Die Feststellung, der Mensch sei ein „biologisches Mängelwesen", läßt sich belegen durch seine
- organische Unspezialisiertheit (Angriffs-, Schutz-, Bewegungs- und Sinnesorgane des Menschen sind nicht für eine bestimmte Umwelt spezialisiert wie bei den Tieren);
- organische Unfertigkeit (Unbehaartheit, Bau von Hand, Fuß, Bekken sprechen dafür, daß sich der Mensch bei der Geburt noch im fetalen Stadium der Entwicklung befindet);
- Instinktreduktion (beim Menschen fehlen angeborene Verhaltensschemata, die sein Überleben sichern würden).

Welche Folgen leitet Gehlen daraus für den Menschen ab?
- Aufgrund der Unspezialisiertheit kann der Mensch seine Organe, insbesondere seine Hände vielseitig verwenden.
- Diese Fähigkeit muß er aber selbst erst entwickeln.
- Die Möglichkeit dazu ist ihm durch die *Struktur seines Großhirns* gegeben.
- Durch *planendes, schöpferisches* Handeln gleicht er seine biologischen Mängel selbst aus.
- Dieses Handeln führt ihn aus der Natur-Umwelt heraus; er gestaltet sich eine eigene Umwelt; er wird aktiver Gestalter einer *Kulturumwelt.*
- Durch die Gestaltung der Umwelt und Schöpfung der Kultur wird er selbst Teil der Kultur.
- Er muß sich nun als *„kulturelles"* Wesen verhalten, er muß seine Triebe, deren Regelung durch Instinkte nicht festgelegt ist, beherrschen lernen.
- Damit kann er nicht nur zur Natur-Umwelt, sondern auch zur „Natur" im eigenen Körper Stellung beziehen und ihre Impulse steuern.
- Antriebskräfte, die für sein Handeln notwendig sind, sind beim Menschen im Überschuß vorhanden infolge der Instinktreduktion.
- Zum Zwecke der inneren und äußeren „Kultivierung" müssen diese Kräfte über Lernvorgänge, Haltungen, Gesinnungen geregelt und in kulturelle Bahnen gelenkt werden.
- Das geschieht nach Gehlen durch äußere Stützen, die *„Institutionen"*. Darunter versteht er zunächst pädagogische Institutionen wie Familie, Kindergarten, Heim, Schule, Betrieb, aber ebenso auch alle geschriebenen und ungeschriebenen Normen (Rechtsordnung, Staatsordnung, Ehe, Sitten, Bräuche, Religion).
- Diese Institutionen sind in gleicher Weise für den einzelnen Menschen wie auch für die Gesellschaft wichtig.

- Der einzelne kann nur durch sie seine humanen Eigenschaften wie Sprache, Denken entwickeln, die Gesellschaft, namentlich die moderne Industriegesellschaft, nur durch sie weiterbestehen und sich erneuern („reproduzieren").

Konsequenzen für die Pädagogik

Gehlens These vom „Mängelwesen", das seine organische Unspezialisiertheit und Unfertigkeit dadurch ausgleicht, daß es sich selbst über *soziokulturelle Institutionen vom Naturwesen zum Kulturwesen verwandelt*, weist der Erziehung eine zentrale Bedeutung für die menschliche Lebensführung zu.

a) Diese Erziehung erscheint um so notwendiger, je weiter sich der Mensch von seiner naturhaften Basis entfernt.

b) In seinem Denkansatz begründet Gehlen vor allem die Unentbehrlichkeit von soziokulturellen Institutionen, durch die die Erziehung organisiert wird. In der Tat spielen ja solche Institutionen in unserer zunehmend komplizierten Leistungsgesellschaft eine wachsende Rolle (Kindergarten, Schule, Hochschule, berufliche Bildung).

c) Die Überbetonung dieser Institutionen, zu denen nach Gehlen ja auch die überkommenen Traditionen und Verhaltensmuster zählen, ist allerdings nicht ganz unproblematisch.
Institutionen entwickeln oft eine Eigendynamik und nehmen auf die berechtigten Interessen von einzelnen Personen und vor allem auf Minderheiten keine Rücksicht. Indem sie das Verhalten des einzelnen steuern und lenken, stabilisieren und regulieren, erfüllen sie zwar ihre Aufgabe, ein geordnetes, geregeltes Zusammenleben zu ermöglichen; die Frage ist aber, inwieweit sie dadurch auch zur Erstarrung von Gewohnheiten, Normen und Werten und damit zur wenig sinnvollen persönlichen Unterdrückung führen. In der dann übergeordneten Ausrichtung auf gesellschaftskonformes Verhalten werden produktive, innovative (erneuernde, belebende) kritische Impulse häufig nicht aufgenommen, die für die Fortentwicklung von Kultur und Gesellschaft wichtig sein könnten.

Antiautoritäre Erziehung. Während der sog. „antiautoritären Bewegung" der sechziger Jahre, getragen durch die Studenten an westeuropäischen und amerikanischen Hochschulen, wurden pädagogische Konzepte einer unterdrückungsfreien Erziehung entwickelt und in „Kinderläden" (→ Antipädagogik) praktisch erprobt. Ausgehend von der These der → Psychoanalyse, die Triebunterdrückung im Kindesalter führe zur Ausbildung einer autoritären Persönlichkeit, haben Verfechter der antiautoritären Erziehung folgende Forderungen aufgestellt:

- jede Unterdrückung kindlicher Bedürfnisse ist zu vermeiden;
- kindliche Sexualität darf nicht tabuisiert werden;

– Kindern soll Selbstregulierung ermöglicht werden.
Es ergaben sich große Schwierigkeiten, weil die Erwachsenen oft nicht wußten, wie sie sich verhalten sollten, um diesen Forderungen gerecht zu werden. Ihr Verhalten schwankte zwischen Gewährenlassen und autoritärem Eingreifen. So haben sie versäumt, den Kindern Orientierungshilfen anzubieten und sie bei der Befriedigung ihrer Bedürfnisse zu unterstützen. Sie haben Werte und Normen sozusagen ersatzlos, ohne die Entwicklung neuer, abgeschafft. Antiautoritäre Erziehung wird heute als ein gescheiterter Versuch der Befreiung des Menschen angesehen (→Wert- und normorientierte Erziehung).
Die antiautoritäre Bewegung darf nicht als direkter Angriff auf die Autorität von Personen mißverstanden werden. Antiautoritär bedeutet Ablehnung von Unterdrückung, Zwängen und Machtausübung, bedeutet aber nicht Ablehnung jeglicher →Autorität.

Antipädagogik übt radikale Kritik an der Pädagogik mit der Forderung: „Schafft die Erziehung ab!". Die Freiheit des Menschen wird hier nicht verstanden als Ziel der Erziehung, sondern als ein Wesensmerkmal des Kindes. Diese Freiheit darf von keinem „organisierten Einfluß", z. B. von der Erziehung manipuliert, deformiert oder beschränkt werden. Die Forderung von Ivan Illich (Mexiko) in den 60er Jahren nach der „Entschulung der Gesellschaft" wird als Anstoß der Antipädagogik gesehen. In den Arbeiten von E. v. Braunmühl und A. Miller wird die Kritik an den Institutionen verlassen und eine allgemeine Kritik an der Erziehung geübt, vor allem der Eltern-Kind-Beziehung. Dies geschieht mit Hilfe psychoanalytischer Erkenntnisse (→Psychoanalyse und Pädagogik). Nach E. v. Braunmühl liegt keine Erziehungsbedürftigkeit des Kindes vor, sondern nur eine Lernfähigkeit; nicht das Kind, sondern der Erwachsene ist „erziehungsbedürftig", weil er das Kind als Projektionsfläche für seine Haß-, Rache- und Unterlegenheitsgefühle braucht. Damit ist der Erwachsene nicht in der Lage, das Kind zu erziehen, er zwingt ihm qua Machtausübung seinen Willen auf. Nach A. Miller lernt das Kind durch Erziehung frühzeitig einen Teil seiner Persönlichkeit abzuspalten und zu verdrängen. „Das Drama des begabten Kindes" besteht nach A. Miller in der Neigung, die Anforderungen und Erwartungen Erwachsener aufzuspüren und ihnen nachzukommen. Zugleich sorgt ein gesellschaftlicher Mechanismus dafür, daß das Kind die „Mißhandlungen" nicht merkt und und die abgespaltenen Persönlichkeitsanteile nicht in die Selbstverwirklichung einbeziehen kann.
H.v.Schönebeck fordert eine Umorientierung von Erwachsenen durch antipädagogische Gruppendynamik, damit sie ihr eigenes Erziehungsschicksal ablegen und eine neue Beziehung mit dem Kind eingehen können.
Das wichtigste Argument gegen die Antipädagogik lautet: „Man

kann nicht nicht erziehen, da jede Begegnung mit Erwachsenen schon Erziehung bedeutet." Mit der Antipädagogik könnten sich diejenigen aus ihrer Frustration hinweghelfen, die entweder an den Erfolgen der gegenwärtigen Erziehung (Belege: gewalttätige Jugend, Ausländerhaß) zweifeln oder das eigene Versagen verkraften müssen.

Antizipation, die gedankliche, vorstellungsmäßige, gefühlsmäßige Vorwegnahme der Konsequenzen bestimmter Verhaltensweisen. Menschen richten sich in ihrem Verhalten oft nach den angenommenen Konsequenzen eigener Handlungen und nicht nach den Konsequenzen, die ihre Handlungen tatsächlich zur Folge haben (Erwartungsangst). In der sozialkognitiven Lerntheorie (→ Lerntheorien und Pädagogik) spielt die antizipierte Selbstbekräftigung eine sehr wichtige Rolle für die Motivation des Verhaltens und die Selbststeuerung.

Antrieb ist eine mehrdeutige Bezeichnung für Ursprung, Ausdauer und Stärke der Aktivität eines Menschen. Bei Kindern wird Antriebsüberschuß beobachtet, Antriebsmangel ist ein Zeichen psychischer Störungen (z. B. bei Depression). Erzieher müssen sich bewußt sein, daß es Kindern aufgrund des Antriebsüberschusses schwerfällt, sich in manchen Situationen ruhig zu verhalten.

Appetitlosigkeit. Viele Eltern können sich mit den Eßgewohnheiten ihrer Kinder nicht abfinden und versuchen – auf mehr oder weniger listige Art – ihnen das Essen aufzudrängen. Dadurch wird oft die Abwehrhaltung der Kinder gesteigert, und es kann zu einem regelrechten Kampf zwischen den Eltern, die auf der Nahrungsaufnahme bestehen, und den Kindern, welche die Nahrungsaufnahme verweigern, kommen. Bei anhaltender Nahrungsverweigerung verliert das Problem an Bedeutung, je weniger es als Problem behandelt wird. Die Eltern dürfen ihr Verhalten allerdings erst dann ändern, wenn Krankheiten als Ursache der Nahrungsverweigerung durch eine ärztliche Untersuchung ausgeschlossen worden sind.
In der Pubertät kann es vorkommen, daß der natürliche Selbsterhaltungstrieb des Menschen nicht mehr ausreicht, um ihn zur Nahrungsaufnahme zu bewegen. Anhaltende Abneigung und Ablehnung der Nahrung wird als Pubertätsmagersucht (→ Magersucht) beschrieben (anorexia nervosa). In solchen Fällen sind appetitanregende Medikamente relativ wertlos. In der Regel muß eine langwierige therapeutische Behandlung durchgeführt werden.

Arbeit als Erziehungsmittel. Die erzieherische Bedeutung der Arbeit, des zweckgerichteten, rational organisierten menschlichen Tuns wird in der Erziehungswissenschaft in verschiedenen Zusammenhängen herausgestellt:

- G. →Kerschensteiner forderte 1908 die „Arbeitsschule", weil seiner Meinung nach durch manuelle Arbeit nicht nur körperliche, sondern auch geistige Funktionen geschult werden können.
- K. Marx (1866) sah in einer Erziehung, die Schule und produktive Arbeit miteinander verbindet, die sinnvolle Einleitung der →Selbstverwirklichung des Menschen durch die Arbeit.
- Arbeit gilt nach Auffassung vieler Pädagogen als Mittel der Erziehung zur →Leistungsmotivation, Sachlichkeit, →Konzentration, Kooperationsbereitschaft und Gewissenhaftigkeit.
- Nicht zuletzt wird durch die Einführung der →Arbeits- und Wirtschaftslehre die erzieherische Bedeutung der Arbeit thematisiert.

Arbeits- und Wirtschaftslehre. Die Vorbereitung auf das Arbeits- und Berufsleben als Gegensatz zu Bildung und Arbeit, führte zur Organisation zweckfreier Allgemeinbildung und zweckgebundener Ausbildung.

Erziehung zur Arbeit bzw. durch Arbeit wurde von G. →Kerschensteiner als *Arbeitsschulbewegung* realisiert und findet sich heute im Konzept der Arbeitslehre (im Westen) und als „Polytechnische Bildung" (→Bildung) im Osten Europas (Rußland, ehemalige DDR) wieder.

Auch wenn die Forderung, die Schule dem Leben anzunähern, um den raschen Wandel der Industriegesellschaft einzufangen, sehr umstritten war und ist (z. B. im Deutschen Bildungsrat), so wollte man Arbeit, Beruf, Wirtschaft und Technik sowohl im Haushalt als auch in der industriellen Fertigung wenigstens in einem Unterrichtsfach in der Schule berücksichtigen.

Grundgedanke ist: Der Schüler soll so frühzeitig wie möglich auf die Arbeits- und Wirtschaftswelt vorbereitet und mit den Arbeitsmethoden in der modernen Produktion und Dienstleistung vertraut werden.

Auf der Suche nach der Verwirklichung der obengenannten Zielsetzung haben sich zwei Modelle herausgebildet:

a) Das *Berufspädagogische Modell* orientiert sich an den Bedürfnissen des Handwerks und stellt sich vor, daß nacheinander Grundkurse in Holzarbeit, Metallarbeit, elektrischen Arbeiten und in kaufmännisch-verwaltender Arbeit durchgeführt werden.
b) Das *Werkpädagogische Modell* geht aus der Werkerziehung hervor und stellt die Erziehung zum technischen Denken, Erfinden und Nacherfinden in den Vordergrund.

Im →Primarbereich ist Arbeitslehre eine Teilaufgabe des Sach- oder Sachkundeunterrichts. In diesem Rahmen sind einfache Zusammenhänge der Arbeits- und Wirtschaftswelt zu erarbeiten soweit sie tägliche Erfahrungen des Grundschulkindes bilden. Im Unterricht sollen Bedürfnisse und Arbeiten in der Familie (1. Klasse), Berufsbilder und Einkaufen, Verkaufen (2. Klasse), Produktion, Rohstoffe, Handarbeit, Wandel der Wirtschaft, Großbetriebe, Einkaufszentren (4. Klasse) behandelt werden.

Im → Sekundarbereich I, vor allem in der Hauptschule und in der Realschule, wird über Projekte (z. B. Praktika in Betrieben, Betriebserkundungen), durch Fallstudien, Rollenspiele, Planspiele der Einblick in die komplexen Zusammenhänge von Industrie, Wirtschaft, Technik und Politik angestrebt. Häufig wird das Fach durch Haushaltslehre, Techniklehre, Wirtschaftslehre und Rechtslehre ersetzt. In den meisten Lehrplänen werden folgende Situationsfelder abgedeckt: privater Haushalt (Familie), Betrieb und Unternehmen, Freizeit und Arbeitsplatz, Behörde und Staat.

Es besteht die Gefahr, daß der Arbeitslehreunterricht zum unverbindlichen Sozialkundeunterricht abgleitet, unter neuer Fachbezeichnung alte Inhalte vermittelt und daß für die komplexen Inhaltsbereiche Technik, Wirtschaft, Ökonomie und Politik zu wenig Stunden ausgewiesen werden.

Die Zersplitterung der Sekundarstufe II in das Gymnasium und in verschiedene Formen der beruflichen Bildung führt dazu, daß der Arbeitslehreunterricht als ein Zentralfach, z. B. als Wirtschaftslehre in der kaufmännischen Ausbildung oder als Grundbildung für eine Vielzahl von Berufen im Berufsvorbereitungsjahr und im Berufsgrundschuljahr, gegeben wird, oder es findet keine weitere Spezialisierung oder Vertiefung mehr statt, wie z. B. in der gymnasialen Oberstufe.

Aristoteles (384–322 v. Chr.), Schüler Platons, Erzieher Alexanders des Großen, Gründer des Lykeions in Athen (Vorläufer einer Universität), Universalgenie.

Pädagogisches Werk: „Politik", „Nikomachische Ethik", „Vom Himmel", „Von der Seele", „Von der Dichtkunst".

Pädagogische Ideen: Pädagogische Prinzipien sind nach Aristoteles: Pflege, Gewöhnung (oder Zucht) und Einsicht. Die natürlichen Anlagen des Menschen (Körper und Seele) bedürfen der Plege, um zur vollen Entfaltung zu gelangen. Gewöhnung und Zucht spielen vor allem eine Rolle für die Förderung der Tugend. Einsicht wird vor allem durch Lehre und Unterricht hervorgerufen und gefördert. Erziehung teilt sich in zwei große Bereiche: Familienerziehung und staatliche Erziehung. Familienerziehung ist die Basis des Staats. Staatliche Erziehung macht den Menschen zum „politischen Wesen (zoon politikon)". Aristoteles gilt mit seiner Lehre vom Begriff, vom Urteil und vom logischen Schluß als Begründer der Logik. In seinem Werk äußert er sich zu Fragen der Ethik, Psychologie, Politik und Naturwissenschaft und legt den Grundstein für die wissenschaftliche Forschung.

Wirkung: Das Werk des Aristoteles hatte weitreichende Auswirkungen für die Entwicklung der Wissenschaft, für das Christentum und den Islam.

Ästhetische Erziehung. Der Begriff „ästhetische Erziehung“ ist umfassender als die Begriffe Kunstunterricht, →Musische Erziehung oder →Kunsterziehung. Angesichts verschiedener Zeiterscheinungen, die mit Schlagwörtern, wie z. B. Kulturkrise, Sittenverfall und Kitsch, bezeichnet werden, gewinnt die Forderung nach einer Erziehung zum „ästhetischen Verhalten“ immer mehr an Gewicht. Diese Tatsache spiegelt sich wider im verstärkten Bemühen um die wissenschaftliche Fundierung des Kunstunterrichts und der ästhetischen Erziehung. So werden Fachdidaktiken entwickelt (G. Otto und R. Pfennig), Neubestimmungen des Gegenstandes der Erziehung vorgenommen (Visuelle Kommunikation, H. Möller, K. Ehmer u. a.), und es wird intensive →Curriculumforschung betrieben.
Begriffsbestimmung. Ästhetische Erziehung ist die Bezeichnung für einen Teilbereich der →Erziehung. Die Abgrenzung erfolgt einerseits mit Hilfe des Erziehungsziels (Fähigkeit, sich ästhetisch zu verhalten, d. h. das Schöne, Ausgewogene, Geschmackvolle vom Unschönen unterscheiden zu können) und andererseits mit dem Gegenstand erzieherischer Bemühung (Verhalten im Bereich der Kunst, der Literatur, des Theaters, Umgehen mit der Musik). In den Schulen wird ästhetische Erziehung unterrichtet als Kunsterziehung, Musische Bildung, Werkerziehung, Hinführung zur Kunst, Zeichenerziehung, auditiv-visuelle Erziehung.
Theorie und Praxis der ästhetischen Erziehung. Wird als Ziel der ästhetischen Erziehung die Fähigkeit festgelegt, sich ästhetisch zu verhalten, d. h. die Umweltveränderungen nach ästhetischen Gesichtspunkten vorzunehmen und zu beurteilen, dann kann jede →Theorie der Verhaltensänderung als Grundlage der Praxis herangezogen werden.
Voraussetzung für die ästhetische Erziehung ist die Kenntnis der innerpsychischen Voraussetzungen des ästhetischen Verhaltens sowie die eindeutige Bestimmung der ästhetischen und nicht-ästhetischen Verhaltensweisen. Wenn wir annehmen, daß sich ein Mensch ästhetisch verhält, wenn er das Schöne vom Unschönen unterscheiden kann, dann müssen wir jene Fähigkeiten, Bedürfnisse und Einstellungen fördern, die das genannte Unterscheidungsverhalten ermöglichen.
In diesem Sinne fordert H. von Hentig die systematische Ausbildung der Wahrnehmungsmöglichkeiten, des Wahrnehmungsgenusses und der Wahrnehmungskritik. Der Mensch soll die Vielfalt der Ausdrucks-, Aufnahme- und Genußmöglichkeiten erfahren.
Hinweise zur Praxis. Wie können die Erzieher die genannten Fähigkeiten fördern? Wenn wir als Grundlage der ästhetischen Erziehung

die Lerntheorien wählen, dann müssen die Erzieher Bedingungen schaffen, damit Signallernen, Verstärkungslernen und Modellernen stattfinden können.
Einige Möglichkeiten: Die Erzieher fördern die aktive, darstellende, gestaltende Auseinandersetzung des Kindes mit der Umwelt; sie verstärken gezielt kreative, musische und darstellende Aktivitäten des Kindes; sie ermöglichen intensive Beschäftigung mit Kunst, Literatur, Musik und achten darauf, daß ihr Konsumverhalten Modellwirkung besitzt.
Seit einigen Jahren findet die ästhetische Erziehung in der Spielpädagogik, →Medienpädagogik, →Freizeiterziehung und in der →Jugendarbeit mehr Beachtung.

Audiovisuelle Medien, *AV-Medien* werden sowohl technische Geräte bzw. Einrichtungen zur Speicherung oder Übertragung von Informationen (Videogerät, Kassettenrecorder, Fernsehen, Filmprojektor) als auch die dazugehörigen AV-Materialien (Videoband, Kassette, Film, Schallplatte) genannt. Es handelt sich um Medien, die vor allem im Unterricht zur Veranschaulichung, zur bildhaften, lebendigen, symbolischen Darstellung von Lerninhalten eingesetzt werden. Man unterscheidet *auditive* (Kassette, Schallplatte), *visuelle* (Bilder, Dias) und *audiovisuelle* (Video, Tonfilm) →Unterrichtsmedien.

Aufklärung ist nach I. Kant „der Ausgang des Menschen aus seiner selbstverschuldeten Unmündigkeit". „Unmündigkeit ist das Unvermögen, sich seines Verstandes ohne Leitung eines anderen zu bedienen." Ihren Höhepunkt fand die Aufklärung in der Philosophie des 17. und 18. Jahrhunderts. Menschliche Vernunft, Rationalität, das rationale Fragen und Denken wurde zum allgemeinen verbindlichen Prinzip des Weltverständnisses erhoben. In der Pädagogik wird Aufklärung meist im Sinne der sexuellen Aufklärung im Rahmen des Sexualkundeunterrichts (→Sexualerziehung) in der Schule gebraucht. Sexualaufklärung in der Schule ist stark umstritten. Bei Tabuisierung der Sexualität in der Familie kann das in der Schule neu erworbene Wissen über menschliche Sexualität in Einzelfällen zu folgenschweren psychischen Konflikten führen.

Aufmerksamkeit. W. Wundt versteht darunter die „Wachheit des Bewußtseins", W. James das „Ausleseprinzip", das aus der natürlichen Umwelt eine subjektive, psychologische macht. Die gezielte Lenkung psychischer Funktionen, z. B. des Denk- und Wahrnehmungsprozesses auf bestimmte Situationen (Objekte, Personen, Aufgaben) schützt das Individuum vor Reizüberflutung (Verwirrung und Überlastung) und dient der besseren Aufnahme und Verarbeitung von Reizen, was eine Leistungssteigerung zur Folge hat. Die willkürliche, innerpsychisch geleitete und über längere Zeit bestehende Aufmerksamkeit ist gleichzusetzen mit der Konzentration. Eine unwillkürliche Aufmerksamkeit wird durch starke, neuartige und subjektiv bedeutsame Reize ausgelöst.

Ausbildung ist die Bezeichnung für den Erwerb und die Vermittlung von Kenntnissen, Einsichten, Fähigkeiten und Fertigkeiten, die zur Ausübung eines bestimmten Berufes notwendig sind. Ausbildung gilt als Bezeichnung für eine spezielle → Bildung.

Ausländerpädagogik. *Problemerörterung.* In einem Zeitalter, das in Gegenwart und Zukunft, vor allem durch die stattfindenden gesellschaftlichen und wirtschaftlichen Umbrüche in den ehemals sozialistischen Ländern, aber auch in den Staaten der 3. Welt noch stärker als in der Vergangenheit von weltweiter Arbeits- und Flüchtlingsmigration gekennzeichnet ist, spielt die Frage nach entsprechenden pädagogischen Maßnahmen in den Zielländern eine große Rolle. Dies vor allem auch deshalb, weil ein Großteil der nach Deutschland zuwandernden Menschen für immer hier zu bleiben gedenkt, auch wenn sie sehr häufig die Bindung an das Herkunftsland durch Beibehaltung der entsprechenden Staatsbürgerschaft aufrechterhalten wollen. Problematisiert wird die Gesamtsituation durch eine weitgehende Konzeptionslosigkeit maßgeblicher politischer Gruppierungen und Institutionen sowie durch ungeklärte Fragen nach dem notwendigen und sinnvollen Ausmaß an Integration (Anpassung) oder Segregation (Trennung). Konkrete Probleme und
Konflikte ergeben sich u. a. aus

a) der Nichtakzeptanz von Migranten durch Deutsche und Angehörige anderer (teilweise verfeindeter) Zuwanderergruppen. Die Folgen sind Diskriminierung, Isolation und Aggression.
b) der Begegnung mit einer neuen Sprache und Kultur. Hieraus ergeben sich nicht nur Probleme beim Zweitsprachenerwerb, sondern auch Rechtfertigungszwänge bezüglich des eigenen Lebensstils und Identitätsfindungsschwierigkeiten.
c) der Unterschiedlichkeit von religiösen und moralischen Vorstellungen, die einen teilweisen Rückzug aus der Öffentlichkeit erzwingen oder zu einer Art Doppelmoral führen. Besonders deutlich wird die Konfrontation, wenn man die Auffassungen der pluralistischen Gesellschaft mit den fundamentalistischen und doktrinären Ideen vergleicht, die in den sog. Koranschulen vermittelt werden.
d) der Unvereinbarkeit von Lebens- und Erziehungsvorstellungen zwischen öffentlichem (Schule) und privatem Bereich (Elternhaus), die im Extremfall zum Auseinanderbrechen von Familien führen können.

Begriffsbestimmung: Ausländerpädagogik erstreckt sich keineswegs nur auf den engeren Bereich der Erziehung und schulischen Bildung von Kindern und Jugendlichen von Immigranten, sondern auch auf Bereiche außerschulischer Erziehung und Bildung wie →Vorschulerziehung, Betriebsausbildung (→Berufliche Bildung), →Erwachsenenbildung, →Umschulung und Weiterbildung.

Ansätze, Aufgaben und Problemfelder: Vorerst konzentrieren sich die pädagogischen Aufgaben, die mit der Migration einhergehen, vor allem auf die Grund- und Hauptschule, besonders in Wohn-und Einzugsbereichen von Städten mit hohem Ausländeranteil. In solchen Wohngebieten stellen Kinder von Ausländern oft einen Großteil der Hauptschulklassen. Zunehmend sind allerdings auch Übergänge von Ausländerkindern an weiterführende Schulen (Realschule und Gymnasium) zu verzeichnen. Die Aufgaben der Schule lassen sich nach U. Boos-Nünning u. a. untergliedern in

a) Einführung in Sprache und Kultur des Aufnahmelandes;
b) Erhaltung der Sprache und Kultur des Herkunftslandes;
c) Einführung einheimischer Schüler in Sprachen und Kulturen der Entsendeländer.

Trotz dieses plausibel scheinenden Zielkatalogs stellt sich die konkrete Organisation entsprechender pädagogischer Maßnahmen als schwieriges Unterfangen dar und dies auch und vor allem deshalb, weil kein gesellschaftlich-politischer Konsens über diese Ziele herrscht. Als unmittelbare Folge dieser Uneinigkeit sind die Schulorganisationsformen für Ausländerkinder äußerst vielfältig und unterschiedlich. Neben national homogenen existieren national gemischte Klassen. Die Beschulung erfolgt teils in deutschen Regelklassen nach normalem Lehrplan mit begleitenden besonderen Förderkursen in Deutsch. Teils wird Intensivunterricht erteilt, teils werden Vorbereitungsklassen, jahrgangsübergreifende Klassen oder reine Ausländerklassen gebildet. Besonders letztere stoßen als trennungsverstärkend auf besondere Kritik. Hinzu kommt, daß deutsche Lehrer für die Unterrichtung von Ausländerkindern nicht entsprechend qualifiziert sind und herangezogene Lehrkräfte aus den Herkunftsländern hinsichtlich Ausbildung und Status mit den deutschen Lehrern nicht konkurrieren können.

Entsprechend des angegebenen Aufgabenkatalogs lassen sich drei *Bereiche von Ausländerpädagogik* (Boos-Nünning u. a.) unterscheiden:

a) Im *Aufnahmeunterricht* vollzieht sich die erste massive Begegnung oder Konfrontation des ausländischen Schülers mit der ihm fremden Kultur. Bei einem Besuch von Kindergarten oder sonstigen vorbereitenden Einrichtungen werden Probleme gemindert. Im Mittelpunkt des Aufnahmeunterrichts steht das Schulfach Deutsch, den ausländischen Schülern als Fremdsprache oder Zweitsprache angeboten. Beim Spracherwerb geht es dabei nicht nur um die Aneignung sprachlicher Kompetenz, sondern um die Verbesserung fachlicher Kenntnisse (z. B. Mathematik) und auch um die Steigerung sozialer Fertigkeiten. Der Aufnahmeunterricht soll „Partizipation" bewirken, also dazu führen, daß Migranten zur Lebensteilhabe in Alltag, Schule und Beruf fähig sind.

b) Der *muttersprachliche Unterricht* soll einerseits die ursprüngliche Kulturbindung von Migranten erhalten helfen, andererseits ihre Chancen bei einer eventuellen Rückkehr in die Heimat sichern. Problematisch ist vor allem die Stellung des muttersprachlichen Unterrichts gegenüber dem Fach Deutsch, da er für die Schullaufbahn in der Regel irrelevant ist. Auch die Stellung des muttersprachlichen Unterrichts wird von der allgemeinen Diskussion um Integration oder Segregation maßgeblich beeinflußt.

c) *Interkulturelle Erziehung* kennzeichnet ein Konzept der Ausländerpädagogik, das sowohl ein gegenseitiges Lernen sämtlicher in der Schule vertretener ethnischer und kultureller Gruppen, als auch eine durchgreifende Veränderung des deutschen Regelunterrichts und seiner Lehrpläne anstrebt. Vorraussetzung interkultureller Erziehung ist eine Vorstellung, wonach die verschiedenen Kulturen bzw. die von ihnen vertretenen Wert- und Normvorstellungen als gleichwertig anzusehen sind. Gegen einen solchen Kultur- oder Wertrelativismus gibt es gewichtige und durchaus plausible Einwände. Betrachtet man nur die bei islamischen Zuwanderern vorherrschende typische Geschlechtsrollenauffassung oder die Nichttrennung zwischen Religion und Staat bzw. Rechtssystem, dann wird der Konflikt besonders deutlich.

Interkulturelle Erziehung zielt ab auf Zusammen- und Voneinanderlernen von Angehörigen verschiedener Kulturen, Abbau von Vorurteilen und Distanz zwischen den einzelnen Kulturen, Vermeidung von Diskriminierung bestimmter Kulturen und Infragestellen bzw. Relativieren eigener Kulturvorstellungen und als Folge davon Vermeidung verengten Nationalbewußtseins, Steigerung von Toleranz, Solidarität, gegenseitigem Verständnis, Konfliktfähigkeit und Demokratieverständnis. Diese Ziele können nicht nur innerhalb von Erziehungsinstitutionen erreicht werden, sondern reichen in den Alltag der Kinder hinein; dies setzt Eltern-, Familien- und Stadtteilarbeit voraus, bezieht also vor allem auch Bemühungen der → Sozialpädagogik mit ein. Interkulturelle Erziehung könnte sich vermindernd auf interkulturelle Konflikte und die immer noch sehr häufigen Mißerfolge von Migranten in Schule und Beruf auswirken. Entsprechende Ansätze und Konzepte für außerschulische Bildungseinrichtungen, vor allem im Bereich Berufs-, Erwachsenen- und Weiterbildung müssen entwickelt und durchgeführt werden.

Nachschulische pädagogische Bemühungen könnten sich an den „Maßnahmen zur beruflichen und sozialen Eingliederung“ (MBSE) junger Ausländer in Berlin orientieren. Diese berufsvorbereitenden Lehrgänge dauern ein Jahr, in dem die Jugendlichen in Deutsch, Mathematik und Allgemeinbildung unterrichtet werden. Dazu erfolgt die Vorbereitung auf einen bestimmten Beruf. Beteiligt an diesen Maßnahmen sind Wohlfahrtsverbände, Betriebe und Volkshochschulen.
Praktische Hinweise. Das Gelingen von ausländerpädagogischen Bemühungen oder von interkultureller Erziehung setzt konkrete Schritte bei allen Beteiligten, aber auch dem (nichtbeteiligten) sog. Normalbürger voraus, so etwa
- Bemühen um Aufgeschlossenheit und Toleranz für fremde Ansichten und Vorstellungen;
- kontrollierte Austragung von Konflikten;
- Mitarbeit in beteiligten Gremien, Clubs oder Vereinen;
- Bestrebungen, die Distanz zwischen Kulturen abzubauen durch Schaffung von persönlichen Kontakten, besonders auch im Alltag und in der Freizeit;
- gegenseitige Einladungen zur Kindergeburtstagen oder sonstigen Festen;
- Demonstration der Entstehung von Vorurteilen (indem man z. B. nach Unterschieden zwischen schwarzen und weißen Kindern fragt).

Auslandsschulen, deutsche. Es handelt sich um allgemeinbildende Schulen, die auf nicht-deutschsprachigem Staatsgebiet die deutsche Sprache und Kultur in einem besonderen Maße pflegen. Es werden unterschieden „Deutschsprachige Auslandsschulen“, die für Bildung und Ausbildung von Kindern deutscher Staatsangehöriger im Ausland errichtet wurden und „Begegnungsschulen“, die der Begegnung junger Menschen unterschiedlicher Sprache und Kultur dienen und Bildungsabschlüsse des Partnerlandes durch deutsche Bildungsabschlüsse ergänzen sollen. In diesen Schulen werden vor allem fremdsprachige Schüler des jeweiligen Gastlandes zu einem zweisprachigen Schulabschluß mit Anerkennung in der Bundesrepublik geführt. Insgesamt gibt es ca. 50 große Begegnungsschulen und knapp 30 deutschsprachige Schulen im Ausland.
Die Förderung der deutschen Sprache und der deutschen Kultur im Ausland ist das Anliegen des Goethe-Instituts.

Autismus. *Begriffsbestimmung.* Das Wort Autismus wurde 1911 vom Schweizer Psychiater Bleuler erstmalig als Bezeichnung für eine bestimmte Form der Schizophrenie (Persönlichkeitsspaltung, Abwendung von der Wirklichkeit, starkes Innenleben) verwendet. Für die Pädagogik von Interesse ist der sog. frühkindliche Autismus, der nach

dem amerikanischen Psychiater Kanner im Laufe der ersten drei Jahre auftritt. Bei autistischen Kindern treten folgende Symptome auf: sie sind teilnahmslos, reagieren nicht auf Zuwendung und bewegen sich in einer wirklichkeitsfernen, eigenen Welt; die Bewegungen wirken gestört; wenn Sprache gelernt wird, dann fehlerhaft mit eigener Grammatik. Weitere Symptome sind: massive Ängste, Unempfindlichkeit gegen Schmerzen, Kinder bezeichnen sich mit der dritten Person, überdurchschnittlich intelligent wirkender Umgang mit Zahlen.
Die Ursachen des Autismus sind unbekannt; es werden hirnorganische Erkrankungen vermutet.
Hinweise zur Praxis. Die Hilfe muß so früh wie möglich geleistet werden. Erfolgversprechend sind Methoden der Verhaltenstherapie. Der Therapeut muß die Mutter in die Techniken der → Verhaltensmodifikation einarbeiten, damit sie seine Bemühungen fortsetzen kann. Autistische Kinder brauchen viel Zuwendung und Liebe.

Autokratisch, die von R. Tausch und A.-M. Tausch konstruierte Bezeichnung für einen → Erziehungsstil mit folgenden Merkmalen des Erziehungsverhaltens: häufige Befehle und Aufforderungen, häufige Fragen und langes Reden des Lehrers, Unfreundlichkeit, Irreversibilität der Äußerungen, Geringschätzung, Entmutigung.

Autonomie, Unabhängigkeit, Selbständigkeit. Das Trotzverhalten (→ Trotzalter) des Kindes wird als Streben nach Autonomie gedeutet. Die Unterdrückung des Autonomiestrebens führt zur Ausbildung der autoritären Persönlichkeit (unkritische Anlehnung an mächtige Personen, Aggression gegen Schwache, Schwarz-Weiß-Denken, Vorurteile gegen Minderheiten, Ablehnung von Neuerungen).

Autoritär. K. Lewin bezeichnet damit die Rolle des Gruppenführers, die z. B. aus folgenden Verhaltensweisen besteht: Drohen, Befehlen, Tadeln, Ablehnen, Strafen. Im allgemeinen wird von autoritärem Verhalten gesprochen, wenn jemand die mit seiner Position verknüpfte Macht (z. B. Lehrer) benutzt, um andere zu bestimmten Tätigkeiten zu zwingen. Autoritäres Verhalten ist als ein Zeichen mangelnder persönlicher und sachlicher → Autorität zu werten.

Autorität ist eine Bezeichnung für Geltung, Gewicht, Ansehen, Einfluß, Macht; Autorität besitzt eine Person kraft ihres Amtes (= Amtsautorität), dank ihrer Kompetenz, ihres Wissens (= Sachautorität) oder aufgrund des Vertrauens, das ihr andere Personen entgegenbringen (persönliche Autorität oder Persönlichkeitsautorität).
Die Voraussetzung für eine erfolgreiche Erziehung ist ein Autoritätsverhältnis zwischen Kind und Erzieher. Das Wissen und Können des

Kindes reichen nicht aus, um die Realität zu meistern. Es ist deshalb auf die Hilfe der sachkompetenten Erzieher angewiesen. Den Erziehern wird es aber nicht immer gelingen, den Kindern die Notwendigkeit des Geforderten oder der Verbote einsichtig zu machen. In solchen Fällen müssen Kinder und Jugendliche die Richtigkeit des von ihnen Verlangten aufgrund des Vertrauens zu den Erziehern akzeptieren können. Solches Vertrauen entwickelt sich, wenn die Erzieher nicht nur Sachverstand einsetzen, sondern das Kind als Partner akzeptieren, ihm aktiv zuhören, begangene Fehler nicht als böswillig auslegen, eigene Fehler eingestehen.
Probleme. In der Erziehung wird die Notwendigkeit von Autoritätsverhältnissen nicht mehr bestritten. Seit in den letzten Jahrzehnten die Ausübung der Macht allein aufgrund des Amtes (Vater, Lehrer, Vorgesetzte) nicht mehr anerkannt wird, haben sich Schwierigkeiten ergeben. Oft besitzen nämlich Amtsinhaber keine Persönlichkeits- und Sachautorität, die von Kindern und Jugendlichen allein noch anerkannt und akzeptiert werden. Die Erzieher können sich heute nicht an Vorbildern aus der eigenen Kindheit orientieren, weil sie selbst – in der Regel – an der Richtigkeit der Amtsautorität noch nicht gezweifelt haben und ohne persönliches Vertrauensverhältnis zwischen Kind und Erzieher die Maßnahmen der Amtsautorität akzeptiert haben.
Aus dieser unterschiedlichen Auffassung von Autorität, bedingt durch den soziokulturellen Wandel, entstehen Schwierigkeiten, die zum Teil durch sog. Kommunikationstrainings, Elterntrainings, Selbsterfahrungstrainings, →Rollenspiele und andere gruppendynamische Übungen behoben werden.

B

BAFöG →Bundesausbildungsförderungsgesetz.

Bedürfnis(se). Das psychische und körperliche Wohlbefinden eines Menschen hängt davon ab, inwieweit sein Bedarf an Nahrung, Flüssigkeit, Kleidung (Wärme, Schutz), Sauerstoff, Schlaf und Traum, mitmenschlichen Kontakten, Zuwendung, Anerkennung, Selbstverwirklichung, Zärtlichkeit und Wertschätzung durch geeignete Objekte und Personen gedeckt wird.

Die als Spannung erlebten und von der Suche nach einem „befriedigenden Objekt oder einer Situation" begleiteten Mangelzustände werden Bedürfnisse genannt. Je nach Ursache des jeweiligen Mangelzustandes werden die Bedürfnisse aufgegliedert in primäre oder biogene (angeborene Ursache) und sekundäre oder sozio-kulturelle (gelernte, erworbene, sozio-kulturell bedingte Ursache). Werden primäre oder sekundäre Bedürfnisse über längere Zeit hinweg unzureichend oder gar nicht befriedigt, dann entstehen in der Regel körperliche und psychische Schäden (z. B. →Hospitalismus). Für Erzieher ist es wichtig zu wissen:

1. „Höhere" Bedürfnisse entwickelt der Mensch erst, wenn die „niederen" (biologischen) Bedürfnisse, z. B. das Bedürfnis nach Nahrung, Sicherheit, ausreichend befriedigt wurden.
2. Die körperlich-psychische Gesundheit der Kinder richtet sich nach dem Bedürfnis, das am wenigsten befriedigt wurde.
3. Unruhe, Bewegungsdrang, nervöse Magenbeschwerden, Weinerlichkeit, aber auch Stehlen, Aggression und andere Verhaltensstörungen sind oft Ausdruck eines körperlich-psychischen Mangelzustandes.
4. Der Erwerb sekundärer Bedürfnisse kann durch die →Erziehung gesteuert werden (→Motivation und Erziehung).

Begabung. *Problemerörterung.* Obwohl das Wort Begabung nicht nur in der wissenschaftlichen, sondern auch in der bildungspolitischen Diskussion eine zentrale Rolle spielt („Begabungsreserven", „Begabtenförderung", „Begabtenauslese"), ist eine allgemein anerkannte Definition des Begriffs weder vorhanden noch erscheint sie möglich. Die umgangssprachliche Verwendung der Bezeichnung „Begabung" für eine „angeborene", „naturgegebene" letzte Erklärung menschlicher Leistungsunterschiede kann von der Wissenschaft nicht übernommen werden, weil sie zirkulär ist: einerseits wird Begabung mit Hilfe der Leistung erschlossen und andererseits die Leistung als Folge der Begabung erklärt.
Manche meinen, dem Zirkelschluß durch Unterscheidungen zwischen →Leistung und Leistungsmöglichkeit oder Leistungsdisposition entgehen zu können. Auch im Alltag werden Kinder, die keine zufriedenstellenden Leistungen erbringen, als „minderbegabt" oder „unbegabt" abgestempelt und als nicht förderungswürdig in weniger leistungsfähige Schulen abgeschoben.
Begriffsbestimmung. Mit Begabung wird eine der innerorganismischen, innerpsychischen Bedingungen des (Leistungs-)Verhaltens bezeichnet. Die innerpsychische Ursache wird entweder als „Leistungsbereitschaft" oder als „Leistungsmöglichkeit" interpretiert. Wird Begabung als Leistungsmöglichkeit angesehen, dann besteht kein Unterschied zwischen Begabung und →Intelligenz. Als Leistungsbereit-

schaft äußert sich die Begabung im besonderen Interesse für bestimmte Probleme.

Pädagogische Konsequenzen. Sowohl als „Leistungsmöglichkeit" als auch als „Leistungsbereitschaft" muß die Begabung „als die Summe aller Anlage- und Erfahrungsfaktoren, welche die Leistungs- und Lernbereitschaft eines Menschen in einem bestimmten Verhaltensbereich bedingen" (H. Aebli) angesehen werden. Das bedeutet: eine einseitige Betonung der Vererbung ist nicht haltbar, die Umwelt übt einen erheblichen Einfluß aus. Es kommt darauf an, die Umwelteinflüsse möglichst „begabungsfördernd" zu gestalten. Vgl. auch →Anlage-Umwelt-Problem.

Begriff, Begriffsbestimmung. *Problemerörterung.* Die Problematik der Ausdrücke „Begriff", „Wort" und „Terminus" hat schon J. W. Goethe im Faust I umschrieben:

SCHÜLER: „Doch ein Begriff muß bei dem Worte sein."
MEPHISTOPHELES: „Schon gut! Nur muß man sich nicht allzu ängstlich quälen;
Denn eben wo Begriffe fehlen,
Da stellt ein Wort zur rechten Zeit sich ein.
Mit Worten läßt sich trefflich streiten,
Mit Worten ein System bereiten,
Von einem Wort läßt sich kein Jota rauben!"

Meist werden die genannten Ausdrücke gleichbedeutend gebraucht, obwohl – gerade in der Erziehungswissenschaft – eine Unterscheidung sehr wichtig wäre. So vollzieht sich zum Beispiel das Erlernen der Sprache nach anderen Gesetzmäßigkeiten als der Erwerb der Begriffe. Eine Unterstützung der „Begriffsbildung" durch erzieherische Maßnahmen muß sich dementsprechend von der Förderung der Sprachentwicklung unterscheiden. Zweifelsohne besteht zwischen Begriffsbildung und Sprachentwickklung eine enge Wechselwirkung.

Begriffsbestimmung. Wörter als Nur-Bezeichnungen (Zeichen, Symbole, Begriffsnamen) und Begriffe als das Bezeichnete (das Symbolisierte, das Benannte) sind nicht dasselbe. Unter Begriff kann jede kognitive (gedankliche, vorstellungsmäßige) Einheit verstanden werden, die eine Zusammenfassung einer mehr oder weniger großen Menge von wesentlichen Merkmalen von etwas oder von Sinnesdaten enthält. Begriffe können auch als „Sinngehalt", als Vorstellungen der Realität verstanden werden. Mit Hilfe der Begriffe können wir eine große Zahl von Einzeldaten zusammenfassen. Begriffe sind aus der Erfahrung gebildete Ordnungsmuster, die durch Erfassung überdauernder Eigenschaften die Bedeutung der Objekte und Handlungen (Werte und Sitten) bestimmen. Sie sind Elemente des Denkens und Mittel, um die Wirklichkeit zu verstehen. Oft können Menschen – vor allem Kinder – Begriffe nicht verbalisieren, d. h. mit Worten beschreiben.

Termini (Fachtermini) sind genau definierte Wörter einer bestimmten Wissenschaft. Die Bedeutung, also der Begriff der Termini, ist durch Definitionen eindeutig festgelegt.

Definitionsmöglichkeiten. Es kommt oft vor, daß für einen Begriff mehrere Wörter zur Verfügung stehen und ein Wort als Symbol für verschiedene Begriffe verwendet werden kann. Diese Tatsache, nämlich ständiges Finden neuer Begriffe und die Unkenntnis der Bedeutung vieler Wörter und Termini, erschweren die →Kommunikation und das Verstehen der Wirklichkeit. Eine gewisse Hilfe bieten die Definitionen, d. h. die Festlegungen der Bedeutung von Termini bzw. Begriffsbestimmungen.

Da es verschiedene Begriffsarten gibt, werden in der Regel auch verschiedene Definitionen verwendet. Die Bedeutung der Termini, die für die Gegenstandsbegriffe verwendet werden, kann man mit Hilfe der *Nominaldefinition* erklären: die Definition des Terminus erfolgt durch die Nennung bekannter Termini für die nächsthöhere Klasse von Gegenständen und für den charakteristischen Unterschied. Ein Beispiel: →Erziehungswissenschaft ist eine Humanwissenschaft (= nächsthöhere Klasse für die Gegenstände „Wissenschaften"), die versucht, Theorie und Praxis der →Erziehung systematisch zu erfassen (= charakteristischer Unterschied). Voraussetzung für das Gelingen dieser Definition ist genaue Kenntnis der Termini „Humanwissenschaft", „Theorie", „Praxis" und „systematisch erfassen". Weitere Definitionsmöglichkeiten sind:

- Die *Realdefinition* (Sachdefinition) als umfassende Beschreibung des Begriffs mit Hilfe der nicht normierten Alltagssprache. Den Begriff Erziehungswissenschaft könnte man bestimmen, indem man z. B. aufzählt, was Erziehungswissenschaftler tun, welche Themen in erziehungswissenschaftlichen Büchern behandelt werden, usw.
- Die *exemplarische Definition*, die sinnvoll ist, wenn es Beispiele gibt, die alle wesentlichen Merkmale eines Begriffes enthalten. Will man den Begriff des Terminus „Gefühl" klären, so kann man sagen: „Angst ist ein Gefühl".
- Die *operationale Definition*, die in den Erfahrungswissenschaften bevorzugt verwendet wird. Der Begriff wird durch die Angabe des Meßinstruments bzw. durch die Beschreibung der Operation, mit welcher der definierte Sachverhalt hervorgerufen wurde, definiert. Beispiel: „Vom Gefühl Angst sprechen wir, wenn im Angstfragebogen x und mehr Punkte erreicht werden." „Intelligenz ist das, was der Intelligenztest mißt" (E. G. Boring). „Hunger" wird durch die Deprivationszeit definiert, d. h. Versuchstiere hatten Hunger, weil sie 24 Stunden nichts zu fressen bekamen.

Behalten → Lerntechniken.

Behinderungen. *Problemerörterung.* Unter uns leben mehr als vier Millionen Behinderte. Für sie werden eigene Schulen errichtet, werden Fernsehlotterien durchgeführt, werden vorschulische Einrichtungen geschaffen, große Heime und Beschützende Werkstätten gebaut. Trotz verstärkter Bemühungen handelt es sich bei den Behinderten in unserer Gesellschaft immer noch um eine vielfach benachteiligte Gruppe. Durch materielle Aufwendungen allein ist den Behinderten nicht geholfen. Die Behinderten leiden unter einer Doppelbelastung: die eigene Behinderung und die Vorurteile von seiten der meisten sog. Durchschnittsbürger. Befragungen haben ergeben, daß 90% der gesunden Menschen nicht wissen, wie sie sich gegenüber einem Körperbehinderten verhalten sollen; 73% stimmen für eine Abtreibung bei Gefahr einer Behinderung; 63% möchten Körperbehinderte in einem Heim unterbringen. Die Behinderten werden durch die Öffentlichkeit ignoriert, isoliert, in Heimen untergebracht; es wird ihnen Mitleid entgegengebracht, es wird gespendet – oft auch um Schuldgefühle loszuwerden –, es wird den Behinderten aber nicht gezielt geholfen. Man nimmt an, daß in der Bundesrepublik Deutschland jährlich 30000 bis 40000 behinderte Kinder geboren werden, ein Anteil von ca. 5% an der Geburtengesamtzahl.
Begriffsbestimmung. „Behinderte sind Personen, die aufgrund körperlicher, geistiger oder seelischer Schäden in einem existenzwichtigen sozialen Beziehungsfeld, insbesondere in den Bereichen Erziehung, Schulbildung, Berufsbildung, Erwerbstätigkeit, Kommunikation, Wohnen und Freizeitgestaltung, durch wesentliche Funktionsausfälle nicht nur vorübergehend erheblich beeinträchtigt sind und deshalb besonderer Hilfe durch die Gesellschaft bedürfen" (Bayerischer Landesplan für Behinderte).
Voraussetzung für die Anerkennung (Einstufung) als Behinderter sind also eindeutig nachweisbare Schäden körperlicher Art, z. B. Mißbildungen, Sinnesbehinderungen wie Blindheit, Muskelschwäche, Schäden im Zentralnervensystem, Schäden geistiger Art, z. B. Schwachsinn, und seelischer Art, z. B. → Mutismus, Suchtkrankheiten (→ Drogenabhängigkeit; → Sucht), Geisteskrankheiten.
Arten der Behinderung. Eine Behinderung wirkt sich immer auf sämtliche Funktionsbereiche aus. Nach dem „Defekt", der den Ausgangspunkt für das Behindertsein bildet, werden folgende Arten von „Einfachbehinderungen" unterschieden:
- Geistig Behinderte oder Intelligenzgeschädigte sind Personen, die infolge einer angeborenen oder erworbenen (Unfall, Krankheit) Schädigung des Zentralnervensystems im Bereich kognitiver Funktionen (Beziehungen, Bedeutungen, Sinnzusammenhänge erfassen, Vergleichen, Abstrahieren, Kombinieren, logisches Denken, Er-

kennen von Symbolen und Zeichen – auch sprachlichen) erheblich beeinträchtigt sind.

- Als Sinnesbehinderte gelten Personen, deren Sinnesorgane erheblich geschädigt sind, z. B. Blinde, Sehbehinderte, Taube, Schwerhörige, Sprachbehinderte.
- Als Körperbehinderte gelten Personen, die in ihrer Bewegungsfreiheit aufgrund einer Schädigung ihrer Stütz- und Bewegungssysteme (Skelett, Muskeln und Zentralnervensystem) oder Mißbildung ihrer Bewegungsorgane nicht nur vorübergehend, sondern auf Dauer erheblich beeinträchtigt sind. Die häufigsten Körperbehinderungen sind: cerebrale Bewegungsstörungen (Spastiker), unwillkürliche Schwankungen in der Muskelspannung führen zu unkontrollierten und bizarren Bewegungen (Atheotiker) und Störungen des Gleichgewichts (Ataxie); Mißbildungen, z. B. Fehlstellung der Hüftgelenke und fehlende oder verkümmerte Gliedmaßen (Dysmelie), z. B. Contergan-Kinder. Als Lähmungen treten auf: Kinderlähmung, Querschnittslähmung (Verletzung der Wirbelsäule), Tetraplegie (Lähmung aller vier Gliedmaßen), Diplegie (die Beine sind stärker als die Arme betroffen), Hemiplegie (betroffen ist nur die linke oder die rechte Körperhälfte). Zu den Körperbehinderungen zählen noch Anfallsleiden, z. B. Epilepsie, Stoffwechselstörungen und Erkrankungen der inneren Organe, z. B. Herzkrankheiten.
- Psychisch Kranke, wie Suchtkranke, Geisteskranke, Psychosomatiker und schwer Verhaltensgestörte (Ängstlichkeit, Aggression) gelten auch als Behinderte.

Häufig wird zwischen einer „Primärbehinderung“ und Folgebehinderungen, oder zwischen Primär- und Sekundärsymptomen unterschieden. Primärsymptome, wie z. B. Schwerhörigkeit, sind die direkte und unvermeidliche Folge einer Schädigung; Sekundärsymptome, wie z. B. Sprachbehinderung, Lernbehinderung, Verhaltensauffälligkeiten, sind Folge der Umweltreaktionen auf die Primärbehinderungen und daher vermeidbar. Aufgrund falscher Reaktionen der Umwelt werden aus Einfachbehinderungen häufig Mehrfachbehinderungen.

Ursachen von Primärbehinderungen. Die Erkenntnisse neuerer wissenschaftlicher Untersuchungen sprechen dafür, daß ein gewisser Prozentsatz an Mißbildungen, viele Stoffwechselstörungen, Muskelkrankheiten (z. B. Dystrophie) und ein Teil der Sinnesbehinderungen vererbt sind. Die meisten Behinderungen gehen auf Schäden zurück, die durch Krankheiten der Mutter, deren Ernährung während der Schwangerschaft (Vitaminmangel, Alkohol), Unfälle und andere Vorgänge (z. B. Rauchen, Komplikationen während der Geburt, Erkrankungen des Nervensystems nach der Geburt) vor, während und kurz nach der Geburt verursacht werden.

Übersicht über Ursachen und mögliche Folgen von Behinderungen

Klassifikation nach Zeitpunkt und Ursprung		*Mögliche Ursachen*	*Mögliche Folgen*
Angeborene, d. h. ererbte oder vor und während der Geburt erworbene Behinderung	Zellteilung und Zeugung: ererbte Behinderung	Organschäden, z. B. Mißbildungen werden durch einen oder mehrere Gene (Genotypus) verursacht; Krankheit tritt unabhängig von der Umwelt aufgrund genetischer Information auf	Ererbte Stoffwechselstörung, ererbte Mißbildung, ererbter Schwachsinn (wahrscheinlich sehr selten)
	Chromosomenschäden: Anomalien des Chromosomensatzes (Eistadium)	Störungen bei der Reifeteilung der Keimzellen, Strahlenschäden oder auch erblich bedingte Anomalien wie DOWN-Syndrom oder Trisomie 21 (Häufigkeit: 0,2–0,3 %). Anomalien der Geschlechtschromosomen: KLINEFELTER-Syndrom (XXY), TURNER-Syndrom (XO) u. a.	Mongoloide: charakteristische Körpermerkmale wie weit auseinander liegende Augen, amorphe Ohren, gedrungener Körper, struppiges Haar sowie verlangsamte psychomotorische Entwicklung, geistige Behinderung. Folgen des KLINEFELTER-Syndroms: eunuchoider Hochwuchs, psychische Trägheit, Lernbehinderung bis Schwachsinn
	Pränatal erworbene Schäden (1) Embryonalzeit (2.–10. Woche)	Verbildungen des Nervensystems, die während und nach dem Neuralrohrverschluß entstehen; Embryopathien (Erkrankungen des Embryo), verursacht durch Viruserkrankungen der Mutter (z. B. Röteln); medikamentöse Schädigungen (Contergan, schädigende Substanz: Thalidomid); Abtreibungsversuche; hormonale Störungen, z. B. Diabetes	Entwicklungsstörungen des Nervensystems, Mißbildungen des Gehirns (Hydrozephalie, Mikrozephalie, Zyklopie) mit unterschiedlich stark ausgeprägter geistiger Behinderung; allg. psychische Retardierung; Mißbildungen der Extremitäten mit psycho-sozialen Anpassungsschwierigkeiten (meist durchschnittliche Intelligenz); Mißbildungen, Riesenwuchs, psychosoziale Anpassungsprobleme
	(2) Fetalzeit (11.–40. Woche)	Infektionen der Mutter (z. B. Toxoplasmose, Zoonose: von Haustieren auf Menschen übertragbare Infektionskrankheiten) Lues congenita = Syphilis	Augenmißbildungen, Hydrozephalie, zerebrale Verkalkung (Symptome wie bei Meningitis und Enzephalitis), allg. psychische Retardierung;

Klassifikation nach Zeitpunkt und Ursprung		*Mögliche Ursachen*	*Mögliche Folgen*
Angeborene, d.h. ererbte oder vor und während der Geburt erworbene Behinderung		Vergiftungen der Mutter (Tabletten, Gas, Suicidversuche) Blutgruppenunverträglichkeit (erst nach der Geburt wirksam)	Innenohrschwerhörigkeit, Hydrozephalie und Schwachsinn; je nach Intensität der Vergiftungen ist mit Schäden und Behinderungen zu rechnen; Epilepsie
	Perinatal (während der Geburt) erworbene Schäden	Trauma (= Druck auf den Schädel) z. B. bei Zangengeburt, Sauerstoffmangel (Geburtsasphyxie), Frühgeburten	Frühkindliche Hirnschädigungen, spastische Lähmung, Entwicklungsstörungen des Zentralnervensystems, Lernbehinderung, Schwachsinn, Übererregbarkeit
	Postnatal (nach der Geburt) erworbene Schäden	Manifestation von (möglicherweise erblich bedingten) Stoffwechselstörungen (z. B. Phenylketonurie); Viruserkrankungen wie Meningitis (Hirnhautentzündung) und Enzephalitis (Hirnentzündung); Impfschädigungen (Diphterie, Tetanus); Infektionen: Masern, Scharlach, Keuchhusten, Mumps, Röteln; traumatische Verletzungen (Wickelunfälle, Mißhandlungen, Verbrennungen); Ernährungsstörungen	Die genannten Ursachen führen in der Regel zu sog. frühkindlichen Hirnschädigungen mit folgenden Behinderungen: – Körperbehinderungen wie Lähmung, allg. Ungeschicklichkeit, Übererregbarkeit – Intelligenzschäden vor allem Teilleistungsstörungen, Konzentrationsschwäche, Legasthenie – Psychopathologische Symptome wie gesteigerte Affektivität, Fehlen der Angst, mangelnde soziale Distanz usw.

Hinweise zur Erziehungspraxis. Neben der heilpädagogischen Behandlung und Therapie, die in verschiedenen Einrichtungen der →Sonderpädagogik (Sonderschulen, Rehabilitationszentren, Sonderkindergärten) durchgeführt werden, gewinnen die Vorbeugung (Impfungen, Vorsorgeuntersuchungen, Elternberatung), Früherkennung, Frühbehandlung, Schulung der Eltern behinderter Kinder und Öffentlichkeitsarbeit immer mehr an Bedeutung.

a) *Früherkennung und Frühbehandlung.* Durch Früherkennung, -behandlung, -förderung und -beratung sollen nicht nur Sekundärsymptome und Folgebehinderungen verhindert, sondern auch

Primärbehinderungen soweit wie möglich gemildert werden. Aufgrund mangelnder Koordination zwischen verschiedenen Einrichtungen (medizinische, psychologische, heilpädagogische, fürsorgerische) hängt der Erfolg der Früherfassung noch weitgehend vom Organisationstalent der Familie ab: von ihrer Wachheit (sorgfältige Beobachtung des Kindes), Initiative (Aufsuchen verschiedener Einrichtungen), Hartnäckigkeit und Skepsis (sich nicht mit einfachen Erklärungen zufriedengeben, Fachleute aufsuchen, gezielte Fragen stellen). Erzieher sollen vor allem dann skeptisch sein, wenn sie im Bewegungsverhalten (Motorik) des Kindes Auffälligkeiten beobachten, z. B. ständig wiederkehrende, stereotype Bewegungen wie Wackeln, Schlagen, Klopfen, starke Beschränkung auf eine Körperhälfte. Weitere Erkennungszeichen sind: Abweichungen in der Schädelbildung, Größe des Kopfes, starker Speichelfluß, Verzögerung der Sprachentwicklung, Ungeschicklichkeit.

Die Frühförderung erstreckt sich vor allem auf Basis-Funktions-Schulung (motorische Übungen; Aktivierung der Reaktionen auf bestimmte Reize; Förderung der Wahrnehmung; Förderung der Sprechorgane; Schulung der Sinnesorgane, rhythmische Übungen; Durchführung von Trainingsprogrammen zur Verselbständigung des Kindes usw.

b) → *Beratung und Schulung der Eltern.* Die plötzliche Konfrontation mit der Tatsache, daß das Kind behindert ist, ruft vor allem bei der Mutter Abwehrreaktionen hevor, die sich – gepaart mit gesellschaftlichen Vorurteilen – zu erzieherischen Fehlhaltungen verdichten können. Beobachtet werden: Rejektion (vor allem affektive Abweisung des Kindes); Camouflage im Sinne des Verbergens, Verschweigens; Fatalismus als passiv-apathisches oder resigniertes Hinnehmen; →Overprotection (Überbehütung, Gängelung, egoistische Verwöhnung und Ritualisierung nach dem Motto, lieber etwas tun, als sich mit der Tatsache abfinden). Alle hier aufgeführten Fehlhaltungen verschlimmern die Situation des Behinderten. So müssen durch Elternberatung und Schulung nicht nur Fehlhaltungen abgebaut, sondern auch erzieherisch wirksame Verhaltensweisen eingeübt werden. Die Eltern müssen zu „Ko-Therapeuten" ausgebildet werden, damit durch die konsequente Behandlung des Kindes eine optimale Bewältigung der Behinderung erreicht wird.

c) *Rehabilitation.* Im Rahmen der →Rehabilitation, d. h. der (Wieder-)Gewinnung des sozialen Funktionswertes einer Person, werden folgende Ziele angestrebt: personale, soziale und berufliche Integration.

Die personale Integration strebt an das

– Einfügen der Behinderung in ein Lebenskonzept;

- Bewältigen (persönlicher) Schwierigkeiten, die sich aus der Behinderung ergeben;
- Ausbilden von Techniken zur Kompensation der Behinderung;
- Erhalten und Stärken des Lebenswillens und der Eigeninitiative.

Die soziale und berufliche Integration strebt an das
- Stärken der Bereitschaft, am Leben der Gemeinschaft teilzunehmen;
- Eingliedern des Behinderten in die Lebensformen der Gesellschaft;
- Übernehmen sozialer Rollen und sozialer Verantwortung (Einfügen in soziale Gruppen).

Die hier aufgeführten Ziele werden durch verschiedene Methoden der →Heil- bzw. →Sonderpädagogik angestrebt.

d) *Öffentlichkeitsarbeit.* Alle diese Maßnahmen wären unvollständig ohne eine begleitende, Verständnis für die Probleme der Behinderten weckende Öffentlichkeitsarbeit. Viele Erwachsene wissen nämlich nicht, wodurch Behinderungen verursacht werden; sie wissen nicht, wie sie sich Behinderten gegenüber verhalten sollen; sie befürworten die Isolierung Behinderter und reagieren ihnen gegenüber mit Mitleid, Abscheu, Angst und auch mit Aggressionen. Durch Vorurteile gegenüber den Behinderten wird deren berufliche Integration erschwert. Obwohl behinderte Kinder für Altersgenossen angsteinflößend, sozial inattraktiv (z. B. als Spielpartner) sind und zum Spott reizen, begegnen ihnen normal entwickelte Kinder, wenn sie durch Erwachsene nicht negativ beeinflußt werden, ohne Scheu, Abneigung und Spott. Sie registrieren zwar die Behinderung des Kameraden, versuchen sich mit ihm aber offen und selbstverständlich zu arrangieren – ohne jede Aussonderung des Behinderten. Dieser natürliche, spontane Vorgang ändert sich, sobald Erwachsene beobachtet werden.

Beratung. Damit bezeichnet man einen Interaktionsprozeß zwischen einem oder mehreren Ratsuchenden (Hilfesuchenden) und einem oder mehreren Beratern. Kennzeichnend für den Interaktionsprozeß sind folgende Merkmale: Eine Beratung findet statt, weil sich Klienten an berufliche Helfer wenden. Sie erfolgt mit dem Ziel, persönliche Probleme zu verringern oder zu beseitigen. Die Grundlage der Beratung sind wissenschaftliche Erkenntnisse. Der Berater ist bestrebt, die Probleme des Klienten zu verstehen und ihm Anregungen und Hilfen zur Selbsthilfe zu vermitteln. Daher schließt die Beratung folgende Teilprozesse ein:
- Diagnose: Der Berater sammelt Informationen, um das Problem und dessen Ursachen genau festzulegen und um Hilfsmöglichkeiten herauszufinden;

- Behandlung des Problems: Durchführung der Therapie, Realisierung der Hilfe;
- Erfolgskontrolle und evtl. Nachbehandlung: Gemeinsame Bewertung des Handlungserfolges, Ermittlung von Konsequenzen.

Die psychologisch-pädagogische Beratung kann mit unterschiedlichen Methoden und Zielen erfolgen.

Übersicht über wichtige Beratungsarten und -einrichtungen

Kriterium	*Bezeichnung der Beratungsart*
Wer, Klient	Jugendberatung, Mütterberatung, Schülerberatung
Anlaß, Problem	Erziehungsberatung, Berufsberatung, Drogenberatung
Ziel, Methode	Information, Vorbeugung, Behandlung, Therapie, Resozialisierung, Rehabilitation, Telefonseelsorge

Im Gesamtfeld von Erziehung und Unterricht nehmen die →Erziehungsberatung, Schulberatung und →Berufsberatung eine zentrale Stellung ein.

Erziehungsberatung. Die Rechtsgrundlage für die Einrichtung und Förderung von Erziehungsberatungsstellen bildet das →Jugendwohlfahrtsgesetz. Die (finanziellen) Träger der Erziehungsberatungsstellen sind Kommunen, Länder, Kirchen, freie →Wohlfahrtsverbände und freie Trägergemeinschaften. Das Bedürfnis nach Beratung in erzieherischen Fragen ist recht groß. Deshalb sind längere Wartefristen die Regel.

Die Erziehungsberatungsstellen werden am häufigsten bei folgenden Schwierigkeiten aufgesucht:
- Schulproblemen, z. B. Schulversagen, Lernstörungen, Konflikte mit Lehrern, Versagen in einzelnen Fächern, Übertritt in eine andere Schulart, Hausaufgabenprobleme.
- Verhaltensstörungen, z. B. Aggressivität, Tics, Streunen, übertriebener Trotz, Kontaktstörungen.
- Neurotische Fehlentwicklungen, z. B. →Bettnässen, unbegründete Ängste, Passivität, Stottern.
- Familienkonflikte, z. B. Streit um elterliches Sorgerecht, →Einschulung, Heimunterbringung, Entwicklungsverzögerungen, Eheprobleme.

Da Erziehungsprobleme meist durch erzieherische Fehlhaltungen der Eltern, wie zu häufige Strafen, Ungeduld, zu wenig Anerkennung, Inkonsequenz, zu wenig Zeit, Kalt-Warm-Erziehung, Überforderung des Kindes, Strenge, verursacht werden, bilden falsche Erziehungseinstellungen der Eltern („Eine Ohrfeige hat noch niemals geschadet", „Das Kind ist zu faul"), unbewußte Motive und Erwartungen der Eltern („Mein Kind soll studieren") sowie Ängste („Mein Kind ist so sensibel") den Kernpunkt der Beratung. Eine Änderung solcher tiefster Überzeugungen und innerster Wünsche der Eltern bereitet große Schwierigkeiten und ist nur durch eine umfassende Therapie zu erreichen.

In den Erziehungsberatungsstellen werden Behandlungen der verschiedensten Art durchgeführt: spezifische therapeutische Einzel- und Gruppenbehandlung auf der Grundlage tiefenpsychologischer, lernpsychologischer, kommunikationspsychologischer Erkenntnisse; →Elternarbeit; Spiel- und Werkgruppen für Kinder; Hausaufgabenbetreuung; spezifische Trainings, z. B. bei Lese-Rechtschreib-Schwäche (→Legasthenie); Ehetherapie.

Schulberatung. Bei allen Fragen, die im Zusammenhang mit der „Schullaufbahn" eines bestimmten Kindes oder Jugendlichen auftreten, können sowohl von den Jugendlichen und Eltern als auch von Lehrern Schulpsychologen und Schuljugendberater aufgesucht werden. Schulberater wirken hauptsächlich bei folgenden Fragen und Aufgaben mit:

- Schulaufnahme (z. B. vorzeitige Schulaufnahme, Zurückstellung, Art der vorschulischen Förderung, Feststellung der Schulunfähigkeit bei Problemfällen);
- Lenkung der →Schullaufbahn (z. B. Überspringen von Klassen, Übertritt an weiterführende Schulen, Begabtenauslese, Überweisung in eine →Sonderschule, Fächerwahl);
- Beratung in Einzelfällen (z. B. Hausaufgabenprobleme, Konflikte mit Lehrern, →Lernstörungen, Konzentrations störungen, Verhaltensstörungen);
- Beratung von Schulbehörde und Lehrer (z. B. Objektivierung der →Leistungsmessung, Information über Beurteilungsprobleme, Unterrichtsorganisation).

Berufsberatung. Durch das Arbeitsförderungsgesetz (AFG) vom 25. 06. 1969 wurde die Berufsberatung der Bundesanstalt für Arbeit übertragen. Die Berufsberatung wird deshalb von den Arbeitsämtern und deren Nebenstellen wahrgenommen. Sie kann ebenso wie Erziehungs- und Schulberatung als öffentliche Dienstleistung unentgeltlich in Anspruch genommen werden. Es ist Auftrag der Berufsberatung, Jugendliche und Erwachsene in allen Fragen der Berufswahl, der Berufsausbildung und des beruflichen Fortkommens zu beraten.

Die Aufgaben der Berufsberatung sind im einzelnen:

- Berufsaufklärung und -orientierung (in der Schule und durch „Blätter zur Berufskunde");
- Berufliche Einzelberatung (psychologische und medizinische Eignungsuntersuchungen);
- Vermittlung beruflicher Ausbildungsstellen (Lehrstellen);

- Förderung der betrieblichen Berufsausbildung, Fortbildung und →Umschulung und Förderung von Einrichtungen zur beruflichen Bildung.
  Im Rahmen der Berufsberatung werden folgende funktionelle Leitbilder verwendet (herausgegeben von der Bundesanstalt für Arbeit):

für männliche Ratsuchende	für weibliche Ratsuchende
werkend gestalten	lehren, helfen, pflegen
konstruieren, montieren, reparieren	verwalten, buchen, schreiben
verwalten, buchen, schreiben	werben, verkaufen
lehren, helfen, pflegen	werkend gestalten
werben, verkaufen	Dienstleistungen
beobachten, untersuchen, forschen	beobachten, untersuchen, forschen

Daß solche gesellschaftliche Leitvorstellungen äußerst problematisch sind, muß wohl nicht besonders betont werden!
Prinzipien und einige Probleme der Beratung. Die psychologisch-pädagogische Beratung erfolgt auf der Grundlage wissenschaftlicher Erkenntnisse über das menschliche Erleben und Verhalten. Die Berater streben eine „bessere" Anpassung (Hilfe zur Selbsthilfe) an unter Beachtung der Freiheit und der Würde des Menschen. Hauptmerkmale der beruflichen Haltung eines Beraters sind Partnerschaft, Akzeptieren, Nichtverurteilen, Schweigepflicht, Aktivierung des Klienten und individuelles Vorgehen. Zu den wichtigsten Problemen der Beratung gehört, daß viele Ratsuchende überhaupt nicht wissen, daß es Beratungsdienste gibt, die kostenlos in Anspruch genommen werden können. Weitere Probleme der Beratungsdienste sind zu wenig qualifiziertes Personal; ungenügende räumliche und technische Ausstattung; zu lange Wartezeiten, dadurch erschwerte Beratung. Eine erfolgreiche Hilfe kann auch durch Scham, Mißtrauen, Verharmlosung, Resignation, →Abwehrmechanismen von seiten des Klienten und durch Ungeduld, eigene Probleme, Identifikation mit dem Klienten, Sympathie oder Antipathie, Desinteresse von seiten des Beraters behindert werden.

Berliner Schule (Modell) →Didaktik

Berufliche Bildung, Berufsbildung. Nach § 1 Abs. 1 des Berufsbildungsgesetzes aus dem Jahr 1979 gehören zur Berufsbildung oder beruflichen Bildung die *Berufsausbildung*, die alle für eine qualifizierte berufliche Tätigkeit notwendigen fachlichen Kenntnisse und Fertig-

keiten vermittelt, die *berufliche Fortbildung* (Intensivierung, Vertiefung und Erweiterung der Kenntnisse im ausgeübten Beruf zur Anpassung an die technische Entwicklung) und die *berufliche → Umschulung*, die den Übergang in eine andere berufliche Tätigkeit ermöglichen soll. Um die Berufsbildung zu vereinheitlichen, wurden für viele Ausbildungsberufe Ausbildungsordnungen erlassen. Das Berufsbildungsgesetz (BBiG) sieht das Berufsausbildungsverhältnis zwischen dem „Ausbildenden" (Betriebsinhaber) und dem „Auszubildenden" als Arbeitsverhältnis an; es gelten also das Arbeitsrecht und insbesondere das Jugendarbeitsschutzgesetz (→Jugendarbeitsschutz). Die betriebliche Berufsbildung wird durch die Kammern (Industrie- und Handelskammer, Handwerks-, Landwirtschaftskammer u. a.) unterstützt und überwacht. Allerdings sieht die geplante und heftig umstrittene Reform des BBiG die Einrichtung eines Bundesinstituts für Berufsbildung vor und strebt vor allem eine stärkere Einflußnahme durch verschiedene Berufsbildungsausschüsse an, wodurch der Einfluß der Kammern beschnitten werden soll. Um eine ausreichende Zahl von qualifizierten Ausbildungsstellen zu sichern, sollen alle Unternehmen finanzielle Beiträge erbringen, damit gegebenenfalls überbetriebliche Ausbildungsplätze eingerichtet werden können.
Die staatliche Förderung der Ausbildung erfolgt nach dem Arbeitsförderungsgesetz (AFG) und nach dem →Bundesausbildungsförderungsgesetz (BAFöG). Die Ausbildungsförderung nach BAFöG umfaßt die gesamte schulische Ausbildung (Berufs-, Berufsaufbau-, Fachschulen, Fachoberschulen, Fachhochschulen, Akademien, Universitäten) und wird beim Erststudium, wenn die Eignungskriterien erfüllt sind, als Zuschuß oder Darlehen gewährt. Dabei werden die Einkommen der Eltern, des Ehegatten oder des Auszubildenden berücksichtigt. Zuständig für die Bewilligung sind die Landkreise und kreisfreien Städte (Amt für Ausbildungsförderung). Das Arbeitsförderungsgesetz (AFG) regelt die Förderung der Berufsausbildung, Fortbildung und Umschulung in Betrieben und überbetrieblichen Einrichtungen. Hier sind die Arbeitsämter zuständig.
Das *berufliche Schulwesen* baut auf den Schulen der Sekundarstufe I auf. Zu ihm gehören: Berufsschulen, Berufsgrundschulen, Berufsfachschulen, Berufsaufbauschulen, Fachoberschulen, Berufliche Gymnasien und Fachschulen. In Bayern und Baden-Württemberg gibt es außerdem noch Fachakademien und Berufsoberschulen.
Die Berufsschule ist eine Teilzeit-Pflichtschule für alle Jugendlichen unter 18 Jahren, die keine allgemeinbildende oder berufliche Schule mit Vollzeitunterricht mit mindestens 24 Wochenstunden besuchen. Das Duale System der beruflichen Erstausbildung sieht vor, daß Auszubildende bzw. Berufsschüler neben ihrer betrieblichen Ausbildung

in der Regel 8 bis 12 Wochenstunden Unterricht in der Berufsschule (ein Tag in der Woche oder „Blockbeschulung“) besuchen.
Die Berufsfachschule (BFS) umfaßt alle berufsbildenden Schulen, die im Anschluß an Schulen der Sekundarstufe I besucht werden und im mindestens ein- bis höchstens dreijährigen Vollzeitunterricht einen Teil der Berufsausbildung und über die Berufsschule hinausgehende Allgemeinbildung vermitteln. Die Berufsfachschule vermittelt die Fachschulreife, d. h. einen mittleren Bildungsabschluß, mit dem die Schüler weitere Schulen der Sekundarstufe II besuchen können.
Die Berufsaufbauschule kann nach erfüllter Berufsschulpflicht oder auch neben der Berufsschule von Auszubildenden oder von Berufstätigen besucht werden. Sie vermittelt einen dem Realschulabschluß gleichwertigen allgemeinen und fachlichen Bildungsstand (Fachschulreife). Als Vollzeitform umfaßt die Berufsaufbauschule ein Schuljahr.
Die Fachoberschule führt durch die Vermittlung allgemeiner, fachbezogener und fachpraktischer Kenntnisse in zwei Jahren Vollzeitunterricht (im 11. Jahrgang erfolgt in Teilzeitform oder blockweise eine einschlägige fachpraktische Ausbildung) zur Fachhochschulreife. Voraussetzung für den Eintritt in die Fachoberschule ist der Realschulabschluß oder ein als gleichwertig anerkannter Abschluß. Schüler mit einer einschlägigen Berufsausbildung können gleich in die 12. Klasse eintreten. In Baden-Württemberg und Schleswig-Holstein werden Fachoberschulen durch berufliche Gymnasien und zweijährige Berufsaufbauschulen ersetzt.
Die Berufsoberschule führt in 2 Jahren zur fachgebundenen Hochschulreife und in drei Jahren zum →Abitur, wenn Kenntnisse in einer zweiten Fremdsprache (in der Regel Französisch oder Latein) nachgewiesen werden..
Die Fachschulen dienen der Weiterbildung und Vertiefung der Kenntnisse im Beruf. Sie setzen in der Regel die Berufsausbildung voraus und dauern in Vollzeitform mindestens ein Schuljahr. Fachschulen werden schon dem →Tertiärbereich zugeordnet.
Berufskolleg, Berufsakademie, Fachakademie und *Berufliche Gymnasien* bauen auf einem mittleren Bildungsabschluß auf und führen zur allgemeinen oder zur fachgebundenen Hochschulreife. Neben der Studienberechtigung können sie auch Berufsausbildung vermitteln (Doppelqualifikation). Je nach Schwerpunkt der Berufsausbildung werden folgende Berufs- bzw. Fachakademien unterschieden: wirtschaftswissenschaftliche, technische, haushalts- und ernährungswissenschaftliche, agrarwissenschaftliche und sozialpädagogisch/sozialpflegerische.

Berufsaufbauschule →Berufliche Bildung

Berufsberatung →Beratung

Berufsfachschule →Berufliche Bildung

Berufskolleg →Berufliche Bildung

Berufsoberschule →Berufliche Bildung

Berufsschule →Berufliche Bildung

Beschäftigungstherapie wird in Krankenhäusern und Rehabilitationszentren durchgeführt, um durch Ausführung von der jeweiligen Krankheit angemessenen Arbeiten (Bastelarbeiten; künstlerische Arbeiten; Herstellung von Produkten, ähnlich wie in der Industrie) mehr Selbstbewußtsein zu vermitteln, bestimmte Funktionen zu üben, von der Krankheit abzulenken und so die therapeutischen Bemühungen zu unterstützen.

Bestrafung, eine Bezeichnung für negative →Erziehungsmittel, wie Liebesentzug, Taschengeldkürzung, körperliche Züchtigung, Wiedergutmachung, Hausarrest, die eingesetzt werden, um ein unerwünschtes Verhalten zu unterdrücken. Der Einsatz von →Strafe und Bestrafung ist nicht unproblematisch.

Betriebserkundungen, **Betriebspraktika** können mit verschiedenen Schwerpunkten (Erkundung der Produktion, der kaufmännischen Vorgänge, der Arbeitsplatzgestaltung, des Zusammenwirkens sozialer und technischer Aspekte) und mit verschiedener Zielsetzung (Berufsfindung und Berufswahl, Theorie-Praxis-Verknüpfung, Praxiserfahrung z. B. im Rahmen der →Lehrerausbildung zum Berufsschullehrer, Praxissemester im Rahmen des Studiums, um Anwendung des Wissens zu erproben) durchgeführt werden.

Bettnässen, unwillkürlicher nächtlicher Harnabgang (Enuresis nocturna) nach dem 3. und 4. Lebensjahr, wenn die →Reinlichkeitserziehung schon abgeschlossen sein sollte, wird oft zu einem Erziehungsproblem. Das Einnässen im Wachzustand (Enuresis diurna) kommt relativ selten vor. Vom Primären Einnässen (Enuresis permanens) spricht man, wenn das Kind noch nicht sauber geworden ist, vom Sekundären Einnässen (Enuresis aquisita), wenn nach einer längeren Zeit das Einnässen wieder vorkommt.
Mögliche Ursachen. Bei etwa 5% der Fälle können körperliche Ursachen gefunden werden. In den meisten Fällen aber wird die Störung verursacht durch zuwenig liebevolle Zuwendung zum Kind, Eheprobleme, Eifersucht (etwa bei Geburt eines Geschwisterchens), übertrie-

bene Strenge, pedantische, forcierte Reinlichkeitserziehung, Ängste, Leistungsdruck u. a.m. Bettnässen kann auch im Zusammenhang mit einer allgemeinen neurotischen Fehlentwicklung und → Verwahrlosung auftreten. Es kann gedeutet werden als regressive Fluchtreaktion, als Trotzreaktion (unbewußt), als Verängstigung, als Aggression oder als Zuwendungssuche.

Behandlung. Da kein spezifisches Heilmittel gegen Enuresis existiert, können folgende familiäre Vorkehrungen hilfreich sein:

- Trockenkost am Nachmittag und am Abend, wenn diese Maßnahme vom Kind akzeptiert wird;
- Aufwecken etwa 2 Stunden nach dem Einschlafen und Entleerung der Blase bei vollem Bewußtsein;
- Belohnung geglückter Versuche durch Striche, Punkte, Figuren etc.;
- evtl. kann ein Milieuwechsel zum Erfolg führen. Es muß der Teufelskreis: Konfliktsituation (z. B. Angst vor der Schule) - Einnässen - vermehrte Konflikte - erneutes Einnässen durchbrochen werden.

In jedem Fall sind wichtig: Ermutigung, positive, liebevolle Zuwendung zum Kind, Nichtbeachtung des erneuten Einnässens und Lob bei Erfolgen. Die Eltern sollten eine → Beratung aufsuchen. Beachtliche Erfolge sollen in neuerer Zeit auch durch sog. „Anti-Naß-Apparate" erzielt werden, bei denen durch erste Tropfen Urin ein Stromkreis geschlossen wird und ein Wecksignal ertönt. Auch in diesem Fall müßte das Kind zur Mitarbeit gewonnen werden, denn Zwänge wirken sich immer negativ aus.

Bewegungstherapie. Durch gezielte Frühbehandlung bereits im ersten Lebensjahr können bei cerebralgeschädigten Körperbehinderten (60% aller Körperbehinderten) physiologische Fehlentwicklungen verhindert und Bewegungsstörungen weitgehend vermieden werden. Bekannt sind vor allem die von Bobath entwickelten physiotherapeutischen Übungen (Krankengymnastik, Heilgymnastik), die auf dem Gesetz aufbauen, daß der Zustand des Zentralnervensystems von der Peripherie her beeinflußt werden kann. Durch gezielte Bewegungs- und sensorische Übungen (Physiotherapie), die der Hemmung der tonischen Reflextätigkeit (z. B. bei Spastikern), der Regulierung des Muskeltonus, der Koordinierung von Stell- und Gleichgewichtsreaktionen sowie der Förderung der Bewegungsaktivität dienen, können recht beachtliche Erfolge erzielt werden.

Bezugsperson, 1. eine Person, an der sich eine andere Person im Verhalten orientiert, deren Werte und Normen sie für verbindlich hält und deren Einstellungen sie übernimmt; 2. Personen, auf die sich das Kind vor allem in den ersten Lebensjahren verlassen kann, die dem

Kind Sicherheit, Geborgenheit vermitteln, die für die angemessene Befriedigung seiner Bedürfnisse sorgen. Das Fehlen einer Bezugsperson führt zu → Hospitalismus.

Bildung. *Problemerörterung.* Obwohl die Bedeutung des Ausdrucks Bildung kaum eindeutig zu bestimmen ist und eine Abgrenzung zum Begriff → Erziehung nur schwer zu erreichen ist, spielt der Begriff Bildung in Deutschland eine wichtige Rolle. Folgende mit Bildung zusammengesetzte Ausdrücke beherrschen die öffentliche Szene: Bildungssystem, Bildungsforschung, Bildungsplanung oder Bildungsgesamtplan, Bildungskatastrophe, Bildungspolitik, Bildungswesen, Bildungsökonomie, Bildungsrecht, Deutscher Bildungsrat, Bundesministerium für Bildung und Wissenschaft, Bildungsprogramme, Bildungstechnologie, Bildungspraxis, Allgemeinbildung, Schulbildung, Berufsbildung.
Die hier aufgezählten Ausdrücke deuten darauf hin, daß die Bildung eine wichtige gesellschaftspolitische Rolle spielt, daß „Bildung" in der öffentlichen Diskussion mit Schul- und Berufsbildung gleichgesetzt wird und als Sammelbezeichnung für alle die Familie ergänzenden und ersetzenden Einrichtungen der Erziehung verwendet wird.
Begriffsbestimmung. Bildung wird verstanden als Entfaltungsvorgang eines Individuums, als Prozeß der Menschwerdung, als Entwicklung der Persönlichkeit infolge zielgerichteter Unterrichtung einerseits, und als Ergebnis der Entwicklung, als Grad der Persönlichkeitsentfaltung, als Zustand der Selbstverwirklichung des Menschen andererseits. Die Bildung, als der „große Versuch, den Menschen zum Menschen zu begaben" (H.-J. Heydorn), soll die volle Entfaltung der menschlichen → Persönlichkeit zum Ziel haben. Ob ein Mensch als gebildet oder ungebildet bezeichnet wird, hängt vom jeweiligen Idealbild vom Menschen ab. Das Wort Bildung wurde um 1800 von W.v. → Humboldt in die pädagogische Fachsprache eingeführt. Bestimmend für die Idealvorstellungen vom Menschen wurden damals die Auffassungen des deutschen Idealismus und Neuhumanismus. Im Sinne der humanistischen Bildung (→ Humanismus) ist ein Mensch gebildet, wenn er seine Triebe beherrscht, sich frei entscheiden kann, also über sich selbst verfügen kann, und ihm die Erfahrung über die Grundverhältnisse in der Welt eigen ist, wenn er Beziehungen herstellen kann, Teile zu einem Ganzen zusammenfügen kann, über grundsätzliche Fragen, wie über Sinn und Zweck des Lebens, über den Tod, das Transzendentale nachdenken kann. Der entscheidende Bestandteil der Bildung ist die Beherrschung der Sprache als einem wesentlichen Merkmal des Menschseins. Bildung versteht Ch. Wulf als „Formung des Menschen nach der Idee seiner selbst". Dies geschieht vorwiegend über die Beschäftigung mit Sprache, Literatur, Wissenschaft und Kunst. Nach I. Kant ist Bildung die Befähigung zu ver-

nünftiger Selbstbestimmung. „Sich selbst besser machen, sich selbst kultivieren und (...) Moralität bei sich hervorbringen, das soll der Mensch". Es wird angenommen, daß Kant Bildung und Aufklärung weitgehend gleichsetzt. So ist seine vielzitierte Aussage zur Aufklärung auch für die Erhellung des Begriffs Bildung aufschlußreich. „Aufklärung ist der Ausgang des Menschen aus seiner selbstverschuldeten Unmündigkeit. Unmündigkeit ist das Unvermögen, sich seines Verstandes ohne Leitung eines anderen zu bedienen." Unübersehbar ist hier das Selbstbestimmungs- und Selbstverantwortungsprinzip.

In den *klassischen Bildungstheorien* ist der Mensch ein zu einer freien, vernünftigen Selbstbestimmung fähiges Wesen. Bildung ist sowohl der Weg zu solcher Mündigkeit und Selbstbestimmung als auch Ausdruck einer solchen Autonomie und Selbständigkeit. Bildung bedeutet Selbstbestimmung und Befähigung zur Gemeinschaft, Bildung ist eine allgemeine, umfassende Menschenbildung von „Kopf, Herz und Hand" (→ Pestalozzi), ist Entwicklung moralischer Verantwortlichkeit und ist „wissenschaftsorientiert". „Habe Mut, wage, dich deiner eigenen Vernunft bzw. deines eigenen Verstandes zu bedienen" (Kant). „Hand" symbolisiert bei Pestalozzi die Bildung praktischer Fähigkeiten des Kindes. Unter der Bezeichnung *„polytechnische Bildung„* greift Karl Marx diesen Gedanken auf und fordert, daß das Kind und die junge Person die „allgemeinen Prinzipien aller Produktionsprozesse vermittelt" bekommt und in den praktischen Gebrauch und in die Handhabung der elementaren Instrumente aller Arbeitszweige (hauswirtschaftliche, agrarische, handwerkliche und industrielle) eingeweiht wird.

In den klassischen Bildungstheorien umfaßt Bildung auch immer die gesamte Ästhetik (der Kunst und des Alltags). Das bedeutet Entwicklung der Einbildungskraft oder Phantasie, des Geschmacks, der Genußfähigkeit, der ästhetischen Urteilskraft in Bezug auf Theater, Literatur, Kleidung und Schmuck. Es beinhaltet auch Befähigung zum Tanz, Spiel, Volksmusik, zum Festefeiern und zur Geselligkeit. Bildung geht damit über Schulbildung hinaus. Erziehung wird als bewußte pädagogische Hilfe verstanden, um Bildung zu ermöglichen.

Im Zeitalter der 35-Stunden-Gesellschaft wird die demokratische Durchsetzung des Rechts auf *Allgemeinbildung* (d. h. Bildung für alle) verstanden als Verbindung von „Arbeit, Spiel und Muße in den Dimensionen von neuer Technologie, Freizeitkultur und Ökologie". Diese Neugestaltung der gesellschaftlichen und individuellen Gesamtzeit und mehr freie Zeit für alle, statt mehr Arbeitslosigkeit für viele gilt es nach W. Nahrstedt pädagogisch und politisch zu sichern.

In Anlehnung an die klassische Unterscheidung zwischen *materialer Bildung*, die als Besitz umfangreichen Wissens, als Verfügung über bestimmte Lerninhalte definiert wird, und *formaler Bildung*, die sich auf Entwicklung allgemeiner Fähigkeiten unabhängig von Inhalten bezieht, werden heute Menschen als gebildet bezeichnet, die über umfangreiches Wissen verfügen, oder Menschen, die ohne angelerntes Wissen bei Grundsatzfragen einen eigenen Standpunkt vertreten können. Es wird angenommen, daß jedem Lehrgegenstand ein „Bildungsgehalt", eine organische Kraft innewohnt, die das Innere des menschlichen Geistes gestaltet und ihn dazu befähigt, sich die Welt zu erschließen. Unabhängig von der Kritik der formalen Bildung – diese wäre ohne konkrete Inhalte nicht realisierbar – ist zu betonen, daß jede Spezialisierung, jede Ausbildung und Aneignung konkreter Lerninhalte durch umfassende Bildung abzusichern ist. Wenn eine Ausbildung nicht unter das umfassende Prinzip der Bildung eingeordnet wird, dann „verzweckt" sie den Menschen, liefert ihn der Entfremdung aus, nimmt ihm die Verantwortung für den Umgang mit seinen Qualifikationen (vgl. auch →Schlüsselqualifikationen). Will man Menschen so ausbilden, daß sie nicht nur Qualifikationen erwerben, sondern auch die Verantwortung für die Anwendung des Wissens übernehmen, so muß Bildung als Prinzip aller Ausbildungen anerkannt werden. Nur durch Bildung läßt sich ein „Vielwisser ohne Verantwortung" und ein „Handlungsunfähiger mit viel Verantwortung" vermeiden, d. h. Bildung ist auf Wissen angewiesen und das Wissen auf Haltung und Verantwortung. Damit ist Bildung die Klammer, die die Begriffe →Erziehung und →Unterricht zusammenhält. Die Unterscheidung zwischen Allgemeinbildung und Berufsbildung ist nur noch organisatorisch sinnvoll (Allgemeinbildende und Berufsbildende Schulen), inhaltlich ist sie überholt, weil die Allgemeinbildung gegenwärtig ebenso spezielle Kenntnisse umfaßt wie die Berufsbildung allgemeines Wissen.

Bildungsforschung. Bis zur Gründung des Deutschen Bildungsrates 1965 kann man in der Bundesrepublik Deutschland kaum von einer systematischen Bildungsforschung sprechen. Bis Mitte der 60er Jahre fehlten selbst einfache Sozial-, Erfolgs- und Verlaufsstatistiken über die im Bildungswesen ablaufenden Vorgänge. Die Bildungsforschung soll durch wissenschaftliche Untersuchungen eine Bildungsplanung ermöglichen und Reformen des Bildungssystems unterstützen. In empirisch orientierten soziologisch-psychologisch-pädagogischen Untersuchungen wurden bisher vor allem Zusammenhänge zwischen Bildungskarriere und Schichtzugehörigkeit, Beruf der Eltern, Konfession, Bildungssystem (z. B. vertikale Gliederung des Schulwesens) erforscht, wurden Prognosen über Arbeitsteilung, Arbeitskräftebedarf, Professionalisierung, Spezialisierung erarbeitet, um Bildungsplanung und -programme zu ermöglichen, wurden Reformansätze, wie z. B. die Einführung der →Gesamtschule wissenschaftlich erforscht und Vorstellungen zur inneren Struktur der Bildungsinstitutionen, wie Fächerkanon, Lehrpläne, erarbeitet.

Bildungskatastrophe. Mit diesem Ausdruck wollte G. Picht 1964 auf die Misere des deutschen Bildungswesens hinweisen, die vor allem durch das zusammenhanglose Nebeneinanderbestehen verschiedener Schulen verursacht wurde. Dies führte nach Meinung von Picht dazu, daß unser Bildungssystem von der technischen und wissenschaftlichen Entwicklung überholt wurde und daher in der Bundesrepublik zu wenig qualifizierte Kräfte ausgebildet wurden (Bildungsnotstand). Heute, knapp 30 Jahre später, wird beklagt, daß zu viele Jugendliche allgemeinbildende weiterführende Schulen der Sekundarstufe II besuchen und daß die →berufliche Bildung aufgewertet werden muß.

Bildungsökonomie bedeutet die Erforschung quantitativer Zusammenhänge zwischen Input (Bildungsinvestitionen) und Output (produzierte Qualifikationen) sowie den ökonomischen Bedingungen und Voraussetzungen des Bildungssystems einer Gesellschaft. Durch die Bildungsökonomie erhält man wichtige Orientierungsdaten für die →Bildungsplanung.
Ökonomisch orientierte Ansätze der Bildungsplanung:
- Der *Korrelations-Ansatz* setzt die Kennziffern der Wirtschaft (z. B.Bruttosozialprodukt pro Kopf der Bevölkerung) mit den Kennziffern des Bildungswesens (z. B. Anzahl der Schüler bestimmter Schulstufen pro Anteil gleichaltriger Bevölkerung) in Beziehung.
- Der *Nachfrage-Ansatz* geht von der individuellen Nachfrage nach Bildungsplätzen aus (errechnet aus der Bevölkerungsentwicklung und den Schulbesuchsquoten), ohne das Problem des Bedarfs nach bestimmten Berufen näher zu untersuchen.
- Der *Manpower-Ansatz* geht von der geplanten Zuwachsrate des Bruttosozialprodukts aus und errechnet so den Bedarf an qualifizierten Arbeitskräften, die vom Bildungssystem zu liefern sind.
- Am sog. *Ertragsraten-Ansatz* orientieren sich private oder öffentliche Entscheidungsträger. Die Vor- und Nachteile einer Handlungsalternative werden abgewogen, z. B. die Frage, ob es sinnvoll ist, zu studieren oder nicht.

  Problem der Bildungsökonomie: Menschen verhalten sich oft anders als aufgrund von Statistiken zu erwarten wäre.

Bildungsplanung. In der Bundesrepublik existieren mehrere Gremien, die sich mit der Erarbeitung von Zielvorstellungen für das gesamte Bildungswesen und deren Durchführung sowie mit der Koordinierung zwischen den verschiedenen Reformbestrebungen befassen. Durch die „Ständige Konferenz der Kultusminister" (KMK) soll vor allem eine Vereinheitlichung des Schulwesens in der Bundesrepublik Deutschland erreicht werden. Sonst könnte die Situation eintreten, daß sich aufgrund der Kulturhoheit der Länder das Bildungswesen so

weit auseinanderentwickelt, daß das in einem Bundesland abgelegte Abitur in einem anderen nicht mehr anerkannt wird.
Das von 1953 bis 1965 im Auftrag von Bund und Ländern tätige Gutachtergremium, der „Deutsche Ausschuß für das Erziehungs- und Bildungswesen“, sollte Grundlagen für die als notwendig erkannten Bildungsreformen liefern. Der 1966 gegründete „Deutsche Bildungsrat“, bestehend aus einer Bildungs- und einer Regierungskommission, soll Bedarfs- und Entwicklungspläne entwerfen und langfristige Bildungsplanungsempfehlungen aussprechen. Der unter der Federführung des 1969 neu gegründeten Bundesministeriums für Bildung und Wissenschaft verfaßte Bildungsbericht '70 der Bundesregierung stützt sich weitgehend auf den Strukturplan des Deutschen Bildungsrates und auf die Empfehlungen des Wissenschaftsrates zum Ausbau des Hochschulwesens. 1973 wurde von der 1970 gegründeten „Bund-Länder-Kommission für Bildungsgesamtplanung“ (BLK) der Bildungsgesamtplan vorgelegt, der Planungen (Vorstellungen) über langfristige bildungspolitische Zielvorstellungen enthält, die vom Bund und den Ländern gemeinsam angestrebt werden sollen, und auch Planvorstellungen zur Durchführung aufweist, ohne daß auf die Durchführungsproblematik auf Länderebene eingegangen wird. Im *Bildungsgesamtplan '90*, ein „Rahmen für Reformen“ genannt (erschienen 1990), meinen die Gutachter, daß ein Jahrzehnt der Planlosigkeit hinter uns liegt. Als Gründe für die Notwendigkeit neuer Anstrengungen im Bildungswesen werden aufgeführt:

- Seit Mitte der 70er Jahre hat sich die Arbeitslosigkeit nahezu kontinuierlich erhöht. Wirtschaftswachstum führt kaum mehr zur Senkung von Arbeitslosenzahlen. So muß bis zum Jahr 2000 eine Umverteilung der Arbeit stattfinden, die entsprechende Qualifikationen voraussetzt.
- Seit Mitte der 80er Jahre wird eine Umkehr von immer mehr Arbeitsteilung zu mehr ganzheitlichen Tätigkeiten im Erwerbsleben und eine Einführung von Produktionskonzepten in Teamarbeit beobachtet. Diese neuen Formen der Arbeitsorganisation (auch Humanisierung des Arbeitslebens genannt) erfordern neue Qualifikationen. Die Tendenz zum Anwachsen der erwerbsfreien Zeit (Freizeit) stellt Bildung und Ausbildung vor die Aufgaben, Menschen zur selbstbestimmten Nutzung der gewonnenen Zeit zu befähigen (→ Freizeitpädagogik).

  Angestrebt wird eine Verzahnung berufsqualifizierender und allgemeinbildender Inhalte sowohl durch Gleichwertigkeit gymnasialer (→ Abitur) und berufsbildender Abschlüsse als auch durch doppeltqualifizierende Bildungsgänge in der Sekundarstufe II, die einen berufsqualifizierenden und einen studienqualifizierenden Abschluß beinhalten.

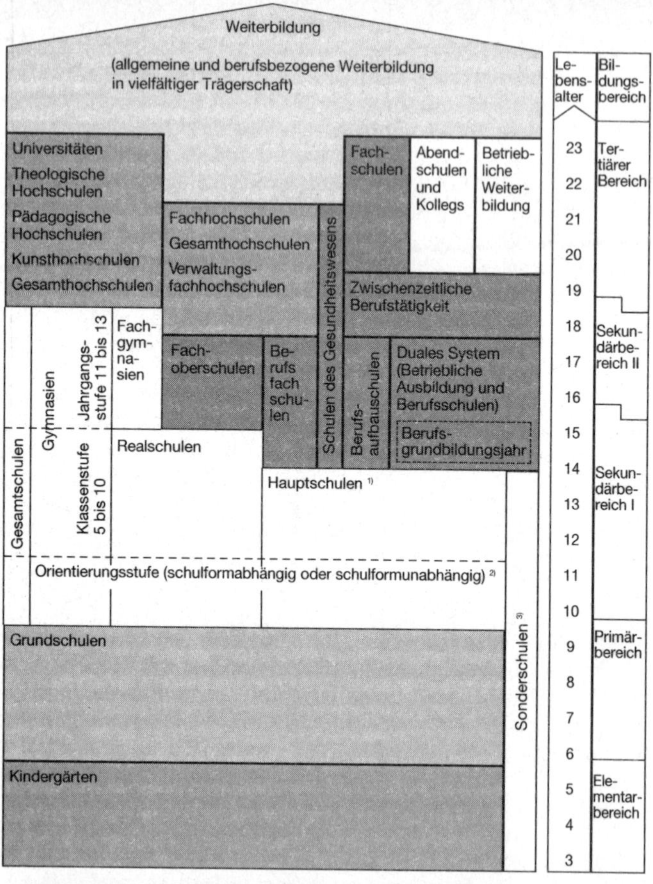

1 Rund 30 Prozent der Hauptschüler besuchten 1986 auch ein 10. Schuljahr an der Hauptschule.
2 Die Orientierungsstufe wurde 1986 von rund 73 Prozent der Schüler des 5. und 6. Schuljahrgangs besucht.
3 Entsprechende Einrichtungen bestehen auch im Bereich von Realschulen und Gymnasien sowie bei den beruflichen Schulen.

- Schematisierte Darstellung der typischen Struktur des Bildungssystems der Bundesrepublik Deutschland. In den einzelnen Bundesländern bestehen Abweichungen.
- Die Zurechnung des Lebensalters zu den Bildungseinrichtungen gilt für den jeweils frühestmöglichen typischen Eintritt und bei ununterbrochenem Gang durch das Bildungssystem.
- Die Größe der Rechtecke ist nicht proportional zu den Besuchszahlen.

Abbildung 1: Grundstruktur des Bildungswesens in der Bundesrepublik Deutschland 1986

(Quelle: Bundesminister für Bildung und Wissenschaft 1987, S. 8)

Zusammenfassend werden folgende Schwerpunkte künftiger Schulpolitik skizziert:

- Der Bildungsföderalismus darf nicht zum Auseinanderstreben der Schulsysteme in den Ländern führen; Einheitlichkeit und Gleichwertigkeit schulischer Abschlüsse müssen bleiben.
- In der → Primarstufe muß der pädagogische Schwerpunkt auf Förderung statt auf Auslese liegen.
- Das 10. allgemeinbildende Schuljahr ist für alle einzuführen. Es ist anzustreben, daß auch Hauptschüler die Schule mit einem mittleren Schulabschluß verlassen.
- Schüler-BAFöG ab Klasse 11 wird als unverzichtbarer Bestandteil einer Politik der Chancengleichheit bezeichnet.
- Das Duale-System (→ Berufliche Bildung) in der Berufsausbildung ist erfolgreich und erfordert eine Stärkung der beruflichen Teilzeitschule.
- Die Kinder ausländischer Mitbüger und Aussiedler bedürfen zusätzlicher schulischer Unterstützung (→ Ausländerpädagogik).

Angesichts der Verteilungskämpfe um knapper werdende finanzielle Mittel und wegen der Kulturhoheit der Länder ist zu befürchten, daß verschiedene Planungen wenig Chancen auf Verwirklichung haben. Häufig wird eine Verlagerung bildungspolitischer Entscheidungskompetenzen von den Ländern auf den Bund gefordert. Einer Zentralisierung ist – allein schon aus dem oben aufgeführten Grund – mit großer Skepsis zu begegnen.

Bildungssystem. Damit bezeichnet man den Aufbau und die Gliederung aller Bildungseinrichtungen eines Staates. Bisher war für das Bildungssystem in der Bundesrepublik Deutschland die vertikale Gliederung nebeneinanderstehender *Schulformen* charakteristisch. Diese soll nach allgemein akzeptierten Reformvorstellungen durch die horizontale Gliederung aufeinander aufbauender Schulstufen abgelöst werden. Da die Durchlässigkeit zwischen den verschiedenen Schulformen des vertikal gegliederten Systems nur begrenzt gegeben ist und sich Schüler schon sehr früh für eine bestimmte Schulform entscheiden müssen, wird manche Bildungschance vertan. Im horizontal gegliederten Schulsystem sollen deshalb die einzelnen Schulformen durch Bildungsbereiche abgelöst werden. Dadurch sollen alle Schüler gleiche Bildungschancen erhalten.

Bildungssystem in den neuen Bundesländern. Die ehemalige DDR hat die Instrumentalisierung von Erziehung und Bildung für Herrschaftsansprüche auf die Spitze getrieben. In der 10jährigen POS (Polytechnischen Oberschule) als „Einheitsschule für alle Kinder“ gab es – bildungspolitisch gesehen – keine individuelle Förderung und keine offizielle Selektion durch Leistungsnormen. Nach der POS führten bevorzugt verschiedene Wege der Berufsausbildung zum → Abitur

und auch die 2jährige EOS (Erweiterte Oberstufenschule). Nach der Wiedervereinigung wurden in den neuen Bundesländern die Grundschule und das Gymnasium errichtet. In Sachsen, Sachsen-Anhalt und Thüringen wurde eine zweigliedrige Sekundarstufe I eingerichtet, die aus dem Gymnasium (Klasse 5 bis 12) und aus einer weiteren eigenständigen Schulform (Klasse 5 bis 9 oder 10) besteht. Diese Schulform wird in Sachsen „Mittelschule", in Sachsen-Anhalt „Sekundarschule" und in Thüringen „Regelschule" genannt. In Brandenburg baut auf der 6jährigen Grundschule eine formal dreigliedrige Sekundarstufe I mit Gymnasium, Realschule und Gesamtschule auf. Das Gymnasium dauert hier 13 Jahre. Mecklenburg-Vorpommern orientiert sich ganz am Bildungssystem in den alten Bundesländern.
Die Angleichung der Schulsysteme in den alten und neuen Bundesländern darf nicht als Niederlage der sozialistischen und als Sieg der bürgerlichen Pädagogik gewertet werden. In den neuen Bundesländern waren in einer sehr kurzen Zeit drei Aufgaben zu bewältigen: Die Entrümpelung der Lehrpläne von ihrer bisherigen politischen Aufdringlichkeit, der Aufbau der Schulgesetzgebung und der Wahlmöglichkeit nach der Grundschule und die Überprüfung der Lehrer auf ihre politische Vergangenheit sowie die Angleichung der Lehrerqualifikation an den westlichen Standard.

Bildungstheoretische Didaktik → Didaktik

Bildungsweg, zweiter ist Bezeichnung für alle Einrichtungen und Kurse (Abendgymnasium, Telekolleg, Begabtenprüfungen, Volkshochschulkurse, Fernstudium) zum Erreichen eines Schulabschlusses, der zum Hochschulstudium berechtigt.

Biologieunterricht → Naturwissenschaftlicher Unterricht

Blindenerziehung. Durch eine Sehschädigung (Erblindung, Sehbehinderung) sind die Entwicklungs- und Bildungsmöglichkeiten stark beeinträchtigt, weil wichtige Hilfen zur Bewältigung des Lebens und Anreize zur Nachahmung fehlen. Neben der stark verzögerten Entwicklung der Raumvorstellung und der Formdifferenzierung treten häufig auch Apathie, Bewegungsscheu, Ängstlichkeit, rhythmisches Schaukeln und verzögerte Entwicklung des logischen Denkens auf. Zentrale Elemente der Blindenerziehung bestehen in akustischen Orientierungsübungen, Tastversuchen, in der Anleitung zur bewußten Handlungskontrolle (Pflege, Essen, Ankleiden) im psychomotorischen Training, im Aufbau einer auditiven Vorstellungswelt, in der Einübung und Verwendung vielfältiger Blindenhilfsmittel (Blindenschrift, Tonbänder, akustische Hilfsgeräte). Die Blindenerziehung hat

in der Regel gute Erfolge zu verzeichnen. Es ist allerdings eine rein verbal-theoretische Bildung zu vermeiden.
Auffällige Verhaltensstörungen bei blinden und stark sehbehinderten Kinden sind häufig auf erzieherische Fehlhaltungen wie Überbehütung, Überforderung oder auch Unterforderung zurückzuführen. Es ist zu beachten, daß die Umwelt – auch die personale – für blinde und sehbehinderte Kinder immer fremd, undurchsichtig, bedrohlich bleibt. Unsicherheit, Ängstlichkeit, Trotz, Egozentrizität und Aggressivität stellen deshalb normale Abwehrreaktionen dar und dürfen nicht überbewertet werden.

Bundesausbildungsförderungsgesetz (BAFöG) regelt die Ausbildungsförderung für die gesamte Schulausbildung. Sie wird für das Erststudium bei Erfüllung bestimmter Eignungskriterien als Zuschuß und Darlehen gewährt. Eigene Einkommensverhältnisse (bzw. die der Eltern oder des Ehegatten) werden berücksichtigt. Bewilligungsinstanzen sind die Ämter für Ausbildungsförderung der Landkreise oder kreisfreien Städte.

Bundessozialhilfegesetz (BSHG). Das am 1. 6. 1962 in Kraft getretene, inzwischen mehrfach geänderte und durch zwischenstaatliche Fürsorgeabkommen ergänzte BSHG enthält den Rechtsanspruch auf →Sozialhilfe, die sich in *Hilfe zum Lebensunterhalt* und *Hilfe in besonderen Lebenslagen* gliedert. Die Sozialhilfe (der Begriff Sozialhilfe wurde bewußt für den bisher verwendeten Begriff Fürsorge eingesetzt) hat die Aufgabe, dem Empfänger der Hilfe ein menschenwürdiges Leben zu ermöglichen. Da Sozialhilfe als „Hilfe zur Selbsthilfe“ zu verstehen ist, wird der Hilfeempfänger nach dem Willen des BSHG zur Mitwirkung verpflichtet. Die Sozialhilfe wird nach dem „Grundsatz des Nachranges“ (Selbsthilfe, z. B. zumutbare Arbeit, Vermögen und Verpflichtungen und Leistungen Dritter, z. B. Unterhaltspflichtiger) und dem „Grundsatz der individualisierenden Hilfe“ (Form und Maß der Hilfe richtet sich nach den Besonderheiten des Einzelfalles) gewährt.
Die nach dem BSHG vorgesehenen Hilfen zum Lebensunterhalt umfassen die Kosten für Ernährung, Kleidung, Wohnung (vorrangig Wohngeld), Hausrat, Heizung, für Alterssicherung und Krankenversicherung, für Arbeitssuche. Diese Hilfen werden gewährt ohne Rücksicht darauf, ob die Bedürftigkeit selbst verschuldet oder durch Krankheit, Alter, Behinderung, Streik verursacht ist. Bei Aufenthalt in Heimen oder anderen pflegerischen Einrichtungen wird neben der Übernahme von Unterbringungskosten auch ein angemessenes Taschengeld gewährt.
Durch Hilfen in besonderen Lebenslagen wird der sog. „soziale Bestandsschutz“ gesichert. Sie umfassen:
Hilfe zum Aufbau und zur Sicherung der Lebensgrundlage, Ausbil-

dungshilfe (vorrangig sind Ausbildungsförderung und →BAFöG), vorbeugende Gesundheitshilfe und Krankenhilfe, Hilfe für werdende Mütter und Wöchnerinnen, Eingliederungshilfen für Behinderte, Tuberkulosenhilfe, Hilfe zur Pflege, Hilfe zur Weiterführung des Haushalts, Hilfe zur Überwindung besonderer sozialer Schwierigkeiten (→Drogenabhängigkeit, Unterbringung von obdachlosen Alkoholikern und Strafentlassenen), →Altenhilfe. Soweit Hilfe durch Freie →Wohlfahrtsverbände geleistet wird, sind diese durch die Sozialhilfe nach BSHG zu unterstützen.

C

Chancengleichheit. *Problemerörterung.* Den Ausgangspunkt der Forderung nach Chancengleichheit bildete die Beobachtung, daß das soziale Gefälle (Einkommens-, Schulbildungs-, Positions-, Statusgefälle) in der Bundesrepublik Deutschland eher zu- als abnimmt. Dabei stellte sich heraus, daß bestimmte Gruppen, nämlich Mädchen, Angehörige der Unterschicht, die Landbevölkerung, Katholiken, vor allem was die Schulbildung betrifft (z. B. Übertritte an weiterführende Schulen), besonders benachteiligt sind. Die vorhandenen Statistiken deuten darauf hin, daß unser dreigliedriges →Bildungssystem bestimmte Kinder und Jugendliche benachteiligt. Deshalb wurde die Verwirklichung der Chancengleichheit (in den 60er und 70er Jahren ein Schlagwort) gefordert.
Begriffsbestimmung. Chancengleichheit bedeutet nicht Chancengerechtigkeit im juristischen Sinne. Chancengerechtigkeit würde bedeuten, daß alle Kinder und Jugendliche formal die gleichen Möglichkeiten angeboten erhalten und in der Schule gleich behandelt werden. Chancengleichheit bedeutet dagegen, daß man die Ausgangssituation für Schüler und Auszubildende angleicht durch den Abbau des Einflusses äußerer Faktoren (soziokulturelle Faktoren, wie z. B. Schichtzugehörigkeit, Wohngegend, Beruf der Eltern, Bildungssystem) auf die Leistung und das Endergebnis des einzelnen. Es geht darum, daß die Fähigkeiten des einzelnen optimal gefördert werden und einzig und allein seine Fähigkeiten für die „Schullaufbahn" entscheidend sind.
Einige Überlegungen. Die Forderung nach Chancengleichheit ist nicht unproblematisch. Die Mittelschichtsinstitution Schule kann

kaum so umorganisiert werden, daß sie voll den Bedürfnissen und Fähigkeiten der Unterschichtskinder entspricht, weil dann auf die verbal-theoretische Ausbildung zum Teil verzichtet werden müßte. Viele Diskriminierungsursachen, z. B. Werthaltungen der Eltern aus der Unterschicht, ihre Erziehungshaltung, lassen sich kaum ändern. Durch vorschnelle Reformen des → Bildungssystems entsteht auch die Gefahr, daß Schüler mit guten Fähigkeiten unterfordert werden. In diesem Zusammenhang wird auch immer wieder die Tatsache diskutiert, daß diejenigen, die eine teure Ausbildung erhalten (ein Medizinstudent kostet ca. 350.000,– DM an öffentlichen Mitteln), als Berufstätige dann die größten privaten Einkommen erzielen. Um die Chancengleichheit zu verwirklichen, werden folgende Forderungen aufgestellt:

- Die Bildung und Ausbildung der Schüler soll so angehoben werden, daß alle qualitativ gleichwertig am sozialen, kulturellen und politischen Leben einer Generation teilnehmen können (Lebensgleichheit).
- Ein bestimmter Schul- oder Berufsausbildungsabschluß soll nicht allein für die Aufstiegschancen im Beruf entscheidend sein.
- Das Bildungssystem soll so gestaltet werden, daß eine Schul- und Berufslaufbahn an möglichst vielen Stellen verändert werden kann. Ob dies durch die Schaffung inte grierter → Gesamtschulen erreicht werden kann, ist zweifelhaft und wird heute auch nicht mehr angestrebt. Durch die Aufwertung beruflicher Bildungsabschlüsse will man gegenwärtig mehr Chancengleichheit erreichen. Auch auf dem Weg der beruflichen Bildung soll es möglich sein, Zugangsberechtigungen zum Hochschulstudium zu erlangen. Ebenso sollen laut KMK-Beschluß von 1992 bestimmte Berufsausbildungsabschlüsse (Gesellenbrief) bei „befriedigenden Englischkenntnissen“, evtl. auch unter Berücksichtigung des qualifizierenden Hauptschulabschlusses, als Mittlerer Schul- oder Bildungsabschluß (Mittlere Reife) anerkannt werden.

Chemieunterricht → Naturwissenschaftlicher Unterricht

Clownerien. Kasperlhaftes Gebaren der Kinder, das Bestreben, um jeden Preis aufzufallen oder sich lächerlich zu machen, ungewöhnliche Gesten und gespielter Gesichtsausdruck sind meist äußere Zeichen für Angst, Gehemmtheit, Unsicherheit, für Aufmerksamkeits- und Zuwendungssuche. Solche Kinder brauchen konstante Zuwendung, liebevolle Behandlung und nicht nur kurzfristige Beachtung durch die Erzieher, wenn sie gerade den Clown nachahmen.

Code (auch Kode), 1. die Bezeichnung für ein Zeichensystem, in dem durch die Anordnung weniger Zeichen (z. B. „ja“, „nein“, oder „1„

und „0„) die Beschreibung vieler Merkmale gelingt; 2. *restringierter* oder eingeschränkter Code ist die Bezeichnung für die Sprache vieler Unterschichtkinder, deren Sprache folgende Merkmale aufweist: geringer Wortschatz, kurze Sätze, auffallend wenig Verben, Adjektive und Adverbien. Der *elaborierte* oder ausgearbeitete Code entspricht der literarischen Schriftsprache.

Comenius, Johann Amos (1592–1670), war schon früh Vollwaise, wurde durch die Böhmischen Brüder im Sinne eines idealen Christentums erzogen (Wahlspruch: „Los von der Erde, dem Himmel zu!"), Studium der Philosophie und Theologie in Deutschland, später Lehrer, Priester und Bischof in der Gemeinde der Böhmischen Brüder, Tätigkeit als pädagogischer Reformer in verschiedenen europäischen Ländern.
Pädagogisches Werk: „Didactica magna" (Große Unterrichtslehre), „Orbis sensualium pictus" (Gemalte Welt), „Informatorium der Mutterschul".
Pädagogische Ideen: Im Mittelpunkt der Pädagogik von Comenius steht eine christlich-humanistische Lebensgestaltung. Dabei wird die Wichtigkeit früher Erziehung und Bildung ausdrücklich betont. Comenius fordert eine Pädagogik als „Kunst, alle alles zu lehren". Damit will er die Gesamtheit des Wissens allen erschließen („Pansophismus"). Folgerichtig wird auch eine Volksschule für alle gefordert. An die Stelle von Einzel- oder Privatunterricht tritt Klassenunterricht. In der Mutterschule erfolgt die Früherziehung bis zum 6. Lebensjahr.
Als *Erziehungsziele* setzt er: Selbst- und Welterkenntnis, Selbstbeherrschung, Erhebung zu Gott. Deren Erreichung dienen Unterricht, Sittlichkeit und Frömmigkeit. In seiner „Gemalten Welt" stellt er durch die Verbindung von Bild und Wort beispielhaft anschauliches Sach- und Sprachlernen vor. Seine *„Große Unterrichtslehre"* systematisiert umfassend die pädagogischen Vorstellungen seiner Zeit. Comenius gilt auch als Verteter einer frühen Stufentheorie, da er meint, alles Wissen sei in Stufen angeordnet. Es sei anfangs bereits da und kehre auf höheren Stufen wieder, dann allerdings in größerer Genauigkeit und Differenziertheit.
Als *Lernprinzipien* werden vorgestellt: Tätigkeit durch Tun lernen; sinnliche Anschauung kommt vor sprachlicher Erklärung; Sprachgebrauch ist wichtiger als Regelkenntnis; Muttersprache hat Vorrang vor Fremdsprache; Tugendhaftigkeit wird vor allem durch Gewöhnung und Handeln erreicht, Beispiel ist einflußreicher als bloße Worte; Anwendung milder Zucht (Beispiel, Belehrung, Ermahnung).
Wirkung: Comenius beeinflußte die pädagogische Diskussion vor allem durch seine systematische Unterrichtslehre und das in der „Gemalten Welt" vorgestellte Veranschaulichungsprinzip. Seine Gedan-

ken von der Früherziehung des Kindes wurden von →Fröbel, dem „Vater des Kindergartens" weiterentwickelt.

Comics sind stark verbreitete Hefte mit Bildergeschichten mit oder ohne Sprechblasen. Sie enthalten meist Gewalt-Motive, unrealistische Konfliktlösungen, Verherrlichung von Vorurteilen und wirken sich nach Meinung der Wissenschaftler sowohl auf das Gefühls- und Sozialverhalten als auch auf die Entwicklung der Sprache negativ aus. Das Leseverbot allein dürfte angesichts der starken Verbreitung der Comics nicht genügen. Es ist vielmehr die Aufgabe der Erzieher, die phantastische Welt der Comics gemeinsam mit den Kindern zu analysieren und die Gefährdung zu besprechen.

Computer, Computerspiele sind aus mehreren Gründen in die pädagogische Diskussion geraten. Computer, vor allem Personalcomputer (PCs), die der Aufnahme, Speicherung, Verarbeitung und Übermittlung von Daten dienen, können vielseitig verwendet werden. Der elektronischen Datenverarbeitung wird heute die Funktion einer Schlüsseltechnologie zugeordnet. Diese Entwicklung wird in der Schule durch das Schulfach *Informatik* berücksichtigt. Im Informatikunterricht können Schüler den Einsatz von Computern in der Technik und der Berufswelt kennenlernen und über die Arbeitsweise, Einsatzmöglichkeiten und die Auswirkungen der elektronischen Datenverarbeitung (EDV) informiert werden. Neben den Programmen (Software) zur Textverarbeitung, Datenverwaltung, Buchhaltung, Grafikaufbereitung u. a.m. werden aber sehr viele verschiedene „elektronische Bildschirmspiele" angeboten. Viele Eltern und Lehrer beobachten die neuartige Freizeitbeschäftigung ihrer Kinder und Schüler mit großer Besorgnis.
Mit *Computerspielen* bezeichnet man Spiele, die am häuslichen oder privaten Computer (PC) gespielt werden. *Videospiele* werden gegen Entgelt in Spielhallen betrieben. Beide Arten der Spiele werden *Bildschirmspiele* genannt. Dazu kommen noch sog. LCD-Spiele, die z. B. als „Gameboy" verbreitet werden.
Neuere Erhebungen ergaben, daß in Deutschland in jedem 2. bis 3. Haushalt ein Computer vorhanden ist und daß über 90% aller Jugendlichen schon mit einem Bildschirmspiel gespielt hat. Trotz starker Verbreitung sind Bildschirmspiele bei Jugendlichen nicht sonderlich beliebt. Auf einer Beliebtheitsskala von 14 Freizeitaktivitäten landeten sie bei einer im Jahr 1990 durchgeführten Umfrage auf dem 12. Platz.
Bildschirmspiele sind nicht generell als pädagogisch bedenklich einzustufen. Es gibt eine ganze Reihe von Untersuchungen, die nachweisen konnten, daß durch Bildschirmspiele Aufmerksamkeit, Konzentration, Reaktionsgeschwindigkeit, räumliche Wahrnehmung und

auch problemlösendes Denken gefördert werden können. Mit Skepsis ist den Spielen mit aggressiven Inhalten zu begegnen. Die Vermutung, daß aggressive und gewaltsame Bildschirmspiele aggressionssteigernde Wirkung haben, konnte in Untersuchungen nicht eindeutig belegt werden. Es wurde lediglich der Nachweis erbracht, daß brutale Videofilme gefährlicher und aggressionserzeugender sind als Spiele. Dies kann man durch die relativ abstrakte Darstellung der Aggression erklären und durch die Motivation der Spieler, weniger das aggressive Geschehen zu beachten und mehr bestrebt zu sein, Punkte zu sammeln, um den nächsten Schwierigkeitsgrad zu erreichen. Typische Äußerung eines Spielers: „Es ist egal, was man abschießt, Hauptsache, man hat Punkte."
Die Frage, wie sich die Spielsituation und Spielstruktur (Leistungsspiele, wettkampforientierte Spiele, Computer als alleiniger Kommunikations- oder Spielpartner) auf die Spieler auswirken, kann noch nicht endgültig beantwortet werden. Die Forschungsergebnisse sind widersprüchlich: Manche Wissenschaftler glauben, ermittelt zu haben, daß das Familienleben, die Gesundheit der Kinder und die schulischen Leistungen durch Computerspiele beeinträchtigt werden, andere Forscher kamen zu gegenteiligen Ergebnissen. Sicher ist, daß gute Schüler nicht durch Computerspiele zu schlechten Schülern werden. Ebenso gilt als sicher, daß ein gutes Familienklima durch Computerspiele nicht gefährdet ist. In der Regel geht von Computerspielen auch keine häufig befürchtete Suchtgefahr aus. Die meisten Spieler sind nur für kurze Zeit von den Spielen fasziniert und spielen über längere Zeit gesehen sehr maßvoll. Psychische, physische Störungen und Beeinträchtigungen wurden nur sehr selten an sog. Häufigspielern beobachtet.
Für Erzieher ergeben sich *folgende Hinweise*: Nicht alle Bildschirmspiele sind pädagogisch bedenklich. Bildschirmspiele zu verbieten oder Kindern Spiele wegzunehmen, ist keine Lösung. Maßvoller und sinnvoller Umgang mit neuen Technologien kann über Einzelgespräche und kritische Auseinandersetzung mit Bildschirmspielen, über Hilfen zum Aufbau sozialer Kontakte (Spiel mit Nachbarskindern), aber auch durch Verringerung des Leistungsdrucks in den Schulen und durch eine allgemeine Verbesserung der Lebenssituation von Kindern und Jugendlichen erreicht werden.

Curriculum (Curriculumtheorie). *Problemerörterung.* Die Schlagwörter „Curriculum" und „Curriculumtheorie" beherrschten in den 70er Jahren die Bildungspolitik, → Bildungsplanung und die Schulszene. Es störte dabei nur wenige, daß keine eindeutige Bestimmung des Begriffs vorliegt und ebensowenig eine allgemeingültige und umfassende Curriculumtheorie existiert. Man war der Auffassung, daß Curriculumforschung notwendig sei, wenn das Lernen in der Schule erfolgreich durchgeführt werden soll, und die Konstruktion neuer Curricula (sprich Lehrpläne) sei eine unabdingbare Voraussetzung für die innere Reform der Schule. Kennzeichnend für die „curriculare Bewegung“ war die Priorität der „Lern-Lehrziel-Bestimmungen“. Die noch fehlende Curriculumtheorie hat zwei Aufgaben zu erfüllen:

- die systematische Erstellung des Begründungszusammenhanges für Curricula;
- die systematische Ermittlung von Bedingungen und Kriterien für curriculare Entscheidungen.

Sie wird durch mehrere „Curriculum-Ansätze“ (siehe unter 2.) ersetzt. Beim gegenwärtigen Stand sind mit dem Problem Curriculum folgende Fragenkomplexe verbunden: 1. Begriffsbestimmung, 2. Theorie-Ansätze und Curriculumforschung, 3. Pragmatik der Curriculumkonstruktion und 4. Evaluation.

Begriffsbestimmung. Das Wort „Curriculum“ wurde schon im 17./18. Jahrhundert als Bezeichnung für einen Kanon wichtig erachteter Lehrgüter verwendet. Später wurde es durch den Begriff „Lehrplan“ verdrängt und erst 1967 durch S. B. Robinsohns Buch „Bildungsreform als Revision des Curriculum“ wieder in die erziehungswissenschaftliche Diskussion in Deutschland eingeführt. Der Ausdruck Curriculum wird gegenwärtig mit folgenden Bedeutungen verwendet:

a) Man bezeichnet damit den Prozeß der Lehrplanentwicklung, die Verfahrensweisen der Auswahl, Bestimmung, Aufbereitung und Evaluation (Bewertung) von Lernprozessen. Dieser Prozeß umfaßt die Ermittlung von Entscheidungskriterien für die Auswahl von →Lernzielen, Lerninhalten, die Konstruktion von geeigneten methodischen Verfahrensweisen (Unterrichtsgestaltung) sowie die Bestimmung von Instanzen, auf die sich die Verfahrensweisen beziehen.
b) Mit Curriculum wird ein schriftliches Dokument (Lehrplan, Lernzielkatalog) bezeichnet, das Lehrern die eigene Unterrichtsplanung erleichtert.
c) Der Begriff Curriculum wird mit dem Begriff →Didaktik weitgehend gleichgesetzt und gilt als Bezeichnung für die Analyse und Planung von →Unterricht.
d) Die Bund-Länder-Kommission hat zum Curriculum folgende Vorstellungen entwickelt: „Unter Curriculum wird ein System für den Vollzug von Lernvorgängen im Unterricht in bezug auf definierte und operationalisierte Lernziele verstanden.

Das Curriculum umfaßt:

- →Lernziele (Qualifikationen, die angestrebt werden sollen);
- Inhalte (Gegenstände, die für das Erreichen der Lernziele Bedeutung haben);
- Methoden (Mittel und Wege, um die Lernziele zu erreichen);
- Situationen (Gruppierung von Inhalten und Methoden);

- Strategien (Planung von Situationen);
- Evaluation (Diagnose der Ausgangslage, Messung des Lehr- und Lernerfolges mit objektivierten Verfahren).

Theorie-Ansätze und Curriculumforschung. Nach R. W. Tyler sind bei der Curriculumkonstruktion die Bestimmungsgrößen „Kind – Gesellschaft – Wissenschaft bzw. fachspezifische Eigenarten“ zu berücksichtigen. Die gewählten Lernziele und Bildungsinhalte werden durch folgende Überlegungen gerechtfertigt:

a) Die allgemeinen Bildungstheorien befassen sich mit Bildungsinhalten (welche Themen) und Bildungsgehalten (Bedeutung der Themen). Meistens erweist sich die „Struktur einer Disziplin“ als Maßstab für die Themenwahl. Nach H. Blankertz soll mit Hilfe sog. *„didaktischer Strukturgitter„* der jeweils mögliche erzieherische und bildnerische Beitrag der Schulfächer erkundet und festgehalten werden. Die meisten Curriculumkonstrukteure und Schulbuchautoren richten sich nach der allgemein anerkannten Gliederung einer bestimmten Wissenschaft.
b) Der *qualifikatorische* oder *situationsanalytische* Ansatz nach S. B. Robinsohn verfolgt folgende Gedanken: Durch die Verwendung von Curricula (Lernzielkataloge, Lehrplan) werden bei den Lernenden höhere *„Qualifikationen“* erreicht, die sie nach dem Abschluß des Lernprozesses befähigen (qualifizieren), mit bestimmten Situationen besser fertig zu werden. In der Schule soll der Lernende nach Robinsohn Qualifikationen erwerben für die
   - künfige Beschäftigung mit den Wissenschaften
   - Bewältigung künftiger Lebenssituationen
   - eigene Weltinterpretation.
c) Eine weitere Möglichkeit der Rechtfertigung eines Curriculums wird in der „entwickelnden Zustimmung“ durch die Betroffenen gesehen. Jene Personengruppen, die mit den Lernenden in Familie, Beruf und Freizeit zu tun haben (Eltern, Lehrer, Arbeitgeber), können während der Erarbeitung des Curriculums immer wieder Einfluß nehmen.

Pragmatik der Curriculumkonstruktion. Der Fortschritt der Wissenschaften (Wissensexplosion), der rasche Wechsel von Produktionsmethoden (ökonomisches Interesse) sowie der soziokulturelle Wandel erfordern eine Revision der bestehenden Lehrpläne sowie des Bildungssystems. Dabei wird auf die Lehrplankommission meist Druck durch Schulpraktiker ausgeübt, so daß neue Curricula häufig ohne entwickelnde Zustimmung entstehen und die Determinante Schüler nur unzureichend oder nur scheinbar berücksichtigt wird. Die Qualifikation der beteiligten Personen, deren fachliche, pädagogische und gesellschaftspolitische Kompetenz sowie der Druck durch betroffene Verbände spielen daher bei der konkreten Curriculumarbeit eine entscheidende Rolle.

Evaluation. Die Beurteilung, Feststellung von Auswirkungen, die Bewertung von Curricula kann auf verschiedene Art erfolgen:

- Die Ergebnisse der curricular festgelegten und organisierten Lernprozesse werden durch lernzielorientierte Tests erfaßt;
- Die Konsistenz (Stimmigkeit, Logik) zwischen Lernzielen, -inhalten und -methoden wird überprüft.
- Die Qualität vorentwickelter Curriculummaterialien wird durch Interviews, Expertenschätzung und Fragebogenerhebungen beurteilt.

Abschließend sei noch angemerkt, daß sich sowohl die Pragmatik der Curriculumentwicklung als auch deren Evaluation in der Praxis sehr weit von der Theorie entfernt haben. Die „Curriculumbewegung" hat die Problematik der Lehrplanerstellung deutlich aufgezeigt, mehr nicht.

D

Daltonplanschulen. Die nordamerikanische Lehrerin Helen Parkhurst (1887–1973) arbeitete einige Jahre mit Maria →Montessori zusammen und startete im Jahre 1919 in Dalton/USA einen eigenen Schulversuch. Zentrale Prinzipien der Schularbeit sind:

- Freiheit des Schülers in sittlicher Verantwortung
- Betonung der Zusammenarbeit
- persönliche Erfahrung durch Selbsttätigkeit des Schülers.

Diese Grundsätze werden durch einen ausgewogenen Wechsel zwischen individueller Arbeit, klassengebundenem Unterricht und Gruppenarbeit verwirklicht, wobei die Reihenfolge vom Schüler selbst bestimmt wird. Heute gibt es 40 Daltonplanschulen.

Daumenlutschen in der späten Kindheit ist ein Zeichen für unbefriedigte Bedürfnisse in den ersten Lebensjahren oder für angestaute Spannungen, Ängste und Unsicherheit, die gewöhnlich durch zwanghafte, stereotype Reaktionen und Manipulationen am eigenen Körper bewältigt werden. Das Kind fühlt sich alleingelassen, nicht beachtet, überfordert, möglicherweise fehlte ihm im ersten Lebensjahr eine konstante →Bezugsperson; vielleicht wurde ihm frühzeitig die Mutterbrust oder die Flasche entzogen.

Hinweise für Erzieher: Das Kind beobachten; Zeitpunkte des verstärkten Daumenlutschens feststellen; Situationen, die das Daumenlutschen bewirken, vermeiden; sich dem Kind zuwenden; sein Zärtlichkeitsbedürfnis befriedigen; durch Spiel ablenken; viel mit dem Kind sprechen; es nicht überfordern. Nicht über Daumenlutschen sprechen; keine Strafen anwenden!

Debilität ist eine leichte Form der geistigen →Behinderung.

Denken, Denkerziehung. *Problemerörterung.* Denken Sie einmal darüber nach, was „Denken“ ist! Können Sie die Bedeutung des Wortes Denken angeben und den Begriff „Denken“ von verwandten Begriffen, wie z. B. Intelligenz, Gedächtnis, Kreativität, Problemlösen, abgrenzen? Ist Denken ohne Sprache möglich? Obwohl jeder Mensch die Erfahrung des Denkens besitzt, fällt es schwer, eine exakte Begriffsklärung zu formulieren. Diese Schwierigkeit hindert keinen Erzieher daran, Kinder und Jugendliche (Schüler) ständig daran zu erinnern, daß sie denken sollen, oder ihnen vorzuwerfen, sie könnten nicht denken. Oft wird auch von „Denkhilfen“ (z. B. im Unterricht) gesprochen, und es wird der Verlauf der Denkentwicklung (nach J. Piaget) beschrieben. Es werden jedoch selten Möglichkeiten der Denkerziehung beschrieben.
Begriffsbestimmung. Der Ausdruck Denken wird als Bezeichnung für nichtbeobachtbare, innerpsychische Prozesse, geistige Akte oder für Operationen verwendet. Denkoperationen werden umschrieben als Bilden von Assoziationen, Umstrukturieren, Umorganisieren, als inneres Probehandeln, als Bilden von Gestalten und Ganzheiten, Klassifizieren, als Analysieren, Schlußfolgern usw. Ergebnisse des Denkens sind z. B. Problemlösungen, Bilden von Beziehungen, von Klassen, Ziehen von „logischen Schlüssen“, Lösen einer mathematischen Aufgabe, Bewerten, Ergänzen. Es wird von verschiedenen Arten, Stufen und Phasen des Denkens gesprochen.
Arten des Denkens. Logisches oder schlußfolgerndes Denken erfolgt unter Anwendung bestimmter Regeln und führt zu einer einzig richtigen Lösung. Schöpferisches oder kreatives Denken liegt vor, wenn als Ergebnis neue, ungewöhnliche Lösungen gefunden werden. Von problemlösendem Denken spricht man, wenn die Ausgangssituation und das Ziel vorgegeben sind, die für das Erreichen des Zieles notwendigen Informationen, Begriffe und Methoden aber nicht zur Verfügung stehen..
K. Duncker untergliedert die Denkoperation des Problemlösens in folgende Denkakte oder Denkphasen:
- Materialanalyse: Was ist gegeben?
- Zielanalyse: Was ist verlangt, was verboten?
- Konfliktanalyse: Warum geht es nicht?

Allgemein werden folgende Denkphasen unterschieden:
- Bemerken einer Notlage oder Schwierigkeit
- Formulierung des Problems
- Informationssammlung und Formulierung möglicher Lösungen

- Prüfung der Lösungen, Bewertung der Lösungen
- Formulierung neuer Ideen, Übertragung der Lösungen

Entwicklung des Denkens nach J. Piaget. Die angeborene Tendenz der Organismen zur Anpassung an die Umwelt (Adaptation) und zur Organisation (Strukturierung, Bildung von Ganzheiten) wird nach J. Piaget mit Hilfe der Assimilation und Akkommodation verwirklicht.

Unter Akkommodation versteht Piaget die Anpassung des Organismus an die Umwelt. Dieser Prozeß tritt immer dann auf, wenn sich ein Mensch aufgrund der Erfahrungen, der Reifung oder der sozialen Übermittlung (Beeinflussung durch Erzieher) in einem Ungleichgewicht befindet und die Umwelt nicht mehr mit dem vorhandenen inneren Handlungsschema bewältigen (einordnen) kann. Assimilation ist ein Prozeß der Anpassung der Umwelt an den Organismus, an bestehende innere Handlungsschemata und Denkschemata. Dieser Prozeß findet immer dann statt, wenn das Kind auf die Umwelt mit bereits erprobten Denkmechanismen reagiert. Je nach dem auf der jeweiligen Altersstufe vorherrschenden Denkschema werden die einzelnen Phasen der Denkentwicklung benannt.

Entscheidende Leistungen der Akkommodation sind die Ausbildung von Wahrnehmungskonstanzen, Erfinden von Symbolen, Begriffsbildung, Reversibilität des Denkens, Umkehrbarkeit der Operation und Kombination, Ausbildung des Zeit- und Raumbegriffs, Erhaltung von Menge, Volumen, Gewicht, Finden von Beziehungen, Denken nach Regeln.

Assimilation zeigt sich in →Egozentrismus, naivem Kausaldenken, Analogieschlüssen, im →magischen Denken, Animismus.

Hinweise zur Erziehungspraxis. Die Denkerziehung muß folgende psychologische Erkenntnisse berücksichtigen: Das Denken ist mit der Sprache sehr eng verbunden. Wichtig in diesem Zusammenhang ist vor allem die Begriffsbildung (→Begriff). Zu berücksichtigen ist, daß Kinder anders denken als Erwachsene. Den einzelnen Altersstufen lassen sich nach J. Piaget charakteristische Denkoperationen zuordnen. Das Denken ist vom kognitiven Stil (→Impulsivität), insbesondere von Einstellungen gegenüber den Objekten und Vorgängen in der Umwelt abhängig. Es wird also durch einen komplexen kognitiven Stil, d. h. durch die Fähigkeit, sich vom Umfeld zu distanzieren (Feldunabhängigkeit), durch Toleranz gegenüber Ambiguität (gegenüber widersprüchlichen Informationen) und durch geringe Tendenz zum Polarisieren (Schwarz-Weiß-Denken) begünstigt.

Aus diesen Überlegungen sind für die Erziehungspraxis folgende Schlußfolgerungen zu ziehen:

- Die Erzieher können die Begriffsbildung und die Entwicklung der Sprache fördern, indem sie dem Kind die Beziehungen zwischen Wort-Begriff-Gegenstand aufzeigen. Sehr wichtig ist die Bereitstel-

Verlauf der Denkentwicklung nach J. Piaget

Bezeichnung der Phase	*Sensomotorische Intelligenz*	*Voroperationale Phase*		*Operationale Phase*	
Art des Denkens		Symbolisch-vorbegriffliches Denken	Anschauliches Denken	Konkrete Denkoperationen	Formales (abstraktes) Denken
Charakteristische Merkmale	Reflexe, unkoordinierte Bewegungen, Ausbildung neuer Reaktionsmuster, Koordination zwischen Wahrnehmung und Bewegung, Erfindung neuer Mittel, Werkzeugdenken	Entwicklung von Wahrnehmungskonstanzen (Größe, Form, Farbe, Helligkeit) Symbolspiel Beliebige Verwendung von Symbolen, weil ↗Begriffe noch nicht vorhanden, Denkhandeln	Operation ist eingleisig, irreversibel, Argumentation nach Augenschein, analogiehaftes Schlußfolgern, Objektkonstanz, Begriffe,	Kann Denkoperationen rückwärts ablaufen lassen (Reversibilität) Erhaltung von Volumen, Menge, Gewicht, Zeit- und Raumbegriff Denken ist noch an die Realität gebunden	Denken ist auf Hypothetisches ausgedehnt, abstrakt, Finden von Beziehungen (Ursache – Folge), Bilden von Wertvorstellungen, logisches Denken nach Regeln (Lehrsätzen), Denken über Gedanken
		↗Egozentrismus, ↗magisches Denken, Animismus, naives Kausaldenken (z. B. Artifizialismus: alles ist von Menschen gemacht)			
Alter in Jahren	1 2	3 4 5	6 7	8 9 10 11 12	13 14 15…

lung von Anschauungsmaterial, weil Erstbegriffe durch den konkreten Umgang mit der Umwelt erworben werden, indem die Erzieher das Kind zur Eigenaktivität anregen und es unterstützen.
- Erzieher (Eltern und Lehrer) unterstützen die Kinder beim Aufdekken von Problemen, von Schwierigkeiten, sie helfen den Kindern bei der Eingrenzung von Problemen durch Stellen von Fragen, Erzieher helfen den Kindern bei der Informationssuche (Kinder lernen, wo und auf welche Art und Weise man zu Informationen kommt), sie unterstützen die Verarbeitung von Informationen (Gruppierung, Interpretation, Schlußfolgerungen, Regelanwendung), sie üben mit den Kindern, Lösungen zu formulieren, Hypothesen aufzustellen und zu überprüfen.
- Die Erzieher sollen selbständiges Entdecken (Experimentieren) und Beurteilen (Ziel, Sinn) fördern.
- Die Erzieher sollen die Bemühungen, zu einer Lösung zu kommen, belohnen, es aber vermeiden, falsche Lösungen zu kritisieren. Es ist wichtig, nicht die falsche Lösung zu korrigieren, sondern die Methoden, den Weg, mit dem man zu einer richtigen Lösung kommt, zu erarbeiten.
- Weitere wichtige Maßnahmen sind das Training des →Gedächtnisses, die Förderung der →Intelligenz und der →Leistungsmotivation.

Die Erzieher müssen beachten, daß Überforderung, Spannungen, Unsicherheit, Entmutigung, Zeitdruck, →Angst, Gleichgültigkeit sich negativ auf die Denkentwicklung auswirken.

Deprivation, soziale Isolierung (z. B. im Gefängnis), Entzug bestimmter Reize, Verhinderung von Bedürfnisbefriedigung (z. B. Schlafentzug, Nahrungsentzug), Zustände der Entbehrung wirken sich negativ auf die psychophysische Entwicklung des Kindes aus. →Hospitalismus.

Deutscher Bildungsrat, die 1966 gegründete Gutachterkommission zur →Bildungsplanung.

Deutschunterricht. *Problemerörterung.* Die privaten Schreibschulen und die durch die Reformation hervorgebrachten Katechismusschulen waren Vorläufer der im 17. Jahrhundert erschienenen Bücher für den deutschen Sprachunterricht. Bis in das 20. Jahrhundert waren moralische Erziehung, Heimatkunde, Denkschulung und Nationalerziehung Träger oder Vehikel des Deutschunterrichts, der immer wieder Gegenstand politischer und öffentlicher Diskussionen ist, wobei z. B. die Reform der Rechtschreibung, die Gestaltung des →Erstlese- und des →Erstschreibunterrichts, die Auswahl der im Unterricht behandelten Literatur und ein allgemeines Absinken der Sprachkompetenz Schwerpunktthemen bilden. Schließlich handelt es sich bei der Vermittlung von sprachlichen Fähigkeiten und Fertigkeiten um ein im Grundgesetz formuliertes Grundrecht.

Deutschunterricht in der Primarstufe. In der Grundschule, die als Einheitsschule für alle erst seit der Weimarer Republik existiert, geht es vorwiegend um die *Kulturtechniken Lesen und Schreiben* sowie um ein erstes Erfassen sprachlicher Normen (Grammatik). Die Kinder verfügen bereits über ein Sprachvermögen, mit dem sie im Alltag gut zurechtkommen. Sie sprechen nach grammatikalischen Regeln, die sie nicht kennen. Die Schulanfänger bringen auch Vorerfahrungen mit im Verstehen von Texten, im Geschichten-Nacherzählen, im Bilderbuch-Betrachten und im Erklären einfacher Zusammenhänge und Erlebnisse.

In der Grundschule läßt sich Deutschunterricht auf folgende Lernbereiche aufgliedern:

- Mündliche Verständigung, Sprecherziehung, Förderung der Ausdrucksmöglichkeiten unter Berücksichtigung des regionalen Sprachgebrauchs.
- Lesenlernen, Leseerziehung einschließlich des →Erstleseunterrichts, Steigerung des Lesetempos und des klanggestaltenden Lesens.
- Texte verstehen lernen, Leseinteresse steigern, Kinderbücher lesen und verstehen, erste Begegnung mit Problemtexten.
- Schreiben lernen (nicht nur →Erstschreibunterricht), normgerechte Schreibweise lernen (Rechtschreibung).
- Texte verfassen, sich deutlich und verständlich ausdrücken lernen, da direkte Rückmeldung bei schriftlichen Mitteilungen fehlt, und erste Einsicht in die Sprachlehre bzw. Sprachkunde (Grammatik).

Deutschunterricht in der Sekundarstufe I. Soziokulturelle Sprachunterschiede, altersbedingte Voraussetzungen (Vorpubertät, →Pubertät, Nachpubertät), der schnelle Wandel der Leseneigungen, des Ausdrucksvermögens und des Normenbewußtseins sowie verschiedene Schularten erschweren die Beschreibung des Deutschunterrichts in der Sekundarstufe I. Länderübergreifend sind folgende Lernbereiche zu nennen:

- Durch *Grammatikunterricht* soll das logische Denkvermögen geschult, Wissen über den Bau der Sprache vermittelt und das kommunikative Verhalten der Schüler verbessert werden.
- Im *Literaturunterricht* tritt die Beschäftigung mit „Ganzschriften" (Kurzgeschichten, Novellen) in den Vordergrund, wobei ein sachgerechter Umgang mit ausgewählter Literatur, die Fähigkeit zur literarischen Wertung und Beurteilung der Wirkung und die Motivation zum Lesen gefördert werden sollen.
- Im umstrittenen *Aufsatzunterricht* (Bewertungsproblematik) geht es einerseits um die Einübung bestimmter Darstellungsformen (Er-

zählung, Bericht, Beschreibung), um die schriftliche Kommunikation (Antrag, Formular, Bewerbung, Brief) und andererseits um die Steigerung kommunikativer Kompetenz (Situation des Schreibers und des Lesers, Intention des Schreibers sind ausschlaggebend).

- Im *Rechtschreibunterricht* hat sich die Erkenntnis durchgesetzt, daß Intelligenz allein für das Erlernen von Rechtschreibnormen nicht ausschlaggebend ist.

  Ungelöst sind die Frage des Deutschunterrichts für Gastarbeiterkinder, die Frage, ob die innere (Leistungsgruppen, Niveaukurse) oder die äußere Differenzierung (Hauptschule, Realschule, Gymnasium) sinnvoller ist, das Problem der Leistungsbewertung (Aufsatz gegen standardisierte Tests) und die Frage des Mediums angesichts einer unübersehbaren Zahl an Lehr- und Lesebüchern.

Deutschunterricht in der Sekundarstufe II. Alle Schüler haben sich mit epischen, lyrischen und dramatischen Werken (Gattung) aus verschiedenen Epochen (Literaturgeschichte) auseinanderzusetzen.
Über den Umgang mit Texten/Literatur sollen die Schüler ihre Kommunikationsfähigkeit erweitern, sollen einzelne Werke in ihren jeweiligen ökonomischen, politischen und sozialen Bedingungen angemessen verstehen, ohne daß dabei eine weltanschauliche und politische Beeinflussung stattfindet.
Es ist zu akzeptieren, daß jedes Verstehen eines Werkes zunächst beliebig und subjektiv ist. Durch die Reflexion des historischen Zusammenhangs, durch die Analyse der Sprachform, durch das Kennenlernen anderer Interpreten und Interpretationen kann eine sinnvolle Rückmeldung, Korrektur des subjektiven Bildes und auch eine neue Selbstinterpretation erfolgen.
In der Sekundarstufe II ist eine Einführung in die Rhetorik und Argumentationslehre ebenso verbindlich wie die Darstellung eines Kommunikationsmodells, mit dessen Hilfe Ursachen für Mißverständnisse und Konflikte erfaßt werden können. Keine einheitliche Regelung über alle Bundesländer hinweg konnte in der Frage erzielt werden, inwieweit auch eine Einführung in die Sprachwissenschaft (Syntax, Semantik, Pragmatik) und in die Nachbardisziplin Linguistik zu leisten ist.
Hinweise zur Erziehungspraxis. Die meisten Erziehungsfehler werden in der umstrittenen Aufsatzerziehung begangen. Eltern überfordern die Kinder, helfen ihnen zu viel, verbessern die Aufsätze aus ihrer Sicht. Damit wird dem Kind einerseits die Verantwortung für sein Werk abgenommen und ihm andererseits mangelnde Sprachkompetenz rückgemeldet. Häufig überfordern die Eltern ihre Kinder, wenn sie sowohl die inhaltlichen Mängel und die formalen Fehler (Rechtschreib- und Grammatikfehler) herausstellen. Das gilt auch für die Lehrer, die von Schülern zu viele Leistungen gleichzeitig verlangen (Inhalt, Form, Aufbau, Grammatik, Rechtschreibung u. a.m.). In der

Grundschule sollte weniger Wert auf abfragbare und meßbare Leistungen im Schreiben, Lesen und Rechtschreiben gelegt werden und mehr auf freies, kreatives Entfalten des Sprachverständnisses und Sprachgebrauchs. Die Kinder lernen zu ihrem eigenen Zeitpunkt lesen und schreiben, und nicht auf Befehl und nach vorgegebenem Tempo. Geduld und Vertrauen in das Kind sind wichtiger als Ermahnungen und ängstliche Überwachung. Es sind Leseinteressen zu wekken und zu steigern, auch über Märchen, Fabeln, Comics und Kinderbücher. Am wichtigsten dürfte sein: Der Erzieher sollte ein gutes Sprachvorbild sein und es dem Kind ermöglichen (durch Zuhören, Sich-Zeit-Nehmen, Kind-ernst-Nehmen, Erzählen-Lassen), sich sprachlich mitzuteilen. Auf ständige Verbesserungen und Hinweise auf formale Fehler ist zu verzichten. Siehe auch →Sprache, Spracherziehung.

Dewey, John (1859–1952), Professor für Philosophie und Pädagogik in Chicago und New York, gründet 1894 an der Universität Chicago eine Experimentalschule (laboratory school), in der neue Methoden (z. B. Projektmethode) statt des üblichen Fächerunterrichts eingeführt und erprobt wurden.
Pädagogisches Werk: „Demokratie und Erziehung“, „Schule und öffentliches Leben“, „Quellen einer Wissenschaft von der Erziehung“.
Pädagogische Ideen: Nach Meinung Deweys begründen Lebensnähe, Gesellschaft, praktische Interessen und Bedürfnisse jede Erkenntnissuche (Pragmatismus). Die Erziehung steht im Dienst des sozialen und gesellschaftlichen Lebens. Die Schule ist ein „Gemeinwesen im Kleinen“ und damit ein Teil des Lebens. Als besonders wichtig erachtet Dewey a) praktisch-manuelle Tätigkeit als Vorbereitung für die Lebenspraxis und die soziale Arbeit und b) Selbständigkeit und Selbsttätigkeit des Kindes.
Wirkung: Dewey entwickelte verschiedene reformpädagogische Ideen. Manche seiner Gedanken finden sich in der deutschen Arbeitsschulbewegung →Kerschensteiners wieder. Dewey übte großen Einfluß auf das Schulwesen der USA („New Education“) aus.

Diagnose, Diagnostik, Psychodiagnose. Im medizinischen Sprachgebrauch wird mit Diagnose die Aussage nach einer erfolgten Untersuchung bezeichnet, mit der die Krankheit und deren Ursachen festgestellt werden.
Diagnostik gilt als Bezeichnung für eine psychologische Teildisziplin, nämlich für die Lehre von der wissenschaftlichen Ermittlung spezifischer Persönlichkeitsmerkmale und Verhaltenssequenzen (→Anamnese, →Exploration, Beobachtung, Tests). Die Psychodiagnose oder psychologische Diagnose wird in der →Beratung durchgeführt mit

dem Ziel, verschiedene persönliche Probleme und Schwierigkeiten zu klären (historische und aktuelle Ursache, Art, Ausprägung, Bedeutung für die Person und Mitmenschen) und Möglichkeiten der Hilfe (zur Selbsthilfe) aufzuzeigen. Psychodiagnostik als Voraussetzung der →Beratung sollte heute nicht mehr nach dem Diagnose-Rezept-Modell (Berater oder Gutachter recherchiert und erstellt eine Diagnose mit verschiedenen Lösungsvorschlägen), sondern nach dem Partizipationsmodell durchgeführt werden. Beim Diagnose-Rezept-Modell liegt die Initiative beim Gutachter. Der Klient dient nur als Informationsquelle. Er weiß nicht, wozu die Informationen, die er preisgibt, verwendet werden, und entwickelt daher Mißtrauen, Widerstände („Werden die Informationen gegen mich verwendet?"). Beim Partizipationsmodell wird dagegen, um das Vertrauen des Klienten zu gewinnen und um wichtige Informationen „unverschönert" zu erhalten, dem Klienten ein breiter Spielraum für die Mitwirkung eingeräumt: Es werden Berichte gemeinsam formuliert, Lösungswege gemeinsam gesucht, einzelne Schritte der Diagnose besprochen.
In letzter Zeit wendet sich die Aufmerksamkeit der Wissenschaft und der Öffentlichkeit immer stärker der sog. →„Pädagogischen Diagnostik" zu. Es handelt sich um „lernzielorientierte Tests", mit deren Hilfe das Erreichen angestrebter →Lernziele gemessen wird, um die Diagnose im Rahmen der Schulübertrittsverfahren und um die Diagnose in der Erziehungs- und Schulberatung (→Beratung).

Dialogisches Verhältnis. Die Begegnungsform zwischen Ich und Du, das gegenseitige Sicheröffnen und Einanderannehmen von Ich und Du, das vorbehaltlose Aufeinandereingehen bildet nach Martin Buber die Grundlage des Menschseins und sollte im pädagogischen Verhältnis (Beziehungen zwischen Erzieher – Kind, zwischen Lehrer – Schüler) angestrebt werden.

Didaktik. *Problemerörterung.* Die Bemühungen um die Curriculumrevision und die Entwicklung curricularer Lehrpläne (→Curriculum) haben die Didaktik ein wenig ins Abseits geraten lassen. Nachdem die Zeit schneller Reformen und Veränderungen der äußeren Struktur des deutschen →Bildungssystems vorbei zu sein scheint und in den 80er Jahren eine verstärkte Aktivität zur Verbesserung der inneren Struktur der Schule einsetzte, hat die Didaktik wieder an Bedeutung gewonnen. Die verschiedenen didaktischen Modelle begreifen sich inzwischen als einander ergänzend und nicht mehr als einander ausschließend wie noch Anfang der 70er Jahre. Die Diskussion um die Abgrenzung zwischen Didaktik und Methodik des Unterrichts erscheint zweitrangig und unbedeutend.
Begriffsbestimmung. Die Didaktik als Theorie des Unterrichts umfaßt in Forschung und Theorie den Gesamtkomplex der Entscheidungen

(z. B. über Ziele, über Lerninhalte, über Organisations- und Vollzugsformen des Lehrens und Lernens, über Medien des Unterrichts), der Entscheidungsvoraussetzungen (unter welchen Bedingungen unterrichtet wird), Entscheidungsbegründungen (aus welchen Gründen, zu welchem Zweck unterrichtet wird) und Entscheidungsprozesse (wer soll warum was unterrichten) für alle Aspekte des Unterrichts. Die Methodik der Unterrichtsgestaltung gilt als Teildisziplin der Didaktik. Nach W. Klafki sind die Begriffe Didaktik und Curriculum weitgehend identisch zu interpretieren. Man könnte die Didaktik als „Berufswissenschaft des Lehrers" bezeichnen. Sie hat die Aufgabe, die Lehrer zur wissenschaftlich orientierten Bewältigung ihrer täglichen Aufgabe in Schule und Unterricht zu befähigen. Im Alltag hat sich folgende Begriffsbestimmung durchgesetzt: „Didaktik ist die Lehre vom WAS, die Methodik die Lehre vom WIE des Unterrichts." Im Laufe der Pädagogikgeschichte wurde die Didaktik interpretiert als „Lehrkunst" (J. A. → Comenius), als „Unterrichtslehre" (J. F. → Herbart). als „Bildungslehre" (O. Willmann), als „Theorie der Bildungsinhalte" (E. Weniger) und als „Programm" für kindgerechte Schulen.

Grundlegende theoretische Ansätze der Didaktik. Die Didaktik wird zur Zeit von einer Vielzahl verschiedener Positionen und zum Teil auch von recht heftigen Kontroversen zwischen den Vertretern dieser Positionen und Entwürfe beherrscht. H. Blankertz unterscheidet drei Positionen:

- die Bildungstheoretische Didaktik (E. Weniger, W. Klafki, J. Derbolav u. a.);
- die Lerntheoretische Didaktik nach P. Heimann, G. Otto und W. Schulz;
- die Informationstheoretisch-kybernetische Didaktik (H. Frank, F. von Cube).
- Inzwischen hat sich auch die „Kommunikative Didaktik" von K.-H. Schäfer und K. Schaller als gleichwertiger Ansatz durchgesetzt.

In den genannten Ansätzen kommen zentrale Begriffe des → Unterrichts in den Schulen zum Ausdruck: → Bildung, Lernen, Informationsaufnahme und -verarbeitung, → Kommunikation. Ebenso werden verschiedene wissenschaftstheoretische Positionen deutlich: Die Bildungstheoretische Didaktik geht vom geisteswissenschaftlich geprägten Begriff „Bildung" aus und bedient sich vorwiegend der historisch-hermeneutischen (Hermeneutik) geisteswissenschaftlichen Methode. Die lerntheoretische und informationstheoretische Didaktik betonen den naturwissenschaftlichen Aspekt der Prozesse und Gesetzmäßigkeiten im Unterricht und bevorzugen die erfahrungswissenschaftliche Vorgehensweise. Und die kommunikative Didaktik stellt den sozialwissenschaftlichen Aspekt des Unterrichtsgeschehens in den Vordergrund.

Bildungstheoretische Didaktik. Die Vertreter des bildungstheoretischen Ansatzes gehen davon aus, daß die Didaktik die Aufgabe hat, den Unterricht als den Ort, an dem planvoll und absichtlich Bildung betrieben wird, systematisch zu erforschen und Prinzipien für einen bildungswirksamen Unterricht zu entwickeln. →Bildung wird dabei verstanden als „Prozeß und Ergebnis der Personwerdung“, als „innere Haltung und Geformtheit des Menschen“ (W. Klafki). Sie ereignet sich als „Begegnung“ des Menschen mit der kulturellen Wirklichkeit. Aus dieser Begegnung resultiert eine „doppelseitige Erschließung“ (die Wirklichkeit wird für den Menschen erschlossen, und der Mensch für die Wirklichkeit). Daraus ergibt sich eine *materiale* (Erwerb von Wissen, Erschließung der Wirklichkeit für den Menschen) und eine *formale Bildung* (Formung, Reifung von Kräften, Erwerb von Methoden, Funktionen und damit Erschließung des Menschen für die Wirklichkeit). Bildungsvorgänge dieser Art werden von Klafki „kategoriale Bildung“ genannt. Durch Kategoriale Bildung wird der Anspruch des Zöglings auf „erfüllte Gegenwart“ (materiale Bildung)

Bildungstheoretische Didaktik (Übersicht)

Bedingungsfeld ↓	Mensch: Konstitution, soziale Herkunft, Wissensstand ↓	kulturelle Wirklichkeit, Kulturgüter, Fachwissenschaften ↓	geschichtlich-geistige Situation ↓
Intention ↓	Materiale und formale Bildung durch die Begegnung mit der Wirklichkeit (= kategoriale Bildung) ↓		
Entscheidungsfeld ↓	Auswahl der Inhalte, die als Besonderes das Allgemeine enthalten (= Bildungsinhalte) Gestaltung der Begegnung (Unterricht) ↓		
Folge	Erschließen der Wirklichkeit (erfüllte Gegenwart, materiale Bildung) Erschließen des Menschen für die Wirklichkeit (Vorwegnahme der Zukunft, formale Bildung) = doppelseitige Erschließung		

und auf Vorbereitung für die Zukunft (formale Bildung) gewahrt. Der Auftrag der Didaktik besteht nun im Herausfinden der Bildungsinhalte, die dem Anspruch der doppelseitigen Erschließung genügen und gleichzeitig Konstitution, soziale Herkunft, Wissens- und Könnensstand des Jugendlichen sowie die gesamte „geschichtlich-geistige“ Situation berücksichtigen. Dem Anspruch auf doppelseitige Erschließung genügen nach der Vorstellung von Klafki solche Inhalte, die als „Besonderes“ das „Allgemeine“ mitenthalten. „Es charakterisiert einen Bildungsinhalt, daß er als einzelner Inhalt immer stellvertretend für viele Kulturinhalte steht." Klafki hat sieben Grundformen solcher Bildungsinhalte beschrieben: das „Fundamentale", das „Exemplarische", das „Typische", das „Klassische", das „Repräsentative", die „einfache Zweckform" und die „einfachen ästhetischen Formen". Die Auswahl von Bildungsinhalten kann aufgrund der hier geschilderten Bedingungen nicht den Fachwissenschaften überlassen werden, da diese den didaktischen Aspekt weitgehend vernachlässigen.

Lerntheoretische Didaktik. Von P. Heimann, G. Otto und W. Schulz *(Berliner Schule)* wird die Didaktik als Theorie des Unterrichts verstanden und damit als Theorie des Lehrens und Lernens. (Lerntheoretisch darf nicht mit lernpsychologisch im Sinne der bekannten Lerntheorien gleichgesetzt werden!) Den Schwerpunkt des didaktischen Forschens und Handelns bilden die Bedingungen und Voraussetzungen sowie die Entscheidungen über die *Elementar-Strukturen* des Unterrichts.

Lerntheoretische Didaktik (Übersicht)

Bedingungsfeld ↓	Soziokulturelle Voraussetzungen, wie ↗Bildungssystem, Wirtschaftsordnung, Fachwissenschaften, Werte und Normen ↓	Anthropologisch-psychologische Voraussetzungen, wie Fähigkeiten, Vorkenntnisse ↓
Intention ↓	Optimale Gestaltung des Unterrichts	
Entscheidungsfeld ↓	Intentionen ⟷ Inhalte ⤡ ⤢ Medien und Methoden ↓	
Folge	Anthropologisch-psychologische Folgen (Erwerb neuer Fähigkeiten, ↗Einstellungen, ↗Interessen u. a.) und soziokulturelle Folgen, wie Innovation, Stabilität	

Elementar-Strukturen sind:

- Intentionen (→Lernziele) gegliedert in kognitive (Daseins-Erhellung, Erkenntnis-Dimension), affektive (Daseinserfüllung, emotionale Dimension) und pragmatische (Daseins-Bewältigung, Fähigkeits- und Antriebsdimension). Zwischen einzelnen Dimensionen besteht enge Wechselabhängigkeit (Interdependenz): sie modifizieren, fördern und hemmen sich ständig gegenseitig.
- Lerninhalte (Wissenschaften, Techniken wie Lesen und Schreiben).
- Methoden der Unterrichtsgestaltung, von der Motivierung bis zur Lernzielkontrolle.

- Medien des Unterrichts, vom Lehrervortrag bis zum Schülerexperiment.

Bei den didaktischen Entscheidungen sind zwei Bedingungskomplexe zu berücksichtigen: a) die soziokulturellen Voraussetzungen und b) die anthropologisch-psychologischen Voraussetzungen (Vorkenntnisse, Bedürfnisse, Erwartungen, Interesse usw. der Schüler).

Informationstheoretisch-kybernetische Didaktik. Sie geht von der informationstheoretischen Untersuchung des Lernens aus, befaßt sich ausschließlich mit der Methode des Lehrens und Lernens. Entscheidend dabei sind der „pädagogische Raum", d. h. die Dimensionen, die die Methoden beeinflussen (Lehrziel, Lehrstoff, Medium, Soziostruktur und Psychostruktur) sowie die Struktur des didaktischen Prozesses, als Regelkreismodell dargestellt (Kybernetik).

Beispiel für ein Regelkreismodell

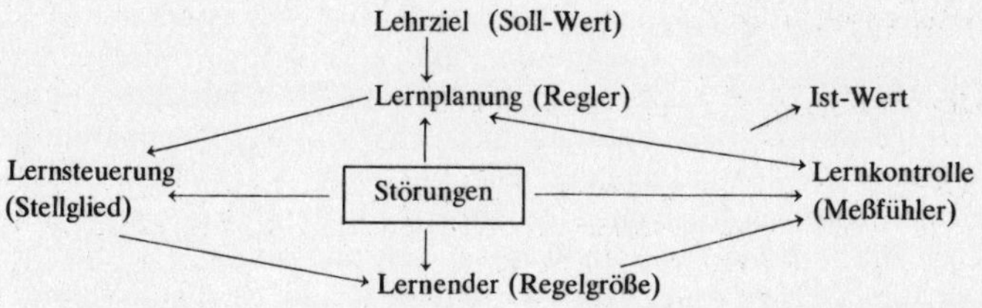

Grundgedanken der kommunikativen Didaktik. Die kommunikative Didaktik nach K.-H. Schäfer und K. Schaller behandelt den Unterricht als einen kommunikativen und edukativen Prozeß, wobei zwei Aspekte des Kommunikationsgeschehens entscheidend sind:

a) die Inhaltsdimension, die durch das →Curriculum weitgehend festgelegt ist, und
b) die Beziehungsdimension, d. h. das Verhältnis zwischen Lehrer und Schülern.

Die kommunikative Didaktik verfolgt ausdrücklich ein emanzipatorisches Interesse.

→Emanzipation wird von der kommunikativen Didaktik nicht bloß als das Ziel der →Erziehung und des →Unterrichts, sondern vielmehr auch als deren grundsätzliche Bedingung aufgefaßt. Die Didaktik muß nun erkunden, wie die Emanzipation verwirklicht werden kann, und zwar zuerst zwischen Lehrern und Schülern und dann als Ergebnis des Unterrichts. Die bestehenden Abhängigkeiten zwischen Lehrern und Schülern drücken sich in der Art der Kommunikation aus. Für die kommunikative Didaktik ist auch die Metakommunikation von grundlegender Bedeutung. Die Reflexion über die Kommunikation im Unterricht ist „die Hoffnung kommunikativer Didaktik".

Kommunikative Didaktik (Übersicht)

Bedingungsfeld ↓	Soziokulturelle und anthropologisch-psychologische (Lehrer und Schüler) Voraussetzungen ↓
Intention ↓	Emanzipation als Voraussetzung für den kommunikativen Prozeß und als Ergebnis des Unterrichts ↓
Entscheidungsfeld ↓	Inhaltsdimension ↓ Kommunikation und Metakommunikation ↑ Beziehungsdimension ↓
Folge	Emanzipation (Unterricht als edukativer und kommunikativer Prozeß

Zwischen den aufgezeigten didaktischen Modellen und Schulen findet gegenwärtig eine Annäherung und gegenseitige Anerkennung statt. Mit der Umbenennung der bildungstheoretischen Didaktik zur „kritisch-konstruktiven" übernimmt W. Klafki die emanzipatorische Sichtweise der kommunikativen Didaktik. Nach ihm muß die Didaktik kritisch sein, d. h. sie muß vorhandene Umstände kritisieren, wenn sie dem Bildungsauftrag im Wege stehen und sie muß konstruktiv sein, d. h. sie muß praktikable Vorschläge für die Praxis der Bildung unterbreiten.

Diebstähle von Kindern und Jugendlichen. Diebstähle im Kindes- und Jugendalter können aus verschiedenen Gründen erfolgen:

- Sie sind als Ersatzbefriedigung für fehlende Liebe, Zuwendung, Anerkennung, gute Leistungen in der Schule zu sehen. Häufig wird mit gestohlenen Gegenständen „angegeben", oder es wird die Freundschaft der Kameraden „erkauft".
- Diebstähle erfolgen aus unbewußtem Strafzwang. Sie werden so arrangiert, daß die Strafe nicht ausbleibt. Durch die Strafe kann das Kind die Schuldgefühle aus anderen verbotenen Handlungen, die unentdeckt geblieben sind, bewältigen.
- Diebstahl ist in der gegenwärtigen Konsumgesellschaft vor allem im Jugendalter eine häufig vorkommende milieubedingte → Verhaltensstörung (Wohlstandsdelikt).

  In jedem Fall sind bei Diebstahl das Aufsuchen einer → Beratung, die intensive Beschäftigung mit dem Kind, die Beobachtung von Gleichaltrigengruppen sowie die Beachtung von Konsequenzen, die durch den Diebstahl verursacht werden, angeraten.

Diesterweg, Adolf (1790–1866), Studium der Philosophie, Mathematik und Naturwissenschaften, Hauslehrer, Gymnasiallehrer, Seminardirektor in Mörs, Direktor des Stadtschullehrerseminars in Berlin, wegen freireligiöser Ansichten und liberaler politischer Betätigung vorzeitige Pensionierung, 1858 Abgeordneter im preußischen Landtag.
Pädagogisches Werk: „Wegweiser zur Bildung deutscher Lehrer", „Rheinische Blätter für Erziehung und Unterricht", „Wegweiser", „Schriften und Reden".
Pädagogische Ideen: Diesterwegs pädagogische Ideen sind als liberal und aufklärerisch zu bewerten; er wendete sich gegen zuviel staatlichen und kirchlichen Einfluß auf die Schule. Auch durch Ideen →Pestalozzis wurde er beeinflußt.
Erziehung erfolgt nach Diesterweg vor allem innerhalb der „Schulgenossenschaft". Als *Erziehungsmittel* werden Beispiel des Erziehers, Disziplin, Unterricht, wenn nötig Zwang und Strafe angesehen. Unterricht ist „Erregung der Kraft" durch Anschaulichkeit des Gegenstandes und lebendige Darstellung des Lehrers. Das *Ziel der Erziehung* sieht Diesterweg in der „Selbsttätigkeit im Dienste des Wahren, Schönen und Guten".
Wirkung: Diesterwegs Verdienste erstrecken sich auf eine Verbesserung der Methodik verschiedener Unterrichtsfächer (Deutsch, Rechnen, Raumlehre, Naturlehre). Er setzte sich auch für die Lehrerbewegung und für eine Verbesserung der Situation des Volksschullehrerstandes ein.

Differenzierung des Unterrichts. Um optimale Lernerfolge zu erzielen, muß der Unterricht der individuellen Leistungsfähigkeit und das Lehrangebot den individuellen Neigungen, Interessen, Begabungen, Bedürfnissen der Schüler angepaßt werden. Dies erfolgt durch die „innere" und „äußere" Differenzierung des Unterrichts, weil nur so die interindividuellen Unterschiede der Schüler in bezug auf Leistungsfähigkeit, Interessen usw. berücksichtigt werden können.

a) *Innere Differenzierung* bedeutet Orientierung des Unterrichts am Schüler innerhalb einer Klasse oder eines Kurses durch die Einführung verschiedener Arbeitstechniken (z. B. Gruppen-, Partner-, Einzelunterricht, Arbeits-, Leistungs- und Übungsgruppen, Medien, Selbstkontrolle, Projektarbeit).
b) *Äußere Differenzierung* erfolgt durch die Einführung von „Kern-Kurs-Systemen", von Wahl-, Wahlpflicht- und allgemein verbindlichen Pflichtkursen, von Leistungs- und Neigungsgruppen (z. B. Mathematik, Sprachen, Naturwissenschaften, Sozialwissenschaften), von Förder- und Stützkursen usw.

Die Differenzierung des Unterrichts ist ein wichtiger Punkt der Bildungsreform, weil damit die →Chancengleichheit teilweise verwirklicht wird. Es ergeben sich allerdings Schwierigkeiten hinsichtlich juristisch gerechter Notengebung, Stundenplangestaltung, räumlicher und finanzieller Ausstattung.

Dilthey, Wilhelm (1833–1911), Professor der Philosophie in Berlin.
Pädagogisches Werk: „Das Erlebnis und die Dichtung", „Einleitung in die Geisteswissenschaften", „Über die Möglichkeit einer allgemeingültigen Wissenschaft", „Ideen über eine beschreibende und zergliedernde Psychologie".
Pädagogische Ideen: Dilthey stellt den Gegensatz zwischen „erklärender" Naturwissenschaft und „verstehender" Geisteswissenschaft heraus, entsprechend seiner Auffassung: „Die Natur erklären wir, das Seelenleben verstehen wir". Während es seiner Meinung nach in der Naturwissenschaft um Raum, Zeit, Masse und Bewegung und deren Beziehungen geht, richtet sich geisteswissenschaftliches Denken auf Sinn und Wert des Lebens. Geschichte und Kultur des Menschen wird ebenfalls eingeschlossen, da der Mensch ohne diese nicht verstehbar sei. Nach A. Reble resultieren aus dieser Auffassung drei pädagogisch bedeutsame Konsequenzen:

a) In didaktisch-methodischer Hinsicht wird dem *„Erlebnis" im Unterricht*, besonders im Deutschunterricht sowie in geisteswissenschaftlichen und musischen Fächern breiter Raum gewährt.
b) *Erziehung wird als geschichtliches Phänomen begriffen,* d. h., sie „steht einer geschichtlich geprägten Erziehungswirklichkeit gegenüber und hat nach deren Gefüge zu fragen". Erziehung hat hinsichtlich der Kultur eine „Überlieferungs- und Erneuerungsaufgabe für das Gesamtleben".
c) Auch die Erziehungstheorie ist als etwas geschichtlich Gewordenes und sich Veränderndes aufzufassen. Aus dieser Annahme folgt die *Ablehnung Diltheys gegenüber allen ethisch begründeten allgemeingültigen Normen* und den daraus abgeleiteten Erziehungszielen.

Wirkung: Auf Dilthey berufen sich verschiedene Vertreter der geisteswissenschaftlichen Pädagogik (sog. Dilthey-Schule, vor allem → Nohl und → Flitner).

Disziplin, Disziplinierung (schulische). Das Wort Disziplin hat verschiedene Bedeutungen: 1. Lehre, Wissenszweig im Sinne einer wissenschaftlichen Disziplin; 2. Ordnung der Gedanken und der Wünsche im Sinne innerer Disziplin; hier wird Disziplin verstanden als Selbstkontrolle und Selbststeuerung auf ein Ziel hin; 3. Einhalten von Verhaltensregeln, von Vorschriften, Anordnungen und Gruppennormen in einer Schulklasse oder in einer Fußballmannschaft. Mit Disziplinierung werden alle Maßnahmen zusammengefaßt, mit denen zielgerichtetes, geordnetes, „diszipliniertes" Verhalten von Kindern,

Jugendlichen, Schülern erreicht werden soll. Disziplinierung meint auch „schrittweise Gewöhnung des Kindes an konstante Ordnungsstrukturen“ (E. E. Geißler).
Disziplinschwierigkeiten, z. B. der Lehrer kommt mit dem Klassenmanagement nicht zurecht, die Schüler haben Schwierigkeiten mit der Einhaltung von Regeln des Verhaltens (Aufpassen, Stillsitzen, Höflichsein, Hausaufgaben machen, Pünktlichkeit usw.), können aus verschiedenen Gründen auftreten: Der Unterricht ist zu langweilig, der Unterrichtsstoff ist zu schwer, das Verhalten der Lehrer ist verschieden, die Schüler werden am Aufstellen von Regeln nicht beteiligt, es besteht kein Gruppenzusammenhalt, die räumlichen Bedingungen sind ungünstig, die Schüler sind aggressiv, →Clownerie kommt an usw. Verstöße gegen eine äußere Ordnung können unbeabsichtigt, aus Gedankenlosigkeit, als Flucht aus einer als langweilig oder unangenehm empfundenen Situation oder aus bewußter Auflehnung gegen eine nicht anerkannte Autorität erfolgen. Bei Verstößen gegen eine Disziplinordnung, die aus mangelnder innerer zielbezogener Selbstkontrolle erfolgen, kann es sich um Motivationsprobleme, um mangelnde Aufmerksamkeit, Ausdauer oder um Desinteresse handeln. Durch die zu Beginn der 80er Jahre aufgekommene Zukunftsangst („No future“) und die seit der Mitte der 80er Jahre anhaltende Arbeitslosigkeit verbunden mit Gewaltdarstellungen in den Medien (Horrorvideos) wird das Auftreten von Schulproblemen begünstigt (Gewalt, Vandalismus; →Aggression).
Hinweis für Erzieher. Moralisierende Schuldzuweisungen an Kinder und Jugendliche sind ebensowenig angebracht wie Disziplinstrafen (auf die man in der Schule nicht ganz verzichten kann). Erarbeiten Sie gemeinsam mit den Schülern Regeln des Zusammenlebens; legen Sie gemeinsam mit den Schülern Strafen für Übertretungen fest; pflegen Sie den Zusammenhalt der Gruppe (Klassenveranstaltungen, Wettkämpfe mit anderen Klassen, Gruppenspiele); räumen Sie bei Unruhe kurze Pausen ein; seien Sie konsequent bei der Behandlung von auffallenden Schülern; schließen Sie →Kontingenzverträge mit auffälligen Schülern; loben Sie diszipliniertes Verhalten, und gehen Sie auf disziplinloses nicht ein; sorgen Sie für abwechslungsreichen Unterricht.

Doppelbindung ist Bezeichnung für eine „ausweglose“ Kommunikationssituation für den „schwächeren“ und von der stärkeren Person abhängigen Kommunikationspartner (Kind – Mutter, Schüler – Lehrer). Diese Situation entsteht, wenn das, was z. B. die Mutter zu ihrem Kind sagt, im Widerspruch steht zu der Art und Weise, wie sie es sagt oder zu dem, welche Gefühle sie dabei zeigt. Diese Mitteilungen erfolgen so, daß der Angesprochene sich nicht beklagen kann, daß er nicht verstanden wird; er kann sich nicht zurückziehen und kann auch nicht um die Klärung des Gesagten bitten. In seiner „double-bind-Hypothese“ behauptet G. Bateson, daß in Familien mit solchen „Kommunikationsfallen“ Geisteskrankheiten wie Schizophrenie und andere psychische Störungen auftreten können. Kinder würden ihre Gedanken und Gefühle nicht mehr ordnen können. Sie könnten sich aus der „Beziehungsfalle“ nicht befreien und würden in die Krankheit flüchten.

Doppelqualifizierung → Bildungsplanung

Drogen, Drogenabhängigkeit. *Problemerörterung.* Der Drogen- und Rauschmittelmißbrauch, Alkoholmißbrauch, Medikamentenmißbrauch und Nikotinmißbrauch unter Jugendlichen hat etwa seit 1966 in der Bundesrepublik Deutschland ständig zugenommen und die Öffentlicheit aufgeschreckt. Die Verwendung von rausch- und suchterzeugenden Stoffen durch den Menschen ist altbekannt. In den vergangenen Jahren hat aber der Mißbrauch von rausch- und suchterzeugenden Stoffen ein besorgniserregendes Ausmaß angenommen. Dabei zeigt sich folgender Trend: Bis etwa 1976 stieg der Mißbrauch ständig, und es wurden immer jüngere Jahrgänge betroffen. Seit 1977 nimmt vor allem der Alkohol- und Nikotinmißbrauch ständig zu.
Begriffsbestimmung. Nach dem Vorschlag der Weltgesundheitsorganisation (WHO) von 1969 soll der Ausdruck → *Sucht* als Bezeichnung für psychische Abhängigkeit (starkes Verlangen nach der Droge) und der Ausdruck *Drogenabhängigkeit* für psychische und physische Abhängigkeit (Entzugserscheinungen, Schmerzen, Angstzustände) verwendet werden. Von Drogen- und Rauschmittelmißbrauch wird gesprochen, wenn Rausch- und Betäubungsmittel, Medikamente und Alkohol ohne medizinische Notwendigkeit in einem so hohen Maße genossen werden, daß körperliche und psychische Schäden zu befürchten sind. Es werden folgende Drogenarten mißbraucht: Opiate (z. B. Opium, Morphium, Heroin), die sehr schnell zu Abhängigkeit führen (Heroin gilt als eine der gefährlichsten Drogen), Halluzinogene (z. B. LSD, Meskalin), Stimulantien (z. B. Amphetamine), die Wachheit, Wohlbehagen und Appetitsenkung bewirken, Beruhigungsmittel (z. B. Valoran), Hanfprodukte (Haschisch und Marihuana), die als Einstiegsdrogen helfen.
Ursachen für Drogen- und Rauschmittelmißbrauch. Alle nehmen Drogen: Beruhigungs- und Aufputschmittel sind „in“, es wird immer mehr getrunken, der Zigarettenkonsum steigt; Drogen nehmen Lehrer, Eltern, Jugendliche, Schüler, auch Kinder. Drogen werden mißbraucht, um Schmerz zu vergessen, um Glücksgefühl zu erleben, um Neugier zu stillen, um „in“ zu sein, um in der Gruppe nicht aufzufallen, um gegen die Leistungs- und Konsumgesellschaft zu protestieren, um persönliche Konflikte und Streß zu bewältigen, um das Be-

wußtsein zu erweitern und Mystisches zu erleben. Am Anfang einer „Fixer-Karriere" (jemand, der Drogen spritzt und meist auch „dealt" = verkauft) stehen

- Probleme in der Familie
- Probleme in der Schule
- Probleme im Betrieb, am Ausbildungsplatz
- Probleme mit Gleichaltrigen, mit der Freundin, mit sich selbst.

Am meisten drogen- und vor allem alkoholgefährdet sind

- männliche Jugendliche im Alter von 16 bis 24 Jahren;
- Jugendliche, die in einer „broken-home"-Situation aufgewachsen sind;
- Berufsschüler, berufstätige junge Menschen;
- arbeitslose Jugendliche;
- Jugendliche aus unvollständigen Familien;
- Jugendliche, die keine Perspektive mehr sehen, sich in einer Depression befinden, sich langweilen;
- Jugendliche, die eine labile Persönlichkeitsstruktur aufweisen und sich zudem noch in einer akuten Konfliktsituation befinden (Familienkonflikte, Identitätskrise, Probleme in der Ausbildung, Probleme mit Freunden);
- Jugendliche, die sich in die Idee oder die Trotzhaltung versteift haben, die Gesellschaft sei an allem schuld; sie könnten daher tun und lassen, was sie wollen.

Als weitere Ursachen werden genannt: Probleme moderner Gesellschaft wie Anonymität, Kontaktarmut, Verlust der Geborgenheit in der Familie, Autoritätsverlust der Eltern, Streß in der Schule, Reizüberflutung, Konflikte zwischen Generationen, schneller soziokultureller Wandel.

Folgende Gründe begünstigen das Hereinfallen auf Verlockungen und Angebote der Drogenszene, die sehr viel Macht besitzt und sich raffinierter Werbemethoden bedient: Das Vorhandensein eines Lernmodells (z. B. Vater als Alkoholiker), das Verleiten von Kindern zu Alkoholkonsum anläßlich von Familienfeiern, eine allgemeine liberale Haltung gegenüber Drogen bzw. Schmerztabletten, die Befriedigung von Bedürfnissen durch Mittel wie Fernsehen, Videos, fertiges Spielzeug (Abhängigkeit vom Knopfdruck), Konsumhaltung, die keinen Bedürfnisaufschub duldet und eine Erziehung zur Unselbständigkeit durch Verwöhnung (unangenehme Aufgaben brauchen die Kinder nicht zu übernehmen).

Kampf gegen Drogenmißbrauch und Hinweise für Erzieher. Der Drogenmißbrauch ist mit gesundheitsschädigenden Folgen und Gefahren sowie mit vielen sozialen Problemen verbunden. Die Flucht in die Droge aufgrund verschiedener Probleme verstärkt eigene und soziale Probleme. Es besteht immer die Gefahr der Abhängigkeit, der Organschädigung, Leberentzündung, des geistigen und körperlichen Zerfalls; es besteht die Gefahr der Arbeitsunfähigkeit (Frühinvalidität), der sog. Beschaffungskriminalität (Diebstahl, Raub, Erpressung, Drogenhandel). Die gegenwärtig unter großem finanziellen Aufwand durchgeführten Maßnahmen zur Bekämpfung von Drogen-, Alkohol-, Medikamenten- und Nikotinmißbrauch lassen sich aufgliedern in Aufklärung, Vorbeugung und Behandlung.

Aufklärung. Durch geeignetes Informationsmaterial (Plakate, Faltblätter, Broschüren, Schallplatten, Lichtbilder, Filme), durch die Massenmedien (Presse, Rundfunk, Fernsehen), durch Jugendveranstaltungen, Ausstellungen, Gruppendiskussionen und durch den Unterricht werden Eltern und Jugendliche über die Gefahren, die mit dem Drogenmißbrauch verbunden sind, sowie über Beratungsmöglichkeiten und -hilfen informiert. Die Forderung vieler Jugendlicher nach Legalisierung sog. „weicher Drogen" (Cannabis, Marihuana, Haschisch) mit dem Argument, diese seien weniger gesundheitsgefährdend als die legale Droge Alkohol, ist problematisch. Statistisch gesehen ist Haschisch immer noch eine sog. Einstiegsdroge, denn 75% der Fixer sind über Haschischrauchen zu Konsumenten harter Drogen geworden.

Vorbeugung. Die beste Vorbeugung wird durch eine intakte Familie, durch Vertrauen zwischen Eltern und Kindern, durch gegenseitige Anerkennung geleistet, durch Eltern, die den Jugendlichen zuhören, die Probleme mit ihnen besprechen und das Verhalten des Jugendlichen nicht einfach verurteilen.

Weitere Vorbeugungsmaßnahmen sind: das Einüben aktiver und sinnvoller Freizeitgestaltung (→ Freizeitpädagogik), die Förderung von partnerschaftlichen Verhaltensweisen, die Beratung für Jugendliche in Problem- und Konfliktsituationen (Arbeitslosigkeit, Schulversagen, Generationskonflikt), das Verständnis für Probleme Jugendlicher sowie Vermittlung der Überzeugung, daß ihre Vorstellungen ernst genommen werden.

Behandlung. Die wichtigste Voraussetzung einer erfolgreichen Behandlung von Drogenabhängigen ist deren aktive Mitwirkung oder zumindest freiwillige Teilnahme. Wenn diese Voraussetzung erfüllt ist, wird eine stationäre Entziehungskur durchgeführt, um den Körper zu entgiften, und anschließend eine Langzeittherapie vorgenommen. Von verschiedenen Therapiemodellen scheinen die sog. „harten" Behandlungsmethoden die meisten Erfolge zu erzielen: In Therapiezentren, Wohngemeinschaften und ähnlichen Einrichtungen werden Drogenabhängige durch intensive → Interaktion dazu „gezwungen", strenge Regeln des Zusammenlebens genau einzuhalten.

Duales Berufsausbildungssystem → Berufliche Bildung

E

Educandus ist ein in den pädagogischen und erziehungswissenschaftlichen Texten häufig verwendeter Ausdruck für den Zu-Erziehenden, den → Zögling, den Schüler.

Edukinesthetik, auch *Erziehung oder Ausbildung durch Bewegung* genannt, ist eine von P. Dennison entwickelte Methode, um Energieblockaden im Gehirn aufzulösen und dadurch optimale Lernerfolge zu erzielen. Die Erforschung von Funktionen der rechten und der linken Gehirnhälfte führte zu der gut begründeten Annahme, daß Lernbehinderungen, Lernstörungen und Probleme beim Erlernen spezifischer Fertigkeiten (z. B. Lesen, Schreiben, Rechnen) in Folge mangelnder Integration beider Gehirnhälften auftreten. Das „Einschalten" beider Gehirnhälften, die *Beseitigung von Energieblockaden im Gehirn* und damit die Verbesserung des allgemeinen Lernvermögens und eine gezielte Hilfe bei spezifischen → Lernstörungen wird durch *Bewegungs- und Fingerübungen* erreicht, die aus der angewandten Kinesiologie (Lehre von der Bewegung, von den Unausgewogenheiten im muskulären System, chiropraktisches Handwerk) abgeleitet wurden. In vielen Versuchen mit Schulklassen stellte Dennison fest, daß eine sog. *„Überkreuzbewegung"* (rechter Arm zum linken Bein und linker Arm zum rechten Bein) die *intuitive* (Phantasie, Kreativität, Gefühle, Musik, Symbole) Gehirnhälfte (in der Regel die rechte) und die *einseitige Bewegung* (rechter Arm zum rechten Bein und der linke zum linken) die *analytische* (Logik, schlußfolgerndes Denken, Planen, Sprache, Rechnen) Gehirnhälfte aktiviert. Die recht einfachen Übungen zur „Anbahnung" des Gehirns für das Lesen, Schreiben, Rechnen, Sprechen, Gehen usw. können in Kurzseminaren erlernt und auch nach detaillierten Abbildungen autodidaktisch eingeübt werden.

Egozentrismus, 1. die Tendenz, den eigenen Standpunkt für den einzig richtigen zu halten; damit verbunden ist die Unfähigkeit, soziale Spielregeln zu beachten, und das Streben, immer im Mittelpunkt zu stehen; 2. die Eigenart des kindlichen → Denkens bis zum 6. Lebensjahr. Die Umwelt wird nur vom eigenen Ich her gedeutet. Das Kind glaubt, daß Gegenstände nur so lange existieren, solange sie der unmittelbaren Erfahrung zugänglich sind. Es läßt nur eigene Standpunkte zu; eigene Wünsche und Befürchtungen werden in die Umwelt projiziert.

Ehe, Eheberatung. Die freiwillig eingegangene, durch bürgerliche (und auch kirchliche) Trauung institutionalisierte Zweierbeziehung zwischen Mann und Frau mit dem Ziel einer Lebens-, Wohn- und Wirtschaftsgemeinschaft wird Ehe genannt. Die Institution Ehe soll in unserer Kultur folgende Funktionen erfüllen: Wahrung der Stabilität der Gesellschaft und des wirtschaftlichen Gefüges (Regelung der Besitzverhältnisse), Eingliederung des Nachwuchses in die Gesellschaft, Befriedigung des Bedürfnisses nach Geborgenheit, Sicherheit, → Kommunikation und schließlich Regelung der sexuellen Beziehungen.

Eheberatung. Um den Ehepartnern bei der Lösung möglicher Probleme, die mit der Gestaltung der Lebensgemeinschaft zusammenhängen, zu helfen, wurden juristische, medizinische und psychologische Beratungsstellen eingerichtet. In der psychologischen Beratung steht vor allem die „Paarbeziehung" im Vordergrund. So werden die → Kommunikation und → Interaktion der Ehepartner (oder der → Familie) beobachtet, beschrieben, analysiert, trainiert, und es werden neue Kommunikationsformen eingeübt. Die Gestaltung der Paarbeziehung wird von der individuellen Therapie der Ängste, Konflikte, Zwänge und Neurosen begleitet. Voraussetzung einer Eheberatung ist die Mitarbeit beider Ehepartner. Die Aufgaben der Eheberatung werden in der Erziehung zur Ehe, in der unmittelbaren Vorbereitung auf die Ehe und in der Beseitigung von Eheschwierigkeiten gesehen. Eheberater werden meist aus folgenden Anlässen aufgesucht: Probleme bei der Partnerwahl, Ehebruch, Störungen der sexuellen Beziehungen, psychische Störungen, Ehestörungen aufgrund unterschiedlicher Erziehungseinstellungen, Informationen über Möglichkeiten der Trennung, finanzielle Schwierigkeiten, Eheschwierigkeiten aufgrund der Beziehung zu den Eltern, Schwierigkeiten im Beruf. Durch die Eheberatung sollen insbesondere auch ungünstige Auswirkungen einer zerrütteten Familie sowie der Ehescheidung auf die Entwicklung der Kinder gemildert werden.

Eignung ist die Bezeichnung für individuelle Voraussetzungen körperlicher und psychischer Art für den Vollzug einer bestimmten Tätigkeit, für das erfolgreiche Durchlaufen einer bestimmten Schulart, für das Erlernen und die Ausübung eines bestimmten Berufes. Von Bedeutung sind dabei → Intelligenz, motorische Fertigkeiten (z. B. Geschicklichkeit), Tempo, Kraft, → Konzentration, → Aufmerksamkeit, → Interessen, Einstellungen, → Leistungsmotivation, Durchhaltevermögen, Sprachbeherrschung u. a.m. In der → Beratung (Erziehungs-, Berufs-, Schulberatung) wird oft die Eignung mit Hilfe psychologischer Tests ermittelt.

Einfühlung (Empathie). Der Berater oder Erzieher versucht, Gefühlserlebnisse eines Klienten oder Kindes nachzuvollziehen, mitzuerleben.

Einkoten (Enkopresis) nach erfolgreicher →Sauberkeitserziehung kann aus ähnlichen Ursachen auftreten wie auch das →Bettnässen und erfordert daher die gleiche sorgfältige Behandlung.

Einnässen →Bettnässen.

Einschulung, Einschulungstests. Die allgemeine Schulpflicht beginnt für Kinder, die bis zum 30. Juni das 6. Lebensjahr vollendet haben, mit dem dann folgenden Schuljahresanfang. Auch Kinder, die nach dem 30. 6. das 6. Lebensjahr vollenden, können auf Antrag der Erziehungsberechtigten vorzeitig eingeschult werden. Die Entscheidung in solchen Fällen erfolgt nach einer Gesundheits- und →Schulreifeuntersuchung. Die Einschulung ist für die Kinder mit erheblichen Problemen verbunden: sie müssen still sitzen, zuhören, sich behaupten, Hausaufgaben machen, aufs Spielen verzichten. Eltern sollten dem Kind nie mit der Schule drohen, sondern das Kind ermutigen; sie sollten sich die Nöte des Kindes geduldig anhören und gegebenenfalls mit dem Lehrer über Gewohnheiten des Kindes sprechen; sie sollten das Kind loben und es keineswegs durch höhere Ansprüche, als sie der Lehrer stellt, überfordern. Um Überforderungen und damit Folgeschäden der Kinder durch die Einschulung zu vermeiden, wurden viele Schulreifetests oder Einschulungstests entwickelt. Diese haben sich als von geringer Voraussagefähigkeit erwiesen und werden daher seit 1980 nur noch bei etwa 10% der Schulanfänger eingesetzt.

Einzelfallhilfe, auch soziale Einzelfallhilfe, Casework oder soziale Fallarbeit genannt, ist eine primäre Methode der sozialpädagogisch-sozialen Arbeit (→Sozialpädagogik, →Sozialarbeit, →Sozialhilfe). Sie wird durch berufliche Helfer angewandt, um Menschen mit psycho-sozialen Schwierigkeiten zu helfen. Die Merkmale der Einzelfallhilfe sind:

- Es handelt sich um eine →Interaktion zwischen einem beruflichen Helfer und einem hilfesuchenden Klienten.
- Die Probleme des Klienten werden mit Hilfe wissenschaftlicher Erkenntnisse über das Erleben und Verhalten des Menschen interpretiert, und es werden wissenschaftlich abgesicherte Lösungsvorschläge erarbeitet.
- Die Hilfe zur Selbsthilfe wird hauptsächlich durch das „Können in der Handhabung von Beziehungen“ (S. Bowers) durch den Berufshelfer geleistet.
- Das Ziel der Einzelfallhilfe ist eine bessere Anpassung des Klien-

Einzelfallhilfe als Problemlösung
(Bereich Schulberatung, Netzplan in Anlehnung an R. Seiß als Figur-Typ HRB dargestellt)

Phasen | **Ergebnisse**

H = Hinweisphase: Beobachten der Schwierigkeit, Beschreiben des Problems;
I Informationssammlung durch Beobachtung, Befragung, ↗Tests (z. B. Soziogramm, Intelligenztests, Schulnoten, Lehrerinterview)

Abgrenzung des Problems, Zuordnung zu Verhaltensbereichen

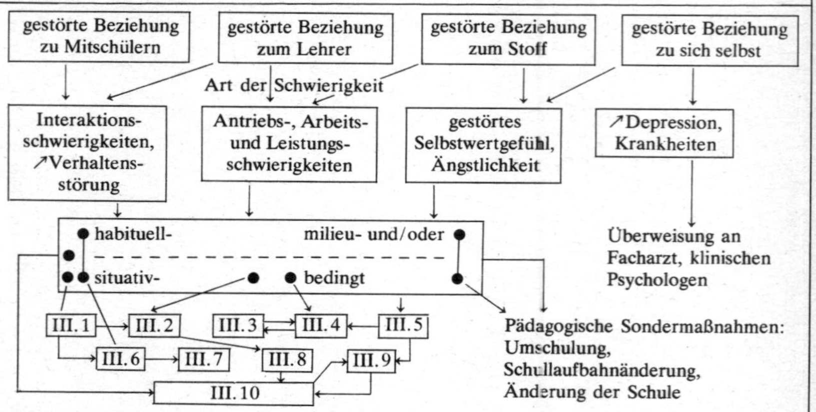

R = Reduktionsphase: Ursachen-Klärung, Reduzieren der Daten auf
II wesentliche innere und äußere Bedingungen durch ↗Anamnese, ↗Exploration, Tests

B = Beratungs- und Therapiephase: Maßnahmen wie Gespräch mit Mitschülern, Lehrern, Eltern (III.1),
III Spannungsreduzierendes Lehrerverhalten (III.2), Verhaltensmodifikation (Lehrerverhalten – III.3), Nachhilfe und Änderung der Lernorganisation (III.4), Ermutigung und Selbstbehauptungstraining (III.5), Nicht-direkte Spieltherapie (III.6), Gesprächstherapie mit Kindern (III.7), Lehrerverhaltenstraining (III.8), Training des Sozialverhaltens (III.9), Gruppendynamik in der Schulklasse (III.10)

Die Verbindungen von Entscheidung zu Entscheidung und von Maßnahme zu Maßnahme zeigen, daß je nach Art der Schwierigkeiten und deren Ursachen viele verschiedene Maßnahmen notwendig sind.

ten an seine Umwelt und die Mobilisierung von Hilfsquellen der Gemeinschaft.

- Prinzipien der Einzelfallhilfe sind: „Individualisieren“ (bestimmend sind die Einmaligkeit der → Persönlichkeit des Klienten sowie die Situation), Verstehen, Akzeptieren, Nicht-Verurteilen, Geborgenheit geben, Hilfe zur Selbstbestimmung des Klienten (der Klient ist ein gleichwertiger Partner und wird in jeder Phase des Interaktionsprozesses zur Mitwirkung aufgefordert), Beachtung der Menschenwürde und Verschwiegenheit gegenüber Dritten.

Grundsätzlich läßt sich jede Einzelfallhilfe in folgende Phasen des Vorgehens aufgliedern:

1. Bemerken der Schwierigkeit, Sammlung von Informationen;
2. Auswertung und Analyse der Daten;
3. Prognose des künftigen Verhaltens und Ausarbeitung eines Behandlungsplans;
4. Behandlung (→ Beratung, Therapie, Beseitigung von Ursachen usw.);
5. Auswertung, Verlaufs- und Erfolgskontrolle.

Die ersten drei Phasen lassen sich als → Diagnose zusammenfassen, die beiden letzten als Behandlung.

Die Einzelfallhilfe wird oft auch als Prozeß der Problemlösung aufgefaßt. Der Verlauf der Problemlösung läßt sich mit Hilfe eines Netzplans darstellen. (Siehe S. 102).

Die wissenschaftliche Grundlage der Einzelfallhilfe bilden verschiedene psychologische Theorien des Verhaltens: Bei Klienten mit diffuser, nicht klar abgegrenzter Persönlichkeitsproblematik kommen die → Psychoanalyse und → Individualpsychologie zur Anwendung. Klar abgegrenzte Symptome werden mit der Hilfe von → Lerntheorien interpretiert und verhaltenstherapeutisch (Verhaltenstherapie) behandelt. Die Grundlage der Gesprächsführung und der Interaktion bilden kommunikationspsychologische Erkenntnisse und die Persönlichkeitstheorie nach C. Rogers (→ Nicht-direktive-Gesprächsführung).

Elementarbereich umfaßt nach den Vorstellungen des Deutschen Bildungsrates alle außerfamiliären Bildungseinrichtungen (→ Bildungssystem) für 3- bis 5jährige Kinder (→ Kindergarten).

Elternarbeit (Elternbildung). Erfolgreiche erzieherische Arbeit in familienergänzenden Einrichtungen, vor allem im → Kindergarten, ist ohne die Mitarbeit der Eltern nicht möglich. Die Arbeit einer familienergänzenden Einrichtung muß durch die Eltern unterstützt und fortgesetzt werden, ebenso wie in der Einrichtung die Arbeit der Eltern aufgegriffen und ergänzt werden soll. Die Elternarbeit dient folgenden Zielen:

- Die Eltern werden über die Erziehungsziele und Vorgehensweisen der Einrichtung umfassend informiert.
- Die Eltern lernen die Erzieher kennen und können gemeinsam mit ihnen die Erziehung ihrer Kinder besprechen.
- Die Eltern lernen in der Erziehungseinrichtung neue Möglichkeiten des erzieherischen Verhaltens, neues Spielzeug sowie neue Formen des Umgangs mit Kindern.
- Die Eltern können an der Gestaltung der Erziehung in der außerfamiliären Einrichtung mitwirken.
- Die Eltern werden dazu motiviert, die Bemühungen der Einrichtung zu unterstützen.

Es bieten sich folgende Methoden der Elternarbeit an: Elternabende dienen dem Informationsaustausch; durch Hausbesuche können sich Erzieher über das Familienklima informieren und die Eltern evtl. individuell beraten; Besuche der Eltern in der Einrichtung ermöglichen einen Einblick in deren Arbeit und Organisation. Weiterhin erscheinen sinnvoll: Elternbriefe, Eltern-Trainingskurse, Elternberatung, Spielzeugsammlungen zur Demonstration und Elternbibliotheken. Schon kurz nach der Jahrhundertwende entstanden in Deutschland die ersten Mütterschulen und Elternschulen. Müttern und Vätern wurden Vorträge und Kurse zu fast allen Fragen der Pflege, Entwicklung und Erziehung kleiner Kinder angeboten. Heute wird Elternbildung von kirchlichen Organisationen und von →Volkshochschulen im Rahmen der →Erwachsenenbildung geleistet. Vielfach beklagte →Kindesmißhandlungen, Gewalt in der →Familie, Kinderselbstmorde, Kinder als Opfer von Verkehrsunfällen und andere Probleme deuten darauf hin, daß die Elternbildung allein nicht ausreicht, um Mißstände zu vermeiden.

Elternrecht, elterliche Sorge. Durch GG Art. 6 Abs. 2 und 3 wird den Eltern das Recht zur Pflege und Erziehung der Kinder garantiert und dem Staat ein Überwachungs- und Eingriffsrecht bei Versagen der Eltern eingeräumt. Weil das Elternrecht nahezu unbegrenzt ist, wird auch von „elterlicher Gewalt“ gesprochen. Das Verhältnis zwischen dem Elternrecht, dem Persönlichkeitsrecht des Kindes und dem Überwachungsrecht des Staates wurde zum 01. 01. 1980 mit dem Gesetz zur „Neuregelung des Rechts der elterlichen Sorge“ geändert. Der Begriff „elterliche Gewalt“ wurde durch „elterliche Sorge“ ersetzt. Die Eltern sollen auf den Willen des Kindes Rücksicht nehmen und in Konfliktfällen notfalls den Rat eines Beraters, z. B. Berufsberaters, einholen. Nach § 1626 Abs. 2 BGB bedeutet elterliche Gewalt vor allem „das Recht und die Pflicht, für die Person und das Vermögen des Kindes zu sorgen“. Dieses *Personenrecht* umfaßt nach § 1631 BGB das Recht und die Pflicht, „das Kind zu erziehen, zu beaufsichtigen und seinen Aufenthalt zu bestimmen“. Bis zum 14. Lebensjahr bestimmen die Eltern nach freier Einigung auch über die religiöse Erziehung des Kindes. Bis auf den Unterhalt gibt das Gesetz dem Kind keine Möglichkeit, seine Ansprüche gegen die Eltern einzuklagen. Im Falle der Ehescheidung sollen nach dem neuen Recht Wünsche minderjähriger Kinder angemessen berücksichtigt werden. In allen Entscheidungsfragen zum Vermögen, zur Unterbringung oder z. B. zur Berufswahl sollen Minderjährige als „ein Wesen mit eigener Menschenwürde und eigenem Recht auf Entfaltung seiner Persönlichkeit" (Bundesverfassungsgericht) anerkannt werden.

Emanzipation, emanzipatorische Erziehung. Gesellschaftspolitisch bedeutet Emanzipation „Befreiung aus Abhängigkeitsverhältnissen", Aufhebung der Fremdbestimmung. Pädagogisch betrachtet bedeutet Emanzipation sowohl ein Ziel als auch ein Mittel der Erziehung. Demnach sind zwei Seiten der Emanzipation zu unterscheiden: die subjektive, auf die → Mündigkeit der Person ausgerichtete und die objektive, auf die Veränderung der Gesellschaft gerichtete Seite des Emanzipationsbestrebens.
Als eine erste Verwirklichung der Emanzipation wird die Veränderung des → pädagogischen Bezugs im Sinne der sog. → antiautoritären Erziehung gesehen. H. Walter nennt folgende Zielorientierungen der emanzipatorischen Erziehung:
- Abbau der Fremdbestimmung zugunsten der Selbstbestimmung (Fremdbestimmung meint jede ungerechtfertigte, unvernünftige und irrationale Abhängigkeit);
- Abbau der Irrationalität zugunsten der Rationalität;
- Ersetzen der Anpassung durch Kritik und der Abhängigkeit durch Unabhängigkeit;
- Erreichen einer zunehmenden Demokratisierung und nicht die bloße Reproduktion der Gesellschaft durch Erziehung;
- Realisierung der → Chancengleichheit.

Der gesellschaftliche Konflikt wird nicht als Störfaktor gesehen, sondern als unabdingbare Voraussetzung der Emanzipation. Die Realisierung individueller → Mündigkeit und gesellschaftlicher Emanzipation ist durch einen sozialintegrativen → Erziehungsstil, durch Unterrichtsgestaltung im Sinne der kommunikativen → Didaktik und durch die → Differenzierung des Unterrichts zu erreichen.
Die Forderung nach Emanzipation ist nicht unproblematisch. Neben der gesellschaftsverändernden kommt der Erziehung auch eine gewisse gesellschaftsstabilisierende Funktion zu. Es genügt nicht, jemanden nur widerstandsfähig gegenüber äußeren Zwängen zu machen, sondern er muß auch zur kritischen Solidarität mit der Gesellschaft befähigt und mit einer individuellen Emanzipation ausgestattet werden, die eine verantwortungsbewußte Mitarbeit an der Verbesserung der Gesellschaft ermöglicht. Emanzipation als „perma-

nente Unzufriedenheit kann nicht Erziehungsziel sein" (E. K. Scheuch). Vgl. auch →Antipädagogik.

Embryopathie, die Mißbildung des Embryos infolge von Erkrankungen in der Zeit von der 3. Woche bis zum Ende des 3. Schwangerschaftsmonats, also während der Periode der Organentwicklung. Intrauterine Entwicklungsstörungen können durch Vererbung, Infektionen (z. B. Röteln, Masern, Poliomyelitis), Medikamente (z. B. Chinin, Contergan, Thalidomid), Sauerstoffmangel, Blutungen während der Schwangerschaft, Ernährungsstörungen, Vitaminmangel, Strahlen- und Nidationsschäden (Nidation = Einnistung des befruchteten Eis in der Gebärmutter) verursacht werden.

Emotionen →Gefühlserziehung.

Empathie →Einfühlung.

Englischunterricht →Neusprachlicher Unterricht

Enkopresis →Einkoten.

Enkulturation, der Prozeß der Eingliederung in die Kultur, das Erlernen kulturspezifischer Inhalte und Fertigkeiten, die Übernahme kultureller Wesensmerkmale des Menschen (z. B. Sprache, Sittlichkeit, Kommunikation, Kunst, Religion, Wissenschaft, Rechtsordnung usw.). →Erziehung.

Entdeckendes Lernen. Der Erwerb neuer Kenntnisse – vor allem →Begriffe – im Unterricht kann nach D. P. Ausubel auf zwei verschiedene Arten erfolgen: durch rezeptives Lernen (der zu lernende Inhalt wird vom Lehrer in vollständiger Form dargeboten) und durch entdeckendes Lernen (der Lernende bekommt nicht alle Informationen dargeboten). Durch die Darbietung unvollständiger Informationen, Themen- und Problemformulierungen und durch die Anregung der Schüler zur Aktivität sowie durch gezielte Lenkung der Schüleraktivität gewinnen die Schüler weitgehend selbständig neue Einsichten und Erkenntnisse. Die Vorteile des entdeckenden Lernens sind: die Schüler lernen die Methode, den Weg der Erkenntnisgewinnung; den Schülern werden Möglicheiten zum Sammeln eigener Erfahrungen angeboten; die Schüler lernen, ihre Erfahrungen zu strukturieren. Das führt dazu, daß Einsichten „tiefer sitzen".

Entmutigung →Individualpsychologie und Pädagogik

Entwicklung und Erziehung. *Problemerörterung.* Die Erziehung als überlegtes, zielgerichtetes Beeinflussen des kindlichen Handelns ist einerseits auf Erziehungsziele und Wertorientierungen (→Wert- und normorientierte Erziehung) angewiesen und muß andererseits den jeweiligen „Entwicklungsstand" des Kindes berücksichtigen. Die Erzieher sind auf die Erkenntnisse der Entwicklungspsychologie über den Verlauf der Entwicklung, über die Fähigkeiten und Erlebnisweisen des Kindes auf verschiedenen Altersstufen, über seine →Bedürfnisse und sein →Denken sowie auf Erkenntnisse, die sich auf wichtige Ursache-Wirkungs-Zusammenhänge beziehen, angewiesen. Erzieher können auch ohne entwicklungspsychologische Erkenntnisse „richtig" handeln. Sie wissen dann allerdings nicht, warum sie richtig handeln, und sie können auch mögliche Störungen nicht erklären. Oder sie verlassen sich bedingungslos auf überliefertes Wissen, auf Sprichwortweisheiten, die nicht selten Erziehungserfolge zunichte machen. Will der Erzieher von den Erkenntnissen der Entwicklungspsychologie Gebrauch machen, so sieht er sich einer Vielfalt unterschiedlicher Modelle und Stufeneinteilungen gegenüber. Die Frage, wodurch die Entwicklung in Gang gehalten wird, ist Gegenstand der Diskussion um das →Anlage-Umwelt-Problem.

Begriffsbestimmung. Unter dem Aspekt der Ursache kann Entwicklung gesehen werden als „Entfaltung der Anlagen" (E. Stern), als eine „sich nach immanenten Gesetzen (Bauplan) vollziehende Differenzierung" (H. Remplein) oder als „Konvergenz innerer Angelegtheiten mit äußeren Entwicklungsbedingungen" (W. Stern). Es besteht Übereinstimmung darüber, daß mit dem Ausdruck „Entwicklung" eine Reihe von miteinander zusammenhängenden Veränderungen des Erlebens und Verhaltens und organismischen Voraussetzungen des Verhaltens beschrieben wird. Die meisten Veränderungen des Menschen vollziehen sich in den ersten Lebensjahren. Der Mensch entwickelt sich vom

- asozialen zum sozialen Wesen,
- vom hilflosen Säugling zum sich selbst steuernden, planvoll handelnden Menschen,
- vom einfachen Reagierer auf Reize zum Manipulierer der Umwelt.

R. Oerter unterscheidet zwei Aspekte der Entwicklung: die Anpassung im Sinne der →Sozialisation und die Selbstdurchsetzung.

Obwohl die Entwicklung kontinuierlich verläuft, können einzelne Altersstufen deutlich unterscheidbaren Phasen zugeordnet werden. So unterscheidet A. Busemann zwischen emotionalen und intentionalen Phasen. Charakteristische Merkmale der emotionalen Phasen sind Erregtheit, Unruhe, Ungleichgewicht, Impulsivität, übersteigertes Selbstbewußtsein, Trotz und Schwererziehbarkeit, Aggressivität, Neigung zu Konflikten und Neurosen, z. B. →Bettnässen. Merkmale der intentionalen Phasen sind Ruhe, Ausgeglichenheit, Zugänglichkeit

und Lenkbarkeit, Friedfertigkeit, seelische Stabilität, sachliches Denken, soziale Bindungen.
Die beiden Phasen wechseln in fast regelmäßigen Abständen, wie die folgende Abbildung zeigt:

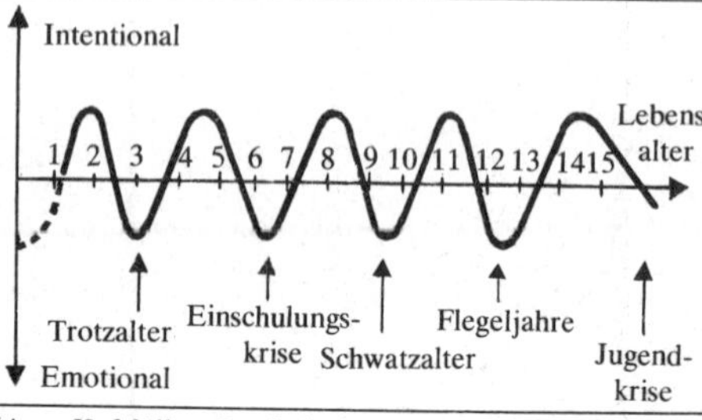

(Aus: K. Müller, Psychologie I, Telekolleg für Erzieher)

Zur Erklärung der Entwicklungsvorgänge. Alterstypische Veränderungen des Erlebens und Verhaltens werden mit Hilfe verschiedener theoretischer Ansätze erklärt. Die sog. Phasen- oder Stufenlehren dienen nur der Beschreibung der Entwicklung. Als Erklärungskonzepte sind sie wenig brauchbar, weil sie die Entwicklung allein auf die Reifung und Entfaltung von Anlagen zurückführen. Für die Erziehung von Bedeutung sind vor allem die → Psychoanalyse, → Individualpsychologie, → Lerntheorien und die kognitive Theorie der Entwicklung nach J. Piaget. In den genannten Ansätzen wird „Entwicklung" als Streben nach Anpassung gedeutet. „Anpassung" kann als Befriedigung bestimmter Bedürfnisse und Wünsche auf einzelnen Altersstufen (→ Psychoanalyse), als Bewältigung der Minderwertigkeit (→ Individualpsychologie) oder als Gleichgewicht zwischen Organismus und Umwelt, zwischen Assimilation und Akkommodation (kognitive Theorie der Entwicklung) verstanden werden. Durch die Erziehung muß das Streben nach Anpassung unterstützt werden. Massive Frustrationen sind zu vermeiden, alterstypische Bedürfnisse und Denkweisen sind zu berücksichtigen. Dabei sind auch folgende allgemeine entwicklungspsychologische Erkenntnisse von Bedeutung:

- Jüngere Organismen reagieren empfindlicher auf äußere Einwirkungen als ältere.
- „Veränderungen der Umgebung haben den größten quantitativen Effekt auf eine Eigenschaft während der Periode der schnellsten Veränderungen, und sie haben den geringsten Effekt auf eine Eigenschaft während der Periode der langsamsten Veränderung" (B. M. Caldwell).
- Die Entwicklung ist immer multikausal bedingt, d. h. die Verknüpfung mehrerer Einflüsse (endogener und exogener Art) hält die Entwicklung im Gang, wobei sich sowohl die organische als auch

psychische Entwicklung an dem Bedürfnis orientiert, das am wenigsten befriedigt wurde (= Gesetz des Minimums). Die Gesamtentwicklung wird gestört, wenn primäre Bedürfnisse nach Nahrung, Schlaf, Sauerstoff, Sicherheit nicht befriedigt werden, sie wird aber auch gestört, wenn gefühlsmäßige Bindungen fehlen.
- Die Aktivität des Kindes sorgt für die Aufrechterhaltung der „inneren Ordnung", für Gleichgewicht. Fehlt z. B. die emotionale Zuwendung, so wird das Kind passiv, apathisch, auf sich selbst bezogen, unfähig zu sozialen Kontakten. Es strebt nicht mehr nach Zuwendung und befindet sich dadurch im Gleichgewicht, oder es entwickelt Ersatzbefriedigungen und Tics.
- Die ersten Lebensjahre sind entscheidend. Fehlhaltungen der Erzieher in den ersten Lebensjahren lassen sich meist nicht mehr vollständig rückgängig machen.

Das Konzept der Entwicklungsaufgaben. R. J. Havighurst und seine Mitarbeiter haben in den 40er Jahren in den USA im Konzept der Entwicklungsaufgaben eine Verbindung zwischen entwicklungspsychologischen Erkenntnissen und der Erziehung hergestellt. Entwicklung wird als Bewältigen von alterstypischen „Aufgaben" gedeutet. Die Entwicklungsaufgaben stehen in einer aufeinander aufbauenden, logischen Reihenfolge, haben biologische und kulturelle Grundlagen, d. h. in ihnen vereinigen sich sowohl individuelle Bedürfnisse als auch gesellschaftliche Anforderungen. Die Bewältigung der Aufgaben „bedeutet Entwicklung" (U. Lehr).

Nach Havighurst muß das Kind folgende Aufgaben und Probleme bewältigen: In der frühen Kindheit (0–2 Jahre) muß es die Zuwendung von Erwachsenen gewinnen und Bindungen aufrechterhalten, erkennen, daß Gegenstände unabhängig von der aktuellen Wahrnehmung weiter existieren (Objektpermanenz), einfache Kausalitäten begreifen und motorische Funktionen entwickeln. Im Alter von 2–4 Jahren sind der Erwerb der → Sprache, Selbstkontrolle (Kontrolle der Ausscheidung), verschiedene Formen des → Spielens und die Verfeinerung der Motorik zu bewältigen. Im frühen Schulalter (5–7 Jahre) muß das Kind lernen, einfache moralische Entscheidungen zu treffen, die Geschlechtsrolle zu übernehmen, in Gruppen zu spielen und zu konkreten Denkoperationen fähig sein. Im mittleren Schulalter (8–12 Jahre) stehen der Erwerb der Kulturtechniken (Lesen, Schreiben, Rechnen), soziale Kooperation, Spielen und Arbeiten im Team und die Entwicklung des Selbstbewußtseins im Vordergrund. Im Jugendalter ist die Ablösung von den Eltern, das Akzeptieren des eigenen Körpers und Aussehens, der Aufbau der Partnerschaft und die Aufnahme intimer Beziehungen, die Berufswahl, die Übernahme politischer Verantwortung und die Entwicklung eigener Wertvorstellungen sowie die Identitätsfindung und die Entwicklung eines eigenen Selbstbildes zu bewältigen. Alle aufgeführten Aufgaben stellen für

Kinder und Jugendliche „kritische Lebensereignisse" dar, d. h. sie sind mit Streßerleben verbunden. Für die Bewältigung der aufgeführten Aufgaben ist daher einerseits emotionale und soziale Unterstützung zur Minderung der Streßwirkung und andererseits Unterstützung des problemlösenden Verhaltens (Informationen, Rückmeldungen, Ermutigung zu Problemlösungen, aktivitätsfördernde Umweltgestaltung, Hilfen bei der Bewertung von Situationen) notwendig.
Hinweise zur Erziehungspraxis. Aus dem Konzept der Entwicklungsaufgaben ergeben sich konkrete Hinweise, welche Unterstützung Kinder auf den einzelnen Alterstufen brauchen. Die Erziehung gilt als „Schrittmacher" der Entwicklung. Zwischen Entwicklung und Erziehung besteht eine enge Wechselwirkung. Eine Überbewertung der Anlage oder Umwelt erscheint nicht angebracht. Fehlhaltungen der Erzieher führen vor allem in den ersten Lebensjahren zu verheerenden Fehlentwicklungen.
Wichtig ist, daß man
- für echte →Bezugspersonen sorgt und das →Urvertrauen schafft;
- dem Kind Hilfe gibt, ohne zu fordern;
- dem Kind erlaubt, seine (oralen) Wünsche angstfrei zu erleben und zu äußern;
- Möglichkeiten zum lustvollen Bewegen, zum Erkunden der Umwelt schafft;
- auf ausgeglichene Befriedigung aller →Bedürfnisse achtet (Gesetz des Minimums);
- die Identifikation mit dem eigenen Geschlecht unterstützt (→Geschlechterrollen);
- das Kind weder über- noch unterfordert;
- das →Spiel des Kindes ermöglicht und unterstützt;
- das Kind sorgfältig beobachtet und bei Abweichungen und Zweifeln eine Beratungsstelle aufsucht.

Enuresis →Bettnässen.

Erbe, Gesamtheit aller Geninformationen (Genotypus); →Anlage-Umwelt-Problem

Erfahrung gilt als Bezeichnung für die Gesamtheit all dessen, was dem Menschen in seinem Leben „widerfährt". Erfahrung im Sinne der Sinneserfahrung des real Existierenden wird erkenntnistheoretisch als Voraussetzung jeder Erkenntnis angenommen. Die Methoden der Erkenntnisgewinnung sind dementsprechend Beobachtungen aller Art. Voraussetzung jeder Erfahrung sind ein sinnesfähiges Subjekt und ein Sachverhalt, ein Ereignis, eine Gegebenheit, eine Realität. Erfahrungen resultieren aus der Herstellung einer Beziehung zwischen Subjekt und Objekt, zwischen Erkennendem und Erkann-

Übersicht über die Entwicklung, Fehlhaltungen oder Erzieher und deren mögliche Folgen

Altersstufen	*altersspezifische Merkmale*	*Fehlhaltungen der Erzieher*	*mögliche Fehlentwicklungen*
1. Phase: *Säuglingsalter* a) Schaualter b) Greifalter c) Kriechalter	Dominanz vitaler (primärer) Bedürfnisse; Reflexe, Lustprinzip; Intentionale Zuwendung zur Umwelt, Schutz- und Geborgenheitsbedürfnis; mit ca. 8 Wochen erstes „soziales Lächeln", Achtmonatsangst, Nachahmung von Ausdrucksbewegungen („Winke, Winke"), Kontolle der Motorik	Stundenlanges Schreienlassen des Säuglings, Fütterungsweisen ohne Sauganstrengung des Kindes, Überfütterung, kein Körperkontakt, mehrere Bezugspersonen, mangelnde Stimulation, Ansprache, Zuwendung, stereotype Umgebung	Eßstörungen, Erbrechen, Unruhe, Schreiweinen, Apathie; Intentionale Störung: Urmißtrauen statt Urvertrauen; Passivität; Jaktationen; Im Erwachsenenalter: Süchte, Depressionen, Mutlosigkeit, Gier
2. Phase: *Kleinkinder* a) Lauf- und Sprechalter b) Trotz- oder Autonomiealter c) Erste Realitätsorientierung d) Rollenübernahme	↗Egozentrismus, Subjektbezogenheit, ↗magisches Denken, Laufen- und Sprechenlernen, Ich-Bewußtsein, Autonomiestreben, ausgeprägtes Aktivitäts- und Lernbedürfnis, Fragealter; ↗Begriffe: Objektkonstanz, Raum, Zeit; Besitzstreben, Regellernen, finales Denken	Mutter-Kind-Trennung über längere Zeit, zu wenig Haut-, Sprech- und Blickkontakt, Nichtbeschäftigung mit dem Kind, zu strenge Reinlichkeitserziehung, Brechen des Autonomiebestrebens (Trotz), verwöhnende Erziehung, Angstmachen durch Liebesentzug, kein Vorbild für die Geschlechterrolle, keine gleichaltrigen Spielkameraden (wichtig: Kindergarten)	↗Hospitalismus, Retardierung, ↗Daumenlutschen, Stottern, Nägelbeißen, ↗Bettnässen, Aufdringlichkeit, nächtliches Aufschrecken, Aggressivität, Bindungslosigkeit, Leistungsverweigerung, fehlende ↗Schulreife; Im Erwachsenenalter: Zwang, Pedanterie, Skrupelhaftigkeit, Herrschsucht, Geiz, Sadismus, Sauberkeitszwänge
3. Phase *Schulkindalter*	Naiver und kritischer Realismus, operationales ↗Denken, Leistungsphase	Überforderung in der Schule	Lernstörungen, Tagträumen, Unsicherheit
4. Phase *Vorpubertät und Pubertät*	Emotionale Phase, aktive und passive Auflehnung, innere Unruhe, Erregbarkeit, Stimmungsschwankungen, Gestaltwandel, abstraktes Denken	Konflikte, mangelndes Verständnis für Ablösung, keine Unterstützung bei der Identitätssuche, kein Vertrauen, mangelnde ↗Autorität	Destruktionshaltung, neurotische Isolierung, Leistungsverweigerung, Unreife, ↗Aggression, Verwahrlosung, ↗Drogenabhängigkeit, Ängste

tem. Durch den Umgang mit der persönlichen und dinglichen Umwelt sammelt der Mensch Erfahrungen, die als Verknüpfungen, Assoziationen im Gedächtnis gespeichert werden. Es kann sich um Verknüpfungen zwischen Reizen, zwischen Reiz-Reaktionen, zwischen Reaktionen bzw. Verhaltensweisen und deren Konsequenzen (Erfolg, Strafe) handeln. Durch solche Verknüpfungen findet Lernen statt. Für die →Erziehung und den →Unterricht ist es wichtig, dem Kind Möglichkeiten für das Sammeln von Erfahrungen bereitzustellen. Der Umfang mit der Umwelt bildet die wichtigste Voraussetzung für die Bildung von →Begriffen.

Erfolg und Mißerfolg. Das Erlebnis von Erfolg oder Mißerfolg hängt vom individuellen →Anspruchsniveau ab und ändert – entsprechend dem „Erfolgsgesetz" (Effektgesetz) nach E. L. Thorndike – die Auftrittswahrscheinlichkeit der erfolgreichen Verhaltensweise (→Lerntheorien und Pädagogik). Häufige Erfolge führen zu einer Erwartungshaltung (Motivation), die als „Hoffnung auf Erfolg" charakterisiert wird. Häufige Mißerfolge im Leistungsbereich bewirken eine sog. „Mißerfolgsmotivation", d. h. das Leistungsverhalten (z. B. das Lösen einer Aufgabe) wird von der „Furcht vor Mißerfolg" begleitet. Häufige Mißerfolge führen außerdem zu geringem oder krankhaft übersteigertem Anspruchsniveau, zu mangelndem Selbstvertrauen, zu Minderwertigkeitsgefühlen, wodurch ein „Teufelskreis" in Gang gesetzt wird, denn mangelndes Selbstvertrauen oder zu niedriges oder zu hohes Anspruchsniveau verursachen erneute Mißerfolge. Die Vermittlung von Erfolgserlebnissen, d. h. →Lob, Anerkennung, Bestätigung, Unterstützung, →Ermutigung ist von ausschlaggebender Bedeutung für eine gesunde Entwicklung des Kindes.

Erlebnispädagogik wird vor allem in der außerschulischen →Jugendarbeit, in der →Sozialarbeit und auch in einigen Bereichen der →Sonderpädagogik eingesetzt, um durch authentische (nicht gespielte oder konstruierte) intensive Erlebnisse persönliche Wachstumsprozesse in Gang zu setzen.
Zur Erlebnispädagogik zählen u. a. die sozialpädagogisch orientierten Angebote vom Bundesverband „Segeln – Pädagogik – Therapie e.V:" in Lüneburg und die auf allgemeine Persönlichkeitsbildung abzielenden Angebote von „Outward Bound" mit Sitz in München. Lehrgänge und Kurse der Erlebnispädagogik zielen auf „die Vermittlung von Erfahrungswerten und Kenntnissen, die der Einzelne aus allen gemeinsamen Unternehmungen mit nach Hause nehmen kann, einschließlich jener, die sich aus den vermeintlich einfachen Handlungsabläufen des Zusammenlebens ergeben: Selbstverantwortung und Rücksichtnahme, Umsichtigkeit, Hilfsbereitschaft und Kritikfä-

higkeit, Kooperationsvermögen und Beharrlichkeit" (zitiert aus dem Jahresprogramm).
Es ist nicht neu, daß Erlebnisse in Landschulheimen, durch Schifreizeiten und Bergwanderungen für eine Jugend, die natur- und arbeitsweltentfremdet aufwächst, pädagogisch außerordentlich wichtig sind. Durch solche Unternehmungen aller Schüler einer Klasse soll den sog. „Verfallserscheinungen" wie „Mangel an menschlicher Anteilnahme", „Mangel an Initiative und Spontaneität", „Mangel an körperlicher Tauglichkeit" wirksam begegnet werden und es sollen sog. → Schlüsselqualifikationen gefördert werden. Angestrebt werden ganzheitliche Erlebnisse und Selbst-Erfahrungen nicht aus „zweiter Hand", sondern unmittelbar in der Natur, wobei durch physische und psychische Beanspruchung und Herausforderung Vertrauen in eigene Fähigkeiten gestärkt, das Angewiesensein auf Mitmenschen erlebt und die „Armut" einer technokratisch verwalteten, spezialisierten und im Alltag selbstverständlichen Zivilisation erkannt werden sollen.

Ermutigung ist nach A. Adler „das wichtigste Element in der Erziehung von Kindern. Sie ist so wichtig, daß ihr Fehlen als der hauptsächliche Grund für ein falsches Verhalten betrachtet werden kann. Ein unartiges Kind ist immer ein entmutigtes Kind. Jedes Kind braucht fortgesetzte Ermutigung, genau wie eine Pflanze Wasser braucht. Ohne Ermutigung kann es nicht wachsen, sich nicht entwikkeln und kein Zusammengehörigkeitsgefühl erlangen".
Ermutigung bedeutet Hinführen zu einem gesunden Selbstwertgefühl, zu mehr Gemeinschaftsgefühl, Sachlichkeit und Aktivität. Ermutigung wird erreicht durch Herstellung positiver emotionaler Beziehung, durch Annahme und Anerkennung des Kindes, durch Verstehen und Äußerungen der Wertschätzung. → Individualpsychologie und Pädagogik.

Erstleseunterricht und Erstschreibunterricht. Das Lesen und Schreiben gelten als die wichtigsten Kulturtechniken. Man nimmt an, daß Leseprobleme, vor allem die sog. Lese-Rechtschreib-Schwäche (→ Legasthenie), zum Teil auf die Methode des Erstlese- und Erstschreibunterrichts zurückgehen. Es wurden oder werden folgende Methoden des Leseunterrichts praktiziert:
- Die *Buchstabiermethode* besteht im Auswendiglernen aller Buchstaben des Alphabets (a, be, ce, de, ...) und anschließender Zusammensetzung zu Silben und Wörtern.
- Die *Lautiermethode* besteht im Lernen von Lauten (a, b, c, d, ...) und anschließender Synthese zu Lautgruppen und Kombinationen. Diese beiden Methoden werden daher auch synthetische Methoden genannt.

- Die *Ganzheitsmethode* (analytische Methode) geht nicht von einzelnen Lauten und Buchstaben aus, sondern vom ganzen Wort (Ganzwortmethode) oder vom ganzen Satz (Ganzsatzmethode).

Gegenwärtig wird die Ganzheitsmethode bevorzugt, obwohl einiges dafür spricht, daß im 1. Schuljahr synthetische Methoden und erst ab dem 2. Schuljahr die Ganzheitsmethoden angewandt werden sollten. Für das Schreibenlernen sind zunächst Vorübungen zum Umgang mit Papier und Bleistift wie Fingerspiele, kneten, schneiden, kleben, Figuren zeichnen wichtig. Danach werden überschaubare Einzelheiten, also Buchstaben, erarbeitet. Nach dem Einüben einzelner Wörter, wobei die jeweils geltende Ausgangsschrift Ziel aller Bemühungen darstellt, folgt das Abschreiben und danach das spontane Schreiben und Übungen zur Rechtschreibung. Wichtig sind Geduld und Anerkennung kleinster Erfolge.

Erstschreibunterricht → Erstleseunterricht

Erwachsenenbildung. Verschiedenen Formen des organisiert-institutionell ablaufenden Lernens von Erwachsenen nach der Schul-, Hochschul- und Berufsausbildung wird immer größere Bedeutung beigemessen. Weiterbildung, Volksbildung und → Umschulung sind notwendig,

- weil sich unsere Gesellschaft, Produktionsverhältnisse und Arbeitsplätze immer schneller verändern und die berufliche Grundausbildung nicht mehr ausreicht;
- weil durch den Fortschritt der Wissenschaften unsere Kenntnisse immer schneller veralten;
- weil der Bürger nur durch ständige Vervollständigung und Erweiterung der Kenntnisse verantwortungsbewußt am öffentlichen Leben (z. B. in der Politik) teilnehmen kann;
- weil die Freizeit immer länger wird;
- weil durch die Entwicklung neuer Lernmittel und Lernmethoden (z. B. Fernsehen) den Erwachsenen neue Wissensgebiete erschlossen und anschaulich dargestellt werden können.

Inzwischen spricht man von einer „Lerngesellschaft“ und vom „lebenslangen Lernen“.

Die Aufgaben der Erwachsenenbildung werden von verschiedenen Institutionen, vor allem von Volkshochschulen, Industrie- und Handelskammern, von Gewerkschaften, Kirchen, Stiftungen und besonders auch von Betrieben (innerbetriebliche Weiterbildung), wahrgenommen. In der Bundesrepublik Deutschland gibt es zur Zeit ca. 1100 Volkshochschulen (VHS) mit etwa 3500 Außenstellen. In neuerer Zeit werden auch die ersten Versuche unternommen, die Erwachsenenbildung durch den sog. „Medienverbund“ zu organisieren. Verschiedene Institutionen und Medien (z. B. Rundfunk, Fernsehen

[Funk-Kolleg, Telekolleg], Volkshochschulen, kirchliche Akademien u. a.) bieten in Kooperation Fort- und Weiterbildungsveranstaltungen und Kurse (auch Fernkurse) an.
Durch die Erwachsenenbildung wird eine Erweiterung, Vertiefung oder Neuvermittlung allgemeinbildender, weltanschaulicher, wissenschaftlicher, lebenspraktischer und beruflicher Kenntnisse angestrebt. Zu diesem Zweck werden folgende Lernangebote organisiert: Gesellschaft – Politik – Recht; Erziehungsfragen – Psychologie – Pädagogik – Philosophie – Religion; Literatur – Kunst – Musik – Reise – Medien; Mathematik – Naturwissenschaften – Technik; Wirtschaft – Kaufmännische Praxis; Sprachen; Gesundheit – Gymnastik – Körperpflege; Haushaltsführung.
Die Veranstaltungen der Erwachsenenbildung werden gegliedert in
- Unterrichtskurse, die auf eine Prüfung vorbereiten, z. B. VHS-Zertifikate;
- Arbeitskreise, in denen sich die Teilnehmer unter Leitung eines Fachexperten in bestimmte Problem- und Sachgebiete einarbeiten;
- Weiterbildungskurse und Kurse für kreatives Gestalten, die sowohl dem beruflichen Fortkommen als auch der sinnvollen Freizeitgestaltung dienen;
- Studienbegleitzirkel im Medienverbund, die der Vertiefung, Festigung und Erweiterung der durch Fernsehen, Rundfunk oder Fernstudienkurse erworbenen Kenntnisse dienen;
- Einzelvorträge, Podiumsdiskussionen, Vortragsreihen, Wochenendseminare, Ausstellungen, Studienreisen u. a.m.

Konzepte der Erwachsenenbildung. Die Finanzierung der Erwachsenenbildung ist gesetzlich garantiert. Die Kommunen sind verpflichtet, ein Mindestangebot an Kursen sicherzustellen, freie Träger können sich engagieren und erhalten angemessene finanzielle Unterstützung. Bildungspolitisch wird eine flächendeckende Versorgung mit Mindestangeboten und eine Vereinheitlichung von Kursen mit anerkannten Zertifikaten angestrebt. Als übergreifende *Zielsetzungen* der Erwachsenenbildung werden genannt:
- Förderung personaler Kräfte: Erschließung der Kultur- und Bildungsgüter durch Angebot geisteswiss. Themen, Entfaltung emotionaler, ethischer, intellektueller und ästhetischer Kräfte, Stützung der Allgemeinbildung (= *Personalistische Konzeption*).
- Orientierung am „Markt“: Vermittlung beruflicher Weiterbildung, Erhöhung der Aufstiegschancen, Leistung eines Beitrags zur individuellen und beruflichen Mobilität (= *Marktorientierte Konzeption*).
- Unterstützung der Demokratisierung: Bewußtmachung latenter Bedürfnisse, Emanzipationshilfe, Reflexion des Leistungs- und Aufstiegsstrebens (= *Reformerische Konzeption* im Anschluß an die Studentenbewegung).
- Identifizierung mit den Interessen des Betriebes: Integration von

Randgruppen (z. B. Arbeitslose), Steuerung von Bildungsansprüchen, Kanalisierung von Aufstieg (= *Politökonomische Konzeption*).

Es wird deutlich: Erwachsenenbildung läßt sich durch vielfältige Gründe legitimieren und rechtfertigen. Die Begründungen sind politisch, wirtschaftlich, ideologisch und pädagogisch gefärbt.

Didaktik der Erwachsenenbildung. Das Motiv des Lernens ist in der Regel für den Erwachsenen die direkte Verwertbarkeit des Zu-Lernenden. Die Verwertbarkeit kann sich auf berufliche Aufstiegsmöglichkeiten, auf Bereicherung des Lebens im privaten Bereich, auf Mitreden-Können in täglichen Gesprächen, auf Sicherung beruflicher Positionen oder auch auf Demonstration des Bildungswillens in Bezugsgruppen beziehen. Das Interesse an der Sache selbst muß erst entwickelt werden. Es gilt das Prinzip: „Erwachsene bestimmen im Lernen selbst", vor allem dann, wenn Verwertbarkeit des zu Lernenden das Motiv für den Besuch von Veranstaltungen und Kursen ist oder war. Man spricht hier von „didaktischer Fremdbestimmung", weil der Erwachsenenbildner nicht nach einem vorgegebenen Lehrplan vorgeht. Auf diese Weise wird ein „Baukastensystem" aufeinander aufbauender Teilabschlüsse erschwert. Der Leiter eines Kurses ist als Erwachsener unter Erwachsenen auch Teilnehmer und Mitlernender in der jeweiligen Lernsituation. Die Erwachsenenbildung sollte von nebenberuflichen Mitarbeitern geleistet werden. Es ist allerdings eine Tendenz zur „Verberuflichung" zu beobachten, d. h. es werden immer mehr hauptberufliche Erwachsenenbildner meist mit einem abgeschlossenen Hochschulstudium eingestellt. Inzwischen wird neben der Fachqualifikation (= abgeschlossenes Studium) auch eine „Professionalisierung" der Erwachsenenbildner angestrebt. Volkshochschulen, Gewerkschaften, Kirchen und andere Träger der Erwachsenenbildung führen Weiterbildungskurse in der Methodik der Erwachsenenbildung durch. Solche Professionalisierung wird inzwischen auch an Hochschulen angeboten, wo Lehrstühle für Erwachsenenbildung oder Schwerpunktstudium „Erwachsenenbildung" eingerichtet wurden.

Erziehung. *Problemerörterung.* Das Wort Erziehung ist mehrdeutig, vage und wird in verschiedenen Zusammenhängen mit unterschiedlicher Bedeutung verwendet, wodurch Mißverständnisse verursacht werden. Dabei weiß schon jedes Kind aus eigener Erfahrung, was Erziehen und Erziehung bedeutet. Es ist aber interessant, daß die Schüler und die meisten Eltern erfolglose sowie solche Maßnahmen der Erzieher, die unerwünschte Folgen haben, nicht zur Erziehung zählen. Aber ebenso wie das Behandeln bzw. eine Therapie durch den Arzt nicht erfolgreich verlaufen muß, so ist das Erziehen oder die Erziehung nicht vom Erfolg abhängig zu machen. Dieses Beispiel macht deutlich, daß sich, je nachdem welcher Aspekt des komplexen Geschehens zum Kriterium der Abgrenzung erhoben wird, enge oder weite Begriffsbedeutungen ergeben. In den mit dem Wort Erziehen und Erziehung zusammengesetzten Wörtern wird der Begriff Erziehung mit unterschiedlicher Bedeutung verwandt. Daher ist es sinnvoll, die Bedeutungen des Wortes Erziehung unter verschiedenen Gesichtspunkten zu betrachten.

Begriffsbestimmung. Nach einem Wörterbuch der deutschen Sprache (H. Wehrle, Deutscher Wortschatz) gehören folgende Verben zum Wortfeld „erziehen“:

„anleiten, anweisen, beaufsichtigen, beeinflussen, behüten, bekräftigen, belohnen, bilden, drohen, einprägen, einüben, entgegenwirken, erklären, erläutern, ermuntern, ermutigen, fordern, formen, gewöhnen, hinweisen, informieren, lehren, lernen, mahnen, pflegen, prägen, steuern, strafen, tadeln, üben, umsorgen, unterrichten, unterstützen, unterweisen, vormachen, zeigen, zurechtweisen.“

Nach diesem Wortfeld umfaßt die Erziehung sowohl Handhabung der Erzieher als auch Prozesse, die im Objekt der Erziehung, also im Kind ablaufen (Üben, Lernen, Einprägen). Die Handlungen der Erzieher lassen sich dabei in die Schwerpunkte „Pflege“, „Lenkung“ und „Zuwendung“ aufgliedern. Die aufgeführten Verben zum Wortfeld „Erziehen“ beinhalten auch den Zielaspekt: Handlungen des Erziehers erfolgen im Hinblick auf das Verhalten des Kindes mit bestimmtem Ziel.

Danach ergibt sich für den Begriff „Erziehen“ folgendes Grundschema, das vier Elemente umfaßt: den Erzieher (1) mit beabsichtigten, zielgerichteten Handlungen (2) und das Kind (3), dessen Verhalten der Erzieher dauerhaft ändern will (4). Durch das Wort Erziehung wird der Prozeßcharakter sowohl auf seiten des Erziehers (Handlungen) als auch auf seiten des Kindes (Lernen, Üben) hervorgehoben. Fragt man sich, mit welchem Ziel der Erzieher das Verhalten des Kindes zu ändern beabsichtigt, dann kann Erziehung als die Vermittlung von →Mündigkeit oder Selbständigkeit und als Eingliederung in die Gesellschaft und Kultur verstanden werden. Die Bemühungen um den Begriff Erziehung, vor allem in der geisteswissenschaftlichen Pädagogik, haben zu der Unterscheidung zwischen intentionaler (absichtlicher) und funktionaler Erziehung (nicht beabsichtigter erzieherischer Einwirkung) sowie zwischen Fremd- und Selbsterziehung geführt.

W. Brezinka schlägt nach einer gründlichen Analyse der Erziehungsbegriffe vor, das Wort Erziehung mit folgender Bedeutung zu verwenden:

„Soziale Handlungen, durch die Menschen versuchen, das Gefüge der psychischen Dispositionen anderer Menschen in irgendeiner Hinsicht dauerhaft zu verbessern oder seine als wertvoll beurteilten Komponenten zu erhalten.“

Erzieherische Handlungen werden „sozial“ genannt, weil sie sich auf andere Menschen beziehen. Mit psychischen Dispositionen sind erschlossene Verhaltensbereitschaften (z. B. Kenntnisse, Haltungen, Einstellungen, Fähigkeiten, Fertigkeiten, Interessen usw.) gemeint. Handlungen erfolgen mit dem Ziel der „Verbesserung“ und „Erhaltung“, womit gemeint ist, daß nicht nur erwünschte Verhaltensdispositionen ausgebaut, sondern auch unerwünschte abgebaut werden sollen. Der so bestimmte Erziehungsbegriff umfaßt nach Auffassung von W. Brezinka auch Gegenstände und Vorgänge wie →Unterricht, →Bildung, Psychotherapie, Seelsorge, →Sozialarbeit usw. Das bedeutet, daß man den Begriff Erziehung für alle erfolgreichen und erfolglosen Bemühungen verschiedener Menschen und Institutionen

Überblick über verschiedene Aspekte des Erziehungsbegriffs

Aspekt	*Erziehungsbegriff (Merkmale)*
Zielaspekt	Erziehung = Vorgang des Mündigwerdens, des Selbständigwerdens, der ↗Emanzipation (↗Personalisation) Erziehung = Eingliederung in die Gesellschaft. Übernahme sozialer Normen, Positionen und Rollen (= ↗Sozialisation) Erziehung = ↗Enkulturation, d. h. Eingliederung und Übernahme der Kultur
Aus der Sicht des Erziehers	Erziehung = Vermittlung von ↗Mündigkeit; alle bewußten, beabsichtigten, gezielten und auch unbewußten, ungewollten Handlungen des Erziehers zum Aufbau erwünschter und zum Abbau unerwünschter Verhaltensweisen und Verhaltensbereitschaften
Aus der Sicht des Kindes, des „Zu-Erziehenden“	Erziehung = Beeinflussung durch Mitmenschen, Prozeß der Anpassung, Erwerb der Mündigkeit, Verhaltensänderung
Aus der Sicht der Beteiligten	Erziehung = gegenseitige Beeinflussung, soziale ↗Interaktion und ↗Kommunikation

zur Änderung des Verhaltens in einer bestimmten Richtung verwendet. Prozesse, die als Folge der Erziehung im Erzogenen ablaufen, fallen nicht mehr darunter. Werden solche Vorgänge im Kind mit dem Begriff Lernen zusammengefaßt, dann können wir die Erziehung als Bereitstellung von Lerngelegenheiten und -aufgaben, also als Lernhilfe bezeichnen.

Bedingungen und Funktion der Erziehung. Der Mensch wird erst durch die Erziehung zum Menschen (I. Kant). Warum? Es wird angenommen, daß sich der Mensch (im Sinne Menschenart, Gattung) infolge seiner Rationalität (= die Fähigkeit, Zusammenhänge und Ordnungen zu erkennen, Naturgesetze zu entdecken, sich zweck- und zielgerichtet zu verhalten) immer mehr von einem Naturlebewesen (z. B. Tier) entfernt hat und eine zweite „Natur" entwickelt hat, nämlich die →Kultur. Er wird zum kulturellen Lebewesen. Infolge der Kultur und der kulturellen Lebensführung änderte sich die „natürliche", „biologische" Wesensart des Menschen. Ein Teil der angeborenen Ausstattung zum Überleben wurde überflüssig und ging im Laufe der Evolution „verloren" (siehe hierzu →Anthropologie, pädagogische). Von Erziehungswissenschaftlern wird folgende Beziehung zwischen Kultur, Gesellschaft und Erziehung hergestellt: Erziehung wird durch Kultur und Gesellschaft ermöglicht (f = Funktion); E = f (G,K). Gesellschaft und Kultur sind auf Erziehung angewiesen; G,K = f (E). Es ergibt sich also eine dialektische Beziehung, weil durch die Erziehung nicht nur die Reproduktion der Gesellschaft und Kultur erreicht wird, sondern auch Anpassung – Widerstand, Traditionsvermittlung – Zukunftsbefähigung, Stabilisierung – Innovation gleichzeitig zu verwirklichen sind.

Erziehungsbeistandschaft wird in der Regel auf Antrag von Personensorgeberechtigten (→Elternrecht) vom Jugendamt oder auch vom Vormundschaftsgericht angeordnet, um die Eltern (oder andere Erzieher) bei der Beseitigung einer Gefährdung oder Schädigung von Minderjährigen zu unterstützen. Der Erziehungsbeistand (meist ehrenamtlich tätig) berät Eltern in allen Erziehungsfragen und Minderjährige in allen Fragen, die Arbeit, Berufsausbildung, Verwendung des Arbeitslohnes usw. betreffen. Der Erziehungsbeistand hat das Recht auf freien Zutritt zum Minderjährigen und das Recht auf Auskunft. Er berichtet seinerseits dem Jugendamt oder Vormundschaftsgericht. Das →Elternrecht wird durch den Erziehungsbeistand nicht eingeschränkt.

Erziehungsberatung →Beratung.

Erziehungsfürsorge →Erziehungshilfe.

Erziehungshilfe. Der Ausdruck Erziehungshilfe hat zwei verschiedene Bedeutungen: 1. Nach der Reform des Jugendhilferechts gilt „Erziehungshilfe" als Sammelbezeichnung für alle Erziehungsleistungen und -maßnahmen außerhalb der →Familie, Schule und Berufsausbildung. Einige Beispiele: Erziehungsberatung, Kindergartenerziehung, Erziehung in Tageseinrichtungen für schulpflichtige Kinder (z. B. Kinderhort, Heimerziehung), Erziehungshilfen für unvollständige Familien, Hilfen für Behinderte (→Behinderung), Maßnahmen des Jugendamtes bei Schädigung und Gefährdung, Freizeithilfen.

2. In engerem Sinne gilt der Ausdruck Erziehungshilfe nur als Sammelbezeichnung für „formelle" und „schärfere" Maßnahmen des Jugendamtes bei Gefährdung und Schädigung von Minderjährigen, die also der gesetzlichen Grundlage bedürfen, also für → Erziehungsbeistandschaft, → Freiwillige Erziehungshilfe und → Fürsorgeerziehung. Anstatt Erziehungshilfe wurde bisher oft der Ausdruck „*Erziehungsfürsorge*„ verwendet, womit vor allem auf erzieherische Zwangsmaßnahmen hingewiesen wurde.

Erziehungslehre → Pädagogikunterricht

Erziehungsmaßnahmen. Dem Ausdruck Erziehungsmaßnahmen läßt sich kein bestimmter Begriff zuordnen. Im Alltag wird er wahrscheinlich synonym mit Erziehungshandlung oder → Erziehungsmittel gebraucht. Etymologisch gesehen könnte man den Ausdruck noch am ehesten als Bezeichnung für verschiedene „Maßnahmen", die in und/oder durch öffentliche Einrichtungen der Erziehung (z. B. Schule, Jugendamt, Vormundschaftsgericht) bei Pflichtverletzung oder Gefährdung ergriffen oder angeordnet werden. Erziehungsmaßnahmen sind also situationsabhängig, und ihre Art und Intensität richtet sich nach dem Verhalten der Minderjährigen.

Erziehungsmethoden. Eine präzise Bedeutung des Wortes Erziehungsmethode ist nicht bekannt. Der Ausdruck darf aber nicht - obwohl dies oft geschieht - synonym mit → Erziehungsmittel oder → Erziehungsmaßnahmen verwendet werden. In der erziehungswissenschaftlichen Literatur wird von „Methoden" gesprochen, wenn es gilt, verschiedene Vorgehensweisen bei der Vermittlung bestimmter kultureller Inhalte zu beschreiben, z. B. im → Erstleseunterricht, im Be reich der → ästhetischen Erziehung oder der → Reinlichkeitserziehung.

Erziehungsmittel. Die viel kritisierte „Erziehungsmittel-Pädagogik" ging davon aus, daß es zweckgebundene „Mittel" gibt, die unabhängig von der Gesamtsituation, vom Alter des Kindes, von vorausgegangenen Erfahrungen usw. zu einem bestimmten Zweck eingesetzt werden können. In der Regel werden folgende Einwirkungsweisen als die wichtigsten Erziehungsmittel herausgestellt:
Beispiel, Gewöhnung, Befehl, Strafe (Tadel), Belohnung (Lob), Belehrung, Tätigkeit als Erziehungsmittel, → Spiel in der Erziehung, → Arbeit als Erziehungsmittel.
Oft wird auch von positiven und negativen Erziehungsmitteln gesprochen: Positive und negative Erziehungsmittel sind nach H. und K. Thielscher:

1. Positive Erziehungsmittel	*2. Negative Erziehungsmittel*
a) Die stetige Zuwendung in Wort und Tat	a) Liebesentzug
b) Das gute Vorbild	b) Sprachentzug
c) Das gute Beispiel	c) Freiheitsentzug
d) Das Lob	d) Entzug der Gemeinschaft
e) Die Belohnung	e) Taschengeldentzug
f) Die Gewöhnung	f) Essensentzug
g) Das Spiel	g) Versprechen und Drohung: Die „Wenn-Dann-Erziehung"
h) Die Arbeit	h) Tadel
i) Die Wiedergutmachung	i) Befehl, Verbot
	j) Strafe, Strafarbeit, Schläge

→Erziehung kann nicht als eine Aneinanderreihung von Zwecken, die durch den Einsatz bestimmter Mittel zu erreichen sind, verstanden werden. Daher soll das verantwortungsbewußte, zielgerichtete Handeln der Erzieher nicht zum Mittel umfunktioniert werden.

Erziehungsprinzipien. Darunter versteht man Grundsätze der →Erziehung, die unabhängig von der Situation zu verwirklichen sind, weil sie Grundvoraussetzungen einer erfolgreichen Erziehung darstellen. Es werden genannt: Gerechtigkeit, Konsequenz, Geborgenheit, Vertrauen, →Autorität, Wohlwollen, Angemessenheit der →Erziehungsmittel, Freigabe von Übungsfeldern, Maßhalten, entspannte Atmosphäre. Die Erziehungsprinzipien sind von den *„Prinzipien der Erziehung„* nach R. Dreikurs und V. Soltz zu unterscheiden. Dreikurs und Soltz betonen, daß in der Erziehung nicht nur Bedürfnisse des Kindes zu berücksichtigen sind, sondern daß uns Kinder auch „herausfordern", um Macht kämpfen. Einige Prinzipien der Erziehung sind: das Kind ermutigen; →Bestrafung und Belohnung vermeiden und natürliche und logische Folgen anwenden; konsequent sein, ohne zu beherrschen; das Kind achten; auf Ordnung achten; auf Kritik verzichten und Fehler nicht bagatellisieren; sich Zeit nehmen; die Mitarbeit des Kindes gewinnen; handeln, nicht viel reden; nicht impulsiv handeln, sondern spontan das Unerwartete tun; dem Kind zuhören; übertriebene Fürsorge vermeiden; kein Aufhebens um schlechte Gewohnheiten machen; mit den Kindern und zu ihnen reden; die Unabhängigkeit fördern; die Ängste des Kindes nicht übertreiben. Diese Prinzipien sind vor allem anzuwenden, wenn zwischen Eltern und Kindern Konflikte entstehen, Probleme zu lösen sind.

Erziehungsschwierigkeit. Im Zusammenhang mit →Verhaltensstörungen wird oft auch der Ausdruck „Erziehungsschwierigkeit" und „Schwererziehbarkeit" verwendet. Beide lassen sich nicht eindeutig bestimmen, weil eine eindeutige Bestimmung des „Normalzustandes" fehlt. Als *schwererziehbar* gelten Kinder und Jugendliche, die aufgrund einer sozialen Benachteiligung, z. B. wegen Elternlosigkeit, we-

gen gestörter Familienbeziehungen oder durch Bandenbildung gefährdet, verwahrlost oder kriminell sind. Man spricht auch von Heimen für schwererziehbare Kinder.
Eine *Erziehungsschwierigkeit* ist gegeben, wenn den Erziehern (meist Eltern) bewußt wird, daß sie ihre erzieherischen Absichten nicht verwirklichen können, daß das Verhalten des Kindes nicht ihren Erwartungen entspricht, daß die Situation für sie unerträglich geworden ist, weil sie trotz verstärkter Bemühungen keine Erfolge sehen.

Erziehungsstile. *Problemerörterung.* Mit dem Ausdruck Erziehungsstilforschung werden alle Untersuchungen zusammengefaßt, die sich mit der Art des Erziehungs- bzw. Erzieherverhaltens und mit dessen Wirkungen bzw. Folgen befaßten. Diese Untersuchungen wurden mit verschiedenen Methoden (Beobachtung, Befragung, Einstellungsmessung, Experiment, Einschätzung auf vorbereiteten Skalen usw.) und an verschiedenen Erziehergruppen (Lehrer, Erzieher in Feriengruppen, Eltern) durchgeführt.
Ausgangspunkt der Erziehungsstilforschung bildeten die idealtypisch konstruierten, durch hermeneutische Analyse und Interpretation ermittelten Erziehungsstile von E. →Spranger und die klassischen Experimente in Ferienlagern von K. Lewin und seinen Mitarbeitern. Heute wird die Auffassung vertreten, daß die Erziehungsstilforschung gescheitert ist und nur wenig zur Erhellung der Erziehungswirklichkeit beigetragen hat. Folgende Problempunkte werden in diesem Zusammenhang hervorgehoben:
- Die verschiedenen Dimensions- und typologischen Konzepte als Ordnungssysteme des Erzieherverhaltens sind willkürlich gewählt und sehr stark von der angewandten Methode abhängig. Es besteht jedoch die Gefahr, daß sie als tatsächlich existierende bzw. als in der Realität zu praktizierende Erziehungsstile angesehen werden.
- Welcher Erziehungsstil als der „richtige" herausgestellt wird, hängt von der jeweiligen Idealvorstellung vom Wesen des Menschen bzw. von der Art des Zusammenlebens ab. Von Kultur zu Kultur, von Epoche zu Epoche und je nach der gegebenen Gesellschaftsordnung werden damit verschiedene Erziehungsstile als die einzig richtigen herausgestellt.
- In der Erziehungsstilforschung werden die Situation, das Alter, Geschlecht und andere individuelle Eigenarten der Kinder zu wenig oder gar nicht berücksichtigt.
- In der Erziehungsstilforschung blieben das Alltagswissen der Erzieher (Erziehungswissen), deren Erwartungen an die Kinder und Eigenschaftszuschreibungen (Attribuierung, Etikettierung) weitgehend unbeachtet.
- Über die Auswirkungen einzelner Erziehungsstile gibt es nur wenige gesicherte Erkenntnisse.

Begriffsbestimmung. Mit „Erziehungsstil“ wird eine Gruppe von Merkmalen des Erzieherverhaltens bezeichnet, die untereinander in Beziehung stehen, sich nach einem „charakteristischen Grundzug“ gruppieren, zusammenfassen lassen. Es handelt sich nicht um tatsächlich existierende Verhaltensweisen, Praktiken und Handlungen eines Erziehers, sondern um Möglichkeiten des Erzieherverhaltens, um Handlungen, die ein Erzieher praktizieren könnte. Erziehungsstile sind demnach künstlich konstruierte Ordnungssysteme und nicht real gegebene Grundzüge des Erzieherverhaltens. Die Möglichkeiten des Erzieherverhaltens werden durch Befragung oder Beobachtung vieler Erzieher ermittelt und mit Hilfe bestimmter Klassifikationsmethoden zu Gruppen zusammengefaßt. Diese zu Gruppen zusammengefaßten Möglichkeiten des Erzieherverhaltens werden dann je nach dem charakteristischen Merkmal als →„autoritär“, „demokratisch“, →„laissez-faire“ (nach K. Lewin), „dominativ“ und „integrativ“ (nach H. H. Anderson), „instrumental“ und „expressiv“ (nach C. W. Gordon), „autokratisch“ und „sozialintegrativ“ (nach R. und A.-M. Tausch) benannt. Wenn Möglichkeiten des Erzieherverhaltens nicht nur nach einem charakteristischen Merkmal gruppiert und zu „Typen“ zusammengefaßt, sondern hinsichtlich der Ausprägung, Intensität (im Sinne von „mehr“ oder „weniger“, „stark“ oder „schwach“) beurteilt werden, erhält man „Dimensionen“ des Erzieherverhaltens. Im Mittelpunkt des Interesses stehen dabei der Freiraum, den der Erzieher dem Kind gewährt (→Autonomie – Kontrolle), und die Art und Weise, wie der Erzieher das Kind „behandelt“ und auf seine Probleme reagiert (Liebe – Feindseligkeit, Zuwendung – Zurückweisung, ängstlich – ruhig-gelassen, Mißachtung-Kälte-Härte – Achtung-Wärme-Rücksichtnahme).
Ergebnisse der Erziehungsstilforschung. Im Gegensatz zu Kurt Lewin und seinen Mitarbeitern, die den Zusammenhang zwischen dem Verhalten des Gruppenführers und dem der Kinder in Ferienlagern experimentell zu erfassen versuchten, hat H. H. Anderson in amerikanischen Grundschulen und Kindergärten durch teilnehmende Beobachtung das „natürliche“ Lehrer- und Erzieherverhalten aufgezeichnet und zu Gruppen zusammengefaßt. Er erhielt zwei grundverschiedene „Unterrichtsstile“ der Lehrer, denen ein bestimmtes Verhalten der Kinder zugeordnet werden konnte.
Anderson betont, daß in der Realität keine „reinen“ Typen von Erziehern existieren, sondern nur Mischtypen von dominativem und integrativem Verhalten.
Beispiel für ein Dimensionskonzept. In Deutschland sind vor allem die Arbeiten des Ehepaares Reinhard und Anne-Marie Tausch bekannt. Sie kamen zu dem Ergebnis, daß sich das die „psychische Hygiene von Kindern und Jugendlichen“ fördernde Erzieherverhalten auf vier Dimensionen abbilden läßt. Es sind dies:

Unterrichtsstil	Folgen beim Kind
Dominatives Verhalten rigorose Lenkung durch Erziehungsperson, Tadel, Verwarnung, Drohung, Strafen, Kritik, Zurechtweisung, Vorwurf, Mißbilligung, Ermahnung, Aufforderungen und Befehle, kaum Rücksicht auf kindliche Bedürfnisse	Angst – Aggression Widerstand gegenüber den Befehlen, Dominanz und Aggression gegenüber allen Kindern (Lernen am Modell), nervöse Angewohnheiten (z. B. Nägelbeißen), zappeliges Verhalten, apathische Reaktionen, Passivität
Integratives Verhalten wenig Lenkung, freundliche Haltung, Bitten und Meinungen der Kinder werden akzeptiert, Aktivitäten der Kinder werden gelobt, Kinder werden zur Formulierung von Gedanken und Vorschlägen ermuntert	Aktivität–Kooperation spontanes Berichten eigener Erfahfahrungen, spontane Vorschläge und Antworten, gute Mitarbeit, kaum Widerstand gegenüber dem Lehrer, wenig Aggression gegenüber Gleichaltrigen, wenige nervöse Angewohnheiten

- Echtheit-Aufrichtigkeit, mit den Merkmalen ungekünstelt, natürlich, ehrlich, ohne Fassade;
- Achtung-Wärme-Rücksichtnahme, mit den Merkmalen wertschätzend, teilnehmend, ermutigend, freundlich;
- Vollständiges Verstehen, mit den Merkmalen einfühlend, nichtwertend, verbalisierend, auf Gefühle des Kindes achtend und eingehend;
- Viele fördernde nichtdirigierende Aktivitäten, mit den Merkmalen informierend, anregend, Hinweise gebend, Angebote bereitstellend, unterstützend.

Diese die Entwicklung der Kinder fördernden Dimensionen hat das Ehepaar Tausch im sog. „*sozialintegrativen*„ Erziehungsstil zusammengefaßt.

Eine gesunde Entwicklung von Kindern und Jugendlichen wird durch folgende Dimensionen gehemmt und gestört:
- Unechtheit-Fassadenhaftigkeit (gekünstelt, routinemäßig, mechanisch);
- Mißachtung-Kälte-Härte (geringschätzig, entmutigend, abwertend; unfreundlich; mißtrauisch);
- Kein Verstehen (kein Bemühen, die Gefühle des anderen zu verstehen; Ermahnungen; Belehrungen; Wertungen; kein Eingehen auf Gefühle des Kindes);
- Keine fördernden nichtdirigierenden Aktivitäten (keine Angebote, Vorschläge, Anregungen, Informationen, Rückmeldungen);
- Starke Lenkung-Dirigierung (befehlen, anordnen, ausfragen, verbieten, kontrollieren, ermahnen).

Die aufgeführten Dimensionen sind typisch für den sog. „*autokratischen*„ Erziehungsstil.

R. und A.-M. Tausch und ihre Mitarbeiter haben auch einige Überlegungen über die Auswirkungen des Erzieherverhaltens angestellt. Sie vertreten folgende Auffassung (Übersicht):

Auswirkungen

Starke Lenkung
Eingeschränkte Aktivität und größere Abhängigkeit des Kindes vom Erwachsenen, Spannung, Reizbarkeit; einige Kinder zeigen abhängige Anlehnung, „Ducken", untertänigen Gehorsam, andere sind aggressiv und opponieren ständig; Leistungsdefizite in der Schule.

Geringe Lenkung
Atmosphäre der Zufriedenheit und Sicherheit; die Kinder zeigen freundliche, persönliche Zuwendung zum Erwachsenen. Beziehungen untereinander sind freundlicher, sachbezogener, auch bei Nichtbeaufsichtigung wird gearbeitet.

Geringschätzung
führt zu Angst und Unsicherheit, Oppositionsgeist und Ablehnung der Eltern; besonders bei Erziehungsschwierigkeiten sind Eltern immer wieder geneigt, sich nicht wertschätzend zu verhalten; gerade aber in diesen Situationen sollte für das Kind ein Vorbild gegeben werden, wie man auch diese Schwierigkeiten mit Wertschätzung lösen könnte, andernfalls fühlt sich das Kind unverstanden und bleibt in seiner Verteidigungshaltung; trotz des Negativismus bleibt eine neurotische Abhängigkeit von der Autorität bestehen. Das Kind wird möglicherweise in eine „Vermeiderrolle" gedrängt. Es lernt, unangenehmen Situationen mit den Erziehern aus dem Weg zu gehen, indem es zu lügen anfängt.

Wertschätzung
Oppositionshaltung und Geltungsstreben vermindert, Selbstachtung und Selbstvertrauen werden gefördert, dadurch geringes Maß an Spannung; Kind fühlt sich angenommen; Kind verhält sich auch zu anderen Kindern und zu den Eltern in Konfliktsituationen wertschätzend; es erfährt seinen eigenen „Wert" als Person und wird fähig, sich ebenfalls partnerschaftlich zu verhalten. Gerade in der Pubertät, wo das Kind sich unter allen Umständen um Bestätigung bemüht, erweist sich wertschätzendes, verständnisvolles Erzieherverhalten als sehr förderlich für die Selbstentfaltung des Kindes, weil es sich trotz seiner Schwierigkeiten angenommen fühlt.

Konsequenzen für die Erziehungspraxis. Die Erziehungsstilforschung konnte bisher keine umfassende → Theorie der Erziehungspraxis hervorbringen. Trotz vieler vorschneller Verallgemeinerungen der Ergebnisse der Erziehungsstilforschung, die nur zur Verunsicherung und weniger zur Verbesserung der Erziehungspraxis geführt haben, sollten folgende Erkenntnisse bei jeder künftigen Diskussion berücksichtigt werden:

- Es gibt kein kultur-, zeit- und gesellschaftsunabhängiges Erzieherverhalten. Gruppen- und Schichtzugehörigkeit der Erzieher wirken sich ebenso auf ihr Verhalten aus wie Ideologien, Weltanschauungen, Wertorientierungen und andere kulturellen Inhalte.
- Zwischen dem Erzieherverhalten und dem Verhalten der Kinder besteht eine enge Wechselwirkung. Die Entwicklung der → Persönlichkeit kann durch Erzieher stark beeinflußt werden.

Schematische Darstellung der Methoden und Ergebnisse
(Beispiel TAUSCH)

Ebene des Typus	*Ebene der Dimensionen*	*Ebene der Merkmale*	*Ebene der Verhaltensweisen*
Autokratischer Erziehungsstil	Lenkung–Dirigierung (stark ausgeprägt)	häufige Befehle häufige Aufforderungen häufige Lehrerfragen langes und häufiges Reden	„Weiterlesen!" – „Schaut her!" – „Nun, paßt doch auf!" – „Was ist heute unsere Aufgabe?" – „Oder?" – „Wie heißt das?"
	Emotionale Dimension (negativ: psychische Hygiene hemmend) = Kälte, Abneigung	Geringschätzung Verständnislosigkeit Irreversibilität Entmutigung erregtes Verhalten Pessimismus unfreundlich unhöflich	„Ein dusseliges Volk seid ihr." – „Gleich helfe ich dir!" – „Ja, gerade du hast es nötig!" – „Na, nun komm, Freundchen!" – „Es hat gar keinen Zweck mit dir!" – „Los, los, los!" – „Da hilft gar nichts mehr!" – „Halt deinen Schnabel, Kerl!" – „Setzen!" – „Dein Heft ist dein Gesicht!"
Sozial-integrativer Erziehungsstil	Emotionale Dimension (positiv, psychische Hygiene fördernd) = Wärme, Zuneigung	Wertschätzung Verständnis Reversibilität Ermutigung ruhiges Verhalten Optimismus freundlich höflich	„Eure Vorschläge haben mir sehr geholfen!" – „Du möchtest am liebsten weinen." – „Ja, das ist sehr gut." – „Bitte, nur flüstern." – „Was dein Nachbar kann, das kannst du auch." – „Entschuldige, du hattest recht."
	Lenkung–Dirigierung (gering ausgeprägt)	wenige Befehle seltene Aufforderungen seltene Lehrerfragen kürzeres Reden	„Einige möchten noch weiter arbeiten." – „Ich könnte Euch helfen." – „Das Lesestück ist auf der Seite . . ." – „Bitte, machen Sie Vorvorschläge."
Methode: Einschätzung des Erzieherverhaltens durch Experten und durch Kinder und Jugendliche; Interpretation, gedankliche Konstruktion	Methode: Auswertung beobachteter Verhaltensweisen, z. B. Auszählung und Bildung von Häufigkeiten; Gruppierung der Verhaltensweisen mit Hilfe der Faktorenanalyse; Benennung der Gruppen	Beurteilung der beobachteten Verhaltensweisen. Ebene der Eigenschaften. Merkmale wurden nicht beobachtet	Methode: Beobachtung des Verhaltens von Erziehern (Lehrer, Eltern, Kindergartenerzieher); Protokolle, Tonband- und Videoaufzeichnungen

- Verbotsorientierte Erziehung, häufige Strafen, väterliche Strenge, Erwartung unbedingten Gehorsams, viele Verbote und Bevorzugung strafender Disziplinierungsmaßnahmen führen bei Kindern und Jugendlichen oft zu →Aggression und Delinquenz.
- Gute Intelligenzentwicklung und hohe →Leistungsmotivation sind zu erwarten, wenn Eltern an guten Leistungen des Kindes interessiert sind, die Selbständigkeit des Kindes unterstützen, Anregungen zur Aktivität geben, Erfahrungsmöglicheiten bereitstellen, Verständnis zeigen und das Kind ermutigen.
- Hohe Anstrengungsbereitschaft der Kinder wird durch Anerkennung, Zuwendung, Unterstützung, Bekräftigung bewirkt, nicht durch Strafen und Drohungen.
- Nicht nur das Verhalten der Eltern und Lehrer ist erzieherisch bedeutsam, sondern auch deren Gedanken, Erklärungen, Eigenschaftszuschreibungen und Erwartungen.

Erziehungswissenschaft. *Problemerörterung.* Die Auffassungen über die Aufgaben, Ziele, Methoden und Möglichkeiten der Erziehungswissenschaft gehen weit auseinander. Der Wissenschaftscharakter der →Pädagogik und Erziehungswissenschaft wird zwar nicht mehr in Frage gestellt, ihre Eigenständigkeit wird aber ebenso bezweifelt wie die Möglichkeit, normative Sätze und Werturteile wissenschaftlich zu begründen und zu rechtfertigen. Es werden verschiedene Standortbestimmungen der Erziehungswissenschaft gegeben, die als empirische, geisteswissenschaftliche und normative Pädagogik bekannt sind. Angewandt werden erfahrungswissenschaftliche und geisteswissenschaftliche Methoden.
Begriffsbestimmung. Die Ausdrücke Erziehungswissenschaft und Pädagogik werden gegenwärtig z. T. synonym gebraucht, z. T. wird Erziehungswissenschaft als eine junge Richtung der →Pädagogik angesehen, welche die normative Pädagogik in Frage stellt und keine unmittelbare Regelung der Erziehungspraxis anstrebt. Es besteht auch die Tendenz, den Terminus Pädagogik durch den Ausdruck Erziehungswissenschaft zu ersetzen oder mit der geisteswissenschaftlichen Erziehungswissenschaft gleichzusetzen. Pädagogik als Lehre über die →Erziehung in verschiedenen Bereichen kommt in den zusammengesetzten Wörtern →„Schulpädagogik“, →„Sozialpädagogik“, →„Heil- und →Sonderpädagogik“, „Berufspädagogik“ zum Ausdruck.
Nach W. Brezinka werden als „Erziehungswissenschaft Aussagensysteme bezeichnet, die in intersubjektiv nachprüfbaren Sätzen über den Wirklichkeitsbereich (Objektbereich) ‚Erziehung‘ informieren“.
H. Scárbath definiert Erziehungswissenschaft als „Sammelbezeichnung für all jene Bemühungen und (jene vorläufigen) Ergebnisse der Forschung, der Theoriebildung und der vernünftigen Diskussion, die

sich auf pädagogisches Handeln bzw. auf pädagogisch bedeutsame Prozesse beziehen".
Die Erziehungswissenschaft muß über pädagogisch bedeutsames Handeln aufklären, wobei Erklärungen der Zusammenhänge, Prozesse und Sachverhalte die Grundlage der Aufklärung bilden. Einigkeit besteht darüber, daß sich die Erziehungswissenschaft nicht auf die Erforschung dessen, was ist (Realität), beschränken kann, sondern auch Aussagen darüber machen muß, was sein soll (Praxis, normativer Charakter erziehungswissenschaftlicher Aussagen). Weiterhin besteht Einigkeit darüber, daß der Wirklichkeitsbereich „Erziehung" zwei verschiedene Aspekte umfaßt: Zum einen erzieherisches Handeln, Organisation der Erziehung und zum anderen Bedingungen und Voraussetzungen der Erziehung, die natürlicher (biologischer) und soziokultureller (Gesellschaft, Kultur) Art sein können (= Realität). Die Erziehungswissenschaft muß demnach sowohl Aussagensysteme (= Theorie) über die Realität als auch Aussagensysteme über die Praxis des Wirklichkeitsbereichs Erziehung umfassen.

Schematische Darstellung: Erziehungswissenschaft

Aufgabe	Erforschung dessen, was Erziehung ist		Aussagen darüber, was sein soll
Aspekte	Bedingungen der Erziehung = Realität	Praxis der Erziehung	Ziele und Handlungen
Ziele	Beschreibung und Erklärung	Aufklärung über das Handeln	Rechtfertigung Sinnermittlung
Methoden	erfahrungs-wissenschaftliche	geistes-wissenschaftliche	Handlungsforschung

Praxis = alle erzieherisch wirksamen (auch die historischen und nicht existierenden) Maßnahmen, Handlungen, Institutionen, Methoden; Realität = alle tatsächlich existierenden Objekte, Merkmale und Prozesse, die in irgendeiner Weise mit Erziehung in Beziehung stehen. In der Erziehungswissenschaft findet eine ständige Rückkoppelung zwischen Ist-Zustand und Soll-Zustand, zwischen Erkenntnis und Werturteil, zwischen erfahrungswissenschaftlicher und geisteswissenschaftlicher Methode statt. Diese Komplexität der Wirklichkeit führt zu verschiedenen Standortbestimmungen und zu vielen theoretischen Ansätzen.
Bereiche der Erziehungswissenschaft. Die Erziehung und der Unterricht als mögliche →Sozialisations-, →Enkulturations- und →Personalisationsprozesse bilden das Forschungsobjekt der Erziehungswissenschaft. Die Erziehungswissenschaft untersucht

- einerseits anthropologische und psychologische sowie sozioökonomisch-politisch-kulturelle Bedingungen dieser Prozesse, und
- andererseits Organisation, Aufbau und die gesamte Praxis der Erziehung und des Unterrichts in verschiedenen pädagogischen Einrichtungen.

Neben der Familienerziehung umfaßt die Praxis der Erziehung und des Unterrichts folgende pädagogische Institutionen und entsprechende Teilbereiche der Erziehungswissenschaft: Schulpädagogik, Sozialpädagogik, Heil- und Sonderpädagogik, Berufs- und Wirtschaftspädagogik, Erwachsenenbildung. Als Bereiche der sog. „Allgemeinen Pädagogik" werden genannt: Systematische Pädagogik, →Geschichte der Pädagogik und Vergleichende Pädagogik.

Erziehungsziele. *Problemerörterung.* Ohne Erziehungsziele gibt es keine →Erziehung. Soll das erzieherische Handeln nicht zur Manipulation werden, muß es zielgerichtet auf das Erreichen bestimmter wertvoller Verhaltensdispositionen erfolgen. Trotz dieser Kenntnis hat die streng erfahrungswissenschaftliche Denkweise und die Forderung nach der Wertfreiheit wissenschaftlicher Aussagen zu der Auffassung geführt, Erziehungsziele ließen sich wissenschaftlich nicht erforschen und begründen. Abgesehen davon, daß es eine wertfreie Wissenschaft nicht gibt, sind Wertentscheidungen und Überprüfung der Sinnzusammenhänge in den Wissenschaften, zumal in den Sozial- und Humanwissenschaften, unerläßlich geworden. Sicherlich ist die Bestimmung der Erziehungsziele nicht unproblematisch: Erziehungsziele werden von den Ideologien und gerade vorherrschenden Weltanschauungen beeinflußt; in ihnen kommt der epochale Zeitgeist und das Menschenbild ebenso zum Ausdruck wie die Vorstellungen der Verbände, der Kirche, der Parteien und anderer einflußreicher Gruppen in einem pluralistischen Staat.
Begriffsbestimmung. Erziehungsziele sind normative (vorschreibende) Orientierungen über das Ergebnis der →Erziehung, also über den Soll-Zustand der kindlichen Persönlichkeit. Es handelt sich um „Konzepte des Wünschenswerten", um gut überlegte und durch Erkenntnisse der Philosophie, Psychologie, Soziologie und anderer Wissenschaften begründete Vorstellungen über den Sinn und die Richtung der Erziehung und Bildung. Durch Erziehungsziele wird das „Wozu" und das „Wohin" der Erziehung erläutert. Erziehungsziele sind aber auch normative Orientierungen darüber, wie sich Eltern und andere Erzieher verhalten sollen. Nach dem Ziel der Erziehung befragt, könnte eine Mutter antworten: „Mein Ziel ist es, dem Kind die Möglichkeit zu geben, selbständig zu sein, und mich so zu verhalten, daß das Kind selbständig wird." In diesem Sinne handelt es sich um Einstellungen und Erwartungen der Erzieher. Erziehungsziele sind von Lehr- und →Lernzielen zu unterscheiden. Die

Lehr- und Lernziele beziehen sich auf konkrete Inhalte der Kultur (z. B. Sprache, Kunst, Zahlen, Symbole, Gedichte), auf das „Was" der Erziehung und des Unterrichts. Was soll das Kind lernen? Die Lehr- und Lernziele sind den Erziehungszielen untergeordnet. Merkmale der Erziehungsziele sind Zweckgerichtetheit, normativer Charakter und Kulturabhängigkeit. Zweckgerichtetheit bedeutet, daß das Ziel den Zweck der Erziehung angibt, dem erzieherischen Handeln einen Sinn verleiht. Erziehungsziele sind als Vorschriften, als Soll-Werte, als Werturteile über das menschliche Handeln zu verstehen (= normativer Charakter). Sie beinhalten Werte als „Konzepte des Wünschenswerten" (C. Kluckhohn) und Normen einer bestimmten Kultur (Kulturabhängigkeit). Dabei können auch Probleme auftreten, weil nicht alle Werte und Normen einer Kultur in die Erziehungsziele aufgenommen werden können und zwischen bestimmten Werten und Normen sowie Erziehungszielen sogar Widersprüche auftreten können. Erziehungsziele wie Rücksichtnahme, Hilfsbereitschaft, Toleranz und Ehrlichkeit stehen in Widerspruch zu Normen wie Durchsetzung, Schlauheit, gesunder Egoismus, Wahrung eigener Interessen. Auch der schnelle Wandel der Kultur kann zu Widersprüchen führen.

Konkrete Zielvorstellungen und deren Funktion. Die Vorstellungen über das „Wohin" der Erziehung werden einerseits geprägt durch die Wünsche, Ideale, Einstellungen, Erfahrungen, Bedürfnisse der Erzieher, andererseits durch gesellschaftliche Instanzen wie Parteien, Kirchen, Verbände, Berufskammern, Gewerkschaften. Die Wissenschaften spielen dabei eine immer größere Rolle. Bei der Zielfindung lassen sich die Menschen von dem jeweiligen Menschenbild und der Weltanschauung leiten.

Einige Beispiele:

- →Platon setzte die politische Erziehung, also die Ertüchtigung für die Zwecke des Staates, in den Mittelpunkt der Erziehung.
- Im Sinne eines kirchlich-religiösen Standpunktes wurde der Sinn der Erziehung im Ausrüsten des Menschen für sein jenseitiges Leben gesehen.
- Im Zeitalter der Aufklärung wurde die Erziehung der Kinder zur Lebenstüchtigkeit und die Schulung der Rationalität gefordert.
- →Herbart betonte im Sinne der moralischen Erziehung die „Charakterstärke der Sittlichkeit".

Gegenwärtig wird das Ziel der Erziehung in der Kombination zweier Aspekte gesehen: Erziehung im Interesse des Individuums und Erziehung im Interesse der Gesellschaft. Es wird eine Kombination zwischen einem subjektiven und objektiven, zwischen einem personalen und gesellschaftlichen Ziel der Erziehung angestrebt. Diese Kombination wird mit Emanzipation bezeichnet. Angestrebt wird dabei die →Mündigkeit der Person und die Befreiung von gesellschaftlichen

Zwängen (→Emanzipation). *Mündigkeit* wird nach H. Roth verstanden als „Kompetenz im dreifachen Sinn:

1. als *Sozial-Kompetenz*, d. h. als Fähigkeit, für sozial, gesellschaftlich und politisch relevante Sach- und Sozialbereiche urteilsfähig und handlungsfähig und somit zuständig sein zu können;
2. als *Selbst-Kompetenz*, d. h. als die Fähigkeit, für sich selbst verantwortlich handeln zu können;
3. als *Sach-Kompetenz*, d. h. als die Fähigkeit, für Sachbereiche urteils- und handlungsfähig und damit zuständig sein zu können."

Mündigkeit hat nicht nur eine pragmatische (= handeln können), sondern auch eine moralische Seite (= verantwortungsbewußt handeln wollen und können). Mündigkeit bedeutet Selbständigkeit und Selbstverantwortung in dem Sinne, von der Fähigkeit, das Leben aus eigener Kraft selbständig zu führen, einen vernünftigen Gebrauch machen zu können.

Empirisch wurden verschiedene Zielkataloge ermittelt und Rangreihen erstellt. Hier ein Beispiel für eine Ziel-Rangreihe nach U. D. Filipp und K. A. Schneewind:

Berufliche Tüchtigkeit, Selbständigkeit/Unabhängigkeit, Beliebtheit bei anderen, Ordentlichkeit/Sauberkeit, Bereitschaft zum Verzicht, Familiensinn, Lebensfreude, Interessiertheit/Aufgeschlossenheit, gute Umgangsformen, Bereitschaft zum Lernen und zur Weiterbildung, Beherrschtheit/Ausgeglichenheit, Anständigkeit/Sittlichkeit, Liebe und Achtung gegenüber den Eltern, Bescheidenheit.

Die Legitimation verschiedener Leitvorstellungen der Erziehung erfolgt mit Hilfe anthropologischer Aussagen über das Wesen des Menschen (→Anthropologie), mit Hilfe der Werte und Normen einer Kultur und Gesellschaft, da die Erziehung ja der Eingliederung in die Kultur und Gesellschaft dient (→Enkulturation, →Sozialisation), oder durch die pragmatische Begründung. Hierbei geht man von der Überlegung aus, daß Kinder und Jugendliche so erzogen werden müssen, daß sie gegenwärtige und künftige Probleme bewältigen, den Frieden sichern, die Demokratie ausbauen, die Umwelt schützen, sich mit kritischer Distanz der Technik bedienen können usw. Die Probleme der gegenwärtigen Gesellschaft, z. B. schneller Wandel, Arbeitsteilung und Spezialisierung, soziale Vereinsamung, Technisierung und Entfremdung, Wachstumsdenken und Umweltzerstörung, Flucht in die Krankheit (→Drogenabhängigkeit), steigende Aggressivität und Kriminalität, Verlust an Lebensqualität und Lebensfreude, müssen in den Überlegungen über Erziehungsziele berücksichtigt werden.

Hinweise für die Erziehungspraxis. Die Funktion der Erziehungsziele wird in der Organisation des erzieherischen Handelns auf ein Ziel hin, in der Möglichkeit, erzieherisches Handeln auf seine Effektivität hin zu überprüfen, also in der Kontrolle der Erzieher gesehen. Erziehungsziele dienen der Verständigung und Kooperation zwischen Erziehern, und nicht zuletzt bilden sie einen Anstoß für eine reflektierte und verantwortungsbewußte Diskussion in der Öffentlichkeit über die Erziehung. Persönliche Erziehungsziele einzelner Erzieher werden oft mit Erziehungseinstellungen gleichgesetzt. Diese Erziehungsziele sind das Ergebnis eigener Erfahrungen und beeinflussen das Denken, Fühlen und Handeln der Erzieher. Dieses Handeln kann aber im Widerspruch mit einem Erziehungsziel (z. B. Mündigkeit der Person) stehen. Oft versuchen Erzieher, das eigene Ich und/oder das eigene Ideal-Selbst (→Selbstkonzept) in und durch ihre Kinder zu verwirklichen. Auch dieses kann im Widerspruch zu einer Leitvorstellung stehen. Es wäre daher wichtig, mehr über das Ziel eigener Erziehungsbemühungen zu reflektieren und zu überlegen, ob man wirklich das Wohl des Kindes und der künftigen Gesellschaft anstrebt. Erzieher sollen auch beachten, daß öffentliche Zielvorstellungen immer von Ideologien, Weltanschauungen, Parteiprogrammen und anderen Interessen beeinflußt werden und deshalb kritisch zu beurteilen sind. (→Wert- und normorientierte Erziehung).

Etikettierung. Der sog. „Etikettierungsansatz" geht von folgender Annahme aus: indem man einzelnen Kindern – und vor allem Schülern – bestimmte Eigenschaften und Merkmale zuschreibt, stempelt man sie zu Verhaltensgestörten, Lerngestörten, Schulschwänzern, Schulversagern. Die Ursache dieser Konflikte und Störungen ist das Versehen mit einem „Etikett" und nicht die →Persönlichkeit des Schülers. →Pygmalioneffekt. →Kausalattribuierung.

Eurhythmie →Waldorfpädagogik

Evaluation bedeutet im weitesten Sinne Beurteilen, Bewerten, Auswirkungen feststellen, Auswerten. Durch Evaluation wird eine „Qualitäts- und Bewährungskontrolle" des bisherigen Vorgehens vorgenommen, um auf dem Weg zur Realisierung eines Projekts erfolgversprechende Entscheidungen treffen zu können. Evaluation liefert Aufklärungen über das Verhältnis zwischen erwarteten und tatsächlich erreichten Zielen und ermöglicht begründete Bewertungen und erfolgversprechende Empfehlungen. Folgende Bewertungen werden häufig durchgeführt:

- Die Bewertung der Gestaltung von Lehr- und Lernprozessen und deren Ergebnissen (unterrichtliche Evaluation, Lernzielkontrolle).
- Die Curriculumevaluation als Qualitätsprüfung eines →Curriculums. Sie kann sich auf die Stimmigkeit zwischen schriftlich fixierten Lernzielen, Lerninhalten und Lernmethoden beziehen, sie kann den gesamten Prozeß der Curriculumerstellung erfassen oder mit Hilfe sog. lernzielorientierter Tests Schülerleistungen messen, um

zu prüfen, ob sie den vorgeschriebenen Lernzielen entsprechen. Die Evaluation kann sich auch auf Lernmaterialien und Unterrichtsprogramme erstrecken.

- Auch in der → Beratung gewinnt die Evaluation zunehmend an Bedeutung. Mit Hilfe von Evaluation versucht man, die Prozesse (z. B. → Diagnose), Inhalte und Ergebnisse der Beratung zu verbessern.

Exemplarisch bedeutet musterhaft, beispielhaft. Durch das Prinzip des exemplarischen Lehrens und Lernens soll die Stoffülle reduziert und durch die Durchdringung sowie Vertiefung exemplarischer Kenntnisse ein besserer Lernerfolg erzielt werden.
Auf der „Tübinger Konferenz" über → Didaktik 1951 wurde zum Begriff „exemplarisch" ausgeführt: „Leistung ist nicht möglich ohne Gründlichkeit und Gründlichkeit nicht ohne Selbstbeschränkung. Arbeiten-Können ist mehr als Vielwisserei. Ursprüngliche Phänomene der geistigen Welt können am Beispiel eines einzelnen, vom Schüler wirklich erfaßten Gegenstandes sichtbar werden." Nach Klafki bedeutet exemplarisch, daß am konkreten Beispiel (Exemplar, Exempel) das Allgemeine (Gesetz, Struktur, Prinzip, → Begriff) zum Ausdruck kommt. Nach H. Scheuerl kann das Allgemeine, das Ganze, durch ein Beispiel auf verschiedene Arten repräsentiert sein. Das Beispiel kann „*musterhaft*„ (Hund für die Gattung Hunde), „*typisch*„ (Vereinigung aller wesentlichen charakteristischen Merkmale in einem Objekt, z. B. „typisch gotisch", der „typische Junggeselle"), „*modellhaft*„ (vereinfachte Darstellungen von Wirkungen zwischen einzelnen Teilen eines Ganzen, z. B. Funktionsweise des Nervensystems, kybernetisches Modell) und „*gleichnishaft*„ (Veranschaulichung durch ein Beispiel, das für das Sinn-Ganze steht) sein.
Nach K. Odenbach sind exemplarisch ein „Wissen, eine Einsicht, eine Fähigkeit, die nicht nur auf eine bestimmte Aufgabe hin erworben werden, sondern es gleichzeitig dem Menschen ermöglichen, eine Reihe ähnlicher Aufgaben selbständig zu lösen: das Wissen und Können muß übertragbar sein."

Exploration gilt als Bezeichnung für ein → Gespräch zwischen dem Klienten und dem Berater (→ Beratung, → Diagnose, → Sozialpädagogik), um herauszufinden, wie der Klient seine Schwierigkeiten erlebt, die durch → Anamnese erhobenen Daten wertet, die durch Tests erhobenen Daten interpretiert. Gesucht wird also eine Stellungnahme des Klienten. Dabei ist freundliches, ruhiges, interessiertes Verhalten des Beraters sehr wichtig: Er achtet und schätzt den Klienten, wiederholt seine Äußerungen, um den Klienten zu einer noch präziseren Beschreibung anzuregen, klärt Widersprüche, vermeidet Belehrungen, Interpretationen, Verurteilungen, Ausfragen, gibt keine Ratschläge.

Expressiv-symbolisch, die Bezeichnung für Disziplinierungspraktiken (→ Disziplin) mancher Eltern, vorwiegend aus der sozialen Unterschicht. Die Eingliederung in die sittlich-soziale Ordnung des Zusammenlebens erfolgt weniger über Einsichtsvermittlung, Argumentation und Gespräch, sondern mehr durch Mimik, Gestik, Strafe, symbolischen Gesichtsausdruck.
C. W. Gordon spricht vom expressiven Lehrertyp – im Gegensatz zum instrumentalen –, der daran interessiert ist, dem Schüler die Möglichkeit seines persönlichen Ausdrucks in seinen Wünschen, Beschwerden, Befürchtungen zu geben, selbst wenn dadurch der Stoff vernachlässigt wird. Die Befriedigung persönlicher Bedürfnisse hat Vorrang vor der Leistung.

Extinktion, auch Löschung genannt, bezeichnet den Vorgang, der zur Abschwächung eines Verhaltens bzw. zur Verringerung der Signalwirkung eines gelernten Reizes führt. Von erziehungspraktischer Bedeutung ist die Erkenntnis, daß eine Extinktion nicht durch Strafe, sondern nur durch einen konsequenten Entzug positiver Folgen zu erreichen ist. Gelernte Reize verlieren ihre verhaltensauslösende Wirkung, wenn sie wiederholt ohne Reize mit angeborener Signalwirkung auftreten. (→ Lerntheorien und Pädagogik).

Extrauterines Frühjahr. Das 1. Lebensjahr des Menschen wird von A. Portmann „extrauterines Frühjahr“ oder auch „physiologische Frühgeburt“ genannt, weil der Mensch erst nach einem Jahr die Entwicklungsstufe, den Zustand der „Reife“ erreicht, den ein seiner Art entsprechendes höheres Säugetier (Gruppe der Primaten) schon zum Zeitpunkt der Geburt aufweist. Aus dieser biologischen Tatsache leitet Portmann folgende Konsequenzen ab:

- Das erste Lebensjahr nimmt im individuellen Lebenslauf eine Schlüsselposition ein; hier vollziehen sich die stärksten Veränderungen.
- Der Mensch ist auf den „sozialen Mutterschoß“ der → Familie angewiesen, um die extrauterine Zeit zu überbrücken.
- Besonders wichtig in diesem Jahr sind eine intensive „Mutter-Kind-Beziehung“ (wie im Mutterleib), sorgfältige Pflege und viele Reizangebote (Spielzeug, Farben, Ansprache, Körperkontakt usw.).

Extrinsische Motivation liegt vor, wenn z. B. das Leistungsverhalten der Schüler durch „sachfremde Gründe“ aktiviert und aufrechterhalten wird (um dem Lehrer oder den Eltern zu gefallen, Sachinteresse ist nicht vorhanden). (→ Motivation und Erziehung).

F

Fachakademie. Als Berufsschulen existieren Fachakademien in Bayern und Berufsakademien in Baden-Württemberg. Sie setzen einen mittleren Bildungsabschluß (Mittlere Reife) und ein dem Ausbildungsziel dienendes Berufspraktikum (berufliche Ausbildung oder berufliche Tätigkeit) voraus. Durch eine Ergänzungsprüfung kann die fachgebundene Hochschulreife erworben werden, die zu einem fachbezogenen Studium an der Hochschule (Universität) berechtigt.

Fachdidaktik als Forschung und Lehre über die Gestaltung des Unterrichts in einem bestimmten Fach umfaßt neben allgemeindidaktischen Gesichtspunkten (→Didaktik) auch den fachwissenschaftlich-sachlichen Aspekt. Es wäre verfehlt zu meinen, die Fachdidaktik bestünde einfach im Übertragen der Einsichten der allg. Didaktik auf fachgebundene Gegenstände. Der Gegenstand, die Methoden und Ergebnisse der Forschung einer Wissenschaft, z. B. der Psychologie, können nicht ohne gründliche und weitgehende didaktische Transformation in unterrichtliche Lehr- und Lernvorgänge eingehen. In einer Fachdidaktik muß also eine gründliche Transformierungs- und Vermittlungsarbeit geleistet werden unter der Berücksichtigung des fachwissenschaftlich-sachlichen und des pädagogisch-personalen Aspekts. Nach G. Bittner ergeben sich folgende Aufgaben der Fachdidaktik:

- Darstellung der Fachdisziplin in Gegenständen, Grundbegriffen, Prinzipien und Methoden unter besonderer Berücksichtigung ihrer Eignung zur Transformation in Lehr- und Lernvorgänge;
- Darstellung des geschichtlichen Werdegangs der Wissenschaft und des Unterrichtsfaches;
- Begründung der Notwendigkeit des Faches;
- Erforschung und Darstellung der pädagogischen, entwicklungspsychologischen, lehr- und lernpsychologischen Voraussetzungen und Bedingungen des Unterrichts im betreffenden Fachgebiet;
- Erschließung des Faches im Hinblick auf seine Bildungsfunktion, Herausfinden von elementaren Inhalten, Kategorien und Einsichten;
- Entwicklung fachspezifischer →Unterrichtsmethoden;
- Entwicklung fachspezifischer Medien. Vgl. hierzu Ausführungen z. B. zum →Deutschunterricht oder zum →Pädagogikunterricht.

Fachhochschule. Um eine Angleichung der höheren Berufsausbildung in den EWG-Ländern zu erreichen, wurden im Jahre 1970/71 die damaligen Ingenieurschulen (Techniker-Schulen), Höheren Wirtschaftsfachschulen und andere höhere Fachschulen in Fachhochschulen umgewandelt. Voraussetzung für den Eintritt in die Fachhochschulen sind das →Abitur oder die an →Fachoberschulen in zwei Schuljahren erworbene Fachhochschulreife. Das Studium an den Fachhochschulen ist stärker praxisorientiert als an den allgemeinen Hochschulen. Nach zwei Semestern wird eine Vorprüfung abgelegt. Nach der bestandenen Vorprüfung ist ein Übergang an die Hochschule möglich. Allerdings kann nur ein Studium gleicher oder verwandter Fachrichtung aufgenommen werden. An den Fachhochschulen mit den verschiedenen Ausbildungsrichtungen können folgende akademische Grade erworben werden:

- Technik: Diplom-Ingenieur (FH), Diplom-Wirtschaftsingenieur (FH), Diplom-Informatiker (FH);
- Wirtschaft: Diplom-Betriebswirt (FH);
- Sozialwesen: Diplom-Sozialpädagoge (FH) oder Diplom-Sozialarbeiter (FH);
- Religionspädagogik und kirchliche Bildungsarbeit: Diplom-Religionspädagoge (FH).

Fachoberschule →Berufliche Bildung.

Fachschule →Berufliche Bildung.

Fachschulreife enspricht dem Mittleren Bildungs- oder Schulabschluß (Mittlere Reife) und wird an Berufsaufbauschulen, Berufsfachschulen und an Fachschulen erworben (→Berufliche Bildung).

Fächerübergreifender Unterricht ist geboten, wenn Themen bzw. Lerninhalte behandelt und Lernziele angestrebt werden, die das Zusammenwirken verschiedener Unterrichtsfächer erfordern. Solche Themenbereiche sind z. B. →Sexualerziehung, →Aids-Prophylaxe, →Umweltpädagogik, →Spracherziehung. Für die Spracherziehung lautet die Kurzformel: „Deutsch ist Unterrichtsprinzip für alle Schulfächer." Bei den genannten Themen kommt es nicht nur auf die Vermittlung des Fachwissens an, sondern auch auf das Anstreben affektiv-emotionaler und sozialer Lernziele. Eine erfolgreiche Umwelterziehung erfordert eine *„multidisziplinäre Behandlung„*, d. h. einen zeitlich und inhaltlich aufeinander abgestimmten fachspezifischen Beitrag verschiedener Fachlehrer (Biologie, Chemie, Religion oder Ethik, Sozialkunde, Arbeits- und Wirtschaftslehre, Technologie), eine *„interdisziplinäre Behandlung„*, d. h. mehrere Fachlehrer erarbeiten ein gemeinsames Konzept zur Behandlung eines Themas, eine *„mehrperspektivische Behandlung„*, d. h. ein Lehrer beleuchtet das Thema aus verschiedenen Blickrichtungen und/oder einen → *Projektunterricht*, der sich in der Regel nur im Teamwork realisieren läßt.

Fähigkeiten sind personenbezogene, organismische und psychische (im Gegensatz zu situationsabhängigen) Voraussetzungen einer Handlung, Tätigkeit oder → Leistung. „Fähigkeit“ umfaßt die Disposition für eine Tätigkeit oder Leistung im Sinne des Könnens und die Bereitschaft zu einer Tätigkeit. Gemeint sind meist motorische und kognitive Fähigkeiten (intellektuelle Fähigkeiten), die das „Können“ zum Vollzug von Operationen (z. B. Analyse, Beurteilung, Synthese, Anwendung, Plan entwerfen, Beziehungen erkennen usw.) umfassen. In den → Curricula wird mit Fähigkeit „dasjenige Können, das zum Vollzug einer Tätigkeit notwendig ist“, beschrieben. → Lernziele, → Schlüsselqualifikationen.

Fallanalyse. Die Analyse oder Studie (case-study) eines Einzelfalles (Einzelfallanalyse) oder eines Fallbeispieles gilt sowohl als Methode der Erkenntnisgewinnung, wobei der Wert auf ganzheitlicher Betrachtung liegt, als auch der Anwendung von Kenntnissen mit dem Ziel der Informationsgewinnung (was war?), der Problemfindung (was liegt vor?) und der Problemlösung (welche Hilfen sind möglich?). Bei der Fallanalyse muß streng zwischen nomothetischen (gesetzesartigen, für viele Menschen gültigen) und idiographischen (nur in diesem Einzelfall gültigen) Aussagen unterschieden werden. In der klinischen Psychologie und Medizin wird die Gewinnung von Erkenntnissen und Einsichten sowie die Beweisführung mit Hilfe von Fallbeispielen und Einzelfällen *Kasuistik* genannt. Anhand von Fallanalysen können im Rahmen des Studiums der Sozialarbeit und Sozialpädagogik sowohl die Anwendung der Erkenntnisse als auch das methodische Vorgehen bei der Durchführung der → Anamnese, → Exploration, Erstellung der → Diagnose und der Erarbeitung von Lösungsvorschlägen geübt werden.

Familie. *Problemerörterung.* Die Ehe und Familie – vor allem die Kleinfamilie – stehen im Kreuzfeuer der Kritik. Obwohl die Erziehungsarbeit der Familie unersetzbar ist, bestehen über die Qualität der Familienerziehung unterschiedliche Auffassungen. Die einen sagen, die Eltern seien nicht schuld an den Schwierigkeiten ihrer Kinder, die anderen meinen, bei 80% der verhaltensgestörten Kinder sei die Ursache der Fehlentwicklung im Familienleben zu suchen. Im Grundgesetz wird die Familie unter den besonderen Schutz des Staates gestellt und durch die Familienpolitik wird die Familie als unersetzbarer Hort menschlichen Lebens verteidigt. Es wird aber auch die Notwendigkeit erkannt, familienergänzende, die Familie unterstützende und sogar familienersetzende Erziehungseinrichtungen zu schaffen. Die Notwendigkeit für solche Maßnahmen ergibt sich nicht nur aus mangelnder Kompetenz und Zuständigkeit der Familie, sondern auch aus der leider sehr häufigen familiären Gewalt (→ Kindesmißhandlungen, Frauenmißhandlungen und neuerdings wird auch von Männermißhandlungen berichtet).

Begriffsbestimmung. Die Klein- oder Kernfamilie ist eine Wohn- und Solidargemeinschaft, die aus Mitgliedern zweier verschiedener Generationen (Eltern und Kinder) besteht. Als „Primärgruppe besonderer Art“ (R. König) weist sie folgende Merkmale auf:

- Zwischen den Mitgliedern besteht Blutsverwandtschaft.
- Zwischen den Mitgliedern findet eine intensive gegenseitige Beeinflussung (→Interaktion) statt.
- Die Interaktionsdichte und gefühlsmäßige Bindungen führen zur Ausbildung eines Wir-Gefühls („Familiensinn“).
- Die Positionen- und Rollenverteilung finden überwiegend nach biologischen Merkmalen der Familienmitglieder statt (Geschlecht und Alter: →Vater – Sohn, →Mutter – Tochter, Kind – Kind).
- Die Gruppe bleibt in der Regel über mehrere Jahre bestehen.

Die vorindustrielle Großfamilie unterschied sich von der heutigen Kleinfamilie durch die Anzahl der zusammenlebenden Generationen (Großeltern, Eltern, Kinder, Verwandte), durch patriarchalische Führung (Dominanz des Großvaters, des Vaters) und durch die Aufgaben Produktion und Erwerb, Gesundheits- und Altersfürsorge, Berufsausbildung und durch die soziale Kontrolle von seiten der älteren Generation.

Gesellschaft und Familie. Die Familie als natürliche Solidargemeinschaft findet in jeder Gesellschaft öffentliche Anerkennung und Geltung. Es gibt jedoch keine andere Institution der Gesellschaft, die – wie die Familie – in voller Autonomie ihr „Innenleben“, ihre innere Struktur sowie die Beziehung der Gruppenmitglieder untereinander gestalten könnte. Man spricht deshalb von Intimsphäre und Privatisierung der Familie. Das Familienleben wird aber trotzdem sehr stark durch gesellschaftliche Faktoren, Sitten und Gebräuche, durch kulturelle Selbstverständlichkeiten geprägt. Wie durch empirische Untersuchungen immer wieder bestätigt werden konnte, werden Strukturen (Herrschaftsverhältnisse, Beziehungen) und Funktionen von Familien sehr stark durch die ungleiche Verteilung von Geld, Einkommen, Macht, Besitz, Bildung (Berufsausbildung) und Prestige beeinflußt. Dem Schlagwort von der „schichtspezifischen Erziehung“ ist allerdings mit Skepsis zu begegnen.

Als wesentliche Leistungen und Funktionen der Familie werden heute noch gesehen:

- Die Erziehung und Pflege der Kinder, insbesondere in der frühkindlichen Phase. In der Familie finden die Kinder ihre ersten →Bezugspersonen und Modelle; in der Familie erwirbt der Säugling Grundeinstellungen zu sich selbst und zur Umwelt, er entwikkelt einen „sozialen Optimismus“ (D. Claessens) oder Pessimismus, das →Urvertrauen oder Urmißtrauen (E. H. Erikson). Den

Nachweis für die Bedeutung einer ständigen →Bezugsperson, einer intensiven Mutter-Kind-Beziehung, einer kontinuierlichen Ansprache und der Zuwendung zum Kind konnte die →Deprivations- und →Hospitalismusforschung (R. Spitz) erbringen.

- Die wirtschaftliche Versorgung der Familienmitglieder, Sicherstellung des gemeinsamen Lebensunterhalts, Befriedigung physischer →Bedürfnisse.
- Die Schutzraumfunktion, d. h. die Gewährung eines vertrauten, überschaubaren Lebensraumes mit Intimsphäre im Gegensatz zum →Streß, zur Anonymität und Unsicherheit in der Gesellschaft.
- Die Reproduktion der Gesellschaft durch Fortpflanzung, durch Erziehung der nächsten Generation.
- Die Plazierungs- und Legitimierungsfunktion, d. h. durch die Familie – und zwar je nach Position und Status der Eltern – wird dem Kind ein legitimer Platz in der Gesellschaft angewiesen.
- Die Ausgleichs- und Freizeitfunktion, d. h., in der Familie werden die Entfremdung am Arbeitsplatz und die Probleme in der Schule ausgeglichen.

Familienkonflikte und Probleme. Die erschreckend hohe Zahl von →Kindesmißhandlungen zeigt, daß in der heutigen Kleinfamilie Konflikte auftreten können, die durch Gewalt zuungunsten der Kinder gelöst werden. Die Garantie und der Schutz der Intim- und Privatsphäre der Familie sind nicht unproblematisch. Die Beziehungen zwischen den Familienmitgliedern können durch unbewußte Motive der Eltern (Kind als Sündenbock, als Ersatz für einen anderen Partner, als Verwirklichung des eigenen Idealbildes), durch Überforderung im Beruf, unterdrückte →Aggression am Arbeitsplatz, durch Unzufriedenheit mit sich selbst, durch die Doppelrolle der Mutter (Hausfrau und Beruf), durch Emanzipationsbestrebungen der Frau, durch →Schulversagen der Kinder usw. gestört sein. In unserer Gesellschaft sind hohe „affektive" Erwartungen an Ehe und Familie geknüpft, deren Verwirklichung aber durch verschiedene Merkmale der Gesellschaft erschwert wird. In vielen Familien wird der „affektive Spannungsausgleich" nicht mehr geleistet, vielmehr führen Überforderungen außerhalb der Familie zu Spannungen in der Familie.

Hinweise zur Erziehungspraxis. Das amerikanische Ehepaar Sheldon und Eleanor Glueck konnte durch Vergleichsuntersuchungen an 500 kriminellen und 500 nichtkriminellen männlichen Jugendlichen aus Elendsvierteln ermitteln, daß für die soziale Entwicklung und Anpassung folgende innerfamiliäre Beziehungen entscheidend sind: Zusammenhalt der Familie, gefühlsmäßige Zuwendung der Mutter zum Kind, ihre soziale Kontrolle und Aufsicht über das Kind, die gefühlsmäßige Zuneigung des Vaters zum Kind und seine Erziehungshaltung (keine zu strenge Erziehung).

Entscheidend für die →Sozialisation ist die Herkunftsfamilie: in ihr findet die Grundausstattung der →Persönlichkeit statt, von der die gesamte spätere Erziehung in verschiedenen Einrichtungen (→Kindergarten, →Schule) abhängt. In der Familie findet die Übernahme erster Rollen statt, vor allem die Übernahme von →Geschlechterrollen im 3. bis 5. Lebensjahr. In der Familie erwerben die Kinder die →Sprache, Wertorientierungen, bilden sie die →Leistungsmotivation und das Selbstwertgefühl aus. Sozialisationsdefizite der Familie können später kaum oder überhaupt nicht mehr ausgeglichen werden. Die schulische Laufbahn der Kinder wird entscheidend durch die Familie beeinflußt. Durch die „Privatisierung" ist die Familie bei der Bewältigung möglicher Konflikte auf sich selbst angewiesen, wobei die hohe Scheidungsquote und die hohe Zahl von verhaltensgestörten Kindern und Jugendlichen auf ein Versagen bei der Konfliktlösung hinweisen. Daher werden die Einrichtung von Elternseminaren und der Besuch von Elterntrainings empfohlen. Von Thomas Gordon wird die Abhaltung einer Familienkonferenz vorgeschlagen, wobei aktives Zuhören, Ich-Botschaften und das Vermeiden herabsetzender Lösungsbotschaften (→Kommunikation) eine zentrale Rolle spielen. Die Massenkommunikation (Fernsehen) in der Familie sollte durch persönliche Gespräche und gemeinsame Spiele ersetzt werden.

Familienbildung (im Sinne der →Erwachsenenbildung und der →Elternarbeit). Aus den gegen Ende des 1. Weltkrieges entstandenen Mütterschulen entwickelte sich nach und nach die Familienbildung mit dem Lernziel „Familie leben lernen". Die Gründe für eine organisierte Familienbildung im Sinne der →Erwachsenenbildung sind: Vermittlung von Kenntnissen über die Bedeutung frühkindlicher Erziehung, über die Berufstätigkeit der Ehefrauen und Mütter, über die zunehmend in Partnerschaft geführten Ehen und Emanzipationsbestrebungen der Frauen, über die immer höheren Belastungen durch die Schule, über die Belastungen der Familie durch die Probleme einer modernen Gesellschaft (z. B. →Streß, Entfremdung, Überforderung, Anonymität, Flucht in die Krankheit). F. Pöggeler nennt folgende Inhalte und Lernziele der Familienbildung:

- Information der Jugendlichen über Geschlechtlichkeit, Ehe und →Familie;
- Ausbildung der Brautleute im Sinne der Ehevorbereitung: Information über rechtliche, wirtschaftliche, pädagogische, medizinische und andere Fragen;
- Ehepartner-Schulung und Trainings zur Bewältigung von durch die Ehegemeinschaft hervorgerufenen Konflikten;
- Elternbildung und -trainings zur Bewältigung von Problemen, die aus der sozialen, schulischen und beruflichen Entwicklung der Kinder entstehen;
- Schulung älterer Menschen, die stellvertretend für die Eltern Erzie-

hungsaufgaben übernehmen oder sich in die Familienbeziehungen nicht mehr einordnen können.

Die besten Erfolge konnten bisher durch Elterntrainings (im Sinne der →Verhaltensmodifikation) und durch gruppendynamisch-kommunikatives Lernen (personale Pädagogik, z. B. Odenwald-Institut) erzielt werden.

Familienpolitik umfaßt verschiedene Maßnahmen und Tätigkeiten der Regierung und anderer politischer Gruppierungen, z. B. Parteien, zur Stützung und Förderung der Kleingruppe Familie, zur Sicherung ihrer vollen Entfaltung und optimalen Erfüllung ihrer Funktionen. Angestrebt werden die personale Entfaltung der Familienmitglieder (Eltern und Kinder, Mann und Frau), die Gleichberechtigung der Geschlechter, die →Chancengleichheit für Kinder und Beseitigung unterschiedlicher Start- und Entwicklungschancen, die Verbesserung der Lebensbedingungen im Sinne der sozialen Gerechtigkeit.

Einzelmaßnahmen werden gegliedert in die

a) wirtschaftlichen Familienhilfen (Familienlastenausgleich, d. h. Kindergeld, Ausbildungsförderung, Lernmittel- und Fahrtkostenfreiheit u. a.m.);
b) Sicherung familiengerechter Wohnbedingungen (Sozialer Wohnungsbau und Wohngeld, Einrichtung von Spielstraßen, von Kinderspielplätzen, von familiengerechter Wohnumwelt);
c) familienbezogenen sozialen Dienste und Bildungshilfen (z. B. →Beratung, insbesondere Erziehungs-, Schul- und Berufsberatung, →Familienbildung, Familienferien, Hauspflegedienste, Gesundheitsberatung);
d) Familienrechtspolitik (z. B. Ehescheidungsrecht, Reform des Rechts von nichtehelichen Kindern, →Elternrecht, Arbeitszeit- und Schulzeitregelungen).

Zur Zeit werden die politischen Entscheidungen zur Verbesserung der Familiensituation viel zu sehr von kurzfristigen Planungen und von Interessen einzelner Gruppierungen und Verbände beeinflußt.

Familienrecht. Nach Art. 6 Abs. 1 GG stehen Ehe und Familie unter dem besonderen Schutz des Staates. Die Rechte einzelner Familienmitglieder werden durch das Eherecht, das Verwandtschafts-, inbesondere Kindschaftsrecht (→Adoption, →Elternrecht, nichteheliche Kinder), das Recht der →Vormundschaft und Pflegschaft und durch die Bestimmungen über Eheschließung und Ehescheidung einschließlich deren Folge geregelt.

Familientherapie. In der Familientherapie werden nicht einzelne Symptome oder psychische Störungen behandelt, sondern die krankmachenden Familienprozesse, z. B. gestörte →Kommunikation, aggres-

sives Austragen von Familienkonflikten (Geschwisterrivalität, Rollenkonflikte) und belastende → Etikettierungen. Als Ziele der Familientherapie werden genannt: Verbesserte Kommunikation, Verringerung von Konflikten, Verbesserung der Einfühlung und der emotionalen Prozesse, Veränderung der Beziehungsstruktur, verbesserte → Autonomie einzelner Familienmitglieder.
Zunächst gilt es, die geistige, emotionale und soziale Verfassung der Familie zu klären = Familiendiagnose. Wichtig sind: Geschwisterkonstellation, Familienatmosphäre (Wir-Gefühl, gespannte, feindselige, weinerliche, distanzierte, freundliche Stimmung) und die Familiennormierung (Erwartungen an das Familienleben, Außenkontakte, Anschaffungsprobleme, Erziehungsstil).
Es wird angenommen, daß gestörte Kommunikation (→ Doppelbindungen, Paradoxien), Beziehungsprobleme und Übertragungen, Projektionen und übertriebene Erwartungen Hauptursachen von Symptomen darstellen. Angestrebt wird eine für die Gesundheit, Geborgenheit und für die Alltagsbewältigung wichtige offene, kreative und freundliche Familienatmosphäre.

Faulheit. Obwohl Eltern und andere Erzieher oft genug Gelegenheit haben, den Beschäftigungsdrang und Spieleifer der Kinder zu beobachten, neigen sie allzu leicht dazu, mangelnde Tätigkeitsbereitschaft der Kinder oder mangelnde Bereitschaft zur Mitarbeit in Schule, im Haushalt oder im Betrieb mit dem Etikett „Faulheit" zu versehen. Sie glauben dann, mit „Faulheit" das „Herumdrücken", das ausweichende Verhalten der Kinder nicht nur beschrieben, sondern auch erklärt zu haben. Dabei sind sie einerseits einem Trugschluß erlegen: Warum tut das Kind nichts? Weil es faul ist! Und warum ist es faul? Weil es sich um die Arbeit drückt. Andererseits haben sie durch die Etikettierung krankmachende Vorgänge und Erwartungen in Gang gesetzt. Für Kinder entsteht mehrfache Belastung: Der Grund für ihre Inaktivität bleibt unerkannt und das Problem ungelöst, das abwertende Etikett „Faulheit" macht die Kinder hilflos, d. h. es entsteht die subjektive Überzeugung, daß sie der Situation nicht gewachsen sind (gelernte Hilflosigkeit), sie müssen mit einem Makel (Stigma) leben (verstecken, kompensieren, Etikett bekämpfen) und mit möglichen Schuldgefühlen und Schuldvorwürfen fertig werden..
Mangelnde Tätigkeitsbereitschaft der Kinder kann viele Ursachen haben: → Entmutigung, Unter- oder Überforderung, ständige Nörgelei und Kritik (vor allem bei → Hausaufgaben), mangelndes Interesse an Fortschritten des Kindes, Abneigung gegenüber dem Lehrer, Schulverdrossenheit oder auch Krankheit. Bei sog. Faulheit helfen weder Ermahnungen noch Kritik oder Tadel, vielmehr sind die Beseitigung der Ursachen, eine konsequente Haltung und die Vermittlung von Erfolgserlebnissen notwendig.

FE → Fürsorgeerziehung.

Feedback (Rückmeldung) wird in der → Gruppenpädagogik gezielt nach bestimmten Regeln (Feedback-Regeln) eingesetzt, um emotionale Zustände und Beziehungen zwischen den Gruppenmitgliedern zu verbessern und damit gleichzeitig eine optimale Grundlage für das Lernen zu schaffen. In der → Kommunikation wird Feedback als Bezeichnung für Nachrichten eines Kommunikationspartners verwendet, mit denen er mitteilt, was die vorausgegangene Botschaft in ihm ausgelöst hat, wie sie angekommen ist, wie er sie verstanden hat; oder er teilt dem Partner mit, wie er zu ihm steht, wie er die Beziehung beurteilt.
In gruppendynamischen Übungen können durch Feedback – falls Bereitschaft zum Empfang von Feedback besteht und Feedback nach bestimmten Regeln erfolgt – Konflikte vermieden, Verhalten geändert und eine effektivere Zusammenarbeit erreicht werden durch Verringerung der Diskrepanz zwischen Selbstbild und Fremdbild (wie einen andere sehen), zwischen Wunsch- oder Idealbild und Realbild. Die Rückmeldung über das Verhalten kann mit Hilfe von Video-Aufnahmen, durch Tonband und Beobachter-Protokolle, durch freies Feedback-Gespräch gegeben werden.
Dabei sind folgende Regeln zu beachten:
a) Für den Feedback-Gebenden:
- Prüfe, ob du durch Feedback den Partner aufbauen, fördern oder destruktiv kritisieren willst.
- Beziehe dich auf konkrete Einzelheiten, gib brauchbares, d. h. auf veränderbare Verhaltensweisen bezogenes Feedback.
- Unterwirf deine Beobachtung der Nachprüfung durch andere.
- Gib deine Information auf eine Weise, die wirklich hilft; positive Rückmeldungen sind ein wesentlicher Bestandteil des Feedback.
- Gib Rückmeldung sobald wie möglich, und vermeide Interpretationen oder moralische Bewertungen.
- Biete deine Information an, zwinge sie nicht auf, dränge dich nicht auf; es ist günstig, wenn das Feedback erbeten ist.
- Beschreibe durch Feedback, wie die Verhaltensweisen auf dich – und nur auf dich – wirken; gib zu, daß du möglicherweise irrst.
- Sei offen, ehrlich und taktvoll; Feedback soll dem vorausgegangenen Verhalten angemessen sein.

b) Für den Feedback-Empfänger:
- Höre aufmerksam zu; stelle klärende Fragen.
- Verteidige dich nicht, argumentiere nicht dagegen.

Ohne gezieltes Feedback-Training besteht die Gefahr, daß die aufgeführten Regeln nicht eingehalten werden und dadurch das Gegenteil der beabsichtigten Änderung erreicht wird.

FEH →Freiwillige Erziehungshilfe.

Fernsehen hat sich zu dem wichtigsten Medium der Massenkommunikation entwickelt und zwar sowohl als Quelle der Information und Meinungsbildung als auch der Unterhaltung. Es wird inzwischen allgemein beklagt, daß das Fernsehen neben der →Familie und →Schule als die „dritte Kraft" in der Erziehung wirkt. Die Auswirkungen des Fernsehens im Sinne der Erziehung werden dabei eher negativ als positiv beurteilt. Trotzdem sitzen viele Familien – einschließlich Kleinkind – oft stundenlang vor dem Fernsehgerät und bedenken nicht, daß Konzentrations- und Lernschwierigkeiten, Nervosität und Schlafstörungen, Sprach- und Kontaktschwierigkeiten durch zu langes und wahlloses Fernsehen verursacht werden. Die Mediziner beklagen Nervosität, Schlafstörungen, Haltungsschäden, Augen- und Kopfschmerzen sowie Aggressivität als Nebenwirkungen des Fernsehens. Viele Eltern erlauben das Fernsehen aus Bequemlichkeit, sozusagen als „elektronische Großmutter" (Babysitter). Das Fernsehen ist in vielen Familien zu einem Problem und für viele Eltern eine Herausforderung geworden. Sollen sie das Fernsehen verbieten oder zum Fernsehen erziehen? Mit den Fragen der Erziehung im Hinblick auf die Massenmedien und dem richtigen Umgang mit Massenmedien befassen sich die Medienpädagogik und →Medienerziehung.
Einige Hinweise für verantwortungsbewußte Erzieher:
- Lassen Sie Kleinkinder nie allein vor dem Fernsehgerät.
- Sprechen Sie nach der Sendung mit den Kindern über deren Erlebniseindrücke; korrigieren Sie Fehler.
- Verhindern Sie zu frühes und zu langes Fernsehen.
- Bereiten Sie Ihr Kind auf das Fernsehen vor; wählen Sie gemeinsam bestimmte, als geeignet erscheinende Sendungen aus.
- Wichtiger als das Fernsehen ist →Spiel, →Gespräch, Umgang mit Objekten und Personen der Umwelt. Erklären Sie den Kindern, wie Fernsehsendungen „gemacht" werden.

Fernstudium, Fernunterricht wird überwiegend von privaten Fernlehrinstituten und in neuerer Zeit auch von staatlichen Institutionen in Verbindung mit Rundfunk und Fernsehen (Medienverbund) im Rahmen der →Erwachsenenbildung als eine von Ort und Zeit unabhängige Möglichkeit zur Aus-, Weiter- und Fortbildung angeboten. Als Lehr- und Lernmittel dienen neben Film, Funk, Fernsehen auch Videorecorder, Tonband, Kassetten und vor allem schriftliche Studienmaterialien in Form von sog. Fernsehstudienbriefen oder Begleitbriefen. Erfolgssicherung, Erfolgskontrolle und Leistungsbewertung erfolgen meist durch einen Kontaktlehrer. Das der Universität Tübingen angegliederte „Deutsche Institut für Fernstudien" (DIFF) entwikkelt, erprobt und führt auch verschiedene Fernstudienlehrgänge durch. Die 1969 gegründete Zentralstelle für Fernunterricht in Köln, bei der jedes Fernlehrinstitut seine Lehrgänge überprüfen lassen kann, strebt eine Kontrollmöglichkeit der Fernstudienlehrgänge an.

Filmerziehung → Medienerziehung.

Flitner, Wilhelm (1889–1976), Gymnasiallehrer, 1918 Mitwirkung beim Aufbau des Volkshochschulwesens, 1926 Professor für Pädagogik in Kiel, ab 1929 in Hamburg.
Pädagogisches Werk: „Allgemeine Pädagogik“, „Die Erziehung“, „Theorie des pädagogischen Wegs und der Methode“, „Grund- und Zeitfragen der Erziehung und Bildung“.
Pädagogische Ideen: Flitner gilt als Vertreter einer philosophisch orientierten, geisteswissenschaftlichen Pädagogik, die er in enge Beziehung zur christlichen (evangelischen) Theologie bringt. Von ihm stammt die Forderung nach einer Beseitigung der religiösen und sozialen Ungleichheit zwischen Arbeitern und Bürgern in einer Art „sittlicher Gemeinsamkeit“. Überhaupt nehmen Begriffe wie Sittlichkeit, Religion, Gemeinsinn und Verständigung eine wichtige Stellung in Flitners Denken ein.
Als *Erziehungsziele* werden genannt: Lebensbemeisterung, Erziehung für das Gemeinwesen, staatsbürgerliche Formung, Bildung des einzelnen zur Selbstregierung und zum Gebrauch der Freiheit u. a.
Als *Methode* der Pädagogik favorisiert er ein hermeneutisch- pragmatisches Vorgehen (Verstehen pädagogischer Situationen in einem historischen Rahmen unter Berücksichtigung philosophischer, religiöser und empirischer Bezüge).
Wirkung: Flitner war ein großer Förderer der Volksbildungs- und Volkshochschulbewegung. Er lieferte auch Beiträge zur Gymnasial- und Hochschulausbildung.

Flow-Erleben bezeichnet ein umfassendes, ganzheitliches Gefühl des völligen Aufgehens in einer Tätigkeit. Diese Bezeichnung wurde Ende der 80er Jahre auf Grund von Ergebnissen motivationspädagogischer Untersuchungen zur Wirkung *intrinsischer* (Streben nach guten Leistungen aus Interesse an der Sache und an der Tätigkeit) und *extrinsischer* → Motivation (Streben nach guten Leistungen aus sachfremden Motiven, z. B. um einem Lehrer einen Gefallen zu tun) gebraucht. *Merkmale* des Flow-Erlebens sind: Verschmelzen von Handlung und Bewußtsein, die Person fühlt sich als ein Teil der Handlung, die Zentrierung der Aufmerksamkeit ausschließlich auf die ausgeführte Tätigkeit und auf die Gegenwart, die Gedanken rükken völlig in den Hintergrund und es entsteht eine Art Selbstvergessenheit, die Person fühlt sich leistungsfähig, hat die Situation im „Griff“.

Wesentliche *Bedingungen* für das Flow-Erleben sind: Überdurchschnittlich hoch ausgeprägte Handlungsmöglichkeiten (Fähigkeiten) und Anforderungen, die Eindeutigkeit der Handlungsstruktur (klare Ziele und klare Spielregeln) und eindeutige Rückmeldungen, daß die Person sich angemessen verhält.
Aus diesen Erkenntnissen lassen sich folgende Hinweise für die Erziehungs- und Unterrichtspraxis ziehen: Kinder und Schüler brauchen klare Ziele, klare Spielregeln, eindeutige Rückmeldungen, erfolgversprechende Lernstrategien und einen ihren Fähigkeiten angemessenen Schwierigkeitsgrad von Aufgaben. Der Lehrer darf nicht nur seinen Stoff, sondern muß auch – oder vor allem – die Qualität des Erlebens der Schüler beachten. Über die Qualität des Erlebens im Sinne von Flow stellt sich Interesse an der Tätigkeit und an den einzelnen Unterrrichtsfächern ein. Dabei sind informative Rückmeldungen wichtiger als kontrollierende oder sanktionierende (Belohnung/Bestrafung).

Förderstufe werden zwei Schuljahre im Anschluß an die Grundschule genannt, die der Orientierung (→Orientierungsstufe) über schulische Weiterbildungsmöglichkeiten sowie der gezielten Förderung durch Kern- und Kursunterricht über die Zusammenarbeit der Lehrer aller Schulgattungen dienen sollen. (→Bildungssystem).

Formale Bildung zielt auf die „Erschließung des Menschen für die Wirklichkeit“ (→Didaktik) durch die Entwicklung und Förderung der →Fähigkeiten und Fertigkeiten, des →Denkens und →Gedächtnisses, durch die Entfaltung psychischer Kräfte.

Fortbildung wird jede berufliche (theoretische und praktische) Ausbildung genannt, die der Erweiterung und Vertiefung beruflicher Kenntnisse dient.

Fragealter. Im zweiten und dritten Lebensjahr stellen Kinder immer wieder Was-, Wo-, Wann-, Wie- und Warum-Fragen. Dieser Altersabschnitt wird daher als Fragealter charakterisiert.

Französischunterricht →Neusprachlicher Unterricht

Freiheit, pädagogische ist die Bezeichnung für das Recht der Lehrer, Anweisungen und Vorschriften so auszulegen und zu interpretieren, daß eine pädagogisch vernünftige Arbeit nicht behindert wird. Diese Interpretations- und Auslegungskompetenz wird angesichts verbindlicher Lehrpläne und vieler Verwaltungsanweisungen sowie Vorschriften von Lehrern kaum wahrgenommen. Schulrechtsexperten sind übereinstimmend der Auffassung, daß der Lehrer in seiner Unterrichts- und Erziehungsarbeit durch Verwaltungsvorschriften nicht eingeengt werden darf. Auch die Notengebung des Lehrers kann nur dann schulaufsichtlich bemängelt werden, wenn bei pädagogischer Bewertung und anderen unterrichtlichen Maßnahmen wesentliche Verfahrensvorschriften mißachtet, von sachfremden Erwägungen ausgegangen, gegen anerkannte Bewertungsmaßstäbe und gegen den Grundsatz der Gleichbehandlung verstoßen wurde. Da gegenwärtig eine „Verrechtlichung der Schule" beklagt wird, erscheint folgende Feststellung angebracht: Eine pädagogisch falsche Entscheidung ist mit Sicherheit auch juristisch falsch und nicht umgekehrt. Juristisch falsche Entscheidungen können pädagogisch sinnvoll sein. Begründung: Unterricht und Erziehung lassen sich juristisch nicht restlos regeln.

Freinetschulen (*Freinetpädagogik*). Der französische Lehrer und Reformpädagoge Célestin Freinet (1896–1966) war überzeugt von der erzieherischen Wirkung einer nicht entfremdeten *Arbeit*. Der zentrale Gedanke seiner Pädagogik lautet: „Aus dem Leben – für das Leben – durch die Arbeit". Kernstücke der Freinetpädagogik sind:
- uneingeschränkte Ermöglichung des freien sprachlichen und künstlerischen Ausdrucks der Kinder
- forschendes, experimentierendes, gegenstandsbezogenes Arbeiten, Untersuchen und Experimentieren und
- individuelle und gemeinsame Verantwortlichkeit für die kooperative Arbeit, für das Ausführen und Kontrollieren gemeinsam gefaßter Beschlüsse und für die Durchführung einmal beschlossener Arbeiten.

Die Klassenräume werden als vielfach gegliederte Arbeits- und Erfahrungsräume gestaltet. Vorhanden sind eine „Arbeitsbücherei", eine Versuchskartei mit Anleitungen für Versuche im naturwissenschaftlichen, technischen und musischen Bereich, eine alphabetisch geordnete Nachschlagkartei, eine sehr vielfach verwendbare Schuldruckerei, die den Grundstoff enthaltende Arbeitskartei, akustische Lernprogramme für Sprach- und Sachunterricht u. a.m. In der Wandzeitung werden Lob, Kritik, Wünsche, Interessen und Arbeitsergebnisse mit Namen (niemals anonym) eingetragen. Daraus wird – wie auch aus der strengen Kontrolle der gemeinsam beschlossenen Arbeiten und Regeln – deutlich, daß es sich bei Freinetpädagogik keineswegs um eine →antiautoritäre oder um eine →Laissez-faire Pädagogik handelt. In Deutschland hat Freinetpädagogik nur wenig Beachtung gefunden oder es sind nur Teilelemente des Konzepts übernommen worden (z. B. Klassenkorrespondenz, Schuldruckerei).

Freiwillige Erziehungshilfe (FEH) ist als Maßnahme im Sinne der →Erziehungshilfe zur Abwendung der Gefährdung oder Schädigung der leiblichen, geistigen oder seelischen Entwicklung eines Minderjährigen vorgesehen. Diese Maßnahme, die in der Regel in einer anderweitigen Unterbringung – entweder in einer Familie oder in einem Heim – besteht, erfolgt auf Antrag der Eltern bzw. Personensorgeberechtigten. Das →Elternrecht wird durch die FEH nicht eingeschränkt.

Freizeiterziehung. Die Wachzeit eines Menschen wird aufgegliedert in die Arbeitszeit und die freie Zeit. Ein Teil der freien Zeit dient der Verrichtung lebenserhaltender Beschäftigungen (Hygiene, Einkaufen, Mahlzeiten, Arbeitsweg). Die verbleibende freie Zeit steht zur freien Verfügung und gilt als Freizeit, die der Erholung, dem Ausgleich gegenüber der einseitigen Beanspruchung während der Arbeit und der →Emanzipation (Meditation, Knüpfen sozialer Kontakte, →Kommunikation, →Kreativität, politische Mitwirkung, Selbstbestimmung) dienen soll. Die empirische Freizeitforschung hat fünf verschiedene Gestaltungsrichtungen der Freizeit festgestellt: 1. Aktives Sportinteresse („harte Freizeit"), 2. Lesen, Spazierengehen, Musikhören, Fernsehen („weiche Freizeit"), 3. Haus- und Gartenarbeit, 4. eine auf Bildung und Beruf gerichtete Aktivität, 5. Parties, Tanz, Vergnügen, amüsierfreudige Orientierung. An Freizeiteinrichtungen und von der Freizeitindustrie angebotenen Materialien zur sinnvollen Freizeitgestaltung fehlt es nicht. Beispiele für Freizeiteinrichtungen: Schulhof, Spiel- und Sportplatz, Stadtpark, Freizeitheim, Freizeitzentrum, Leihbücherei, Sporthalle, Campingplatz, Jugendzentrum, Naherholungseinrichtung, Urlaubsorte, Altenklubs, Altersheime.
Es wird immer wieder festgestellt, daß wir nicht in der Lage sind, unsere Freizeit sinnvoll zu gestalten. Die Gestaltung der Freizeit hängt nicht nur vom Angebot ab, sondern auch vom Beruf, von der wirtschaftlichen Situation (Geld), dem Familienstand (verheiratet, ledig), dem Alter und Geschlecht sowie der Umwelt. Frauen nennen z. B. als Freizeitbeschäftigung häufiger Konzertbesuche, Theaterbesuche, Lesen, Handarbeiten, Familienkontakte; Männer dagegen häufiger Sport, Kultur, Politik, Hobbies, Kontakte mit Freunden.
→Freizeitpädagogik und Freizeiterziehung sollen vor allem junge und alte Menschen in die Lage versetzen, die Chance der Freizeit zu nutzen und sie zu mehr Selbstbestimmung und Kommunikation befähigen. Einzelziele wären: Kenntnis von Freizeiteinrichtungen und damit verbunden die Bereitschaft, sie auch zu nutzen; Befähigung zur Kreativität, Phantasie, zum Nachdenken; Befähigung zum Umgang mit dem eigenen Körper, Steigerung der Sensibilität; Befreiung von Konsumzwang und Prestigedenken; unbefangene Inanspruchnahme von Dienstleistungen. Einige Möglichkeiten der Freizeiterziehung: Bekanntmachen mit Bildung von Neigungs- und Interessengruppen; Freizeitkurse, um Vorlieben und Stärken zu ent-

decken; Erziehung zum Umgang mit Freizeitangeboten; Veranstaltungen von Schulfeiern, Schulwanderungen; Gründung von Schulorchester, Sportgruppen, Schultheater; Freizeitberatung und Freizeitlehre.

Freizeitpädagogik. *Problemerörterung*. Infolge eines in neuerer Zeit durch Veränderungen der Arbeitswelt kontinuierlich steigenden Ausmaßes an Freizeit, wächst gleichzeitig das Bedürfnis nach einer Antwort auf die Frage nach einer möglichst effektiven und adäquaten Gestaltung dieser, in der Regel der Verfügungsgewalt des Einzelnen unterliegenden Zeit. Allgemeine Klagen über Langeweile und die Zunahme von Konflikten in der Freizeit, Aussagen wie „Ich weiß gar nicht, was ich da Vernünftiges anfangen soll!" und eine bei manchen Menschen (sog. Workaholics) vorfindbare Arbeitssucht, lassen eine pädagogische Einflußnahme als durchaus berechtigt und sinnvoll erscheinen. Der andererseits oft überhöhte Anspruch, den man in Bezug auf die eigene Freizeit hat und der dann häufig in eine totale Verplanung und Überfrachtung der zur Verfügung stehenden freien Zeit mündet, führt im Endeffekt fast notwendigerweise zu Frustration und Enttäuschung. Auch hier könnte eine angemessene Freizeiterziehung und -beratung Abhilfe schaffen.
Begriffsbestimmung: Freizeitpädagogik bezieht sich auf sämtliche Erziehungs- und Bildungsmaßnahmen, die Kindern, Jugendlichen und Erwachsenen helfen, eine möglichst selbstbestimmte und sinnvolle Gestaltung der ihnen zur Verfügung stehenden freien Zeit vorzunehmen. Freizeitpädagogik ist inhaltlich und methodisch mehrdimensional angelegt. Thematisch ist sie, entsprechend der vielfältigen → Bedürfnisse, die Menschen in ihrer Freizeit befriedigen wollen, äußerst breit angelegt. In methodischer Hinsicht umfaßt sie alle möglichen pädagogischen Erziehungs- und Unterrichtsformen bis hin zu dem, was ihr am ehesten als eigenständige Methode zugeschrieben wird, der Freizeitanimation. Animation stellt eine relativ offene, erlebniszentrierte Methode dar, die eine Steigerung vor allem sozial-emotionaler Kompetenz anstrebt, in einem Klima von Einbindung, Akzeptanz und Sicherheit.
Funktionen und Ziele: Nach dem Freizeitforscher H. W. Opaschowski lassen sich in der Nachkriegszeit drei Phasen der Freizeitentwicklung unterscheiden: Eine anfänglich erholungsorientierte Freizeitphase wird in den 60er und 70er Jahren durch eine konsumorientierte und schließlich ab den 80er Jahren von einer erlebnisorientierten Freizeitphase abgelöst. Diese Phasenentwicklung zeigt schon – allerdings noch relativ undifferenziert – wichtige Funktionen und Ziele der Freizeit auf. Im einzelnen erwartet man sich von der Freizeit Erholung, Entspannung, einen Beitrag zur Erhaltung physischer und psychischer Gesundheit, Möglichkeiten für Reisen, Fernsehen, Ausgehen,

Einkaufen, Zeit für persönliche Hobbies, für Bildung, Musik, Kunst und Kultur, für die eigene Familie, für Geselligkeit mit Freunden und Bekannten, für sportliche und spielerische Betätigung und schließlich auch die Ermöglichung von Arbeit für soziale, kirchliche, politische oder private Zwecke.

Opaschowski nennt insgesamt *sechs pädagogisch relevante Freizeit-„S"* als Leitlinien für heutiges Freizeitverhalten

- *Selbständig leben;* kein wahl- und gedankenloser Konsum; Einsatz für Selbstentfaltung, Gesundheitserhaltung und soziale Verantwortung; Sicht von Freizeit als persönliche Herausforderung und Lebensaufgabe.
- *Selbst aktiv sein*; Überwindung eigener Passivität; Entwicklung von Eigenaktivität, ohne in blinden Aktionismus zu verfallen.
- *Soziale Kontakte finden;* gemeinsames Erleben mit Familie und Freunden; Einsamkeit aber nicht durch „Flucht in Kontaktstreß" bekämpfen.
- *Spontan sein;* nicht völlige Planlosigkeit; Entlastung von Alltagspflichten ohne Vernachlässigung familiärer oder sozialer Verpflichtung; Freiheit von Reglementierung und Verplanung; Offenheit für Neues.
- *Spaß haben;* Freude, Genuß und Vergnügen ohne Gewissensbisse, aber nicht auf Kosten anderer; kein „Einlullen"-Lassen durch organisiertes Vergnügen; keine Flucht ins Vergnügen, um dadurch Probleme zu verdrängen.
- *Sich entspannen;* Nichtstun als Ausgleich zum Arbeitsalltag; Zeit für Selbstbesinnung und innere Muße finden.

Insgesamt geht es der Freizeitpädagogik um Verminderung oder Beseitigung verschiedener Einstellungs-, Motivations- und Verhaltensdefizite in Bezug auf den Umgang mit dem Gut „Freizeit". Die oftmals von verschiedenen Personen geäußerten Klagen „Ich weiß nichts mit meiner Zeit anzufangen!", „Sag' mir doch, was ich machen soll!", „Ich hab' kein Geld, um aus meiner Freizeit etwas Vernünftiges zu machen!", „Ich muß da alles Versäumte nachholen!", „Oft schlage ich meine Zeit einfach tot!", „Ich kann einfach nicht abschalten!" zeigen dem Freizeitpädagogen Ansätze zur Besserung. Solche könnten bestehen in sinnvoller, aber nicht übertriebener Zeitplanung, Weckung von Eigenverantwortlichkeit und Eigeninitiative, Aufzeigen von sinnvollen und erschwinglichen Beschäftigungsalternativen und „Anreizen", strikter Trennung zwischen Arbeit und Freizeit.

Hinweise zur Praxis. Bei Kindern läßt sich häufig beobachten, daß sie entweder einer Beschäftigung (z. B. → Fernsehen) ohne Maß und Ziel nachgehen oder aber über Langeweile klagen und überhaupt nichts mit sich anzufangen wissen. Kinder mit vielen Interessen dagegen neigen dazu, alles mögliche anzufangen, nicht zu Ende zu bringen und damit schließlich die Lust und das Interesse zu verlieren. Auch hier können Eltern und Erzieher eingreifen, Alternativen aufzählen, helfen, unterstützen, Hinweise und Ratschläge liefern. Dabei sollte den Kindern aber immer ein Gutteil an Kreativität, Eigenverantwortlichkeit und Wahlfreiheit bezüglich ihrer Freizeitgestaltung verbleiben. Totales Verplanen und Kontrollieren würde sie zur Passivität verdammen und zum Konsumenten vorgefertigter Freizeitprogramme werden lassen.

Konkret kann man folgendes durchführen:

- Sinnvolle, von den Kindern mitbestimmte und -reflektierte Freizeitgestaltung wählen (Fernsehprogramme, Fahrradtour, Spazierengehen, Urlaubsreise);
- Kinder dürfen selbst die Route für eine anstehende Fahrradtour festlegen;
- Wünsche der Kinder in den Ferien soweit wie möglich berücksichtigen;
- Angebote wie Kinderfreizeiten, Stadtranderholung, kinderfreundliche Ferienorte wahrnehmen;
- Freizeit im Sinne von Wechsel zwischen Spannung und Entspannung planen; keine Überforderung nach einer Seite, sowohl Ferienstreß als auch Langeweile vermeiden;
- durch eigenes Verhalten auf die Kinder als Vorbild wirken.

Friedenserziehung. *Problemerörterung.* Die Welt, in der wir Menschen leben, ist im ganzen wie in einzelnen ihrer Regionen von Unfrieden bedroht oder aktuell betroffen. Konflikte, seien sie persönlicher, ethnischer, kultureller, ökonomischer oder gesellschaftlich-politischer Natur, sind allenthalben und in allen Ländern auszumachen. Besonders deutlich tritt das Aggressions- und Gewaltpotential der Menschheit dort zutage, wo offene kriegerische Auseinandersetzungen mit brutalsten und inhumansten Auswirkungen stattfinden. Obwohl der bis in die jüngste Zeit bestehende, ideologisch bedingte Ost-West-Konflikt und die damit einhergehende Bedrohung durch eine globale atomare Katastrophe nach Meinung vieler ausgestanden scheint und durch einen Süd-Nord-Konflikt, in dem es vor allem um eine gerechte Aufteilung wirtschaftlicher Ressourcen geht, abgelöst werden könnte, dürfte die Hoffnung auf einen Lerneffekt der Menschheit hinsichtlich der Nutz- und Sinnlosigkeit kriegerischer Auseinandersetzungen doch verfrüht sein. Nationalistisch, ideologisch oder religiös eingefärbte Ideen finden in vielen Ländern steigende Zustimmung. Selbst „heilige Kriege“, die wir einer überwundenen Phase der Menschheitsentwicklung zurechnen möchten, sind, wie die jüngste Vergangenheit zeigt, wieder wahrscheinlicher geworden. Der befürchtete Nord-Süd-Konflikt ist, sieht man globale Flüchtlingsbewegungen als direkte Auswirkung desselben an, in vollem Gange. Die anstehenden Verteilungskämpfe, selbst in sog. zivilisierten und hochentwickelten Ländern, lassen für die nähere und weitere Zukunft das Schlimmste befürchten.

Begriffsbestimmung. Der Begriff Friedenserziehung umfaßt sämtliche inner- und außerinstitutionellen Maßnahmen, die zur Sicherung des friedlichen Zusammenlebens und Miteinanderauskommens von Menschen, Gruppen, Gesellschaften und Staaten beitragen. Grundbedingung für Frieden ist eine angemessene Berücksichtigung und Befriedigung berechtigter Lebensbedürfnisse und Interessen aller Beteiligten. Die besondere Bedeutung von Friedenserziehung ergibt sich aus der begründeten Annahme, daß erzieherisches Tun die Hauptvoraussetzung für Friedensschaffung und -sicherung darstellt.

Inhalte, Themen und Ziele. Am Anfang jeglicher Friedenserziehung muß die Diskussion und Klärung anthropologisch-psychologischer Grundkategorien zwischenmenschlichen Verhaltens stehen. In diesem Zusammenhang ist auch der Hinweis auf die Verhaltenswirksamkeit entsprechender subjektiver Theorien von Bedeutung. Grundauffassungen vom Menschen sind z. B. gekennzeichnet durch Aussprüche wie: „Der Mensch ist von Natur aus gut"; „Homo homini lupus: Der Mensch ist dem Menschen ein Wolf"; „Der Mächtige setzt sich durch". Alle derartigen Sätze bezeichnen ein bestimmtes Menschenbild. Aus ethnologischen und psychologischen Theorien läßt sich Einschlägiges beisteuern, etwa mit den Themen: Aggressionstrieb angeboren oder erlernt?; Auswirkung von Territorialverhalten; Gruppennormen und -ziele und deren Folgen; →Interaktion und →Kommunikation in und zwischen Gruppen und deren Auswirkungen; Möglichkeit einer Sublimierung von →Aggressionen.

Grundlegend ist auch, daß Friedenserziehung von der Weckung von Problembewußtsein über Wissenserwerb und Einstellungsänderung zur Aneignung praktischer Fertigkeiten und Fähigkeiten und zur aktiven Teilnahme am Lösen von Problemen fortschreiten muß. Friedenserziehung sollte außerdem schülerorientiert, situationsbezogen, problemzentriert, handlungsorientiert und interdisziplinär erfolgen. Hierin weist Friedenserziehung deutliche Parallelen zu anderen pädagogischen Fächern (z. B. →Umweltpädagogik) auf. Geht man realistischerweise davon aus, daß Konflikte nie völlig vermeidbar sein werden, dann kann das Hauptziel einer Friedenserziehung nur darin bestehen, einzelnen Menschen, Gruppen und Gesellschaften Möglichkeiten zur Konfliktbegrenzung und vor allem zu einer gewaltlosen Konfliktaustragung aufzuzeigen und, soweit möglich, entsprechende friedensfördernde oder – begünstigende Verhaltensweisen auch praktisch einzuüben.

Mögliche *Inhalte oder Themen von Friedenserziehung* sind

- Abbau von Vorurteilen, Freund-Feind-Denken und Aufbau von gegenseitigem Verständnis;

- Erziehung zu Konfliktbewußtsein und Konfliktfähigkeit („Streiten-Können“);
- Steigerung von selbstkritischer Reflexion und Abbau von überheblichem und verengtem Selbstwertgefühl bezüglich der eigenen Person (Fähigkeit, Position, Status, Rasse, Nationalität oder Kultur);
- Vorstellung bekannter Vorbilder für friedliches Problemlösen (Mahatma Gandhi, Martin Luther King, Mutter Teresa u. a.);
- Erziehung zur Friedfertigkeit und Absage an jegliche Gewalt: Aufweis der grundsätzlichen Nichtvereinbarkeit von Gewalt und Frieden;
- Erziehung zu sozialem Mitgefühl und zur Solidarität mit den Schwachen (Erzeugung subjektiver Betroffenheit: „Mitleiden-Können“);
- Weckung von Einsicht und Verständnis für das Aufeinanderangewiesensein aller Menschen und das gemeinsame Schicksal dieser Welt, in der wir leben;
- Einübung von Aggressivitätskontrolle und positivem Interaktionsverhalten;
- Schaffung eines kritischen politisch-gesellschaftlichen Bewußtseins;
- Wissensvermittlung über geschichtliche Zusammenhänge der Entstehung von Kriegen und Auseinandersetzungen und über Institutionen der Friedenskontrolle und -sicherung (Völkerbund, UNO, KSZE);
- Darstellung von Beispielen der Gewalt im „privaten“ Bereich: Kindesmißhandlung und -tötung, Vergewaltigung, Kriminalität, Mobbing (Unterdrückung am Arbeitsplatz), Arbeitslosigkeit und Armut;
- Darstellung von Beispielen der Gewalt im „öffentlichen“ Bereich: Hauptbeispiel Holocaust (Judenmord der Nazis), Stalin-Terror, Kolonialismus, Ausrottung der Indianer, Völkermord an den Armeniern und Kurden, Vertreibung und Flüchtlingselend, Umsiedlungen, Kriegsverbrechen in Vergangenheit und Gegenwart, Ausländerfeindlichkeit.

Ansätze und Formen der Friedenserziehung. Die Ansätze und Formen von Friedenserziehung sind äußerst vielgestaltig und beziehen alle möglichen → Unterrichtsmethoden und → Unterrichtsformen mit ein. Im einzelnen geht es um Möglichkeiten demokratischer Erziehung, interkultureller Erziehung (→ Ausländerpädagogik) und → Umweltpädagogik. Entscheidend ist in jedem Fall, daß die Erziehungsmaßnahmen nicht auf der Ebene rein rationaler Wissensvermittlung verbleiben, sondern über die Schaffung subjektiven Betroffenseins auch zur Veränderung und Einübung positiven Verhaltens vorstoßen. Friedenserziehung ist eine Aufgabe unterschiedlicher Fächer und sollte interdisziplinär sein.

Hinweise zur Praxis. Friedenserziehung beginnt im kleinsten Kreis, der Familie. Weitere wichtige beteiligten Erziehungsinstanzen sind Kindergarten, Schule und Beruf.

- Die Vorbildwirkung der Eltern ist besonders wichtig (Friedfertigkeit, kontrollierte Austragung von Streit und von Konflikten);
- soziale Fertigkeiten müssen nicht nur vorgestellt, sondern im Alltag eingeübt werden;
- der Wert jedes einzelnen Menschen und sein grundsätzliches Recht auf Leben und auf angemessene Befriedigung seiner Bedürfnisse (auch solcher nach Anerkennung, Liebe, Angstfreiheit) wird für Kinder vor allem dann anschaulich demonstriert, wenn sie sehen, wie sich Eltern und Erzieher entsprechend verhalten;
- Kinder müssen erfahren, daß verbale Aggression (Ironie, Lächerlichmachen, Herabsetzung) auch im Vergleich mit körperlicher Aggression keinesfalls als etwas Positiveres angesehen werden kann („Auch Worte können töten!“);
- Friedfertigkeit sollte sich auch zeigen im Straßenverkehr, im Vorgesetztenverhalten, im Umgang mit der Natur und der gesamten Umwelt.

Fröbel, Friedrich (1782–1852), absolvierte zuerst eine Försterlehre, Hospitation bei Pestalozzi in Iferten, Lehrer in Frankfurt/Main, Hauslehrer in Iferten, Studium der Naturwissenschaften in Göttingen und Berlin, Assistent am Mineralogischen Museum, 1813 Eintritt bei den Lützowern, 1816 Gründung der Allgemeinen Deutschen Erziehungsanstalt, Gründung verschiedener Anstalten in der Schweiz.

Pädagogisches Werk: „Menschenerziehung“, „Allgemeiner deutscher Kindergarten“,“Gesammelte pädagogische Schriften“.

Pädagogische Ideen: Fröbel gilt als ein Vertreter der Pädagogik der Romantik und als „Vater des deutschen Kindergartens“. Die Grundgedanken Fröbels zur Erziehung, in vielem denen → Pestalozzis ähnlich, ruhen in seinem (pantheistischen) Weltbild: Mensch, Natur und Gott „Diese Drei sind Eins“. Entsprechend sieht er drei menschliche Strebungen: „Erforschung der Natur“, „Hinabsteigen in sich“, „Erheben zu Gott“. Seine Vorstellung der Welt ist mystisch, in allem sieht er Gottes Wirken. Folgerichtig ist Erziehung „das Anregen ... zur reinen unverletzten Darstellung des innern Gesetzes, des Göttlichen“.

Prinzipien der Erziehung sind die Individualität und Selbstbestimmung des Kindes, die Werktätigkeit und Arbeit, die harmonische und gleichmäßige Ausbildung aller Kräfte, die Annahme eines kindlichen Gemeinschafts-, Bildungs- und Tätigkeitstriebes, die Berücksichtigung von *Entwicklungsstufen* (Säuglings-, Kindes-, Knaben-, Mannes- und Greisenalter).

Fröbel betont die *Wichtigkeit einer Erziehung in der frühen Kindheit* und konkretisiert diese Auffassung in a) der Idee, einen „allgemeinen deutschen Kindergarten“ zu schaffen, und b) seiner Theorie des kindlichen Spiels. Dem Kindergarten ist es aufgetragen, den Müttern die rechte Erziehung zu zeigen und eventuelle Nachteile oder Schädigungen aus der frühen Kindheitspflege fernzuhalten. Er soll der „inneren Erstarkung und der unsichtbaren Ausbildung des Gemüts, des Geistes“ dienen. In der Schule treten diese „sich bewußt werdenden Gemüts- und Geisteskräfte“ dann offen hervor. Um einen allzu abrupten Übergang zwischen Kindergarten und Schule zu vermeiden, fordert Fröbel eine Vermittlungs- oder Vorbereitungsschule (eine Vorform unserer heutigen Grundschule), die „den Übergang der realen und Sachanschauung zur abstrakten und Denkauffassung“ bilden soll.
Über den *Wert des Spielens* sagt Fröbel: „Ein Kind, welches tüchtig, still und ausdauernd spielt, wird gewiß auch ein tüchtiger, stiller, ausdauernder Mensch.“ Das →Spiel fördert die körperliche und seelische Entwicklung des Kindes. Aus der Beobachtung kindlichen Spielens entwickelte Fröbel „Spielgaben“ (z. B. Ball, Kugel, Würfel, Walze, geteilter Würfel). Diese Spielgaben sind konstruiert nach „Lebens-, Schönheits- und Erkenntnisformen“. Zusammen mit den „Spielliedchen“ bieten die Spiel- und Beschäftigungsgaben „Material zur Selbstbildung“ im Fröbel'schen Kindergarten.
Wirkung: Fröbel wirkte beispielhaft als Erzieher und beeinflußte die Entwicklung der Volksbildung und des Kindergartens in Deutschland, Europa und Amerika.

Frontalunterricht →Unterricht.

Frühförderung. In der Behindertenhilfe, die →Rehabilitation und Eingliederung Behinderter in die Gesellschaft zum Ziel hat, gilt folgende Regel: Je frühzeitiger eine →Behinderung erkannt und Maßnahmen zur Beseitigung oder Milderung ergriffen werden, desto sicherer kann das Ziel der Integration erreicht werden. Das Konzept der Frühförderung sieht eine interdisziplinäre (Medizin, →Psychologie, →Sonderpädagogik, Krankengymnastik) Zusammenarbeit vor, um durch eine gezielte medizinisch-pädagogisch-soziale Betreuung in der →Familie, in schulvorbereitenden Einrichtungen und bei schweren Behinderungen in sonderpädagogischen Einrichtungen Korrekturmöglichkeiten im Frühstadium zu nutzen, soziale Absonderung zu vermeiden und um alle Fähigkeiten der Kinder zu fördern.

Frustration, die Bezeichnung für einen organisch-psychischen Zustand, für das Erleben einer Enttäuschung, Versagung und Spannung, die auftritt, wenn die Befriedigung wichtiger →Bedürfnisse andauernd verhindert wird, wenn sich geistig vorweggenommene →Erfolge nicht einstellen, wenn →Strafen als unangemessen empfunden werden, wenn ein Mensch keine Möglichkeit sieht, einen unangenehmen Zustand zu verändern. Je nach vorausgegangenen →Erfahrungen folgen auf Frustration →Aggression, Zurückfallen auf eine schon überwundene Entwicklungsstufe (Regression), Festhalten am stereotypen, unangepaßten Verhalten (Fixierung), Passivität, Depression und konstruktive Versuche zur Bewältigung der Frustration. Die Erzieher sollten ein Übermaß an frustrierenden Erlebnissen vermeiden und durch die Vermittlung des Selbstvertrauens, eines gesunden Selbstwertgefühls, durch Ermutigung und Erfolgserlebnisse (erzielt durch eigene Anstrengung) die Erweiterung der Frustrationstoleranz (die Fähigkeit, Frustrationen zu ertragen) fördern.

Führungsstil. Dieser Ausdruck wird synonym mit →Erziehungsstil verwendet, wenn das Verhalten von Gruppenführern, von Erziehern in Gruppen (→Kindergarten, Schulklasse) beschrieben werden soll. Bekannt sind insbesondere der →autoritäre, demokratische und →Laissez-faire (Gleichgültigkeit)-Führungsstil (K. Lewin).

Funktionale Erziehung →Erziehung

Fürsorgeerziehung (FE) wird auf Antrag des →Jugendamtes oder der Personensorgeberechtigten in der Regel durch eine Entscheidung des Vormundschaftsgericht angeordnet, wenn ein noch nicht 17 Jahre alter Minderjähriger zu verwahrlosen droht (vorbeugende FE) oder schon verwahrlost ist (heilende FE). Als Zwangsmaßnahme wird die FE in der Regel in einem geschlossenen →Heim mit wenig Aussicht auf Erfolg durchgeführt. Die Fürsorgeerziehung zählt zu den Maßnahmen der →Erziehungshilfe.

G

Ganzheitsmethode → Erstleseunterricht.

Ganztagsschule (auch Tagesheimschule, Tagesschule) ist eine Schule, in der auch am Nachmittag unterrichtet wird. Der Lernstoff wird in der Schule nicht nur eingeführt und erarbeitet, sondern auch geübt, wodurch → Hausaufgaben weitgehend entfallen. Die Ganztagsschule wird zur Zeit mit folgender Begründung erprobt: sie dient der → Chancengleichheit, Spannungen zwischen Schule und Elternhaus werden vermindert (Wegfall von Hausaufgaben, sie sei wegen der Einführung der 5-Tage-Woche notwendig).

Gedächtnis, Gedächtnisstrategien → Lerntechniken

Gefühle, Gefühlserziehung. Gefühle (Emotionen) sind Befindlichkeiten und Erlebnisse, die den Körper, die Psyche und das Verhalten des Menschen umfassen. Es handelt sich um eine Erregung, Aktivierung (Ich-Zustand), die verhaltenssteuernde Wirkung hat und als lustvoll oder als unangenehm erlebt wird. Gefühle haben sowohl das Leben schützende (schützen vor Gefahren, sind Grundlage für soziale Kontakte und Beziehungen, verbessern Gedächtnis und Kreativität, sind eine wichtige Komponente für moralisches Verhalten und Wertüberzeugungen) als auch das Leben erschwerende Funktionen (→ Angst als Motor für psychische Krankheiten, lösen Konflikte, Kommunikationsprobleme und → Aggressionen aus, → Streß, Haß, Ekel können körperlich krank machen). Daher ist ein situationsangemessenes Erleben und Zeigen der Gefühle sehr wichtig. Damit ist die Notwendigkeit von Gefühlserziehung begründet.
Als spezielle Aufgaben der emotionalen Erziehung nennt E. Weber die Sensibilisierung der Emotionalität, Differenzierung der Emotionalität, Stabilisierung und Kontrollierung der Emotionalität.
Mit *Sensibilisierung* der Gefühle ist eine Steigerung der Gefühlsansprechbarkeit, der Feinfühligkeit und Einfühlungsfähigkeit gemeint. Sie ist zu erreichen über Wissensvermittlung, über Reflexion über eigene und fremde Erlebnisse, durch → Rollenspiel und über das → Modellernen (Erzieher als nachahmenswertes Modell).
Die *Differenzierung* der Gefühle wird vor allem durch die Förderung der Fähigkeit erreicht, Gefühle in Worte zu fassen, über sie zu berichten, sie mitzuteilen, über sie zu sprechen. Die Breite verschiedener Gefühlsqualitäten, sowohl auf der angenehmen als auch auf der unangenehmen Seite (Ekel, Abscheu, Ärger), wächst mit der Fähigkeit, Gefühle zu beschreiben.

Die Fähigkeit, unangenehme Spannungen, Konflikte, schmerzliche Versagungen und Verzichte zu ertragen (*Stabilisierung der Gefühle*), wird gefördert durch die Vermittlung eines gesunden Selbstwertgefühls und des → Urvertrauens in den ersten Lebensjahren. Auch → Ermutigung und Erfolgserlebnisse sind sehr wichtig. Gefühle sollen nicht unkontrolliert bleiben, d. h., der Mensch soll sich nicht von Gefühlen überwältigen lassen, sondern sie durch die Vernunft kontrollieren lernen *(Kontrollierung der Emotionalität).* Diese Kontrolle wird weder durch eine permissive, alles gewährende (die Kinder dürfen Gefühle unkontrolliert ausleben) noch durch eine zu strenge Erziehung erreicht (die Kinder dürfen Gefühle nicht zeigen).
Da Kinder das emotionale Verhalten nachahmen, ist es in diesem Zusammenhang wichtig, daß z. B. die Mutter bei Gewitter keine Aufgeregtheit und Ängstlichkeit zeigt, sondern ihr Kind auf den Arm nimmt, es anlächelt, ruhig mit ihm spricht und ihm ein Gefühl der Geborgenheit vermittelt. Da Gefühle in einer bestimmten Situation davon abhängig sind, wie der betreffende Mensch die Situation interpretiert und bewertet, ist die Beeinflussung der Gefühle über kognitive Prozesse möglich.
Die Kinder sollen vor allem lernen, welche zahllosen unterschiedlichen Möglichkeiten es gibt, andere Menschen und sich selbst einzuschätzen, realistische Ansichten über sich selbst und andere zu entwickeln.

Gehörlosenerziehung. Bei Taubheit und Resthörigkeit (Geräusche und Klänge bestimmter Stärke und Frequenz werden gehört, der Betroffene ist jedoch sprachtaub) können durch sehr frühe künstliche Sprachanbildung, durch Hinführung zur Lautsprache durch Nachahmung, durch Absehtraining und optisch gestützte Lautbildungsübungen Folgebehinderungen der Gehörlosigkeit (z. B. Stummheit, Einschränkungen des Denkens, Gefühlsverarmung, soziale Fehlentwicklungen) weitgehend vermieden werden. Die Gebärdensprache allein reicht nicht aus, da die Differenzierungsmöglichkeiten viel zu gering sind.

Gehorsam, Fähigkeit der Kinder und Jugendlichen, die Ansprüche und Anordnungen der Erzieher zu prüfen, zu bejahen und ihnen Folge zu leisten. Gehorsam muß eingeübt werden, Voraussetzung für Gehorsam ist einerseits → Autorität der Erzieher, andererseits selbstverantwortliche Reife der Minderjährigen. Von Gehorsam kann nicht mehr gesprochen werden, wenn die Befolgung von Anordnungen durch physische oder psychische Gewalt erzwungen wird.

Gemeinschaftserziehung ist die Bezeichnung für a) gemeinsame Erziehung von Knaben und Mädchen (→Koedukation), b) die Erziehung für das Leben in der Gemeinschaft, in sozialen Gruppen. Sie zeichnet sich durch Freundschaft zwischen Gruppenmitgliedern, hohen Zusammenhalt, Ungezwungenheit und gegenseitige Verbundenheit aus.

Gemeinwesenarbeit gilt neben der sozialen →Einzelfallhilfe und der sozialen →Gruppenarbeit als die dritte „klassische“ Methode der →Sozialpädagogik und →Sozialarbeit. Gemeinwesenarbeit ist die Sammelbezeichnung für eine Vielzahl von Tätigkeiten und Maßnahmen der Sozialpädagogen/Sozialarbeiter zur Verwirklichung der Menschenwürde (z. B. Lenken von Aufmerksamkeit auf soziale Mißstände; Mobilisierung vorhandener Kräfte; Wecken von Interessen zur Verbesserung der Lebenssituation; Anleitung zur Behebung von Notständen; Entwicklung und Planung sowie Durchsetzung von Erziehungs-, Freizeit- und Wohlfahrtseinrichtungen; Hilfe bei der Durchführung verschiedener sozialer Dienste; Stadtteilsanierungen).
Begriffsbestimmung. Gemeinwesenarbeit ist eine Methode, ein durchdachter Weg, der einen Komplex von Initiativen auslöst, durch die die Bevölkerung einer räumlichen Einheit (Straße, Wohnsiedlung, Stadtteil) gemeinsame Probleme erkennt, alte Ohnmachtserfahrungen überwindet und eigene Kräfte entwickelt, um Ursachen für Belastungen und Konflikte aufzudecken. Es wird angestrebt, daß sich die Betroffenen solidarisieren und durch Aktionen sowohl persönliche Defizite aufarbeiten als auch Umweltbelastungen und Notstände ändern. Es geht um eine Änderung von Lebensumständen durch interessengeleitete Selbsttätigkeit der Bürger.
Es werden unterschieden:
- „*Wohlfahrtsstaatliche*“ Gemeinwesenarbeit, die sich durch Optimierung sozialer Dienste (Kirchen, Wohlfahrtsverbände) eine Verbesserung der Lebensumstände verspricht;
- „*Integrative*“ Gemeinwesenarbeit, die nach einem lokalen Kompromiß, nach einem Konsens zwischen Konfliktparteien sucht, um die akuten Probleme erträglicher zu machen, und
- „*Aggressive*“ Gemeinwesenarbeit, die den Kampf gegen das System mit politischen Mitteln, z. B. Streiks, Besetzungen und Demonstrationen bevorzugt.

  Das Arbeitsprinzip Gemeinwesenarbeit. In der ökologischen →Sozialpädagogik wird auch vom „Arbeitsprinzip Gemeinwesenarbeit“ gesprochen. In der Gemeinwesenarbeit wird das wichtigste Moment der Hilfe zur Selbsthilfe gesehen, wenn diese folgende Prinzipien des Vorgehens beachtet:
- Soziale Probleme müssen als ökonomisch und politisch verursacht begriffen werden.

- Mit Hilfe pädagogisch-politischer Bildungsmaßnahmen sind die Bedürfnisse und Interessen der im Gemeinwesen lebenden Gruppen in Erfahrung zu bringen und zu aktivieren.
- Es muß versucht werden, die ganze Bevölkerung eines Gemeindeteils „um das Problem zu versammeln".
- Auch frustrierende Alltagserfahrungen und nicht nur soziale Probleme sind zu beachten und zu bearbeiten.
- Strategisch ist es wichtig, die sozialen und kulturellen Dienste in einem Gemeinwesen zur Wirkung zu bringen.
- Die Probleme in einem Gemeinwesen sind mit gemeinweseneigenen Instrumenten zu bearbeiten.
- Professionelles Handeln verspricht Erfolg, d. h. Projekte müssen systematisch durchdacht (mit Hilfe wissenschaftlicher Erkenntnisse), geplant (Gewinnung von Mitarbeitern, Organisation der Arbeit) und durchgeführt werden (Beschaffung von Geldmitteln, klare Leitung, Organisation der Treffpunkte usw.).

  Zentrale Stichworte des Arbeitsprinzips Gemeinwesenarbeit sind: *Integration, Aufklärung und Emanzipation.*

  Phasen der Gemeinwesenarbeit. Sozialökologisches Handeln umfaßt in der Regel folgende Phasen oder Schritte:
- In der *Erkundungsphase* sind Bedürfnisse, Interessen, ungünstige äußere Bedingungen und Umstände, Benachteiligungen der Menschen, Handlungsebenen im Stadtteil u. a.m. zu ermitteln; es geht um Erstellung eines *ökologischen Grundkonzepts* (Wohnwelt, Freizeit, Bildung, Gesundheit, Streßgründe, Lernmöglichkeiten, Einkaufswege usw.).
- Während der Phase der *Sozialstudie* oder der *Diagnose* wird ermittelt, wie die Bewohner den Wert des Stadtteils wahrnehmen (= Perzeptionskonzept), welche Ziele sich ergeben (= Intentionskonzept) und welche Einflußmöglichkeiten vorhanden sind (= Einflußkonzept).
- In der *Ausführungsphase* wird der Plan umgesetzt (z. B. Einmischung in die Verkehrsplanung, Kontakte zu Architekten, Städteplanern, Einschaltung der Presse, Bildung von Selbsthilfegruppen). Danach kommt die
- Phase der *Auswertung* und der *Neuplanung.*

Wichtige Strategien der Gemeinwesenarbeit sind: Interessengeleitete Selbsttätigkeit der Bürger, Schaffung von Basisstrukturen (Selbsthilfegruppen), Einzelaktionen wie Diskussionsabende, Ausflüge, „Siedlungsparlament" und bei Bedarf Einzelbetreuung und -beratung, die durch Hausbesuche, regelmäßige Sprechstunde und durch Kontakte zu anderen Institutionen geleistet wird.

Generationskonflikt. Das Verhältnis zwischen den beiden in der Familie, Schule, Berufsausbildung zusammenlebenden und aufeinander angewiesenen Generationen ist oft reich an Spannungen und Konflikten. Einerseits leistet die ältere Generation Widerstand gegen die Ablösung und Unabhängigkeit der jüngeren, andererseits wächst die jüngere Generation meist in einer gewandelten ökonomischen und kulturellen Umwelt auf und leistet daher Widerstand gegen die ihrer Auffassung nach überkommenen Werte und Normen. In diesem Konflikt sollte die ältere Generation ihr Wissen, ihre Erfahrungen nicht verleugnen und Wertvorstellungen nicht resignierend aufgeben, sie sollte aber beachten, daß sich die Methoden der Verständigung, der → Kommunikation und Auseinandersetzung mit der Jugend geändert haben. Es kommt heute auf Argumentation und Einsichtsvermittlung an. Die Anwendung von Zwang, Gewalt und autoritärem Gebaren ist dagegen wenig sinnvoll und wird in der Regel auch nicht mehr praktiziert. Daher spricht man neuerdings nicht mehr vom Generationskonflikt, sondern von einer *Generationskluft*, weil die Generationen der Älteren und der Jugendlichen unterschiedliche Lebensstile bevorzugen. Häufig wird das Verhältnis zwischen den Generationen mit dem Begriff „*Wahrnehmungskluft*" charakterisiert, weil eine unterschiedliche Sichtweise der Probleme zu tiefgreifenden Verständigungsschwierigkeiten und zu Beziehungskrisen führt, ohne daß diese konflikthaft ausgetragen werden.

Geragogik, eine pädagogische Teildisziplin der Altersforschung (Gerontologie), die sich mit Möglichkeiten der Verhaltensänderung und damit der Erziehung im fortgeschrittenem Alter befaßt, gewinnt immer mehr an Bedeutung (→ Altern und Pädagogik).

Gesamtschule. Um mehr → Chancengleichheit zu erreichen und um das Bildungsangebot zu verbessern, wurden seit 1970 in der Bundesrepublik Deutschland versuchsweise allgemeinbildende Schulen eingerichtet (für die 5. bis 10. Jahrgangsstufe), in denen die traditionelle Aufgliederung in Haupt-, Realschule und Gymnasium ebenso wie das System der Klassenschule aufgegeben wurde. Bei der „additiven" Gesamtschule werden die bisherigen Schularten lediglich in einem Schulkomplex zusammengefaßt. Die „kooperative" Gesamtschule bietet durch die räumliche Zusammenlegung die Möglichkeit zur Kooperation zwischen den Lehrern, Eltern und Schulleitern. Damit soll die größtmögliche Durchlässigkeit und individuelle Förderung erreicht werden. In integrierten Gesamtschulen werden alle Schüler eines Jahrganges in Kern- und Kursgruppen unterrichtet. Die Trennung in → Haupt-, → Realschule und → Gymnasium wird vollständig aufgehoben. Allerdings sind die in die Gesamtschule gesetzten Hoffnungen und Erwartungen enttäuscht worden. Der Ausbau der Gesamtschulen stagniert. Als Gründe dafür werden genannt: zu hohe Kosten; Fächerzersplitterung; Koordinationsprobleme; Gesamtschulen sind zu groß, zu unübersichtlich; →Aggressionen der Schüler steigen.

Geschichte der Pädagogik. Die heutige →Erziehungswissenschaft hat erst nach 1920 an den deutschen Universitäten den Status einer selbständigen Disziplin erworben. Bis dahin war Pädagogik das Anhängsel anderer Wissenschaften, z. B. der Philosophie, Theologie, Psychologie. Das Studium pädagogisch orientierter Schriften aus verschiedenen Zeitepochen ergibt folgende Erkenntnisse:

1. Bis in die Neuzeit stehen Überlegungen über die Erziehung ausschließlich im Dienste der Förderung von Privilegierten (z. B. Staatsbürger in der Antike, Adel und Geistlichkeit im Mittelalter, Bürger in der Neuzeit).
2. Es wurden insbesondere Überlegungen über das Ziel der Erziehung angestellt. →Platon entwirft z. B. konkrete Programme über die Erziehung von Philosophen und Kriegern; →Aristoteles zählt Tugendkataloge für den „guten Menschen und Bürger" auf; christliche Theologen wollen den Menschen hauptsächlich nach dem Vorbild Christi erziehen und ihn auf das Leben im Jenseits vorbereiten.
3. Die Umwälzungen des 17. Jahrhunderts (der Rationalismus setzt sich in den Wissenschaften durch, die Idee von der grundsätzlichen Gleichheit und Freiheit aller Menschen setzt sich durch, die Herstellung von Waren und der Handel großen Stils führen zu Umschichtungen auf dem wirtschaftlichen Sektor) lassen den Gedanken der allgemeinen Bildung für alle Menschen aufkommen. Es wird die Auffassung vertreten, daß Familie und Standesschule nicht mehr ausreichen, um die für die Zukunft benötigten Kenntnisse und Fertigkeiten an die nächste Generation weiterzugeben. Ein bedeutsamer Vertreter des Rationalismus und Bildungstheoretiker ist Johann Amos →Comenius (1592–1670). Comenius will zugleich als erfolgreicher Erziehungspraktiker, daß in den „Schulen alle in allem unterrichtet werden". Er verwendet die Muttersprache, geht von anschaulichem Material aus, organisiert Klassenunterricht, betont Weckung von Interessen für den neuen Lehrstoff. Das Ziel der Erziehung ist die Menschenbildung in christlichem Geiste (Selbstbeherrschung, Sittlichkeit und Frömmigkeit).
4. Mit der Aufklärung (John →Locke, 1632–1704; Jean-Jacques →Rousseau, 1712–1778; Immanuel Kant, 1724–1804) setzt sich die Überzeugung durch, daß der Mensch nur durch die Erziehung zum Menschen wird. J. Locke geht davon aus, daß der Mensch völlig ungeprägt („tabula rasa") zur Welt kommt. „Neun unter zehn Menschen sind das, was sie sind, gut oder böse, brauchbar oder unnütz, durch ihre Erziehung". Bildungsideal ist der englische Gentleman, der tugendhaft, brauchbar für das praktische Leben und

nützlich für die Gesellschaft ist, Selbstachtung besitzt und seine Mitmenschen schätzt. An Tugenden sind anzustreben: Wahrheitsliebe, Gerechtigkeit, Gottes- und Menschenliebe, Mäßigkeit, Ehrlichkeit, Mut und Tapferkeit. Die Erziehung hat zur rechten Zeit (im frühen Alter) einzusetzen; die Spiellust der Kinder ist zu erhalten und zu fördern.

J.-J. Rousseau, motiviert durch den „entarteten, sittenlosen Menschen", kommt zu der Auffassung, daß der Mensch durch die Kultur und Zivilisation „verdorben" wird. Daher sollen Erzieher durch die sog. „Negative Erziehung" alle schädlichen Einflüsse vom Kind fernhalten, damit sich die natürliche innere Ordnung des Kindes entfalten kann.

5. Mit den „Klassikern" der deutschen Pädagogik (Johann Heinrich →Pestalozzi, 1764–1827; Friedrich Daniel Ernst →Schleiermacher, 1768–1834; Friedrich →Fröbel, 1782–1852; Johann Friedrich →Herbart, 1776–1841) entwickelt sich die Pädagogik immer mehr zu einer Theorie der Kindergarten- und schulischen Erziehung. Pestalozzi stützt seine Pädagogik auf Erkenntnisse der Philosophie (vor allem Kant) und Psychologie, erkennt die Bedeutung der sozialen Situation des Individuums und widmet sich vor allem der Armenerziehung. Friedrich Fröbel gilt als Wegbereiter der Kindergartenerziehung. J. F. Herbart ist – ebenso wie Schleiermacher – bestrebt, der Pädagogik den Charakter einer Wissenschaft zu verleihen. Sie ist dabei eng an die praktische Philosophie und Psychologie gebunden. Die Ethik als praktische Philosophie zeigt das Ziel der Erziehung, nämlich die „Charakterstärke der Sittlichkeit", die Psychologie zeigt ihr die Wege, die Mittel, die Hindernisse und die Grenzen. Voraussetzung der Pädagogik ist die „Bildsamkeit des Zöglings". In der Praxis umfaßt die Erziehung nach Herbart die „Regierung" als äußere Regelung des sittlichen Verhaltens, die „Zucht" der Antriebe, der Interessen, des Wollens, damit der „Zögling selbständig nach den sittlichen Forderungen handelt", und den „Unterricht", der auf Bildung der Einsicht gerichtet ist.
6. Die Pädagogik im 20. Jahrhundert bietet ein buntes Erscheinungsbild. Aus dem Ringen um die wissenschaftstheoretische Position der Pädagogik ergeben sich viele Hauptströme und Richtungen der erziehungswissenschaftlichen Forschung. Die von Wilhelm →Dilthey begründete geisteswissenschaftliche Pädagogik findet eine Reihe von Nachfolgern (Theodor →Litt, Herman →Nohl, Eduard →Spranger, Georg →Kerschensteiner, Erich Weniger, Otto Friedrich Bollnow). Die genannten Wissenschaftler befaßten sich insbesondere mit dem Verhältnis zwischen Erzieher und Zögling („pädagogischer Bezug"), mit der Herleitung und Setzung von Normen, mit der →Didaktik. Auch die Aufforderung von Hein-

rich Roth, die Pädagogik solle vom Bücherstudium weg zur Tatsachenforschung („realistische Wendung"), blieb nicht ohne Resonanz. So finden erfahrungswissenschaftliche Methoden eine breite Anwendung. Schon bald wurde jedoch deutlich, daß die erfahrungswissenschaftliche Tatsachenforschung der normativen, emanzipierenden, ideologiekritischen Funktion der Pädagogik nicht gerecht wird. Daher versuchen Pädagogen wie Klaus Mollenhauer, Herrmann Giesecke, Herwig Blankertz und Hans Jochen Gamm unter Einbeziehung der Kritischen Theorie der Frankfurter Schule in einer Art „Emanzipatorischer Pädagogik" empirische und geisteswissenschaftliche Verfahren in Einklang zu bringen.

Überblick über die geschichtliche Entwicklung der Pädagogik

Antike und Mittelalter	Staatsideologie und Religion sowie Philosophie bilden die Grundlage der Überlegungen über die Erziehung Privilegierter
17. Jahrhundert (Comenius, Locke) 18. Jahrhundert (Rousseau, Pestalozzi) 19. Jahrhundert (Herbart, Schleiermacher, Fröbel)	Philosophie, Theologie, Anthropologie und auch Soziallehre bilden die Grundlage des pädagogischen Denkens. Gefordert wird die Erziehung für alle, Institutionalisierung der Erziehung (Schulen, Kindergärten) und damit auch Verselbständigung der Pädagogik als Wissenschaft (Universitätsdisziplin).
20. Jahrhundert (heutiger Stand)	Bereiche der Erziehungswissenschaft an den Universitäten und Pädagogischen Hochschulen (Lehrstühle): Allg. Pädagogik, Schulpädagogik, Sozialpädagogik, Erwachsenenbildung, Heilpädagogik, Sonderpädagogik, Allgemeine Didaktik, Grundschuldidaktik, Pädagogische Psychologie, Pädagogische Soziologie, Vergleichende Pädagogik. Methoden: geisteswissenschaftliche, empirische, historisch-vergleichende Methoden

Weiterhin wurden in den letzten Jahrzehnten einzelne Teilbereiche der Pädagogik ausgebaut: In der Jahrhundertwende gaben die Jugendbewegung und Frauenbewegung Anstöße zum Ausbau der → Sozialpädagogik und der → Erwachsenenbildung; Georg Kerschensteiner mit der „Arbeitsschule" und Peter → Petersen (Der Jena-Plan, → Jenaplanschulen) trugen zum Ausbau der Schulpädagogik bei; Wilhelm → Flitner und Friedrich Oetinger fördern Politische Erziehung und Bildung; die Diskussion um die Reform des Bildungswesens beeinflußt den Ausbau des Sonderschulwesens, der Berufsschulen und führt zur Neuorganisation des Schulwesens (z. B. →Gesamtschule).

Geschlechterrollen. Seit nachgewiesen werden konnte, daß Geschlechterrollen weniger biologisch und stärker soziokulturell bedingt sind, setzte eine intensive Diskussion über die Probleme, die Fragwürdigkeit und die evtl. notwendige Abschaffung der Geschlechterrollenerziehung ein. Mit Geschlechterrollen sind Überzeugungen, tradierte Vorstellungen, überlieferte Normen über das Verhalten des Mannes und der Frau bzw. der Jungen und der Mädchen gemeint. Eine Geschlechterrollenerwartung ist z. B. die Vorstellung, daß der Mann für den Verstand und die Frau für das Gefühl zuständig ist; daß ein Junge nicht weinen darf, sondern mutig, voller Wißbegierde und Leistungsstreben ist; daß Mädchen das Weinen erlaubt ist, daß sie bescheiden, ängstlich, opferbereit sind und für den Haushalt leben. Die Übernahme solcher Rollenvorstellungen bzw. der Geschlechterrollen erfolgt schon im Kleinkindalter durch die →Identifikation des Sohnes mit dem Vater und der Tochter mit der Mutter, d. h., das elterliche →Vorbild wird nachgeahmt. Auch in den Schulbüchern finden sich viele Texte mit den typischen Geschlechterrollen. Obwohl vor totaler Neutralisierung der Geschlechterrollenunterschiede zu warnen ist, muß eine frühe Festlegung auf eine Geschlechterrolle abgebaut werden, um mögliche Benachteiligungen zu verhindern und die Gleichberechtigung der Geschlechter zu erreichen.

Geschwisterkonstellation, Geschwisterreihe. Geschwisterbeziehungen (das Verhältnis unter den Geschwistern) und vor allem die Position in der Geschwisterreihe (Geschwisterkonstellation) sind von erheblicher erzieherischer Bedeutung. Die Existenz von Geschwistern hat zur Folge, daß die Liebe der Eltern geteilt werden muß, daß sich Geschwister untereinander vergleichen und miteinander rivalisieren, daß jüngere Geschwister ältere nachahmen können oder die Lust an bestimmten Tätigkeiten verlieren, weil die Konkurrenz als bedrängend erlebt wird. Die Forschungsergebnisse über den Einfluß der Geschwisterposition sind widersprüchlich, weil sich Eltern gegenüber ihren Kindern unterschiedlich verhalten. Die ältesten Kinder werden meist ängstlicher umsorgt als nachgeborene Kinder. Sie stehen zunächst im Mittelpunkt des Interesses und werden dann durch die Geburt eines Geschwisterchens sozusagen „entthront". Dies führt oft zur Mutlosigkeit oder zur →Aggression gegenüber dem jüngeren Geschwister. Erstgeborene Kinder werden als bindungs- und verantwortungsbereit, aber auch als mißerfolgsmotiviert geschildert. Das zweite Kind hat immer einen „Stärkeren" vor sich, wodurch es motiviert wird, sich anzustrengen, um ihn zu übertreffen. Das mittlere Kind von dreien ist besonders gefährdet, weil es durch den jüngeren bedrängt wird und das ältere möglicherweise unerreichbar scheint. Einzelkinder sollen nicht nur umsorgt, sondern so erzogen werden, daß sie sich selbständig mit anderen Kindern auseinandersetzen können. Die Eltern sollen bei der Erziehung ihrer Kinder nicht nur auf einen reibungslosen Umgang der Kinder miteinander achten, sondern herauszufinden versuchen, welche Probleme, verborgenen Wünsche, Rivalitäten die Kinder untereinander durch Zank und Streit austragen, um gezielt helfen zu können.

Gespräch (in Erziehung und Unterricht). Der Gedankenaustausch, die Informationsübermittlung und die Mitteilung von Erwartungen, →Gefühlen und →Bedürfnissen mit Hilfe der →Sprache sind die wichtigste Kommunikationsform in der →Erziehung, im →Unterricht und in der →Beratung. Die Art und der Verlauf eines Gesprächs werden bestimmt durch die sprachlichen und geistigen Fähigkeiten und andere Persönlichkeitsmerkmale der Gesprächspartner, durch das Ziel, das sie verfolgen, durch aktivierte Gefühle, durch das soziale Umfeld u. a. Das Gespräch zwischen Eltern und Kind, zwischen Lehrer und Schüler, zwischen Berater und Klient muß partnerschaftlich geführt werden. Der Gesprächspartner mit der geringeren Erfahrung muß das Gefühl haben, daß er ernst genommen wird, daß ihm mit Aufmerksamkeit und Interesse zugehört wird, daß er als gleichberechtigter Partner akzeptiert wird. Deshalb sind wichtig: ruhiges, freundliches, interessiertes Verhalten; aktives oder hilfreiches Zuhören; Ich-Botschaften; →Feedback; eine positive Beziehung zwischen den Gesprächspartnern. Der Gesprächsführer muß während des Gesprächs das Verhalten des Partners beobachten. Zu beachten sind: Mimik, Gestik, Körperhaltung, Erröten oder Erblassen, Unruhe, Sprechunterbrechungen, Blickkontakt, Gesamteindruck. In der Beratungspraxis hat sich insbesondere die Technik der →nicht-direktiven Gesprächsführung bewährt.

Das Gespräch im →Unterricht ist eine der am häufigsten vorkommenden Formen des Unterrichtens. Es werden unterschieden:

- das freie, vom Schüler geleitete Unterrichtsgespräch;
- das freie, vom Lehrer mitgeleitete Unterrichtsgespräch;
- das (gebundene) vom Lehrer geleitete Unterrichtsgespräch.

Eine entspannte Atmosphäre, interessante und herausfordernde Gesprächsanlässe und geschickte Impulse durch den Lehrer sind wichtige Grundlagen des Unterrichtsgesprächs. Als Gesprächsregeln werden häufig genannt: den Schüler (Mitschüler) ausreden lassen; aufmerksam zuhören und auf den Gesprächspartner eingehen; sich zu Wort melden; warten, bis man an der Reihe ist; den Mitschüler nicht auslachen; nur sachliche Kritik üben; bei der Sache bleiben.

Gestaltpädagogik. *Problemerörterung.* Bildungspolitiker und vor allem Bildungstheoretiker setzen sich vehement dafür ein, in die Schulen und in die Erziehung insgesamt wieder Herz und Verstand, Freude und Werte, Gefühle und Anstrengung zu bringen. Gestaltpädagogik, seit Mitte der siebziger Jahre auf den Erfahrungen und mit Hilfe des Denkmodells der Gestalttherapie und der humanistischen Psychologie entwickelt, könnte Wege der Verwirklichung dieser Forderung aufzeigen. Gestaltpädagogik zielt auf Selbstverantwortung und kritisiert die bekannten Mängel der öffentlichen Schule, die in der Tendenz zur Verplanung und Entpersönlichung, in ihrem Hang zur Lebensferne, zur Überbetonung des Wissens und des Intellekts und auch im verdeckten Selektionscharakter liegen. Die Bedürfnisse von Erziehern und Kindern werden zu wenig berücksichtigt. Der Vorteil der Gestaltpädagogik gegenüber manchen anderen Konzepten: Die Bedürfnisse der Erzieher und Lehrer sind genauso wichtig wie die der Kinder. Dies kommt deutlich im „Gestaltgebet" zum Ausdruck:
„Ich bin nicht in dieser Welt, um nach Deinen Erwartungen zu leben, und Du bist nicht in dieser Welt, um nach meinen zu leben. Du bist Du und ich bin ich. Und wenn wir Glück haben, uns zu begegnen, ist es wunderbar. Wenn nicht, so ist es nicht zu ändern" (F. Perls).Die Entwicklung der Gestaltpädagogik steht allerdings erst in den Anfängen und es liegt noch kein geschlossenes pädagogisches Konzept vor.
Zum Begriff. Nach O.-A. Burow ist Gestaltpädagogik ein Sammelbegriff für pädagogische Konzepte, die sich weitgehend an den theoretischen und praktischen Vorstellungen der Gestalttherapie und Gestaltpsychologie orientieren. Im Mittelpunkt der Gestaltpädagogik steht nicht das, *was sein soll*, sondern das, *was ist.* Wegbereitend für die Gestaltpädagogik waren die in den 60er Jahren entwickelten pädagogischen Konzepte:

- „*Confluent Education*" nach George Brown hatte eine Integration affektiver und kognitiver Lernprozesse zum Ziel;
- „→ *Themenzentrierte Interaktion*" nach R. Cohn will „lebendiges Lernen" durch eine Balance (Herstellung des Gleichgewichts) zwischen dem Thema (ES), den Gefühlen, Bedürfnissen und Fähigkeiten des Einzelnen (ICH), den Beziehungen und Interaktionen in der Gruppe (WIR) sowie den äußeren Zwängen (GLOBE) ermöglichen;
- „*Integrative Pädagogik*" nach Hilarion Petzold versucht durch verschiedene Aktivitäten emotionales, kognitives und körperliches Erleben zu integrieren;
- „*Personzentriertes Lernen*" (Carl Rogers) bzw. „*schüler-orientierter Unterricht*" (Reinhard Tausch) stellen Stimmigkeit zwischen Gefühlen und dem Auftreten des Erziehers/Lehrers (*Echtheit*), Wertschätzung des Kindes und Einfühlung in die Welt des Anderen als fruchtbare pädagogische Momente heraus.

Im Mittelpunkt der aufgeführten Ansätze steht der Mensch. Ihm versucht die Gestaltpädagogik gerecht zu werden, indem sie:

- Lehren und Lernen als Begegnung, als Kontakt zwischen Individuen, Gestalten und Ganzheiten betrachtet;
- neue, ganzheitliche, die Ebenen des Denkens, Fühlens und Handelns integrierende Methoden und Techniken des Umgangs mit sich selbst, mit der Gruppe und mit dem Thema entwickelt und
- Wachstumsprozesse des Individuums durch Freiheit des Handelns und durch Übernahme der Verantwortung für das eigene Tun unterstützt.

Wissenschaftliche Grundlagen. In der Gestaltpädagogik bilden zwischenmenschliche Interaktionsprozesse den Hintergrund für die Vermittlung von Bildungsinhalten und für das Erschließen von Wissen. Dieser Hintergrund ist sehr wichtig, denn Kommunikationsstörungen, unerledigte Handlungen, störende und nicht bearbeitete Gefühle, persönliche Verletzungen und Beziehungsprobleme in der Gruppe können die Aufmerksamkeit beeinträchtigen und das Entstehen „guter" Gestalten und „sinnvoller Figuren" im „Vordergrund" behindern oder verhindern. Nur das personale, selbst erschlossene, im Kontakt mit der Umwelt und mit Personen (Erzieher und Gruppenmitglieder) erarbeitete Wissen dient dem Überleben und der →Selbstverwirklichung. Das engagierte, kreative Erschließen von Wissen, ein Schöpfungsakt, der das Selbst stärkt und Autonomiekräfte fördert, kann nur gelingen, wenn Kontaktprozesse durch Entfremdung von der Natur und durch Ausgrenzung von emotionalen Prozessen und von zwischenmenschlichen Begegnungen nicht verhindert werden. In diesem Sinne verschreibt sich Gestaltpädagogik dem „*Hier-und-Jetzt-Prinzip*", d. h. Erleben, Gefühle, Bedürfnisse und Begegnungen der Gegenwart und nicht die der Vergangenheit und der Zukunft sind von entscheidender Bedeutung. Nicht die Art und Weise des Streits zwischen Mutter und Kind, zwischen Vorgesetztem und Mitarbeiter, zwischen Lehrer und Schüler von gestern ist psychisch und erzieherisch relevant, sondern die Gefühle, Gedanken, Bewertungen und Spannungen, die dieser Streit jetzt noch auslöst, sind für die Erziehung aufzugreifen. Da jedem Menschen im Sinne der humanistischen Psychologie ein Streben nach →Autonomie, nach Selbstverwirklichung und Transzendenz, also ein Wachstumspotential innewohnt, bedarf es keiner weiteren Motivation zum Lernen. Leben heißt in Kontakt bleiben, heißt motiviert sein, heißt Interessen entwickeln und die Welt erschließen wollen, ihr das Geheimnis entlocken wollen. Es ist daher sehr wichtig, daß dieses natürliche Streben durch Lehrpläne und damit vorgegebene Bildungsinhalte nicht behindert und verhindert wird. Gestaltpädagogik will nicht das „offizielle" Wissen außer Kraft setzen. Sie will nur die „Störungen", die Kontaktunterbrechungen ernst nehmen und sie – nicht therapeutisch – sondern im Dialog, durch Gespräch, durch Bewegung und Spiel soweit bearbeiten, bis die Kontaktfähigkeit zum „Stoff" wiederhergestellt wird. Je mehr es gelingt, den Menschen in seiner Ganzheitlichkeit anzuerkennen und zuzulassen, desto kreativer und wachstumsfördernder verlaufen die Lernprozesse. Da es nach der Gestaltpsychologie kein „objektives", „wahres" und zu verallgemeinerndes Wissen gibt, sondern sich jeder Mensch seine eigene Welt konstruiert und sein Wissen schafft, ist eine Vermittlung von Bildungsinhalten ohne Herstellung des personalen Bezugs sinnlos. Da nach F. Perls (Gestalttherapeut) Kontakt immer nur an der Grenze zwischen zwei Gestalten, zwei eigenständigen Einheiten, die ihre Identität bewahren, geschehen kann, ist es wichtig, daß Menschen Verantwortung übernehmen, daß sie selbständig bleiben, daß sie lebendig, fühlend und einfühlsam dabei sind, daß sie die Fähigkeit und die Freiheit haben, zu antworten. Nach Fritz Perls ist Kontakt „Anerkennung von Unterschieden". Lebendiges Lernen ist nur möglich, wenn der Mensch als Geist-Seele-Körper-Einheit zugelassen wird. Das bedeutet, daß die geistig-rationale Seite des Menschen durch *kognitive Lernstrategien*, die seelische, emotionale Seite durch Verfahren *affektiven* Lernens und die körperlich-motorische Seite durch *bewegungspädagogische* Methoden berücksichtigt werden muß.

Grundlegende Prinzipien und Methoden der Gestaltpädagogik. Die wichtigsten Prinzipien oder Grundsätze des Erziehens und Unterrichtens im Sinne der Gestaltpädagogik werden nachfolgend zusammengestellt und durch Fragen kurz erläutert.

- Hier-und-Jetzt-Prinzip (Was geschieht hier? Was erlebe ich jetzt?)
- Das Prinzip der Konzentration auf den Kontakt (Wie begegne ich Dir? Wie gehe ich mit dem Sotff um?)
- Das Prinzip der Freiwilligkeit (Bin ich bereit, mitzumachen?)
- Das Prinzip der Förderung der Bewußtheit (Kann ich meine Lebensbedingungen realistisch einschätzen? Ist es mir bewußt, wie ich dabei bin?)
- Das Prinzip der Verantwortlichkeit (Habe ich meine „Wahl" getroffen? Trage ich die Verantwortung für mich?)
- Das Prinzip der geschlossenen Gestalt (Kann ich neue Erfahrungen vollständig verarbeiten? Gibt es keine „unerledigten Geschäfte"?)
- Das Prinzip des Lernens durch Erfahrung (Lerne ich „reflexiv", d. h. kann ich neue Inhalte mit meiner Person verbinden, mit mir in Beziehung setzen? Welche Aktivitäten entwickle ich?)

Gestaltpädagogisches Erziehen und Unterrichten lebt nicht von der „Anwendung bestimmter Methoden und Techniken" sondern von der Haltung, von der Bereitschaft und Fähigkeit, die oben zusammengestellten Prinzipien zu leben und konfliktfähig zu sein. Hilfreich sind dabei folgende Methoden:

- Entspannungsübungen, Bewegungsübungen zur Einbeziehung des Körpers.
- Phantasiereisen und Meditationsübungen zur Entfaltung des intuitiven, kreativen Bereichs.
- →Rollenspiel zur Verdeutlichung von Fähigkeiten und von Beziehungen.
- →Psychodrama nach Moreno zum Erleben und Veranschaulichen von Gefühlen und Konflikten.
- Identifikationsübungen zur Verdeutlichung von Kontakt und Grenze, von Ich und Du.
- →Feedbackübungen zur Förderung der Verantwortung und des bewußten Umgangs mit sich selbst.
- Symbolische Darstellung z. B. von Gefühlen wie →Angst, um Abstraktes zu visualisieren.

Durch die kleine Auswahl an Methoden soll die Vielfalt gestaltpädagogischen Vorgehens zum Ausdruck gebracht werden. Ebenso wichtig wie Methoden sind auch Medien wie Bilder, Dias, Fotos, Musik, Spiele, Pantomime, Filzstifte zum Malen u. a.m.

Hinweise zu Praxis. Gestaltpädagogik legt viele Mängel der öffentlichen Schulen schonungslos offen. Kreative Methoden und die Rolle des Erziehers und Lehrers als wacher Begleiter des Kindes, der seine Gefühle und Bedürfnisse nicht zugunsten des Kindes aufgeben oder verleugnen muß, könnten für viele Pädagogen einen Weg aus der Frustration, Resignation und kraftraubenden Alltagsroutine darstellen. Es besteht die Gefahr, daß die Betonung der Entfaltung individueller kreativer Fähigkeiten und der Einsatz vieler, der Gestalttherapie „ausgeliehener" Methoden mit institutionellen Zwängen und mit der Zielsetzung der →Anpassung in Konflikt geraten. Freies Lernen, sinnvolles Agieren, das Austragen von Konflikten und Lösen von Störungen ist oft nur schwer mit einem Lehrplan in Einklang zu bringen. Es ist wichtig, daß in der Praxis der Unterschied zwischen Gestalttherapie und Gestaltpädagogik beachtet wird. Die Gestalttherapie zielt auf Bewältigung der im-Hier-und-Jetzt wirksamen unerledigten Vergangenheit; sie organisiert Erfahrungen, die der Klient sonst vermeidet. Die Gestaltpädagogik ermöglicht Erfahrungen, die für das Kind neu sind, achtet darauf, daß Schüler eine Situation vollständig durcharbeiten und daß ihnen bewußt wird, wie sie sich mit der Umwelt auseinandersetzen.

Gewissen, Gewissenserziehung. Nach J. Aronfreed umfaßt das Gewissen die „kognitiven und emotionalen Prozesse, von denen eine internalisierte moralische Steuerung des individuellen Verhaltens ausgeht." Unter Gewissen ist demnach sowohl das normative System zu verstehen, das der Mensch im Laufe der Entwicklung verinnerlicht hat (Werthaltungen, Normen, Überzeugungen, Einstellungen). Zum

Gewissen gehören aber ebenso die emotionalen Reaktionen (z. B. Angst, Scham und Schuldgefühle), die entstehen, wenn beabsichtigte oder ausgeführte Handlungen im Konflikt mit dem normativen System stehen. Nach S. Freud entsteht das Gewissen durch die →Identifikation mit den Eltern und deren Über-Ich. Die Entwicklung des moralischen Bewußtseins, der Verpflichtung, sich nach gewissen moralischen Forderungen zu richten, vollzieht sich nach Jean Piaget in drei Stufen:

- Auf der Stufe des *einfachen moralischen Realismus* ist alles erlaubt, was Vorteile bringt, und alles verboten, was bestraft wird.
- Auf der Stufe der *heteronomen Moral* orientiert sich das Kind am Verhalten seiner Erzieher und an den Folgen der Handlungen; eine Handlung ist um so unmoralischer, je härter die Strafe ist.
- Die *autonome Moral* umfaßt individuelle Gewissensgrundsätze, verinnerlichte Normen und Werte.

Die Gewissensbildung und -erziehung kann kaum durch harte →Strafen und Zwänge, sondern vielmehr durch →Modellernen, entspannte Atmosphäre, durch Einsichtvermittlung und vor allem durch →Sozialerziehung gefördert werden. Im Umgang mit Gleichaltrigen und Erwachsenen, durch das Erleben der Gegenseitigkeit, der Notwendigkeit, auf etwas zu verzichten, bilden sich Rücksichtnahme, →Toleranz, Hilfsbereitschaft, Zuverlässigkeit und Verantwortungsbewußtsein heraus.

Gewöhnung. „Angewöhnen", „abgewöhnen" und „umgewöhnen" sind Ausdrücke, mit denen das Einüben, Lernen oder Verlernen stabiler Verhaltensweisen bezeichnet wird. „Gewöhnung" bedeutet auch Anpassung an veränderte Umweltverhältnisse (Gewöhnung an ein bestimmtes Klima oder an Verhältnisse nach einem Wohnortwechsel). Als →Erziehungsmittel wird Gewöhnung eingesetzt, um Gewohnheiten im Sinne einer bestimmten Arbeitshaltung (Genauigkeit, Zuverlässigkeit), bestimmten Denkhaltung (Denkgewohnheit) oder von automatischen Bewegungsabläufen zu erreichen. Schon →Aristoteles hat die gesamte pädagogische Praxis aufgegliedert in „Gewöhnung an die Sitte" als Erwerb lebenspraktischer Erfahrung, die dann Voraussetzung für jede unterrichtliche Unterweisung und damit für den Erwerb des Wissens bildet. In der Lerntheorie sind Gewohnheiten (engl. habits) einfache Stimulus-Reaktions-Verbindungen. Unerwünschte, negative Gewohnheiten sind meist mit lustvollen Folgen verknüpft und werden damit laufend verstärkt. Daher ist das Abgewöhnen bzw. das Umgewöhnen in der Regel mit großem Widerstand verbunden.

Gleichaltrigengruppen. Nach dem dritten Lebensjahr verbringt das Kind immer mehr Zeit in altershomogenen Gruppen. Die Gleichaltri-

gengruppe kann sowohl einen positiven als auch einen negativen erzieherischen Einfluß ausüben. Merkmale von Gleichaltrigengruppen in der Kindheit sind: freiwillige Mitgliedschaft; unbeständige Rangordnung; Kinder, die sich gegen die „Spielregeln" verhalten, werden als Spielverderber abgelehnt; Mutproben, um sich ständig neu zu beweisen; recht „grausames" oder brutales, aber auch sehr spontanes und hilfsbereites Verhalten.
Was ein Kind in der Gruppe lernt, ist abhängig vom Kind und seinem Verhalten (Bedeutung der Familienerziehung), von der Gruppenstruktur (Außenseiter, Clique, Mitläufer), von den Erwachsenen (→Führungsstil). Eine Außenseiterposition ist immer problematisch. Daher sollen die Erzieher die Kinder weder verwöhnen noch sie durch Strenge zur Passivität erziehen. Erzieher sollen den Kindern den Zugang zu Gleichaltrigengruppen ermöglichen und Kinder und Jugendliche in die Lage versetzen, sich gegen den negativen Einfluß der Gruppe zu wehren.

Goethe-Institut →Auslandsschulen, deutsche

Griechischunterricht →Altsprachlicher Unterricht

Grundschule ist eine 4- bis 6jährige Pflichtschule für alle Kinder nach dem 6. Lebensjahr. Die Grundschule, nach den Reformvorstellungen des →Bildungssystems auch Primarstufe oder →Primarbereich genannt, ist neben der Hauptschule ein Teil der Volksschule und schließt an die Elementarerziehung (→Elementarbereich) an. Erzieherische Aufgaben der Grundschule sind: Vermittlung elementarer Kulturtechniken (z. B. Lesen, Schreiben, Rechnen), Anpassung an bestimmte Arbeits- und Lernmethoden (z. B. entdeckendes Lernen, Gruppenarbeit, Gewöhnung an die Anforderungen in der Schule), Abbau familiär bedingter Benachteiligungen (z. B. Förderung der →Sprache, der Lernbereitschaft und -motivation), →Sozialerziehung und soziales Lernen (z. B. →Gespräch, →Rollenspiel, Partnerarbeit statt Frontalunterricht), Einführung in die Lernfelder Sachkunde und Heimatkunde. Als erzieherische Grundsätze werden genannt: Orientierung an der „Individuallage" des Kindes, Orientierung an der Erlebniswelt der 6- bis 10jährigen Kinder (Unterricht vom Kinde aus), „Anschauung" und „Nähe" (→Pestalozzi), Einsatz von „Kopf, Herz und Hand" und Berücksichtigung des musisch-emotionalen Bereichs (Musik, Kunst, Sport, Spiel) sowie „selektionsfreie Förderung" (kein Notendruck).

Gruppenarbeit, soziale (Social group-work), gilt als klassische Methode der →Sozialpädagogik und →Sozialarbeit. Nach G. Konopka ist die „Soziale Gruppenarbeit eine Methode der Sozialarbeit, die den einzelnen durch sinnvolle Gruppenerlebnisse hilft, ihre soziale Funktionsfähigkeit zu steigern und ihren persönlichen Problemen, ihren Gruppenproblemen oder den Problemen des öffentlichen Lebens besser gewachsen zu sein". In der sozialen Gruppenarbeit befähigt nach W. A. Friedländer „der Gruppenarbeiter verschiedene Arten von Gruppen zu einer Funktionsweise, durch die Wechselbeziehungen in der Gruppe und das Programm zur Entwicklung des einzelnen zur Erreichung wünschenswerter sozialer Ziele beitragen". Will man bestimmte Ziele erreichen, so kommt es auf die Funktionsweise der Gruppe an. Der Gruppenarbeiter hat daher die Aufgabe:

- Anregungen und Impulse für Gruppenprogramme zu geben;
- darauf zu achten, daß der einzelne in der Gruppe akzeptiert wird;
- Konflikte zu erkennen und deren Lösung herbeizuführen;
- Entmutigte zu loben und ihnen neue Aufgaben zu übertragen;
- die Gruppe zu beraten und ihr zur Selbständigkeit zu verhelfen;
- gezielte Rückmeldungen zu geben.

Soziale Gruppenarbeit wird im Bereich der →Jugendhilfe (→Jugendarbeit, Jugendpflege, →Resozialisierung), in Freizeitgruppen, im →Kindergarten, in der →Erwachsenen- und →Familienbildung, in der →Heimerziehung und ganz allgemein in der →Beratung eingesetzt.

Gruppenerziehung →Gruppenpädagogik

Gruppenpädagogik. Von der sozialen → *Gruppenarbeit* unterscheidet sich die Gruppenpädagogik eher in der Zielsetzung und weniger in der methodischen Gestaltung des Gruppengeschehens. Während soziale Gruppenarbeit mehr zum Zwecke der Beratung, der Therapie und der Hilfe zur Selbsthilfe eingesetzt wird, geht es bei Gruppenpädagogik um „Erziehung innerhalb von Gruppen"(K. Mollenhauer), auch dann, wenn keine Hilfsbedürftigkeit oder kein Beratungsanspruch vorliegt. Ihren Aufschwung in den 6oer und 70er Jahren verdankt Gruppenpädagogik der →Themenzentrierten Interaktion nach Ruth Cohn und der →Gestaltpädagogik.
Erste Ansätze der Gruppenpädagogik finden sich bei J. H.→Pestalozzi, F. →Schleiermacher und A. Adler. Gruppe wird als ein hervorragendes Medium für die Einübung demokratischer Verhaltensweisen angesehen. So haben 1949 Amerikaner im Haus Schwalbach (Wiesbaden) eine „Arbeitsstätte für Gruppenpädagogik" gegründet, um Gruppenpädagogik als Instrument der politischen Umerziehung der deutschen Jugend, vor allem als Medium der demokratischen Erziehung einzusetzen. Um Gruppe als „Erziehungsraum" und -medium einzusetzen, bedarf es besonders ausgebildeter *Gruppenleiter*. In Gruppen sind bei entsprechender Anleitung und Gestaltung der →Interaktionen durch ausgebildete Gruppenleiter viele erzieherisch wirk-

same Momente möglich, die in Einzelsituationen weniger intensiv erlebt werden. Die Gruppe kann Schutzraum und Geborgenheit bieten, um mehr Offenheit zu ermöglichen; die Gruppe kann bei Hilflosigkeit Solidarität mit dem Betroffenen ebenso leisten wie vielfältige Anregungen zur „neuen Sicht" der eigenen Situation; die Gruppe kann Rückmeldungen geben und Selbsterfahrungsprozesse einleiten und sie kann das gezeigte Verhalten sanktionieren (Belohnung, Bestrafung). In Gruppen spielen → Gefühle immer eine wichtige Rolle, Selbst- und Fremdwahrnehmung ist von Bedeutung, verschiedene Rollen können übernommen werden, die Unterordnung unter Gruppennormen und -regeln ist notwendig: die verschiedenartigsten Lernprozesse sind also möglich. Wichtige Grundsätze zur Gestaltung personalen Wachstums in Gruppen haben R. Cohn in der → Themenzentrierten Interaktion und auch M. Kelber durch die Auswertung der Schwalbacher Gruppenpädagogik formuliert. M. Kelber fordert:

- Anfangen, wo die Gruppe steht, die Entwicklung der Gruppe beobachten und sich mit ihr in Bewegung setzen.
- Zusammenarbeit mehr pflegen als Einzelwettbewerb.
- Durch Zuwendung und Aufgabenstellung alle Mitglieder ansprechen und die individuellen Interessen und Möglichkeiten berücksichtigen.
- Gemeinsame Entscheidungen herbeiführen, Raum für gemeinsame Entscheidungen geben.
- Der Gruppe Vertrauen entgegenbringen, sie ermutigen, mit der Stärke und mit den positiven Kräften arbeiten.
- Notwendige Grenzen positiv nutzen, auf Einhaltung von Normen achten, aber auch den gesamten Spielraum ausnutzen.

Für die Arbeit des Gruppenleiters gilt: „Sich überflüssig machen", d. h. die Gruppe zum selbständigen Arbeiten befähigen. Dieser Grundsatz gilt auch für die inzwischen weitverbreiteten Selbsthilfegruppen verschiedener Art.
Durch Gruppenpädagogik läßt sich vor allem in Jugendgruppen wichtige vorbeugende und unterstützende erzieherische Arbeit leisten, wenn für die Jugendlichen eine Ablösung von der Familie, die Berufsfindung, die Entwicklung einer eigenen Weltanschauung, die Knüpfung von Freundschaften und der Aufbau einer Partnerschaft anstehen. Es zeigt sich, daß gruppenpädagogische Jugendarbeit nur bei kreativen Initiativen, bei guter Ausstattung von Jugendzentren und bei ausreichendem Angebot an Aktivitäten gelingt.

Gruppenunterricht. Wird der Klassenverband in Gruppen von zwei bis etwa sechs Schülern zur Erledigung gleicher (arbeitsgleiche Gruppen) oder verschiedener (arbeitsteilige Gruppen), aber thematisch zusammengehöriger Aufgaben aufgeteilt, so spricht man vom Gruppenunterricht als einer dem Frontalunterricht didaktisch und lernpsychologisch überlegenen Sozialform des →Unterrichts. Der Gruppenunterricht verläuft im allgemeinen nach folgendem Schema:

a) Im Unterrichtsgespräch werden Gesamtplan, Ziele und Teilaufgaben des Gruppenunterrichts erarbeitet.
b) Einzelgruppen bearbeiten Teilaufgaben und halten die Ergebnisse (meist) schriftlich fest.
c) Die Ergebnisse werden vorgetragen, ergänzt, kritisiert, ausgewertet, dann wird die Gesamtzusammenfassung erarbeitet. Die Effektivität des Gruppenunterrichts hängt ab von der Vorbereitung von Arbeitshilfen und der Strukturierung einzelner Teilaufgaben durch den Lehrer. Er kann von Fall zu Fall entscheiden, ob er leistungshomogene oder -heterogene Gruppen bildet. Die erzieherische und unterrichtliche Wirksamkeit des Gruppenunterrichts ist unbestritten, vor allem weil durch die Gruppenarbeit die Selbsttätigkeit der Schüler, Kooperation, Eigeninitiative und das soziale Lernen gefördert werden. Als Mängel des Gruppenunterrichts werden zu oberflächliches Arbeiten in der Gruppe, zu einseitige oder zu geringe Förderung einzelner Schüler sowie unzulängliche Darbietung der Ergebnisse durch die Schüler gesehen.

Gymnasium umfaßt neun Jahrgangsklassen (mit →Orientierungsstufe) und schließt mit der Allgemeinen Hochschulreife (→Abitur) ab. Es werden unterschieden: Humanistisches Gymnasium mit Latein als der ersten Fremdsprache, Neusprachliches Gymnasium, Mathematisch-naturwissenschaftliches Gymnasium, Musisches Gymnasium, Wirtschaftswissenschaftliches Gymnasium, Sozialwissenschaftliches Gymnasium (insbesondere für Mädchen gedacht). Neben der →Gesamtschule werden heute verschiedene Reformvorschläge des Gymnasiums in Schulversuchen erprobt. In der „Reformierten Oberstufe" werden Klassenverbände zugunsten der Bildung von Leistungskursen und von Fachgruppen aufgelöst („Differenzierte Oberstufe"). →Bildungssystem.

Gymnastik ist die Sammelbezeichnung für rhythmische Bewegungen, für den Einsatz bestimmter Bewegungsformen zur Ertüchtigung einzelner Muskelpartien. (→Leibeserziehung).

H

Hamburger Abkommen vom 28. 10. 1964 stellt eine „Neufassung des Abkommens zwischen den Ländern der Bundesrepublik zur Vereinheitlichung auf dem Gebiet des Schulwesens“ dar und regelt die Dauer des Schulbesuchs, die Bezeichnungen der Schulen, die Verbindlichkeit einer Fremdsprache ab dem 5. Schuljahr des →Gymnasiums, die gegenseitige Anerkennung der Abschlußzeugnisse und der Lehramtsprüfungen, die Dauer der Vollzeitschulpflicht (9 Jahre) u. a.m. Mit diesem Abkommen wurde z. B. die Bezeichnung →Hauptschule eingeführt und „Volksschule“ als noch mögliche Bezeichnung für →Grund- und Hauptschule zusammen zugelassen.

Handelsschulen werden 2- bis 3jährige Vollzeitschulen mit kaufmännischer Berufsausbildung genannt, die zum mittleren Bildungsabschluß (Realschulabschluß) führen und mit Berufsfachschulen (→Berufsbildung) gleichzusetzen sind. Die ein- oder zweijährigen Höheren Handelsschulen setzen den mittleren Bildungsabschluß voraus, legen höheren Wert auf Sprachen und führen meist in eine gehobene Angestellten- oder Beamtenlaufbahn (Verwaltungstätigkeit).

Hauptschule umfaßt als Volksschule die Jahrgangsstufen fünf bis neun und ist Pflichtschule für alle Kinder, die weder eine Realschule noch das →Gymnasium als eine weiterführende Schule besuchen. Einige Bundesländer haben den 5. und 6. Jahrgang bereits als →Orientierungsstufe ausgebaut und/oder das Bildungsangebot der Hauptschule in A- und B-Kurse aufgegliedert. Schüler, die sich in anspruchsvolleren A-Kursen bewährt haben (und zwar in den Fächern Deutsch, Mathematik, Englisch und/oder Physik/Chemie), können den auch von der Wirtschaft anerkannten →„qualifizierenden Abschluß“ erwerben. Damit können sie die →Berufsaufbauschule oder →Berufsfachschule besuchen und die Fachschulreife erwerben. Sie können aber auch – mit einem Notendurchschnitt bis zu 2,0 – in die 10. Klasse der →Realschule übertreten. Mit einem „normalen“ Hauptschulabschluß können die Schüler nur in die →Berufsschule und in die Berufsfachschule eintreten, ohne die Fachschulreife zu erwerben.

Hausaufgaben. In der Regel werden von den Lehrern den Schülern konkrete Arbeiten zur Erledigung außerhalb der Unterrichtszeit übertragen („aufgegeben“). Obwohl Hausaufgaben in der schulpolitischen und didaktischen (→Didaktik) Diskussion umstritten sind, haben sie in der Unterrichtspraxis aller Schularten einen festen Platz.

Empirische Untersuchungen haben ergeben, daß bis zu 97% der Eltern die Hausaufgaben befürworten, bis zu 94% aller befragten Lehrer Hausaufgaben aus erzieherischen Gründen für notwendig halten und etwa die Hälfte der Lehrer sie zu unterrichtlichen Zwecken für unbedingt notwendig hält. Es gibt eine Reihe von Argumenten für und gegen die Hausaufgaben.

Argumente für die Beibehaltung von Hausaufgaben:

- Angesichts der Stoffülle, der überfüllten Klassen, kann die Schule auf Hausaufgaben nicht verzichten (= Entlastungsfunktion).
- Die Erledigung von Hausaufgaben fördert die Konzentration, Ausdauer, sinnvolle Zeiteinteilung, Selbständigkeit und Gewissenhaftigkeit der Schüler (= erzieherische Funktion).
- Über die Hausaufgaben können sich die Eltern über Inhalte, Methoden und Ziele des Unterrichts informieren. Hausaufgaben sind oft der Anlaß für ein Gespräch zwischen Eltern und Kind, für die gemeinsame Bewältigung von Schwierigkeiten (= Informations- und Kommunikationsfunktion).

Argumente gegen die Hausaufgaben:

- Eine gründliche Vorbereitung und Kontrolle von Hausaufgaben nimmt zu viel Unterrichtszeit in Anspruch. Ohne diese Vorbereitung und Kontrolle sind Hausaufgaben aber ohne jede Effektivität.
- Hausaufgaben ohne pädagogisches Engagement des Lehrers sind fragwürdige Freizeitbeschäftigung, denn sie nehmen dem Schüler die Lust am Arbeiten, und Hausaufgaben mit übendem Charaker verringern die Lernmotivation.
- Hausaufgaben führen zur Überlastung der Schüler, belasten die Eltern und verstärken die Ungleichheit der Chancen, vor allem dann, wenn sie benotet werden.

Hinweise zur Praxis. In der Mehrzahl werden Hausaufgaben von den Pädagogen immer noch für sinnvoll und notwendig gehalten. Die Hausaufgabenpraxis ist jedoch unbedingt verbesserungsbedürftig.

R. Winkeler erarbeitete folgende Empfehlungen für die Praktiker:

1. Hausaufgaben sind in die →Unterrichtsplanung und – vorbereitung einzubeziehen. Improvisation ist nicht zu vertreten.
2. Die Hausaufgabenstellung sollte aus dem Unterrichtsverlauf erwachsen und genau erläutert sein.
3. Hausaufgaben müssen kontrolliert und überprüft werden, um die Lernmotivation zu erhalten, Fehler zu korrigieren und dem Schüler eine Rückmeldung zu geben. Die Hausaufgaben sollen nicht benotet und nicht als Selektionshilfe eingesetzt werden.
4. Hausaufgaben sind so zu dosieren, daß eine Überforderung der Schüler vermieden wird. Der Lehrer soll die individuellen Fähigkeiten und Bedürfnisse der Schüler angemessen berücksichtigen.
5. Die individuelle Schülerberatung und Anleitung zum selbständi-

gen Lernen ist ein wichtiger Bestandteil einer effektiven Hausaufgabenpraxis.

6. Die Erhaltung und Förderung der Lernmotivation ist das oberste Prinzip der Hausaufgabenpraxis. Nachbereitende Hausaufgaben (üben, auswendiglernen, wiederholen, zusammenfassen, schreiben) und Hausaufgaben zur Disziplinierung stoßen bei den Schülern meist auf Ablehnung. Hausaufgabenformen sollen große Variation aufweisen, interessant und neuartig sein (erkunden, beobachten, Probleme lösen, befragen, neue Inhalte erarbeiten, Information beschaffen, Fakten ordnen usw.).
7. Hausaufgaben sollen nur dann gestellt werden, wenn sie sinnvoll, notwendig und effektiv sind. Sie sollen nicht zur Disziplinierung der Schüler mißbraucht werden.
8. Eine qualifizierte Elternberatung soll bedenklichen Einmischungen, Überforderungen und anderen Fehlentwicklungen der Hausaufgabenüberwachung durch die Eltern vorbeugen. Die Betreuung der Hausaufgaben durch die Eltern soll hauptsächlich einen motivierenden Charakter aufweisen: Ermunterung bei Schwierigkeiten, Lob und Anerkennung bei gut angefertigten Arbeiten, Bereitstellung entsprechender Arbeitsmaterialien und räumlicher Voraussetzungen. Keineswegs dürfen die Eltern Teile der Hausaufgaben übernehmen (z. B. Aufsatz) oder Lösungs- und Lerntechniken „aus ihrer Schulzeit" einführen, die gegenwärtig in der Schule nicht mehr praktiziert werden.

Heilpädagogik ist die ältere und noch immer gebräuchliche Bezeichnung für die Theorie (Forschung, Lehre) und Praxis (Heilbehandlung, heilpädagogische Einrichtungen, Methoden) der Erziehung und Bildung in besonderen, vor allem beeinträchtigten, erschwerten Erziehungs- und Bildungsverhältnissen (→ Sonderpädagogik). Durch heilpädagogische Behandlung wird nicht eine „Heilung" eines Defektes angestrebt, sondern eine Verbindung des Normwidrigen mit der Normalität und eine optimale Nutzung vorhandener Erziehungsfähigkeit.

Heime, Heimerziehung. Kinder- und Jugendheime sind Einrichtungen, in denen vorübergehend oder für längere Zeit Kinder und Jugendliche von professionellen Erziehern gepflegt, umsorgt und erzogen werden. Nach dem Einweisungsgrund, dem Ziel der Heimerziehung, der Art der pädagogischen Förderung lassen sich die Heime in verschiedene Arten aufgliedern.
Die Heimerziehung gilt als schlechter Ersatz für die → Familie. Daher soll eine Heimeinweisung nur aus zwingenden Gründen und im äußersten Notfall erfolgen. Als Gründe für eine Heimeinweisung werden genannt: Erkrankung der Eltern, Tod der Eltern, Mißbrauch des

→Elternrechts (Mißhandlungen, Straftaten an Minderjährigen), unsittlicher Lebenswandel der Eltern (Gefährdung), Prostitution, regelmäßiger Alkoholmißbrauch, Erziehungsunfähigkeit der Eltern, ungeordnete Familienverhältnisse (Inhaftierung der Eltern), →Verwahrlosung, →Behinderung. Die Einweisung in eine geschlossene Anstalt soll erst dann erfolgen, wenn alle anderen Möglichkeiten erschöpft sind.

Übersicht über die familienersetzenden Einrichtungen der Erziehung

Einweisungsgrund	*Art der Einrichtung*
Unvollständige Familie, Berufstätigkeit der Eltern	Tageseinrichtungen wie Krippen, Krabbelstuben, Kinderhorte, Kindertagesstätten, Spielstuben
Schul- oder Berufsausbildung, Berufstätigkeit der Eltern	Internate, Schülerwohnheime, Lehrlingswohnheime, Jugendarbeiterwohnheime
↗Behinderungen, Notwendigkeit sonderpädagogischer Maßnahmen	Heilpädagogische Heime, Beschützende Werkstätten, psychotherapeutische Heime, Heime für Behinderte
Einweisung aus Gründen der ↗Erziehungshilfe (↗Freiwillige Erziehungshilfe und ↗Fürsorgeerziehung)	Kinder- und Jugendheime im Rahmen der Jugendhilfe nach § 62 des JWG, geschlossene Heime

Probleme der Heimerziehung. Je nach Art des Heimes und je nach Art des Einweisungsgrundes sind verschiedene Probleme der Heimerziehung zu bewältigen. Vor allem seit in Heimen →Hospitalismusschäden beobachtet wurden, ist die Heimerziehung ganz allgemein in Mißkredit geraten. So wird den Heimen eine unmenschliche Behandlung der Kinder vorgeworfen (Massenpflege, strenge Erzieher, schlechte hygienische Verhältnisse, starrer Tagesablauf, Überforderung der Kinder). Auch eine mangelnde Effektivität der Erziehungsmethoden (vor allem bei der →FEH und →FE) und die Isolierung der Heimkinder (Behindertenzentren) werden beklagt. Es wirkt sich sicherlich sehr negativ aus, daß professionelle Erzieher immer wieder wechseln, daß sie eine relativ große Zahl von Kindern betreuen und dadurch Heimkinder kein Zuhause mit einer ständigen Bezugsperson haben. In Heimen können Kinder vieles, was sie in der Familie lernen könnten, nicht erfahren (z. B. Geborgenheit, Sicherheit, schnelle, unbürokratische Bedürfnisbefriedigung, Spontaneität, →Kreativität, Selbständigkeit). Zudem leben in Heimen verschiedenartige Kinder in →Gleichaltrigengruppen zusammen, Kinder, die aus verschiede-

nen Gründen in ein Heim eingewiesen wurden und möglicherweise einen sehr negativen Einfluß aufeinander ausüben.
Hinweise zur Erziehungspraxis. Heime für Säuglinge und Kleinkinder sollen abgeschafft werden, weil sie sich besonders negativ und nachhaltig auf die Entwicklung der Kinder auswirken. Zudem sind inzwischen genügend adoptivwillige Eltern vorhanden (→Adoption). Schülerheime und Internate können insbesondere durch die enge Beziehung zwischen Schule und Heimaufenthalt erfolgreich wirken, wenn rigide Hausordnung, Reglementierung und ständige Aufsicht aufgehoben werden. Heilpädagogische Heime sollen sich um die enge Zusammenarbeit mit dem Elternhaus und um die Integration der Behinderten in die Gesellschaft bemühen. Die Freiwillige Erziehungshilfe und Fürsorgeerziehung erfordern eine gezielte →Einzelfallhilfe und soziale →Gruppenarbeit, bessere Ausbildung der Erzieher sowie eine Verkleinerung der Gruppen (familienähnliche Heimerziehung). Jedes Kind muß im Heim individuell betreut werden und die Erziehungshilfe erhalten, die es entsprechend seinen Bedürfnissen und Fähigkeiten braucht. Um der Forderung nach individueller Erziehung gerecht zu werden, pflegen in neuerer Zeit Heimpsychologen und Heimerzieher für jedes Heimkind „Erziehungspläne" zu erstellen. Im Erziehungsplan wird die Koordinierung zwischen den einzelnen Erziehern und deren Vorgehensweise festgehalten, werden die individuellen Voraussetzungen der Erziehung im Sinne einer →Diagnose erfaßt und Möglichkeiten zur Revidierung des Planes offengelassen. Eine weitere Hilfe für Heimkinder könnte auch der Abbau der →Vorurteile der breiten Öffentlichkeit gegenüber den Heimkindern bedeuten (Makel der „Anstaltserziehung" oder „Fürsorgeerziehung").

Herbart, Johann Friedrich (1776–1841), Studium der Rechtswissenschaft und Philosophie in Jena, Hauslehrer in Bern, 1802 Privatdozent in Göttingen, 1809 Professor für Philosophie und Pädagogik in Königsberg, Gründung eines pädagogischen Seminars und einer Übungsschule, 1833 Professor in Göttingen.
Pädagogisches Werk: „Allgemeine Pädagogik, aus dem Zwecke der Erziehung abgeleitet", „Lehrbuch zur Psychologie", „Psychologie als Wissenschaft", „Umriß pädagogischer Vorlesungen".
Pädagogische Ideen: Herbart vertritt immer die Forderung von der Autonomie der Pädagogik, die vor allem von seiten des Staates unbeeinflußt bleiben müsse. Der pädagogische *Grundbegriff* Herbarts ist die „Bildsamkeit des Zöglings". Erziehung wird als geplantes Tun, ausgerichtet auf ein mit bestimmten Mitteln zu erreichendes Ziel, betrachtet. Dabei kommt der *Ethik* die Aufgabe der Zielbestimmung zu. Sie liefert die passenden Erziehungsnormen (5 „praktische Ideen": Innere Freiheit, Vollkommenheit, Wohlwollen, Recht, Billigkeit). Das

wichtigste Erziehungsziel ist die Tugend; die damit verbundene „Charakterstärke der Sittlichkeit" stellt nach Herbart die verwirklichte Idee der inneren Freiheit dar. Sie basiert auf der Übereinstimmung von Wille und Einsicht. Der *Psychologie* obliegt die Aufgabe der Mittelbestimmung zur Erreichung der festgelegten Erziehungsziele. Die drei großen *Hauptmittel oder -maßnahmen* sind „Regierung", „Unterricht" und „Zucht". Die „Regierung" dient der Willensformung. Sie fußt auf Autorität und Liebe; es geht um die Erfüllung von Aufgaben und die Einhaltung von Geboten und Verboten. Strafe soll auf ein Mindestmaß beschränkt sein. Die Regierung zielt auf „Gehorsam, der auf der Stelle und mit ganzer Willigkeit erfolgt." Der „Unterricht" ist für die Einsichtsbildung zuständig. Unterricht wird von Herbart als „der wesentliche Teil der Erziehung" betrachtet. Es geht dabei vor allem um erzieherische Einwirkung, weniger um Wissenserwerb, da Herbart glaubt, „daß der Wert des Menschen nicht im Wissen, sondern im Wollen liegt." Wichtiger als das Lernen bestimmter Kenntnisse ist die Spontaneität. Im Unterricht geht es um die Erzeugung von Vorstellungen, da solche Vorstellungen Orientierungsfunktion für das Wollen haben. Es geht um die Wekkung von Interessen der Erkenntnis (empirisches, spekulatives und ästhetisches Interesse) und Interessen der Teilnahme (sympathetisches, soziales und religiöses Interesse) und dies so, daß keine Einseitigkeit sondern Harmonie in der Bildung der verschiedenen Bereiche entsteht. Vielseitigkeit des Interesses ist ein wesentliches Ziel des Unterrichts. Methodisch verläuft der Unterricht nach Herbart nach einer gewissen *Gliederung oder „Artikulation" in Stufen*. Genannt werden die Stufen: 1) Klarheit (Anschauen des Gegenstandes, bis er bestimmt aufgefaßt ist), 2) Assoziation (durch das freie Gespräch werden Gedanken miteinander verknüpft), 3) System (Zusammenfassung und Hervorhebung des Hauptgedankens), 4) Methode (Anwendung durch den Schüler durch Lösung bestimmter Aufgaben). Insgesamt erfolgt der Unterricht in einem Abwechseln von Vertiefung und Besinnung. Die „Zucht" ist auf sittliches Handeln, auf Charakterbildung gerichtet. Das Handeln hält Herbart für das „Prinzip des Charakters". Zucht ist nach Herbart „Sorge, daß die Ideen gerade mitten im Tun die Leitsterne werden." Zucht soll „halten, bestimmen und regeln...; sie soll sorgen, daß das Gemüt ruhig und klar sei, sie soll es teilweise durch Beifall und Tadel bewegen; sie soll zur rechten Zeit erinnern und Verfehltes berichtigen".

Wirkung: Herbart übte auf die deutsche Pädagogik bis zum Anfang des 20. Jahrhunderts einen eminenten Einfluß aus. Seine Stufentheorie des Unterrichts, von seinen Schülern („Herbartianer") zur „Theorie der Formalstufen" ausgebaut, wirkte auf viele Pädagogen ein. Da die Formalstufen allerdings dann teilweise bis zum Exzeß schematisiert wurden, kritisiert H. Gaudig die „Tyrannei der Formalstufen" und fordert statt dessen wieder eine stärkere Berücksichtigung der Selbsttätigkeit des Schülers.

Herder, Johann Gottfried (1744–1803), Theologie- und Philosophiestudium in Königsberg/Ostpreußen (Kantschüler), später Lehrer und Prediger in Riga, ab 1771 Hofprediger in Bückeburg, ab 1776 Leiter des Kirchen- und Schulwesens in Weimar.
Pädagogisches Werk: „Reisejournal", „Schulreden", „Humanität und Erziehung", „Pädagogische Schriften", „ Ideen zur Philosophie der Geschichte der Menschheit".
Pädagogische Ideen: Herder gilt als Vertreter des Neuhumanismus. Er ist geprägt von der Idee der Humanität und schafft eine umfassende Philosophie der Bildung und Kultur. Den Menschen betrachtet Herder als biologische und geist-seelische Einheit, betont aber auch seine Ausnahme und Sonderstellung unter den Geschöpfen. Ihm allein ist es gegeben, sich mittels der Vernunft über das Tier und dessen reine Instinkt- und Triebgesteuertheit zu erheben und in individueller Freiheit und Würde reine Humanität zu erlangen.
Herder sieht verschiedene wichtige *Bildungsfaktoren*: Die Geschichte der Menschheit ist bedeutsam einerseits als Bildungsgeschichte, andererseits als Mittel zur Bildung; letzteres auch vor allem deshalb, weil sie das Werden der Kultur und damit die „Erziehung des Menschen zum Menschen" verdeutlicht. Neben der Geschichte tragen auch weitere Sachkenntnisse etwa aus Geographie, Naturlehre und Mathematik zur Humanitätsbildung bei. Für die Humanitätsidee spielt die Antike eine große Rolle. Dabei geht es nicht nur um bloße Imitation, sondern um eine national-kulturelle Einbettung und Durchformung. Einen wichtigen Beitrag zur Bildung leistet die (Mutter-)Sprache. Sie ist von zentraler Bedeutung für die Humanitätsbildung. Sie muß lebendig, d. h. durch Reden erworben werden. Lesen und Grammatiklernen sind spätere Schritte. Fertigkeiten und Kenntnisse werden in einen Sinnzusammenhang durch die Religion gebracht. Sie vollendet erst die Humanitätsbildung.
In *methodischer Hinsicht* stammen von Herder Forderungen nach a) Berücksichtigung der Individualität des Zöglings, b) Förderung der Selbsttätigkeit und Selbständigkeit, c) einem persönlichen Verhältnis zwischen Lehrer und Schüler, d) Lebendigkeit des Unterrichts und e) Beachtung der seelischen Entwicklung des Schülers und der auf jeder *Entwicklungsstufe* dominanten Funktionsbereiche: Kindesalter (bis 12 Jhr.): Sinne und Gefühle; Knabenalter (12–15 Jhr.): Einbildungskraft, Phantasie; Jünglingsalter (ab 15./16 Jhr.): Vernunft. Entsprechend der zugeordneten psychischen Funktion werden drei Schulabschnitte unterschieden und eine dafür jeweils adäquate Auswahl von Unterrichtsinhalten und -methoden gefordert.
In Vermeidung von Bildungseinseitigkeit versucht Herder, in der von

ihm vorgeschlagenen Reform des Gymnasiums zu einer Berücksichtigung der humanistischen und realistischen Bildungsvorstellung zu kommen. Seiner Meinung nach sollte beides angeboten werden, zuerst eine Realausbildung, später eine humanistische Bildung.
Wirkung: Herder stellt ein hohes, auf Humanität und Kultur gründendes Bildungsideal vor, das großen Anklang fand. Er betont die geschichtliche, sprachliche und individuelle Dimension der Erziehung und Bildung. Die Stufenlehre der Entwicklung wird weiter ausgebaut.

Hilfe zur Selbsthilfe ist die Kurzbezeichnung für die Zielsetzung des pädagogischen und sozialpädagogischen Eingreifens. Mit dem Schlagwort „Hilfe zur Selbsthilfe" werden mehrere Prinzipien der →Beratung und der Pädagogik herausgestellt:
- Jeder Mensch befindet sich häufig in einer Situation, in der er auf Hilfe anderer angewiesen ist (ob in der frühen Kindheit oder im späten Alter und bei Schicksalsschlägen), damit er sich selbst helfen kann.
- Die Würde des Menschen verbietet eine Hilfe, die abhängig macht und gegen die Natur des Menschen (Autonomiestreben, Fähigkeit zur Selbsthilfe) verstößt.
- Auch „Helfer" brauchen Hilfe („hilflose Helfer" nach W. Schmidbauer), d. h. sie leisten keine selbstlose (altruistische) Hilfe, sondern handeln aus egoistischen Motiven und helfen sich selbst, z. B. indem sie eigene Ängste bewältigen.
- Fremde Hilfe, auch gesetzlich garantierte professionelle Hilfe ist sinnvoll, wenn sie Blockaden individueller Reserven (Ressourcen) und Kräfte beseitigen hilft, den Weg zu nicht ausgeschöpften, auch materiellen, Quellen für den Lebensunterhalt und zu sozialen Stützsystemen frei macht oder aufzeigt und wenn sie Übungsmöglichkeiten individueller Fähigkeiten anbietet.
- K. Mollenhauer schreibt: „Alles Erziehen ist in irgendeinem Sinn Hilfe...". Das Ziel der Erziehung ist →Mündigkeit, →Emanzipation und Selbständigkeit und nicht Unmündigkeit und Abhängigkeit.

Hilfsschule, eine ältere Bezeichnung für die heutige →Sonderschule, die auch „Schule zur Erziehungshilfe" genannt wird, also für Schulen, die für lernbehinderte Kinder eingerichtet wurden.

Hochschuldidaktik ist eine etwa erst 15 Jahre alte pädagogische Disziplin, die sich mit der →Didaktik und Methodik der Lehre an Hochschulen befaßt. Bis in die jüngste Zeit hat sich die Universität gegen jede Art von →„Schule" und →Unterricht abgegrenzt und bestand auf dem Primat der Bildung durch Wissenschaft. Als einziger Nachweis einer Befähigung zum Hochschullehrer galt die sog. Habilitation, die in der Regel aus einer Habilitationsschrift, einem Habilitationsvortrag und einem wissenschaftlichen Kolloquium (Gespräch) bestand. Aus der Sicht der Studenten kennzeichnen folgende Eigenschaften einen guten Hochschullehrer: Begeisterung für das Fach oder die Lehre, Weckung von Interesse, Klarheit und Verständlichkeit der Vorlesung, gute Fachkenntnisse, Vorbereitung auf die Lehrveranstaltung. Anlaß zur Klage geben folgende qualitative Mängel der Lehre an Hochschulen: Methodenarmut, Ineffektivität der Vorlesungen, Technologiedefizit, Notwendigkeit von Selbstinstruktionen (Skripten, Lehrbriefe) als Ersatz für Lehrerfunktionen, Kontaktarmut und Unpersönlichkeit des akademischen Studiums, autoritäres Verhalten der Professoren, Konkurrenzdenken, fehlende Kooperationsfähigkeit in Gruppen, Krise der Wissenschaften, zu viel unsystematisches Wissen und zu wenig Reflexion.

Hochschulen sind Einrichtungen, die der wissenschaftlichen Forschung und der Ausbildung zu akademischen Berufen dienen. Im Hochschulbereich werden folgende Schulformen unterschieden: Allgemeine Hochschulen (unter der Bezeichnung Universität bekannt), → Fachhochschulen und Gesamthochschulen. Die Gesamthochschulen umfassen alle Bildungseinrichtungen aus dem „tertiären Bereich" (Universität, Fachhochschule, Pädagogische Hochschule oder entsprechender Fachbereich zur → Lehrerausbildung, Studienseminare, Forschungsinstitute) und befinden sich in einem Erprobungsstadium. (→ Bildungssystem).

Hochschulreife ist die allgemeine Bezeichnung für einen Schulabschluß, der zum Studium an der Hochschule (Universität) berechtigt. Es werden unterschieden: Allgemeine Hochschulreife oder → Abitur, fachgebundene Hochschulreife („Fachabitur"), die zum sog. fachgebundenem Studium an der Hochschule (Universität) berechtigt und Fachhochschulreife, die als Zugangsberechtigung zum Studium an der → Fachhochschule gilt.

Hort (Kinderhort, Schulhort) ist eine Tagesstätte mit Heimcharakter für Schulkinder, die z. B. aufgrund der Berufstätigkeit beider Elternteile ihre Freizeit nicht in der Familie verbringen können. Im Hort werden Schulkinder von pädagogisch ausgebildeten Fachkräften betreut und bei der Erledigung von → Hausaufgaben überwacht.

Hospitalismus. Unter Hospitalismus werden alle physischen und psychischen Symptome verstanden, die in der Regel dann auftreten, wenn Kinder in den ersten zwei Jahren ihres Lebens – bei einwandfreier Versorgung und Pflege – die dauerhafte emotionale Zuwendung einer festen Bezugsperson entbehren müssen (→ Deprivation).

Als eine weitere Ursache des Hospitalismus wird der Mangel an Stimulation (wenig Ansprache durch Pflegepersonen; kaum Zärtlichkeiten und Körperkontakt; reizarme, stereotype Umwelt in Heimen und Krankenhäusern) aufgeführt. Hospitalismussymptome wurden zuerst in Säuglingsheimen und Krankenhäusern beobachtet, sind aber auch im Bereich der Familie möglich. Hospitalismus, von R. Spitz auch als Gefühlsmangelkrankheit bezeichnet, äußert sich z. B. in folgenden Symptomen: erhöhte Anfälligkeit für Krankheiten; erst weinerliches, später apathisches Verhalten; Desinteresse an der Umwelt (schwaches Neugierverhalten, Gleichgültigkeit und Abwehr gegenüber Mitmenschen); allgemeine Entwicklungsverzögerungen und Verhaltensauffälligkeiten (z. B. Haarausreißen, →Nägelbeißen, rhythmische Schaukelbewegungen). Die weitere Entwicklung hospitalisierter Kinder bleibt meist nachhaltig gestört, wobei vor allem die Entwicklung des Gefühlslebens und des sozialen Verhaltens stark beeinträchtigt wird. Es wurden beobachtet: Gefühlsverarmung, kaum Interesse an dinglicher und sozialer Umwelt, Zurückgezogenheit, Kontaktarmut, Resignation, infantile Interessen, übersteigerte Suche nach sozialen Kontakten, Aggressivität, Grausamkeit, Boshaftigkeit.

Hospitation bedeutet Teilnahme, Besuch, Hören, Beobachten von Unterrichtsstunden – auch von →Beratung, Therapie – und wird als Maßnahme der Ausbildung oder Weiter- und Fortbildung eingesetzt, um künftige →Lehrer, Berater, Sozialpädagogen mit der jeweiligen Praxis bekannt zu machen.

Humanismus. Mit diesem weitgreifenden, unpräzisen Ausdruck wird meistens eine geistesgeschichtliche Epoche (15. Jh. und 17., 18. Jh.) oder eine Bildungsbewegung gekennzeichnet, die von der Idee getragen wurde, daß die menschenwürdige Lebensgestaltung, Persönlichkeitsentfaltung und →Bildung des Menschen durch den Umgang mit der Antike (griechisch-römische Kultur) bewirkt werden und sich nach dem Vorbild der griechisch-römischen Antike auszurichten haben. Bildungsvorstellungen aus der zweiten Hälfte des 18. Jh., vertreten von J. J. Winckelmann, J. G.v. →Herder und von W.v. →Humboldt, die als oberstes Ziel der Erziehung und des Unterrichts die harmonische Ausbildung aller Kräfte, die Freiheit des Menschen („Autonomie der Individualität") sehen, werden „Neuhumanismus" genannt. Der Humanismus und seine Bildungsvorstellungen bilden immer noch die Grundlage des sog. „Humanistischen Gymnasiums". Den Mittelpunkt des Unterrichts bilden alte Sprachen, mit deren Hilfe das Denken und die Welt erschlossen werden sollen, um so zur →Selbstverwirklichung zu gelangen.

Humanistisches Gymnasium →Gymnasium, →Humanismus

Humanität, eine seit J. G.v. → Herder zum Bildungsideal erhobene Vorstellung vom „edlen Menschen". Humanität wird als Freundlichkeit, Selbstsicherheit, Wahrheitsliebe, Geselligkeit, Toleranz und Bereitschaft zur Hilfe, bildender Umgang, Lebensart, Ehrfurcht vor der Würde des Menschen beschrieben.

Humboldt, Wilhelm von (1767–1835), erwirbt sich breite Bildung, begeistert sich für die griechische Kultur und die deutsche Klassik, Freundschaft mit Goethe und Schiller, Sprachwissenschaftler, 1809/10 Leiter der Sektion des Kultus und des öffentlichen Unterrichts im preußischen Innenministerium, Gesandter in Wien und London, 1819 preußischer Innenminister.

Pädagogisches Werk: „Theorie der Bildung des Menschen", „Über das Studium des Altertums und des Griechischen insbesondere", „Über die Verschiedenheit des menschlichen Sprachbaues und ihren Einfluß auf die geistige Entwickelung des Menschengeschlechtes".

Pädagogische Ideen: Humboldt gilt als Vertreter des Neuhumanismus In seinen Plänen zur Schulreform (Königsberg und Litauen) schlug er eine einheitliche Gestaltung des Bildungswesens vor. Dieses gliedert sich in Elementarunterricht, Schulunterricht und Universitätsunterricht, die systematisch aus- und aufeinanderfolgen. Im *Elementarunterricht* finden sich → Pestalozzi'sche Vorstellungen wieder. Es geht in der Hauptsache um Muttersprache, Form und Zahl (teilweise ergänzt durch geschichtlichen, naturhistorischen und geographischen Unterricht). Der *Schulunterricht* befaßt sich mit linguistischer (altsprachlicher), historischer und mathematischer Bildung. Er richtet sich zuerst auf formale → Bildung (Lernen des Lernens, Übung von Fähigkeiten) und erst dann auf materiale (inhaltliche) Bildung. Letztes Ziel ist, den Lehrer für das Lerngeschehen überflüssig zu machen. In der *Universität* erfolgt die Anleitung zu freier, eigenständiger Forschung; angezielt wird „Einsicht in die reine Wissenschaft". Mit letzterer ist die Philosophie gemeint, die Zentrum und umgreifende Klammer für alle Studien sein soll. Damit erwächst der Universität ein Bildungsauftrag, der weit über den bloßen Erwerb berufsverwertbarer Kenntnisse hinausgeht.

Das Humboldt'sche Bildungsideal, das für das gesamte Bildungswesen gilt, in höchstem Maß aber in der Idee der Universität hervortritt, läßt sich kennzeichnen durch Begriffe wie Individualität, → Humanität, Ästhetik (in Anlehnung an die griechische Antike), Zweckfreiheit, Harmonie, Freiheit und Selbsttätigkeit sowie Menschen- und Persönlichkeitsbildung. Charakteristisch für Humboldts ausgeprägten Individualismus ist das Programm: „Bilde dich selbst" und „wirke auf andere durch das, was du bist."

Wirkung: Das Humboldt'sche Bildungsideal hat insbesondere die deutsche Universität und das Humanistische → Gymnasium bis in unsere Tage geprägt.

I

Ich →Psychoanalyse und Pädagogik; →Selbstkonzept

Identifikation. Dieser Vorgang ist seit S. Freud als ein wichtiger Abwehrmechanismus (→Psychoanalyse und Pädagogik) bekannt. Man macht sich z. B. Eigenschaften einer anderen Person zu eigen, um so die Ängste abzuwehren. Mit Identifikation muß aber nicht immer die Abwehr der Angst gekoppelt sein. Es kann sich auch um die Gleichstellung mit einer Person (z. B. Vater, Lehrer, Erzieher), zu der eine enge Beziehung oder Bindung besteht, handeln. Durch die Gleichstellung oder „Verinnerlichung" der Person eines Erziehers werden auch die Eigenschaften, Einstellungen, Bedürfnisse und Verhaltensweisen (Rolle) dieser Person übernommen. Auf diese Weise werden nach S. Freud →Geschlechterrollen übernommen und das Über-Ich (→Psychoanalyse und Pädagogik) des Kindes gebildet.

Ideologiekritik. Mit dem Ausdruck Ideologie wird im allgemeinen ein System von Überzeugungen, Zielvorstellungen, Einstellungen und Aussagen bezeichnet. Ideologien werden meistens zur Erklärung gegebener oder anzustrebender gesellschaftlicher Verhältnisse herangezogen und entsprechen den Interessen mächtiger Gruppen der Gesellschaft. Ideologien werden als vermeintlich wahr angenommen und sichern bestehende gesellschaftliche Verhältnisse. Mit Ideologien werden bestehende Verhältnisse gerechtfertigt, indem erwünschte Zustände (z. B. Gerechtigkeit, Freiheit, sozialer Frieden, Menschlichkeit) als bereits realisiert ausgegeben werden. Da die →Erziehung stets eng in die gesellschaftlich-ökonomisch-politischen Prozesse und Interessen eingebettet ist, muß die →Erziehungswissenschaft Ideologiekritik betreiben. Durch die ideologiekritische Forschung soll geprüft werden, inwieweit in pädagogischen Zielsetzungen, Medien, Einrichtungen, Lehrplänen und Theorien irgendwelche Ideologien unreflektiert vertreten oder bewußt verborgen sind.

Imitation, eine Bezeichnung für das Lernen von Verhaltensweisen durch Beobachtung von anderen Personen (Modellen).(→Lerntheorien und Pädagogik).

Impulsunterricht. Sprachliche, mimische oder gebärdenhafte Anregungen, Denkanstöße des Lehrers, mit denen er im →Unterricht die Lernaktivität und das produktive →Denken der Schüler fördert, werden Impulse genannt. Impulse wie Aufforderungen (Erzähle, berichtc!), Feststellungen (Das ist mir noch nicht aufgefallen!), einzelne Wörter (Erstaunlich! Genauer!) und Mimik (z. B. erstaunter Gesichtsausdruck) haben gegenüber der Lehrerfrage den Vorteil, daß sie dem Schüler größeren Spielraum für seine Überlegungen und sein Mitdenken offenlassen. Weitere Vorteile der Impulse sind: Das sprachliche Ausdrucksvermögen der Schüler wird gefördert; der Unterricht ist nicht eintönig; die Schüler fühlen sich wohler und arbeiten selbständiger; die Gedankengänge der Schüler werden nicht gehemmt oder unterbrochen.

Impulsivität. Im Alltagsgebrauch wird mit diesem Ausdruck ein Persönlichkeitsmerkmal oder eine Charaktereigenschaft von Menschen bezeichnet, die „unüberlegt", aus plötzlichem Antrieb handeln. In der Erziehungswissenschaft wird der Ausdruck für die übereilte, schnelle, unsichere und fehlerhafte Reaktionsweise der Schüler auf Lehrerfragen bzw. in Leistungskontrollen (Schulaufgaben) verwendet. Impulsivität ist das Gegenteil der Reflexivität (beide Formen des Reagierens in intellektuellen Anforderungssituationen werden auch kognitive Stile genannt). Reflexive Schüler arbeiten bei Problemlösungsaufgaben langsam, überlegt, sorgfältig und richtig. Impulsivität gilt als eine häufige Ursache des →Schulversagens und sollte daher durch systematisches Üben des reflexiven Problemlösungsverhalten (z. B. „Warte mit der Antwort!") abgebaut werden.

Individualerziehung, Individualpädagogik. Die Forderung, daß die →Erziehung sich an der Einmaligkeit des Menschen, an der jeweiligen Individuallage, an der einmaligen Eigenart des Kindes und Jugendlichen orientieren muß und z. B. durch →Differenzierung des Unterrichts die Fähigkeiten, Stärken und Schwächen, Bedürfnisse und Interessen des Schülers zu berücksichtigen hat, darf nicht als Gegensatz zur →Sozialpädagogik verstanden werden.

Individualpsychologie und Pädagogik. Weit stärker als S. Freud hat sich die Individualpsychologie als erste tiefenpsychologische Schule ausdrücklich Fragen der Erziehung zugewandt. Wie Freud, so sieht auch Alfred Adler in der frühen Kindheit die entscheidende Phase der Entwicklung, wobei die Eltern-Kind-Beziehung über die Beziehungs- und Gemeinschaftsfähigkeit des Menschen entscheidet. Das Denken von Adler ist final, zielorientiert. Adler sucht nach den Zielen des Verhaltens und Handelns. Er meint, daß sich alle Lebensfragen auf drei Problembereiche beziehen: Es sind Gemeinschaftsleben, Berufsarbeit und Liebe.
Theoretische Grundlagen. Keine Lebensäußerung kann nach Adler isoliert betrachtet werden, sondern muß stets auf die unteilbare Gesamtpersönlichkeit bezogen werden. Der Lebensstil als das „Einma-

lige und Einzigartige“ des Menschen wird in der Kindheit geprägt, vornehmlich durch die Erziehung. Sowohl Vernachlässigung als auch Verwöhnung des Kindes führen zu einem problematischen Lebensstil, zu einer realitätsfeindlichen Selbstdeutung. Ein solcher Mensch sucht nach Adler den Ausgleich auf der „sozial unnützlichen Seite“. Nach Adler bewegen sich alle psychischen Strebungen von einer Minussituation zu einer Plussituation. Jeder Mensch erlebt schon als Kind, daß er das, was andere – insbesondere Erwachsene, Eltern, Lehrer, Erzieher – schon können, noch nicht kann. Das Gefühl des Noch-nicht-Könnens, das Erlebnis der „Minderwertigkeit“ und das Streben nach Bewältigung der Minderwertigkeit sind völlig normal und bilden die Grundlage der Eingliederung in die Gemeinschaft. Das Kind darf in diesem Streben nicht behindert werden. Aufgabe der Erziehung ist → *Ermutigung*, Hilfe beim Finden, Setzen und Erreichen realitätsnaher Ziele. Ermutigung ist nicht Verstärkung des erwünschten Verhaltens, sondern Ausdruck der Mitmenschlichkeit, des Mitgefühls ohne mahnende Absicht. Für das Scheitern des Kindes und die Entwicklung eines „verstärkten Minderwertigkeitsgefühls“ (*Minderwertigkeitskomplex* genannt) gibt es verschiedene Gründe: Organminderwertigkeit in der Kindheit oder infolge einer Behinderung, ungünstige soziale Umwelt, Mißerfolgserlebnisse auch infolge verwöhnender oder überfordernder Erziehung, Fehlhaltungen der Erzieher wie Inkonsequenz, Strenge, Gängelung, ungünstiger Platz in der → Geschwisterreihe, Schicksalsschläge. Aus dem Bestreben, verstärkte Minderwertigkeitsgefühle zu kompensieren und zu bewältigen entwickeln sich fiktive oder unrealistische Ziele. Sie können nicht erreicht werden und anstatt zu Kompensation, kommt es zu *Fehlkompensation*, die sich als Überlegenheits-, Macht-, Geltungsstreben und → Aggression zeigt, und zu *Dekompensation*, die als Ängstlichkeit, Zurückgezogenheit, Scheu auftritt. Es handelt sich um ein „ichhaftes“ Streben, weil das Ziel des Handelns nicht Leistung, Bewältigung von Aufgaben, sondern Anerkennung, Geltung, Machtausübung ist. Solche Menschen werden von den Mitmenschen als machtbesessen, geltungssüchtig, angeberisch erlebt und abgelehnt. Um sich vor weiteren Einbußen an Selbstwert zu schützen, baut der Mensch für den Fall, daß er ein gestecktes Ziel nicht erreicht, *Sicherungen* im Sinne einer privaten Logik auf. So kann man sich z. B. einreden: „Das Ziel war gar nicht so wichtig!“ (Entwertung des Zieles), „Die anderen sind schuld!“ (Anklage der anderen), „Ich bin krank!“ (Flucht in die Krankheit), „Das Ziel konnte nicht erreicht werden, wegen...“ (Konstruktion von Hindernissen). Auch Aggression kann im Sinne einer Sicherung eingesetzt werden.

Adler bezeichnet den Menschen als ein primär soziales Wesen. Er meint, daß dem Menschen ein bestimmtes Potential an Beziehungsfähigkeit angeboren ist. Er nennt diese angeborene Beziehungsfähigkeit

oder die „Fähigkeit, durch die das Individuum die Wirklichkeit, die in erster Linie aus der sozialen Situation besteht, beantworten kann", das *Gemeinschaftsgefühl.* Es handelt sich um eine angeborene Möglichkeit, Potenz, Tendenz oder Bereitschaft, auf die Mitmenschen einzugehen, zum gemeinsamen Wohl beizutragen, sich in andere hineinzuversetzen, mit anderen verbunden zu sein. Diese angeborene Bereitschaft muß durch die Erziehung entfaltet werden. Gut entwikkeltes Gemeinschaftsgefühl beinhaltet nach Adler den Mut zur Unabhängigkeit, zur Bekämpfung gesellschaftlicher Mißstände und das Streben nach einer besseren Zukunft im Interesse der Menschheit.
Hinweise zur Erziehungspraxis. Die Erziehbarkeit des Menschen liegt in seinem Streben nach Überwindung der Unzulänglichkeit begründet. Das Ziel der Erziehung ist die volle Entfaltung des Gemeinschaftsgefühls. Anzustreben sind: Kooperationsfähigkeit; Verantwortlichkeit und Selbständigkeit; Einsicht und Kritikfähigkeit; Fähigkeit, Konflikte zu lösen und zum Frieden beizutragen; Liebes- und Partnerfähigkeit; Mut und gesundes Selbstwertgefühl. Erziehung ist Evolutionshilfe, um die angeborenen Bereitschaften optimal zu entwickeln; Erziehung ist Kompensationshilfe, um die Entstehung ichhaften Verhaltens zu verhindern; Erziehung ist Umerziehung („Umfinalisierung"), um dem Kind den eingeschlagenen Lebensplan oder Lebensstil bewußt zu machen und ihm beim Finden neuer, realitätsgerechter Ziele zu helfen.
Die genannten Ziele sind zu erreichen:
- durch den Aufbau einer Gemeinschaft, in die sich das Kind einfügen kann;
- durch unerschütterliche Kameradschaftlichkeit;
- durch freundschaftliches Wohlwollen;
- durch die Herstellung positiver emotionaler Beziehung;
- durch Achtung und Vertrauen;
- durch →Autorität, Aufrichtigkeit und Wertschätzung;
- durch →Ermutigung und Erhöhung des Selbstwertgefühls.

Individuum. Damit wird herausgestellt, daß der Mensch als Einzelperson mit einzigartigen, unverwechselbaren („individuellen") Merkmalen ausgestattet ist. Mit „Individuation" bezeichnet C. G. Jung die Umwandlung des kollektiven Unbewußten zum bewußten Selbst. In dieser Bedeutung wird der Ausdruck Individuation oft als Bezeichnung für →Selbstverwirklichung, Ichfindung verwendet.

Indoktrination, massive, sich suggestiver Methoden und psychologischer Mittel bedienende Beeinflussung von einzelnen oder von Gruppen, um politische Ziele, ideologische Weltanschauungen oder persönliche Überzeugungen durchzusetzen. Nach Artikel 5 Absatz 1 Grundgesetz (Meinungsfreiheit) herrscht in den Schulen Indoktrinationsverbot, d. h. die Lehrer sind verpflichtet, umfassend über die verschiedenen möglichen Standpunkte zu informieren, damit sich die Schüler eine eigene Meinung bilden können.

Informatik →Computer

Innovation. In der Erziehungswissenschaft hat sich der Begriff Innovation durchgesetzt als Sammelbezeichnung für verschiedene Versuche, das Erziehungswesen zu erneuern, zu reformieren, neue Verfahren einzuführen, planmäßig, gezielt zu ändern. Wird der Begriff bestimmt als „eine gezielte neuartige, spezifische Veränderung, von der man annimmt, daß sie wirksamer ist, die Ziele eines Systems zu erreichen" (M. B. Miles), dann wären von der Neuerung nur die Mittel, nicht aber Ziele betroffen. In der geisteswissenschaftlich ausgerichteten Pädagogik wird angenommen, daß Innovation des Erziehungswesens durch die Ausbildung „innovativer" Lehrer zu erreichen ist. Nach H.-W. Frech sind Risikobereitschaft, kognitive Differenzierung, Rollendistanz gezielte Reaktion in Streß-Situationen und Berufsengagement die persönlichkeitsspezifischen Voraussetzungen innovativer Entscheidungen.
Die Einführung der →Gesamtschule, Erarbeitung neuer →Curricula, Verbesserung audiovisueller →Unterrichtsmittel (Video, Film, Tonband u. a.) und die Entwicklung verschiedener →Fachdidaktiken gelten als Beispiele für gegenwärtige Innovationsforschung und -bestrebungen.

Institution, eine gesellschaftliche Einrichtung, die, ausgestattet mit bestimmten Mitteln, Positionen, Normen, dem Verwirklichen bestimmter Ziele, z. B. dem Erreichen von →Lernzielen und →Erziehungszielen dient. Mit Institutionalisierung der Erziehung, z. B. der →Vorschulerziehung ist gemeint, daß für die Verwirklichung der angestrebten Ziele eigene Einrichtungen geschaffen werden. →Familie, →Kindergarten, →Kinderhort, →Schule, Jugendheim, Freizeitheim, →Sonderschule u. a.m. sind Erziehungsinstitutionen.

Integration. In der Erziehungswissenschaft wird der Begriff Integration meist im Sinne sozialer Integration verwendet. Gemeint ist die soziale Komponente des Lernens und Unterrichtens, der Prozeß und das Ergebnis der Eingliederung in bestehende soziale Gruppen und in die Gesellschaft sowie die Kultur. Soziale Integration darf nicht mit bedingungsloser Anpassung gleichgesetzt werden. Sie zielt vielmehr auf die Funktionstüchtigkeit des sozialen Gebildes (z. B. Gruppe) und auch des einzelnen Mitgliedes. Diese Funktionstüchtigkeit soll mit Hilfe eines „sozial-integrativen" Führungsstils des Erziehers (Lehrers) erreicht werden (→Erziehungsstile).

Intelligenz ist eine komplexe Fähigkeit, zu denken, wesentliche Aspekte einer Situation schnell zu erfassen, Probleme zu lösen, sich mit den Anforderungen der Umwelt erfolgreich auseinanderzusetzen. In der Pädagogik wurden folgende Fragen vielfach diskutiert: 1. Inwieweit ist die Intelligenz anlagebedingt und welche Rolle spielt die Umwelt (→Anlage-Umwelt-Problem)? 2. Wie kann die Intelligenz durch Erziehung und Unterricht optimal gefördert und →Chancengleichheit erreicht werden? Inwieweit und auf welche Art und Weise sind Leistungen in der Schule und im Beruf von der Intelligenz abhängig?

Intention, intentionale Erziehung. Mit Intention oder Intentionalität wird die Zielgerichtetheit der →Erziehung hervorgehoben. Zielgerichtete, absichtliche, bewußte Handlungen der Erzieher nennt man intentionale Erziehung.

Interaktion, soziale ist Bezeichnung für alle Vorgänge, die in sozialen Situationen, also im zwischenmenschlichen Kontakt ablaufen. Gemeint ist das Verhalten von Mensch zu Mensch, das Wechselspiel von Aktionen und Reaktionen zum Zwecke der gegenseitigen Beeinflussung. Auch Erziehung ist soziale Interaktion, aber nicht jede soziale Interaktion ist Erziehung. Als tragendes Fundament der Erziehung wird ein gutes Verhältnis zwischen Kind und Erzieher, der sog. →*pädagogische Bezug* (H. →Nohl) herausgestellt. Wertschätzung, entspannte Atmosphäre, tiefgreifendes Verstehen des anderen, freundschaftliches Wohlwollen und Akzeptieren des Kindes, auch dann, wenn Probleme und Konflikte auftreten, das sind einige Merkmale einer edukativ wirksamen Beziehung. In welcher Haltung und nach welchen Regeln sich die Interaktion in Gruppen pädagogisch sinnvoll gestalten läßt, hat R. Cohn in der →Themenzentrierten Interaktion umfassend beschrieben.

Interesse ist eine Neigung zur Beschäftigung mit bestimmten Gegenständen, eine Vorliebe für bestimmte Unterrichtsfächer, ein Angesprochensein durch bestimmte Sachgebiete (Wirtschaft, Technik, Literatur, Reisen, Tiere, soziale Dienste). Das Interesse ist kulturbedingt, ist eine Folge der Erfahrungen und führt zu einer beharrlichen, spontanen, befriedigenden (Zufriedenheit) Beschäftigung mit entsprechenden Sachproblemen (→Flow-Erleben). Die Aufgabe der Erzieher ist es, vorhandene Begabungen und Interessenrichtungen zu erkennen und sie angemessen zu fördern.

Internalisation bezeichnet die Verinnerlichung, die Übernahme von Werten und →Normen, das Erlernen von soziokulturellen Verhaltensmustern. Verinnerlichte kulturelle Inhalte ermöglichen die Eigensteuerung des Verhaltens.

Internate sind eine Art Kinder- und Jugendheime (→Heime), die, oft gemeinsam mit angegliederten privaten Schulen, die Erziehung der Schüler übernehmen. Die meisten Internate sind in der Hand kirchlicher Trägerschaft. Das Problem der Internatserziehung ist ebenso ungelöst wie das der Heimerziehung.

Intrinsische Motivation →Motivation und Erziehung.

Intervention, pädagogische ist eine in den 70er Jahren eingeführte Sammelbezeichnung für alle Maßnahmen pädagogischer Art, die dazu dienen, daß hilfsbedürftige Menschen ihr körperliches, seelisches und soziales Wohlbefinden herstellen, erhalten oder steigern können. Es werden für jede Lebensphase (Kindheit, Jugendalter, Erwachsene, alte Menschen) vier Interventionsbereiche oder -ziele genannt:

1. Die *Optimierung* günstiger Entwicklungs- und Wachstumsbedingungen;
2. die *Prävention*, vorbeugende Intervention zur Verringerung von schädigenden Elementen
3. die *Rehabilitation*, d. h. Intervention durch Übungen, Trainings, Therapien und
4. das *Management von Problemsituationen* durch Einüben von Streßbewältigung, durch Veränderung von Erwartungen und Einstellungen u. a.m. L. J. Schweinhart und D. P. Weikart unterscheiden zwischen *primärer* (Vermeiden von Störungen), *sekundärer* (Beeinflussen von Störungen) und *tertiärer* Intervention (Behandeln von Folgeschäden). Pädagogische Interventionen sind immer dann angezeigt, wenn in Erziehungsinstitutionen (z. B. →Kindergarten, →Schule, Jugendheim) Probleme auftreten, die gut geplante Strategien erfordern (z. B. Schulangst bei vielen Schülern, →Streß).

Irreversibilität. Dieser Ausdruck wird von A.-M. und R. Tausch als die Bezeichnung für nichtumkehrbare, ungeeignete, geringschätzende, ironische Äußerungsformen der Lehrer oder Erzieher verwendet. →Erziehungsstile.

Isolation. In der Pädagogik wird von Isolation oder Isolierung gesprochen, wenn Kinder und Jugendliche in sog. „pädagogischen Provinzen“ (ein ruhiger, abgeschiedener Ort, der frei von gesellschaftlichen Konflikten ist; →Landerziehungsheime) zur gezielten Förderung zusammengefaßt werden. Es besteht die Gefahr der Realitätsentfremdung und der Unfähigkeit, sich auf veränderte Verhältnisse außerhalb des „Schonraumes“ umzustellen.
Mit dem Ausdruck Isolierung wird in der →Psychoanalyse S. Freuds die Abwehr von Angst bezeichnet, wenn ein Teilproblem aus einem

Verhaltens- und Wunschbereich herausgelöst wird und als Ursache der Schwierigkeiten angesehen wird.
Die soziale Isolierung, die sich in der Unfähigkeit zu Kontakten, im Rückzug von Mitmenschen äußert und aus Mißtrauen, Scham, aus Schuldgefühlen oder Minderwertigkeitsgefühlen (→Individualpsychologie) erfolgt, zeigt Selbstmordgefährdung an.

J

Jenaplanschulen wurden im Bemühen um eine „Neue Erziehung" im Jahre 1923 in Jena vom deutschen Pädagogen und Universitätsprofessor Peter →Petersen (1884–1952) gegründet. Sein Konzept, auf einem Kongreß zur „Neuen Erziehung" im Jahr 1927 unter dem Titel „Der Jenaplan einer freien allgemeinen Volksschule nach den Grundsätzen neuer Erziehung" veröffentlicht, ist zum pädagogischen Bestseller geworden. In jahrgangsübergreifenden Lerngruppen wird der Unterricht und die Erziehung durch „pädagogische Bildungsformen" *Gespräch* (Kreisgespräch, Berichtskreis, Vortrag, Aussprache), *Spiel* (freies Spiel, Lernspiele, Pausen-, Turn-, Schauspiele), *Arbeit* (Gruppenarbeit, Wahlkurse, Niveaukurse, „gestaltendes Schaffen") und *Feier* (Morgen-, Geburts-, Wochenschluß- Aufnahme-, Schulanfängerfeier u. a.) geleistet. Wichtig sind ein ausgewogener Rhythmus zwischen den genannten Bildungsformen und gleichgewichtige Gestaltung pädagogischer Situationen.

Jugend, Jugendalter. *Problemerörterung.* Die „skeptische Generation" (H. Schelsky), Jugendprotest, „Jugend im Niemandsland" (H. Dietz), Resignation und Enttäuschung, Jugend ohne Perspektive, Generationskonflikt, Rauschgift- und Drogenprobleme, Jugendarbeitslosigkeit, Jugendalkoholismus, Rechtsradikalismus, Ausländerfeindlichkeit, Gewaltbereitschaft u. a.m. sind Schlagworte, mit denen die Probleme des Jugendalters in der gegenwärtigen Wohlstandsgesellschaft umrissen werden. Wodurch werden Probleme im Jugendalter verursacht? Warum ist die „heutige Jugend" anders als die Jugend in vergangenen Epochen? Was können Erzieher tun und was wird getan, um den Jugendlichen zu helfen? Das sind Fragen, die die gegenwärtige Diskussion über die Erziehung im Jugendalter beherrschen.
Begriffsbestimmung. Nach H. Schelsky ist ein Jugendlicher „weder

Kind noch Erwachsener", er befindet sich in einer Verhaltensphase, in der er nicht mehr die Rolle des Kindes spielt und in der er noch nicht die Rolle des Erwachsenen übernommen hat. Dieser Altersabschnitt (Jugendalter) kann als „Übergangsphase", als Phase des Werdens, als Phase der Übernahme des Erwachsenenstatus, als Phase der Identitätssuche, als Phase der Ablösung von der →Familie gekennzeichnet werden. Das Jugendalter wird oft in die Phase der Vorpubertät, →Pubertät und Adoleszenz unterteilt. Da das Jugendalter als Produkt soziokultureller Faktoren und Bedingungen anzusehen ist, die von Kultur zu Kultur, von Zeitepoche zu Zeitepoche verschieden sind, sind konkrete Altersangaben nicht möglich.

Allgemeine Probleme im Jugendalter. Probleme im Jugendalter haben verschiedene Ursachen. Sie sind z. T. Folgen der biologischen Veränderungen: Der Hormonausschüttung und Geschlechtsreife, des Längenwachstums und der Ungeschicklichkeit, der sekundären Geschlechtsmerkmale und des Aussehens, der Ablehnung oder Akzeptierung durch die Gleichaltrigen aufgrund körperlicher Merkmale. Der Jugendliche muß sich mit seinem Körper abfinden, er kann nicht mehr auf Veränderungen hoffen. Schwierigkeiten psychologischer Art ergeben sich aus der Suche nach dem Selbst (Identitätsfindung), aus der biologisch und psychologisch bedingten emotionalen Unruhe, Erregbarkeit, aus der Ablehnung des eigenen Körpers, aus der Anfälligkeit für Ideologien, aus der Angst vor Verantwortung mit gleichzeitigem Verlangen nach Selbständigkeit, aus einer undifferenzierten inneren Unruhe und Spannung.

Soziologisch gesehen wird das Jugendalter zusätzlich zu den schon genannten Gründen (Übergang vom Kind zum Erwachsenen, Erwartungs- und Leistungsdruck, Jugend ohne Statussymbole, mehr Pflichten als Rechte, unklare Rolle und Rollenkonflikte) durch die Probleme der gegenwärtigen Gesellschaft belastet: Anonymität durch die Vernachlässigung persönlicher Beziehungen und emotionaler Bindungen, sozialer Wandel, Unbeständigkeit der Ordnungen, Mangel an →Vorbildern, →Streß und Konkurrenzkampf, Konsumzwänge, Zukunftsprobleme (keine Perspektive), Entfremdung (Leistung statt Spontaneität und →Kreativität, schablonenhaftes Verhalten statt →Interaktion, Massenkommunikation statt persönlicher Beziehungen).

Pädagogische Probleme ergeben sich aus der Tendenz, sich von der Familie abzulösen, aus der Unfähigkeit zur sinnvollen Freizeitgestaltung, aus der Tendenz der Jugendlichen, eigene Werte und Vorstellungen über das Zusammenleben zu entwickeln. Aus vielen Widersprüchen der gegenwärtigen Gesellschaft ergeben sich Orientierungs- und Sinnprobleme. Sie verursachen abweichendes Verhalten, politische Radikalität, Leistungsangst, Flucht in die Krankheit.

Hinweise zur Erziehungspraxis. Um dem Jugendlichen bei der Bewäl-

tigung der schwierigen und gefährdeten Übergangsphase zu helfen, wird einerseits der Ausbau des sog. „dritten Bereichs der Erziehung“ neben der Familie und Schule, der →Jugendhilfe, gefordert, und andererseits werden alle Erzieher aufgerufen (Eltern, Lehrer, Ausbilder, Sozialpädagogen), mehr Verständnis für die Probleme Jugendlicher aufzubringen. Mit dem soziokulturellen Wandel der letzten 25 Jahre hat sich der Umgang zwischen Jugendlichen und Erwachsenen geändert: Druck, Machtausübung, Zwang, Amtsautorität allein sind nur noch selten erfolgreich und werden in der Regel auch nicht mehr zur Konfliktlösung eingesetzt (→Generationskonflikt).
Einige konkrete Empfehlungen für den Umgang mit Jugendlichen:
- Altershomogene Gruppen sind im Jugendalter der dominierende Erziehungsfaktor. Helfen Sie deshalb den Jugendlichen, Anschluß an →Gleichaltrigengruppen zu finden.
- Lassen Sie dem Jugendlichen Zeit, erwachsen zu werden. Ändern Sie nicht abrupt Ihre Erwartungen und Forderungen.
- Überbewerten Sie nicht Stimmungsschwankungen, Erregbarkeit und Oppositionshaltungen des Jugendlichen.
- Stellen Sie dem Jugendlichen Möglichkeiten zur Verfügung, damit er sich wie ein Erwachsener (eigene Entscheidung, eigene Verantwortung) verhalten kann.
- Haben Sie Verständnis für die Vorstellungen des Jugendlichen über neue Formen des Zusammenlebens. Sprechen Sie mit dem Jugendlichen über seine Ansicht, zeigen Sie Interesse (→Kommunikation, →Gespräch).
- Helfen Sie dem Jugendlichen, die Übergangsangst zu überwinden, indem sie ihn zu Problemlösungsversuchen ermutigen und ihm Lösungsmöglichkeiten aufzeigen.
- Das Anspruchsverhalten der Jugendlichen zu akzeptieren, ist ebenso wichtig, wie Grenzen zu setzen und und deren Einhaltung durchzusetzen.
- Neben Zuneigung, Liebe, Stützung des Selbstwertgefühls sind auch differenzierte und angemessene Rückmeldungen hilfreich bei der Identitätsfindung, politischen Orientierung, bei Berufswahl und beim Eingehen von partnerschaftlichen Beziehungen.

Jugendamt. Nach § 1 Abs. 3 →Jugendwohlfahrtsgesetz (JWG) ist das Jugendamt Ausfallbürge für die Erziehung des Kindes und greift ein, wenn der Anspruch des Kindes auf die Erziehung von der Familie nicht erfüllt wird oder nicht erfüllt werden kann. Das Jugendamt wird auf der kommunalen Ebene als eine Erziehungsbehörde organisiert und ist eine Einrichtung der öffentlichen →Jugendhilfe. Das Jugendamt ist im Gegensatz zu anderen kommunalen Behörden und Ämtern „demokratisch“ konzipiert: Es besteht aus dem Jugendwohlfahrtsausschuß (JWA), dem erfahrene Persönlichkeiten aus verschiedenen

Bevölkerungskreisen angehören, und aus der Verwaltung des Jugendamtes. Für den JWA ergeben sich im wesentlichen folgende Aufgaben:

- Anregung und Förderung der Jugendhilfe, Beschlußfassung über die Mittel der Jugendhilfe;
- Delegation von Aufgaben an freie Verbände und Anerkennung freier Träger der Jugendhilfe, Planung der Zusammenarbeit zwischen verschiedenen Trägern;
- Öffentlichkeitsarbeit im Bereich der Jugendhilfe, Anhörungs- und Antragsrecht in Jugendfragen;
- Fortbildung der haupt- und ehrenamtlichen Mitarbeiter.

Die Aufgaben des Jugendamtes sind durch die §§ 4 und 5 des JWG geregelt. Im § 4 JWG sind die gesetzlichen Pflichtaufgaben zur Sicherung des Erziehungsanspruchs festgehalten, im § 5 JWG werden allgemeine erzieherische Aufgaben genannt.

Aufbau und Aufgaben des Jugendamtes

Jugendamt

Jugendwohlfahrtsausschuß	*Verwaltung des Jugendamtes*
Mitglieder: erfahrene Männer und Frauen, Vertreter der Jugendverbände, Vertreter der freien Wohlfahrtsverbände, ein Arzt des Gesundheitsamtes, ein Jugendrichter, der Leiter der Verwaltung.	Der Leiter der Verwaltung (Jugendamtsleiter), Sozialpädagogen, Sozialarbeiter, Verwaltungskräfte

Aufgaben

§ 4 JWG	§ 5 JWG
Pflegekinderschutz, Vormundschaftswesen, →Erziehungsbeistandschaft, Mitwirkung bei der →FEH und →FE, Jugendgerichtshilfe, →Jugendarbeitsschutz, Mitwirkung im Vormundschaftswesen, Hilfen bei Gefährdung	Beratung in allen Erziehungsfragen, Hilfen für Mutter und Kind vor der Geburt, Pflege und Erziehung von Kindern außerhalb der Familie und Schule, Gesundheitshilfe, Freizeithilfen und Erholungsmaßnahmen, politische Bildung und Jugendschutz

(Aufgaben sind nur unter Verwaltung des Jugendamtes aufzuführen, da die Aufgaben des Jugendwohlfahrtsausschusses schon im Text aufgezählt wurden!)

Nach dem JWG hat das Jugendamt darauf hinzuwirken, daß unter Berücksichtigung der verschiedenen Grundrichtungen der Erziehung die für die Wohlfahrt der Jugendlichen erforderlichen Einrichtungen und Veranstaltungen in ausreichendem Maße zur Verfügung stehen.

Jugendarbeit. Die Begriffe Jugendpflege und Jugendarbeit lassen sich nicht eindeutig voneinander abgrenzen. Die Jugendpflege sollte nach

dem preußischen Jugendpflegeerlaß (1911) der → Verwahrlosung und Delinquenz vorbeugen. Für „Jugendpflege" wird in neuerer Zeit immer häufiger die Bezeichnung „Jugendarbeit" verwendet. Nach H. Giesecke umfaßt Jugendarbeit diejenigen Lern- und Sozialisationshilfen, die den Jugendlichen außerhalb von Familie, Schule und Betrieb (Berufsausbildung) angeboten werden. Es handelt sich um Maßnahmen zur Förderung einer gesunden Lebensgestaltung und Entwicklung der Jugend, um Tätigkeiten, die den Jugendlichen den Zugang zu Freizeit- und Bildungsangeboten ermöglichen sollen.
Wesentliche Aufgaben und Maßnahmen der Jugendarbeit und Jugendpflege sind:

- Planung, Einrichtung und Durchführung von Maßnahmen zur Jugendbildung, die nicht nur auf Wissensvermittlung abzielen, sondern die Entfaltung des eigenen Engagements und die Einübung der gesellschaftlichen Verantwortung beabsichtigen;
- Beratung in Jugendfragen, Durchführung von Einzelberatungen, Beratung von Eltern und Jugendlichen;
- Errichtung von Anlagen und Einrichtungen zur Freizeitgestaltung (Freizeitzentren), Förderung der Jugenderholung, Entspannung, Unterhaltung;
- Pflege der internationalen Begegnung, Organisation internationaler Jugendtreffen, Durchführung von Sprachkursen, Jugendaustausch;
- Sozialisationshilfen für Behinderte, Strafentlassene, für unterprivilegierte Randgruppen (z. B. Ausländer);
- Koordination und Planung verschiedener Maßnahmen zur Jugendarbeit und Jugendpflege.

  H. Giesecke nennt folgende Grundbedingungen einer effektiven Jugendarbeit:

- Freiwilligkeit der Teilnahme an den Angeboten;
- Ausrichtung der Angebote an den Interessen und Bedürfnissen der Jugendlichen;
- Fehlen fester Lehrpläne, Auswahl der Inhalte im Kommunikationsprozeß;
- Beteiligung der Jugendlichen an der Planung und Gestaltung der Jugendarbeit (Selbstverwaltete Jugendzentren; Jugend wird durch die Jugend geführt);
- Beraterrolle der in der Jugendarbeit tätigen Erwachsenen.

Organisiert und getragen wird die Jugendarbeit und Jugendpflege von den Bundes-, Landes-, Kreis- und Stadtjugendringen, von Jugendverbänden, kommunalen Trägern, freien → Wohlfahrtsverbänden und von vielen Jugendclubs, Jugendzentren, Freizeitzentren, Häusern der offenen Tür, Jugendbildungsstätten.

Jugendarbeitsschutz. Das Jugendarbeitsschutzgesetz (1960/1976) enthält Bestimmungen über Kinderarbeit, Arbeitszeit der Jugendlichen, Beschäftigungsverbote, Pflichten des Arbeitgebers und die gesundheitliche Betreuung der Jugendlichen. Einige Beispiele für Maßnahmen zum Schutz des Jugendlichen: die Arbeitszeit ist auf 5 Tage mit insgesamt 40 Stunden in der Woche begrenzt. An Unterrichtstagen mit fünf Unterrichtsstunden dürfen Jugendliche nicht beschäftigt werden. Zum Schutze des Jugendlichen sind längere Pausen, ärztliche Untersuchungen, Verbot der Nachtarbeit und längerer Urlaub vorgesehen.

Jugendberatung. Damit sind jene psychosozialen Hilfen gemeint, die Jugendlichen in unterschiedlichen Problem- und Konfliktsituationen zur Verfügung stehen (Berufswahlprobleme, Schullaufbahnberatung, Drogenberatung, Beratung in Sexualfragen, Konflikte mit Erziehern, Identitätsprobleme). Jugendberatung in eigens dafür eingerichteten Beratungsstellen wird heute als Ergänzung der traditionell eingerichteten Beratungsangebote (→ Beratung) angesehen. Bei Problemen mit Jugendlichen wird die Jugendberatung immer noch eher von den Eltern und Erziehern aufgesucht als von den Jugendlichen selbst. Dies mag an der sog. „Türschwellenangst" jugendlicher Ratsuchender liegen, an der Meinung, erwachsene Berater solidarisierten sich nur mit Erwachsenen oder am Image einer „amtlichen Behörde", die von Jugendlichen meist abgelehnt wird. Damit das Beratungsangebot von Jugendlichen in akuten Krisensituationen angenommen wird, sollte die Jugendberatung folgende Bedingungen erfüllen: günstiger Standort, jugendmäßige Raumausstattung, absolute Verschwiegenheit gegenüber Eltern und Behörden, Unkompliziertzeit, Unverbindlichkeit, passende Sprechzeiten, schnelle und unmittelbare Handlungsfähigkeit (z. B. Hausbesuche), Beratung erfolgt unter dem Gesichtspunkt der größtmöglichen Eigenverantwortlichkeit des Jugendlichen.

Jugendfürsorge, eine Sammelbezeichnung für besondere → Erziehungshilfen bei gefährdeten, verwahrlosten, sozial auffälligen Jugendlichen. (→ Jugendhilfe)

Jugendhilfe. *Problemerörterung.* Die schon immer vorhandenen Hilfen für arme, verlassene, familienlose Kinder und Jugendliche wurden seit dem 17./18. Jh. ständig verbessert. Seit 1900 bemühte man sich um eine Verbesserung gesetzlicher Grundlagen, um vom Armenwesen und Almosentum wegzukommen. Die Voraussetzungen für finanzielle Hilfen der freien Verbände, um künftig „ohne bureaukratische Schablone" Unterstützung für die Jugendarbeit zu erhalten, schuf Preußen durch den Erlaß des Preußischen Ministers der geistlichen Unterrichts- und Medizinalangelegenheiten vom 18. Jan. 1911 (sog. „Jugendpflegeerlaß“). Der Staat als Helfer der Jugendverbände erhoffte sich durch die Jugendhilfe die „Heranbildung einer frohen, körperlich leistungsfähigen, sittlich tüchtigen, von Gemeinsinn und Gottesfurcht, Heimat- und Vaterlandsliebe erfüllten Jugend“ (F. Reimers). Trotz verschiedener Reformbestrebungen und Änderungen des →Jugendwohlfahrtsgesetzes (JWG) und trotz verstärkter Anstrengungen zum Ausbau der Jugendhilfe stellte der 1971 vom Bundesjugendkuratorium berufene „Ausschuß zur Erarbeitung grundlegender Vorstellungen über Inhalte und Begriff moderner Jugendhilfe“ fest, daß die heutige Jugendhilfe nicht in der Lage ist, die ihr – inbesondere durch das Jugendwohlfahrtsgesetz – vorgezeichneten Ziele und Aufgaben zu verwirklichen. Die Jugendhilfe ist zu wenig auf die Verhinderung von Sozialisationsdefiziten und Notständen gerichtet, hat zu wenig vorbeugenden Charakter. Seit 1973 liegt ein Diskussionsentwurf des neuen Jugendhilfegesetzes vor, durch den das bisherige JWG abgelöst werden soll. Inzwischen wurden verschiedene Entwürfe des Jugendhilferechts im Bundestag diskutiert und auch schon als Gesetz verabschiedet. Nach der Ablehnung durch den Bundesrat im Jahr 1980 und der Ankündigung der Novellierung für die Legislaturperiode 1987–91 wurde angenommen, daß durch die Beschränkung auf eine Novelle eine gründliche Reform der Jugendhilfe aufgegeben wurde. Zentraler Punkt der Reform war die Einräumung eines subjektiv-öffentlichen Rechtsanspruchs auf Erziehung und Bildung, d. h. der „förmliche und einklagbare Rechtsanspruch auf Erziehung“ sollte herausgestellt werden. Das „Kinder- und Jugendhilfegesetz“ (KJHG) wurde zum 01.01. 1991 inkraftgesetzt.

Begriffsbestimmung. Die Jugendhilfe (auch Jugendwohlfahrtspflege) umfaßt alle gesellschaftlichen Bemühungen, die der Sicherung und Erfüllung des Rechts des jungen Menschen auf Erziehung „zur leiblichen, seelischen und gesellschaftlichen Tüchtigkeit“ (§ 1 JWG) dienen. Die →Sozialpädagogik als „dritter Erziehungsraum“ neben der →Familie und der →Schule (einschließlich Berufsausbildung) wird oft als Theorie und Praxis der Jugendhilfe definiert. Die Entstehung der Sozialpädagogik und der Jugendhilfe hängt einerseits mit der Unzulänglichkeit der Familien-, Schul- und Berufserziehung zusammen, andererseits wird die erzieherische Arbeit durch verschiedene soziokulturelle Bedingungen und Merkmale der modernen Gesellschaft erschwert. In den letzten 20 Jahren fand ein Wandel statt: Jugendhilfe und Sozialpädagogik wurden nicht mehr als Theorie und Praxis der Erziehung von gefährdeten und geschädigten Jugendlichen verstanden, sondern als ein wichtiges pädagogisches System neben der Familie, Schule und Berufsbildung. Es wird die Aufhebung der traditionellen Trennung zwischen →Jugendarbeit (Jugendpflege) und →Jugendfürsorge angestrebt.

Demnach wird Jugendhilfe als Bezeichnung verwendet für alle die

Familie, Schule und berufliche Bildung ergänzenden, ersetzenden, unterstützenden, aufbauenden, ausgleichenden und korrigierenden Einrichtungen und Maßnahmen zur Förderung der Jugendwohlfahrt. Adressaten der Jugendhilfe sind alle Kinder und Jugendlichen, nicht nur gefährdete, physisch und psychisch beeinträchtigte und geschädigte.

Ziele und Erziehungsarbeit der Jugendhilfe. Der „Ausschuß zur Erarbeitung grundlegender Vorstellungen über Inhalt und Begriff moderner Jugendhilfe" hat 1973 die Ergebnisse seiner Arbeit unter dem Titel „Mehr Chancen für die Jugend" veröffentlicht. Darin werden folgende Erziehungsziele der Jugendhilfe angegeben:

- Selbstverwirklichung und Selbstbestimmung (Autonomie)
- Leistungsfähigkeit (Produktivität)
- Humane Liebesfähigkeit (Sexualität)
- Kommunikations- und Kooperationsfähigkeit (Soziabilität)
- Phantasie und Spontaneität (Kreativität)

An diesen Grundsatzzielen für das Mündigwerden der Erwachsenen von morgen ist die Qualität der Jugendhilfe zu messen. Der Ausschuß stellt in einem „Negativkatalog der Jugendhilfe" fest, daß die Jugendhilfe nicht in der Lage ist, die genannten Ziele zu verwirklichen. Ihr Erreichen wird erschwert durch:

- die soziale Isolierung Behinderter in spezifischen Einrichtungen (z. B. Körperbehindertenzentren);
- die anhaltende Bewegungseinschränkung des Kleinkindes durch zu enge Wohnverhältnisse;
- die Dämpfung von Initiativen des Kindes durch zu große Gruppen im Kindergarten und in der Schule oder durch zu ängstliche Eltern;
- die Verdrängung kindlicher und jugendlicher Aktivitäten von den Straßen und Plätzen der Städte und die unzureichende Kompensation der Aktivitäten auf konventionell ausgestatteten Spielplätzen oder überhaupt durch unzulängliche Kommunikationsfelder;
- die mangelhafte Strukturierung von Freizeitangeboten der Jugendarbeit als emanzipatorische Lern- und Übungsfelder;
- die fehlende und unzulängliche Selbst- und Mitbestimmung in Einrichtungen der Jugendhilfe (Heime, Freizeitstätten, Jugendverbände, Bildungsstätten, Kindertagesstätten usw.), in der Schule oder im Betrieb;
- den Zwang zur frühzeitigen Festlegung in der beruflichen Ausbildung.

Die Maßnahmen und Leistungen der Jugendhilfe lassen sich in drei Bereichen zusammenfassen, nämlich in

- präventive (vorbeugende) Erziehungshilfen (vor allem Jugendschutz, Elternbildung, Familienberatung u. a.);
- aufbauende Erziehungsarbeit, allgemeine Sozialisationshilfen in

Form der → Jugendarbeit (Jugendpflege, Jugendbildung, Freizeithilfen und andere Maßnahmen der Jugendförderung);
- besondere Erziehungshilfen (Pflegekinderschutz, Erziehungsbeistandschaft, freiwillige Erziehungshilfen, Fürsorgeerziehung, Resozialisierung).

Die Leistungen der Jugendhilfe werden von verschiedenen Trägern – wobei den freien → Wohlfahrtsverbänden noch immer Vorrang nach dem → Subsidiaritätsprinzip eingeräumt wird – erbracht.

Hinweise zur Praxis. Die Jugendhilfe muß sich an den Problemen der modernen Gesellschaft und an den Bedürfnissen der Jugendlichen (→ Jugend) orientieren. Durch die Jugendhilfe muß vor allem vorbeugende und aufbauende Arbeit geleistet werden: Die Erziehungsfunktionen der Familie sind zu stärken. Die Schule soll in die Jugendarbeit miteinbezogen werden. Das Verhältnis zwischen Erziehungshilfe und Strafe ist zu überdenken. Die Zahl der Heimkinder ist durch Adoptionsvermittlung und Unterbringung in Pflegefamilien zu senken. Die bessere Qualifikation der beruflichen Mitarbeiter ist ebenso zu fördern wie das Recht der Jugendlichen, aktiv mitzuwirken und mitzubestimmen. Die Hilfe soll unbürokratisch und schnell erfolgen.

Nach der Reform des Jugendhilferechts (als „Kinder- und Jugendhilfegesetz" – KJHG – am 01. 01. 1991 in Kraft getreten) sind die Erzie-

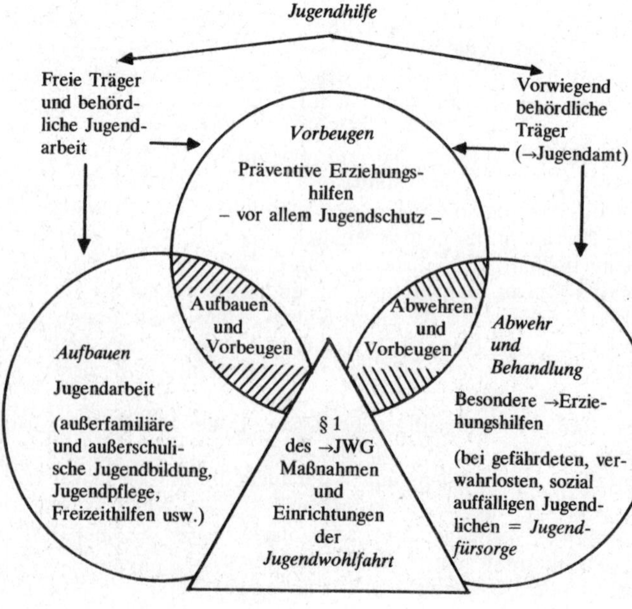

hungsmaßnahmen im Vergleich zum JWG beträchtlich erweitert worden (z. B. Erziehungskurse, Erziehung in anderen Familien, Wohngemeinschaften).

Jugendkriminalität. Es wird empfohlen, die Straftaten Jugendlicher nicht mit →Kriminalität, sondern mit dem Ausdruck „Jugenddelinquenz“ zu bezeichnen, weil die Merkmale des kriminellen Handelns (bewußte Absicht, Bereicherung als Zweck, gezielte Planung und Durchführung) häufig fehlen. Die gestiegene Anfälligkeit der Jugendlichen für bestimmte Delikte (z. B. Eigentumsdelikte) wird zurückgeführt auf
- das Mißverhältnis zwischen der gesellschaftlichen Anerkennung von Werten (z. B. Besitz und Konsum) und geringen finanziellen Möglichkeiten der Jugendlichen;
- die ungefestigte, konfliktreiche soziale Position des Jugendlichen;
- die Belastung durch unvollständige, gestörte Familienverhältnisse;
- den Gruppendruck und die Begünstigung einer Handlung durch die Gruppe;
- die Suche nach Zuwendung;
- die unbefriedigten Bedürfnisse nach Zugehörigkeit, Sicherheit, Erfolg und Selbständigkeit.

Nach dem Jugendstrafgesetzbuch haben erzieherische Maßnahmen absoluten Vorrang vor →Bestrafung, da im Jugendgefängnis nur schwer erzieherische Arbeit geleistet werden kann.

Jugendpflege →Jugendarbeit.

Jugendschutz. Durch Maßnahmen des Jugendschutzes sollen Kinder und Jugendliche vor entwicklungsschädigenden Einflüssen im Bereich des Familienlebens (z. B. →Kindesmißhandlungen), des Arbeitsplatzes (→Jugendarbeitsschutz) und der Öffentlichkeit und vor jugendgefährdenden Schriften bewahrt werden. Die Maßnahmen des Jugendschutzes dienen der Durchsetzung des →Rechts auf Erziehung. Man kann die vorbeugenden Maßnahmen des Jugenschutzes in „abwehrende“ und „aufbauende“ Erziehungsarbeit aufgliedern. Die Jugend kann geschützt werden durch Verbote, durch Fernhalten von Gefahren bzw. durch Aufklärung, durch Vorbereitung auf Gefahren, durch „Bewährung“. Bewährung heißt, die jungen Menschen im Rahmen der Gesamterziehung zu selbständigen, kritischen Persönlichkeiten zu erziehen und sie zu befähigen, Werte und Normen zu erkennen. Zu denken wäre an vorbeugende →Medienerziehung (Umgang mit Schriften), Konsumerziehung (Umgang mit Alkohol und anderen →Drogen, Verhalten in Gaststätten), →Sozialerziehung und politische Erziehung (Verhalten am Arbeitsplatz, Mitverantwortung), →Sexualerziehung (jugendgefährdende Schriften), aber auch an Werterziehung und religiöse Erziehung (→ Religionspädagogik).

Jugendstrafvollzug. Die Maßnahmen zur → Resozialisierung im Rahmen des Jugendstrafvollzugs leiden unter dem Widerspruch zwischen → Bestrafung und → Erziehung, d. h. zwischen Sühne im Sinne der Gerechtigkeit und Wiedereingliederung in die Gesellschaft.

Jugendwohlfahrtsgesetz (JWG). Das Jugendwohlfahrtsgesetz als die wichtigste Rechtsgrundlage der → Jugendhilfe wurde als „Reichsjugendwohlfahrtsgesetz" im Jahre 1922 erlassen, im Jahre 1961 zum Jugendwohlfahrtsgesetz umgeändert und 1970 teilweise reformiert. Im § 1 JWG wird das Recht des Kindes „auf Erziehung zur leiblichen, seelischen und gesellschaftlichen Tätigkeit" grundsätzlich herausgestellt. Weiter heißt es: „Das Recht und die Pflicht der Eltern zur Erziehung werden durch dieses Gesetz nicht berührt. Gegen den Willen des Erziehungsberechtigten ist ein Eingreifen nur zulässig, wenn ein Gesetz es erlaubt. Insoweit der Anspruch des Kindes auf Erziehung von der Familie nicht erfüllt wird, tritt, unbeschadet der Mitarbeit freiwilliger Tätigkeit, öffentliche Jugendhilfe ein" (§ 1 Abs. 2 und 3 JWG). Im Jugendwohlfahrtsgesetz wird das Verhältnis zwischen den verschiedenen Trägern der Jugendhilfe geregelt, werden die Aufgaben des → Jugendamtes aufgeführt und besondere → Erziehungshilfen als jugendfürsorgerische Maßnahmen gesetzlich abgesichert.

K

Kategoriale Bildung → Bildung

Kausalattribuierung (auch Attribuierung oder Attribution), die Bezeichnung für den im Alltag gängigen Vorgang des (naiv-psychologischen) Erklärens eigenen und fremden Verhaltens. Dabei wird Kausalattribuierung als eine allen Menschen gemeinsame Tendenz betrachtet, sämtliche beobachtbaren Ereignisse auf irgendwelche zugrundeliegenden Ursachen (Motive, Umwelteinflüsse, Schicksal, Glück, Pech usw.) zurückzuführen. Damit kommt der Kausalattribuierung eine über die bloße Registrierung von Ereignissen des täglichen Lebens hinausgehende Ordnungs- und Strukturierungsfunktion zu, die den Geschehnissen in der Welt Bedeutung verleiht und hilft, sie und ihr Entstehen zu erklären, zu kontrollieren und vorherzusagen. Persönlichkeitspsychologisch bedeutsam sind individuelle Attribuierungshaltungen oder -tendenzen. So bedeutet *„internale Attribuierung"*, daß eine Person die Umweltereignisse, an denen sie beteiligt ist, auf eigenen Einfluß zurückführt; z. B. fühlt sich ein Schüler verantwortlich für das Ergebnis einer Klassenarbeit oder Ehepartner in einer Ehekrise sehen sich selbst und ihr Verhalten als Hauptursache ihrer Probleme an. *„Externale Attribuierung"* heißt dagegen, daß man als Grund für bestimmte Geschehnisse alle möglichen Bedingungen angibt, nur nicht sich selbst oder sein eigenes Verhalten. So meint etwa ein Schüler, der schlecht benotet wurde, der Lehrer könne ihn nicht leiden, er hätte zur Zeit eine Pechsträhne, die Aufgabe sei viel zu schwer gewesen usf.; ähnlich sehen die Ehepartner einer gescheiterten Ehe den jeweils anderen Partner, die Umwelt, die Kinder, das Schicksal als Ursache ihres Problems. Aufgrund vieler einschlägiger Untersuchungen vermuten Psychologen, daß solche individuellen Attribuierungseinstellungen die →Motivation und das Handeln von Menschen in ganz entscheidender Weise beeinflussen und lenken können.

Kerschensteiner, Georg (1854–1932), Besuch des Lehrerseminars in Freising, Volksschullehrer, Studium der Mathematik und Physik, Gymnasiallehrer in Nürnberg, Schweinfurt und München, 1895 Stadtschulrat in München, 1912 Reichstagsabgeordneter, 1920 Honorarprofessor an der Universität München.

Pädagogisches Werk: „Grundfragen der Schulorganisation", „Begriff der staatsbürgerlichen Erziehung", „Begriff der Arbeitsschule", „Die Seele des Erziehers", „Autorität und Freiheit", „Theorie der Bildung", „Theorie der Bildungsorganisation".

Pädagogische Ideen: Kerschensteiner war von den Ideen →Pestalozzis beeinflußt. Er sah zwei große Aufgaben für die Schule, nämlich 1) die staatsbürgerliche Erziehung und 2) die vorbereitende Berufsbildung. Im Endeffekt geht es in der Schule um allgemeine Menschenbildung, die erreicht werden soll durch eine „Versittlichung des Gemeinwesens" und eine „Versittlichung der Berufsbildung". Vor allem die *Aufgabe der Berufsbildung* dominiert die Auffassungen Kerschensteiners.

Aus der Wichtigkeit, die er der manuellen Arbeit zuschreibt, entwickelt sich schließlich sein Gedanke der „Arbeitsschule". *Handarbeit* hat nach Kerschensteiner verschiedene Kennzeichen, wenn sie Bildungswert haben soll: Sie ist anders als Sport und Spiel, da sie fremdbezweckt ist; sie erfordert geistige Vorbereitung; sie darf nicht rein mechanisch sein; sie muß auf „Sachlichkeit" und „Vollendung" ausgerichtet sein; sie muß zwangfrei, spontan und selbsttätig erfolgen;

sie unterliegt der Selbstprüfung durch den Schüler. Neben die manuelle Arbeit tritt in der Arbeitsschule die geistige Arbeit, die der Schaffung der Urteilskraft dient. Die Arbeitsschule mit ihrer Betonung der Handarbeit bezweckt vor allem eine Förderung der Selbsttätigkeit und Selbständigkeit, der Spontaneität und Selbstprüfung, der Arbeitsgesinnung und -haltung und schließlich der Charakterbildung des Schülers. Kerschensteiner sagt: „Der Sinn der Arbeitsschule ist, mit einem Minimum von Wissensstoff ein Maximum von Fertigkeiten, Fähigkeiten und Arbeitsfreude im Dienste staatsbürgerlicher Gesinnung auszulösen."

Trotz einer Kritik an → Herbart schlägt auch Kerschensteiner ein „Artikulationsschema" für den Unterricht mit den Stufen a) Fragen, b) Vermuten, c) Prüfen und d) Ergebnis vor.

Wirkung: Kerschensteiner beeinflußte die Erziehungdebatte vor allem durch seinen Gedanken der „Arbeitsschule"; auf der Grundlage seiner Vorstellungen entwickelte sich die Arbeitsschulbewegung in der Pädagogik.

Kibbuz(im) ist die Bezeichnung für eine Gemeinschaftssiedlung in Israel. Mit dem Begriff verbindet sich – pädagogisch gesehen – ein Erziehungsprogramm, welches auf marxistisch-sozialistischen wie psychoanalytischen Zielvorstellungen aufbaut. Die Kibbuz-Erziehung, eine Art → Kollektiverziehung, weist u. a. folgende Merkmale auf: Vergesellschaftung der Erziehung durch Übertragung der Erziehungsfunktionen von der → Familie auf gesellschaftliche Institutionen, d. h. relativ frühe Trennung von Mutter und Kind und Unterbringung der Kinder in gemeinschaftlichen Erziehungseinrichtungen mit ausgebildetem Erziehungspersonal; „synthetische Erziehung" (Einheit von Erziehung, Unterricht und Arbeit); Erziehung zum Kollektivismus; Auflösung autoritärer Beziehungen zwischen Eltern und Kindern; repressionsfreie Trieberziehung, die einen möglichen Kompromiß zwischen Befreiung und Sublimierung zu verwirklichen sucht.

Kinderbücher/Jugendbücher, eine Buchform, die sich eigens an kindliche bzw. jugendliche Leser wendet. Entsprechend sind diese Bücher thematisch, inhaltlich, sprachlich sowie in innerer und äußerer Aufmachung (d. h. etwa: Bebilderung und Strapazierfähigkeit) auf diesen besonderen Leserkreis zugeschnitten. Kinder- und Jugendbücher umfassen ziemlich alle literarischen Gattungen von der Belletristik bis zum Sachbuch, von Comics bis zum Roman.

Bekannte Beispiele: H. Hoffmanns „Struwwelpeter", J. Spyris „Heidi", D. Defoes „Robinson", J. Swifts „Gulllivers Reisen", S. Lagerlöfs „Nils Holgersson", C. Collodis „Pinocchio". So vielgestaltig wie Formen und Arten ist die den Kinder- und Jugendbüchern zukommende pädagogische Funktion zu sehen: Anregung der Phantasie und des Denkens, Bildung des literarischen Geschmacks, Horizonterweiterung, Wertvermittlung, Vorgabe von Leitbildern, Lese- und Sprachtraining, Vermittlung von Handlungsanreizen und -impulsen.

Kindergarten(erziehung). *Problemerörterung.* In der Diskussion um eine bessere Förderung von Kleinkindern nimmt die Erziehung im Kindergarten eine zentrale Stellung ein. Nachdem lange Zeit kaum jemand Interesse an der Kindergartenerziehung hatte, wurden plötzlich Themen aktuell wie „→Kompensatorische Erziehung“, →„Vorschulerziehung“, „Frühlesenlernen“, „Einschulung von Fünfjährigen“, „→Kollektiverziehung“ u.ä. Alle diese Themenkomplexe stehen in irgendeiner Weise mit dem derzeitigen Erziehungsanspruch bzw. -konzept der Institution „Kindergarten“ in Zusammenhang oder Widerspruch.
Begriffsbestimmung. Der Kindergarten ist eine auf freiwilliger Basis funktionierende, gemeinschaftliche, familienergänzende Erziehungseinrichtung für Drei- bis Fünfjährige. In der Regel ist der Kindergarten eine Halbtagseinrichtung. Träger dieser Einrichtungen sind freie und öffentliche Institutionen (Kommunen, Kirchen, Freie →Wohlfahrtsverbände). Im allgemeinen unterstehen die Kindergärten der Aufsicht der →Jugendämter. Das Personal der Kindergärten rekrutiert sich aus Erziehern, Sozialpädagogen und Kinderpflegerinnen.
Ziele bzw. Inhalte der Kindergartenerziehung. Obwohl für den Kindergarten kein verbindlicher Lehrplan wie für die →Schule besteht, gibt es doch Übereinstimmung über die Hauptinhalte bzw. -ziele der Kindergartenerziehung. Sie bestehen u. a. in

- einer Förderung der kindlichen Identitätsbildung (Ausbildung eines →Selbstkonzepts);
- der Erziehung zu Selbst-, Sozial- und Sachkompetenz (→Mündigkeit);
- einer Weckung des Interesses für die das Kind umgebende Umwelt;
- einer Lenkung des Gestaltungsdrangs auf den Umgang mit verschiedenen Materialien;
- der Unterstützung und Förderung kindlichen →Spielens und dessen Einsatz für verschiedene Zwecke (spielerisches Lernen, Kooperationsspiele, Bewegungskoordination, Ausdruckserziehung durch Kindertanz);
- der Förderung der →Sprache;
- der Ausbildlung des kindlichen →Gewissens;
- einer individuellen Betreuung behinderter Kinder, soweit nicht eine Einweisung derselben in einen Sonderkindergarten erwogen wird;

- der Erleichterung des Übergangs vom Kindergarten zur Grundschule (für Fünfjährige).

Grundsätze der Kindergartenerziehung. Für die Kindergartenerziehung gelten im allgemeinen folgende Grundsätze:

a) Die Erziehung erfolgt in altersgemischten Gruppen. Eine derartige Gruppenzusammensetzung wirkt sich begünstigend auf die Möglichkeit sozialen Lernens (→Sozialerziehung) und die Persönlichkeitsentfaltung aus. Soziale Verhaltensweisen wie Hilfsbereitschaft, Kooperation, soziale Einfühlung werden gefördert, Konkurrenzstreben und Leistungsdruck vermindert.

b) Die Förderung erfolgt ganzheitlich, d. h. kognitive, affektive und sensomotorische Fertigkeiten stehen gleichwertig nebeneinander. Es findet kein isoliertes Training nur eines Bereichs statt.

c) Das Angebot an Förderungsmöglichkeiten ist vielfältig und auf das einzelne Kind abzustimmen. Handlungs- und Betätigungsalternativen bieten dem Kind die Freiheit, mitzumachen oder nicht. Das Kind kann von sich aus die Reihenfolge von Lernschritten beliebig abändern.

d) Erforderlich ist eine enge Zusammenarbeit zwischen Kindergarten und Elternhaus, Schule bzw. Beratungsinstitutionen. Bestimmte Wertorientierungen und weltanschauliche Einstellungen sind den Kindern nur nach Absprache mit den Eltern oder Erziehungsberechtigten anzubieten. Ein problem- und nahtloser Übergang vom Kindergarten zur Grundschule kann nur durch eine enge Zusammenarbeit zwischen den beiden Institutionen bewerkstelligt werden. Konflikt- und Problemfälle in der Erziehung lassen sich durch eine Koordination von Erziehungs- und Beratungsfunktionen (Kindergärtnerin, Psychologe, Erziehungsberater, Arzt) besser erkennen und schneller einer entsprechenden Behandlung zuführen.

Hinweise zur Erziehungspraxis. Für die pädagogischen Fachkräfte und die Eltern gilt es, folgendes bei Kindern, die den Kindergarten besuchen, zu berücksichtigen: Es sollten keine starren Rollenerwartungen und einengenden Forderungen an das Kind gestellt werden; konkrete, lebensnahe Situationen müssen für die Erziehung nutzbar gemacht werden; keine isolierte Förderung und kein isoliertes Training einzelner Funktionen wie →Sprache, Motorik, →Denken, →Gefühle, →Motivation; statt dessen ist eine ganzheitliche Erziehung und Förderung durchzuführen, von der die Gesamtpersönlichkeit des Kindes betroffen ist; der Übergang zwischen den einzelnen Sozialisatoren oder Sozialisationsinstanzen (→Familie, →Kindergarten, →Schule) muß ohne Bruch vor sich gehen; eine durchgängige Kontinuität sollte nach Möglichkeit gewahrt werden; zwischen Elternhaus, Schule und Kindergarten sollte eine enge Kooperation stattfinden (Elternabende, gemeinsame Besprechungen); kindliche →Bedürfnisse nach → Spiel, Bewegung, Explorieren und Manipulieren sind zu berücksichtigen, ebenso die individuellen Sozialisationsbedingungen (Elternhaus, Milieu, bisherige Lernerfahrungen); Zwang, Repression, Überforderung, Leistungsdruck sollten in jedem Fall vermieden werden; für auffällige Schüler sollten zuerst kompensatorische Maßnahmen in Betracht gezogen werden, bevor an die Möglichkeit der Überweisung in den Sonderkindergarten gedacht wird.

Kinderheime → Heimerziehung.

Kinderhorte, Schülerhorte → Hort.

Kinderkrippe ist die Bezeichnung für „Säuglingspflegeanstalten", für Einrichtungen, in denen Kleinkinder bis zum 4. Lebensjahr außerhalb der Familie betreut werden. Kinderkrippen waren schon Ende des 19. Jahrhunderts heftig umstritten. Die Erkenntnisse von R. Spitz, die unter dem Schlagwort → Hospitalismus bekannt wurden, sowie Annahmen der → Psychoanalyse zur Bedeutung erster Lebensjahre und zur Auswirkung sog. Trennungsängste (Mutter-Kind-Bindung), haben nach dem Zweiten Weltkrieg wiederholt zur Forderung nach Abschaffung von Kinderkrippen geführt. Wegen der Berufstätigkeit der Mütter, vor allem alleinerziehender Mütter, wurden trotz pädagogischer Bedenken viele Kinderkrippen eingerichtet. Die – man könnte sagen – selbstverständliche Aufbewahrung und Betreuung der Kinder in Kinderkrippen in der ehemaligen DDR hat die Diskussion um die Problematik der Kinderkrippenerziehung nach 1990 erneut belebt. Wenn es gelingt, die Arbeit der Kinderpflegerinnen und -erzieherinnen in Kinderkrippen so zu gestalten, daß sie Spaß macht, wenn eine enge Beziehung zwischen Kindern und Betreuern aufgebaut werden kann, wenn altersgemischte Gruppen gebildet werden und wenn zwischen Eltern und Betreuern gute Kontakte und Vertrauen herrschen, dann ist nicht zu befürchten, daß sich psychische Schäden entwickeln werden. Manche Forscher sind sogar der Meinung, daß unter den genannten Bedingungen eine sinnvolle Förderung von Kindern möglich ist, die der Erziehung in Großfamilien nahekommt.

Kinderspielplätze. Die im Freien angelegten Spielstätten für Kinder genügen nur im Idealfall bestimmten pädagogischen, sozialpsychologischen und hygienischen Erfordernissen. Der moderne Wohnungs- und Siedlungsbau, der zunehmende Verkehr und bestimmte Lebensgewohnheiten, die Vereinzelung und Isolierung fördern, machen den Bau solcher Kinderspielplätze notwendig, auf denen Kinder mit Sand, Wasser, Holz und Spielgeräten vielseitige Anreize zur spielerischen Selbstentfaltung und zur Umweltgestaltung erfahren. Vor allem sog. Abenteuerspielplätze regen die Phantasie der Kinder an. Von besonderem Wert erweisen sich Kinderspielplätze für solche Kinder, die relativ isoliert in der Familie aufwachsen und denen der Aufenthalt auf Kinderspielplätzen eine erste Möglichkeit zu sozialer Kontaktaufnahme und Gruppenaktivitäten mit Gleichaltrigen bietet.

Kindesmißhandlung. „Kindesmißhandlung stellt eine nicht zufällige, gewaltsame, physische und/oder psychische Beeinträchtigung oder Vernachlässigung des Kindes durch die Eltern oder Erziehungsberechtigten dar, die das Kind schädigt, verletzt, in seiner Entwicklung hemmt und gegebenenfalls zu Tode bringt" (R. Wolff). Diese umfassende Definition bezieht auch die allgemein noch weniger beachteten psychischen Mißhandlungen sowie die durch Vernachlässigung entstehenden Beeinträchtigungen von Kindern ein. Die statistischen Angaben über erfaßte Kindesmißhandlungs- bzw. Vernachlässigungsfälle stellen mit Sicherheit nur die Spitze eines Eisberges dar. Die wahrscheinlich gewaltige Dunkelziffer (in der Bundesrepublik werden pro Jahr einige Tausend Delikte, darunter einige Hundert mit Todesfolge erfaßt; allgemein kann man rechnen, damit 5–10% – evtl. auch weniger – aller vorkommenden Mißhandlungsfälle aufgeklärt zu haben) ist u. a. zurückzuführen auf eine weit verbreitete Kinderfeindlichkeit der Gesellschaft, auf Intim- und Privatsphäre der → Familie, auf falsche Rücksichtnahme auf Bekannte und unreflektierte Bedenken vor „Denunziation". Hinzu kommen in den meisten Fällen falsche Vorstellungen über tradiertes elterliches Züchtigungsrecht und legalisierte Erziehungsgewalt der Eltern oder Erziehungsberechtigten (→ Elternrecht). Einer Analyse der Ursachen von Kindesmißhandlungen wird weder eine rein individualistische noch rein gesellschaftlich orientierte Betrachtung gerecht. Wahrscheinlich sind es psychologische und soziale Faktoren, die bei der Entstehung des Phänomens Kindesmißhandlung zusammenwirken. Zu einer aktuellen sozialen Krisensituation, die bedingt ist durch die Isoliertheit und Anonymität der Familie in unserer Gesellschaft, durch teils akute finanzielle Probleme, durch Ehezerwürfnisse, durch milieubedingte Einflüsse und nicht zuletzt durch die allgemein vorherrschende Kinderfeindlichkeit kommen bestimmte verfestigte psychische Einstellungen und Verhaltenstendenzen und -strukturen des „Täters" hinzu: Ablehnung des Kindes, Gewalt- und Machtgelüste, Aggressivität, Rücksichtslosigkeit, überhöhtes Anspruchsniveau, unerfüllte eigene Liebes- und Zuwendungsbedürfnisse, Egoismus, repressive und autoritäre Erziehungsmethoden, Gefühle der → Angst, des Benachteiligt- und Zu-kurz-gekommen-Seins. Präventivmaßnahmen zur Verhütung von Kindesmißhandlungen können sich nicht einfach auf eine Verschärfung gesetzlicher Bestimmungen richten. Eine solche bloß reaktive Maßnahme ändert ebenso wie intensive moralische Appelle nichts an den Ursachen bzw. Bedingungen von Kindesmißhandlungen. Wichtig wäre statt dessen u. a. folgendes:

- Aufklärung der Bevölkerung über Kindererziehung, Entwicklungspsychologie des Kindes (→ Familienbildung).
- Abbau der allgemeinen Kinderfeindlichkeit und Veränderung der Einstellung zum Kind.
- Einrichtung von bevölkerungsnahen Kinderschutzzentren.
- Familienerziehungsstützende Maßnahmen einschließlich erweiterter finanzieller Unterstützung.
- Ländereinheitliches Erfassungssystem von Kindesmißhandlungsdelikten.
- Umfassende wissenschaftliche Forschungsprogramme über die Kindesmißhandlungen.

Klassenarbeiten stellen eine schriftliche Art der Leistungsprüfung dar. Neben anderen Leistungsüberprüfungen bestimmen ihre Ergebnisse die Zeugnisnoten und damit die Versetzung der Schüler. Näheres zur Durchführung von Klassenarbeiten (Anzahl, Fächer, Dauer) regeln länderinterne amtliche Richtlinien. Die neuerdings rege diskutierte fehlende Vergleichbarkeit von Zensuren und Zeugnissen führt zur Forderung einer *normorientierten* → pädagogischen Diagnostik bzw. zur Revision des gesamten schulischen Prüfungswesens (Strukturplan).

Kleinkinderziehung, eine Bezeichnung für die Erziehung des Kindes von der Zeit der Geburt bis zur → Einschulung. In diesem Zusammenhang wichtige Probleme sind z. B.: Die Erziehung in → Familie und → Kindergarten, die Eltern-Kind-Beziehung, → Vorschulerziehung, → Tagesmütter, → kompensatorische Erziehung. Im Vordergrund der Kleinkinderziehung stehen erzieherische Gesichtspunkte und Ziele; Ausbildungs- oder Unterrichtsziele (etwa Lesenlernen) sind demgegenüber zweitrangig. G. Bittner spricht das deutlich an: „In den ersten Lebensjahren geht es nicht darum, sich bestimmte Kulturtechniken anzueignen und damit den Altersgenossen beim Kampf um die sozialen Aufstiegschancen um eine Nasenlänge vorauszusein, sondern darum, jene grundlegenden Persönlichkeitsdispositionen zu erwerben, die eine spätere erfolgreiche Teilnahme am Leben der Gesellschaft überhaupt erst ermöglichen. Nicht das Erlernen von Kulturtechniken, sondern die *basale* → Sozialisation und → Personalisation des Kindes scheint die sinnvolle pädagogische Aufgabe zu sein, die sich für die Erziehung in den ersten Lebensjahren stellt.“ Wichtige personale und soziale Fertigkeiten und Fähigkeiten werden beim Kleinkind grundgelegt und gefördert durch

- Erziehung zu → Selbstbestimmung, → Autonomie und Selbständigkeit;

- →Reinlichkeitserziehung;
- Anpassung an gesellschaftliche und kulturelle →Normen; Beginn moralischer Entwicklung und Erziehung (→Gewissen, →Sozialerziehung);
- Erlernen geschlechtsspezifischer sozialer Rollen (→Geschlechterrollen);
- →Spracherziehung;
- Bewegungserziehung.

Koedukation meint die gemeinsame Erziehung von Jungen und Mädchen in →Heimen, →Internaten und gemischten Schulklassen. Durch Koedukation bietet sich für Jungen und Mädchen die Möglichkeit ungezwungener, natürlicher gegenseitiger Begegnung und Kontaktnahme als Voraussetzung des späteren engen Zusammenlebens beider Geschlechter. Teilweise wird für die gemeinsame Unterrichtung von Jungen und Mädchen in der Schule auch der Ausdruck *Koinstruktion* verwendet.

Kollegstufe ist eine Einrichtung der Sekundarstufe II des Bildungwesens. In Bayern wird es als Bezeichnung für die in den siebziger Jahren reformierte gymnasiale Oberstufe verwendet. In Nordrhein-Westfalen läuft die Kollegstufe als Modellversuch, dessen Hauptziel die Integration der gymnasialen Oberstufe mit berufsbildenden Schulen ist. Im Gefolge dieser Integration wird angestrebt, die Diskriminierung der Berufsausbildung und die Privilegierung der Gymnasialbildung zu beseitigen. Die Kollegstufe bietet dem Schulabgänger einen doppelt-qualifizierenden (studien- und/oder berufsbezogenen) Abschluß.

Kollektiverziehung kann nicht einfach als Gegenteil von Familienerziehung aufgefaßt werden, ebenso wie die oftmals anzutreffende Gegenüberstellung von Individualismus und Kollektivismus eine unzulässige Vereinfachung darstellt. Im allgemeinen versteht man unter Kollektiverziehung die nach Vorstellungen des sowjetischen Pädagogen A. S. →Makarenko praktizierte Erziehungskonzeption in sozialistischen Staaten. Hauptsächliche Kennzeichen derselben sind:
- Erziehung in der Gruppe für die Gruppe (Merkmale: Kooperation und Gruppenwettbewerb);
- frühe außerfamiliäre Erziehung durch Institutionen der Gesellschaft;
- Einheit von →Erziehung und →Unterricht, körperlicher Arbeit und gesellschaftlicher Tätigkeit;
- Herstellung der Identität individueller und gesellschaftlicher Interessen (d. h. etwa, daß der Erwerb von Kenntnissen und Fertigkei-

ten nicht nur dem Individuum, sondern auch der Gesellschaft nützt).

Eine konsequente Verwirklichung der Kollektiverziehungsidee findet sich außerhalb sozialistischer Staaten vor allem in der israelischen →Kibbuz-Erziehung.

Kommune, Bezeichnung für eine Wohn- und Lebensgemeinschaft. Allgemeiner für eine Gemeinde (Stadt oder Dorf) als eine Einheit der kommunalen Selbstverwaltung, spezifischer für eine Form (marxistisch begründeten) gemeinsamen Wohnens und Lebens, das charakterisiert ist durch Solidarität (Aufhebung privater Besitz- und gegenseitiger Verfügungsansprüche), einen besonderen politischen Anspruch (Beseitigung der bestehenden Gesellschaft ordnung) und eine besondere Erziehungsform (→Kollektiverziehung).

Kommunikation, soziale, wird im allgemeinen als Informationsaustausch, als Vermittlung und Aufnahme von Informationen, als Prozeß des „Teilhaben-Lassens und Anteil-Gewinnens an zunächst individuellen Gegebenheiten wie Empfindungen, Gefühlen, Meinungen, Wertvorstellungen, Wünschen“ (M. Krejci) definiert. Erziehungsvorgänge können als Kommunikationsprozesse angesehen werden. Für eine erfolgreiche Erziehung sind wirksame und nicht gestörte Kommunikationsprozesse entscheidend. Kommunikation dient der Wissensvermittlung, sie hilft, Konflikte zu lösen, sie ist Mittel der →Beratung; durch Kommunikation wird Anerkennung ausgesprochen, Selbstwertgefühl gestützt oder geschwächt, →Ermutigung oder →Entmutigung bewirkt.

Die Pragmatische Theorie der Kommunikation von P. Watzlawick und seinen Mitarbeitern hat viel zur Erhellung gestörter und erfolgreicher Kommunikation in verschiedenen Erziehungsbereichen (Familie, Schule) beigetragen. Die wichtigsten Erkenntnisse hat P. Watzlawick als *Axiome der Kommunikation formuliert.* Diese verdeutlichen uns, daß in einer sozialen Situation jedes Verhalten kommunikativen Charakters ist (Man kann nicht nicht kommunizieren!), daß die Beziehung bestimmt, wie eine Botschaft verstanden wird, daß bei negativer Beziehung die Kommunikationsabläufe immer so strukturiert werden, daß der andere „schuld“ ist (z. B. Verursacher der gestörten Kommunikation), daß sich viele Menschen ihrer analogen Botschaften (Mimik, Tonfall, Stimme, Gestik, Haltung) nicht bewußt sind und so zusammen mit verbalen Aussagen widersprüchliche Botschaften senden und daß Menschen Beziehungen entweder komplementär (als Ergänzung, Abhängigkeit) oder symmetrisch gestalten und immer dann, wenn sie das Gefühl haben, daß sie der Unterlegene sind, die Gleichheit wieder herstellen wollen. Das Streben nach Herstellung der Gleichheit macht es so schwer, einen Streit konstruktiv zu beenden.

Aus den aufgeführten kommunikationspsychologischen Erkenntnisse lassen sich viele Hinweise für das Führen einer erfolgreichen Kommunikation in Problemsituationen gewinnen. Die wichtigsten sind:

- Paradoxe Aufforderungen, wie z. B. „Sei nicht traurig“, „Lach mal wieder“, „Sei nett zu mir“, und Ratschläge wie „An Deiner Stelle würde ich es so machen“ sind zu vermeiden.
- →Doppelbindungen und Killerphrasen wie „Das ist doch alles Blödsinn!“, „Klar, daß das nicht geht!“ verwirren den Partner und führen in eine ausweglose Situation.
- In problematischen Situationen sind Ich-Botschaften, d. h. klare Mitteilungen über die eigenen →Gefühle, →Bedürfnisse, Wünsche und Probleme, →Feedback und aktives Zuhören (Sich Zeit nehmen, herausfinden wollen, was der Partner mitteilen will, die Situation mit den Augen des Partners sehen und die Auffassung des Gesprächspartners akzeptieren) erfolgversprechend und hilfreich.

Hinweise zur Erziehungspraxis. Die wichtigste Aufgabe der Erzieher besteht in der Förderung kommunikativer und metakommunikativer Grundfähigkeiten. Als kommunikative Grundfähigkeiten gelten: Sprachbeherrschung; die Beherrschung nonverbaler Signale; →Einfühlung; Selbstsicherheit; die Fähigkeit, eigene Wünsche und Bedürfnisse sowie Gefühle offen darzulegen; die Fähigkeit, sagen zu können, was einem nicht paßt; die Fähigkeit durch Argumente eine Sache zu vertreten; die Fähigkeit, sich zu beschweren und Widerstand zu leisten.

Zu den metakommunikativen Grundfähigkeiten gehören: Die Fähigkeit, Kommunikationsstörungen zu erkennen; die Fähigkeit, über die Beziehung und die Art der Kommunikation zu sprechen; die Fähigkeit, konstruktives →Feedback zu geben und zu nehmen; die Fähigkeit, zwischen Inhalts- und Beziehungsebene zu unterscheiden; die Fähigkeit, sich in die Rolle des Partners zu versetzen u. a. Die Erzieher sollen immer vorbildhaft wirken. Intensive Gespräche, Eingehen auf die Gefühle und Bedürfnisse der Kinder, Einfühlung und Verstehen tragen zur Entwicklung genannter Fähigkeiten bei.

Kommunikative Didaktik →Didaktik

Kompensatorische Erziehung bedeutet die Anwendung gezielter pädagogischer Maßnahmen zum Ausgleich erzieherischer und soziokultureller Defizite und Benachteiligungen. Eine solche Förderung zielt in erster Linie auf eine Verwirklichung der →Chancengleichheit für alle Kinder. Mögliche Maßnahmen sind: Verbesserung der familiären Erziehungssituation durch Elterntraining und spezielle Förderprogramme; Starthilfen zum Schuleintritt (dazu Einrichtung sog.

Vorschulklassen oder Schulkindergärten); Stützungsmaßnahmen während der Schulzeit (Förderkurse, Schularbeitenbetreuung). Negativ wurde von Kritikern den Verfechtern kompensatorischer Erziehung die (unreflektierte) Tendenz angelastet, alle Rückstände und Defizite an den von der sozialen Mittelschicht bestimmten Leistungsnormen der Schule zu messen. Zudem folgten anfänglichem Enthusiasmus bald Ernüchterung: die durch kompensatorische Erziehung erreichten Effekte (etwa Erhöhung der IQ-Werte der Schüler) verloren sich in kurzer Zeit wieder. Anhaltende Verbesserungen zeigten sich nur bei einer aktiven Einschaltung der → Familie in das Förderprogramm. Eine endgültige Einschätzung von Wert und Unwert kompensatorischer Erziehung ist vorläufig nicht möglich. Weitere Ergebnisse empirischer Untersuchungen sind abzuwarten.

Kompetenz bedeutet entweder *Zuständigkeit für* oder *Fähigkeit zu* einem bestimmten Handeln. In beiden Fällen geht es um das Vorhandensein gewisser Kenntnisse und Fertigkeiten, welche die Voraussetzung für adäquates Handeln in bestimmten Situationen bilden. Für erzieherische Zwecke empfiehlt es sich (nach H. Roth), genauer zu unterscheiden zwischen Selbst-, Sach- und Sozialkompetenz (→ Erziehungsziele).

Unter dem Oberbegriff Sozialkompetenz lassen sich neuerdings häufig gebrauchte Begriffe wie *Kommunikative Kompetenz* (Fähigkeit zur verbalen und nonverbalen Verständigung in allen sozialen Situationen) oder *Sprachkompetenz* (Fähigkeit der Einfühlung in die Sprache und deren Anwendung) einordnen.

Hinweise zur Erziehungspraxis. Kompetenz ist in jedem Fall etwas, was durch Erfahrung (also auch Erziehung und Unterricht) erworben werden kann. Es ist also wichtig, dem Heranwachsenden Möglichkeiten zum Erwerb dieser Kompetenz anzubieten. Solche sind u. a.

- Einübung von selbständigem und selbstverantwortlichem Handeln;
- Aneignung von Kenntnissen und Fertigkeiten;
- Weckung der → Motivation für bestimmte Sachverhalte;
- Förderung von Sprachausdruck und Sprachverständnis;
- Erlernen verbaler wie nonverbaler → Kommunikation.
- Anleitung zu sozialer → Interaktion (Gruppenerziehung).

Konditionierung → Lerntheorien und Pädagogik.

Konflikterziehung. Erzieherisches Handeln sollte sich weder von der Vorstellung einer „heilen Welt“ noch von einer rein konfliktorientierten Betrachtung leiten lassen. Pädagogisch relevant ist vor allem die Frage nach der Möglichkeit bzw. Notwendigkeit einer Konflikterziehung. Vorausgesetzt, man betrachtet eine totale Harmonie im individuellen und sozialen Bereich als Utopie, erübrigt sich grundsätzlich das Bemühen um Beseitigung der Ursachen von Konflikten. Konflikterziehung kann dann nur heißen, den Menschen so zu erziehen, daß er bereit und fähig ist, sich den aus den verschiedensten Lebensbereichen stammenden Konflikten zu stellen und sie zu bewältigen. Keinesfalls geht es aber um eine Beseitigung oder um ein Verneinen von Konflikten oder um ein Ausweichen vor ihnen. Konflikterziehung kann Einsicht in Entstehung, Verlauf und Struktur personaler und sozialer Konflikte vermitteln, auf verschiedene Konfliktstrategien (z. B. Intensivierung der Kommunikation zwischen den beteiligten Partnern) hinweisen und Anstöße zu eventuellem gesellschaftlichem und politischem Handeln geben. In der Erziehung muß u. a. folgendes berücksichtigt werden:

- Grundlegend ist eine Vermittlung der Erkenntnis, daß Konfliktlösetechniken erlernbar sind;
- das Erlernen von Sensibilität für das Erkennen von Konflikten und das sofortige offene Gespräch über schwelende Konflikte oder Probleme verhindert lange, kräftezehrende Auseinandersetzungen und die Bildung von Ressentiments und Aggressivität gegen den Interaktionspartner;
- das Erkennen möglicher Ursachen für Konflikte (z. B. entgegengesetzte Interessen oder Bedürfnisse, unterschiedliche Wertvorstellungen oder Einstellungen, unbeabsichtigte Kränkung des Partners) ist eine Basis für das Verständnis des anderen und damit konfliktmildernd;
- die Einsicht, daß alle gleiche Rechte und Pflichten haben, führt zur Vermeidung überhöhter Ansprüche an andere und zur Erledigung eigener Verpflichtungen;
- eine Mitbeteiligung bei Entscheidungen vermeidet das Sich-überfahren-Fühlen von Partnern und damit eine Ursache häufiger Konflikte;
- das Üben rationalen Durchdenkens von Konfliktursachen, -ablauf und -folgen führt zu kontrollierteren Formen der Auseinandersetzung und vermindert →Aggression und Destruktion;
- das Aufstellen von Regeln für das Zusammenleben strukturiert eine vorher undurchsichtige und daher konfliktträchtige →Interaktion oder →Kommunikation; Regeln schaffen Kontinuität und beugen Willkür vor.
- Metakommunikation über ablaufende →Kommunikation ist eine wichtige Konfliktlösungstechnik und sollte in der Erziehung eingeübt werden;
- es muß aufgezeigt werden, daß es in vielen Situationen nicht um „Siegen“ oder „Verlieren“ geht, sondern um eine Kompromißlösung, die den Ansprüchen aller Beteiligten wenigstens zum Teil gerecht wird;

- die Einsicht in die Unlösbarkeit mancher Konflikte verhindert das unnütze und frustrierende Suchen nach Lösungen und führt eher zum Auf-sich-Nehmen und Durchstehen solcher Konflikte.

Kontaktfähigkeit → Sozialerziehung.

Kontingenzvertrag (auch: Kontrakt), eine Technik der → Verhaltensmodifikation vor allem in → Erziehung und → Schule. Konkret ist ein Kontingenzvertrag eine Abmachung zwischen Erzieher (Therapeut) und Zu-Erziehendem (Klient) über bestimmte Verhaltensweisen und ihre Konsequenzen. Ein Kontingenzvertrag enthält klar formuliert

a) das, was vom Kind (oder Schüler) an Verhalten erwartet wird (Angabe des Ziels). Das erwartete oder angezielte Verhalten oder die zu erfüllende Aufgabe müssen möglichst genau und konkret beschrieben sein;
b) das, was das Kind (der Schüler) als „Belohnung" erhält (Angabe des Verstärkers bzw. der Verhaltenskonsequenz).

Ein Kontingenzvertrag sollte schriftlich niedergelegt werden und *in jedem Fall* für die Vertragspartner bindend sein. Der Abschluß von Kontingenzverträgen empfiehlt sich vor allem in relativ verfahrenen Lehrer-Schüler- oder Eltern-Kind-Beziehungen, wo kaum mehr ein Gespräch zwischen den Partnern stattfindet bzw. wo sich die Interaktionspartner gegenseitig nur noch mit Strafreizen kontrollieren (z. B. der Lehrer verzichtet erst dann auf hartes Durchgreifen, wenn sich die Klasse diszipliniert verhält, oder das Kind macht erst dann seine → Hausaufgaben, wenn ihm die Mutter Geld dafür verspricht).

Konzentration, eine besondere Anspannung und Ausrichtung der → Aufmerksamkeit zum Zweck der Verbesserung oder Intensivierung eines oder mehrerer Teilprozesse der Informationsaufnahme und -verarbeitung eines Organismus. Konzentration ist von → Intelligenz relativ unabhängig und durch physische bzw. psychische Faktoren (Ermüdung, Psychopharmaka, Koffein, → Motivation, Einstellung) sowie durch situative Umstände (Lärm, Ablenkung) stark beeinflußbar. Konzentrationsfähigkeit kann mittels sog. Konzentrationstests gemessen werden, welche dem Probanden einfache Wiederholungstätigkeiten und -aufgaben (Rechnen, Auffinden bestimmter Symbole und Zeichen, Karten sortieren u. a.) abverlangen.

Körperbehinderte. Körperbehinderte im Sinne des Gesetzes sind „Personen, die in ihrer Bewegungsfreiheit durch eine Beeinträchtigung ihres Stütz- und Bewegungssystems nicht nur vorübergehend wesentlich behindert sind oder bei denen wesentliche Spaltbildungen des

Gesichts oder des Rumpfes bestehen" (BSHG vom 30. Juni 1961, § 39.1). Hinter diesen nüchternen Worten verbergen sich für die Betroffenen (im Bundesgebiet einschließlich Berlin-West mindestens 1,5 Millionen) eine Fülle von Problemen: finanzielle Schwierigkeiten, teilweise Benachteiligung in Ausbildung und Beruf, soziale und gesellschaftliche Diskriminierung und nicht zuletzt auch falsches Mitleid. Auf seiten der Behinderten stehen dem gegenüber: Insuffizienzgefühle, Alleinsein, mangelnder Lebensmut, Einengung einer freien Persönlichkeitsentfaltung usw.

Erscheinungsformen: spastische bzw. schlaffe Lähmungen (spinale Kinderlähmung), progressive Muskeldystrophie (fortschreitender Muskelschwund), Dysmelie, Fehlbildungen der Wirbelsäule, Querschnittslähmung, Hüftgelenksverrenkungen.

Ursachen: teilweise angeborene Fehlbildungen, teils Folgen von Schädigungen, Erkrankungen bzw. Funktionsausfällen des zentralen Nervensystems oder Viruserkrankung, Berufskrankheit, Arbeits- und Verkehrsunfälle, Kriegsbeschädigung.

Zählt man als Körperbehinderung jede körperliche Beeinträchtigung, also auch Sinnesbehinderungen wie Blindheit oder Taubheit, sowie Nervenerkrankungen, Erkrankungen der Atmungs- und Verdauungsorgane und Herz- und Kreislauferkrankungen, so erhöht sich die oben genannte Anzahl an Behinderten beträchtlich. Körperbehinderung verlangt wie andere →Behinderungen spezielle pädagogische Betreuungs- und Förderungsmaßnahmen.

Kreativität, Erziehung zur. *Problemerörterung.* In der Vergangenheit herrschte ebenso wie heute eine Erziehung vor, deren Erziehungsziel das normale und sozial angepaßte (eventuell auch noch: kritische) Individuum war: Eine Förderung von →Phantasie, Originalität, Einfallsreichtum, Produktivität war – falls überhaupt – dem Kunstunterricht vorbehalten. Auslöser für die in neuerer Zeit entstandene Beschäftigung mit dem Thema Kreativität in den USA war ein Vortrag des Psychologen J. P. Guilford im Jahr 1950 mit dem Titel „Creativity". Intensiviert wurde die amerikanische Kreativitätsforschung durch die Angst der westlichen Welt im internationalen Wettkampf (militärisch wie wirtschaftlich) der Sowjetunion gegenüber zu unterliegen (sog. „Sputnikschock").

Begriffsbestimmung. Kreativität ist eine Bezeichnung für die Fähigkeit, etwas Neues oder Originelles (und gleichzeitig: Sinnvolles) zu erfinden oder zu produzieren. Kreative Personen zeichnen sich allgemeiner Auffassung zufolge aus durch Eigenschaften wie Flexibilität, Originalität, Individualität, Sensibilität, Nonkonformismus und Einfallsreichtum. Die Denkprozesse des Kreativen verlaufen eher divergierend als konvergierend, d. h., sie führen zu vielen verschiedenen unüblichen Ideen und Lösungsvorschlägen zu einem Thema oder

Problem, statt sich auf das Auffinden einer „richtigen“ Idee oder Lösung zu konzentrieren.

Hinweise zur Erziehungspraxis. Im einzelnen läßt sich Kreativität bzw. kreatives Verhalten fördern durch

a) die Schulung des Denkens und der kognitiven Prozesse (durch: Schaffung eines adäquaten Problembewußtseins, Belohnung origineller Vorschläge, Aufzeigen alternativer Lösungsmöglichkeiten, Förderung von → Neugier und Explorationsverhalten, Förderung von Lernen, das mehr auf Einsicht und weniger auf Konditionierung beruht, Strukturierungslernen, Vermeidung der Abqualifizierung „falscher“ Gedanken);

b) eine Erziehung zur nonkonformen und selbstverwirklichten Persönlichkeit (durch: Förderung kindlicher Selbständigkeit und Spontaneität, Unterstützung unkonventioneller Verhaltensweisen, Erziehung zur Umweltaufgeschlossenheit, Förderung der Individualität und Selbstentfaltung, Förderung einer großen Interessensbreite, Angebot einer Wahlmöglichkeit unter verschiedenen Beschäftigungen, Vermeidung starrer, kultur- und normorientierter Rollenerziehung);

c) die Schaffung und Bereitstellung günstiger Umweltbedingungen (durch: Spiel- und Arbeitsmaterial, das die Phantasie anregt, Lernen und Problemlösen in einer besonderen Gruppenatmosphäre, in der jeglicher Gruppendruck unterbleibt, „Brainstorming“, Unterrichtsmaterial, das die Schüler zur Exploration reizt, etwa relativ unstrukturiertes und mehrdeutiges Anschauungs- oder Lernmaterial, Gestaltung des Unterrichts nicht als bloße Wissensvermittlung, sondern als Problemlösungs-Situation).

Kriminalität ist jenes abweichende Verhalten, das vom Strafrecht mit besonderen Sanktionen belegt wird. Die statistischen Angaben über kriminelle Handlungen schwanken stark, da nur polizeilich bekannte Delikte erfaßt werden. Die Dunkelziffer kann nur vage geschätzt werden und ist je nach Straftatart unterschiedlich hoch. Teilweise geht man von 50–90% nicht bekannt werdender Straftaten aus. In den modernen Industriestaaten läßt sich in den letzten Jahrzehnten ein dauernder Anstieg von Kriminalität feststellen. Als Entstehungsbedingungen gelten

a) Erbfaktoren (Kriminalität setzt eine kranke, gestörte Täterpersönlichkeit voraus);

b) Lern- und Erfahrungseinflüsse (falsche Normen werden internalisiert; der Einfluß eines kriminalitätsfördernden Milieus spielt dabei eine entscheidende Rolle);

c) → Etikettierung (Kriminalität wird dadurch verursacht, daß bestimmte soziale Gruppen das Verhalten anderer Gruppen als kriminell einstufen, → Stigmatisierung);

d) Gesellschaftliche und situative Einflüsse (Milieueinflüsse, soziale Schicht, zu kriminellen Aktivitäten reizende Situationen, z. B. Warenhäuser, ungesicherte Wohnungen usw.).

Hinweise zur Erziehungspraxis. Präventivmaßnahmen in der Erziehung erstrecken sich auf berufliche Integration durch ausreichende Schulbildung mit entsprechenden Abschlüssen; Förderung der Entwicklung der →Persönlichkeit; Förderung einer →Internalisation sozialer und gesellschaftlicher Normen; unter Umständen Übernahme der Erziehungsverantwortung durch staatliche oder gesellschaftliche Institutionen; bei Straffälligkeit Einleitung entsprechender Maßnahmen zur →Resozialisierung; →Sozialerziehung. (→Jugendkriminalität).

Kritikfähigkeit betrifft die individuell unterschiedliche Ausstattung eines Menschen, die ihm eine distanzierte Betrachtung und reflektierte Beurteilung seiner eigenen Person und seiner dinglichen und sozialen Umwelt ermöglicht. Als Voraussetzung jedes wissenschaftlichen Bemühens und eines Großteils sozialen Handelns (etwa in Politik, Wirtschaft, →Kultur, →Erziehung) ist Kritikfähigkeit ein mögliches →Erziehungsziel bzw. →Lernziel. Mit Kritikfähigkeit ist weder permanente Unzufriedenheit noch grundsätzliches In-Frage-Stellen des Bestehenden gemeint. Kritikfähigkeit setzt folgende Fähigkeiten voraus: Ziele des Handelns (eigenen und fremden) herausfinden können, zwischen langfristigen und kurzfristigen Zielsetzungen unterscheiden können, den Weg, die Methode zur Verbesserung beurteilen und Nebenfolgen abschätzen können, zwischen Kritik an Personen und objektiven Strukturzwängen unterscheiden können, Hindernisse in ihrer Bedeutsamkeit einschätzen können, Risiken des vorgeschlagenen Handelns einschätzen können, fähig sein, zur richtigen Zeit zu handeln.

Kultur, Kulturtechniken. Kultur ist neben Natur eine zweite, vom „Menschen sich selbst geschaffene bzw. veränderte Umwelt". Verändernd greift der Mensch in die Natur ein, etwa durch Züchtung und gezielten Anbau von Pflanzen, durch Pflege seines Körpers und geplante Befriedigung seiner physischen, psychischen und sozialen →Bedürfnisse. Neu geschaffen hat sich der Mensch seine Wohnverhältnisse, die →Sprache, bestimmte soziale Formen der Verständigung, Recht, Kunst, →Wissenschaft und Religion. Während sich das Tier aufgrund seiner instinktiven Ausstattung relativ sicher in seiner Umwelt bewegt, muß der Mensch sich Barrieren bauen, Regeln finden, Grenzen ziehen, Strategien benutzen; nur so ist es ihm möglich, in einer feindlichen Welt zu bestehen (→Anthropologie). „Kultur" ist also sozusagen der Schutzschild, der den Menschen umgibt, ihm die Möglichkeit der Selbstentfaltung und der Weltgestaltung vermittelt.

Gleichzeitig aber engt er den Menschen ein: Kultur hat Grenzen. Dort, wo ein „Kulturkreis“ aufhört, gibt es andere Regeln und Normen. Nur dem, der sie kennt oder erlernt, eröffnet sich eine fremde Kultur.
Kulturtechniken sind Verhaltensweisen, die den Erwerb, die Erhaltung und Verbreitung von Kultur ermöglichen. →Erziehung und →Unterricht vermitteln diese Kulturtechniken dem Heranwachsenden, z. B. Sprechen, Lesen, Schreiben.

Kunsterziehung beinhaltet teils *Reflexion* über Kunst (Einsicht in Herkunft, Struktur, Sinngehalt von Kunstwerken, Verständnis für und Auseinandersetzung mit ästhetischen Objekten), teils *Produktion* von Kunst (Kunstschaffen unter Verwendung verschiedener Materialien, Methoden und Techniken). Entgegen mancher Kritik an der Anti-Intellektualität und Irrationalität des Kunstverständnisses und -schaffens muß auf die zweifellos vielfältigen positiven Seiten der Kunsterziehung verwiesen werden: Ermöglichung einer Begegnung mit dem Kunstschaffen der Völker, Entwicklung von Kreativität und Schöpfertum, Selbstgestaltung und -verwirklichung, Manifestation von Intuition, →Phantasie und Ausdruckskraft, Erfordernis emotionaler Beteiligung. (→Ästhetische Erziehung).

Kursunterricht (Kernunterricht), Bezeichnung für eine Möglichkeit der Lern- bzw. Unterrichtsorganisation oder der (äußeren) →Differenzierung des Unterrichts. Während der *Kernunterricht* den von allen Schülern einer bestimmten Schulart oder -klasse pflichtgemäß zu absolvierenden Teil des →Unterrichts darstellt, bietet der Kursunterricht je nach Interesse oder Leistungsniveau den Schülern weitere spezielle Ausbildungs- und Lernmöglichkeiten und dient damit zum Teil dem Ziel einer weitestmöglichen Individualisierung des Unterrichts (→Unterrichtsformen).

L

Laborschule, ein staatlicher Schulversuch in Bielefeld, nach Art einer ganztägig integrierten →Gesamtschule.

Laissez-faire. Bezeichnung für einen →Erziehungsstil, der von Gleichgültigkeit gegenüber den Kindern und völligem Gewährenlassen geprägt ist. Als Folgen einer Laissez-faire- Erziehung gelten extreme soziale und psychische Unangepaßtheit eines Kindes, die sich in →Aggression, Plan- und Ziellosigkeit, →Frustrationserlebnissen und Leistungsversagen zeigt. Auf keinen Fall sollte eine Verwechslung mit →antiautoritärer Erziehung (→Summerhill) erfolgen oder gar ein Zusammenhang von Laissez-faire und Selbstständigkeitserziehung hergestellt werden.

Landerziehungsheime. Es handelt sich um *Schulheime*, um private Internatsschulen (17 Schulen in Deutschland), die, beflügelt durch die reformpädagogische Bewegung nach 1900, auf dem Land, „weit abgelegen vom verderblichen Einfluß der Städte", gegründet wurden. Es waren große Pädagogen oder Gründerpersönlichkeiten wie Hermann Lietz (1868–1919), Paul Geheeb (1870–1961), der die Odenwaldschule gründete, und Gustav Wyneken (1875–1964), die die deutsche Landerziehungsheimbewegung entscheidend beeinflußten. Grundlegende Ideen oder Prinzipien der pädagogischen Arbeit in Landerziehungsheimen sind:

- „Pädagogik vom Kinde aus", so daß dem Individuum zu seiner Bestimmung verholfen wird.
- Im Sinne der ganzheitlichen Ausrichtung der Erziehung stehen körperliche, geistige und charakterliche Bildung gleichberechtigt nebeneinander.
- Dem Leben in natürlicher Umgebung (Stille der Natur), der Gemeinschaftspflege und Kameradschaft, der Mitwirkungsmöglichkeit der Schüler sowie der Förderung musikalischer Begabung wird besondere Bedeutung beigemessen. Die bekanntesten Landerziehungsheime sind die Odenwaldschule als integrierte Gesamtschule und das Gymnasium auf Schloß Salem.

Lateinunterricht → Altsprachlicher Unterricht

Legasthenie. *Problemerörterung*. Lesen und Schreiben sind grundlegende Kulturtechniken und von zentralem Stellenwert für die Bewältigung der Anforderungen, die das moderne Leben an den Menschen stellt. Störungen im Erlernen und Vollzug dieser Tätigkeiten wirken sich für ein Kind in der Schule außerordentlich beeinträchtigend aus. Die Frage nach der Ätiologie und Therapie solcher Störungen gewinnt heute – bei einer festzustellenden Zunahme dieser Störungen – wachsende Bedeutung. Um eine Antwort auf diese brisante Fragestellung bemüht sich die sog. Legasthenieforschung. Bisher allerdings mit wenig Erfolg. Weder ist das Legastheniekonzept eindeutig definiert, noch gibt es einigermaßen brauchbare und fundierte Erklärungs- bzw. Behandlungsansätze. Dieses Dilemma führt bei vielen Pädagogen und Psychologen dazu, das Legastheniekonzept und die damit befaßte Forschung schlicht als überflüssig und ineffizient zu bewerten und damit relativ global abzuqualifizieren.

Begriffsbestimmung. Legasthenie (Lese-Rechtschreib-Schwäche) gilt als Sammelbezeichnung für – im einzelnen sehr unterschiedliche – Schwierigkeiten bzw. Störungen im Erwerb und Vollzug des Lesens und/oder Rechtschreibens bei ansonsten durchaus normalem, d. h. durchschnittlichem Intelligenz- bzw. Schulleistungsniveau.

Erscheinungsformen. 1. Literale Legasthenie (Schwierigkeiten mit Einzelbuchstaben): Unfähigkeit, eine Assoziation zwischen Buchstaben und Lauten herzustellen; mangelhafte Unterscheidung einzelner Buchstabengruppierungen wie G–B–D, M–N, H–CH, aller Zwielaute und der harten und weichen Konsonanten. 2. Verbale Legasthenie (Schwierigkeiten mit Worten): Die verbale Legasthenie manifestiert sich in drei verschiedenen Formen, und zwar als a) akustische Differenzierungsschwäche: Durch Schwierigkeiten beim Hören von Lauten und Phonemen (Lautklassen) ergeben sich Probleme beim Lesen von Wörtern (statt ganzer Wörter werden [unverbunden] einzelne Buchstaben gelesen), beim Schreiben werden Buchstaben ausgelassen, einzelne Wörter werden im Satz übersehen und harte und weiche Konsonanten nicht unterschieden. b) Raum-Lage-Labilität: Buchstaben und Silben werden umgestellt und gekippt (sog. „Reversion"), z. B. sei – sie, Lied – lieb, Brot – Bort, Leid – Lied, usw. c) Speicherschwäche: Da das Gedächtnis für Wortbilder fehlt, kommt es vor allem zu Fehlern bei Dehnungen und Kürzungen und Problemen bei der Groß- und Kleinschreibung.

Ursachen. Legasthenie entsteht zumeist auf Grund mehrerer Ursachen. Mögliche Ursachen sind u. a.: Störungen der Wahrnehmung, des → Denkens, des Gedächtnisses, der → Sprache oder → Motivation (Konzentration). Die genannten Störungen ergeben sich teils aus hirnphysiologischen Schädigungen, aus Intelligenzschwäche, einem Entwicklungsrückstand oder einem Mangel an Training und Förderung bei Kindern aus einem vernachlässigenden → Milieu oder mit wenig positiven Unterrichtserfahrungen.

Erfassung und Behandlung. Zur Erfassung einer Legasthenie genügt es nicht, einen oder mehrere Lesetests durchzuführen. Vielmehr sollte

– da Legasthenie im Regelfall keine isolierte Lese-Rechtschreib-Schwäche ist – eine (möglichst frühzeitige) fundierte psychologische Untersuchung vorgenommen werden. Die Behandlung legasthenischer Kinder sollte sich nicht nur auf spezielle Übungsprogramme zur Verbesserung des Lesens und der Rechtschreibung beschränken, sondern sollte darüber hinausgehend auch allgemeinschulische und häusliche Förderungsmaßnahmen (intensive Betreuung, sorgfältige Unterrichtung, Motivierung, Abbau von →Angst und →Frustration, Zuwendung) beinhalten.

Lehren. *Problemerörterung.* Mit der zunehmenden Professionalisierung des Lehrerberufs ging eine steigende Beschäftigung mit Fragen nach der neben dem Erziehen wichtigsten Aufgabe eines Lehrers einher, dem Lehren. Dabei ging es nicht mehr nur um Fragen der Auswahl geeigneter Lehr-bzw. Lerninhalte, sondern mehr und mehr auch um methodische Probleme des Lehrens (→Didaktik, →Unterricht). In engem Zusammenhang mit dieser Entwicklung stand das Interesse der Lernpsychologie (Lerntheorien) an einer Beschreibung und Erklärung von Lernprozessen. Während nun aber die Lernpsychologie das Lernen erforschte, verschiedene Lerntheorien entwickelte und eine Reihe mehr oder minder fundierter Lerngesetze aufstellte, ist es zur Ausformulierung einer auch nur einigermaßen umfassenden Theorie des Lehrens bis heute nicht gekommen.
Begriffsbestimmung. Lehren im weitesten Sinne ist jedes bewußte Einflußnehmen auf andere Personen, mit dem Ziel, bei ihnen eine Erlebnis- oder Verhaltensänderung zu bewirken. Im engeren Sinn ist Lehren das, was im Unterricht geschieht: Die Suche nach adäquaten → *Lehrzielen,* die Bestimmung von entsprechenden *Lehrinhalten* und die Anwendung passender und effektiver *Methoden* bzw. Strategien des Lehrens. Der Begriff des Lehrens ist ohne sein Pendant, den Lernbegriff, schlechthin kaum verständlich zu machen. Manchmal wird sogar Lehren als „Lernen-Machen" bezeichnet. Wichtig ist, daß Lehren auf Lernen hinorientiert ist und daß umgekehrt Lernen ohne Lehren auf einen bloßen Versuch-Irrtum-Prozeß hinauslaufen würde.
Theorien des Lehrens. Mit Hilfe folgender theoretischer Modelle kann man das Phänomen des Lehrens wenigstens versuchs- und annäherungsweise einer Klärung zuführen.

1. *Partikulartheorien:* Derartige Theorieansätze greifen aus dem Gesamtprozeß des Lehrens einen Teilaspekt heraus und leiten daraus Folgerungen für das Lehren ab. Folgende Möglichkeiten zeichnen sich dabei ab: Man orientiert sich am Lehrziel, am Lehrinhalt, an der Lehrmethode, am Lehrer oder am Lernvorgang. Gleich nun, welchen Aspekt man in den Vordergrund stellt, alle übrigen Komponenten des Lehrprozesses werden jeweils danach ausgerichtet. Entscheidet man sich etwa für eine Orientierung an Lehrzielen,

dann heißt das, daß sowohl Lehrinhalte als auch Lehrmethoden, Unterrichtsmedien und Erfolgskontrolltechniken aus den jeweiligen Lehrzielen abzuleiten sind.

2. *Strukturtheorien:* Solche Theorien bemühen sich um eine Zusammenschau und Analyse der Interdependenz aller am Lehrprozeß beteiligten Teilprozesse (Lehrzielfindung, Inhaltsbestimmung, Lehrmethode usw.). Eine einseitige Übergewichtung einzelner Glieder des Lehrvorgangs wird hier vermieden; für die einzelnen Komponenten des Lehrvorgangs wird ein unauflösbarer gegenseitiger Bedingungszusammenhang gefordert.
3. *Situations- bzw. Interaktionstheorien:* Im Vordergrund stehen hier folgende Aspekte des Lehrgeschehens: →Interaktion zwischen Lehrenden und Lernenden, Betonung der Geschichtlichkeit der Lehrsituation, Angewiesensein der jeweiligen Lehrsituation auf die Interpretation durch Lehrende und Lernende, Konsensfindung zwischen Lehrenden und Lernenden auf kommunikativer Basis. →Themenzentrierte Interaktion.

Zusammenfassend kann zu den aufgeführten Lehrtheorien bemerkt werden:
- Bei allen findet eine Überbewertung bestimmter Gesichtspunkte zuungunsten anderer statt.
- Ein Bemühen um Integration und eine ganzheitliche Betrachtung des Lehrvorganges wird in jedem Ansatz deutlich.
- Die Erklärungsleistung der einzelnen Theorien beschränkt sich auf Teilaspekte des Lehrgeschehens.
- Eine umfassende Lehrtheorie, die einerseits abstrakt genug ist, um alle Phänomene des Lehrens abzudecken und andererseits konkret überprüfbare Hypothesen liefert, ist nach wie vor ein Fernziel pädagogischer Forschung.

Lehrmethoden oder -formen. Es gibt eine ganze Reihe unterschiedlichster Lehrmethoden bzw. Lehrformen. Im Unterschied zu sog. Unterrichtstechniken, welche spezielle Vorgehensweisen des Unterrichts oder Stile des Lehrers in bestimmten Fächern betreffen, sind Lehrmethoden von allgemeinerem Charakter. Es sind Lehrerverhaltensmuster, die Lernen hervorrufen sollen und für verschiedene Fächer gleichermaßen gültig sind. Die bekanntesten davon sind Einzelbetreuung, →programmierter Unterricht oder programmierte Unterweisung, Diskussionsmethode, Vortragsmethode, Unterrichtsgespräch (→Gespräch), Lehrdemonstration, Kleingruppenarbeit, Einsatz von Lehrmitteln (z. B. Funk, Film, Fernsehen). Beispiele für weitere (speziellere) Lehrmethoden sind die →Nicht-direktive Gesprächsführung, →Rollenspiel, ein eher spielerisches Vorgehen, individuumzentrierte Methoden, Frage-Antwort-Methode, besondere Maßnahmen zur Förderung von →Kreativität (z. B. Brainstorming) usw. Da die Verwendung bestimmter Lehrmethoden einen engen Zusammenhang mit den angestrebten Lehr- oder Lernzielen und den entsprechenden Lerninhalten aufweist, würde sich eine entsprechende Systematisierung der einzelnen Methoden anbieten. So etwa würde sich für das Lernziel „Einüben sozialer Interaktion und Kommunikation" eine Anwendung von Methoden wie Diskussion, Kleingruppenarbeit, Gespräch und Rollenspiel wohl sehr viel eher anbieten als etwa individuumzentrierte Methoden, programmierter Unterricht oder Lehrvortrag. Andererseits hängt die anzuwendende Methode nicht nur vom Lernziel oder vom Lerninhalt ab, sondern auch von Faktoren wie Klassengröße, Fähigkeiten und Fertigkeiten des Lehrers, zur Verfügung stehende Unterrichtszeit, Vorhandensein bzw. Fehlen von bestimmten Lehrmitteln und auch z. B. vom Problem der Erhaltung einer gewissen →Disziplin in der Klasse. Daraus ergibt sich nahezu zwangsweise die Folgerung, daß es unzulässig ist, irgendeine Methode von vornherein und ohne genaue Abwägung aller in Betracht kommenden Aspekte als „falsch" oder „richtig", „gut" oder „schlecht" zu bezeichnen. Das Beziehungs- und Bedingungsgefüge, in dem Lehren stattfindet, erfordert jeweils eine genaue Analyse; erst danach kann die Entscheidung für bestimmte Methoden getroffen werden.

Hinweise für die Praxis. Anweisungen zur Verbesserung von Lehrprozessen in Erziehung und Unterricht gibt es massenweise. Die meisten enthalten mehr oder weniger abstrakte Vorschläge, die kaum in die Praxis umzusetzen sind. Im folgenden werden einige praxisorientierte Vorschläge unterbreitet, die zu einer Effektivitätssteigerung von Lehrvorgängen führen können:

- Lehr- bzw. →Lernziele und -inhalte nicht einfach vorgeben, sondern von den Schülern selbst erarbeiten lassen;
- Auswahl adäquater lehr- und lernwirksamer Methoden je nach Lehrziel, Lehrinhalt, Situation usw. vornehmen;
- Abwechseln zwischen verschiedenen Lehrmethoden;
- Lehren kann nicht als reine Informationsvorgabe verstanden werden; mindestens ebenso wichtig ist es, →Interesse und →Motivation beim Lernenden zu wecken;
- Interesse kann geweckt werden, indem man den Lehrstoff problematisiert (Beziehungen herstellen zwischen Früher und Heute; Relevanz zwischen Stoff und aktueller Lebensbewältigung aufzeigen usw.);
- Das Prinzip der Selbsttätigkeit des Lernenden beachten;
- Berücksichtigung des aktuellen Standes der beim Lernenden vorhandenen Kenntnisse und Fertigkeiten; Überforderung und Unterforderung des Schülers vermeiden;
- Laufende Verbesserung eigener Lehrfertigkeiten und -fähigkeiten durch Teilnahme an speziellen Trainings, Kursen, Wissensvermehrung und -ergänzung anstreben;

- Vom Einfachen zum Komplexen, vom Konkreten zum Abstrakten vorgehen;
- Auswahl und Darbietung von besonders Typischem und Exemplarischem (→Didaktik) bzw. Grundlegendem eines Faches.

Lehrer, Lehrerausbildung. Einer zunehmend versachlichten und entidealisierten Diskussion um den Lehrberuf entspricht die heutige Auffassung vom Lehrer als einem „Organisator von Unterrichts- und Lernprozessen“ (H. Roth). Lehrer ist ein Vollzeitberuf geworden, der im Regelfall ein Studium an einer wissenschaftlichen Hochschule voraussetzt. Die Auffassung, zum Lehrer müsse man geboren sein, ist jener gewichen, die von der grundsätzlichen Erlernbarkeit des Lehrerberufs ausgeht. Entsprechend der zunehmenden Bedeutung der →Schule in der modernen Gesellschaft sind der Beruf und die Rolle des Lehrers in den letzten Jahren und Jahrzehnten immer mehr in den Mittelpunkt öffentlichen Interesses gerückt. Die Anforderungen, die an den Lehrer von verschiedenen Seiten (Staat, Gesellschaft, Wissenschaft, Technik, Eltern, Kind) gestellt werden, erhöhten sich gleichfalls. Allerdings ist hierbei eine auffallende Wendung zur Realität bemerkbar: Während früher vorwiegend der Lehrer an den Eigenschaften der idealen Lehrerpersönlichkeit gemessen wurde, geht es heute im Zeichen einer eher empirisch orientierten →Erziehungswissenschaft um Fragen wie die nach Unterrichtsgestaltung, Gesellschaftsbild, →Erziehungsstil, Unterrichtssprache, Berufswahlmotivation usw. Aufgrund der vielfältigen unterschiedlichen Rollen, die der Lehrer spielen muß (Erzieher, Unterrichtsfachmann, Berater, Fachspezialist, Beamter) und der divergierenden Rollenerwartungen, denen er begegnet (Ansprüche von Kindern, Eltern, Kollegen, gesellschaftlichen Gruppen) ergeben sich für den Lehrer zum Teil unlösbare Rollenkonflikte. Hinzu kommt, daß das Selbstverständnis des Lehrers von seinem Beruf, seiner Rolle, seinen Funktionen usw. unter Umständen mit dem Fremdverständnis anderer Personen oder Gruppen kontrastiert. Damit sind weitere Problem- und Konfliktsituationen für den Lehrer praktisch schon vorprogrammiert. *Hauptfeld der Tätigkeit* des Lehrers ist im Regelfall die Schule. Hier spielt sich auch der Großteil der verschiedenen Lehreraktivitäten ab, welche man in einen primären (Unterrichten, Erziehen, Beurteilen, Selektieren, Korrigieren, Vorbereiten) und einen sekundären Aufgabenbereich (Konferenz, Klassenfahrt, Elternsprechstunde, Aufsicht) unterteilen kann. Weitere Lehreraktivitäten erstrecken sich auf →Beratungs- (Schullaufbahnberatung, Beratung bei Lern- oder Verhaltensstörungen), →Innovations- (Curriculumentwicklung, Erprobung neuer methodischer und didaktischer Konzepte) oder Verwaltungsfunktionen. Die *Ausbildung der Lehrer* erfolgt heute durchwegs an wissenschaftlichen Hochschulen bzw. hochschulähnlichen Einrichtungen. Einer im einzelnen unterschiedlichen Festsetzung von Studiendauer, Studienschwerpunkt oder Fachspezialisierung bzw. -vertiefung entspricht die Aufteilung der ausgebildeten Lehrer in Grund- und Hauptschullehrer, Berufsfach- und Fachschullehrer, Sonderschullehrer, Fachhochschullehrer und Hochschullehrer. Letztere unterscheiden sich von den vorgenannten vor allem durch die ihnen aufgetragene Doppelfunktion in Lehre und Forschung und die ihnen rechtlich garantierte Freiheit der Lehre. Die unterschiedliche Ausbildung der Lehrer führt nicht nur zu einer relativ starren Festlegung ihrer schulischen Einsatzmöglichkeiten, sondern auch innerhalb der Lehrerschaft zu Status- und Rangdifferenzen und -auseinandersetzungen. In neuerer Zeit gibt es Tendenzen zu einer Vereinheitlichung zumindest der Grundstruktur der Ausbildungsgänge für Lehrer aller Schularten. Davon sind positive Auswirkungen sowohl für den Unterricht (Verwendbarkeit des Lehrers in verschiedenen Schularten oder -typen) als auch für das Selbstverständnis und den Gruppenkonsens der Lehrerschaft zu erwarten.

Lehrling (Auszubildender). Diese Bezeichnung für jemanden, der in einem Berufsausbildungsverhältnis steht, soll durch den Ausdruck Auszubildender abgelöst werden. (→Berufliche Bildung).

Lehrplan, Lehrplanentwicklung →Curriculum.

Lehrziele →Lernziele.

Leibeserziehung, Bezeichnung im engeren Sinn für den Schulsport, weitergefaßt für jegliche sportliche Betätigung mit erzieherischem Ziel (z. B. Bewegungs- und Haltungsübungen mit motorisch behinderten Kindern). Die erzieherischen Funktionen der Leibeserziehung bestehen vor allem in der Erhaltung der Gesundheit, einer Steigerung von Selbstgefühl und Spontaneität, der Förderung von spielerischem Wettbewerb und Kooperation, einem Ausgleich für andere schulische Fächer.

Leistung ist eine Bezeichnung für jede mit Anstrengung verbundene Bewältigung einer Anforderung oder Aufgabe. Die Hauptfunktion von Leistung besteht in der Lebensunterhaltssicherung und Lebensbewältigung. In der Schule wird Leistung im Zusammenhang mit verschiedenen geistigen und körperlichen Aktivitäten gefordert und erbracht. Leistung ergibt sich aus dem Zusammenwirken vieler Bedingungen, vor allem aus *persönlichen* (Leistungsbereitschaft, -fertigkeit und -fähigkeit), *sachlichen* (Geräte, Hilfsmittel, Aufgabe) und *sozialen Leistungsbedingungen* (Leistungsaufforderung, -anregung oder -hemmung).

Eine Berücksichtigung aller Leistungsbedingungen im individuellen Fall hilft Überforderung oder Unterforderung – eine mögliche Ursache vieler psychischer, körperlicher und sozialer Störungen – vermeiden. Gleichzeitig trägt sie zur Entschärfung der modernen Kritik an Leistung und Leistungsprinzip bei, welche durch teils extreme Auswüchse von Leistungsvorstellungen und -anforderungen genährt wurde.
Da der Leistungsbegriff und das Leistungsprinzip aus modernen industriellen Gesellschaften zwar nicht mehr wegzudenken ist, in vielerlei Hinsicht vor allem in pädagogischen Zusammenhängen jedoch durchaus kontrovers diskutiert wird, wäre es vorzuziehen, anstatt sich mit (gesellschaftsbezogener) Leistung besser mit (individuumbezogenem) Lernerfolg zu befassen. Entsprechend würde →Leistungsmessung dann auf eine Erfassung des Lernerfolgs hinauslaufen.

Leistungsmessung ist die Erfassung und Bewertung einer →Leistung (genauer: eines Leistungsergebnisses oder -ablaufs). Die Bewertung wird meist mittels einer Note oder eines Prädikats vorgenommen (→Notengebung). Leistungsmessung hat zumindest folgende Funktionen:

a) *Erfolgs- und Mißerfolgskontrolle.* Die Korrektur der Leistungsergebnisse liefert dem Lehrer und dem Schüler eine Rückmeldung (→Feedback) über den Lernfortschritt oder -rückstand.
b) Die Leistungsbewertung fungiert als → *Erziehungsmittel*, indem sie als →Lob oder →Tadel wirkt; sie soll den Schüler im positiven Fall bestärken, im negativen Fall anspornen. Mit Hilfe von Leistungsbewertungen können Erzieher im Kind bestimmte Lernprozesse anregen. Die durch diese Bewertung angeregten Lernprozesse sollen hohe →Leistungsmotivation, Lernwilligkeit, Anstrengungsbereitschaft und damit auch gute Leistungen in Schule und Beruf bewirken. Im Gefolge von Bewertungsprozessen lassen sich manchmal auch gegenteilige Auswirkungen (Angst, Resignation, psychische und körperliche Erkrankungen) feststellen, vor allem, wenn sie als Tadel oder Strafe eingesetzt werden. Allerdings kann die Leistungsbewertung kaum als alleinige Ursache solcher Schwierigkeiten angesehen werden.
c) Durch den Vergleich mit (objektiven) Standards wird dem Schüler eine *(Selbst-)Einschätzung* seiner momentanen Leistung und eine sinnvolle Planung zukünftiger Lernschritte unterschiedlichen Schwierigkeitsgrades (→Anspruchsniveau) ermöglicht. Damit wird Leistungsmessung und -bewertung zu einem wichtigen Instrument der →Motivation. Darüberhinaus wirkt sie sich auf die Persönlichkeitsentwicklung und das →Selbstkonzept des Einzelnen aus.

d) Die wichtigste Funktion der Bewertung von Leistungen scheint in unserer Gesellschaft in der *Auslese*, in der Gruppierung von Kindern in leistungsstarke und leistungsschwache zu liegen. Ein reibungsloses Funktionieren der Gesellschaft hängt u. a. ab von der gelungenen Zusammensetzung von Gruppen (z. B. von Schulklassen in verschiedenen Schularten) und von der Besetzung von Positionen mit solchen Kräften, die den mit der jeweiligen Position verknüpften Rollenerwartungen auch genügen können. Die Fehlbesetzung einer Position (beispielsweise wenn ein Kind in die Höhere Schule überwechselt, das den mit der neuen Position verbundenen Rollenerwartungen nicht gerecht werden kann) führt zu teils extremen Schwierigkeiten und Konflikten.

Leistungsmotivation ist „das Bestreben, die eigene Tüchtigkeit in allen jenen Tätigkeiten zu steigern oder möglichst hoch zu halten, in denen man einen Gütemaßstab für verbindlich hält und deren Ausführung deshalb gelingen oder mißlingen kann" (Heckhausen). Wichtige Einzelaspekte von Leistungsmotivation sind:
- die Ausrichtung und der Vergleich an bzw. mit einem verbindlichen Gütemaßstab;
- ein Erfolgs- bzw. Mißerfolgserlebnis oder die Erwartung und Vorwegnahme eines solchen;
- eine dauerhafte Anstrengung oder ein Bemühen, das Energie und Tatkraft verrät.

Die neuere Leistungsmotivations-Theorie (Atkinson) ist eine sog. *Erwartungs-Wert-Theorie.* Das heißt, daß Leistungsmotivation aufgefaßt wird als Auswirkung von Vorstellungen über die (positiven oder negativen) Folgen eines Leistungshandelns („Wert") und die Wahrscheinlichkeit der Zielerreichung („Erwartung"). Dazu kommt als dritte Bedingungskomponente das individuelle Leistungsmotiv („Hoffnung auf Erfolg" bzw. „Furcht vor Mißerfolg") der Person.
Interessant werden neuere Überlegungen über Leistungsmotivation vor allem wegen des Einbezugs des Konzepts der sog. → *Kausalattribuierung.* Dabei geht es um die Suche nach Ursachen für Erfolg oder Mißerfolg. Im allgemeinen neigen Menschen dazu, Erfolg auf sich selbst (Fähigkeit, Anstrengung), Mißerfolg auf andere (Zufall, andere Personen) zurückzuführen oder zu attribuieren. Dies dient zwar der Erhaltung des eigenen Selbstwertgefühls, verhindert aber oft eine Veränderung unangemessenen Verhaltens. Ein Schüler, der jeden Mißerfolg auf den (angeblich unfairen) Lehrer zurückführt, sieht keinerlei Notwendigkeit, von sich aus etwas in seinem Leistungsverhalten zu ändern. Im Einzelfall kann es somit für Lehrer und Schüler sehr sinnvoll sein, nach Gründen für Erfolg und Mißerfolg zu fragen und dann zu versuchen, eventuell vorhandene „unpassende" zugunsten „passender" Attribuierungen zu beseitigen.

Hinweise zur Erziehungspraxis. Begünstigend für das Entstehen von leistungsmotiviertem Verhalten wirkt sich u. a. aus:

- Erziehung zur Selbständigkeit;
- Hilfreiches, unterstützendes, kooperatives Verhalten von seiten der Eltern und Lehrer;
- Schaffung eines offenen, kreativitätsanregenden, nicht- repressiven und angstfreien Arbeits- und Lernklimas;
- Lerneinflüsse (Lernen durch →Verstärkung oder Nachahmungslernen;
- Anregungen aus der (dinglichen) Umwelt (z. B. Bücher, Spielzeug, eigener Schreibtisch, Werkzeugkasten);
- Sinnvolles, konstruktives Verarbeiten von Mißerfolgen. Verzicht auf destruktive Kritik, Schimpfen, Herabsetzen, Tadeln, Auslachen durch Klassenkameraden;
- Erleben eigener Verursachung (Bedingung für das Entstehen internaler Attribuierungstendenzen);
- Entwicklung eines weder zu hohen noch zu niedrigen →Anspruchsniveaus;
- Fähigkeit zu sog. „Belohnungsaufschub", d. h., zugunsten übergeordneter und längerfristiger Ziele kann man auf sofortige Verstärkung verzichten.

Leitbilder sind ideale Vorgaben für Nachahmungs- oder Modellernen (→Lerntheorien und Pädagogik). Eine besondere Leitbildfunktion für Kinder besitzen Eltern und Lehrer. Im Jugendalter sind es Klassenkameraden, Gruppenführer, Musik- und Filmstars, die oft zum trügerischen Idealbild (Idol) werden. Die Erziehung sollte den Effekt von Leitbildern auf das Lernen und Verhalten von Kindern und Jugendlichen berücksichtigen und bekannte Personen aus Kunst, Wissenschaft, Politik, Sozialwesen usw. ebenso wie bekanntere Personen aus dem Alltag (den hilfsbereiten Nachbarn, die freundliche Krankenschwester, den sich abarbeitenden Familienvater usw.) den Kindern und Jugendlichen als mögliche →Vorbilder vorstellen.

Lernbehinderung. Als lernbehindert gelten solche Kinder bzw. Jugendliche, bei denen die Aufnahme und die Verarbeitung bestimmter Unterrichtsstoffe oder Lerninhalte (im Vergleich zum „normalen" Kind in der Grund- und Hauptschule) deutlich gestört oder verlangsamt ablaufen. Ursachen für Lernbehinderung werden in Begabungsmangel, Entwicklungsverzögerungen oder ungünstigen Milieueinflüssen gesehen. Die Symptome für Lernbehinderung sind äußerst vielfältig: Verlangsamung des →Denkens, Gedächtnisschwäche, →Konzentrations- bzw. →Aufmerksamkeitsmängel, ungenügendes Durchhaltevermögen, mangelnde Arbeitshaltung, begrenzte Urteilsfähigkeit und vermindertes sprachliches Ausdrucksvermögen. Auch wenn der Lernbehinderte im Vergleich etwa zum Geistigbehinderten (→ Behinderungen) deutlich bevorteilt ist, empfehlen sich frühzeitige Förderungsmaßnahmen (evtl. Sonderschulkindergarten, → kompensatorische Erziehungsmaßnahmen, → Vorschulerziehung, Einschulung in eine → Sonderschule für Lernbehinderte, welche die besten Fördermöglichkeiten für die betroffenen Kinder gewährleistet).

Lernfähigheit bedeutet das Vorhandensein gewisser neurologischer, physiologischer, psychologischer und sozialer Gegebenheiten, die als Voraussetzung für den Erwerb, das Behalten und In-Beziehung-Setzen von Erfahrungsinhalten gelten. In physiologischer und neurologischer Hinsicht ist es vor allem das Vorhandensein und die Intaktheit der Sinnesapparate und des zentralen Nervensystems; psychologisch gesehen sind es verschiedene kognitive (Wahrnehmung, → Intelligenz, Gedächtnis, → Denken) und motivationale (→ Interessen, Aktivierung, → Bedürfnisse) Gegebenheiten; unter sozialem Blickwinkel ist es ein bestimmtes → Milieu und gewisse Einflüsse und Bedingungen der → Sozialisation (z. B. → Sprache), die zur Lernfähigkeit beitragen.

Lernstörungen, eine Sammelbezeichnung für alle möglichen Beeinträchtigungen, die beim Erfahrungserwerb auftreten. In engerem Sinn Bezeichnung für (leichtere) Beeinträchtigungen des schulischen Lernens. Synonyme Begriffe sind Lernschwierigkeiten, Schulversagen, Lernhemmungen, Leistungs- oder Schulschwierigkeiten.
Gegenüber Lernbehinderungen (→ Behinderungen), die durch eine unterdurchschnittliche Intelligenz (gewöhnlich ein Intelligenzquotient unter 90) definiert werden, sind Lernstörungen Beeinträchtigungen, die bei bzw. trotz durchschnittlicher Intelligenz auftreten.
Die Symptome von Lernstörungen sind äußerst vielfältig: Schlechte Schulnoten, → Prüfungsängste, Konzentrationsmängel, Gedächtnisbzw. Merkschwierigkeiten, mangelnde → Leistungsmotivation, Fluktuation der → Aufmerksamkeit, Träumen und Verspieltheit usw.
Ebenso vielfältig sind die möglichen Ursachen von Lernstörungen. Als organische Ursachen kommen geringfügige Hirnschäden in Betracht. Daneben können Lernstörungen Symptom von zugrundeliegenden Entwicklungsverzögerungen oder -krisen (Schulunreife, → Pubertät), psychischen Störungen (Motivationsdefekte, → Angst, neurotische Erkrankungen), sozialen Hemmnissen (Elternhaus, Milieu, Beziehung zum Lehrer oder zu Mitschülern) oder spezifischen schulischen Gegebenheiten (Überforderung, Unterforderung, schlechter Unterricht, Klassengröße usw.) sein.
Die Behandlung von Lernstörungen muß in mehrere Richtungen hin erfolgen. Neben schulorganisatorischen Maßnahmen (Schul- oder Klassenwechsel) empfiehlt sich die Zusammenarbeit mit dem Eltern-

haus, Nachhilfeunterricht und unter Umständen die Aufnahme einer Psychotherapie.

Lerntechniken. Methoden, Empfehlungen, Übungen und Vorgehensweisen, die dazu geeignet sind, um
- unser Gedächtnis allgemein zu verbessern, die Kapazität des Gedächtnisses zu erweitern,
- Informationen schneller und vollständiger zu lernen und
- die gelernten Informationen sicherer und gezielter abrufen zu können,

werden Lern- oder Gedächtnistechniken genannt. Alle Lerntechniken orientieren sich an psychologischen Erkenntnissen zum Gedächtnis und gehen vom Attkinson-Schiffrin (1971) Modell des Gedächtnisses aus. Damit Informationen im Langzeitgedächtnis gespeichert werden, müssen sie vor allem unterstützt durch →Aufmerksamkeit im *sensorischen* oder *Ultrakurzzeitgedächtnis* einige Sekunden lang bewußt vorhanden sein. Die Überwindung des Filters zwischen dem Ultrakurzzeit- und *Kurzzeitgedächtnis* erfordert Motivation, Herstellung des Bezugs zu früheren Erlebnissen und Erfahrungen und auch gewisse Strukturierung von Informationen. Im Kurzzeitgedächtnis werden Informationen bis 30 Minuten lang gespeichert und bei Überwindung des Filters zum Langzeitgedächtnis, insbesondere durch häufiges Wiederholen, Üben, sich die Inhalte bildhaft vorstellen (Visualisieren), den Sinn von Informationen erfassen und durch Entwicklung einer Abrufstrategie (Eselsbrücken, Merkhilfen, Hinweisreize) im *Langzeitgedächtnis* durch biochemische Speicherung langfristig behalten.
Gedächtnis ist nicht eine isolierte Leistung des menschlichen Gehirns, sondern eine Fähigkeit, an der der gesamte Mensch mit seinen Gefühlen, Motiven, Einstellungen, Interessen, Gewohnheiten beteiligt ist. Effektives Lernen ist eine Aufgabe für alle Kräfte im Menschen. Daher gehören zu den Lerntechniken:
- *Entspannungstechniken und Mentaltechniken* wie z. B. Meditation, positives Denken, Übungen zum Aufbau des Selbstvertrauens und zum Abbau von Selbstzweifel, Übungen zur Konzentration.
- *Motivationstechniken* wie Überprüfung eingefahrener Gewohnheiten, von Interessen und Einstellungen, Gestaltung des Lernorts, des Arbeitsplatzes, Lernklima.
- *Gedächtnistechniken* wie z. B. Lese- und Notiztechnik, Einlegen von Pausen, Art des Wiederholens, Lerntempo, Stoffstrukturierung und -verarbeitung.

Folgende Bedingungen wirken sich förderlich auf die Behaltensleistung aus:
- Sinnvoll geordnete und gegliederte Informationen
- das Lernen mit allen Sinnesorganen und durch Schreiben

- das Verstehen der Inhalte (Einsicht) und Verbinden mit bereits vorhandenen Erfahrungen und Informationen
- bedeutungsvolle und mit angenehmen Gefühlen verbundene Inhalte
- Pausengestaltung zur Ausschaltung von Interferenzen (gegenseitiges Hemmen von Gedächtnisinhalten)
- störungsfreie Umgebung, Lernkartei, gut organisierter Arbeitsplatz
- positive Einstellung zum Stoff, Interesse an Informationen
- Erfolgserwartung statt negative Selbstbewertung
- Entspannung statt Verkrampfung
- eine gezielte Lesetechnik (Überblick gewinnen, Fragen stellen, gezielt nach Antworten suchen, wichtige Stichworte notieren, Überschriften wiederholen).

Für Unterricht und Erziehung gilt folgender Hinweis: Bei „schlechtem“ Gedächtnis sind Vorwürfe, Kritik, Feuerwehrmaßnahmen wie Zwang zum Lernen und Versprechungen von Belohnungen sinnlos. Durch solches Vorgehen werden die für das Gedächtnis notwendigen Kräfte nicht frei, sondern eher verbraucht. Gefragt sind vielmehr Maßnahmen zur Freisetzung gebundener Energien, z. B. für Angstbewältigung, für Ablehnung des Faches, für Rivalitätskämpfe, und Schaffung neuer Kräfte durch Entspannung, Meditation, positives Denken und angenehmes Familien- oder Schulklima.

Lerntheoretische Didaktik → Didaktik

Lerntheorien und Pädagogik. *Problemerörterung.* Mit dem nicht direkt beobachtbaren Prozeß Lernen werden solche dauerhaften Verhaltensänderungen erklärt, die als Folge von Erfahrung verschiedener Art auftreten. Da durch Erziehung und Unterricht dauerhafte Änderungen des Verhaltens angestrebt werden, könnten die in Lerntheorien zusammengefaßten Erkenntnisse über Bedingungen und Ergebnisse des Lernens Entscheidungshilfen für die pädagogische Praxis bieten. Lerntheorien als Denkmodelle der Pädagogik haben viele Ansichten von Pädagogen, z. B. über die Wirksamkeit von →Strafe als →Erziehungsmittel erschüttert, andere z. B. über die Bedeutung des →Vorbildes bestätigt. Da die vorliegenden Erkenntnisse über Lernvorgänge vielfach durch Tierexperimente gewonnen wurden, ist der Wert lerntheoretischer Erklärungen oft zweifelhaft. Unzweifelhaft ist die weitreichende Fähigkeit des Menschen, zu lernen und sich verschiedenen Umweltbedingungen anzupassen. Wir lernen schreiben, laufen, radfahren, schwimmen, fremde Sprachen sprechen, wir lernen Begriffe und Regeln, Vorurteile und Muster von Konfliktlösungen, wir lernen, uns moralisch zu verhalten und zwischen wertvollen und wertlosen Dingen zu unterscheiden. Die Erkenntnisse der Lernforschung bieten wichtige Hinweise für das Verhalten von Erziehern, sie dürfen aber nicht einfach in präskriptive Anweisungen übersetzt werden.

Begriffsbestimmung. Mit „*Lernen*„ bezeichnen wir solche innerorganismischen oder innerpsychischen Vorgänge, die durch Erfahrungen verschiedener Art angeregt oder bewirkt werden und zu beobachtbaren oder latent vorhandenen relativ dauerhaften Änderungen des Erlebens und Verhaltens führen. Vom Lernen sprechen wir nicht bei erfahrungsunabhängigen Verhaltensänderungen, also solchen, die z. B. durch genetisch vorprogrammierte Reifung oder durch vorübergehende Zustände wie Erkrankung, Ermüdung oder Rausch zustande kommen. Mit *Lerntheorien* bezeichnen wir systematisch geordnetes Wissen über Bedingungen und Ergebnisse des Lernens. Je nach Art der →Erfahrung, die als Voraussetzung für Verhaltensänderungen angenommen und – meist experimentell – untersucht wurde, werden unterschieden:

- *Klassische Konditionierung* nach I. P. Pawlow oder Ausbildung bedingter Reflexe, auch Signallernen genannt. Eine Verhaltensänderung zeigt sich darin, daß bereits vorhandenes, meist gefühlsmäßiges Verhalten in neuen Situationen auftritt und auf Sinneserfahrung beruht, d. h. auf einer Assoziation von Reizen infolge der Wahrnehmung.
- *Lernen am Erfolg* nach E. L. Thorndike und *operantes Konditionieren* oder *Verstärkungslernen* nach B. F. Skinner; Verhaltensänderung besteht in der Änderung der Häufigkeit des Auftretens und ist Folge der Konsequenzerfahrung, d. h. des Erlebens der Folgen des Verhaltens.
- *Sozialkognitive Lerntheorie* von A. Bandura, in den 60er Jahren *Lernen am Modell* oder *soziales Lernen* genannt; Änderung des Verhaltens zeigt sich im Erwerb neuer Verhaltensweisen, die auf Erfahrung bzw. auf Beobachtung, was die anderen tun, zurückzuführen ist.
- *Theorie der Informationsverarbeitung*, die als Sammelbezeichnung für Lernen durch Einsicht, für Lernen von Wissen und Informationen (Gedächtnis), für Begriffs-, Regellernen und Problemlösen verstanden werden kann. Wichtige Erfahrungen sind dabei Informationen, Überredung durch andere, Rückmeldungen über eigenes Verhalten, Umstrukturierungen der Wahrnehmung und dadurch das Gewinnen einer „neuen Sicht“ bzw. Problemlösung.

Zentrale lerntheoretische Erkenntnisse. Es folgt eine kurze Zusammenstellung solcher lerntheoretischer Erkenntnisse, die für die Reflexion pädagogischer Praxis geeignet erscheinen bzw. bisher in der Pädagogik große Beachtung fanden.

- Wenn angeborene, unbedingte Reize (UCS), die fähig sind, angeborene, unbedingte Reflexe auszulösen (UCR), wiederholt zeitlich und räumlich gemeinsam mit neutralen Reizen, also Reizen ohne

Signalwirkung (NS) auftreten, so übernehmen die bisher neutralen Reize die Signalwirkung der unbedingten Reize und werden zu Verhaltensauslösern, zu bedingten Reizen (CS). Es findet eine Verknüpfung oder Assoziation zwischen unbedingten und neutralen Stimuli statt. Diese Verknüpfung wird abgeschwächt oder gelöscht, wenn gelernte Reize, also bedingte Reize, wiederholt ohne unbedingte Reize auftreten. Das gilt nicht für Reize mit angstauslösender Wirkung. Aus dieser Erkenntnis der Klassischen Konditionierung lassen sich folgende *Hinweise für die pädagogische Praxis* ableiten: Viele Reize oder Situationen aus der Umgebung eines Kindes sind durch die Verknüpfung mit angeborenen Reizen zu Signalen, zu bedeutenden Reizen geworden. Ein solches Signalsystem ist auch die →Sprache. Auf diese Weise wird kein neues Verhalten gelernt, vielmehr werden bereits vorhandene Reaktionen, insbesondere emotionaler und körperlicher Art (Reflexe, Gefühle, Lust- und Angstreaktionen), durch gelernte Signale ausgelöst. Der Erzieher sollte bemüht sein, Verknüpfungen im Sinne der Anpassung und angstfreien Orientierung zu ermöglichen und verhaltensbeeinträchtigende zu verhindern. Konditionierungsprozesse finden unbemerkt ständig statt, ein absichtlicher Einsatz der klassischen Konditionierung ist im Normalfall in der Pädagogik nicht gegeben.

- Kann der Mensch in einer Situation nicht mit bereits vorhandenen und gelernten Verhaltensweisen reagieren, so geht er probierend *(Versuch-Irrtum-Verhalten)* vor, stellte E. L. Thorndike auf Grund von Tierexperimenten fest. Von allen ausgeführten Verhaltensweisen werden diejenigen beibehalten und häufiger gezeigt, die zum Erfolg führen (*Gesetz des Effekts*). Nicht erfolgreiche Verhaltensweisen werden seltener gezeigt. Die gelernte Verbindung zwischen Reiz und Reaktion ist umso stärker und dauerhafter, je häufiger sie praktiziert wird (*Gesetz der Übung*). Gelernt wird allerdings nur, wenn der Organismus infolge der Triebspannung dazu bereit ist (*Gesetz der Bereitschaft*).
- Nach B. F. Skinner sind alle Reize, die entweder durch ihr Hinzufügen oder durch ihr Entfernen dazu führen, daß das vorausgegangene Verhalten häufiger auftritt, Verstärker oder Bekräftigung des Verhaltens. Er spricht von *positiver Verstärkung*, wenn die Auftrittswahrscheinlichkeit durch nachfolgende positive, d. h. angenehm wirkende, Lust bringende Reize erhöht wird, und von *negativer Verstärkung*, wenn die Erhöhung der Auftrittswahrscheinlichkeit eines Verhaltens deswegen erfolgt, weil das Verhalten die Entfernung, Aufhebung unangenehmer, schmerzhaft wirkender Reize bewirkt hat. *Löschung* eines Verhaltens, d. h. eine Verringerung der Auftrittswahrscheinlichkeit, erfolgt durch das Wegbleiben positiver Konsequenzen, nicht aber durch Strafe. → *Strafe* ist lernpsycholo-

gisch deswegen problematisch, weil immer die Möglichkeit besteht, daß sie durch ein, in der Regel unerwünschtes Verhalten , z. B. durch Lügen, aufgehoben wird. Damit ist das unerwünschte Verhalten negativ verstärkt worden. Wird eine erwartete Strafe vermieden, dann erhöht sich im Sinne des *Vermeidungslernens* nach E. C. Tolman die Auftrittswahrscheinlichkeit des Verhaltens, das zur Vermeidung der Strafe geführt hatte. Nach C. L. Hull werden solche Verhaltensweisen verstärkt und es kommt zur Ausbildung der Gewohnheiten, die zur Reduktion einer physiologischen Triebspannung führen, also die Befriedigung eines Bedürfnisses zur Folge haben. Aus den aufgeführten Erkenntnissen ergeben sich für die *pädagogische Praxis folgende Hinweise*: Die Konsequenz des Verhaltens ist entscheidend für das Ausbilden von Gewohnheiten. Die Konsequenz muß *sofort* nach dem Ausführen einer Handlung folgen. Die Wirkung der Strafe ist lernpsychologisch unklar; es besteht immer die Gefahr, daß durch Strafe unerwünschte Verhaltensweisen gelernt werden und daß das bestrafte Verhalten nur unterdrückt wird. Die Verstärkung eines Verhaltens hängt von der vorhandenen Triebspannung und den aktuellen Bedürfnissen ab. Einer sinnvollen Anwendung des → Lobes oder der Anerkennung muß daher genaue Beobachtung des Kindes vorausgehen. Äußerungen der Erzieher nach einer guten Note: „Sehr schön, warum geht das nicht immer!" sind keine Verstärkung, sondern eher Überforderung, Lieblosigkeit, Hinweis auf Schwächen und damit Bestrafung. Äußere Verstärker sollen nur eingesetzt werden, wenn sie unbedingt erforderlich sind, Verhalten soll *selbstverstärkend* sein. Wichtig ist, daß das Kind, sobald es dazu kognitiv in der Lage ist, über den Sinn erzieherischer Maßnahmen informiert wird. Verstärker dürfen keine Dressur sein. Häufig werden Kinder für ein Verhalten von Erziehern oder Lehrern bestraft, von Mitschülern erhalten sie aber positive Zuwendung. Eltern und Erzieher sind häufig gezwungen, auf unerwünschtes Verhalten der Kinder zu reagieren. Dabei ist zu bedenken, daß jede Verhaltensweise des Kindes eine Vorgeschichte hat und für das Kind die Lösung eines Problems darstellt. Ohne das Angebot von wirksamen Verhaltensalternativen ist Einsatz von Strafen sinnlos.

- Nach der *sozialkognitiven Lerntheorie* sind für das Bewältigen von Umweltsituationen „*Kognitionen*„ (Wissen, Informationen) über mögliche Verhaltensalternativen, d. h. das Wissen, wie es geht, welche Verhaltensweisen möglich sind, Kognitionen über eigene → Fähigkeiten, d. h. *das Wissen*, daß ich es kann oder nicht kann (Bewertung des *Könnens*) und Kognitionen über den → Erfolg oder → Mißerfolg, d. h. Erwartungen über eigene Wirksamkeit (→ Motivation) entscheidend. Die genannten Kognitionen werden über Beobachtung, was und wie erfolgreich andere etwas tun, d. h. über

Nachahmung erfolgreicher Modelle erworben. Da die Kognitionen im Gedächtnis gespeichert werden müssen, um bei Bedarf reproduziert zu werden, sind für das Lernen solcher Kognitionen →Aufmerksamkeits-, Gedächtnis- und Reproduktionsprozesse entscheidend. Bandura meint zusammenfassend, daß „der handelnde Mensch bevorzugt solche Verhaltensweisen einsetzen wird, von denen er erwartet, daß sie ihm gelingen (= *Kompetenzerwartung*), und solche, von denen er glaubt, daß sie erfolgreich sein werden (= *Erfolgserwartung*)". Wirksamer als Verstärkung durch fremde Personen ist die sog. *antizipierte* (vorweggenommene) *Selbstbekräftigung*. *Hinweise für die Praxis der Erziehung*: Es kommt auf das Lernen von Erwartungen, auf die Bewertung des eigenen Könnens und auf die Unterstützung einer gesunden Selbstbewertung an. Die gelernten Kognitionen entscheiden darüber, ob ein latent vorhandenes Verhalten ausgeführt wird. Nicht nur durch ihr Vorbildverhalten, sondern auch durch angemessene Ermutigungen und gezielte Rückmeldungen können Erzieher zum Aufbau hilfreicher Kognitionen beitragen. Erzieher, die aggressive und unerwünschte Verhaltensweisen der Kinder durch aggressive Strafreize, meist die Prügelstrafe, zu unterdrücken versuchen, müssen wissen, daß sie dem Kind ein attraktives Modell für →Aggressionen darstellen. Gleichaltrige Modelle sind oft einflußreicher als Eltern.

- Die *Theorie der Informationsverarbeitung*, die das sog. *kognitive Lernen* zum Gegenstand hat, erklärt die Arbeitsweise des menschlichen Gehirns, wenn es um Speicherung, Verarbeitung, Abrufung und um Strukturierung des Wissens geht. Dabei unterscheidet man *Aufnahme-Einrichtungen* (Sinnesorgane, Rezeptoren), *Ultrakurzzeitgedächtnis* oder Arbeitsspeicher – auch sensorisches Gedächtnis genannt –, *Kurzzeitgedächtnis* und *Langzeitgedächtnis*. Dazu kommen zentrale Prozesse des Denkens, Beurteilens und Problemlösens. Schon während der Aufnahme von Informationen werden durch selektive Wahrnehmung aus der Flut von Informationen lebenswichtige ausgewählt, die durch sog. *Filter* zwischen einzelnen Speichern weiter verkleinert und zu sinnvollen Einheiten strukturiert werden. Die *„Mehr-Speicher-Theorie"* gilt ebenso als abgesichert wie die Unterscheidung zwischen dem sog. *„deklarativen Wissen"* (kognitive *Wissens*-Struktur, Wissen über Sachverhalte und Vorgänge) und dem *„prozeduralen Wissen"* (kognitive *Problemlöse*-Struktur, Wissen, wie man es tut). Gegenwärtig sucht die Wissenschaft nach Verbesserungsmöglichkeiten und Trainings der Problemlösefähigkeiten oder des *prozeduralen* Wissens. Erste Erfolge sieht man in der bewußten Selbststeuerung der Denkabläufe oder in der sog. *„Metakognition"*. Auch die Erkenntnis, daß das einmal im Langzeitgedächtnis biochemisch gespeicherte Wissen nicht mehr verloren geht, sondern daß nur der Zugriff, der Suchmechanismus nicht mehr gelingt, hat praktische Konsequenzen. Beim Lernen kommt es auf den gezielten Aufbau von Such- und Abrufprozessen durch Hinweisreize und auf steuernde Hilfe von Erwartungen an. Mehr hierzu und zu den Hinweisen für die Erziehungspraxis siehe unter → *Lerntechniken.*

Es sei noch erwähnt, daß beim Aufbau kognitiver Strukturen immer der gesamte Mensch als Leib-Seele-Geist-Einheit mit seinen Gefühlen, Bedürfnissen, Gewohnheiten, Einstellungen, Interessen, Vorstellungen und mit der Summe der gesammelten Erfahrungen beteiligt ist.

Lerntheoretische Denkmodelle aus der Sicht der Pädagogik. Mit Hilfe lerntheoretischer Erkenntnisse kann die Entstehung des erwünschten oder unerwünschten Verhaltens im nachhinein erklärt oder verstanden werden. Lerntheorien eignen sich gut, um über die Erziehungspraxis zu reflektieren und um das Verhalten von Erziehern zu bewerten. Es sind eindeutige Hinweise möglich, welche Verhaltensweisen der Erzieher aus lernpsychologischer Sicht problematisch sind und warum.

Wenn es um gezielten Aufbau einer erfolgreichen Erziehung, sei es im Unterricht oder in der Familie geht, so haben sich Lerntheorien als wenig hilfreich erwiesen. Erziehung ist keine Technik, kein Handwerk, kein Vorgehen nach Ratschlägen; Erziehung ist mehr als Anwendung lerntheoretischer Erkenntnisse. Häufig wurden Erzieher durch Lerntheorien in die Sackgasse geführt, d. h. sie wurden enttäuscht, weil sie das Lernen von Kindern z. B. über Verstärkungen nicht beliebig steuern und, ganz im Gegenteil, das Lernen unerwünschter Verhaltensweisen nicht verhindern konnten. Mit einem Wort: Die vorwiegend in Tierexperimenten gewonnenen lerntheoretischen Erkenntnisse werden der Komplexität menschlichen Lernens nicht gerecht. Es ist gerechtfertigt, festzustellen, daß sich die amerikanischen Lernpsychologen J. B. Watson und B. F. Skinner gründlich getäuscht haben, als sie meinten, sie könnten „bei gesunden Kindern und in einer eigenen Welt“ mit Hilfe lernpsychologischer Erkenntnisse Charaktereigenschaften „auf Bestellung“ hervorbringen.

Lernziele (auch: Lehrziele), Bezeichnung für das, was durch → Erziehung oder → Unterricht angestrebt bzw. erreicht werden soll. Lernziele zu finden und festzusetzen ist Aufgabe der Curriculumplanung und -forschung (→ Curriculum). Über die Suche nach und Festsetzung von Lernzielen hinaus stellt sich die Frage nach einer detaillierten Beschreibung, Klassifikation und Operationalisierung von Lernzielen. Dabei lassen sich jeweils mehrere Schritte unterscheiden: s. Tab. auf Seite 240.

Bei der Lernzielabfassung und -beschreibung kann man Unterscheidungen oder Klassifizierungen nach dem Grad der Konkretheit bzw. Abstraktheit vornehmen. Je konkreter ein Lernziel abgefaßt ist, desto bessere Operationalisierungsmöglichkeiten bietet es. Verdeutlicht an einem Beispiel: *Leitziel:* Kommunikationsfähigkeit; *Richtziel:* Sprachbeherrschung; *Grobziel:* Gebrauch von Geschlechtswörtern; *Feinziel:* Ausfüllen eines Lückentextes (Einsetzen des passenden Geschlechtswortes). Lernzieloperationalisierung betrifft die Bestimmung eines Lerninhaltes (Lernstoff oder -thema), die Organisation

<table>
<tr><td colspan="2">Lernzielbeschreibung
und Klassifikation</td><td colspan="3">Lernzieloperationalisierung</td></tr>
<tr><td>abstract
↑ ↓
konkret</td><td>Lernzielklassen
(nach C. Möller):
– Leitziel
– Richtziel
– Grobziel
– Feinziel</td><td rowspan="2">Konkretisierung eines Lernziels anhand eines Lerninhalts (Stoff oder Thema)</td><td rowspan="2">Organisation des Unterrichts entsprechend der Zielsetzung</td><td rowspan="2">Festlegung von Kontrollmaßnahmen zur Prüfung des Lernerfolgs und der Lernmethode</td></tr>
<tr><td colspan="2">Taxonomie von Lernzielen</td></tr>
</table>

des → Unterrichts und die Festlegung von Lernkontrolltechniken. Neben der aufgeführten Lernzielklassifizierung gibt es weitere Ordnungsschemata (Taxonomien) von Lernzielen. Neben den bekannten Taxonomien von B. S. Bloom *(Kognitive* Lernziele zunehmenden *Komplexitäts*grades: Kenntnisse – Verstehen – Anwendung – Analyse – Synthese – Bewertung) und D. R. Krathwohl, B. B. Masia *(Affektive* Lernziele zunehmenden *Internalisierungs*grades: Bemerken – Reagieren – Werten – Wertordnung – Wertentscheidung) ist von besonderer Relevanz die vom Staatsinstitut für Schulpädagogik (ISP) in München erstellte Lernzielmatrix. Sie enthält die folgenden Zielklassen und die diesen entsprechenden Niveaustufen:

Zielklassen	Niveau- oder Intensitätsstufen
Wissen (Informationen)	Einblick – Überblick – Kenntnis – Vertrautheit
Können (Operationen)	Fähigkeit – Fertigkeit – Beherrschung
Erkennen (Probleme)	Bewußtsein – Einsicht – Verständnis
Werten (Einstellungen)	Offenheit – Neigung – Interesse – Bereitschaft – Freude – Entschlossenheit

Lernzieltaxonomien ordnen und strukturieren Lernziele so, daß komplexere oder niveaumäßig höherstehende Lernzielstufen systematisch auf die niedrigeren Stufen aufbauen bzw. diese voraussetzen. Darüber hinaus vermindern sie die Gefahr, daß einzelne Zielbereiche oder Zielklassen im Unterricht unterrepräsentiert sind und deshalb vernachlässigt werden. Sie beugen damit einer Vereinseitigung des Unterrichtsgeschehens (z. B. Ausrichtung auf bloßen Wissenserwerb) vor. Allgemein erweisen sich operationalisierbare Lernziele als positiv, da sie im Unterricht leicht umsetzbar sind, das Unterrichtsgeschehen planungsvoller und transparenter gestalten und gute Möglichkeiten der Lernzielkontrolle bieten. Sollte allerdings die Operationalisierbarkeit zum ausschlaggebenden Auswahlkriterium für Lernziele werden, dann wäre eine Einengung des Spektrums möglicher Lernziele unvermeidlich.

Lesenlernen → Erstleseunterricht.

Lese-Rechtschreib-Schwäche → Legasthenie.

Liebe, Liebesentzug. Liebe ist eine positive Form der Zuwendung zu Personen, Dingen oder Vorstellungsinhalten. Was im einzelnen alles unter dem Begriff „Liebe“ angesprochen wird, ist äußerst vielfältig: Sympathie, Zuneigung, Sexualität, selbstlose Hilfe und Unterstützung, Hingabe, Aufopferung. Ob Liebe eher ein angeborenes „Urstreben“ oder etwas ist, was im Verlauf des Lebens (durch Erfahrung und Übung) gelernt werden muß, ist nach wie vor eine ungelöste Streitfrage. Sicher ist, daß es bei Tier wie Mensch ein starkes Bedürfnis nach sozialem Kontakt und sozialer → Interaktion gibt, bei dessen Nichtbefriedigung psychische Störungen und sogar körperliche Erkrankungen folgen (→ Hospitalismus). Während beim Tier Kontaktaufnahme und Nachwuchspflege größtenteils wahrscheinlich instinktiv gesteuert sind, setzt Zuwendung oder Liebe beim Menschen auch kognitive Entscheidungsprozesse mit ein. Reste instinktiver Kinderliebe (oder eines Pflegetriebs) finden sich jedoch auch beim Menschen, wie K. Lorenz feststellen konnte. Als Auslöser für solche instinktive Zuwendung fungiert das sog. „Kindchenschema“.
Liebe kann sich den unterschiedlichsten Objekten zuwenden: Mitmenschen, dem anderen Geschlecht, Auto, Bücher, Kinder, Gott, Weisheit, Pädagogik. Die Hierarchisierung dessen, was als „liebenswert“ anzusehen ist, erfolgt aufgrund erlernter und übernommener → Normen der Gesellschaft und Kultur. *Liebesentzug ist* die Verweigerung personaler Zuwendung. Das Phänomen wird vor allem im Zusammenhang mit der Eltern-Kind- bzw. Lehrer-Schüler-Beziehung diskutiert. Liebesentzug unterbricht den → pädagogischen Bezug zwi-

schen Eltern und Kind bzw. Lehrer und Schüler und führt auf Dauer sehr wahrscheinlich zu ausgeprägten psychischen Störungen auf seiten des Kindes/Schülers.

Linguistik ist die wissenschaftlich exakte Erforschung der → Sprache (z. B. Sprachstruktur, geschichtlicher Wandel, Lautlehre). Im einzelnen interessiert den Linguistiker die *Form* (oder der *Ausdruck)* und die Bedeutung (oder der *Inhalt)* der Sprache. Die Form der Sprache zeigt sich im *Laut* und im *Wort.* Mit den Lauten befaßt sich die *Phonologie* und *Phonetik.* Die Wortform und die Verbindung von Wörtern zu Sätzen beschreibt die *Grammatik.* Die Erforschung der Bedeutung der Sprache wird als *Semantik* bezeichnet.

Linkshändigkeit, eine auf die angeborene Dominanz der rechten Hirnhälfte zurückgehende Bevorzugung der linken Hand bei bestimmten Bewegungsabläufen (z. B. Schreiben, Ballwerfen, Essen). „Rechtsdressur" sollte wegen möglicher damit verbundener Störungen (Stottern, → Legasthenie) vermieden werden.

Litt, Theodor (1880–1962), anfangs Gymnasiallehrer, ab 1919 Professor für Philosophie und Pädagogik in Leipzig, 1937 Rücktritt aus Protest gegen die Nationalsozialisten und vorzeitiger Ruhestand, Redeverbot, ab 1947 Professor in Bonn.
Pädagogisches Werk: „Geschichte und Leben", „Pädagogik", „Erkenntnis und Leben", „Individuum und Gemeinschaft", „Führen oder Wachsenlassen", „Naturwissenschaft und Menschenbildung", „Das Bildungsideal der deutschen Klassik und die moderne Arbeitswelt", „Berufsbildung, Fachbildung, Menschenbildung".
Pädagogische Ideen: Litt vertritt eine geisteswissenschaftliche Pädagogik. Er ist der Auffassung, daß die Stellung des Lehrers die „relativer pädagogischer Autonomie" ist; d. h., er ist pädagogisch verantwortlich, nicht bloßer Lobbyist irgendwelcher (politischer) Interessengruppen und er ist gehalten, sich hinsichtlich seiner eigenen Ideale und Wertvorstellungen dem Zögling gegenüber selbst zu begrenzen. Erziehung ist weder „Führen" noch „Wachsenlassen", sondern besteht darin, den Zögling an die Kulturgüter heranzuführen und ihm eine eigene Begegnung und Entscheidung zu ermöglichen. Kulturgüter haben neben ihrem kulturellen auch einen erzieherischen Wert für die seelische Entwicklung. Dem (objektiven) Unterrichtsstoff kommt bei Litt eine bedeutsame erzieherische Funktion zu. Die klassische, auf Harmonie zielende Bildungsidee stößt bei Litt auf Ablehnung, stattdessen wird für die moderne Zeit naturwissenschaftliche, technische, politische und geschichtliche Bildung und eine Berücksichtigung der Arbeitswelt gefordert. Die Geschichtlichkeit des Menschen

nimmt in Litts Denken eine zentrale Stellung ein; daraus werden entsprechende pädagogische Schlußfolgerungen bezüglich eines verantwortlichen Umgangs mit der Geschichte gezogen.
Wirkung: Litts Gedanken über den Zusammenhang von Kulturphilosophie und Kulturpädagogik beeinflußten die Pädagogik.

Lob (und Tadel) gelten als die wohl bekanntesten → Erziehungsmittel oder → Erziehungsmaßnahmen. In der Sprache der Verhaltens- oder Lernpsychologie kann man sie auch als Verstärker bezeichnen. Es ist wichtig, angemessen und glaubwürdig zu loben; überschwengliches und unangebrachtes Lob wirkt eher peinlich oder führt zu Abwehrreaktionen. Tadel oder Kritik ohne Hinweise auf positive Änderungsmöglichkeiten wirken eher destruktiv. Vermieden werden sollten in jedem Fall „Tiefschläge" („Das war totaler Mist!", „Wahnsinn!", „Das wird nie was!") oder ironische Bemerkungen („Superhirn," Du Genie!"). Vor allem Ironie ist in erzieherischer Hinsicht verwerflich, da sie den Schüler vor der Klasse bloßstellt und die Klassengemeinschaft zu Negativverhalten (Lachen, Hänseln) provoziert.

Locke, John (1632–1704), Studium der Theologie, Philologie, Philosophie und Medizin, Lehrer am Oxford College (Griechisch, Rhetorik, Moralphilosophie und Medizin), später als Freund, Berater und Hausleher im Dienst des Grafen Shaftesbury, Verbannung nach Holland, Tätigkeit als Schriftsteller.
Pädagogisches Werk: „Gedanken über die Erziehung", „Versuch über den menschlichen Verstand".
Pädagogische Ideen: Locke ist im Denken der Aufklärung und dem Liberalismus verhaftet. In seiner Philosophie bzw. Psychologie wendet er sich gegen die scholastischen Vorstellungen von eingeborenen Ideen (ideae innatae) und vertritt die (auch pädagogisch relevante) Auffassung, menschliche Erkenntnis entstamme allein der (äußeren und inneren) Erfahrung. Der menschliche Geist sei anfangs eine „tabula rasa" (leere Tafel), die dann durch die Sinne Vorstellungen aufnimmt, die mittels Assoziation und Benennung zur Erkenntnis werden.
Der Erziehung schreibt Locke eine bedeutsame Rolle zu: 90 Prozent der Menschen seien das, was sie sind, durch Erziehung geworden. Die Erziehungsvorstellungen Lockes waren für die damalige Zeit revolutionär: Vertrauen zwischen Kind und Erzieher, das sich später zum Freundschaftsverhältnis weiterentwickeln soll, wird als wichtig erachtet; die frühe Kindheit wird als besonders bedeutsam für die Charakterentwicklung angesehen; es wird ein kindgemäßes Lernen nach naturgemäßem (verständlichem, kinderentsprechendem) Stoff gefordert; Freude und Lebendigkeit des Kindes sollten geweckt und erhalten, Stimmung und Gunst des Augenblicks sollten für das Lernen

beachtet und genutzt werden; die Wichtigkeit kindlichen, freien und uneingeschränkten Spiels wird hervorgehoben; die Individualität des Zöglings soll bei der anzuwendenden Methode berücksichtigt werden; Gesundheit, Kleidung und Ernährung werden als wichtig angesehen; hinsichtlich des Lernstoffs wird die Aneignung praktischer und verwertbarer Fertigkeiten und Kenntnisse (Französisch, Geschichte, Geographie, Astronomie, Arithmetik, Geometrie, bürgerliches Recht und Moral) anstelle des Unterrichts in Latein, Rhetorik und Logik gefordert; Strafe soll als natürliche Folge aus Handlungen kommen; zu große Strenge ist zu vermeiden, Schläge nur im Ausnahmefall zu verabreichen.
Ziel der Erziehung ist in erster Linie Charakter- und Willensbildung, nicht Wissensaneignung. Erziehung richtet sich auf (in dieser Reihenfolge): Tugend, Weisheit, Bildung oder Lebensart, Kenntnisse. Kenntniserwerb ohne entsprechende Herzensbildung macht den Menschen nur „törichter und schlechter". Mehr als Unterricht gelten in der Erziehung Gewöhnung, Beispiel, Haltung und Umgang.
Wirkung: Locke beeinflußte mit seinen Ideen die gesamte pädagogische Aufklärung in Europa (vor allem auch in Frankreich: →Rousseau) und die Erziehungsdiskussion des 18. Jahrhunderts.

Logik ist eine theoretische →Wissenschaft, deren Gegenstand die Frage nach dem Zusammenhang und der Beziehung zwischen den Inhalten des →Denkens ist. Ähnlich wie Mathematik oder Kybernetik richtet sich die Logik nicht auf einen bestimmten Ausschnitt des Seins, wie das die Natur-, Geistes- oder Sozialwissenschaften tun. Die *formale* (oder eigentliche) Logik befaßt sich etwa mit dem Aufbau und der Form von →Begriffen, Urteilen und Schlüssen und analysiert ihre gegenseitigen Beziehungen mittels logischer Gesetze. Die *reale* oder *materiale* Logik (häufiger als Erkenntnistheorie oder Erkenntniskritik bezeichnet) richtet ihr Hauptaugenmerk auf den Gegenstandsbezug bzw. die Darstellungsfunktion der Denkinhalte. Die Erkenntnistheorie fragt also nach der *Wahrheit* des Denkens, während die (formale) Logik sich für die *Richtigkeit* des Denkablaufs interessiert.

Lügen, Ausdruck für ein Verhalten, das darin besteht, mehr oder weniger bewußt die Unwahrheit zu sagen. Bei extrem häufigem Auftreten und hartnäckigem Festhalten an der Aussage wird Lügen für ein Symptom einer →Verhaltensstörung gehalten. Für den Erzieher ist es wichtig, zu wissen, daß Lügen eines Kindes oft nur Ausdruck eines Wunsches nach sozialer Anerkennung, nach Zuwendung, Liebe, Kontakt sein kann. In einem solchen Fall sollte man statt nutzloser moralischer Appelle eher versuchen, den Bedürfnissen des Kindes besser entgegenzukommen.

M

Magersucht, Bezeichnung für eine psychische Erkrankung meist junger Mädchen und Frauen, die mit Appetitlosigkeit (= Anorexie; daher auch Anorexia nervosa genannt) einhergeht, in deren Folge eine teilweise extreme bis lebensbedrohende Abmagerung auftritt. Da der Störungsbeginn gewöhnlich in der Pubertät liegt, ist auch die Bezeichnung Pubertätsmagersucht gebräuchlich. Als Ursache gilt meist eine Ablehnung der Geschlechtsrolle (Verhinderung der Ausbildung weiblicher Körperformen und der Schwangerschaft), welche aus der angstvollen Abwehr unbewußter sexueller Wünsche entsteht. Hinzu kommen eine verzögerte psychosexuelle Entwicklung und eine häufige Störung des Mutter-Tochter-Verhältnisses. Als Therapie empfiehlt sich eine kombinierte Anwendung von medizinischen (künstliche Ernährung, Bettruhe) und psychotherapeutischen (→Psychoanalyse, →Nicht-direktive Gesprächsführung, →Verhaltensmodifikation) Maßnahmen.

Magisches Denken. Die egozentrische Haltung des Kindes bis zum 6. Lebensjahr (→Egozentrismus) führt zu der Überzeugung von seiner eigenen magischen Allmacht. Das Kind denkt, daß es die Welt und vor allem die Naturkräfte durch Singen („Liebe Sonne, scheine") beherrschen oder durch andere Ritualien (auf einem Bein springen, Häuser zählen) das Eintreffen bestimmter Ereignisse beeinflussen kann.

Makarenko, Anton Semjonowitsch (1888–1939), Elementarlehrer, Weiterbildung an der Lehrerbildungsanstalt Poltawa, Leiter der Dsershinski-Kommune bei Charkow, Tätigkeit in der Schulverwaltung, Sozialerzieher verwahrloster Jugendlicher.
Pädagogisches Werk: „Vorträge über Kindererziehung", „Werke".
Pädagogische Ideen: Makarenkos Hauptidee war die Erziehung im Kollektiv als einer Lebens-, Produktions- und Erziehungsgemeinschaft. Das *Erziehungsziel* ist der kollektive Mensch, der im Dienst für die Gemeinschaft und in Pflichterfüllung für das Kollektiv lebt. Persönliches Glück wird mit dem Glück und Wohlergehen des Kollektivs gleichgesetzt. Den Rahmen für diese Erziehungsvorstellung lieferte der Marxismus-Leninismus und die sozialistische Gesellschaftsordnung. Wichtige *Erziehungsmittel* sind Autorität und Disziplin: Vergehen werden öffentlich geahndet; Sanktionierungen (Lob und Strafe) erfolgen ebenfalls öffentlich. Die Souveränität des Kollektivs bestimmt Anordnungen und Gesetze. Einen eigenen Erzieherwillen gibt es nicht, da dieser eins mit dem des Kollektivs ist.

Wirkung: Die Erziehungsvorstellungen Makarenkos beeinflußten vor allem die Erziehung im Sozialismus.

Manipulation ist beabsichtigte Beeinflussung von Menschen, ihres Bewußtseins und ihrer Handlungen unter bewußter Nichtbeachtung ihrer Selbstbestimmung. Manchmal findet sich eine Unterscheidung zwischen Selbst- und Fremdmanipulation: Selbstmanipulation ist dabei die (eigengesteuerte) Einwirkung auf die eigene Person etwa durch Stimulantien wie Kaffee, Alkohol, Drogen oder Psychopharmaka. Fremdmanipulation ist Einflußnahme auf andere Menschen unter Ausnutzung ihrer Triebe (Sexualität, Hunger, Durst, Schlafbedürfnis), Motive (z. B. Kontaktstreben, Suche nach sozialer Anerkennung, Streben nach Sicherheit) und →Interessen. Solche Manipulation schafft Kontrollmöglichkeiten über andere Menschen. Manipulationstendenzen werden vor allem der Werbungsbranche oder totalitären Regimes (Gehirnwäsche) vorgeworfen. Für Manipulation besonders empfänglich sind Kinder, psychisch Kranke, Menschen, die einer →Deprivation unterzogen wurden (z. B. bei starkem Hunger, großem Durst oder längerem Schlafentzug), Drogenabhängige und von Medikamenten abhängige Personen und allgemein selbstunsichere und suggestible Personen. Um Erziehung und Unterricht nicht zur Manipulation ausarten zu lassen, ist es wichtig, die →Erziehungsziele und →Lernziele offen darzulegen, auf die →Selbstbestimmung der Kinder Rücksicht zu nehmen, das erzieherische Handeln immer wieder einer kritischen Prüfung auszusetzen, Kinder zu Selbständigkeit, →Kritikfähigkeit und →Emanzipation zu erziehen sowie Manipulationstechniken aufzuzeigen und zu diskutieren.

Märchen sind Erzählungen, in denen eine phantastische und „unwirkliche“ Welt zur Darstellung kommt. Die geschilderten Helden verfügen über magische übermenschliche Kräfte, mit denen sie das Böse schließlich besiegen können. Gewöhnlich unterscheidet man zwei Märchenarten: Volksmärchen und Kunstmärchen. Volksmärchen stammen aus dem Volk und wurden durch mündliches Weitererzählen überliefert und schließlich gesammelt und aufgezeichnet. Die bekanntesten Märchensammler sind die Brüder Grimm, Musäus, Ludwig Richter und Ludwig Bechstein. Kunstmärchen sind von einem Dichter geschaffene Erzählungen. Beispiele: E. Mörike: „Das Stuttgarter Hutzelmännlein“; H. C. Andersen: „Das Mädchen mit den Schwefelhölzchen“; Th. Storm: „Die Regentrude“; W. Hauff: „Zwerg Nase“. Trotz zum Teil sicher berechtigter Einwände gegen einige Nachteile (Brutalität, Vorurteile gegen körperliche Behinderung und Häßlichkeit: Zwerge, Verkrüppelte, Häßliche verkörpern das Böse, große und schöne Gestalten das Gute, Realitätsferne, Gefahr der Angsterzeugung beim Kind) hat das Märchen auch bestimmte Vorteile, vor allem für Kinder im sog. Märchenalter (etwa 5.–9. Lebensjahr). Märchen kommen dem →magischen Denken des Kindes entgegen, regen die kindliche Phantasie an, stillen den Hunger nach Abenteuer und Gefahr, bieten die Möglichkeit einer Identifizierung des Kindes mit dem Helden und wirken schließlich auch spannungslösend und wertfördernd, da sich am Schluß alle Probleme lösen und das Gute siegt.

Massenkommunikation →Kommunikation.

Masturbation (Selbstbefriedigung), Bezeichnung für jede Art bewußter Herbeiführung sexueller Erregung (bis zur Ejakulation und zum Orgasmus) durch Manipulation an den Genitalien. In der Pubertät ist Masturbation die am häufigsten auftretende Form sexueller Befriedigung. Nahezu alle Jungen und die Hälfte aller Mädchen praktizieren für kürzere oder längere Zeit irgendeine Art sexueller Selbstbefriedigung. Auch im späteren Lebensalter werden Selbstbefriedigungstechniken zum Teil beibehalten (bei Verheirateten in geringerem Ausmaß als bei Unverheirateten). Während früher Masturbation von der Gesellschaft geächtet wurde, ja als Ursache körperlicher und geistiger Krankheiten galt, wird sie heute eher – wenn auch oft stillschweigend – toleriert.
Hinweise für die Erziehungspraxis. Da Kinder oft in besonderen Problemsituationen, bei Frustrationserlebnissen und unbefriedigten emotionalen Zuwendungsbedürfnissen den Ausweg einer Spannungslösung durch Selbstbefriedigung suchen, ist es sinnvoll, hier anzusetzen. Schuldvorwürfe und moralische Vorhaltungen sind jedenfalls völlig fehl am Platze. Statt dessen kann eine eventuelle vorsichtige Aufklärung über die Zusammenhänge des Geschehens nützlich sein. Wichtig ist vor allem eine Förderung und Pflege von Sozialkontakten und die Verhinderung einer sozialen Isolierung des Kindes. Voraussetzung für eine Bewältigung eventueller Schwierigkeiten ist in der Hauptsache das Verständnis der Erzieher für die besondere entwicklungsbedingte Problemsituation des Kindes und ein solides gegenseitiges Vertrauensverhältnis zwischen Kind und Erzieher.

Mathematikunterricht. *Problemerörterung.* Das Schulfach Mathematik – im Primarbereich Rechnen genannt – ist seit Jahrhunderten ein viel diskutiertes pädagogisches Problem. Dabei geht es u. a. um folgende Fragen: Warum unterrichten/lernen wir Mathematik? Ist Zahlanschauung wichtiger oder der Umgang mit Zahlen, also mechanisches Regelrechnen? Wenn im Sinne der →Reformpädagogik eine stärkere Einbettung rechnerischer Aktivitäten in den Erfahrungs-, Arbeits- und Erlebnisbereich der Kinder erfolgt, wieweit darf man sich dabei von der strengen mathematischen Beweisführung entfernen? Ist Mathematik ein Kulturgut und für die Bildung des Menschen unerläßlich oder ist sie lediglich ein Werkzeug und für den Menschen in seiner Berufstätigkeit von Bedeutung? Im Alltag wird häufig auch die Frage diskutiert, ob denn die Mädchen wirklich weniger mathematisch begabt seien als Jungen. Ebenso wie in anderen Kulturstaaten der Erde wurden nach 1960 auch in Deutschland viele Reformen des Mathematikunterrichts vorgeschlagen.

Rechnen in der Primarstufe. Vor der Reform im Jahre 1968 bildeten die vier Grundrechenarten und die dazugehörigen schriftlichen Verfahren den inhaltlichen Schwerpunkt des Rechenunterrichts in der Grundschule. Nach der Reform wird großer Wert auf eine Ausbildung des Zahlenbegriffs in verschiedenen Aspekten (Anzahl, Zählzahl, Rechenzahl) gelegt und es wird versucht, dies über Mengen und Mengenverknüpfungen (Mengenlehre), Abbildungen und Relationen, Gleichungen und Ungleichungen mit Platzhaltern zu erreichen. Mit der Reform und vor allem mit der Mengenlehre war man nicht so recht zufrieden. So folgten 1976 KMK-Richtlinien, nach denen

- der kognitive Entwicklungsstand der Kinder zu berücksichtigen ist,
- den Schülern die Möglichkeit zum Umgang mit geeigneten Materialien gegeben werden soll,
- Formalisierungen und die Fachsprache nur behutsam einzuführen sind,
- das altersgemäße schlußfolgernde Denken gefördert werden soll und
- nach Möglichkeit von den Erfahrungen der Kinder auszugehen ist.

Die Entwicklung neuer Technologien, insbesondere die allgegenwärtigen Taschenrechner, stellen Mathematiklehrer vor neue Probleme. Die Schüler müssen trotz Rechner eine gute Grundlage mathematischer Fertigkeiten, Fähigkeiten und Kenntnisse ebenso erwerben wie zentrale mathematische Ideen und Begriffe, bevor sie zum Taschenrechner greifen.

Mathematikunterricht in der Sekundarstufe I. In der Orientierungsstufe (5. und 6. Klasse) kommt es auf eine Vertiefung, auf den Ausbau und die Verbesserung des in der Grundschule erworbenen Könnens an. Es erfolgt auch eine Einführung in die Algebra durch Erarbeitung der Begriffe Variable, Term, Aussage, Aussageform, Lösungsmenge und durch Herausstellung von Berechnungsregeln (Punktrechnung geht vor Strichrechnung, Klammer zuerst). Es wird mit dem Aufbau der Geometrie begonnen durch die Einführung grundlegender Begriffe (Punkt, Strecke, Gerade, Ebene, Winkel, Dreieck, Viereck, Rechteck, Kreis, Quader, Würfel) und es folgt eine Wiederholung des Sachrechnens. Klassische Inhalte des Mathematikunterrichts auf dieser Stufe sind Bruchrechnen, Schlußrechnung, Verhältnisrechnung,

Prozentrechnung und ihre Anwendungen. Gegenstand besonderer Bemühungen der Mathematikdidaktiker war nach 1960 eine Modernisierung der Algebra. Als wichtige Ziele werden heute sicherer Umgang mit Gleichungen, mit Umformungsregeln und der verständige Umgang mit Formeln, wie sie im späteren Berufsleben vorkommen, angesehen.

In den letzten 10 Jahren hat auch die Stochastik (Wahrscheinlichkeitsrechnung und Statistik) Eingang in die Lehrpläne der Sekundarstufe I gefunden. Es zeigt sich, daß eine Einführung in die einfachsten Formen der Wahrscheinlichkeitsrechnung ebenso möglich ist wie die graphische und tabellarische Darstellung statistischer Daten (Häufigkeiten) und die Berechnung dazugehöriger Kennwerte (Mittelwert, Streuung). Auch einige Elemente der Informatik (Datenverarbeitung, Programmierung, Anwendung von Computerprogrammen) sind inzwischen Bestandteil des Mathematikunterrichts.

Mathematik in der Sekundarstufe II. Hier geht es darum, den Schülern moderne mathematische Problemstellungen und Ideen zu erschließen, die ihnen die Leistungsfähigkeit des mathematischen Denkens vermitteln. Neigungen, Interessen und Begabungen der Schüler sollen durch Wahlmöglichkeiten und entsprechendes Unterrichtsangebot berücksichtigt werden. In Grundkursen sollen Basiskenntnisse z. B. aus der Analysis (Differential- und Integralrechnung in Bayern) oder durch einen Kurs in Logik (Nordrhein-Westfalen) vermittelt werden. In Leistungskursen werden die Themenbereiche Analysis, Lineare Algebra, Analytische Geometrie, Wahrscheinlichkeitsrechnung, Statistik und Informatik angeboten. Es wird gefordert, daß die Abiturienten über gründliche Kenntnisse in einigen zentralen mathematischen Gebieten verfügen. Als Probleme des Mathematikunterrichts auf der Sekundarstufe II werden genannt: Normierung der Leistungsanforderungen über verschiedene Bundesländer hinweg, die Tendenz, daß der Unterricht anspruchsvoller als auf der Universität gestaltet wird, und die Gefahr, daß Mathematik in vielen Büchern als Fertigprodukt angeboten wird.

Hinweise zur Praxis. Durch eine intensive Entwicklung der Fachdidaktik sowie durch die Berücksichtigung psychologischer Erkenntnisse zur Entwicklung des Zahlenbegriffs sind mathematische Kenntnisse für jeden erlernbar. Wichtig ist, daß Kinder und Eltern eine positive Einstellung zum Rechnen und zur Mathematik gewinnen und sich durch anfängliche Probleme oder später durch Symbole und komplizierte Rechenverfahren nicht abschrecken lassen. Es ist wichtig, daß trotz oder gerade wegen Computer und Taschenrechner im Rechnen und in der Mathematik ein wichtiges Bildungs- und Kulturgut gesehen wird.

Medienerziehung und Medienpädagogik. *Problemerörterung.* Ohne die Massenmedien (z. B. →Fernsehen, Rundfunk, Tageszeitungen) ist das Leben in der gegenwärtigen Industriegesellschaft nicht mehr denkbar. Ebenso ist die Gestaltung des →Unterrichts ohne den gezielten Einsatz sog. AV-Medien (→audiovisuelle Medien) nicht denkbar. Die Funktionen der Massenmedien und Medien werden nicht in Frage gestellt, die Wirkungen sind jedoch stark umstritten. Die massenmedial vermittelte →Kommunikation (= Massenkommunikation) führt nach H. Schelsky dazu, daß wir ein „Leben aus zweiter Hand" führen, daß die Wirklichkeit der heranwachsenden Generation nicht auf persönlicher Erfahrung beruht, sondern auf massenmedial vermittelter (und damit umgestalteter, dramatisierter) Information. Um ungünstige Auswirkungen so niedrig wie möglich zu halten und um die durch die Medien gebotenen Chancen optimal zu nutzen, wird die Erziehung der nachwachsenden Generation zum „kritischen Rezipienten" gefordert. Die Voraussetzung einer solchen Erziehung soll durch die Erforschung der Medien geschaffen werden. Trotz der qualitativen und quantitativen Ausweitung der Medienpädagogik, die sich in einer Vielzahl neuer verwandter Begriffe ausdrückt (z. B. Kommunikationspädagogik, Medienkunde, Medienwissenschaft, Mediendidaktik, Unterrichtstechnologie, Film- und Fernseherziehung, Medienarbeit), wird unter den Erziehungswissenschaftlern die Auffassung vertreten, daß diesem Teilbereich der Erziehungswirklichkeit zu wenig Beachtung geschenkt wird.
Begriffsbestimmung. Die Ausdrücke Medium und Medien wurden bisher als Sammelbezeichnung für alle „Mittel" der Informationsübertragung, für Kommunikationsmittel also, verwendet. Nachdem immer klarer gesehen wurde, daß Medien nicht als „einsetzbare Werkzeuge" zu betrachten sind, geht man dazu über, Medien als „Mittler", als Träger der Kommunikation einzustufen. Wenn Schule und Elternhaus bestimmte Fragen der Kinder nicht beantworten, dann wenden sich Kinder an Medien als Mittler. Es sei schon an dieser Stelle betont, daß durch Medien der personale Mittler, der nicht nur vermittelt, informiert und unterhält, sondern sich Zeit für die Kinder nimmt, Verständnis zeigt, Bedürfnisse der Kinder beachtet und Anerkennung ausspricht, nicht zu ersetzen ist. Trotz des veränderten Verständnisses über die Funktion der Medien – nämlich Medien als „Mittler" und nicht als „Mittel" – werden weiterhin →„Unterrichtsmittel", „Lehr- und Lernmittel", „Veranschaulichungsmittel", „AV-Hilfen" oder „AV-Mittel" als einsetzbare Werkzeuge angeboten. Mit dem Ausdruck *Massenmedien* werden – ebenso mißverständlich – „Massenkommunikationsmittel" (als technische Instrumente) zusammengefaßt, mit deren Hilfe Aussagen „öffentlich, indirekt und einseitig an ein disperses Publikum" (G. Maletzke) verbreitet werden. Massenmedien sind demnach: Presse (Druckerzeugnisse wie Zeitun-

gen, Zeitschriften, Bücher), Hörfunk, Fernsehen, Film, Schallplatte, Video-Kassetten und Video-Bänder. Die Teildisziplin der Pädagogik, die sich mit Theorie und Praxis (Erforschung und Anwendung) der Erziehung im Hinblick auf die Medien (Massenmedien), durch die Medien (Massenmedien), mit Hilfe der Medien (Massenmedien) befaßt, wird *Medienpädagogik* genannt. *Medienerziehung* ist die Bezeichnung für die Erziehung zum kritischen Umgang mit den Medien und für die Erziehung durch die (mit Hilfe von) Medien.

Arbeitsbereiche und Richtungen der Medienpädagogik. Medienpädagogik stellt sich als ein heterogenes Arbeitsfeld mit vielen Aktivitäten und verschiedenen Richtungen dar. Das Ziel der Medienpädagogik, nämlich grundlegende Erkenntnisse über den Einsatz und die Wirkung medialer/massenmedialer Kommunikation zu gewinnen und sie für die Praxis der Medienerziehung nutzbar zu machen, ist zum Arbeitsschwerpunkt mehrerer Medieninstitute geworden. Dies sei an einigen Beispielen verdeutlicht: Das „Institut für Film und Bild in Wissenschaft und Unterricht (FWU)" fördert den Einsatz von AV-Medien im schulischen und außerschulischen Bildungsbereich durch deren Erforschung und Produktion. „Bildstellen" widmen sich der medienpädagogischen Beratung, der Aus- und Fortbildung der Lehrer, der Begutachtung von AV-Medien, der Produktion von Begleitmaterial. Das „Institut Jugend Film Fernsehen e.V.", „Hans-Bredow-Institut für Rundfunk und Fernsehen" und „Internationale Zentralinstitut für das Jugend- und Bildungsfernsehen" betreiben Forschungen über Funktion, Programme, Inhalte, Aufnahme und Verarbeitung von Massenmedien, über Auswirkungen audio-visueller Darbietungen und veranstalten Seminare, Symposien, Beratungen zum Thema Medien. Inzwischen haben sich folgende Arbeitsschwerpunkte der Medienpädagogik entwickelt:

- Untersuchungen über Aufbau, Organisation, Produktionsbedingungen und Möglichkeiten massenmedialer Kommunikation. In diesem Zusammenhang werden Fragen der gesellschaftlichen Kontrolle, der Informationsquellen und Nachrichtenagenturen, der Medienkonkurrenz, des Jugendmedienschutzes geklärt.
- Analyse von Programmen, Formen und Inhalten massenmedialer Kommunikation; von Interesse sind Einschaltquoten, Ansichten der Konsumenten, Analyse von Unterhaltungssendungen, Unterschiede zwischen Fernsehen und Presse u. a.
- Die Erforschung der Mediengewohnheiten der Rezipienten hat ergeben, daß Kinder und Jugendliche im Durchschnitt 2–3 Stunden am Tag fernsehen; daß sie lieber solche Sendungen aus dem Abendprogramm ansehen, die für sie ungeeignet sind, als Kindersendungen; daß Kinder und Jugendliche verstärkt fernsehen und Sendungen mit aggressiven Inhalten bevorzugen, wenn in der Familie Spannungen und Konflikte vorhanden sind und wenn sie

Schwierigkeiten in den sozialen Beziehungen haben; daß Medien ohne Spaß und Spannung, ohne erregte Aufmerksamkeit im Unterricht wie im außerschulischen Bereich nur halbherzig genutzt werden.

- Es wird gefordert, die Untersuchungen der Auswirkungen medialer/massenmedialer Kommunikation zu intensivieren. Fest steht, daß sich mit Hilfe massenmedialer Kommunikation nur schwer gewünschte verhaltensändernde Wirkungen (z. B. Änderung einer sozialen Einstellung) erzielen lassen, daß die Auswirkungen von der jeweiligen individuellen Situation (Persönlichkeitseigenschaften wie Ängstlichkeit, Aggressionsbereitschaft, →Intelligenz, Selbstvertrauen, Alter, augenblickliche Stimmungslage, vorausgegangene Erfahrungen, Eltern-Kind-Beziehung, Gruppenzugehörigkeit) abhängig sind, daß durch ausgedehntes Fernsehen gesundheitliche Schäden verursacht werden, daß Ängstlichkeit, Nervosität, Unruhe, Schlafstörungen bewirkt werden und daß durch das Betrachten aggressiver Inhalte die Bereitschaft zur Aggression und Gewalttätigkeit gesteigert wird.
- Die Möglichkeiten eines gezielten Einsatzes von Medien in Unterricht und Erziehung werden insbesondere von der Mediendidaktik untersucht.
- Eine weitere wichtige Aufgabe der Medienpädagogik besteht in der Ermittlung von Zielen und Methoden der Medienerziehung, der Erziehung zum kritischen Umgang mit Medien/Massenmedien und zur sachverständigen Auseinandersetzung mit ihnen.

Inzwischen haben sich verschiedene Richtungen der Medienpädagogik herausgebildet mit unterschiedlichen Zielen und Konzepten. Die „Integrative Medien- und Kommunikationspädagogik“ sieht in den Medien/Massenmedien, die sich an der entwicklungspsychologischen Situation der Kinder orientieren, grundlegende Informations-, Erlebnis- und Lernquellen. Die Kritische Medienpädagogik will die Massenmedien als Ideologieträger und Manipulationsinstrumente entlarven. Dagegen sehen die Instrumentale Medienpädagogik und Aktive Medienkunde in den Medien wichtige Mittler in Bildung, Erziehung und Unterricht und betrachten die Medien als neue Artikulations-, Ausdrucks- und Mitteilungsmöglichkeiten. Die Agitative Medienpädagogik betont die Abhängigkeit der Massenmedien und ihrer Aussagen vom jeweiligen Gesellschaftssystem und stuft sie als Instrumente der Unterdrückung oder zur Festigung bestimmter Ideologien ein. Präventive Medienpädagogik orientiert sich an den Gefährdungsmöglichkeiten der Jugend durch Massenmedien und sucht nach Möglichkeiten, um unerwünschten Entwicklungen vorzubeugen.

Hinweise zur Praxis. Es wird der Ausbau der Medienpädagogik zu einer umfassenden Theorie und Praxis der Medienerziehung gefor-

dert. Dabei sind nach E. Wasem Extrempositionen (z. B. kulturpessimistische Verteufelung aller Medien, die Bewunderung ihrer Technologie und ihrer Möglichkeiten) ebenso zu vermeiden wie die linksorientierte Forderung nach Vergesellschaftung aller Medien. Ein in die Zukunft weisendes Ziel wäre die Integration der Medienpädagogik in die Freizeitpädagogik (→Freizeiterziehung). E. Wasem meint, daß die Begegnung mit der freien Natur und dem musischen Leben, die Respektierung des Erholungsbedarfs und die Beseitigung des „Bildungsdünkels in puncto Medien" als die geeigneten Wege zu dieser Integration erscheinen. Die praktische Medienarbeit im Sinne der Eigenproduktion und Beschäftigung mit technischen Medien ist zu intensivieren. Durch Verfügungsstunden könnte in der Schule die Diskussion zwischen Kindern und Jugendlichen über bestimmte Medieninhalte (z. B. Fernsehsendungen) gezielt gelenkt werden. In der Praxis ist nicht nur eine entwicklungspsychologisch orientierte Gestaltung, sondern auch die Beliebtheit bestimmter Inhalte und Formen zu berücksichtigen.
Das Ziel medienpädagogischer Aktivitäten ist der „mündige Rezipient". Zur Mündigkeit gehören nicht nur Kenntnisse über Medien, sondern vor allem die Fähigkeit und Bereitschaft, sich mit massenmedialen Aussagen kritisch auseinanderzusetzen und Medienangebote eigenen Bedürfnissen und Interessen entsprechend zu nutzen. Um das zu erreichen, müssen die Medien in das Spiel und andere Aktivitäten der Kinder eingeordnet werden, sind Fernsehgewohnheiten durch vorbildhaftes Verhalten (z. B. Verzicht auf Sendungen mit aggressiven Inhalten) zu steuern. Weiterhin ist die Fähigkeit zu fördern, aus dem Angebot kritisch auszuwählen (Programmauswahl und Mediennutzung), und es sind „Verarbeitungshilfen" anzubieten (Gespräch nach der Sendung). In der Schule erscheinen u. a. folgende medienpädagogische Aktivitäten sinnvoll: Vergleich von verschiedenen Tageszeitungen, Erstellen von Schülerzeitungen, Analyse von Illustrierten, Jugendzeitschriften, Comics, Anzeigen, Filmen, Untersuchung sprachlicher Eigenarten sowie inhaltlicher und formaler Tendenzen von Medienaussagen, Herstellen von Tonbildschauen, Interviews, Kommentaren, Dokumentationen, Anfertigen von Protokollen über Filme, Textanalysen, Vergleich von politischen Magazinen bzw. Nachrichtensendungen. Bei der Bedeutung, welche die „geheimen Miterzieher" heute haben, ist es einerseits unumgänglich, sie in der Erziehung kritisch zu würdigen, andererseits aber ebenso unumgänglich, sie als „dritte Kraft der Erziehung" in der vorschulischen, schulischen und außerschulischen →Erziehung und →Bildung zu nutzen.

Microteaching, eine Methode des Unterrichtstrainings innerhalb der Lehrerausbildung, die sich auszeichnet durch

- kurze Dauer jeder Trainingssequenz (5–20 Min.);
- verminderte Schüleranzahl (4–8);
- Training von Teilfertigkeiten (z. B. Fragen stellen, Lehrervortrag, Verstärkereinsatz).

In der Durchführung dieses Unterrichtstrainings spielt die →Rückmeldung über jede abgelaufene Trainingssequenz durch die Trainingsteilnehmer und -leiter eine zentrale Rolle. Auf sie vor allem wird die Effektivität des Microteaching zurückgeführt.

Milieu, Milieutheorie. Unter Milieu versteht man die soziale Umwelt eines Individuums. Nach Auffassung der Sozialwissenschaften beeinflußt das Milieu das Erleben und Verhalten und die Entwicklung der Menschen in teils entscheidender Art und Weise. Nach der Milieutheorie ist dieser Einfluß so stark, daß der Mensch und sein Handeln dadurch praktisch völlig festgelegt werden (Milieu- oder Umweltdeterminismus). Erbanlagen treten demgegenüber in den Hintergrund (→Anlage-Umwelt-Problem).

Mißbildung →Behinderungen.

Mittlere Reife, Bezeichnung für den Prüfungsabschluß der Mittel- oder →Realschule, der Mittelstufe des →Gymnasiums und zwei- oder dreijähriger →Berufsschulen. Die Mittlere Reife ist Voraussetzung für die mittleren Laufbahnen im öffentlichen Dienst oder in der Wirtschaft und für den Besuch von →Fachoberschulen, →Fachakademien, →Berufsfachschulen und →Fachschulen verschiedener Art.

Mnemotechnik. Mit dem Ausdruck Mnemotechnik faßt man verschiedene (erlernbare) Methoden zur Leistungssteigerung des →Gedächtnisses zusammen. Besonders „Merkblätter“ bedienen sich bestimmter Erinnerungshilfen (z. B. „Eselsbrücken“, Bildung von Assoziationen, Gruppierung und Strukturierung des Lernmaterials). →Lerntechniken.

Mobilität, allgemein: Beweglichkeit. In den Sozialwissenschaften Ausdruck für den Grad der Veränderungsmöglichkeit (Durchlässigkeit) sozialer →Positionen. Eine Gesellschaft zeichnet sich z. B. dann durch eine besondere Mobilität aus, wenn sie dem einzelnen relativ problemlos den Aufstieg in eine höhere (angesehenere und besser bezahlte) berufliche Position ermöglicht. Als Mobilität gilt demnach nicht nur die Positionsverbesserung einer Person oder sozialen Gruppe innerhalb einer Generation (sog. Intragenerationsmobilität), sondern auch die Positionsveränderungen über mehrere Generationen hinweg (sog. Intergenerationsmobilität; Beispiel: Großvater: Arbeiter, Vater: Postbeamter, Sohn: Arzt). Man unterscheidet außerdem zwischen vertikaler (Auf- oder Abstieg) und horizontaler (Wechsel des Berufs oder der Tätigkeit auf gleicher Ebene oder Wohnortwechsel) Mobilität.

Modellernen → Lerntheorien und Pädagogik.

Mongolismus (auch sog. Langedon-Down-Syndrom), eine erblich bedingte Erkrankung, die auf einer Chromosomenanomalie (statt 46, wie üblich, haben die Kranken 47 Chromosomen, Trisomie) beruht. Mongoloide Kinder werden häufiger von älteren Frauen geboren. Das gibt Anlaß zu der Vermutung, daß die Erbgutveränderung eventuell durch das Alter der Mutter bedingt ist. Der Name für die Krankheit orientiert sich am äußeren Erscheinungsbild: kleiner runder Kopf, auseinanderstehende Augen, schräge Lidspalten, breite Nasenwurzel, kurzer Hals, gedrungener Körper, sog. Vierfingerfurche quer über den ganzen Handteller. Mongoloide Kinder sind in der Regel mehr oder weniger stark geistig behindert. Sie benötigen deshalb eine besondere Zuwendung und Förderung in Institutionen für geistig Behinderte (→ Sonderschulen).

Montessori, Maria (1870–1952) → Montessori-Pädagogik.

Montessori-Pädagogik. *Problemerörterung.* Nicht nur aus Unzufriedenheit mit der staatlichen oder öffentlichen Schule werden viele neue Montessori-Schulen gegründet. Immer mehr Eltern wollen, daß ihre Kinder nicht nur „unterrichtet" werden. Sie wünschen, daß bei ihren Kindern Freiheit, Kreativität, Spontaneität und Bereitschaft zu „arbeiten" möglichst lange erhalten bleiben. In den Montessori-Schulen wird den Kindern „Beistand geleistet", ihre Persönlichkeit zu entwickeln nach dem Motto „Hilf mir es selbst zu tun". Irrtümlicherweise wird oft behauptet, daß sich die Arbeit in den Montessori-Schulen kaum von der Pädagogik in staatlichen Schulen unterscheidet, da dort auch das Prinzip der Selbsttätigkeit gilt. Tatsache ist, daß wichtige Prinzipien und Ideen der Montessori-Pädagogik in staatlichen Schulen nicht realisiert werden können.
Die Ärztin Maria Montessori (1870–1952). Nach einem erfolgreichen Abschluß eines naturwissenschaftlichen Studiums studierte sie Medizin und wurde 1896 die erste Ärztin Italiens. Während ihrer Arbeit mit schwachsinnigen Kindern kam sie zu der Erkenntnis, daß solche Kinder kein medizinisches, sondern ein pädagogisches Problem darstellen. In öffentlichen Vorträgen setzte sie sich für eine Sondererziehung von geistesschwachen Kindern ein und konnte nach 1900 in einer Schule Prinzipien und Methoden ihrer Erziehungsarbeit erproben. Im Jahre 1907 gründete sie im Elendsviertel von San Lorenzo in Rom ihr erstes Kinderhaus, in dem sie ihre Methoden, ihr pädagogisches

Material und Konzept an normal entwickelten Kindern erproben und weiterentwickeln konnte. Danach wurden weltweit Kinderhäuser nach dem Modell der Ärztin Montessori gegründet. Bereits 1929 kam es zur Gründung einer ersten internationalen Montessori-Organisation in Amsterdam. Heute ist Montessori-Pädagogik auf der ganzen Welt verbreitet.

Theoretische Grundlagen. „Die Bildung des Menschen bedarf einer Basis wissenschaftlicher Vorbereitung und muß ihr Schritt für Schritt folgen." Aus dieser Aussage wird deutlich, wie eng Maria Montessori die Theorie, die Erkenntnisse über die Entwicklung der Kinder und über den Menschen mit der Praxis der Erziehung verbindet.

- Das Kind als Mensch mit persönlichen Interessen, mit dem Bedürfnis zu fühlen, seine Sinne zu gebrauchen, sich zu bewegen, zu lieben und geliebt zu werden, darf nicht „erzogen" und „unterrichtet" werden; ihm ist lediglich zu helfen, nach den Gesetzen seines eigenen Wachstums zu leben, seine Persönlichkeit zu entwickeln, sich als eine lebendige Geist-Körper-Seele-Einheit zu verwirklichen.
- Das Kind entwickelt sich nach einem inneren Bauplan, der äußerst zart und empfindlich auf Einflüsse aus der Umgebung reagiert. Die Umwelt kann den Bauplan zerstören oder ihn in Unordnung bringen.
- Das Kind besitzt einen absorbierenden Geist. Diese geistige Kraft oder Fähigkeit kann Umwelteindrücke aufnehmen und im Unbewußten speichern (bereits vor dem bewußten Lernen). Das Kind absorbiert z. B. die Sprache schon zu einem früheren Zeitpunkt, als es zu sprechen anfängt.
- Das Kind und sein absorbierender Geist durchlebt sog. „*Sensibilitäten*", d. h. Phasen (Altersabschnitte) besonderer Lernbereitschaften, innerer Empfänglichkeiten, die äußerlich als gesteigertes Interesse an einer bestimmten Umgebung und bestimmten Materialien zu beobachten sind. Im Alter von 3–6 Jahren (Kinderhaus) durchlebt das Kind die *Sensibilitäten für die Bewegung* (Bewegungsübungen, Sinnesübungen), für Ordnung (Spiel mit Materialien, die Eigenschaften wie Farbe, Form, Klang, Maße, Gewicht, Temperatur, Oberflächenbeschaffenheit enthalten) und für Sprache. Den Übergang vom Kinderhaus zur Grundschule bildet die *soziale Sensibilität.* Im Alter von 7–12 Jahren sind vorherrschend: Sensibilität für die Erweiterung des Aktionsradius, für die Vertiefung der Sprache, für das Rechnen und für Naturerkundung (Biologie und Erdkunde), Sensibilität für Vorstellungen sowie für den Übergang zur Abstraktion und schließlich Sensibilität für Fragen der Moral und für soziale Beziehungen.
- Besonders wichtig ist Achtung vor der kindlichen Freiheit. Das Neugeborene ist zwar völlig abhängig vom Erwachsenen, von einer →Bezugsperson, sein absorbierender Geist baut aber seine Seele

auf und damit ist das *Kind* „Baumeister des Menschen“ und nicht der Erwachsene.

Grundsätze der Erziehungspraxis. M. Montessori fordert eine „neue Erziehung“, die mit „der Geburt beginnt, eine Erziehung, die auf den Gesetzen der Natur begründet ist, nicht auf vorgefaßten Meinungen und auf Vorurteilen der Menschen“. Erziehung ist Verwirklichung von Freiheit. Diese soll erfolgen über eine Anpassung der Umgebung an das Kind und durch Bereitstellung von „Materialien“, aus denen das Kind frei auswählen kann. Aus anfänglicher biologischer, sozialer und pädagogischer Abhängigkeit entwickelt sich das Kind über spontane Aktivitäten und durch Selbsttätigkeit zur Selbständigkeit. „Wer heute von Freiheit in der Schule spricht, muß gleichzeitig Gegenstände anbieten, ein Instrumentarium, das Freiheit ermöglicht“, betont Montessori. Achtung von Freiheit bedeutet

- freie Wahl der Materialien und Gegenstände
- freie Bewegungsmöglichkeit für Kooperation und für Leben in der Gemeinschaft
- freie Zeit für die Dauer der Konzentration.

Zur Achtung der kindlichen Freiheit gehört auch Respekt vor der kindlichen Konzentration. Die Konzentration zeigt sich nach Montessori als ein *Aktivitätszyklus* von drei Phasen: 1. In der *Phase der Einübung* sucht das Kind, ist unruhig und zeigt Ermüdungserscheinungen. In dieser Anfangsphase kann der Lehrer eingreifen. 2. Während der *Phase der großen Arbeit*, einem inneren Verweilen und aufmerksamen Handeln mit Material ist Zurückhaltung des Lehrers entscheidend, damit diszipliniertes Verhalten und Konzentration zur Haltung wird. 3. Die *Phase der Kontemplation* ist ein Ruhezustand, in dem das Kind seine Entdeckungen verarbeitet, verallgemeinert, verwertet, vergleicht. Es ist eine „gedankenvolle“ Besinnungsphase, während der der Lehrer als Ansprechpartner zurückhaltend zur Verfügung steht. Der Erzieher/Lehrer ist nach Montessori „Leiter spontaner Arbeit der Kinder, Helfer zum Leben, Gestalter der Umgebung und Begleiter schöpferischer Aktivitäten“. Zur Erziehung gehört auch eine kindgerechte Umgebung: Materialien sind in offenen Regalen gut zugänglich, für Arbeiten am Boden liegen kleine Teppiche bereit, Tiere und Blumen sind ebenso vorhanden wie kleine Küchenelemente für Übungen des praktischen Lebens.

Die Grundlage der Freiheit ist Leben in der Gemeinschaft, ist Sicherheit durch Zugehörigkeit, ist Vertrauen des Kindes, daß es den Erzieher/Lehrer findet, wenn es ihn braucht, ist Aktivität an einem eigenen festen Platz.

Hinweise zur Erziehungspraxis. Wie können Eltern entscheiden, ob sie ihr Kind – falls eine Einrichtung der Montessori-Pädagogik vorhanden ist – einem Montessori-Kindergarten (Kinderhaus) oder einer Montessori-Schule anvertrauen sollen? Die Theorie und auch die

Umsetzung (Praxis) der Montessori-Pädagogik dürfte der Pädagogik, die in staatlichen Einrichtungen zu finden ist, weit überlegen sein. Voraussetzung für das Gelingen der Montessori-Pädagogik sind sowohl gelassene, die Freiheit der Kinder respektierende Lehrer als auch Eltern, die ihr Kind lieben und die in das Kind Vertrauen haben. Eltern und Lehrer, die eine „bessere" Erziehung und Bildung für ihre Kinder anstreben und dabei „bessere" Schulabschlüsse vor Augen haben, sich also vorstellen, daß ihre Kinder in Montessori-Einrichtungen sicherer zu guten Schulabschlüssen geführt werden, sind – es sei erlaubt, es so verkürzt auszudrücken – für Montessori-Pädagogik nicht geeignet. Wichtig ist auch die Bereitschaft zur Zusammenarbeit zwischen Elternhaus und Schule.

Moralische Erziehung → Gewissen.

Motivation und Erziehung. *Problemerörterung.* Heute wird – wie man immer wieder hören kann – in der Erziehung nur noch „motiviert", Drill und Zwang sind out. Auch Lern- oder Leistungsdefizite werden nicht mehr mit einem Mangel an Fähigkeit erklärt, sondern auf fehlende Motivation zurückgeführt. „Motivation" und „Motivierung" sind zu vielbenutzten Modewörtern geworden, wobei der Verdacht durchaus begründet scheint, daß manche gar nicht so recht wissen, um was es dabei eigentlich geht. Dabei hat die Wissenschaft, vor allem die Psychologie, in neuerer Zeit eine wirklich beachtliche Fülle von Wissen zum Thema Motivation gesammelt, das für pädagogisches Handeln durchaus wertvolle Erkenntnisse und Hinweise liefern kann.
Begriffsbestimmung. Die Begriffe „Motiv" und „Motivation" unterscheiden sich voneinander. Der Begriff „Motivation" wird im allgemeinen verwendet für sämtliche (inneren und äußeren) Faktoren, die das menschliche Handeln zu einem bestimmten Zeitpunkt beeinflussen, d. h. aktivieren, steuern oder auch schwächen. Konkret heißt das, daß ein Schüler, dessen Motivationslage als „stinkfaul" qualifiziert wird, dies unter Umständen auch deswegen sein kann, weil er keinen Sinn in seiner Arbeit sieht, weil er kein Streber sein möchte, weil er glaubt, daß ihm gute Noten später im Leben auch nicht viel nützen werden, weil sein Verhältnis zum Lehrer oder zu den Mitschülern nicht stimmt usw. Von einem „Motiv" spricht man ausschließlich dann, wenn man damit ein bestimmtes inneres Bedürfnis einer Person bezeichnen will, also etwa ihre positive Einstellung zur Arbeit (Leistungsmotiv) oder ihr ausgeprägtes Kontaktstreben (Geselligkeitsmotiv). Eine umfassende Motivationsanalyse bezieht sich auf alle inneren und äußeren plausiblen Handlungsdeterminanten, also auch auf die Motive der beteiligten Personen.
Forschungsansätze und Theorien. Entsprechend der Differenzierung

zwischen „Motiv" und „Motivation" lassen sich zwei Ansätze der Motivationsforschung (sog. Paradigmen) unterscheiden. In einem ersten Paradigma wird aus einem Motiv (Trieb, Bedürfnis) eine entsprechende Handlung abgeleitet. Dieser Ansatz findet sich wegen seiner Einfachheit häufig in der Forschung, gehört aber, da zu reduktionistisch und künstlich, eher der Vergangenheit an.

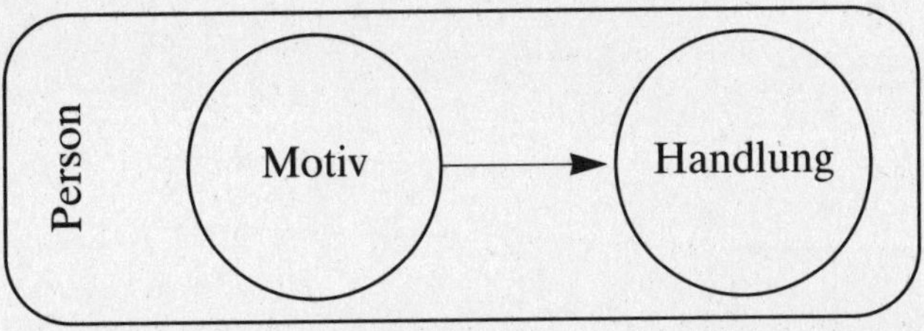

Alle neueren Ansätze der Motivationspsychologie bemühen sich um eine umfassende Berücksichtigung und Erforschung verschiedenster möglicher Determinanten des Handelns einer Person, ob sie aus deren Innern (wie Motive, Triebe, Instinkte, Erwartungen, Emotionen, Absichten, Pläne, Ziel- und Wertvorstellungen, Einstellungen) oder aber aus der Umwelt (spezifische Anreize, quantitative und qualitative Merkmale möglicher Zielobjekte, vermeintliche oder reale Einwirkungen von seiten anderer Personen, allgemeiner situativer Kontext, Erleichterungen oder Erschwernisse (Barrieren) der Zielerreichung, Zielalternativen) kommen. Diesen Ansätzen entspricht das auf Seite 260 dargestellte zweite Forschungsparadigma.
Die Theorien der Motivation lassen sich grob in vier Arten von Modellen einordnen. In der zeitlichen Aufeinanderfolge dieser Modelle läßt sich auch ein Entwicklungstrend der Forschung von anfangs eher mechanistischen zu letztlich kognitiven Vorstellungen erkennen:

a) *Instinkt- und Triebmodell.* Die Entstehung und Steuerung von Verhalten wird auf organismusinterne, angeborene Instinkte oder Triebe zurückgeführt (Beispiele: W. McDougall, S. Freud, K. Lorenz).
b) *Antriebs- und Anreizmodell.* Vor allem in der behavioristischen Lerntheorie wird die Verhaltensaktivierung auf einen Antrieb zurückgeführt, der sich aus allen momentan wirksamen Trieben im Organismus (Hunger, Durst, Sexualität usw.) ergibt; die Steuerung des Verhaltens wird hingegen durch Anreize aus der Umwelt (Futter, Flüssigkeit, Sexualpartner usw.) bewirkt (Beispiele: C. L. Hull, E. L. Thorndike).
c) *Aktivierungsmodell.* Psychophysiologen fanden, daß die Wachheit und Aktiviertheit eines Organismus mit der Funktion bestimmter

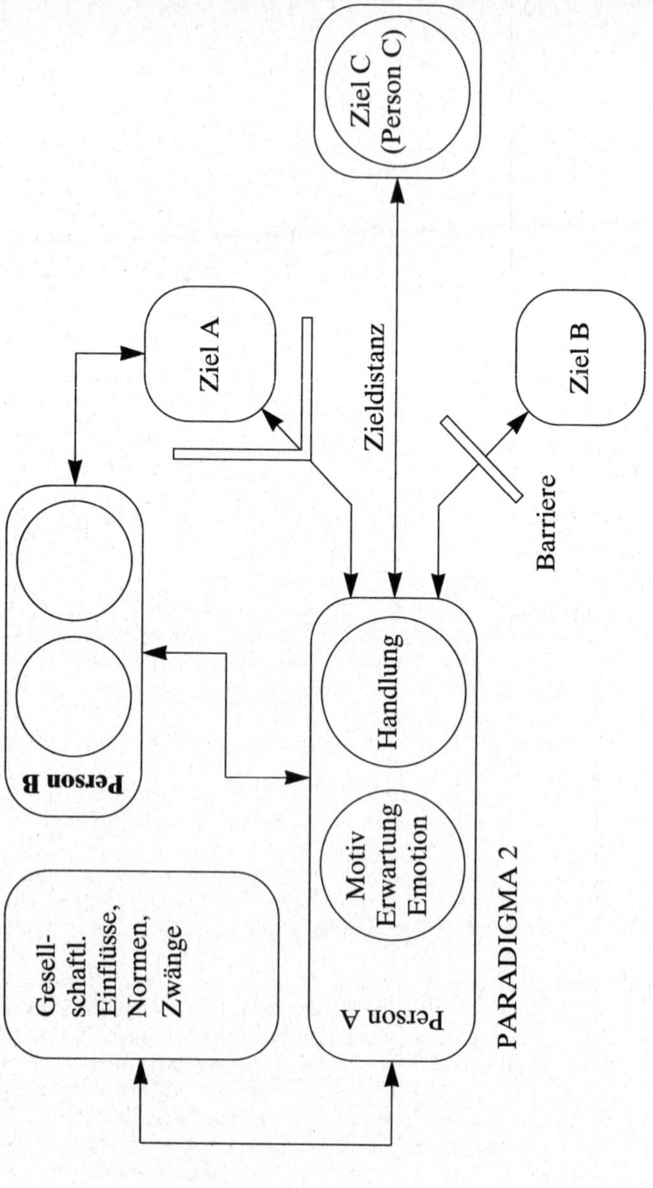

Gesell-
schaftl.
Einflüsse,
Normen,
Zwänge
Person B
Ziel A
Ziel C
(Person C)
Zieldistanz
Ziel B
Barriere
Person A
Motiv
Erwartung
Emotion
Handlung
PARADIGMA 2

Gehirnzentren (z. B. Retikulärformation im Gehirnstamm) zusammenhängt (Beispiele: D. B. Lindsley, D. O. Hebb).

d) *Entscheidungsmodell.* In diesen Ansätzen spielen kognitive Prozesse und Variablen (wie Erwartung, Anreizbewertung, Erfolgswahrscheinlichkeit) eine große Rolle und bestimmen neben individuellen Motiven das Handeln einer Person (Beispiele: K. Lewin, J. W. Atkinson, H. Heckhausen).

Von besonderer Relevanz für die Erziehungswirklichkeit ist das Thema „*Motivierung*„. Es geht dabei um die Frage, wie man jemanden dazu bringen kann, bestimmte Entscheidungen zu treffen oder Handlungen auszuführen. Es gibt – wie jeder Erzieher weiß – in der Erziehung vor allem zwei Möglichkeiten zu motivieren, nämlich

- es wird für den Fall eines Erfolgs etwas Positives („Anreiz“) versprochen (z. B. Lob, Anerkennung, Geld) oder
- es wird für den Fall eines Mißerfolgs etwas Negatives angedroht (z. B. Strafe, Fernsehentzug, Hausarrest).

Zwang ist keine Motivierung; deshalb sollte er in jedem Fall in der Erziehung unterbleiben. Mit dem Thema „Motivierung“ verbinden sich vor allem zwei Probleme, nämlich das der „*Manipulation*“ und das einer möglichen „*Demotivierung*“. Als Manipulation kann Motivierung dann angesehen werden, wenn dem Menschen, der motiviert werden soll, kein (oder nur ein sehr geringer) Spielraum für eine freie Entscheidung „Pro“ oder „Contra“ bleibt oder wenn ihm die eigentlichen Ziele, die man erreichen will, bewußt verschwiegen werden. Auch das Versprechen extrem hoher Belohnungen, denen der „Gegenwert“ der geforderten Handlung überhaupt nicht entspricht, wirkt eher manipulativ als motivierend. Demotivierung wird von Erziehern viel zu wenig beachtet. Es gibt hierfür verschiedene Möglichkeiten. So kann eine von einem Kind kaum zu bewältigende Aufgabe, selbst bei Aussicht auf große Belohnung, eher demotivierend wirken, weil die Erfolgswahrscheinlichkeit zu gering ist. Eine Schlußfolgerung hieraus wäre, daß man ein dem Kind angemessenes → Anspruchsniveau bei der Aufgabenstellung berücksichtigen sollte. Beachten sollte man beim Motivieren auch das Problem einer zu voreiligen Belohnungssteigerung. Muß man nämlich später aus irgendeinem Grund das Belohnungsniveau wieder erniedrigen, so hat das negative Folgen für die Motivation, die denen einer Bestrafung ähneln. Auch zu lange zeitliche Verzögerungen zwischen der Handlungsausführung und der folgenden Belohnung sollten unterbleiben, da sich auch dies eher motivationsschädigend auswirken kann. Es versteht sich natürlich von selbst, daß Belohnungen nur dann effektiv sind, wenn sie irgendeinen Wert für jemanden darstellen oder irgendwie seinen Bedürfnissen entsprechen. Es hat kaum etwas mit Motivierung zu tun, wenn man beispielsweise ein Kind, das ungern liest, mit einem Buchgeschenk belohnt.

Wichtig für Motivation ist auch das Thema → Kausalattribuierung, da nur bestimmte Attribuierungen sich motivierend auf weitere Handlungen auswirken.

Hinweise zur Erziehungspraxis. Schlußfolgerungen für die erzieherische und unterrichtliche Praxis ergeben sich in verschiedener Hinsicht:

- Wichtig ist in jedem Fall die Berücksichtigung der individuellen Bedürfnisse eines Kindes oder Jugendlichen.
- Da die meisten (psychologischen und sozialen) Motive gelernt sind, müssen in Erziehung und Unterricht Möglichkeiten zum Erlernen solcher Motive geboten werden.
- Kurzfristige Motivation muß in überdauernde Motivation übergeleitet werden; wichtig ist es, langfristige Zielvorstellungen und -erwartungen zu entwickeln. Die Fähigkeit zum „Belohnungsaufschub" sollte eingeübt werden und an die Stelle sofortiger und unmittelbarer Belohnung treten.
- Extrinsische (nichtsachbezogene, äußere) Motivation sollte langsam und kontinuierlich in intrinsische (sachbezogene, innere) Motivation verwandelt werden.
- In Aussicht gestellte Verstärkungen und versprochene Belohnungen sollten in jedem Fall gegeben werden; Enttäuschung von Erwartungen läßt die Motivation schwinden.
- Kognitive Prozesse (Vergleich, Bewertung, Gewichtung, Interpretation, Entscheidung, Zielerwartung und -vorwegnahme) sollten geschult werden.
- Um gezielt verstärken (→ Lerntheorien und Pädagogik) zu können, muß die Bedürfnis- und Motivstruktur eines Individuums zuerst genau analysiert werden; „Belohnungen", für die auf seiten des Kindes keine Bedürfnisse vorhanden sind, verfehlen ihre Wirkung.
- Fehlt die innere (intrinsische) Motivation zu bestimmtem Handeln, dann muß die äußere Situation oder die Aufgabe so gestaltet werden, daß ein Handlungsanreiz entsteht.
- Durch Strafen, Drohungen oder Machtanwendung lassen sich Kinder meist nicht in gewünschter Richtung (z. B. Hausaufgaben machen) motivieren; viel eher werden sie eine Tendenz, die Strafe zu vermeiden oder der unangenehmen Situation zu entgehen, entwickeln.
- Werden bestimmte → Bedürfnisse nicht befriedigt, so entwickeln Kinder und Jugendliche möglicherweise Aktivitäten und unerwünschte Verhaltensweisen, um zu Befriedigung oder Ersatzbefriedigung zu gelangen. Bei Auftreten entsprechender Symptome (z. B. → Sucht) müssen Erzieher versuchen, herauszufinden, welche Bedürfnisse nicht befriedigt werden.

Münchner Trainingsmodell (MTM), eine von P. Innerhofer entwickelte Methode, um Eltern und Erziehern zu Erfahrung und Fertigkeit in der Erziehung zu verhelfen. Dies geschieht durch ein viertägiges, am Vorgehen der →Verhaltensmodifikation orientiertes Training, in dem folgende Lernschritte zu bewältigen sind: 1. Tag: Lernen, wie sich das Kind mit seiner Umwelt auseinandersetzt. 2. Tag: Lernen, wie sehr das Verhalten des Kindes von seiner Umwelt abhängt. 3. Tag: Lernen, wie man das Kind durch bestimmte Konsequenzen für ein bestimmtes Verhalten lenken kann. 4. Tag: Lernen, wie man Schwierigkeiten vorbeugen kann, indem man angemessene Hilfestellung bietet oder die Erziehungssituation uminterpretiert. Die Aneignung der verschiedenen Lerninhalte geschieht durch Spiel, Beobachtung und Diskussion. Die erlernten theoretischen Kenntnisse werden vertieft, Lösungsvorschläge erarbeitet, und schließlich werden praktische erzieherische Fertigkeiten und Verhaltensweisen eingeübt. Der letzte Tag zeigt auf, wie man die Erziehungssituation durch Veränderung des Wohn- oder Arbeitsraumes und zeitliche Planung umgestalten und verbessern kann.

Mündigkeit. Es empfiehlt sich, bei Verwendung des Ausdrucks einen rechtlichen von einem pädagogischen Aspekt zu unterscheiden. Rechtlich gesehen bedeutet Mündigkeit Volljährigkeit und damit volle Geschäfts- und Deliktfähigkeit sowie strafrechtliche Verantwortlichkeit (ab Vollendung des 18. Lebensjahrs). Für andere Handlungen liegt Mündigkeit teilweise bereits früher vor, etwa die beschränkte Geschäftsfähigkeit (ab 7. Lebensjahr), Religionsmündigkeit und bedingte Strafmündigkeit (ab 14. Lebensjahr), Eidesmündigkeit und bedingte Ehemündigkeit (ab 16. Lebensjahr). In pädagogischer Hinsicht ist Mündigkeit ein →Erziehungsziel, mit dem stärker die personbezogene Funktion beschrieben wird. H. Roth beschreibt Mündigkeit mit Hilfe der Selbst-, Sach- und Sozialkompetenz (→Erziehungsziele).

Museumspädagogik macht es sich zum Anliegen, Kindern im Vorschul- , →Primar- und →Sekundarbereich sowie Jugendlichen und Erwachsenen die in Museen gesammelten Kulturgüter nahezubringen. Damit verbindet sich ein anschaulicheres und systematischeres Wissen um die Entwicklung von Wissenschaft und Technik, von Kunst und Kultur und größeres Verständnis für bzw. Einsicht in die Geschichtlichkeit menschlichen und damit auch eigenen Werdens und Seins.

Musikunterricht bemüht sich darum, dem Schüler zu einem kritischen Verständnis musikalischer Werke und verschiedener Arten von Musik zu verhelfen, die vielfältigen Funktionen von Musik aufzuzeigen und sowohl zu passivem Musikhören als auch zu aktivem Musizieren mit Musikinstrumenten anzuleiten. Ähnlich wie →Kunsterziehung hat Musikunterricht eine Fülle positiver Effekte, z. B. Ausgleich zu eher leistungsbezogenen Fächern; emotionale Entspannung und Beruhigung; Weckung von zweckfreier →Phantasie und →Kreativität; Sensibilisierung der Wahrnehmung für Klänge und Geräusche verschiedenster Art; Ermöglichung einer Art nonverbaler →Kommunikation; Ausdrucksmöglichkeit für psychisches Erleben; Mithilfe zu einer harmonischen Bewegungserziehung (Tanz); Schaffung eines neuen Erlebnisbereichs und Hobbyangebot für Freizeit und Erholung.

Musische Erziehung, Sammelbegriff für alle Arten →ästhetischer und künstlerischer Erziehung und Unterrichtung, z. B. →Kunsterziehung und →Musikunterricht.

Mutismus ist (psychogenes) Nicht-Sprechen trotz aller Funktionsfähigkeit der Sprechorgane und der einschlägigen Hirnzentren. Mutismus tritt als Begleitsymptom einer Schizophrenie oder als isolierte Störung auf und ist Ausdruck einer mitmenschlichen Beziehungsstörung. Besonders tritt Mutismus bei sensiblen Kindern mit wechselhafter Erziehungserfahrung (verwöhnend-frustrierend) zwischen dem fünften und sechsten Lebensjahr auf. Grundlegende emotionale Bedürfnisse der Kinder bleiben meist unbefriedigt. Je nach Ausprägungsgrad unterscheidet man den totalen Mutismus (dauernde Stummheit) von einem selektiven Mutismus (bestimmten Personen oder Situationen gegenüber). Meist tritt Mutismus als vorübergehende Störung auf, vor allem, wenn dem Kind vermehrte Zuwendung und Beachtung zuteil wird. Bei längerer Dauer ist an den Einsatz von Psychotherapie (z. B. →Verhaltensmodifikation) zu denken. Mutismus darf nicht mit →Autismus gleichgesetzt werden.

Mutter, ein rational schwer erfaßbarer Begriff mit viel emotionaler Bedeutungshaltigkeit. Am leichtesten ist Mutter noch biologisch zu bestimmen als diejenige, die nach Ablauf der Schwangerschaft ein Kind gebiert. Psychologisch verbinden sich mit dem Begriff Mutter teilweise idealisierte Vorstellungen von besonderer Liebe, emotionaler Wärme, sozialer Sicherheit und Schutz, Sorge und Selbstlosigkeit. Über diesem Idealbild darf aber nicht vergessen werden, daß Muttersein nur eine Möglichkeit der →Selbstverwirklichung einer Frau darstellt. Neben der durch die Natur vorgegebenen Geschlechtlichkeit und damit der Möglichkeit zur Mutterschaft ist das, was eine Mutter ausmacht, zum großen Teil durch Erfahrung (in der eigenen Erziehung) oder durch Erlernen der von der Gesellschaft vorgegebenen Rolle erworben worden. Positive eigene Erfahrungen führen eher zu einem echten und befriedigenden Ausfüllen der Mutterrolle und der damit verbundenen Aufgaben für die →Erziehung, Ernährung, →Entwicklung und →Sozialisation des Kindes als solche negativer Art. Letztere führen eher zu erzieherischen Fehlhaltungen, die die Entwicklung des Kindes entscheidend stören und behindern können. Wie wichtig die Beziehung zwischen Mutter und Kind als Teil der gesamten Eltern-Kind-Beziehung für das Kind ist, zeigen die negativen Auswirkungen des →Hospitalismus.

Mutterschutz umfaßt ein Bündel gesetzlicher Maßnahmen zum Schutz der werdenden Mutter, so etwa die gesetzliche Garantie auf ein bestehendes Arbeitsverhältnis, eine sechswöchige (arbeitsfreie) Schutzfrist vor und acht Wochen nach der Geburt, sowie die Gewährung von Mutterschaftsgeld während der gesamten Zeit der Arbeitsbefreiung. Seit 1. 1. 92 kann zudem ein Erziehungsurlaub von max. 3 Jahren genommen werden.

N

Nachahmung ist die Bezeichnung für bewußte oder unbewußte Orientierung eigenen Verhaltens an einem →Vorbild. Besonders Kinder neigen häufig dazu, an Vorbildern oder Modellen zu lernen (→Lerntheorien und Pädagogik).

Nächtliches Aufschrecken (pavor nocturnus) ist eine plötzliche, auf starke, oft unbewußte Angstzustände zurückgehende Schlafunterbrechung. Es tritt meist bei Kleinkindern ein bis zwei Stunden nach dem Einschlafen auf. Die Kinder schrecken voller Angst hoch und schreien. Oft ist das Aufschrecken mit Schweißausbruch, Atemnot und vorübergehender Bewußtseinsstörung verbunden. Ursachen können z. B. sein: abendliches →Fernsehen der Kinder, Miterleben von Ehestreitigkeiten der Eltern, Verlustangst gegenüber der Mutter, gehäufte →Angst- und →Frustrationserlebnisse des Kindes während des Tages, ungelöste Konflikte. Nächtliches Aufschrecken tritt meist nicht isoliert, sondern zusammen mit anderen →Verhaltensstörungen auf, z. B. Eßstörungen, →Bettnässen, Trotzreaktionen, Bewegungsunruhe. Therapeutische Maßnahmen könnten sein: Türe zum Kinderzimmer offenstehen lassen, Licht brennen lassen (zur Beseitigung der

Trennungsangst). In schweren Fällen empfiehlt sich unter Umständen eine Psychotherapie.

Nägelbeißen, Nägelkauen ist bei extremer Ausprägung als →Verhaltensstörung anzusehen. Tiefenpsychologisch betrachtet, soll es durch Versagung oraler Wünsche (etwa beim Stillen oder Essen) verursacht sein. Manchmal hält man Nägelkauen auch für eine Art Ersatzbefriedigung, die auf unterdrückte aggressive Impulse gegen strenge Eltern oder Erzieher oder auf eine Einengung der Bewegungsfreiheit (beengte Wohnverhältnisse, →Overprotection) zurückgeht. Eine Therapie müßte folglich auf Beseitigung dieser Ursachen zielen. Da die Frage der Verursachung jedoch nicht eindeutig zu beantworten ist, tun sich auch für eine Therapie immense Schwierigkeiten auf. Möglich wäre unter Umständen auch ein verhaltenstherapeutisches Vorgehen (Psychotherapie, →Verhaltensmodifikation). Unbehandelt schwindet das Nägelkauen oft erst im Erwachsenenalter.

Naturwissenschaftlicher Unterricht. Im Volksschulwesen des 19. Jahrhunderts und bis in die Zeit nach dem Zweiten Weltkrieg wird *Physikunterricht* fächerübergreifend mit dem *Chemieunterricht* gestaltet. Als ein weiteres naturwissenschaftliches Fach kommt später *Biologieunterricht* hinzu. Im →Primarbereich sind Biologie, Chemie und Physik Bestandteil des *Sachkundeunterrichts.* Hier lernen die Schüler, daß Prozesse des Beobachtens, Messens, Vergleichens, Klassifizierens und Schlußfolgerns notwendig sind, wenn man auf naturwissenschaftlichem Wege zu Erkenntnissen gelangen will. Vorherrschende Themen sind: Die Bausteine des Universums, Naturphänomene und ihre Zusammenhänge, Mensch und Technik, Erzeugung von Energie. Im Biologieunterricht werden neben Begriffen wie Leben und Lebewesen (Pflanzen, Tiere, Mensch) auch Lebensprobleme wie Zerstörung unserer natürlichen Umwelt, unserer Gesundheit, natürlicher Lebensgemeinschaften sowie Reichhaltigkeit und Sinn des Lebens zu behandeln sein.
Im Naturwissenschaftlichen Unterricht der Sekundarstufe I und II lernen die Schüler naturwissenschaftliche Methoden kennen, werden zum eigenständigen Experimentieren angeregt und befähigt und lernen, mit Meßgeräten sowie Laborgegenständen sorgfältig umzugehen. Es geht nicht nur um Vermittlung von Wissen, z. B. über den Aufbau der Materie, zur Optik, Mechanik, Elektrik, über Gewinnen von Reinstoffen und zur Stoffumwandlung, über Aufbau und Funktionen von Lebewesen, sondern um Weckung von Interessen an naturwissenschaftlichen Fragestellungen, um Befähigung zur sprachlichen Darstellung und um das Kennenlernen des statistischen Charakters natürlicher Erscheinungen sowie um die Anwendung ma-

thematischer Fertigkeiten an konkreten Beispielen und um die Anfertigung graphischer Darstellungen.
Methodisch gesehen sind im naturwissenschaftlichen Unterricht „entdeckende Lernformen“, nacherfindender Experimentalunterricht, Arbeit mit Modellen, Beobachten und Berichte anfertigen sowie Arbeit mit Meßgeräten bevorzugt anzuwenden. Es wird davon ausgegangen, daß durch solche Methoden auch Freude am Entdecken, Hilfsbereitschaft, Geduld, Naturverbundenheit, sorgfältiger Umgang mit teuren Geräten und Gruppenfähigkeit gefördert werden. Als ungelöst gelten die Fragen, inwieweit sich in der Primarstufe der Unterricht in Physik, Bologie und Chemie wissenschaftlich gestalten und wie sich auf der Sekundarstufe II eine verstärkte Spezialisierung in Richtung Universitätsstudium vermeiden läßt.

Negative Phase wird eine entwicklungspsychologische Periode bei Mädchen zum Pubertätsende benannt, in der im Erleben und Verhalten eine besondere Unruhe, körperliches und seelisches Unbehagen, emotionale Labilität, ein Sich-Zurückziehen von sozialem Kontakt und verstärkte Trotzreaktionen auftreten. Als Ursachen werden teils hormonelle und physiologische Umstellungen im Verlauf der Ausreifung der weiblichen Sexualfunktion, teils soziale Einflüsse geltend gemacht.

Neugier ist das Streben eines Individuums nach Information über seine (unbekannte) Umwelt. Neugierverhalten ist ein Sammelbegriff für verschiedene Aktivitäten, die der Informationsgewinnung dienen, z. B. Exploration, Manipulation, Spielen, Fragen stellen. Von Eltern wird Neugier als etwas Negatives bei den Kindern manchmal immer noch mit Hinweisen wie „Sei doch nicht so neugierig!“ oder „Zügle deine Neugier!“ unterdrückt. Manche Neugierformen öffentlicher oder privater Art (Auflauf bei Verkehrsunfällen, Ausspähung der Intimsphäre anderer Personen) sind sicher unangebracht. Ansonsten gilt es, bei Kindern Neugier uneingeschränkt zu fördern durch Wekkung und positive Bejahung der Fragelust und ein vielfältiges und wechselndes Reizangebot in der frühen (und späteren) Kindheit.

Neusprachlicher Unterricht. *Problemerörterung.* Das Erlernen von Fremdsprachen oder wenigstens einer Fremdsprache ist inzwischen selbstverständlich geworden. Häufig stellt sich jedoch die Frage, welche Fremdsprache soll es sein und soll es eine alte oder eine neue Sprache sein (siehe auch →Altsprachlicher Unterricht)? Französisch als Fremdsprache wurde in Deutschland seit dem Mittelalter gelernt, später kamen Italienisch (Pilgerreisen) und im 17. Jahrhundert Englisch hinzu. Im 19. Jahrhundert entstand der große Streit um den Bildungswert von alten und neuen Sprachen. Um sich der Bildung durch

alte Sprachen anzunähern, wurde schon vor 1900 großer Wert auf Schriftsprache und nach 1910 auf die Einführung in eine fremde Kultur gelegt (Kulturkunde). Der kommunikative Aspekt und die mündlichen Fertigkeiten traten in den Hintergrund.
Politisch und geschichtlich bedingt wurde Englisch zur ersten und Französisch zur zweiten Fremdsprache in Deutschland. Ungelöst scheint die Frage der Fachdidaktik des Fremdsprachenunterrichts: Die sog. „vermittelnden Methoden" vermeiden die extremen Positionen der „direkten Methode" (strikte Vermeidung der Muttersprache) und der „natürlichen Methode" (Unterrichtung nach dem Vorbild des Muttersprachenlernens).
Neusprachlicher Unterricht in der Primarstufe. Neurophysiologische und psychologische Untersuchungen führten zur der Auffassung, daß man mit dem Fremdsprachenunterricht möglichst frühzeitig (schon im Kindergarten) beginnen sollte. Ergebnisse der Untersuchungen über die Effektivität des Fremdsprachenunterrichts im Kindergarten bzw. in der Grundschule sprechen nicht für seine allgemeine Einführung. Wird Englisch und/oder Französisch in der 3. und 4. Grundschulklasse angeboten, so mit dem Ziel eines kommunikativen Unterrichts, damit die Kinder frei von →Angst und Leistungsdruck mit Freude an eine Fremdsprache herangehen. Das Problem der Fortsetzung in der Sekundarstufe I ist bisher überhaupt nicht gelöst.
Neusprachlicher Unterricht in der Sekundarstufe I. Im dreigliedrigen Schulsystem (→Hauptschule, →Realschule, →Gymnasium) ist in der Regel Englisch erste verbindliche Fremdsprache. Der Fremdsprachenunterricht im Gymnasium und in der Hauptschule unterscheidet sich jedoch trotz vieler Angleichungsversuche erheblich voneinander. Durch die Einführung des →Quabi gewinnt Englischunterricht in der Hauptschule an Bedeutung. Wenn Schüler mit Hauptschulabschluß und mit abgeschlossener Berufsausbildung auf eine weiterführende Schule wollen, z. B. →Fachoberschule oder →Berufsoberschule, um eine Studienberechtigung zu erwerben, so müssen sie laut einem KMK-Beschluß von 1992 – durch Zeugnisse oder durch eine entsprechende Prüfung – „befriedigende Englischkenntnisse" nachweisen. Als Ziel des Unterrichts wird nicht eine Vorbereitung für die Sekundarstufe II gesehen, sondern der Erwerb der Kommunikationsfähigkeit in einer Fremdsprache, d. h. konkrete Sprachbeherrschung in den vier Fertigkeiten Hörverstehen, Sprechen, Lesen und Schreiben.
Neusprachlicher Unterricht in der Sekundarstufe II. Bei der Meldung zum Abitur muß jeder Kollegstufenschüler Kenntnisse in zwei Fremdsprachen nachweisen, für den Erwerb der Fachhochschulreife sind Kenntnisse einer Fremdsprache erforderlich. Englisch oder Französisch bauen dabei auf dem Unterricht in der Sekundarstufe I auf und werden in dreistündigen Grundkursen sowie fünfstündigen Leistungskursen unterrichtet. Eine Fremdsprache – auch Englisch –

kann laut KMK-Vereinbarung nach zwei Grundkursen abgewählt werden. Die Lehrpläne für die Sekundarstufe II sehen vor, daß eine anspruchsvolle Kommunikationsfähigkeit erreicht wird (Annäherung an die Muttersprache), daß Elemente beruflicher Bildung eingebaut werden (Wirtschaftsenglisch), daß der Abiturient zur sprachlich-formalen Seite eines Textes ebenso kritisch Stellung beziehen kann wie zur inhaltlich-informativen. Die Beurteilung erfolgt nach den Gesichtspunkten: Ausdrucksvermögen, sprachliche Verstöße (Fehler) und Inhalt. Die Versuche, Leistungsmessung zu objektivieren und zu normieren, führten zu komplizierten Berechnungsverfahren, aber kaum zu einer Verbesserung der Beurteilung. Die Sprachbeherrschung im kommunikativen Sinne läßt sich nicht durch Bewertung vieler Einzelfertigkeiten ermitteln.
Hinweise zur Praxis. Im Vereinten Europa sind Fremdsprachenkenntnisse sowohl aus kulturellen, politischen als auch aus beruflichen Gründen unerläßlich. Neben Englisch und Französisch werden inzwischen auch Kurse in Italienisch, Spanisch und Russisch angeboten. Eine Fremdsprache läßt sich nur zu einem bestimmten Zweck (Reise) in kurzer Zeit erwerben, zweckfrei ist ein beständiges, jahrelanges Üben notwendig. Bei der Wahl der Fremdsprache spielen Angebote und die Begabungen der Kinder eine wichtige Rolle. Moderne Medien können den Erwerb der Fremdsprache sowohl unterstützen als behindern. Die Effektivität sog. Sprachlabors konnte nicht zweifelsfrei nachgewiesen werden.

Nicht-direktive Gesprächsführung, eine Art des therapeutischen Gesprächs, die sich völlig auf die vom Klienten angesprochenen Themen konzentriert und mit einem Minimum an Steuerung von seiten des Therapeuten auskommt. Die nicht-direktive Gesprächsführung wurde von dem amerikanischen Psychologen C. R. Rogers im Rahmen seiner klientzentrierten Therapie (in Deutschland: „Gesprächspsychotherapie") entwickelt. Prinzipien dieser Gesprächstechnik sind:

a) Der Therapeut vermittelt dem Klienten eine nicht an Bedingungen geknüpfte Wertschätzung und emotionale Wärme („Empathie");
b) Der Therapeut zeigt dem Klienten gegenüber Offenheit und Echtheit („Selbstkongruenz");
c) Der Therapeut bemüht sich um Verbalisierung der vom Klienten berichteten emotionalen Erlebnisinhalte.

In vielen Untersuchungen konnte belegt werden, daß die nicht-direktive Gesprächsführung bei der Therapie von Neurosen, Angstzuständen, Selbstwert- und Selbstfindungsproblemen sowie ganz allgemein zur Verbesserung sozialer → Kommunikation und → Interaktion von außerordentlicher Bedeutung ist. Die deutschen Psychologen R. und

A.-M. Tausch zeigen den Wert eines Einsatzes nicht-direktiver Gesprächsführung in →Erziehung und Unterricht auf. (→Gespräch).

Nichtseßhaftenberatung, -betreuung umfaßt jede Art von Hilfe, Fürsorge oder →Beratung für jugendliche oder erwachsene herumziehende, heimatlose Menschen. Als soziale Randgruppe stehen sie praktisch außerhalb der Gesellschaft und sind in vielerlei Hinsicht als gefährdet zu betrachten (Alkohol, Drogen, Kriminalität, Prostitution). Die Nichtseßhaftenbetreuung strebt eine Wiedereingliederung der Betroffenen in die Gesellschaft an.

Nohl, Herman (1879–1960), 1920 Professor für Philosophie und Pädagogik in Göttingen, von den Nationalsozialisten in den vorzeitigen Ruhestand versetzt, ab 1945 wieder Professor in Göttingen.
Pädagogisches Werk: „Zur deutschen Bildung“, „Charakter und Schicksal“, „Handbuch der Pädagogik“, „Pädagogische und politische Aufsätze“, „Die pädagogische Bewegung in Deutschland und ihre Theorie“, „Aufgaben und Wege der Sozialpädagogik“.
Pädagogische Ideen: Nohl zählt zu den Schülern Diltheys und den Vertretern einer geisteswissenschaftlichen Ausrichtung der Pädagogik. Er liefert verschiedene Beiträge zur Reformbewegung in der Pädagogik. Die Jenaer Volkshochschule wird 1919 von ihm gegründet. Mit seinem Schüler E. Weniger begründet er die Göttinger Schule der Pädagogik.
In seiner Arbeit befaßte er sich mit der *Besonderheit des pädagogischen Bezugs*. Wahre Erziehung steht nach seiner Auffassung primär im Dienst des zu erziehenden Menschen. Einen Teil seiner Arbeit widmete er diversen Problemen der Sozialpädagogik, so z. B. der Fürsorge- und Gefangenenerziehung und der Jugendpflege.
Wirkung: Nohl beeinflußte die pädagogische Reformbewegung, die geisteswissenschaftliche Pädagogik und die Sozialpädagogik.

Norm, Normalität. Norm ist eine Regel, eine Verhaltenserwartung, ein Ordnungsprinzip und Maßstab, an dem sich das Handeln einzelner Individuen und gesellschaftliche Prozesse orientieren und ausrichten. Normalität bedeutet (mehr oder minder starke) Übereinstimmung eines Beurteilungsgegenstandes oder -sachverhalts mit einer bestimmten Norm. Die Frage nach der Normalität eines Menschen oder seines Verhaltens schließt eine Wertung, eine Beurteilung, einen Vergleich ein. Ein solcher Vergleich erfolgt unter Heranziehung *statistischer, idealer* oder *funktionaler* Normen.

1. *Statistische Norm.* Als Norm wird das am häufigsten vorkommende Merkmal bzw. ein statistisch berechneter Durchschnittswert bezeichnet. Normal sind danach alle Merkmale, die mit dem am häufigsten vorkommenden übereinstimmen bzw. nur gering

vom errechneten Durchschnittswert abweichen. Auf die Erziehungs- und Schulsituation übertragen bedeutet dies: „Normal" wären Schüler, die durchschnittliche →Leistungen zeigen, Schüler, die sich weder sehr häufig noch sehr selten zu Wort melden, Kinder, die sich relativ diszipliniert und angepaßt verhalten, und Kinder, die weder extrem gehemmt und schüchtern noch zu selbstbehauptet oder selbstbewußt sind. Die Beispiele verdeutlichen, wie sehr Normen bzw. Normalität gesellschaftsabhängig und wandelbar sind. In der Erziehung, im Verhalten von Kindern oder Lehrern gilt heute vieles als normal, was vor kurzer Zeit noch als anormal, etwa als disziplinlos, vorlaut, frech, nicht standesgemäß beurteilt worden wäre.

2. *Ideale Norm.* Als Norm gilt hier ein von bestimmten Autoritäten oder Ideologien (Lehrer, Erzieher, Eltern, Religion, Partei) festgelegtes Ideal oder Niveau für Verhalten oder Eigenschaften. In der Erziehung enthalten die meisten →Erziehungsziele oder →Lernziele solche Idealnormvorstellungen, auf deren Erreichung Erziehung und Unterricht abzielen.
3. *Funktionale Norm.* Als Norm gilt hier das problemlose Funktionieren eines Individuums. Jedes Verhalten, das die dem Menschen gemäßen körperlichen, geistigen, psychischen und sozialen Funktionen berücksichtigt bzw. nicht beeinträchtigt, ist demnach als normal zu betrachten.

Wann ist ein Kind nicht-normal bzw. verhaltensgestört? Nach den geschilderten Normen ist das der Fall, wenn sein Verhalten überhaupt nicht mit den Idealvorstellungen der Erzieher übereinstimmt oder wenn das von ihm gezeigte Verhalten nicht „funktionell" ist; d. h., es ist „krank", störend, dient nicht der Bedürfnisbefriedigung; das Kind leidet unter seinem Verhalten.

Die Bestimmung von Normalität erweist sich dann als besonders problematisch, wenn „objektive" Beurteilungskriterien fehlen. Das ist etwa der Fall bei vielen psychologischen Eigenschaften (z. B. Kontaktbedürfnis, →Aggression, →Angst, →Leistungsmotivation), bei Fähigkeiten (→Intelligenz, →Kreativität), bei sozialen oder politischen Einstellungen (progressiv, konservativ, links, rechts, radikal, demokratisch usw.). Als besonders folgenschwer erweisen sich auch Beurteilungen oder →Etikettierungen, wie Sonderschulbedürftigkeit, →Verhaltensstörung, Schwererziehbarkeit, Geisteskrankheit, Neurose, Psychose, Schizophrenie. Trotz teilweise äußerst vager und mangelhafter Feststellbarkeit solcher „Abnormalitäten" beinhalten derartige Beurteilungen für die Betroffenen einen oft endgültigen Ausschluß aus der menschlichen Gesellschaft (→Stigmatisierung).

Notengebung ist die häufigste Art der Bewertung von Leistungsergebnissen in der Schule. Sie erfolgt durch Zuordnung von Zahlen (= Noten) zu bestimmten → Leistungen. Daneben kann eine Leistung auch sprachlich (durch ein Prädikat) bewertet werden. Benotungen sollen mindestens zwei Funktionen erfüllen, die der Erziehung und die der Auslese. Erzieherische Auswirkungen haben Noten insofern, als sie Anreiz- bzw. Motivierungswert besitzen und außerdem dem Schüler eine Rückmeldung über seinen Leistungsstand vermitteln sollen. Die Forderung nach einer erzieherischen Funktion der Notengebung setzt die Berücksichtigung der Person des Schülers und der individuellen Leistungsbedingungen (Alter, Leistungsfähigkeit, → Konzentration, → Leistungsmotivation, Elternhaus) voraus. Dieser Forderung entgegengesetzt ist jene nach größtmöglicher Objektivität („Gerechtigkeit") der Benotung. Objektivität ist die Voraussetzung für eine optimale Auslese. Gesellschaft und Staat sind an einer Verwirklichung beider Notenfunktionen interessiert. Läßt sich die Verwirklichung beider Funktionen in bestimmten Fällen nicht vereinbaren, muß eine Entscheidung darüber getroffen werden, welcher „Funktion" im Einzelfall Priorität eingeräumt wird. Das Alter der betroffenen Kinder spielt dabei eine wichtige Rolle. Je jünger die Kinder sind, desto wichtiger erscheint die Erziehungsfunktion der Note, desto unwichtiger die Funktion der Auslese. Ähnlich wie die → Schülerbeurteilung bleibt auch die → Leistungsmessung und damit die Notenvergabe immer subjektiv. Subjektiv muß dabei aber keineswegs gleich ungerecht oder unwahr bedeuten; wir können lediglich im Einzelfall nicht nachprüfen, nach welchen Maßstäben der Bewerter (Lehrer) vorgegangen ist. Die Entwicklung von zuverlässigen Meßinstrumenten, die zu objektiven, d. h. jederzeit überprüfbaren und vergleichbaren Noten führen, wird wohl immer eine Utopie bleiben. → Pädagogische Diagnostik.

O

Obdachlosenberatung betrifft die Unterstützung und Hilfe für seßhafte Wohnungslose. Von den Kommunen in beengten, oft unhygienischen Notunterkünften untergebracht, werden die Betroffenen häufig als asozial bezeichnet und von der übrigen Gesellschaft isoliert und diffamiert. Ähnlich wie bei der → Nichtseßhaftenbetreuung geht es auch hier vornehmlich um eine soziale Wiedereingliederung der

Betroffenen in die Gesellschaft, eine Aufgabe, die über eine bloße Unterbringung in ordentlichen Wohnverhältnissen hinausgeht.

Onanie → Masturbation.

Orale Phase → Psychoanalyse und Pädagogik

Organminderwertigkeit → Individualpsychologie und Pädagogik.

Orientierungsstufe umfaßt nach den Vorstellungen des Deutschen Bildungsrates das fünfte und sechste Schuljahr im Anschluß an die vierjährige Grundschule und gehört entweder (noch) zum → Primarbereich oder (bereits) zum → Sekundarbereich. *Hauptaufgabe der Orientierungsstufe* ist es, dem Schüler durch ein verbreitertes Informations- bzw. Unterrichtsangebot eine Entscheidungshilfe bei der Wahl seines weiteren schulischen Werdegangs anzubieten. Die Einrichtung der Orientierungsstufe hängt eng mit diversen Bemühungen um eine *Umgestaltung des traditionellen Schulsystems* zusammen. Neben der genannten Orientierungsfunktion sollte die Orientierungsstufe auch zu einer verbesserten Lernförderung, größerer sozialer Integration und einer Veränderung gewohnter eher punktueller Beurteilungs- und Selektionstechniken zugunsten einer längerfristigen und sozial gerechteren Auslese führen. Dadurch sollte die → Chancengleichheit gewahrt und eine erhöhte Sicherheit hinsichtlich der Prognose des zukünftigen Schulerfolgs erreicht werden. In der Organisationsform existieren eine schulformabhängige und eine schulformunabhängige Orientierungsstufe. Der entscheidende Unterschied besteht dabei darin, daß die schulformabhängige Orientierungsstufe zu einer Vorentscheidung über den zukünftigen Bildungsgang bereits am Ende des 4. Schuljahres, also nach der Grundschule, die schulformunabhängige Orientierungsstufe zu dieser Entscheidung erst nach dem 6. Schuljahr führt.

Overprotection, eine Bezeichnung für eine überbehütende und überbesorgte Erziehungshaltung. Derselben kann unter Umständen sogar eine unbewußt feindselige Einstellung des Erziehers dem Kind gegenüber zugrunde liegen, welche dann durch eine besondere Fürsorglichkeit verdeckt und bewältigt wird. Overprotection kann vor allem auch bei solchen Eltern auftreten, deren Kind (vermeintlich oder wirklich) in irgendeiner Hinsicht als behindert gilt.
Aufgrund negativer Folgen, wie z. B. Unselbständigkeit des Kindes und mangelndes Durchsetzungsvermögen, extreme Angstneigung, soziale Unangepaßtheit, überstarke Eltern-Kind-Bindung, Trotzverhalten des Kindes, ist eine überbehütende Erziehung zu vermeiden. Hin und wieder ist auch eine mißbräuchliche Benutzung des Begriffes

bei manchen Eltern festzustellen, die unter Hinweis auf die mit Overprotection verbundenen Probleme ihre eigenen Erziehungsfehler (Sich nicht um die Kinder kümmern, Alleinlassen der Kinder auch bei Problemen, → Laissez-faire-Haltung) entschuldigen wollen.

P

Pädagogik. Die Wendung von einer eher traditionell-geisteswissenschaftlichen („verstehenden") zu einer empirisch-naturwissenschaftlichen („erklärenden") Ausrichtung sollte sich in der Ablösung des Begriffes „Pädagogik" durch den der „Erziehungswissenschaft" manifestieren. Versuche einer derartigen Änderung wurden auf der Basis einer wissenschaftstheoretischen Neuorientierung von W. Brezinka unternommen. Damit ergab sich auch eine Veränderung der Fragestellungen, so daß etwa statt einer Thematisierung des „pädagogischen Bezuges" nun die Untersuchung der „Lehrer-Schüler-Interaktion" in den Vordergrund rückt. Eine Unterscheidung zwischen Pädagogik und Erziehungswissenschaft im angedeuteten Sinn ist allerdings sowohl vorher als auch in der heutigen wissenschaftlichen Diskussion kaum auszumachen. Stattdessen werden die Bezeichnungen Pädagogik und Erziehungswissenschaft meist synonym, also praktisch austauschbar verwendet.

Pädagogikunterricht. *Problemerörterung.* Vom Unterricht über Erziehungsfragen versprechen sich Schüler, Eltern und auch Bildungspolitiker eine „Verbesserung" der Erziehungspraxis. Kann Pädagogikunterricht diesem Anspruch gerecht werden? Kann Pädagogikunterricht eine handlungspropädeutische Funktion übernehmen oder kann man im Unterricht durch die Auseinandersetzung mit wissenschaftlichen Fragen nur lernen, was Wissenschaft ist (= Wissenschaftspropädeutische Funktion)? Obwohl Pädagogik als Unterrichtsfach in den allgemeinbildenden Schulen bereits 1908 durch die Reform des preußischen Mädchenschulwesens eingeführt wurde, kann man von seiner echten Einführung als Schulfach erst nach verschiedenen Reformen der gymnasialen Oberstufe in den 60er und 70er Jahren sprechen. Im beruflichen Schulwesen sind vor allem auch durch die Gründung von → Fachoberschulen im Jahre 1970 viele Schüler zur Teilnahme am Pädagogikunterricht verpflichtet worden. Trotz vieler Schulbücher zu diesem Fach, die nach 1970 veröffentlicht wurden, und einiger fachdidaktischer Untersuchungen muß die Situation des Faches als schwierig bezeichnet werden.

Zum Begriff. Welche Bezeichnung soll man für ein Unterrichtsfach wählen, in dem erziehungswissenschaftliche und erziehungspraktische Fragen und Themen behandelt werden? Bisher konnte sich keine einheitliche Fachbezeichnung durchsetzen. In der Sekundarstufe I tendiert man eher zur Bezeichnung „Erziehungslehre" und „Erziehungskunde", womit offensichtlich der Schwerpunkt auf die Praxis der Erziehung gelegt werden soll, in der Sekundarstufe II wird eher die Bezeichnung „Erziehungswissenschaft" oder „Pädagogik" bevorzugt.

Ziele und Inhalte des Faches. Für die Einführung des Pädagogikunterrichts sprechen folgende Gründe:

- Menschen werden ständig erzieherischen Einflüssen ausgesetzt und üben – gewollt oder ungewollt – solche Einflüsse aus.
- Menschen beteiligen sich täglich durch ihre Aussagen an der Meinungsbildung über Erziehungsfragen.
- Menschen werden laufend mit Aussagen und Informationen konfrontiert, die sich auf Fragen der Erziehung beziehen.
- Fragen der Erziehung sind von wichtiger gesellschaftspolitischer Dimension und von entscheidender Bedeutung für die Gegenwarts- und Zukunftsbewältigung.

Als *Ziele des Pädagogikunterrichts* werden aufgeführt:

- Bewußtseinserweiterung des Selbst, Selbsterfahrung, Berufsfindung.
- Handlungspropädeutik und Berufsqualifikation, d. h. Vermittlung von Wissen und von Fähigkeiten für die Bewältigung gegenwärtiger und künftiger pädagogischer Problemsituationen.
- Wissenschaftspropädeutik, d. h. es ist eine Einführung in das erziehungswissenschaftliche Denken, in die komplexe Struktur der Erziehungswissenschaft und in ihre Methodik zu leisten.
- K. Beyer meint, daß Schüler „zur mündigen Bewältigung von Praxis" durch eine permanente Wechselbeziehung von Theorie und Praxis geführt werden könnten. Durch einen Rückkoppelungsprozeß von Theorie und Praxis sollen die Schüler das Erziehungsgeschehen beschreiben, analysieren, beurteilen, sich begründet entscheiden und innerhalb des Erziehungsgeschehens verantwortlich handeln können. Auf diese Weise glaubt Beyer Handlungs- und Wissenschaftspropädeutik vereinigen zu können.
- H. Steuber vertritt die Auffassung, daß man auf dem Weg zu den Zielen der Emanzipation durch kritische Selbstreflexion, der Handlungskompetenz und der Wissenschaftspropädeutik lediglich eine „kritische Aufklärung eigener und fremder (Vor)-Meinungen über richtige Erziehung" erreichen kann. Es ist ein kritischer Gebrauch der Wissenschaft für praktische Zwecke einzuüben.

Über die *Inhalte* des Faches lassen sich keine allgemeingültigen Angaben machen. In vielen Lehrplänen sind folgende Themen aufgeführt: Pädagogische →Anthropologie und Erziehungsbedürftigkeit sowie -fähigkeit des Menschen, →Erziehungsziele und ihre Begründung, Themen der Lern-, Entwicklungs- und der Tiefenpsychologie, Jugendprobleme, →Sozialpädagogik und →Sonderpädagogik.
Probleme. Ein pädagogisch anspruchsvolles Programm und „echte Bildungsarbeit" im Pädagogikunterricht zu leisten ist, angesichts der Erwartungen und Interessen der Schüler (sie erwarten viel Diskussion, ein „leichtes Fach", halten an ihrem pädagogischen Alltagswissen fest), wegen der Abwertung des Faches durch andere Lehrer und wegen fehlender Fachdidaktiken kaum möglich. Die Wirkungen des Pädagogikunterrichts sind unbekannt. Durch den Pädagogikunterricht werden oft Konflikte mit Lehrern und Eltern provoziert. In der Sekundarstufe I herrscht Theoriedefizit, so daß immer die Gefahr besteht, daß der Unterricht auf ein fragwürdiges Niveau der Rezeptologie absinkt. Es zeigt sich, daß eine Vermittlung von Handlungskompetenzen und das Anbahnen einer kritischen Selbstreflexion in der Schule angesichts des Leistungsdrucks kaum möglich ist. Die Zukunft des Faches ist keineswegs gesichert.

Pädagogische Diagnostik betrifft sämtliche Tätigkeiten der Analyse und Beurteilung von Lehrenden und Lernenden und ihres Tuns mit dem Ziel der Optimierung von Lehr- und Lernprozessen. Im einzelnen umfaßt Pädagogische Diagnostik nach Ingenkamp traditionelle und neuere Methoden der Messung von →Leistung oder Lernerfolg. Zu ersteren gehören mündliche und schriftliche Prüfungen in der Schule (→Klassenarbeiten, Klausuren) und Hausarbeiten. Letztere, die verschiedene (nachgewiesene) Mängel und Fehlerquellen der traditionellen Methoden vermeiden, sind vor allem Schulleistungstests, die sich durch genaue Angaben über bestimmte *Testgütekriterien* (Objektivität, Zuverlässigkeit und Gültigkeit) kennzeichnen lassen. Bei den Tests lassen sich auch *normorientierte, kriteriumsorientierte und informelle Verfahren* unterscheiden. Normorientierte (bezugsgruppenorientierte) Tests beziehen sich beim Vergleich des erreichten Ergebnisses auf die ermittelten Ergebnisse einer anderen untersuchten Gruppe, der Bezugsgruppe und deren Ergebnisnorm. Bei kriteriumsorientierten (lernzielorientierten) Tests wird das Ergebnis eines Schülers mit einem vorher festgelegten (willkürlichen) Kriterium (z. B. einem →Lernziel) verglichen. Informelle Tests werden vom Lehrer selbst kurzfristig für den Einsatz in einer oder wenigen Klassen entwickelt und erreichen kaum die Gütekriterien formeller Tests.
Die Diskussion um die Pädagogische Diagnostik und insbesondere den Einsatz objektiver Tests wird seit Jahrzehnten mehr von ideologisch gefärbten als sachlichen Argumenten getragen. Heute herrschen

weithin traditionelle Methoden der →Leistungsmessung zum Zwecke der →Notengebung oder Zensurenvergabe vor. Selbst bei der Beurteilung der →Schulreife und bei der Übergangsauslese kommen Testverfahren bedauerlicherweise eher selten zum Einsatz. Das Wissen um die Problematik althergebrachter Leistungsmessung ist zwar vorhanden, führt aber kaum zu Versuchen, die Praxis zu verbessern.

Pädagogische Psychologie, jener Teilbereich der Psychologie, der die Erforschung, Weitergabe und Anwendung psychologischer Phänomene bzw. Erkenntnisse anzielt, welche in irgendeiner Weise für den Erziehungs- oder Unterrichtsprozeß relevant sind.
Während pädagogisch-psychologisches Wissen früher hauptsächlich zur Optimierung der Erziehungs- bzw. →Unterrichtsmethoden eingesetzt wurde, hat sich der Aufgabenbereich der modernen Pädagogischen Psychologie beträchtlich erweitert. Neben den schon immer in pädagogischer Hinsicht für wichtig gehaltenen psychologischen Teildisziplinen Entwicklungspsychologie und Lernpsychologie, gewannen zunehmend auch andere Teilbereiche der Psychologie, so z. B. die Sozialpsychologie, die Klinische Psychologie und die Psychodiagnostik an Bedeutung. Neue Themen bzw. Forschungs- und Anwendungsbereiche etablieren sich parallel zu diesem Entwicklungstrend: Pädagogische →Interaktion und →Kommunikation, Pädagogische →Verhaltensmodifikation, →Pädagogische Diagnostik. Selbst bei der Suche nach adäquaten →Erziehungszielen oder →Lernzielen spielen psychologische Überlegungen und Vorschläge eine gewichtige Rolle. In neuerer Zeit bahnt sich so zwischen Psychologie und Pädagogik ein fruchtbarer Dialog an, eine Entwicklung, die u. a. vor allem auch zurückgeht auf ein neues Selbstverständnis der Erziehungswissenschaft. Die früher gewaltige Kluft zwischen Psychologie und Pädagogik, die sich etwa in der lapidaren Feststellung von W. James ausdrückte: „Psychologie ist eine Wissenschaft, Unterrichten ist eine Kunst" – womit die teils mangelnde Übertragbarkeit psychologischer Sachverhalte auf komplexe Erziehungs- und Unterrichtssituationen angesprochen sein dürfte –, wird mehr und mehr überbrückt. Neben den schon aufgezeigten Fragenkomplexen, denen sich die Pädagogische Psychologie widmet, gibt es weitere von Psychologen bearbeitete Themen, die für Erziehungswissenschaftler von Belang sind, nämlich

- das Erziehungsverhalten von Lehrern, Eltern, Kindergärtnerinnen (→Erziehungsstile);
- die Störungen des Lesens und Rechtschreibens eines Kindes (→Legasthenie);
- die Grundfrage nach der Veränderbarkeit des Menschen durch Lernen (→Anlage-Umwelt-Problem);

- die Möglichkeit der Motivierung bzw. Motivationsförderung in Erziehung und Unterricht (→ Motivation und Erziehung);
- die Erforschung und Festsetzung des günstigsten Zeitpunkts für den Schuleintritt (→ Schulreife);
- die Förderung von → Intelligenz und → Kreativität;
- die Beseitigung von → Lernstörungen und psychischen Störungen;
- die Herstellung eines günstigen Lern- und Unterrichtsklimas durch Vermeidung von → Angst und → Streß in der Schule und Verhinderung von → Prüfungsangst;
- die schulbegleitende → Beratung und Betreuung von Schülern, Lehrern und Eltern.

Pädagogische Ratgeber(literatur). Pädagogische Ratgeber sind viel gefragt, immer kompetent, haben keine Angst vorm „Rat-Geben" und damit „Verantwortung-Übernehmen". Die Ratgeberliteratur wird von vielen gelesen, deutet auf großen Bedarf hin, ist in ihrer Wirkungsweise und im Wirkungsgrad unbekannt und auch weitgehend unerforscht und ist für viele Erziehungswissenschaftler wegen der oft stereotypen, trivialen, banalen unbd selbstverständlichen Antworten (Ratschläge) ein Ärgernis. Pädagogische Ratgeberliteratur gab es schon seit der Antike; auch „Emile" von → Rousseau wird manchmal als pädagogischer Ratgeber eingestuft.
Was leisten Erziehungsratschläge? Ist die wissenschaftliche Literatur zu abstrakt, zu allgemeingültig geworden, um bei praktischen pädagogischen Problemen hilfreich zu sein? Ist die große Nachfrage nach Ratgebern in Zeitschriften, Illustrierten, Wochenblättern und das Schreiben von Leserbriefanfragen ein Zeichen für pädagogische Ratlosigkeit? Chr. Berg (1991) glaubt in ihrer Abhandlung zu diesem Problembereich nachweisen zu können, daß für die Ratgeber „der einfache gesunde Menschenverstand", „medizinische, hygienische, gesundheitsfürsorgerische, populärwissenschaftliche Erkenntnisse" und „Wunschbilder der Erziehung" als Grundlage für ihre „Ratgeberei" ausreichen. Inhaltliche Schwerpunkte sind: Rollen- und Geschlechtsstereotypien („das Weib ist schwach, zart, empfindlich, furchtsam, einfühlsam, der Mann stark, groß, kühn, fest, ausdauernd, kraftvoll"), die Familie („soll Erziehung gelingen, muß die Familie intakt sein"), die „bürgerlichen Tugenden" (Ordnung, Sauberkeit, Sparsamkeit, Fleiß, Pflichterfüllung), kindlicher Gehorsam, Strafe als ein unentbehrliches → Erziehungsmittel.
Pädagogische Ratgeber und Ratschläge sind bedenklich, denn sie können bei Erziehern, die sich in Not befinden, Schuldgefühle provozieren, sie enthalten ungeprüfte und daher oft irreführende Erklärungsmuster, sie können Sorgen und Ängste vergrößern (mit Hinweisen auf mögliche spätere Schäden) und sie sind dazu geeignet, Erziehung auf einen Ursache-Wirkungs-Mechanismus zu reduzieren

und zu einer Technik zu degradieren. Sie akzeptieren nicht das Risiko eines unsicheren Ausgangs bei Erziehungsproblemen. Sie liefern eine Sammlung von Erziehungsregeln und -rezepten, die angeblich – wenn richtig angewandt – das angestrebte Ergebnis garantieren. Auch wenn heute Ratschläge oft sehr vorsichtig formuliert werden, besteht immer noch die Gefahr, daß sie mißverstanden werden. Sie können nur aufklärerisch wirken, Entscheidungshilfen bieten, den Blick auf nicht beachtete Aspekte lenken, die Verantwortung des Praktikers betonen. Mit Garantieschein für Erfolg ist ein Erziehungsrat nicht zu haben.

Pädagogischer Bezug, Bezeichnung für das besondere zwischenmenschlich-persönliche Verhältnis zwischen Erzieher (Eltern, Lehrer) und Zu-Erziehendem (Kind, Schüler). Der Ausdruck Pädagogischer Bezug unterstreicht die Eigenart pädagogischen Handelns gegenüber anderen Arten oder Formen sozialen Handelns.
In neuerer Zeit wurde die Diskussion um das Thema Pädagogischer Bezug durch Begriffe wie →Erziehungsstil, →Interaktion und →Kommunikation im Unterricht und deren empirische Erforschung abgelöst.

Pädagogische Soziologie, Teilbereich der Soziologie, der pädagogische Prozesse auf ihre soziokulturellen Bedingungen und Auswirkungen hin untersucht und kritisch beleuchtet. In der Hauptsache befaßt sich Pädagogische Soziologie mit der pädagogischen Relevanz von Gruppen, Institutionen und Organisationen (→Familie, →Gleichaltrigengruppen, Schulklasse, →Schule, Schulbürokratie, Erziehungs- und Kultusministerien), mit Fragen gesellschaftlicher Normen und Werte (Entstehung, Möglichkeit bzw. Notwendigkeit einer Veränderung), mit sozialer →Kommunikation und →Interaktion im pädagogischen Bereich, mit der Problematik sozialer Rollen und Schichten und ihren Auswirkungen in pädagogischer Hinsicht und schließlich mit →Ideologiekritik (Kritik von Erziehungszielen, Aufdeckung gesellschaftlicher Interessen im Bildungs- und Ausbildungsbereich).

Pavor nocturnus →nächtliches Aufschrecken.

Peergroups →Gleichaltrigengruppen.

Person, Persönlichkeit. Während Person lediglich als das autonome, selbstbewußte und selbstbestimmte Individuum gilt, als die unteilbare Einheit und Basis jeder menschlichen Existenz, stellt Persönlichkeit die charakteristische, relativ dauerhafte Ausstattung der Person dar. Persönlichkeit ist nach Meinung vieler Pädagogen das höchste Ziel von Erziehung und Unterrichtung. Etwas nüchterner wird der Begriff in der heutigen Psychologie gebraucht, wo er lediglich den

Gesamtkomplex von Merkmalen oder Eigenschaften bezeichnet, die eine Person besitzt. Solche Merkmale sind psychischer, aber auch körperlicher Art (Aussehen, Körperkraft, →Intelligenz, →Gefühle, Motive, Temperament, Wertbezüge, Verhaltenstendenzen). Diese Merkmale prägen das Erleben und Verhalten einer Person. Von besonderer pädagogischer Relevanz sind die Begriffe Person und Persönlichkeit vor allem deswegen, weil →Erziehung und →Unterricht die Individualität des Zu-Erziehenden sowie dessen Eigenschaften berücksichtigen müssen.

Personalisation. In der Pädagogik wird „Personalisation" als Bezeichnung für den Prozeß der Personwerdung (zur Abhebung und Unterscheidung vom Vorgang der →Sozialisation) verwendet. Es wird betont, daß duch die →Erziehung nicht bloße Anpassung und Fremdbestimmung angestrebt werden, sondern auch →Selbstbestimmung, Verantwortlichkeit, Entscheidungsfähigkeit, →Mündigkeit der Person (→Erziehungsziele).

Pestalozzi, Johann Heinrich (1746–1827), nach dem frühen Tod des Vaters von der Mutter und einer Hausmagd („Babeli") hingebungsvoll erzogen, Elementar- und Lateinschulausbildung, Collegiumsbesuch, von Rousseaus Naturalismus beeinflußt, Mitglied des Bundes der Patrioten, gründet im Aargau das Gut Neuhof, eine Art Versuchslandwirtschaft, und später mit seiner Frau eine Armenanstalt, die wegen finanzieller Gründe aufgegeben wird, Unterstützung der Bauernbewegung am Zürichsee, Zeitungsschriftleiter, erzieherische Versuche mit Waisenkindern in Stans und Burgdorf, Übersiedlung nach Iferten (1805) und hier Gründung und Leitung eines international berühmten Erziehungsinstituts, 1825 Auflösung nach Konflikten mit den Mitarbeitern und Rückkehr zum Gut Neuhof.
Pädagogisches Werk: „Abendstunde eines Einsiedlers", „Lienhard und Gertrud", „Stanser Brief", „Wie Gertrud ihre Kinder lehrt".
Pädagogische Ideen: Im Gegensatz etwa zu →Rousseau, dessen Leben mit seiner hehren Theorie kontrastiert, steht Pestalozzis Tun und Handeln mit seinen großen Gedanken voll im Einklang. Pestalozzi war durch Rousseau'sches Denken beeinflußt. Zur Erziehung seines Sohnes bemerkt er: „Alles, was du durch die Folgen der innern Natur der Sachen lehren kannst, das lehre nicht mit Worten. Laß ihn sehen und hören und finden und fallen und aufstehen und irren – keine Worte, wo Handlungen, wo Tat möglich." In seiner Erziehung aber übertrifft Pestalozzi Rousseau, indem er über die Beziehung zu den (Natur-)Dingen die zum Menschen stellt; hier, in der Hingabe an den anderen, im Sittlichen, entscheidet sich nach Pestalozzi menschliches Schicksal.
Nach Pestalozzi entwickelt sich der Mensch in und durch die Zu-

stände: Vom natürlichen (tierischen), über den gesellschaftlichen (bürgerlichen) bis hin zum sittlichen Zustand. Auf den beiden ersten Stufen wird der Mensch getrieben, vor allem von Begierde und Selbstsucht; erst die Erreichung der Sittlichkeitsstufe, die die niedrigeren überformt, macht den Menschen frei für Liebe und Hingabe, macht sein Tun selbstgewollt.
In seiner „*Lebenskreistheorie*" äußerte Pestalozzi die Auffassung der Mensch lebe in drei äußeren Lebenskreisen (Vaterhaus und Familie, Beruf, Staat), sei aber immer auf einen „inneren Sinn" hinorientiert, der ihm allein Glück, Ruhe und Wahrheit garantiert. Der innere Sinn führt den Menschen zu seinem eigentlichen Ursprung, zu Gott.
Im Mittelpunkt der pädagogischen Überlegungen Pestalozzis stehen seine Ausführungen zur *Menschenbildung*, und hier insbesondere zur Armen- und Volkserziehung. Pestalozzi hält es zwar für eine sittliche Pflicht der Besitzenden, den Armen zu helfen, sieht aber die pädagogische Hauptaufgabe in einer Erziehung zum Selbsttun und zur Selbsthilfe. Charakteristika der Menschenbildung nach Pestalozzi: 1. Sie bezweckt „allgemeine Emporbildung aller inneren Kräfte der Menschennatur zur reinen Menschenweisheit". 2. Sie muß vom Individuum, dessen Wesen, Lage und Umwelt ausgehen. 3. Sie ist nicht Allgemeinbildung, sondern Berufsbildung. 4. Sie ist sowohl Persönlichkeits- als auch Gemeinschaftsbildung. 5. Sie ist eine den ganzen Menschen (Kopf, Herz und Hand) erfassende harmonische Ausbildung. Deswegen richtet sie sich auf a) die Bildung des Geistes und des Wissens (Zahlen-, Formen- und Sprachlehre), b) die Bildung des Könnens, der Fertigkeit und Körperkraft (Gymnastik) und c) die Bildung des Gemüts und des Willens (Religion und Sittlichkeit) als Abrundung und Vollendung des Ganzen.
Methodische Prinzipien seiner Erziehung und Menschenbildung, die wichtiger als Unterricht ist – Schule wird in diesem Sinne nur als Fortsetzung der Mutterschule betrachtet –, sieht Pestalozzi in a) der Anschauung als „Fundament der Erkenntnis", b) der Entfaltung der „Selbstkraft" (dreigeteilt in die Kräfte von Kopf, Herz und Hand, c) der Naturgemäßheit und Lebensnähe von Erziehung und Unterricht, d) der Ausbildung der Selbsttätigkeit und e) einer Stoffauswahl nach deren (formalem) Bildungswert.
Wirkung: Der Eindruck von Leben und Werk Pestalozzis auf die zeitgenössische und die spätere Pädagogik ist kaum hoch genug einzuschätzen. Seine praktische und theoretische Arbeit fand internationale Resonanz und Zustimmung. Dieser Wirkung verdankt eine Schule ihre Gründung, die sog. Pestalozzianer.

Petersen, Peter (1884–1952), Gymnasiallehrer in Hamburg, ab 1923 Professor für Pädagogik in Jena.
Pädagogisches Werk: „Allgemeine Erziehungswissenschaft", „Päd-

agogik", „Der Ursprung der Pädagogik", „Der Mensch in der Erziehungswirklichkeit".
Pädagogische Ideen: Petersen gilt als Vertreter einer erfahrungswissenschaftlichen Pädagogik. Bekannt wurde er vor allem durch den Ausbau der Übungsschule an der Jenaer Universität zur sog. →Jenaplan-Schule. Mit dieser Bezeichnung verbindet sich eine Reformschule, die verschiedene Reformbestrebungen (Arbeitsschule, Jugenderziehungs-, Kunsterziehungs- und Landerziehungsheimbewegung usw.) integriert, auf teils metaphysischer, teils wissenschaftlicher Überlegung begründet ist und empirischer Begleitung (Erfolgskontrolle) unterliegt. Konkret beinhaltet die Jenaplan-Schule ein Schulleben mit a) Spiel und Arbeit, Gespräche und Feiern, b) Ablehnung der Notengebung zugunsten von Berichten, c) Lerngruppen statt Jahrgangsklassen, d) Infragestellen der Fächertrennung, e) Prinzip der Gemeinschaft (Mitmenschlichkeit, Helfen und Hören; Erziehung von, in und zur Gemeinschaft).
Insgesamt besehen hat Petersen eine sehr weitgespannte Vorstellung von „Erziehung", die ganz allgemein den Prozeß der Menschwerdung betrifft. Geplantes Führen bezeichnet er als „Pädagogie".
Wirkung: Petersens Erziehungsvorstellungen beeinflußten vor allem die →Reformpädagogik.

Pflegekinder, Pflegekinderschutz, Pflegefamilie. Pflegekinder sind Kinder, die außerhalb des Elternhauses in einer Pflegefamilie erzogen (gepflegt) werden. Die Unterbringung eines Kindes in einer Pflegefamilie ist sorgfältig abzuwägen. Gründe, die dafür sprechen, sind etwa das Fehlen einer eigenen →Familie oder Erziehungsunfähigkeit bzw. -unwilligkeit der leiblichen Eltern. Der Pflegekinderschutz wird durch das →Jugendwohlfahrtsgesetz (JWG) geregelt. Den Pflegeeltern werden für die Zeit des Pflegeverhältnisses teilweise die Sorgerechte für das Kind übertragen. Dies gilt auf Widerruf. Die leiblichen Eltern bleiben die eigentlich Sorgeberechtigten. Die Pflegeeltern haben keine gesetzliche Unterhaltspflicht und kein →Elternrecht. Statt der Unterbringung eines Kindes in einer Pflegefamilie kann auch eine →Heimerziehung erwogen werden.

Phänotyp →Anlage-Umwelt-Problem.

Phantasie (Vorstellungskraft). Den subjektiven Vorstellungen liegen meist keine reellen Gegebenheiten zugrunde; allerdings hängen sie zum Teil stark von aktuellen Bedürfnissen, Trieben, Motiven oder Emotionen ab. In der Phantasie erfahren solche Bedürfnisse Erfüllung und Befriedigung.

Philippinermaß, ein von den Ureinwohnern der Philippinen benutztes Verfahren zur Feststellung, ob Kinder dem Kleinkindalter entwachsen sind (also den ersten Gestaltwandel vollzogen haben). Die Kinder mußten dabei mit der linken Hand das rechte Ohrläppchen ergreifen, wobei der linke Arm über den Kopf hinweggeführt wurde. Obskurerweise war diese Probe lange Zeit *das* pädagogische Auslesekriterium für → Schulreife und Schulfähigkeit.

Physikunterricht → Naturwissenschaftlicher Unterricht

Platon (427–347 v. Chr.), Schüler des Sokrates, Dichter, Philosoph.
Pädagogisches Werk: „Staat“, „Gesetze“, „Symposion“.
Pädagogische Ideen: Das beste Bildungsmittel und höchste Bildungsziel ist die Philosophie. Der Philosoph ist der von Platon ausersehene Staatsmann. Die aristokratische Rang- und Ständeordnung (Philosophen, Beamte und Soldaten, Bauern und Handwerker) bestimmt die nötige Erziehung; diese wird nur den beiden ersten Ständen zuteil. Erziehung ist von frühauf Sache des Staates. Sie erfolgt zuerst durch gymnastische und musische Ausbildung, später tritt auch eine sprachliche und mathematische Bildung hinzu. Die Krone des Ganzen bildet das (langdauernde) Studium der Philosophie, dessen Ziel mit dem 50. Lebensjahr und der damit verbundenen Befähigung zur Erziehung und Lenkung des Staates erreicht wird.
Das Ziel der Erziehung ergibt sich aus Platons Philosophie. Derzufolge hat die unsterbliche Seele des Menschen einmal im Reich des unveränderlichen Seins, der Ideen gelebt. Gefangen im Körper, im Reich des Werdens, hat sie die Urbilder, die Ideen vergessen und wird nur noch durch die Erscheinungen der Gegenstände, das sinnlich Erfahrbare, welches lediglich Abbilder der Ideen darstellt, an die ursprünglichen Ideen erinnert. Will der Mensch nun nach Tugend streben, so muß er sich stufenweise der ursprünglich geschauten Idee (der Tugend) annähern. Die höchste Idee, die des Guten, ist Gott. Erziehung im Sinne Platons richtet sich auf das Streben (Eros) des Menschen nach Lösung von den äußeren vergänglichen Abbildern und Wendung nach innen, hin zu den vergessenen Urbildern (Ideen, Logos), von deren Schau aus dann Leben und Welt gestaltet werden.
Die *Seele des Menschen* vergleicht Platon mit einem Pferdegespann: Dabei stellt die Vernunft den Wagenlenker dar, der Wille das eine (gute) Pferd und die Sinnesbegierde das andere (wilde) Pferd. Jeder Teil ist bedeutsam, jeder hat mit einer anderen Tugend zu tun. Der Vernunft korrespondiert die Weisheit, dem Willen die Tapferkeit, der Sinnlichkeit die Mäßigung. Die höchste Tugend ist allerdings die der Gerechtigkeit, die einem allseitigen gerechten Ausgleich dient.
In späteren Werken („Gesetze“) rückte Platon von verschiedenen anfänglich vertretenen Extrempositionen (Ständetrennung, Philoso-

phenausbildung) ab und vertrat deutlicher z. B. die Forderung einer allgemeinen Volksbildung.
Wirkung: Die Gedanken Platons hatten weitreichende Auswirkungen für die gesamte abendländisch-christliche Wissenschaft und Philosophie.

Politische Bildung bemüht sich in Erziehung und Unterricht um die Vermittlung politisch relevanten Wissens und um die Anregung eigenverantwortlicher Mitarbeit und Mitbestimmung in Staat und Gesellschaft. Grundlegende politische Einstellungen und Verhaltensweisen werden hauptsächlich in →Familie und →Gleichaltrigengruppen sowie durch die Schule und die verschiedenen Massenmedien gelernt. In der Schule wird politische Bildung in besonderen Fächern (Politik, Gemeinschafts- oder Sozialkunde) unterrichtet. Wichtig ist es, neben bloßer Kenntnisvermittlung zu politischem Handeln vorzudringen. In einem demokratischen Staatswesen sollten alle zukünftigen Staatsbürger zudem gewisse demokratische Fertigkeiten und Einstellungen erwerben, z. B. →Toleranz, Fähigkeit zur Mitbestimmung, grundsätzliche Loyalität, positive Einstellung zum Wahlrecht, soziale und gesellschaftliche Verantwortung, kritische Haltung, Entscheidungsfähigkeit. Durch Probleme der Gesellschaft, die insbesondere in Zusammenhang mit der deutschen Wiedervereinigung, dem Zusammenwachsen Europas und globalen Wanderungsbewegungen stehen, erwachsen der politischen Bildung innerhalb und außerhalb der Schule neue große Aufgaben.

Polytechnische Bildung →Bildung

Position ist die Stellung oder der Platz, die bzw. den jemand in einem sozialen Gebilde (Gesellschaft, →Institution, Gruppe) einnimmt. Man spricht z. B. von „gehobener“ oder „niedriger“ Position, wenn jemand eine in der sozialen Hierarchie höher oder geringer bewertete Stellung einnimmt. Position darf nicht mit →Status oder Rolle verwechselt werden; mit jeder Position sind Verhaltenserwartungen verbunden, die kulturbedingt und unabhängig von der Person des Positionsinhabers sind.

Prägung, eine Bezeichnung für besonders rasches kurzfristiges Lernen, das an bestimmte „kritische Phasen“ (meist kurz nach der Geburt) gebunden ist. Prägungseffekte wurden bei Tieren von K. Lorenz eindeutig nachgewiesen. Beim Menschen werden nur *prägungsähnliche* Lernformen, vor allem in der frühen Kindheit, beobachtet.

Prävention (synonym: *Prophylaxe*) bedeutet allgemein Vorbeugung, Vorsorge oder Verhütung. In der Medizin, Psychologie und Pädagogik geht es um Vorsorgemaßnahmen zur Verhütung körperlicher, psychischer oder sozialer Störungen oder Beeinträchtigungen. Solche Präventivmaßnahmen sind außerordentlich vielfältig. Sie reichen von der Vermeidung von Umweltverschmutzung über Milieuänderung und körperlich-psychische Hygiene bis hin zu breitangelegten Aufklärungskampagnen der Bevölkerung. Der Pädagogik kommt dabei eine außerordentlich wichtige Rolle in der Vermittlung einschlägiger Kenntnisse und der Einübung prophylaktischen Verhaltens (z. B. Nichtrauchen, Zähneputzen) zu.

Primarbereich umfaßt nach den Vorstellungen des Deutschen Bildungsrates den für alle Schüler verbindlichen ersten Abschnitt der Schulbildung für Fünf- bis Acht-(bzw. Zehn-)jährige (je zweijährige Eingangsstufe, Grundstufe und ggf. →Orientierungsstufe).

Problemlösen ist das Verwenden und Kombinieren vorhandenen Wissens bzw. bestimmter bekannter Regeln zum Zwecke der Ausführung einer bisher unbekannten Aufgabenstellung. Problemlösen macht einen Großteil von →Intelligenz, →Denken und →Kreativität aus.

Programmierter Unterricht ist ein Unterricht, der sich mittels eines Programms (bzw. einer Lehr- oder Lernmaschine) abwickelt. Dabei findet keine unmittelbare Mitwirkung des Lehrers statt. Dessen Funktion wird teils vom Schüler (aktive Mitarbeit), teils vom Programm (Darbietung des Lehrstoffes in einer logisch konstruierten Reihe kleinster Lehrabschnitte) übernommen. Wesentlich dabei ist vor allem die Erfolgsbestätigung durch das Programm und der positive Effekt auf den Lernprozeß des Schülers durch dauernde Erfolgserlebnisse. Das Arbeitstempo kann von jedem Schüler individuell bestimmt werden.
Arten von Programmen.
a) Einweg-Programm: Ein Programm, das linear, ohne Verzweigung abläuft;
b) Verzweigtes Programm: Es ermöglicht das Auslassen bereits bekannter Informationen.

Vorteile bzw. Nachteile des Programmierten Unterrichts. Die *Vorteile* des Programmierten Unterrichts bestehen vor allem in:
1. der Folgerichtigkeit und dem logischen Aufbau der einzelnen Lernschritte;
2. der sofort erfolgenden Information über Erfolg oder Mißerfolg (→Rückmeldung, →Verstärkung);
3. die Anpassung der einzelnen Lernschritte an die Verarbeitungskapazität des Schülers;
4. die Ermöglichung eines individuellen Lerntempos und der selbstbestimmten Steuerung der Vorgehensgeschwindigkeit;

5. der Objektivierung des Unterrichts.

Die *Nachteile* des Programmierten Unterrichts sind vor allem:

1. die Ausschaltung des Lehrers und dessen Erziehungsfunktion;
2. die Vernachlässigung von sozialem Lernen (statt Kooperation findet nur Wettbewerb statt);
3. Rückfragen des Schülers sind unmöglich;
4. vom Schüler wird die unbedingte Anpassung an den vorgegebenen und relativ starren Ablauf des Programms gefordert;
5. für verschiedene Unterrichtsinhalte ist Programmierter Unterricht nicht anwendbar (etwa →Musische Erziehung, →Kunsterziehung).

Projektorientierter Unterricht (auch: Projektunterricht), Bezeichnung für eine Lehrmethode, die sich am realistischen, sinn- und planvollen Handeln zur Erreichung eines Ziels orientiert. Lebensnahe Problemsituationen bilden die Grundlage des projektorientierten Unterrichts. Planung und Konzeption bzw. Entwurf wird durch die Lerngruppe erbracht. Kennzeichen projektorientierten Unterrichts sind weiterhin:

- Nebenhergehendes Lernen (concomitant learning), d. h. viele sekundäre Lernprozesse finden statt;
- Charakterformung durch Eigenverantwortung der Gruppe für ihr Handeln;
- Gesellschaftspolitische Relevanz (die Tätigkeit und das Handeln wird als eingebunden in Umwelt und Gesellschaft erlebt und gesellschaftsbezogen gestaltet).

Prüfungsangst, Angst vor bzw. in Prüfungen. Die Symptome und Folgen von Prüfungsangst sind äußerst vielgestaltig: Kopfschmerzen, Magenschmerzen, Verdauungsbeschwerden, Durchfall, Vermeidungsverhalten, Antwort- bzw. Handlungsunfähigkeit usw. Prüfungsängste lassen sich (zumindest teilweise) vermeiden oder beheben durch gezielte Prüfungsvorbereitung, genaue Zeitplanung, ausreichenden Schlaf und Erholungspausen sowie Autogenes Training. In schwereren Fällen können psychotherapeutische Maßnahmen angeraten sein.

Erzieher sollen das Auftreten von den oben beschriebenen Symptomen der Prüfungsangst als Alarmsignal verstehen und ihr eigenes Verhalten einer kritischen Überprüfung unterziehen. Möglicherweise überfordern sie das Kind, zeigen zu wenig Verständnis für seine Probleme, drohen mit Schulwechsel, sind ungeduldig und unbeherrscht, wenn das Kind durch Angstäußerung nur ein wenig Zuwendung und Verständnis sucht.

Psychagogik, heute üblicherweise nur noch in einem engeren Sinn gebraucht für verschiedene Formen tiefenpsychologisch orientierter Kinderpsychotherapie.

Psychoanalyse und Pädagogik. *Problemerörterung*. „Was Eltern, Lehrer und Erzieher von der Psychoanalyse erwarten, ist ein geschlossenes System von Regeln und Vorschriften. Was die Analytiker zu bieten haben, sind Meinungen, Warnungen, Einsichten, bestenfalls Ratschläge", schrieb Anna Freud im Jahr 1968. Und sie ergänzte: „Die psychoanalytische Pädagogik bleibt hinter dem Ziel zurück, das sie sich eingangs gestellt hat. Die unter dem neuen Regime aufwachsenden Kinder mögen in mancher Hinsicht anders sein als die Kinder früherer Generationen. Sie sind aber nicht freier von Angst und Konflikten und darum neurotischen und psychischen Störungen nicht weniger ausgesetzt. Der Fehler liegt hier nicht in einem Versagen des erzieherischen Handelns, sondern in unseren unberechtigten Erwartungen. (...) Psychoanalytische Erfahrung zeigt, daß die Neurosen der Preis sind, den die Menschheit für die Kulturentwicklung zahlt (...) das meiste, was eine verständnisvolle Erziehung hier leisten kann, ist, dem einzelnen Kind zu Konfliktlösungen zu verhelfen, die mit einem Modikum von psychischer Gesundheit verträglich sind."
Auf der Suche nach tragfähigen Denkmodellen für die Reflexion der Ziele und Mittel der Erziehung haben sich die von Sigmund Freud und seinen Nachfolgern u. a. Alfred Adler (1870–1937), Carl-Gustav Jung (1873–1961), Harald Schultz-Hencke (1892–1952) und Erich Fromm (1900–1980), entwickelten *tiefenpsychologischen* Vorstellungen über die Funktionsweise des „psychischen Apparates" und die Entwicklung der Triebe als sehr hilfreich erwiesen. Natürlich wurden viele der vor allem von Freud entworfenen Annahmen über Vorgänge im Unbewußten kritisch hinterfragt. Man kann ohne Übertreibung behaupten, daß das psychoanalytische Denken sowohl die Erziehungswissenschaft als auch die Praxis der Erziehung entscheidend geprägt und teilweise auch revolutionsartig verändert hat. Die nachfolgende Zusammenstellung richtet sich nach der pädagogischen Relevanz und erhebt keinen Anspruch auf eine vollständige oder systematische Darstellung.
Begriffsbestimmungen. Psychoanalyse ist eine Bezeichnung für die von Sigmund Freud begründete psychologische Theorie von menschlichem Verhalten und Erleben. Nach Freud ist sie „der Name erstens eines Verfahrens zur Untersuchung seelischer Vorgänge, welche sonst kaum zugänglich sind; zweitens eine Behandlungsmethode neurotischer Störungen, die sich auf diese Untersuchung gründet; und drittens eine Reihe von psychologischen, auf solchem Wege gewonnenen Einsichten, die alle allmählich zu einer neuen wissenschaftlichen Disziplin zusammenwachsen".

Die Psychoanalyse gehört ebenso wie die *analytische Psychologie* von Carl-Gustav Jung und die *Individualpsychologie* von Alfred Adler zur → *Tiefenpsychologie.* Das gemeinsame Merkmal der genannten psychologischen Denkmodelle ist die Grundannahme, daß das Erleben und Verhalten zum überwiegenden Teil durch unbewußte Vorgänge, durch unbewußte Konflikte und Kräfte gesteuert wird. Die *Psychoanalytische Pädagogik* gilt als Bezeichnung für die in den 20er und den 30er Jahren des 20. Jahrhunderts eingesetzten Bemühungen, vor allem in pädagogischen Institutionen wie Fürsorge- und Kinderheimen alternative Erziehungskonzepte auf der Grundlage psychoanalytischer Erkenntnisse zu verwirklichen. Schon bald zeigte sich, daß die → Erziehungsziele Stärkung des Ichs und des Gewissens und Vermeidung von Neurosen und krankhafter Triebhaftigkeit durch Herabsetzung der Angsterlebnisse, durch Verwöhnung, durch möglichst geringe Einschränkung des Lustprinzips nicht zu erreichen waren. Der anfängliche Optimismus mußte der Skepsis weichen und nach der Zerschlagung der psychoanalytischen Bewegung durch den Nationalsozialismus wurde zunächst die psychoanalytische Pädagogik nur im Bereich der Behandlung von schwerstgestörten Kindern und Jugendlichen fortgeführt. Die pädagogische Bedeutung psychoanalytischer Erkenntnisse wurde in den 60er Jahren von der Studentenbewegung wiederentdeckt. Mit ihrer Hilfe wurde die unterdrückende Erziehung kritisiert und eine Befreiung der kindlichen Sexualität in der → antiautoritären Erziehung (Kinderladenbewegung) angestrebt. Schon bald wurden Grenzen der psychoanalytischen Pädagogik deutlich. Es sind:

- Das Verhaftetsein von Eltern, Lehrern und Erziehern in eigenen unbewußten Konflikten und Ängsten.
- Die Unmöglichkeit einer Neurosenvorbeugung und angstfreien Erziehung in einer aggressiven Wettbewerbsgesellschaft.
- Die Verunsicherung von Pädagogen durch den Vorwurf an die Psychoanalyse seitens vieler empirisch orientierter Psychologen, daß sich ihre Thesen und Annahmen nicht einwandfrei beweisen lassen.
- Der Widerstand gegenüber psychoanalytischen Erkenntnissen über die psychosexuelle Entwicklung des Kindes seitens „gehemmter" Eltern und mancher Institutionen (z. B. Kirche).
- Der Widerspruch zwischen verstehend-deutendem Eingehen auf das Erleben und Handeln der Kinder und dem zielgerichteten Vorgehen der Pädagogik.
- Die psychoanalytisch orientierte Beobachtung der Kinder führt schnell zu der Auffassung, daß ein Kind so unter unbewußten Konflikten leidet, daß eine Behandlung angebracht wäre. Diese ist aber, vor allem, weil oft die Kooperation der Eltern fehlt, kaum durchführbar.

Psychoanalytische Erkenntnisse und Pädagogik. Die grundlegenden Ideen, Erkenntnisse und Annahmen von Freud lassen sich aufgliedern in das Instanzenmodell, Phasenmodell und Neurosenmodell. Im *Instanzenmodell* beschreibt Freud den Aufbau und die Funktionsweise des „*psychischen Apparates*“, in dem das Bewußte und Unbewußte, das Lustprinzip und Moralprinzip, die Realität und der Bereich des Fiktiven (Phantasie, Vorstellung, Traum) ineinandergreifen, sich gegenseitig behindern (z. B. Lust und Moral) und sich ergänzen in der integrierenden Funktion des Ich. Das Ich des Menschen hat als „Realitätsprinizip“ mit seinen Fähigkeiten (z. B. Motorik, Gedächtnis, Intelligenz) und Funktionen (z. B. Denken, Vergessen, Uminterpretieren, Wahrnehmen, Entscheiden, Kontrollieren) die Aufgabe, Triebwünsche realitätsgerecht zu befriedigen, zwischen Es und Über-Ich zu vermitteln, aus unbewußten Konflikten entstandene Ängste ebenso zu bewältigen wie Realängste (Angst in Gefahrensituationen). Problematisch wird die Aufgabe des Ich, wenn es durch zu viele, teilweise unbewußte Wünsche bedrängt wird (das ist dann der Fall, wenn zu viele Triebwünsche frustriert, verboten sind und ins Unbewußte verdrängt werden), und wenn ein zu strenges Über-Ich seinen Aktionsradius zu stark eingrenzt. Im Über-Ich sind nach Freud kulturelle Werte und Normen verinnerlicht über elterliche Strafen, Gebote, Verbote und Anerkennungen; es stellt Ansprüche an das Handeln des Ich im Sinne eines Ideal-Ich und es übt die Rolle eines moralischen Prüfers und Zensors im Sinne des Moralprinzips aus.

Im *Phasenmodell* der Libidoentwicklung faßt Freud seine Erkenntnisse über die Entwicklung des Trieblebens zusammen. Freud entwikkelte ein – nicht unumstrittenes – Modell, daß auf bestimmten Altersstufen verschiedene Tätigkeiten und Wünsche des Kindes Ausdruck des Trieblebens sind und von besonderer Bedeutung für die Entwicklung bestimmter Charaktereigenschaften. Je nach Art des „Triebschicksals“, d. h. je nachdem, ob eine Frustration, Versagung der Befriedigung oder eine übermäßige Befriedigung im Sinne der Verwöhnung vorliegt, entwickeln sich schon in den ersten Lebensjahren Tendenzen bzw. Bereitschaften für die Entwicklung von Neurosen im Erwachsenenalter und bei angemessener Triebbefriedigung Frustrationstoleranz und Tendenz zur selbständigen Bewältigung von Umweltanforderungen (siehe auch Übersicht auf S. 290).

Neurosenmodell. Immer wieder hat sich im Laufe einer psychoanalytischen Therapie von Erwachsenen gezeigt, daß Neurosen bereits in der frühkindlichen Entwicklung ihren Ursprung haben. Sie werden durch ungelöste unbewußte Konflikte und Ambivalenzgefühle, die im Laufe der Erziehung unvermeidbar sind, bedingt. Beteiligt sind auch immer Ängste, vor allem sog. neurotische oder frei flottierende Ängste. Solche Ängste entstehen aus der Es-Ich-Über-Ich-Dynamik, d. h. immer dann, wenn Es-Impulse, also Triebwünsche, vom Über-

Phase (Hauptthema)	Erziehungseinflüsse („Triebschicksale“) und deren Folgen	
	FRUSTRATION	VERWÖHNUNG
Orale Phase (↗UR-VERTRAUEN = Beziehung zur natürlichen Umwelt	*Resignation:* Angst, Depression, Schizophrenie, Leistungsstörungen	*Gier:* Süchte, Aggression, ungerichtete Aktivität
Anale Phase (↗AUTONOMIE-STREBEN = Beziehung zum Ich)	*Ich-Schwäche:* Tics, Stottern, Zwänge, Zwangsneurosen, Wahn	*Ich-Schwäche:* Aggression, Geiz, Stehlen
Phallische Phase (↗GESCHLECHTERROLLE = Beziehung zur sozialen Umwelt)	*Ablehnung der Geschlechterrolle:* Hysterie, Homosexualität, Minderwertigkeit	*Ablehnung von Partnern* Triebverbrechen, Perversion, Geltungssucht

Ich nicht zugelassen werden, verpönt sind. Die Dynamik und damit auch die Angst ist nicht bewußt und somit nicht direkt zu bewältigen. Zur Bewältigung der Angst und zur Vermeidung der psychischen Demontage setzt das Ich *Abwehrmechanismen* ein, die ihrerseits unbewußt ablaufen. Die wichtigsten Abwehrleistungen des Ich sind: Verdrängung (angsterzeugende verbotene Triebwünsche werden aus dem Bewußtsein ausgegrenzt, ins Unbewußte abgeschoben, die Energie und Spannung bleiben erhalten), Projektion (verbotene eigene Triebwünsche werden an anderen Personen wahrgenommen – und auch bekämpft), Regression (das Ich greift auf die Energie zurück, die es auf einer früheren Entwicklungsstufe zur Bewältigung bestimmter Aufgaben zurückgelassen hatte und kann mit Hilfe dieser Energie aktuelle Belastungen aushalten), Reaktionsbildung (aus einem Paar ambivalenter Triebwünsche oder Gefühle verstärkt das Ich die sozial und moralisch erwünschten und bewältigt damit die angsterzeugenden unerwünschten), Rationalisierung (für verbotene Triebwünsche und Gefühle werden plausible und stichhaltige Erklärungen und Gründe gefunden) und Sublimierung (die Energie verbotener Triebwünsche wird für soziale, pflegerische, kulturell wertvolle Aufgaben verwendet). Abwehrmechanismen stellen immer eine gewisse Entfernung von der Realität dar, z. B. wenn eigene Triebwünsche an nahestehenden Personen bekämpft werden, und stellen kein Lösen unbewußter Konflikte dar.

Hinweise für die Erziehungspraxis. Die Psychoanalyse hat die Bedeutung der ersten Lebensjahre für die gesamte spätere Entwicklung herausgestellt. Aus einer gestörten Mutter-Kind-Beziehung im ersten

Lebensjahr lassen sich viele krankhafte Entwicklungen, z. B. →Hospitalismus, Nahrungsverweigerung, Depressionen, Kontaktverweigerung u. a.m. erklären. Im ersten Lebensjahr durchlebt das Kind im Unbewußten einen Macht-Ohnmacht-Konflikt. Es ist auf die Liebe der Mutter oder einer anderen Bezugsperson angewiesen, es erlebt Machtgefühle, wenn die Mutter als lustbringende Person auf sein Verlangen hin kommt, es entstehen Ohnmacht- und Verlassenheitsgefühle, wenn die Befriedigung ausbleibt. In diesem ersten Lebensjahr bildet sich nach E. H. Erikson ein → *Urvertrauen* in die Umwelt oder ein *Urmißtrauen* aus. Manche meinen, daß man das Kind im ersten Lebensjahr noch nicht verwöhnen kann. Für Psychoanalytiker gilt: Die Erziehung soll das Realitätsprinzip bei möglichst geringer Einschränkung der Lust zur Geltung bringen oder anders ausgedrückt: Die Erziehung soll das Bestmögliche an Leistungsfähigkeit mit einem möglichst geringen Verzicht auf Glück anstreben. Problematisch im ersten Lebensjahr sind sog. Trennungsängste des Kindes, denn es ist in symbiotischer Weise mit der Mutter verbunden.
Freud verdanken wir den Hinweis, daß mit der →Reinlichkeitserziehung, mit dem Hergeben oder Zurückhalten von Stuhl und Urin mehr auf dem Spiel steht als bloßes Lernen, die Ausscheidung zu beherrschen. Das Kind merkt, daß die Mutter, die geliebte Person, um die es sich auch Sorgen macht, von ihm etwas will. Vorgänge des Produktiv-Seins, des Hergebens, Sich-von-etwas-trennen-Könnens, Macht-Besitzens, Etwas-Leistens, sind verbunden mit Enttäuschungen, mit Versagen oder mit Liebesbeweisen und mit Gegensätzen wie schmutzig/sauber, pedantisch/schlampig, zurückhalten/hergeben. Im Unbewußten des Kindes herrscht ein Haß-Liebe-Konflikt: Die fordernde Mutter wird gehaßt und die lustbringende Mutter aus der oralen Phase über alles geliebt. Aggressive Akte des Kindes, z. B. Beißen, dürfen nicht mißverstanden werden. Die Vorgänge in der analen Phase sind erzieherisch bedeutsam. Es entwickelt sich eine Beziehung zum Ich, das Kind erlebt ein autonomes Vermögen. Das Kind neigt aber jetzt auch zur Selbstbestrafung und zu Schuldgefühlen. Bei Bestrafung durch die Eltern produziert das Kind verstärkt Haß und Schmerzlust und es steigt das Bedürfnis, selbst grausam zu sein und zu schlagen. Diese Wünsche verstärken die Angst. Um der Verantwortung zu entgehen, flüchtet das Kind in die früheste Kindheit zurück (Regression), greift zur Selbstbestrafung oder provoziert Strafe durch neue „Ungezogenheiten". Wir sehen: Strafe verstärkt den unbewußten Konflikt und macht das Kind zum Gefangenen seiner Ambivalenzgefühle.
S. Freud war überzeugt, daß die Erfahrung, einem bestimmten Geschlecht anzugehören, als Junge etwas zu besitzen, was Mädchen nicht haben, in der noch magischen Welt des Kindes viele wilde Vorstellungen und Phantasien zur Folge hat. Auch hier hat Freud durch

Aufdecken der ödipalen Situation den Erziehern bis dahin verborgene Ängste und Konflikte der Kinder aufzeigen können. Die Ängste vor dem gleichgeschlechtlichen Elternteil – weil das Kind das gegengeschlechtliche Elternteil begehrt – werden durch die Identifikation mit ihm und mit der Übernahme der →Geschlechterrolle überwunden. Für die Bewältigung des unbewußten Angst-Geborgenheits-Konflikts in der ödipalen Situation sind ein intaktes Familienklima, Bejahung der kindlichen →Neugier am Geschlechtsleben, spontanes, natürliches, rollenspezifisches Verhalten und damit →Vorbild der Eltern sehr hilfreich.

Aus der psychoanalytischen Theorie ergeben sich damit folgende erzieherische Grundsätze:

- Fehler in der Erziehung, Versagen in der Erziehung sind immer im Zusammenhang mit ungelösten unbewußten Konflikten und Verdrängungen der Erzieher zu sehen.
- Die Psychoanalyse beansprucht, uns zu erklären, was sich in der Psyche des Kindes abspielt und zeigt uns, daß es keine einfachen Erklärungen und Ursachen des kindlichen Verhaltens gibt.
- Einfaches Beurteilen und Verurteilen kindlicher →Aggressionen und →Ängste ist zu vermeiden, denn hinter dem sichtbaren Verhalten steckt in der Regel ein unsichtbarer Konflikt.
- Der Erfolg der Erziehung hängt ab von einer liebevollen Erzieher-Kind-Beziehung, von der Erziehung, die sofort nach der Geburt oder schon davor beginnt, und von der Ermöglichung einer angemessenen Triebbefriedigung.
- Die Psychoanalyse lehrt uns, in der Erziehung „anders und neu zu sehen und zu beobachten“ und nicht einfach mit beobachtbaren Ursachen, sondern komplexer mit nicht beobachtbaren unbewußten Vorgängen zu erklären. Es kommt auf den Prozeß der Umwandlung der sich widerstrebenden Kräfte im Kind an, die nur symbolhaft sichtbar werden, und nicht auf die „Behandlung“ durch Suggestion, Überredung, Strafe, Ratschläge u. a. →„Erziehungsmittel“.

Psychodrama, Bezeichnung für ein von J. L. Moreno entwickeltes gruppenpsychotherapeutisches Verfahren. Der Klient erhält die Möglichkeit, innerhalb einer Gruppe mit den Gruppenmitgliedern und dem Gruppenleiter seine psychosozialen Probleme und Konflikte durchzuspielen. Die positive Auswirkung des Psychodramas soll in einem kathartischen Effekt (Katharsis), und damit einer Lösung der Probleme und Konflikte des Klienten bestehen. Diesem Ziel dienen im einzelnen folgende Grundtechniken:

- Ein frühes soziales Geschehen („dort-und-damals“) wird in der Gruppe („hier-und-jetzt“) behandelt, z. B. ein Konflikt zwischen einem Jugendlichen und seinem Lehrer;

- der Konflikt wird dargestellt, indem der Jugendliche (der am Psychodrama teilnimmt) als „Protagonist“ seine eigene Rolle in einer der früheren Konfliktsituationen nachspielt. Die Rolle des Lehrers übernimmt einer der Therapeuten oder ein anderes Gruppenmitglied als sog. „Hilfs-Ich“;
- der Psychodramaleiter vergegenwärtigt die frühere Situation und initiiert das Spiel;
- dem Protagonisten kann ein „Doppelgänger“ beigegeben werden, der Probleme anspricht, die der Protagonist aus Angst oder Hemmung verschweigt;
- ein Rollentausch zwischen Protagonist und Hilfs-Ich verdeutlicht dem Hilfs-Ich die frühere Situation und läßt den Protagonisten erleben, was sein Gegenüber von damals gedacht und empfunden haben könnte;
- auf dem Höhepunkt einer vom Protagonisten erlebten Katharsis oder Bewußtwerdung wird das Spiel beendet;
- ein anschließendes Gruppengespräch dient der Mitteilung der Gefühle, Eindrücke und Empfindungen aller Gruppenmitglieder.

Ähnliche Aktionsmethoden wie das Psychodrama stellen →Rollenspiel und →Soziodrama dar.

Psychohygiene, eine Bezeichnung für verschiedene Maßnahmen zur Verhütung der Entstehung bzw. des Wiederauftretens psychischer Störungen. Als eigentlicher Begründer der Psychohygiene gilt der Schweizer H. Meng; neu belebt wurde sie durch die Mental-Health-Bewegung in den USA. Psychohygiene ist eine interdisziplinäre Aufgabe von →Psychologie, Psychotherapie, →Pädagogik, Psychosomatik und Psychiatrie. Neben →Prävention oder Prophylaxe umgreift Psychohygiene auch Maßnahmen wie →Rehabilitation und →Resozialisierung.

Psychologie wird allgemein definiert als die Wissenschaft vom Erleben und Verhalten des Menschen. Als *Aufgaben und Ziele* der wissenschaftlichen Psychologie gelten Beschreibung, Erklärung, Vorhersage und Veränderung menschlichen Erlebens und Verhaltens.

Die Psychologie ist sowohl *Naturwissenschaft* als auch *Sozialwissenschaft* und bedient sich sowohl empirischer (erfahrungswissenschaftlicher, z. B. Beobachtung, Experiment, Befragung) als auch geisteswissenschaftlicher Methoden (Phänomenologie, Hermeneutik). Für die →Erziehungswissenschaft sind die Erkenntnisse einzelner Forschungsbereiche der Psychologie von großer Bedeutung, vor allem die der Pädagogischen und der Klinischen Psychologie. Aber auch Allgemeine Psychologie, Entwicklungspsychologie, Persönlichkeitspsychologie und Sozialpsychologie liefern wichtige pädagogikrelevante Erkenntnisse.

Pubertät, Entwicklungsabschnitt zwischen Kindheit und → Jugend, in dessen Mittelpunkt die körperliche Ausreifung der Sexualfunktion steht. Im Verlauf einer ersten puberalen Phase (Vorpubertät) zeigen sich die ersten körperlichen Veränderungen. Beim Mädchen (etwa ab 10.–11. Lebensjahr): Verbreiterung der Hüften, Vergrößerung der Brust, Schambehaarung. Beim Jungen (etwa ab 12. Lebensjahr): Vergrößerung von Penis und Hoden, Schambehaarung, beginnender Bartwuchs. Mit der ersten Menstruation (Menarche) beim Mädchen und der Erstpollution beim Jungen beginnt die zweite puberale Phase (eigentliche Pubertät).
Zusammen mit den körperlichen Veränderungen, zeigen sich in der Vorpubertät und Pubertät auch verschiedenste Entwicklungen psychosozialer Art. Der körperlichen Unausgeglichenheit entspricht eine Disharmonie im psychischen und sozialen Bereich, gekennzeichnet etwa durch Stimmungslabilität, Aggressivität und Trotz (→ Negative Phase), soziale Hemmungen und Schüchternheit, Vermeidung sozialer Kontakte, Mangel an Selbstwertgefühl, Nachlassen schulischer Leistungen. Zusätzliche Probleme ergeben sich unter Umständen aus masturbatorischen Handlungen (→ Masturbation), vor allem bei sexueller Unaufgeklärtheit des Jugendlichen. Hieraus eventuell entstehende Schuldvorwürfe und -komplexe können die psychosexuelle Entwicklung des Jugendlichen und das spätere Sexualleben des Erwachsenen in äußerst negativer Weise beeinflussen und prägen.

Pubertätsmagersucht → Magersucht.

Pygmalioneffekt, eine Bezeichnung für das Phänomen, daß Individuen den Erwartungen ihrer Mitmenschen im Positiven wie im Negativen entsprechen. Konkret heißt das z. B., daß Schüler, die von ihrem Lehrer für fleißig und intelligent gehalten werden, auch tatsächlich im Unterricht entsprechende Leistungen erbringen. Im Grunde genommen zeigt sich hier eine Umkehrung des Ursache-Wirkungsverhältnisses: Die Beurteilung des Schülers geht seiner Leistung voraus. Gründe für diese Umkehr liegen wahrscheinlich in der besonderen (unbewußten) Förderung, die ein Lehrer einem Schüler angedeihen läßt, den er für intelligent oder fleißig hält. Solche Förderung kann sich auf verbale wie nonverbale → Kommunikation zwischen Lehrer und Schüler erstrecken. Der Pygmalioneffekt entspricht damit dem sog. *Prinzip der sich selbst erfüllenden Prophezeiung*, einem Phänomen, das durch Sozialpsychologen (z. B. bei Wahlprognosen) seit langem untersucht und immer wieder bestätigt wurde. Auch ein „umgekehrter" Pygmalioneffekt, also ein Einfluß von Schülererwartungen auf das Verhalten des Lehrers konnte nachgewiesen werden.

Q

Qualifizierender Hauptschulabschluß (Quali) wird am Ende der Hauptschule durch eine erfolgreich bestandene besondere Prüfung erworben. An dieser Prüfung können alle Schüler der Jahrgangsstufe 9 teilnehmen. Die besondere Leistungsfeststellung erstreckt sich auf die Fächer Deutsch, Mathematik, Englisch, Arbeitslehre und auf ein praktisch/musisches Fach (Werken/Technisches Zeichnen, Textilarbeit, Hauswirtschaft, Maschinenschreiben, Musik, Kunsterziehung, Sport) oder ein Fach aus dem Sachunterricht (Physik/Chemie, Biologie, Geschichte, Erdkunde, Erziehungs- oder Sozialkunde). Der Quali berechtigt zum Eintritt in die besondere 10. Klasse der Realschule, in die besondere 9. Klasse der Wirtschaftsschule, in eine → Berufsfachschule und nach der Berufsausbildung in die → Berufsaufbauschule.

Qualifizierter beruflicher Bildungsabschluß (Quabi) wird nach einem Beschluß der Kultusministerkonferenz (KMK) im Jahr 1992 erworben durch einen erfolgreichen Abschluß der Berufsausbildung (Durchschnittsnote von mindestens 2,5) in Verbindung mit einem erfolgreichen Berufsschulabschluß (Note 2,5) oder in Verbindung mit einem Quali. In jedem Fall sind „befriedigende Kenntnisse“ in einer Fremdsprache erforderlich (in der Regel Englisch). Unter „befriedigenden Englischkenntnissen“ ist ein Niveau zu verstehen, das nach einem 5jährigen Unterricht erreicht wird. Quabi kann auch durch überdurchschnittliche Leistungen (Durchschnittsnote 2,5) in einer → Berufsfachschule erworben werden. Der qualifizierte berufliche Bildungsabschluß ist der „Mittleren Reife“ gleichwertig und eröffnet den Zugang zum mittleren Beamtendienst, berechtigt zum Besuch der → Fachoberschule, der → Berufsoberschule und von → Fachakademien, ermöglicht den Einstieg in Berufe, für die ein mittlerer Schulabschluß erforderlich ist, und ist eine gute Grundlage für berufliche Aufstiegschancen.

Quartärbereich umfaßt nach den Vorstellungen des Deutschen Bildungsrates alle außer- bzw. nachuniversitären Einrichtungen der → Erwachsenenbildung (Volkshochschulen, Heimvolkshochschulen, Akademien, Fernlehrinstitute, Familienbildungswerke, Elternschulen).

R

Randgruppen sind Gruppen, die außerhalb bzw. am Rande der Gesellschaft bzw. deren →Normen stehen. Beispiele: Asoziale, Behinderte, Obdachlose, Gastarbeiter, Strafgefangene, Psychiatriepatienten, Zigeuner, Politextremisten, Alte, Homosexuelle, Drogenabhängige. Randgruppen werden von Staat und Gesellschaft wegen des Infragestellens von Normen als systemgefährdend und als sozialer Zündstoff eingestuft. Die Maßnahmen, die zur Entschärfung bzw. Beseitigung dieses Konfliktpotentials ergriffen werden, sind vielgestaltig. Sie reichen von sozialer Diskriminierung bzw. →Stigmatisierung (d. h. „Ins-Abseits-Stellen") über Inhaftierung oder Asylierung bis hin zu sozialpädagogischen (→Sozialpädagogik) und therapeutischen Eingriffen. Solche „Feuerwehr"-Maßnahmen sind – von einzelnen Erfolgen abgesehen – insgesamt gesehen zum Scheitern verurteilt, solange nicht die komplexen Ursachen beseitigt werden. Wichtig wäre u. a.
- ein Abbau von →Vorurteilen;
- eine volle Eingliederung in die Gesellschaft;
- eine Beseitigung milieubedingter Ursachen;
- die Aufklärung der Bevölkerung;
- die genaue Erforschung der Entstehungsbedingungen von Randgruppen;
- eine Erziehung zu →Toleranz und Verständnisbereitschaft;
- der Abbau wirtschaftlicher Benachteiligung.

Rauschmittel →Drogenabhängigkeit; →Sucht.

Rauhes Haus, eine durch J. H. Wichern 1833 in Hamburg begründete Erziehungseinrichtung für verwahrloste Jugendliche. Die sog. „Rettungshaus"-Bewegung wurde vor allem auch durch Gedanken J. H. →Pestalozzis und C. H. Zellers stark beeinflußt, auf katholischer Seite durch die Tätigkeit der Salesianer Don Boscos. Statt von „Rettungshäusern" spricht man heute von Erziehungsheimen (→Heimerziehung).

Realschule, weiterführende Schulform, die vom Anspruch her gesehen, zwischen →Hauptschule und →Gymnasium steht; früher wurde diese Schulform als Mittelschule bezeichnet. Im heutigen →Bildungssystem entspricht die Realschule der sog. Sekundarstufe I und schließt mit dem Ende des 10. Schuljahres mit der →Mittleren Reife ab. Realschulen gibt es in einer eigenständigen sechs- und vierklassigen Form und als Aufbauzug an Hauptschulen.

Recht auf Erziehung, der legitime Anspruch des Kindes, erzogen zu werden. Diesem Recht entspricht auf der Seite der Erziehungsberechtigten das →Elternrecht. Das Recht des Kindes auf Erziehung ist in der Menschenrechtsdeklaration der Vereinten Nationen und in den Verfassungen mehrerer Bundesländer (Baden-Württemberg, Bayern, Bremen, Nordrhein-Westfalen) niedergelegt. Dem Recht des Kindes auf Erziehung müssen Eltern, Staat und Gesellschaft durch ein entsprechendes Erziehungs- und Bildungsangebot Rechnung tragen. →Jugendwohlfahrtsgesetz, →Jugendhilfe.

Rechtschreibung (synonym: Orthographie) bedeutet dem Wortsinn nach „richtiges" Schreiben. Die Problematik einer Forderung, richtig zu schreiben, ergibt sich vor allem aus dem Unterschied zwischen Schrift und →Sprache.
Günstigstenfalls würde jedem Laut (Phonem) ein eigener Buchstabe entsprechen. In der deutschen Sprache ist das aber nicht der Fall. Es gibt viel weniger Schriftzeichen als Phoneme; zudem sind verschiedene Buchstaben verschiedenen Lauten zuzuordnen (z. B. ch: *Ch*arakter – Na*ch*t; v: *v*oll – *v*ital) oder ein Laut verschiedenen Buchstaben (z. B. s – ß; f – v – ph; ai – ei). Dieser Problematik muß im Rechtschreibunterricht durch entsprechende Maßnahmen begegnet werden. Hilfreich erweisen sich, neben der optischen Einprägung des Wortbildes, das akustisch wirksame Aussprechen und Hören des Wortklangs sowie das motorische Nachahmen und Üben der Schreibbewegung. Weitere Hilfen bieten Grammatik und Rechtschreibregeln. Für Schüler, die beim Rechtschreiben Schwächen zeigen, bieten sich besondere Förderungsmaßnahmen (Rechtschreibkurse) an. Bei ausgeprägter Rechtschreibstörung (→Legasthenie) empfiehlt sich eine entsprechende Behandlung durch besonders ausgebildetes Fachpersonal.

Reformpädagogik, Bezeichnung für eine Erziehungsbewegung im ersten Drittel des 20. Jahrhunderts. Im Mittelpunkt dieser Bewegung stand die Orientierung des erzieherischen Handelns am und vom Kinde aus (M. →Montessori). Merkmale dieser Ausrichtung waren die Betonung der kindlichen Selbständigkeit, Selbstbestimmung und Selbstentfaltung, die Berücksichtigung der Spontaneität des Kindes, seines Bedürfnisses nach manueller Betätigung (Gründung sog. Arbeitsschulen von G. →Kerschensteiner), eine eher antirationale Einstellung (Primat der →Erziehung gegenüber der →Bildung, positive Bewertung des kindlichen Spiels und der musischen Erziehung), die Einsicht in die Notwendigkeit einer Erziehung in der Gemeinschaft. Zusätzlich zu diesen Tendenzen bahnte sich eine neue Sicht des Verhältnisses zwischen Erzieher und Zu-Erziehendem an: Statt einseitig autoritärer Einflußnahme wurde ein dialogisches Verhältnis gefordert (→Pädagogischer Bezug). Ein weiteres Ergebnis der reformpädagogischen Bewegung war die Forderung nach der „Einheitsschule“ als einer Erziehungs- und Bildungseinrichtung für alle Kinder des gesamten Volkes, ohne Trennung von Konfessionen, Geschlechtern (→Koedukation) und Berufsständen (Vorläufer der Forderung nach der →Gesamtschule). Die Auswirkungen der Reformpädagogik bestanden in verschiedenen Veränderungen des öffentlichen Schulwesens (Volksschule, Sozialarbeit, Einführung des staatsbürgerlichen Unterrichts, Akademisierung der Lehrerbildung), in einer Reihe von Schulversuchen (A. S. Neills →Antiautoritäre Erziehung in →Summerhill, B. Ottos „Hauslehrerschule“, R. →Steiners freie Waldorfschulen) und in einer Neuorientierung der pädagogischen Theorie, der sog. Geisteswissenschaftlichen Pädagogik (W. Dilthey, F. D. Schleiermacher, E. Spranger, G. Kerschensteiner, H. Nohl, A. Fischer, T. Litt, E. Weniger, W. Flitner). →Geschichte der Pädagogik.

Rehabilitation. *Problemerörterung.* In der Bundesrepublik Deutschland leben über vier Millionen Behinderte (Körperbehinderte, Geistigbehinderte, Blinde, Gehörlose, Schwerhörige, Sehbehinderte, Sprachgestörte, Verhaltensgestörte, Lernbehinderte). Nicht genug damit, daß sie unter ihrer →Behinderung zu leiden haben, werden sie zudem als anormal eingestuft und verfallen einer dauernden →Stigmatisierung. Vielfach werden Behinderte aus der „normalen“ Gesellschaft ausgeschlossen und in Heimen, Krankenhäusern, Sonderschulen, Anstalten von den Mitmenschen isoliert. Nun haben aber Behinderte trotz ihrer teilweisen Andersartigkeit einen legitimen Anspruch auf die Eingliederung in Gemeinschaft und Gesellschaft, auf Integration in Arbeit und Beruf. Diesem legitimen Anspruch muß die gesamte Gesellschaft mit allen Kräften und mit allen ihr zur Verfügung stehenden Möglichkeiten zur Anerkennung und zum Durchbruch verhelfen.
Begriffsbestimmung. Rehabilitation bezeichnet sämtliche (pädagogischen, psychologischen, medizinischen, beruflichen und sozialen) Maßnahmen zur (Wieder-)Eingliederung von Behinderten in die Gesellschaft.
Die wichtigsten Bereiche der Rehabilitation (schulisch-pädagogisch, medizinisch, beruflich) und entsprechende Maßnahmen zeigt das Schema nach Ulrich Hensle auf (S. 299).
Zusätzlich zu den genannten Rehabilitationsbereichen lassen sich noch weitere Förderungsmaßnahmen, vor allem *psychologischer* und *sozialer* Art denken. Psychologische Rehabilitationsmaßnahmen erstrecken sich auf verschiedene Formen von →Beratung oder Psychotherapie; soziale Maßnahmen betreffen vor allem die Beratung der Angehörigen, Hilfen bei der Wohnungsbeschaffung und finan-

zielle Beihilfen (z. B. Steuererleichterungen), aber auch Mithilfe bei der Aufnahme in Vereine und soziale Gruppen oder Gemeinschaften verschiedenster Art. *Berufliche* Rehabilitationsmaßnahmen schließen natürlich außer den im Schema genannten Aufgaben der Ausbildung und Umschulung auch Berufsberatung, Arbeitsvermittlung, Eingliederungsbeihilfen u.ä. ein.

REHABILITATION	Kinder u. Jugendliche (Eingliederung)	Erwachsene (Wiedereingliederung)
schulisch-pädagogisch	↗Sonderpädagogik (Pädagogik der Körper-, Geistig-, Sinnes-, Lernbehinderten)	—— allenfalls: Blindenrehabilitation: Blindenschrift u. ä.
medizinisch	Sozialpädiatrie (vor allem Behandlung angeborener Behinderungen	Rehabilitations- und Sozialmedizin (Langzeitbehandlung vornehmlich erworbener Behinderungen)
beruflich	Erstausbildung (Berufsbildung)	Umschulung (Berufsförderung)

Praxis der Rehabilitation. Für die unterschiedlichen Arten von Behinderungen gibt es kein durchgängig einheitliches Schema zur Durchführung von Rehabilitationsmaßnahmen. Statt dessen ist es so, daß je nach vorliegender Störung oder Behinderung jeweils unterschiedliche Vorgehensweisen gewählt werden müssen.
Für behinderte Kinder oder Jugendliche ist der Besuch des entsprechenden Sonderschultyps (z. B. →Sonderschule für Lernbehinderte, Verhaltensgestörte) der Beginn öffentlicher Rehabilitation, unter Umständen nach vorhergehendem Besuch eines Sonderkindergartens. Nach der Sonderschule kann der Behinderte in der mehrjährigen Werkstufe die erste berufliche Orientierung erfahren. Danach bietet sich in entsprechenden Einrichtungen der Besuch eines Berufsfindungslehrgangs, eines Förderlehrgangs zur Vorbereitung einer Berufsbildung oder der Werkstatt für Behinderte an. Ziel der Berufsausbildung ist in jedem Fall die Eingliederung in die Arbeitswelt im offenen oder wettbewerbsgeschützten Bereich und die gesellschaftliche Integration. Für Körperbehinderte bietet sich durch entsprechende Ausbildung und differenzierte Förderung in Schulen oder Berufsbildungswerken die Möglichkeit des Erwerbs eines Abschlusses, der denen der allgemeinen Schulen oder Berufsbildungsstätten völlig gleichwertig ist. Bei andauernden körperlichen Krankheiten

folgt physikalischen Therapiemaßnahmen eine sozialtherapeutische Betreuung der Behinderten und ihrer Angehörigen. Nach psychischen Erkrankungen, die einen stationären Aufenthalt in einem psychiatrischen Krankenhaus bedingen, erfolgt nach krankenhausinternen Maßnahmen (Gruppenarbeit, Beschäftigungstherapie, Gymnastik) der Übergang zu stationären Teilzeiteinrichtungen (Tages- oder Nachtklinik) und die Aufnahme in Einrichtungen des geschützten Wohnens. Später kann die Übernahme in besondere Werkstätten für Rehabilitanden erfolgen. Epileptiker können durch entsprechende Medikation künftige Anfälle zum Großteil vermeiden und sich deshalb bei entsprechender Aufklärung der sozialen Umwelt gut in die Gesellschaft eingliedern. Bei Alkoholikern haben sich Gruppenbehandlungsmethoden bewährt und vor allem die Betreuung durch Selbsthilfeorganisationen ehemaliger Betroffener (z. B. Anonyme Alkoholiker).

Im allgemeinen ist es so, daß die Rehabilitation in mehreren Phasen abläuft, meist in der Reihenfolge: Medizinische, (bei Kindern: schulische), berufliche, soziale Rehabilitation. Bei einem Verkehrsunfall etwa folgt der medizinischen Hilfe die berufliche Umschulung. Die berufliche Eingliederung in die Arbeitswelt wird durch soziale Maßnahmen (finanzielle Beihilfen zur Überbrückung) flankiert.

Der Aufenthalt in Rehabilitationseinrichtungen. Die im gesamten Bundesgebiet vorhandenen Rehabilitationszentren ermöglichen eine sachgerechte Förderung und Rehabilitation von Behinderten. Unter günstigen Bedingungen lassen sich Rehabilitationsquoten um 80% erreichen. Die Vielfalt der Maßnahmen, der angebotene „Schonraum“, das Zusammensein mit Mitbetroffenen, die räumliche und finanzielle Ausstattung, das ausgebildete Betreuungspersonal machen Rehabilitationszentren für Behinderte attraktiv. Allerdings verbinden sich unter Umständen mit dem Aufenthalt auch verschiedene Nachteile, vor allem die Isolierung von der normalen Umwelt und Gesellschaft („Ghetto-Effekt“). Diese Isolierung widerspricht nämlich total dem eigentlichen Ziel jeder Rehabilitation, der es um ein Leben in und mit der Gesellschaft, nicht *außerhalb* derselben geht, auch wenn letzteres vielleicht manchmal leichter und angenehmer wäre.

Hinweise zur Praxis.

- Das Wichtigste dürfte nach wie vor der Abbau von → Vorurteilen gegenüber Behinderten sein;
- Mitleid ist fehl am Platz; statt dessen sollte unbedingtes Akzeptieren im Vordergrund stehen, dadurch wird die volle Integration erreicht;
- Nicht die Frage nach der „Leistung“ darf im Mittelpunkt stehen; entscheidend ist vielmehr die „Anstrengung“, die der Behinderte erbringt;

- Die Integration in Gruppen, Gemeinschaften, Vereine oder Klubs beugt einer Vereinsamung der Behinderten vor;
- Rehabilitation muß als „Hilfe zur Selbsthilfe“ verstanden werden, nicht als Dauerbetreuungs- oder Pflegeverhältnis.

Reinlichkeitserziehung. Bezeichnung für die in der frühen Kindheit stattfindende Erziehung zu allgemeiner Sauberkeit und vor allem zur Kontrolle der Ausscheidungsvorgänge. Was die Reinlichkeitserziehung zu einem zentralen und vieldiskutierten Thema der Pädagogik werden läßt, sind die direkt gegenüberstehenden Interessen der an dieser Situation Beteiligten: Das Kind, auf der einen Seite, hat das durch Darm- und Blasenfüllung hervorgerufene physiologische Bedürfnis nach Entleerung. Die Rhythmik dieses Entleerungsvorgangs wird allein durch Essensaufnahme und Verdauungsprozesse bestimmt. Die Eltern andererseits vertreten die gesellschaftlich voll sanktionierte Forderung nach zeitlicher, willentlich gesteuerter Kontrolle der Ausscheidungsvorgänge des Kindes. Die gegensätzlichen →Motivationen von Eltern und Kind lassen einen massiven Konflikt zwischen beiden entstehen, der nur durch Geduld und Einfühlung von seiten der Eltern zu beseitigen ist. Folgende Punkte sollten bei der Reinlichkeitserziehung Berücksichtigung finden:
- Das Kind ist frühestens ab 18 Monaten fähig, die an der Kontrolle der Ausscheidungsvorgänge beteiligte Willkürmotorik zu beherrschen; vorher sind die entsprechenden Nervenbahnen noch nicht ausgereift;
- Alle körperlichen bzw. psychischen Gewaltmaßnahmen (Schlagen, Schimpfen, →Liebesentzug, Einsperren usw.) verschlimmern nur den Konflikt und führen beim Kind zu teilweise verheerenden Spätfolgen (→Verhaltensstörungen verschiedenster Art, Neurosen, Schulschwierigkeiten, Angst und Aggressivität, gestörte Eltern-Kind-Beziehung, Sexualstörungen, extremes Schuldbewußtsein, Zwangsverhalten, Störung des Selbstbewußtseins, übertriebener Reinlichkeitsfimmel, Pedanterie);
- Psychoanalytisch orientierte Psychologen (S. Freud) sehen eine zu strenge Reinlichkeitserziehung als Ursache für die Entstehung „analer“ Charaktereigenschaften an, z. B. Eigensinn, Geiz, Pedanterie;
- Die beste Voraussetzung für eine unproblematisch verlaufende Reinlichkeitserzierhung ist eine enge und positive Eltern-Kind-Beziehung;
- Das erwünschte Verhalten des Kindes (z. B. Sitzen auf dem Topf) muß in kleinen Schritten verstärkt werden. Besonders effektiv ist der Einsatz sog. sozialer →Verstärkung (Lob, Zuneigung, Zärtlichkeit).

Religionspädagogik. *Problemerörterung.* Das Grundgesetz der Bundesrepublik Deutschland garantiert jedem einzelnen Bürger Freiheit des religiösen Glaubens, der religiösen Meinungsäußerung und der Religionsausübung.
Historisch betrachtet stellte das Christentum eine weltanschaulich homogene Basis für das Werden Europas zu seiner heutigen Gestalt dar. Vielfältige Einflüsse auf die Entwicklung von Staaten, deren Gesellschaft und Kultur gingen von ihm aus. Heute hat sich die Situation völlig verändert: Zwischen Staat und Kirche herrscht im Gegensatz zu früher eine eindeutige Trennung. Durch Kirchenaustritte sowie das Auf- und Hinzukommen neuer Religionen (Sekten, Islam) bildet sich eine weltanschaulich heterogene Gesellschaft. Die einzelnen Religionen und Weltanschauungen stehen in einer pluralistischen Gesellschaft in Konkurrenz zueinander und sind berechtigt, aber auch gezwungen, ihre Standpunkte und Belange über ihre Anhänger oder Mitglieder als mündigen Staatsbürgern demokratisch d. h. in entsprechenden Gremien, Volksbegehren oder Wahlen zu artikulieren. Das öffentliche Leben wird infolge der Meinungsvielfalt in einer pluralistischen Demokratie weder global noch homogen von einer einzelnen Position geprägt. In dieser komplexen Situation wird religiöse Erziehung zum zunehmend schwierigen Unterfangen. Und dies auch deswegen, weil Religionsunterricht, wie kaum ein anderes Schulfach, im Schnittpunkt vielfacher Erwartungen steht, die von außen und innen (Politik, Gesellschaft, Theologie, Pädagogik, Kirche und Schule, Kirchenmitglieder und -nichtmitglieder) an ihn herangetragen werden. Die beiden Pole, zwischen denen sich die unterschiedlichen Erwartungen und Forderungen bewegen, lassen sich meist als mehr oder minder ausgeprägte Abwendung von oder Hinwendung zu den Problemen der (diesseitigen) Welt identifizieren.
Begriffsbestimmung. Religionspädagogik befaßt sich mit Voraussetzungen und Möglichkeiten religöser Erziehung und Bildung. Konkret zielt sie auf den im Rahmen eines religiösen Bekenntnisses gläubigen und entsprechend seinem Gewissen handelnden Menschen. Formen religiöser Erziehung sind Kinder- und Jugendseelsorge, Gemeindekatechese und -verkündigung.
Ansätze, Inhalte und Ziele. Auch wenn Religiosität als anthropologische Grundkategorie betrachtet werden kann – die meisten Menschen halten sich für irgendwie religiös oder glauben an Gott – so wendet sich Religionspädagogik im Regelfall doch ausschließlich an die Mitglieder irgendeiner kirchlichen Gemeinschaft oder Konfession. Religiöse Erziehung und Bildung findet vor allem in der →Familie und Kirchengemeinde statt, aber auch im →Kindergarten und in der →Schule (Religionsunterricht). Religionsunterricht tritt mit dem Anspruch an, Antworten auf existentielle Fragen menschlichen Seins (so etwa die nach Sinn und Zweck des Lebens, Tod und Sterben, Krank-

heit, Leiden, Schuld, Glück, Angst, Liebe, Scheitern, Armut, Krieg, Gerechtigkeit) anbieten zu können. Mit diesem Anspruch unterscheidet sich Religionsunterricht von allen anderen Fächern und bezieht diese gleichzeitig mit ein. Stärker noch als in anderen Fächern stellt sich beim Religionsunterricht die Frage nach der Beziehung zwischen Wissen einerseits und Tun andererseits. Mehr als in irgendeinem anderen Fach muß sich der Religionslehrer auch in seiner Person (seinen Einstellungen, Idealen und besonders in seinem Handeln) kritisch hinterfragen lassen. Vorbildwirkung und Identifikationsmöglichkeiten einer gläubigen Erziehungsumwelt sind entscheidender für einen Verhaltenstransfer als der bloße Erwerb religiösen Wissens. Im allgemeinen beschränkt sich religiöse Erziehung nicht auf die Vermittlung von Glaubensgrundsätzen oder religiösen Normvorstellungen, sondern betont auch die Verantwortung des Gläubigen für seine Mitmenschen und die Welt. Religionsunterricht erfordert in seiner Grundlegung eine Begründung von der Theologie (Kirche) und Pädagogik (Schule) her. Dieser synthetischen Betrachtungsweise entspricht im christlichen Religionsunterricht das sog. *Konvergenz- oder Korrelationsmodell.* Es stammt von dem evangelischen Theologen P. Tillich, der dazu sagt: „Die Methode der Korrelation erklärt Inhalte des christlichen Glaubens durch existentielles Fragen und theologische Antworten in wechselseitiger Abhängigkeit." Entsprechend wird auch von katholischer Seite eine solche Interaktion zwischen Glauben und momentaner Lebenssituation für den Religionsunterricht gefordert. Inhaltlich wird im Religionsunterricht entsprechend dem genannten Konvergenzmodell in der Regel so verfahren, daß eine Analyse, Behandlung und Diskussion von Glaubens- und Lebensfragen vor dem Hintergrund des jeweils anderen Bereichs, also entweder des überlieferten Glaubens oder der aktuellen Lebenssituation stattfindet. Insgesamt ist die mögliche Thematik für den Religionsunterricht sehr breit, da auch allgemeinere Probleme von Ethik und Moral sowie neuerdings etwa auch →Friedenserziehung und →Umweltpädagogik inbegriffen sind.

Ein *Zielkatalog christlichen Religionsunterrichtes* wird von der Gemeinsamen Synode der Bistümer in der Bundesrepublik Deutschland vorgestellt. Demnach soll Religionsunterricht zu verantwortlichem Denken und Handeln im Blick auf Religion und Glauben befähigen,

- dazu führen, Mensch und Welt in ihrem Bezug zu Jesus Christus und in Sicht des kritischen Glaubens und Lebens zu sehen,
- sensibilisieren für tiefere Dimensionen der Wirklichkeit,
- zu ständigem Weiterfragen motivieren,
- anregen, Modelle christlichen Verhaltens in die eigene Situation umzusetzen,
- jungen Menschen helfen, eine mündige Glaubensentscheidung zu treffen,

- fähig machen zum christlich motivierten Engagement in Gesellschaft und Kirche.

Hinweise zur Erziehungspraxis. Religiöse Erziehung wird in der Familie grundgelegt. Aus diesem Grund kommt den Eltern eine große Verantwortung zu. Auch die Weiterführung der religösen Bildung und Erziehung in Schule und Kirchengemeinde wird vor allem durch das Vorbild aller beteiligten Personen getragen. Die Entscheidung für oder gegen den Glauben muß im Endeffekt von jeder Person selbst, ohne jeden Zwang und in Freiheit erfolgen. Eine wichtige Aufgabe des Religionsunterrichtes besteht in der →Gewissenserziehung, die auch die persönliche Verantwortung für den Mitmenschen und die gesamte Welt einschließt.

Repressive Erziehung bedeutet jede übermäßige, nicht gerechtfertigte Unterdrückung und Einschränkung des Zu-Erziehenden. Der Begriff stammt aus der Studentenbewegung der 60er Jahre und verbindet sich dort mit einer radikalen Kritik gängiger Pädagogik. Repressive Erziehung findet nicht nur durch autoritäre Maßnahmen, sondern unter Umständen auch durch betonte Liberalisierung und Toleranz statt. Als Gegenteil einer repressiven Erziehung gilt eine Erziehung zur →Emanzipation.

Resozialisierung, eine Bezeichnung für alle Maßnahmen, welche eine (Wieder-)Eingliederung straffällig gewordener Jugendlicher oder Erwachsener in die Gesellschaft anzielen. Erschwert wird dieses Vorhaben durch

a) die Inhaftierung der Betroffenen und die damit verbundene →Stigmatisierung;
b) die Isolierung von der „normalen" Umwelt, welche das (Nachahmungs-)Lernen auf Einstellungen und Verhaltensweisen von Mitgefangenen einschränkt; daraus ergibt sich eine erhöhte Gefahr krimineller Infektion in der Haftanstalt;
c) die Betroffenen selbst; teils ist nur geringe →Motivation und geringes Interesse an einer aktiven Mitarbeit vorhanden;
d) die Rückkehr der Bestraften in die Umwelt oder das →Milieu, das oft die Hauptbedingung für ihre Straffälligkeit darstellte;
e) Widerspruch zwischen juristischen und pädagogischen Maßnahmen: →Strafe, Gerechtigkeit, Sühne, Wiedergutmachung, Schutz der Gesellschaft, und (Wieder-)Eingliederung in die Gesellschaft, Lernen sozialer Verhaltensweisen, Aufbau des Selbstwertgefühls können nicht gleichzeitig verwirklicht werden.

Vor dem Hintergrund der aufgezeigten Hindernisse bleibt wenig Raum für erfolgreiche Resozialisierungsmaßnahmen. U.a. wird versucht,

- eine Anpassung an die Normvorstellungen und das Normverhalten

der Gesellschaft durch →Einzelfallhilfe, soziale →Gruppenarbeit, Psychotherapie und →Beratung zu erreichen;
- eine Eingliederung in die Arbeitswelt zu fördern und einzuleiten durch Berufsausbildung, -fortbildung und - weiterbildung;
- die sprichwörtliche Passivität und Apathie der Vorbestraften zu vermindern und anzuleiten zu Aktivität und Selbstverantwortung;
- Problembewältigung und Frustrationstoleranz einzuüben (z. B. in speziellen Konflikttrainings);
- eine therapeutische Betreuung und Beratung der Inhaftierten durchzuführen.

Die Durchführung der Resozialisierung obliegt dem →Jugendamt, dem Bewährungshelfer und verschiedenen freien Vereinigungen. Sinnvoll und notwendig erweisen sich entsprechende Maßnahmen vor allem für den Jugendstrafvollzug.

Rollenspiel. Im Gegensatz zum →Psychodrama, das eher als Therapiemethode gilt, ist das Rollenspiel eine pädagogische Methode, allerdings auch wie das Psychodrama eine Aktionsmethode zur Aufdeckung menschlichen Erlebens. Die Vorgehensweise entspricht im großen und ganzen der des Psychodramas. Das Rollenspiel wird vor allem als Lernhilfe und Trainingsmöglichkeit für zwischenmenschliche Beziehungen eingesetzt und über das Durchspielen fiktiver Konflikte zum späteren Herangehen an wirkliche Konflikte (→Sozialerziehung) angewandt. Zur Darstellung kommen verschiedene Rollen, meist traditioneller Art, aus dem familiären oder beruflichen Bereich.

Im Unterschied zu dieser speziellen Verwendung wird als Rollenspiel ganz allgemein jede Form kindlichen Spielens (→Spiel) bezeichnet, in der bestimmte Erwachsenen-Rollen nachgeahmt werden, z. B. Mutter und Kind, Lehrer und Schüler, Räuber und Gendarm.

Rousseau, Jean Jaques (1712–1778), kurz nach der Geburt stirbt die Mutter, später Lehrling bei einem Stadtschreiber und Kupferstecher, Selbststudium, abenteuerliches Herumziehen und Gelegenheitsbeschäftigungen, flieht wegen drohender Verhaftung 1762 in die Schweiz, nach Preußen und England, später Rückkehr nach Frankreich.

Pädagogisches Werk: „Emile oder Über die Erziehung", „Gesellschaftsvertrag", „Bekenntnisse".

Pädagogische Ideen: Rousseau gilt als Vertreter des pädagogischen Naturalismus. Seine pädagogischen Vorstellungen gründen alle in der Auffassung: „Alles ist gut wie es aus den Händen des Schöpfers der Dinge hervorgeht. Alles entartet unter den Händen des Menschen." Im „Emile", einer Art utopischem Erziehungsroman, werden verschiedene Grundgedanken pädagogischer Art angesprochen: Na-

tur wird allgemein als gut, Kultur als fragwürdig und schlecht angesehen; statt Autorität wird in der Erziehung Freiheit favorisiert; Erziehung erfolgt durch Erfahrung, nicht mittels der Vernunft; dem Kind wird ein eigener, besonderer Wert zugesprochen; das Lernen erfolgt nicht mit Büchern, sondern durch Erfahrung und Selbsttätigkeit; wichtig sind die Bedürfnisse des Zöglings, denen Raum zur freien Entfaltung gegeben werden muß; als eigentliche Erziehungsmacht wird die den Menschen umgebende Natur und deren Gesetzlichkeit angesehen, dadurch erfährt der Einzelne gleichzeitig Kraft und Ohnmacht; der Erzieher ist vor allem Begleiter und Kamerad, der alles fernhält, was den Einfluß und Gang der Natur stören könnte; Strafe ist unangebracht, der Zögling soll lediglich zu spüren bekommen, was natürlicherweise aus seinem Tun folgt; eine Unterbewertung und teilweise Verkennung von Einsicht, Vernunft, Denken, Phantasie, Gemütsbildung und sittlich-religiöser Bildung wird deutlich.
Als globales Erziehungsziel und Bildungsideal erscheint der einfache, ursprüngliche, von Natur aus unverbildete Mensch. Die Aufgaben der Erziehung erschöpfen sich deshalb in der Erhaltung des Natürlichen im Menschen und der Gewährung von Freiheit, dieses zu entfalten. Im „Emile" werden diverse Erziehungsaufgaben und -ziele am Beispiel der *Entwicklungsstufen* Säuglings-, Kindes-, Knaben-, Jünglings- und Mannesalter aufgezählt und veranschaulicht. Die Erziehung hat sich an den echten, natürlichen und individuellen Bedürfnissen des Zöglings zu orientieren, deren System sich im Verlauf der Entwicklung (aufgezeigt an den einzelnen Stufen) verändert.
Wirkung: Rousseau beeinflußte die gesamte Pädagogik der Aufklärung. Einflüsse sind u. a. bei Goethe, Fichte, Kant, → Herder und → Pestalozzi auszumachen. Auch die Stufen- bzw. Phasenlehren der Entwicklung und Erziehung finden hier einen frühen Vertreter. Politisch aufklärerisch wirkte vor allem der von Rousseau vertretene Freiheits- und Gleichheitsgedanke.

Rückmeldung → Feedback.

S

Sanktionen sind (positive oder negative) Maßnahmen zur Beeinflussung der Einstellungen und Verhaltensweisen von Interaktionspartnern, z. B. →Lob, Freundlichkeit, Entgegenkommen, Geschenke, →Strafen, Schimpfen, Liebesentzug. Sanktionen verleihen dem, der sie androht oder austeilt, Macht über andere Menschen, weil er damit deren Verhalten steuern und kontrollieren kann. In der Erziehung wird statt von Sanktionen meist von →Erziehungsmitteln gesprochen.

Sauberkeitserziehung →Reinlichkeitserziehung.

Schleiermacher, Friedrich Daniel (1768–1834), Zögling der Herrnhuter Brüdergemeinde, Hauslehrer, Pfarrer, 1804 Professur in Halle, ab 1807 in Berlin, 1809 Prediger an der Dreifaltigkeitskirche, Mitarbeiter Wilhelm von Humboldts.
Pädagogisches Werk: „Über die Religion", „Monologe", „Pädagogik", „Pädagogische Vorlesungen".
Pädagogische Ideen: Schleiermacher stellte die Pädagogik auf ein historisch-kulturelles Fundament. Kultur zeigt sich in den Bereichen des Staats, der Kirche, der Sprache und Erkenntnis, der Familie und der freien Geselligkeit. Die *geschichtlich-kulturelle Eingebundenheit der Erziehung* führt nach Schleiermacher dazu, daß diese keine allgemein und immer geltenden Grundsätze haben kann. Schleiermacher betont zwar die Individualität als Bildungsziel, sieht aber auch die Notwendigkeit einer Wendung des einzelnen Menschen zur Gemeinschaft. Zwischen Individuum und Gemeinschaft besteht ein wechselseitiges Abhängigkeitsverhältnis.
Erziehung bezweckt „Ausbilden der Natur" und „Hineinbilden in das sittliche Leben". Die Familienerziehung dient durch „Mitleben" und „Lebenhelfen" dem Herausbilden der Individualität (Sprache, Wille, sittlich-religiöse Gesinnung) in Freiheit und mit Liebe. Die Kulturgemeinschaften (Staat, Kirche, Geselligkeit, Wissenschaft) bemühen sich um Universalität, um das allgemein Gültige und objektiv Ganze. Zwischen diese beiden Erziehungsinstanzen tritt als weitere die Schule, die das Spielleben der Familie durch das Arbeitsleben ablöst. Die Schule vermittelt Fertigkeiten und Kenntnisse und fördert die Entwicklung der Gesinnung. Die *Schulen* teilt Schleiermacher auf in Volksschule, Real- oder Bürgerschule, Gymnasium und Universität. Er fordert formale und materiale (inhaltliche) Bildung. Als Aufgaben der Universität nennt er in Anlehnung an →Humboldt Lehre und Forschung, Berufsausbildung und wissenschaftliche Tätigkeit.

In der Erziehung spielt die Weckung der „Selbsttätigkeit" eine große Rolle. Als Einwirkungen pädagogischer Art werden a) Behütung, b) Unterstützung und c) Gegenwirkung genannt. Behütung richtet sich auf die Bewahrung des Guten vor eventueller Gefährdung. Unterstützung erfährt alles, was sich von selbst entwickelt und als sittlich Gutes gilt. Gegenwirkung hat mit der Willensbildung zu tun; sie richtet sich gegen alles auftauchende Böse, und zwar am besten in Form von Mißbilligung oder Ermahnung. →Strafen und Belohnungen sollten eher unterbleiben, da sie im Endeffekt eher zu Furcht oder Berechnung führen, als zu einer freien sittlichen Entscheidung.
Wirkung: Schleiermacher war ein universeller Denker, der zusammen mit →Humboldt die pädagogische Theorie stark beeinflußte. Teilweise stand sein Wirken im Schatten der Ideen →Herbarts.

Schlüsselqualifikationen, eine in der Arbeitsmarktforschung von D. Mertens 1974 zum ersten Mal verwendete Umschreibung für solche Bildungselemente, die einen Arbeitnehmer dazu befähigen, auf unvorhersehbare neue Anfoderungen des Arbeitsmarktes so flexibel und mobil zu reagieren, daß die einmal erworbene berufliche Qualifikation erhalten bleibt (= *arbeitsmarktpolitische Begründung*). Die Einführung der sog. „schlanken Produktion" in Betrieben erfordert Aufbau von kleinen Teamgruppen und Einführung von Projektarbeit, Abbau von Hierarchiestufen und Verlagerung der Verantwortung auf untere Ebenen. Für das eigenverantwortliche Arbeiten, für Integration und Verzahnung von Arbeiten sind Schlüsselqualifikationen wie Denken in Zusammenhängen, Kommunikationsfähigkeit, Problemlösefähigkeit, Kooperationsfähigkeit, Durchsetzungsvermögen, Entscheidungsfähigkeit u. a. erforderlich (= *betriebspädagogische Begründung*). Aus schulpädagogischer Sicht handelt es sich bei Schlüsselqualifikationen um solche relativ lange verwertbaren Kenntnisse, Fähigkeiten, Fertigkeiten, Einstellungen und Werthaltungen, die funktions- und berufsübergreifend sind und durch Unterrichtsmethoden wie →Projektorientierter Unterrricht, →Rollenspiel, Planspiel, Fallstudie und im fächerübergreifenden Unterricht vermittelt werden.
Schlüsselqualifikationen dienen der Erschließung („Schlüssel") wechselnden Spezialwissens, sind Grundlage für eine allgemeine berufliche Leistungsfähigkeit und stellen keine Fachkompetenz dar. Als wichtige allgemeine Schlüsselqualifikationen werden genannt: Bereitschaft zu lebenslangem Lernen, Umweltkompetenz, internationale Qualifikation und Europakompetenz, Beherrschung neuer Informations- und Kommunikationstechniken. Durch das Konzept der Schlüsselqualifikationen verspricht man sich eine Überwindung der „additiven Wissensvermittlung", des „Ballastes des Detailwissens" und der Tendenz zum Fragmentieren. Man erwartet, daß ganzheitli-

ches Lernen, die soziale Dimension (Kooperation, Teamarbeit) und das Erzieherische im Unterricht wieder entdeckt werden.

Schulberatung →Beratung.

Schule, eine Bezeichnung für öffentliche Erziehungs- und Ausbildungseinrichtungen, die sich in den verschiedensten Arten und Formen präsentiert, z. B. als →Grundschule, →Hauptschule, →Realschule, →Sonderschule, →Berufsschule, Höhere Schule, →Fachschule, →Fachoberschule, →Hochschule, →Volkshochschule. *Hauptfunktionen* der Schule sind nach H. Oblinger: Sozialisationsfunktion (= soziale Eingliederung), Personalisationsfunktion (= personale, individuelle Förderung und Bildung), Qualifikationsfunktion (= Ausbildung), Selektionsfunktion (= Auslese). Die letztgenannte Funktion wird am aufwendigsten ausgeübt und steht vor allem der Personalisationsfunktion im Wege. Eine *Theorie der Schule* richtet sich vor allem auf die Analyse, Diskussion und Begründung formaler (Organisation u.ä.) sowie vor allem inhaltlicher (Erziehung, Unterricht) Merkmale oder Aufgaben der Schule.

Schulen, freie oder alternative. *Problemerörterung.* Schulen in freier Trägerschaft weisen in Deutschland eine große Vielfalt auf. Das öffentliche Schulwesen wurde bereits um die Jahrhundertwende ähnlich wie heute radikal in Frage gestellt. Die Suche nach humaneren und freieren Formen der Erziehung brachte viele religiös, weltanschaulich, pädagogisch und psychologisch begründete Programme hervor. Manche Reformer, z. B. Maria Montessori (→Montessori-Pädagogik), Rudolf Steiner (→Waldorf-Pädagogik), Célestin Freinet (→Freinetschulen), Peter Petersen (→Jenaplanschulen) u. a. haben schulpädagogische Tradition geschrieben und eindrucksvoll vor Augen geführt, welchen pädagogischen Auftrag Schule übernehmen kann.
Begriffsbestimmung. Unter der Bezeichnung „freie Schulen" werden alle Schulen zusammengefaßt, die sich nicht in öffentlicher oder staatlicher Trägerschaft befinden. Dem exklusiven Begriff „Privatschule", der anspruchsvollen Bezeichnung „Reformschule" und dem ideologisch geprägten Wort „alternative" Schulen wird heute die Sammelbezeichnung „Freie Schulen" vorgezogen. Zu dieser Art Schulen gehören auch einige wenige staatliche Schulversuche. Zu nennen sind die Glocksee-Schule in Hannover, die als integrierte Gesamtschule mit Ganztagsbetrieb geführte →Laborschule Bielefeld und das Grundschulprojekt Münster-Gievenbeck. Die bekanntesten freien Schulen sind: Kirchliche Schulen, Waldorfschulen (→Waldorf-Pädagogik), Montessorischulen (→Montessori-Pädagogik), →Daltonplanschulen, →Freinetschulen, →Jenaplanschulen und die

im Anschluß an den studentischen Protest der 60er Jahre entstandenen → „Alternativschulen".

Das gemeinsame pädagogische Konzept. Nahezu alle Reformschulen und freie Schulen fühlen sich folgenden pädagogischen Grundsätzen verpflichtet:

- *Pädozentrierte Haltung* oder Orientierung, d. h. der Erzieher richtet seine Aktivitäten nach der Individualität der kindlichen Persönlichkeit aus, begegnet ehrfürchtig der Eigenart des Kindes, damit sich dessen besondere Kräfte frei entfalten können.
- Als *„aktive Schulen"* sehen freie Schulen in der Eigenaktivität und Selbstverantwortung der Kinder, in musisch-kreativer Bildung und im Körperausdruck unverzichtbare Momente des Erziehungsprozesses.
- Freie Schulen streben eine *ganzheitliche und vielseitige* Erziehung, eine Erziehung des ganzen Menschen an. Neben der intellektuellen Förderung sind die Bereiche der emotionalen, sozialen und künstlerisch-handwerklichen Bildung gleich wichtig.
- Die Schulen verstehen sich als eine *„selbstverwaltete Schulgemeinde"*, als eine Lebensgemeinschaft, die gleichberechtigt von Lehrern, Eltern und Kindern gestaltet wird.
- Die Schulen bemühen sich um ein *„Lernen aus dem Leben für das Leben"*. Damit wird signalisiert, daß eine Erweiterung des Lernraumes über das Klassenzimmer hinaus in die Arbeitswelt und in die soziale Wirklichkeit außerhalb der Schule gesucht wird.
- Die *„Gemeinschaftserziehung durch Kooperation"* wird erreicht, indem an die Stelle des Einzelwettbewerbs gemeinsames Schaffen tritt, Lerngruppen nach anderen Gesichtspunkten als Leistungs- oder Altershomogenität gebildet werden und die Freiheit des einzelnen dort ihre Grenzen findet, wo andere in ihrer Arbeit behindert werden.

Hinweise zur Praxis. Artikel 7, Abs. 4 des GG garantiert das Grundrecht zur Errichtung von Privatschulen. Als Ersatz- oder Ergänzungsschulen des öffentlichen Schulwesens sind sie genehmigungspflichtig. Freie Schulen, die Erziehung und Bildung so gestalten wollen, daß „ein jedes Kind zu sich selbst kommen kann", sind beeindruckende Beispiele für den pädagogischen Gestaltungswillen, für Privatinitiative in der staatlich geprägten Schullandschaft. Indem sie zeigen, wie man Erziehung und Unterricht als *„Werkstatt der Humanität"* verwirklichen kann, üben sie schonungslose Kritik am öffentlichen Schulwesen. Tragende Elemente der Erziehung in freien Schulen wie Kindorientierung, fächerübergreifendes Lernen, Kooperation, sprachlich differenzierte Leistungsbeurteilung im Sinne einer Rückmeldung und nicht in Form von normierenden Zahlen, freies Arbeiten, Selbsttätigkeit, Projektarbeit, außerschulische Lernorte u. a. werden auch von öffentlichen Schulen als didaktisch-methodische

Prinzipien akzeptiert, aber nur sehr selten konsequent realisiert. So stellen die freien Schulen eine Bereicherung und eine Befruchtung der öffentlichen Schulen dar, auch dann, wenn man mit dem weltanschaulichen Hintergrund (wie z. B. bei der →Waldorf-Pädagogik) oder mit den emanzipatorischen, antiautoritären und liberalen Einstellungen, wie bei den Alternativschulen, nicht einverstanden sein kann.

Schülerbeurteilung betrifft die Begutachtung der Schülerpersönlichkeit. Sie darf nicht mit →Leistungsmessung oder -beurteilung gleichgesetzt werden. Die Beurteilung des Schülers durch den Lehrer hat weitreichende Konsequenzen für das Verhalten des Schülers: Das Lehrerurteil kann unter Umständen den Schüler verändern. Er wird schließlich so, wie er beurteilt wurde: dumm, faul oder fleißig (→Pygmalioneffekt). Die Beurteilung kann durch verschiedene Beurteilungsfehler verzerrt werden.

Schuleschwänzen, unentschuldigtes Fernbleiben vom Unterricht. Gründe dafür sind meist negative Erlebnisse und Erfahrungen in der Schule bzw. mit dem Lehrer und den Mitschülern, z. B. →Angst (insbesondere →Prüfungsangst), Kontaktprobleme, →Schulschwierigkeiten und →Schulversagen. Die in verschiedenen Schulordnungen vorgesehenen Ordnungsmaßnahmen haben sich ebensowenig als erfolgreich erwiesen wie →Strafen durch die Eltern. Wichtig ist vielmehr eine Erforschung der Ursachen, am besten in einem ausführlichen Gespräch zwischen Lehrer, Eltern und Schüler, Pflege des Klassengeistes (Gruppenzusammenhalt) und in einzelnen Fällen systematische →Verhaltensmodifikation.

Schulfähigkeit →Schulreife; →Einschulung.

Schulkindergarten ist eine dem →Kindergarten entsprechende Erziehungseinrichtung, speziell für Kinder, die schulpflichtig sind, aber noch für ein Jahr wegen mangelnder →Schulreife vom Schulbesuch zurückgestellt wurden. In kleinen Gruppen (maximal 15 Mitglieder) mit besonders qualifiziertem Personal (Sozialpädagoge oder Erzieher mit Zusatzausbildung) wird eine individuelle Förderung der Kinder angestrebt.

Schullaufbahn faßt in einem Begriff den gesamten Schulbesuch einer Person, angefangen vom Eintritt in die Grundschule bis zum höchsten erreichbaren Abschluß zusammen. Da die Schullaufbahn individuell unterschiedlich verlaufen kann, spielen Orientierungsmöglichkeiten und -gelegenheiten (→Orientierungsstufe) oder spezielle →Beratungen über den möglichen weiteren Schulverlauf, die unter

Berücksichtigung organisatorischer und lokaler Gegebenheiten sowie des Leistungs- und Begabungsstandes des Schülers vor allem durch die Beratungslehrer bzw. -lehrerinnen angeboten werden, eine wichtige Rolle.

Schulpädagogik, eine Teildisziplin der →Pädagogik stellt eine Fortentwicklung der Praktischen Pädagogik und Allgemeinen Didaktik dar. Sie befaßt sich mit den Themen Erziehung und Unterrichtung in der Schule. Neben diesem Bereich institutionalisierter Pädagogik hat Schulpädagogik auch mit außerschulischen Problemen zu tun, soweit diese irgendeinen Bezug zum pädagogischen Handeln (Lehren und Lernen) in der Schule aufweisen. In ihren Methoden ist sie eingebunden in die geisteswissenschaftlich-theoretische Reflexion pädagogischer Zusammenhänge und die Bezugnahme auf erfahrungswissenschaftliche Ergebnisse der pädagogischen Forschung. Als *Grundkategorien* der Schulpädagogik lassen sich nach Debl unterscheiden: →Schule, Schüler, Lehrer, →Curriculum, →Didaktik, Lernen, Lehren, →Unterricht, Lern- und Lehrmittel, Unterrichtsprinzipien, →Unterrichtsformen und Methode. Durch ihre Fragestellungen kommt der Schulpädagogik auch eine besondere Rolle für die Durchführung von Schulpraktika in der Lehrerausbildung zu. Als bedeutsam erweisen sich hier vor allem spezielle Probleme der Vorbereitung und Durchführung des →Unterrichts (→Unterrichtsplanung und -vorbereitung, →Unterrichtsformen, →Unterrichtsmethoden).

Schulpsychologie →Beratung.

Schulreife, eine Bezeichnung für den zur →Einschulung vorausgesetzten körperlichen, geistig-psychischen und sozialen Entwicklungsgrad eines Kindes. Der Begriff Schulreife, wie er früher verwendet wurde, deutet irreführenderweise auf primär endogen gesteuerte Reifungsprozesse und -phänomene in der Entwicklung hin; statt dessen sieht man heute Entwicklung eher als einen komplexen *Wechselwirkungsprozeß zwischen Anlage und Umwelt* (→Anlage-Umwelt-Problem) zwischen Reifung und Lernen an. Es ist daher besser, von *Schulfähigkeit* (im objektiven Sinn) und von *Schulbereitschaft* (im subjektiven Sinn) zu sprechen (L. Schenk-Danziger). In Folge einer in jüngster Vergangenheit teilweise ideologisch geführten Kritik an pädagogisch-psychologischen Tests (→Pädagogische Diagnostik) resümiert Ingenkamp eine derzeitige weitestgehende Testabstinenz bei der Erfassung von Schulreife, mit dem Resultat, daß „subjektive, wenig reflektierte Praktiken" wieder eindeutig vorherrschen.

Schulschwierigkeiten sind Probleme von Schülern, die im Zusammenhang mit →Erziehung und →Unterricht in der Schule auftreten, hauptsächlich →Lernstörungen und →Verhaltensstörungen. Mögliche Ursachen sind: Probleme bei der →Einschulung, Schul- oder Lehrerwechsel, Erziehungsfehler in Elternhaus und Schule, körperlich-geistige →Behinderung, soziale Konflikte (zwischen Eltern und Kind, Lehrer und Schüler, unter den Schülern), langweiliger Unterricht.

Schulversagen. Wenn die schulischen →Leistungen den üblichen Anforderungen nicht mehr entsprechen, spricht man von Schulversagen. Schulversagen tritt meist im Zusammenhang mit verschiedensten →Schulschwierigkeiten (→Lernstörungen, →Verhaltensstörungen) auf. Mögliche gegensteuernde oder abhelfende Maßnahmen: Förderkurse, Nachhilfeunterricht, Beseitigung der Bedingungen von Lern- und Verhaltensstörungen, Schulwechsel.

Schwererziehbarkeit →Erziehungsschwierigkeit.

Sehgeschädigtenpädagogik →Blindenerziehung.

Sekundarbereich umfaßt nach den Vorstellungen des Deutschen Bildungsrates die an den →Primarbereich anschließenden Bildungseinrichtungen der Sekundarstufe I und II. Die Sekundarstufe I setzt sich zusammen aus der zweijährigen →Orientierungsstufe (falls diese nicht im →Primarbereich enthalten ist) und den Schuljahren 7–10 an →Gymnasien, →Realschulen, →Haupt- und →Gesamtschulen. Die Sekundarstufe II umfaßt die Schuljahre 11–13 an Gymnasien (gymnasiale Oberstufe), Fach- bzw. beruflichen Gymnasien sowie die Ausbildung an Fachoberschulen, Höheren Handelsschulen und Berufsaufbauschulen (→Berufsbildung).

Selbstbestimmung (synonym: Autonomie) bezeichnet die (relativ) freie Verfügbarkeit des Menschen über sich selbst und sein Verhalten. Selbstbestimmung gilt als wichtiges →Erziehungsziel. Sie findet ihre Grenzen dort, wo sie mit den Rechten anderer Personen und zentralen →Normen und Werten der Gesellschaft in Berührung kommt. Selbstbestimmung ist der End- und Zielpunkt jeder Selbständigkeitserziehung.

Selbsterziehung, eine Bezeichnung für jede Form selbstbestimmten und eigengesteuerten Handels zur Aufrechterhaltung oder Verbesserung erwünschter Persönlichkeitsmerkmale. Für die Selbsterziehung besonders bedeutsam sind auch verschiedene, teils auf psychologischen Verfahren der →Verhaltensmodifikation beruhende Selbstkontrolltechniken, die zur Veränderung bestimmter Persönlichkeitsmerkmale oder Verhaltensweisen (z. B. Selbstbehauptungstraining, Raucherentwöhnung) eingesetzt werden.

Selbstkonzept. Eine Bezeichnung für die relativ stabilen Auffassungen und Vorstellungen, die ein Individuum über seine eigene Person hat. Das Selbstkonzept entsteht durch soziale →Kommunikation und →Interaktion oder genauer aufgrund der positiven bzw. negativen Rückmeldungen, die man von anderen Menschen über sich selbst, sein Aussehen, sein Verhalten, seine Fähigkeiten erfährt (→Feedback). Das Selbstkonzept hat zwei *Hauptfunktionen*: a) Es definiert die Stellung des Individuums in der Welt und b) es determiniert das Verhalten (die →Leistung, die →Motivation) des Individuums. Oft wird zwischen einem *realen* und einem *idealen Selbstkonzept* unterschieden. Ersteres bezeichnet einen vorhandenen Realzustand („Wie ich bin"), letzteres einen angestrebten Idealzustand („Wie ich gerne sein möchte"). Bei großen Differenzen zwischen Realselbst und Idealselbst kommt es nach Meinung von C. R. Rogers zu psychischen Störungen eines Individuums. Durch →Nicht-direktive Gesprächsführung wird eine Angleichung von Realselbst und Idealselbst angezielt.
Interessant ist die Auffassung, wonach eine Persönlichkeit aus verschiedenen Selbstkonzepten besteht. Demnach kann es durchaus sein, daß jemand ein *Selbstkonzept eigener Fähigkeit oder Fertigkeit* hat, in dem noch eine Differenzierung hinsichtlich etwa des praktischen und theoretischen „Könnens" existiert. Wichtig ist dies vor allem deswegen, weil insbesondere die eigene →Anspruchsniveau-Setzung auf solchen Selbstkonzepten beruht.

Selbsttätigkeit →Unterricht.

Selbstverwirklichung. In der Psychologie und Pädagogik wird Selbstverwirklichung (auch: Selbstaktualisierung) – ein Begriff mit einer umfangreichen philosophischen, pädagogischen und soziologischen Tradition – verstanden als autonome Entwicklung und Entfaltung aller in einem Individuum angelegten physischen, psychischen und sozialen Potenzen nach dem Motto: Werde, der du bist! Selbstverwirklichung ist nach Ch. Bühler ein →Erziehungsziel und wird oft mit →Personalisation gleichgesetzt. Nach A. H. Maslow ist eine Person selbstverwirklicht, wenn sie u. a.
- sich spontan einfach und natürlich verhält;
- die Realität unverzerrt wahrnimmt;
- autonom und unabhängig von der Umwelt ist;
- ihre →Gefühle anderen gegenüber ungehindert ausdrückt;
- die Fähigkeit besitzt, ihre →Bedürfnisse und Wünsche zu äußern;
- ein Leben im „Hier und Jetzt" führt und
- ihre eigenen Unvollkommenheiten und Schwächen akzeptiert.

Sensible Phase (auch: Kritische Phase), Zeitabschnitt, der für eine →Prägung besonders günstig ist. Im Humanbereich werden sensible Phasen oder Perioden (für Lern- bzw. Prägungsprozesse) besonders für die Zeit der frühen Kindheit angenommen.

Sexualerziehung ist eine Bezeichnung für jedes erzieherische Handeln, welches eine Aufklärung über Sexualität, eine wertende Stellungnahme zur Sexualität und eine Einübung von Sexualität anzielt. Dabei sollte Sexualität nicht in verengter Betrachtungsweise als ein Prozeß bloßer sexueller Erregung und Entspannung, sondern als eine wichtige Form sozialer →Kommunikation und →Interaktion angesehen werden. Sexualerziehung darf nicht losgelöst und isoliert von der gesamten →Erziehung betrachtet werden. In weiten Bereichen stimmt Sexualerziehung inhaltlich und formal mit →Sozialerziehung, →Sozialisation, →Personalisation und →Selbstverwirklichung überein. Während früher Sexualität als Trieb (ähnlich wie Hunger oder Durst) galt und Sexualität vor allem als Anlage, als Schicksal, als etwas Dranghaftes und Bedrängendes, als ein Bedürfnis, welches ausgelebt werden muß, angesehen wurde, herrscht heute eine eher lerntheoretische Sicht vor. Menschliche Sexualität ist durch Lernen und →Erfahrung – positiv wie negativ – extrem beeinflußbar. Physiologische Gegebenheiten (Hormone, Steuerung durch das Nervensystem) bilden zwar eine wichtige Grundlage; sexuelle Verhaltensweisen („normale" wie „abnormale") werden jedoch im Verlauf des Lebens erlernt.
Hieraus leitet sich einerseits die Berechtigung der Forderung nach Sexualerziehung ab, und hierin liegt auch die Chance einer solchen Sexualerziehung.
Hinweise für die Erziehungspraxis.
- Die →Aufklärung über Sexualität sollte ab frühestem Alter erfolgen, und zwar so, daß das Kind auf jede diesbezügliche Frage eine offene Antwort erhält;
- →Familie, →Kindergarten, →Schule und andere Erziehungsinstanzen sollten in gegenseitiger Abstimmung Sexualerziehung durchführen;
- →Angst, Verbote und →Strafen führen zu Schuldkomplexen, zu sexuellen Gehemmtheiten, zu negativer Bewertung und zur Tabuisierung sexuellen Tuns; aus diesem Grund sind sie in der Sexualerziehung zu vermeiden;
- die →Reinlichkeitserziehung darf nicht zum Ekel oder zur Abscheu vor den Ausscheidungs- und Geschlechtsorganen und -vorgängen führen;
- Sexualverhalten muß als eine Möglichkeit sozialer Kommunikation und Interaktion betrachtet werden, in einem Lebensbereich, wo aufgrund der besonders intimen Beziehung, der Möglichkeit

des Glückempfindens sowie der jeweiligen Norm- und Wertvorstellungen die Gefahr der Verletzung, Kränkung und des Schmerzzufügens sowie der Konflikte ebenso gegeben ist wie die Möglichkeit einer intensiven Beziehung. Daher sind z. B. Sensibilität für die Bedürfnisse des Partners, Einfühlung, Beachtung nonverbaler Signale, liebevolle Zuwendung und Achtung des Selbstwertgefühls besonders wichtig.

- Sexualverhalten ist soziales Verhalten; Erziehung zur →Toleranz, Konfliktfähigkeit, Kooperation, gegenseitigem Verständnis, Rücksichtnahme, Frustrationstoleranz, sozialer →Kompetenz, Fähigkeit zur →Liebe sind wichtige Erziehungsziele der Sexualpädagogik (→Sozialerziehung);
- Sexualität ist immer norm- und wertorientiert. Sexualerziehung muß sich an übergreifenden →Normen und Werten und nicht an den möglicherweise überholten subjektiven Wertvorstellungen der Erzieher orientieren. Sexualität muß sich verwirklichen zwischen den Ansprüchen der Person und der Gesellschaft.

Sexualstörungen sind Beeinträchtigungen der sexuellen Erlebnisfähigkeit, z. B. Impotenz (verminderte Erektionsfähigkeit des Penis), Frigidität (sexuelle Erlebnisunfähigkeit der Frau), Anorgasmie (Unfähigkeit, einen Orgasmus zu erleben), verfrühte Ejakulation (Ejaculatio praecox). Die meisten Sexualstörungen sind nicht körperlich oder organisch, sondern psychisch bedingt. Hemmungen, Schuldgefühle, →Angst vor Versagen, Partnerschaftskonflikte, Neurosen und Psychosen sind einige der wichtigsten Störungsbedingungen. Sexualstörungen bedürfen zu ihrer Behandlung meist psychotherapeutischer Maßnahmen, z. B. →Psychoanalyse oder →Verhaltensmodifikation.

Social Casework →Einzelfallhilfe.

Social Groupwork →Gruppenarbeit, soziale.

Sonderpädagogik, Sammelbezeichnung für alle wissenschaftlich-theoretischen und erziehungspraktischen Bemühungen, um bei behinderten und verhaltensgestörten Kindern und Jugendlichen optimale Erziehungserfolge im Sinne der sozialen, beruflichen und personalen Eingliederung zu erzielen. Sonderpädagogische Maßnahmen sind notwendig, weil behinderte und verhaltensgestörte Kinder und Jugendliche in der Regelschule nicht in erwünschtem Umfang gefördert werden können und ohne verstärkte und intensive Erziehungsarbeit außerhalb der Schule Folgebeeinträchtigungen und →Behinderungen auftreten. In der Bundesrepublik Deutschland gibt es folgende Sonderschultypen: →Sonderschule für Lernbehinderte, für geistig

Behinderte, für Verhaltensgestörte, für Körperbehinderte, für Sprachbehinderte, Schwerhörige, Gehörlose, Sehbehinderte, Blinde. In →Sonderschulen werden allgemeine Unterrichts- und →Erziehungsziele mit den der jeweiligen Behinderung angepaßten Methoden angestrebt. Jeder sonderpädagogisch-heilpädagogischen Betreuung muß eine heilpädagogische →Diagnose vorausgehen. Durch sie werden anstehende Erziehungsprobleme erfaßt, Zeitpunkte und Ursachen der Störung beschrieben sowie Ziele und Methoden festgestellt.

Neben der spezifischen Förderung in einzelnen Sonderschultypen kommen in der sonderpädagogischen Praxis folgende allgemeine Methoden zur Anwendung:

- Physiotherapie (Heilgymnastik), um verschiedene Bewegungsmuster und -abläufe zu normalisieren (z. B. bei Spastikern, cerebralparetischen Kindern);
- Ergotherapien (Arbeitstherapien) zur Einübung lebenspraktischer Funktionsabläufe;
- Psychomotorische Therapien zur Koordination von Bewegungen, Schulung der Geschicklichkeit, Verbesserung von Ausdrucksmöglichkeiten;
- Perzeptionstraining (Förderung der Wahrnehmung), Sprach- und Sprechübungen, Denkübungen (Problemlösen);
- Kompensation; durch besondere medizinische, erzieherische Maßnahmen werden kompensatorische Techniken ausgebildet (z. B. Orientierung mit Hilfe des Tastsinns, Gebrauch der Füße als Handersatz);
- durch →Spiel, Musik, Gruppe werden soziale Fertigkeiten, Lebenswille, Kommunikationsbereitschaft erhöht;
- Verhaltenstherapie wird zur Symptombehandlung sowie zum schrittweisen Aufbau erwünschter Verhaltensweisen, z. B. des Sprechens, eingesetzt (→Verhaltensmodifikation);
- Nicht-direktives Gespräch, Psychoanalyse und andere Psychotherapien werden zur Beseitigung von Ursachen herangezogen.
- Die Gestaltung des Unterrichts in der Sonderschule berücksichtigt insbesondere Störungen im Bereich der Informationsverarbeitung (des Denkens) durch Anschauungsunterricht, Wiederholungen, langsames, schrittweises Vorgehen, durch die Wahl der Lerngegenstände aus der Lebenswelt der Kinder usw.

Sonderschulen. Für vollzeitschulpflichtige Kinder und Jugendliche, die aufgrund einer →Behinderung in normalen Schulen versagen, wurden Sonderschulen eingerichtet, um Behinderten optimale Förderung zukommen zu lassen. Charakteristika der Sonderschulen sind kleinere Klassen (ca. 10 bis 15 Kinder), Einzel- und Kleingruppenunterricht, behinderungsspezifische Organisation des Unterrichts (z. B.

→Blindenerziehung, →Gehörlosenerziehung, Arbeit mit →Körperbehinderten, →Rehabilitation), behinderungsspezifische Aktivitäten und Trainings (z. B. Benutzung von Hilfsmitteln aller Art, Hörtrainings, Sehtrainings, Sprachtrainings), sonderpädagogische Maßnahmen (→Sonderpädagogik) und die allgemeine Orientierung an Bedürfnissen und Möglichkeiten behinderter Schüler. Nach Angaben der Kultusministerkonferenz (KMK) von 1972 gliedert sich das Sonderschulwesen der Bundesrepublik Deutschland in folgende Sonderschultypen (in Klammern prozentuale Anteile Sonderschulbedürftiger):
Schule für Lernbehinderte (4,0%), Schule für Verhaltensgestörte (1,0%), Schule für geistig Behinderte (0,6%), Schule für Sprachbehinderte (0,5%), Schule für Körperbehinderte (0,2%), Schule für Schwerhörige (0,18%), Schule für Blinde (0,15%), Schule für Sehbehinderte (0,10%), Schule für Gehörlose (0,05%). In vielen Fällen sind den Schulen Wohnheime oder Tagesstätten angegliedert.

SOS-Kinderdörfer, eine Erziehungseinrichtung der von H. Gmeiner begründeten Societas Socialis (SOS), deren pädagogisches Konzept sich kurz ausdrücken läßt: Das Kind soll in einer möglichst familiennahen Umwelt aufwachsen. Die →Familie wird somit zum zentralen pädagogischen Prinzip, die familiäre Erziehung zur wichtigsten Methode der SOS-Kinderdörfer. Für elternlose sowie Kinder und Jugendliche aus zerrütteten familiären Verhältnissen bietet eine Ersatzfamilie und vor allem die Kinderdorfmutter die notwendige Geborgenheit und den erzieherischen Rahmen.

Sozialarbeit. Die traditionelle Trennung der von beruflichen Helfern (Sozialarbeiter/Sozialpädagogen) unmittelbar geleisteten Hilfen zur Bewältigung psychosozialer Schwierigkeiten in die Teilbereiche →Sozialpädagogik und Sozialarbeit wird nicht mehr aufrechterhalten. Das Zusammenwachsen beider Teilbereiche in Praxis und Theorie (Konvergenz = Vereinheitlichung des Berufsauftrages und Berufsfeldes) wurde durch die Bildungsreform von 1971 auch äußerlich durch die Bezeichnung „Sozialwesen“ dokumentiert. So wird heute vorgeschlagen, den Ausdruck „Sozialpädagogisch/soziale Arbeit“ für Aufgaben und Tätigkeiten im Rahmen der →Sozialhilfe, →Jugendhilfe und Gesundheitshilfe zu verwenden. →Sozialpädagogik.

Sozialerziehung und **soziales Lernen.** Eine Trennung zwischen den Begriffen „Sozialerziehung“ und „Soziales Lernen“ ist kaum möglich. Sozialerziehung könnte als absichtliche, gezielte Förderung des sozialen Lernens verstanden werden, wenn als Ergebnis des sozialen Lernens sozialeinsichtiges Verhalten erzielt wird. Soziales Lernen wird oft mit Beobachtungs- oder Nachahmungslernen gleichgesetzt. Soziale Verhaltensweisen – sowohl erwünschte als auch unerwünschte – werden über das Nachahmungslernen erworben. R. Oerter bezeichnet den Vorgang der „Übernahme der von der Gesellschaft vorgeschriebenen Verhaltensweisen, Haltungen (Gesinnungen) und Leistungen“ als soziales Lernen. Er meint, daß Änderungen infolge des sozialen Lernens „den Entwicklungsfortgang vom „unreifen“, asozialen, egoistischen Kleinkind zum sozial eingeordneten, „reifen“ Erwachsenen, der die Normen der Kultur in seinen Überzeugungen und Handlungsweisen repräsentiert“, bewirken. Die → Entwicklung wird als Sozialisationsprozeß, als soziales Lernen aufgefaßt.

Nach H. Hielscher richtet sich die Sozialerziehung auf das Erlernen von sozialem Verhalten. Im Rahmen der Sozialerziehung sollen die Kinder die Fähigkeiten erwerben, die eine möglichst kompetente Handhabung ihrer Außenbeziehungen ermöglichen. Unter „Außenbeziehungen“ versteht H. Hielscher alle „Interaktionen mit Menschen oder Menschengruppen, die für das Leben der zu Erziehenden bedeutsam sind“. Der Ausdruck Sozialerziehung wird aber auch im Sinne der „Erziehung zur sittlichen Verantwortung“, als Erziehung zu „sozialer Werthaltung“ oder im Sinne der „Erziehung zur Gemeinschaft durch die Gemeinschaft“ gebraucht. Nicht zu trennen von der Sozialerziehung ist die Individualerziehung, d. h. Hilfe bei der Identitätsfindung, beim Aufbau einer stabilen → Persönlichkeit, bei der Entwicklung der Selbständigkeit. Sozialerziehung kann nicht nur Anpassung an vorgegebene Ordnungsformen bedeuten, sondern umfaßt auch die Befähigung zur Veränderung dieser Formen im Sinne eigener → Bedürfnisse. Im Rahmen der Sozialerziehung wären danach folgende → Erziehungs- oder → Lernziele zu verwirklichen:

a) Die Fähigkeit zur Integration von „sachkundigem“ und „sozialeinsichtigem Verhalten“ umfaßt Kooperationsfähigkeit, Solidarität, Befähigung zur gemeinsamen → Leistung, zum Problemlösen in der Gruppe, die Fähigkeit, Informationen zu vermitteln und zu empfangen, das Wissen, daß Leistungskontrolle der Auslese dient, daß Konkurrenzverhalten durch soziale Techniken ausgeglichen werden muß und daß zum sacheinsichtigen und sachkompetenten Denken sozialeinsichtiges und sozialkonstruktives Denken hinzukommen muß, wenn sozial effektivere und gerechtere Formen des Zusammenlebens erreicht werden sollen.
b) Die soziale → Kompetenz wird als die Fähigkeit einer Person verstanden, sich in sozialen Situationen richtig zu verhalten. In sozialen Situationen gilt es, eine Balance (Gleichgewicht) zwischen sozialer und persönlicher Identität, zwischen Ansprüchen anderer und denen des eigenen Ich zu finden. Einige Lernziele zur sozialen Kompetenz sind: Rollendistanz, d. h. die Fähigkeit, die Interpretationsmöglichkeit, Vorläufigkeit, Kompromißhaftigkeit

von Rollen zu erkennen; die Fähigkeit, eigene → Vorurteile zu erkennen und abzubauen; die Befähigung zur angemessenen Selbstdarstellung, zur Einfühlung, zum Abbau sozialer Ängstlichkeit, zur Rollenübernahme, zur Belohnung anderer; die Bereitschaft zur Akzeptierung benachteiligter Menschen und zum Aufbau sozialer Beziehungen ohne Rücksicht auf individuelle Merkmale (z. B. Haarfarbe, Gesichtsausdruck, Körperhaltung usw.). Im Rahmen der sozialen Kompetenz ist auch die Handlungsfähigkeit in Konfliktsituationen sehr wichtig. Anzustreben sind die Fähigkeit, Konflikte und deren Ursachen zu erkennen, sich in Konfliktsituationen ohne Angst zu verhalten und mit Benachteiligten mitzufühlen, Konfliktgefahren zu verbalisieren, Metakommunikation zu betreiben (→ Konflikterziehung).

c) Die kommunikative Kompetenz umfaßt neben der Fähigkeit zum Informationsaustausch auch z. B. die Fähigkeit, sich durch Kommunikation zur Wehr zu setzen, sich zu beschweren, etwas zurückzunehmen, wenn es gerechtfertigt ist, andere zu überzeugen, das → Feedback zu geben und zu empfangen, sich analoger → Kommunikation bewußt zu werden, verschiedene Kommunikationstechniken anwenden zu können (→ Gespräch).

d) Wichtig sind auch emotionale (→ Gefühle) Lernziele, z. B. die Fähigkeit und Bereitschaft, Gefühle mitzuteilen, über sich selbst lachen zu können, Niederlagen aufzuarbeiten, Trauer auszudrükken, → Angst zu ertragen, Zärtlichkeit zu geben und zu empfangen, Schuldgefühle zu überwinden, unangenehmes Verhalten anderer zu ertragen, Vertrauen auszustrahlen.

e) Die Kompetenz zur Selbst- und Ichsteuerung wird interpretiert als Fähigkeit, eigene Beweggründe des Verhaltens zu erkennen und zu steuern, Grenzen des Ich zu akzeptieren, Moral zu entwickeln, Versagungen zu ertragen, Selbststeuerung zu erkennen und einzusetzen, zur eigenen → Selbstverwirklichung Programme zu entwikkeln, andere belohnen und bestrafen zu können.

f) Als Lernziel der Sozialerziehung wären noch „Politische Handlungsfähigkeit" und „Therapeutische Fähigkeit" (z. B. die Fähigkeit, eine positive Beziehung zu Menschen mit psychosozialen Problemen aufzubauen, kein verstärktes Mitleid zu zeigen; Fähigkeit, ein → Gespräch in einer Problemsituation zu führen) zu nennen.

Sicherlich ist so verstandene Sozialerziehung nicht aus der Gesamterziehung auszuklammern. Die Verwirklichung spezifisch sozialer Lernziele, z. B. → Feedback geben und empfangen, kennzeichnende Merkmale der → Interaktion und → Kommunikation zu erkennen, aktiv zuhören zu können, Beziehungsprobleme zu erkennen und ausdrücken zu können, erfordert aber ein spezifisches Vorgehen der Erzieher. Einige Beispiele: Feedback-Übungen mit Handpuppen,

→Rollenspiele (z. B. „Wie können wir es besser machen?"), Spiele, um Gefühle wahrzunehmen und einzuschätzen („Sage mir, wie ich mich fühle!"), Bekräftigungsübungen („Sich positive Dinge sagen"), Übungen zur Metakommunikation („Meckerecke"). Neben dem Vorbildverhalten der Eltern wäre in der Schule ein sozial-integratives Verhalten der Lehrer sehr wichtig.

Soziales Lernen →Sozialerziehung.

Sozialhilfe. Das Recht auf soziale Sicherheit wird heute auf der ganzen Welt anerkannt. Der sozialen Sicherheit dienen:
- Versicherung, durch die ein Schadens- oder Nachteilausgleich erfolgt, der durch die Beitragszahlung der zu einer „Ausgleichsgemeinschaft" zusammengeschlossenen Versicherten ermöglicht wird (Krankenversicherung, Sozialversicherung, Arbeitslosenversicherung usw.);
- Versorgung wird ohne eigene materielle Vorleistung gewährt und wird in der Regel als Schadensausgleich, als Entschädigung gewährt (z. B. Kriegsopferversorgung, Lastenausgleich, Wohngeld, Familienlastenausgleich, Wiedergutmachungsleistungen);
- Fürsorge, früher als Armenhilfe bekannt, wird gegenwärtig durch das →Bundessozialhilfegesetz und das →Jugendwohlfahrtsgesetz rechtlich garantiert und unterscheidet sich in zwei wesentlichen Punkten von der Versicherung und Versorgung:

a) Sie erfolgt „subsidiär", d. h. ergänzend und aushilfsweise, wenn in einer Notlage alle vorrangigen Hilfen (eigene Kräfte und Mittel, Hilfe Dritter) versagen oder nicht ausreichen;
b) sie erfolgt nicht schematisch (wie Leistungen und Versicherungen), sondern ist *individuell* den Bedürfnissen des Einzelfalles anzupassen und wird als Hilfe zur Selbsthilfe verstanden. Aus diesem Grund wird der Fürsorgeempfänger zur Mitwirkung verpflichtet, um die Not zu beseitigen.

Die durch das BSHG geprägte Bezeichnung Sozialhilfe umfaßt dementsprechend Hilfen zum Lebensunterhalt, um ein der Menschenwürde entsprechendes soziales Existenzminimum zu garantieren, und Hilfen in besonderen Lebenslagen, mit denen der soziale Bestandsschutz des von einer Notlage Betroffenen gesichert wird. Die Notlage des einzelnen wird nicht mehr als selbstverschuldet, sondern als Folge gesellschaftlicher und wirtschaftlicher Entwicklung angesehen. Aufwendungen der Sozialhilfe werden durch Steuern und Abgaben finanziert.

Sozialisation. H. Fend bestimmt den Begriff Sozialisation als „den Prozeß der Eingliederung eines Individuums in die Gesellschaft oder in eine ihrer Gruppen über den Prozeß des Lernens der →Normen

und Werte der jeweiligen Gruppe und Gesellschaft". Sozialisation ist ein lebenslanger Prozeß, findet aber hauptsächlich in der Zeit der Kindheit statt. Besonders bedeutsam für das Individuum sind die familiäre Sozialisation (Primärsozialisation) und die schulische Sozialisation (Sekundärsozialisation).
Sozialisationsinstanzen (Sozialisatoren) sind außer →Familie und →Schule z. B. auch →Kindergarten und →Gleichaltrigengruppen. Sozialisation verläuft immer in einem Spannungsfeld zwischen →Selbstbestimmung des Individuums und →Anpassung an die Umwelt, zwischen den →Bedürfnissen der Person und den →Normen und Werten der Gesellschaft und →Kultur.

Sozialpädagogik. *Problemerörterung.* In jeder Gesellschaft – sei sie reich oder arm, demokratisch oder nicht demokratisch, kapitalistisch oder sozialistisch – treten soziale und individuelle Notstände verschiedener Art, Erziehungs- und Bildungsprobleme, Konflikte und Hilflosigkeit auf. Vor der Jahrhundertwende galt es, äußere materielle Not, Armut zu beseitigen (europäische Armenpflege), gegenwärtig muß vor allem Hilfe bei psychosozialen Problemen Jugendlicher, behinderter, psychisch kranker und alter sowie arbeitsloser Menschen geleistet werden. Mit dem Wandel und der Verlagerung der Notstände haben sich auch die Aufgaben, Maßnahmen, Tätigkeiten und der Auftrag von Sozialpädagogen geändert. Dies führte dazu, daß von Sozialarbeitern nicht mehr finanzielle und materielle Hilfen im Sinne der Sozialhilfe – historisch gesehen vor und nach der Jahrhundertwende Almosenwesen, Fürsorge und Armenpflege genannt – und vom Sozialpädagogen nicht mehr überwiegend →Erziehungshilfen zur Ergänzung der →Familie (→Kinderkrippe, →Kindergarten) oder als Familienersatz (→Kinderheim) geleistet wurden. Daher wurde Ende der 60er Jahre zur Beendigung des Begriffsstreits vorgeschlagen, die Trennung zwischen beiden Arbeitsfeldern in Theorie und Praxis aufzuheben und den Ausdruck „sozialpädagogisch/soziale Arbeit" zu verwenden. Die Trennung zwischen den beiden Begriffen wurde 1971 durch die Schaffung des Fachhochschulstudiengangs „Sozialpädagogik" (Dipl. Sozialpädagoge, FH), der durch Studienschwerpunkte sowohl die Erziehungshilfe (Vorschulpädagogik, Heimpädagogik, →Jugendpflege) als auch die →Sozialhilfe (Gesundheitshilfe, soziale Administration, →Altenhilfe) umfaßt, endgültig aufgehoben.
Die geschichtliche Entwicklung der Sozialpädagogik/Sozialarbeit steht im Zeichen des Ringens um die ideologische, politische und pädagogische Position. Sozialpädagogen sollen individuelle Not lindern, aber dadurch verdecken sie kollektive Konflikte und tragen dazu bei, daß die Ursachen der Not nicht beseitigt werden. Sie werden daher oft als „Feuerwehrmänner der Nation" oder als „Flick-

schuster der Nation“ bezeichnet. Das Dilemma der Sozialpädagogik kommt in folgenden Aussagen zum Ausdruck: „So ist die Einstellung aller Sozialarbeiter: Wie kriege ich den Slumbewohner dazu, sich so zu verhalten, als wäre er keiner!“ K. Mollenhauer meint, daß sich die Gesellschaft im Sozialpädagogen einen ihrer „heftigsten Kritiker produziert“ und daß die Sozialpädagogik zum Aufbau einer sozial gerechteren, humaneren Gesellschaft beitragen muß.
Begriffsbestimmung. Nach H. Pfaffenberger ist „Sozialpädagogisch/soziale Arbeit organisierte und institutionalisierte gesellschaftliche Praxis, die auf Veränderung, d. h. auf Beseitigung oder Abbau von negativen sozialen Lebenslagen (die als Not, Bedürftigkeit oder Abhängigkeit definiert werden) abzielt“. Mit diesem Begriff werden also Einrichtungen und Maßnahmen zusammengefaßt, die Menschen helfen sollen, sich in ihre Gesellschaft zu integrieren und in ihr ein Leben zu führen, das der Würde des Menschen entspricht. F. Flamm verwendet den Ausdruck Sozialpädagogik als Bezeichnung für Sozialarbeit im geschichtlich gewachsenen Sinne des Wortes (Hilfe in Notlagen), soweit sie „auf die Erziehung junger Menschen bezogen ist“. Damit wäre Sozialpädagogik „Theorie und Praxis der → Jugendhilfe“. Man könnte Sozialpädagogik oder sozialpädagogisch/soziale Arbeit als Sammelbezeichnung für soziales, pädagogisches, soziologisches, politisches und psychologisches Handeln außerhalb der Familie, Schule und Berufsausbildung zur Verwirklichung des → Rechts auf Erziehung, zur Sicherung der verfassungsmäßig garantierten Grundrechte und zur Ermöglichung eines menschenwürdigen Lebens verwenden. Der Begriff Sozialpädagogik wurde zum ersten Mal 1850 von → Diesterweg verwendet.
Aufgaben und Funktionen sozialpädagogisch/sozialer Arbeit. Das Ziel der Sozialpädagogik ist, soziale Integrationshilfen zu leisten, und zwar da, wo primäre Instanzen (Familie, Schule) entweder versagt haben, nicht zuständig sind oder einer Ergänzung bedürfen. Hier wird das sog. → *Subsidiaritätsprinzip* deutlich, d. h. die „Nachrangigkeit“ der Sozialpädagogik gegenüber Familie und Schule. Sozialpädagogik steht nicht nur im Dienste der Hilfsbedürftigen, sondern auch im Dienste der Gesellschaft. Sie trägt einerseits durch Beseitigung von Konfliktursachen und durch Behebung von Mißständen zur Stabilisierung der Gesellschaft bei, andererseits hilft sie durch Aufdeckung von Mängeln und Ungerechtigkeiten die Gesellschaft in Richtung auf mehr Demokratie, Emanzipation, Freiheit und Gerechtigkeit fortzuentwickeln.

Bei der Verwirklichung des geschilderten Auftrags steht die Sozialpädagogik immer wieder vor der Frage, wann ihre Klienten zur Anpassung und wann zum Widerstand ermutigt werden sollen. C. B. Germain und A. Gitterman (um 1970) meinen, daß diese Entscheidungsfrage nur dann auftritt, wenn die Wechselwirkung zwischen Individuum und Umwelt zu wenig beachtet wird. Sie entwickelten den sog. ökologischen Ansatz oder die „ökologische Perspektive“ der Sozialpädagogik. Ökologische Sozialpädagogik/Sozialarbeit besteht darin, Personen und den Lebensraum, Lebensbedingungen von Personen („Habitate“) zu transaktionalen Anpassungsprozessen anzuregen und zu befähigen mit dem Ziel, daß sie ihre subjektive und objektive Lebenskompetenz und auch ihre Beziehungen zu den Mitmenschen so verändern und neu organisieren, daß sich aktive Bemühungen um Selbstbestimmung und ein sinnvolles Leben einstellen.

Übersicht über die Funktionen der sozialpädagogisch/sozialen Arbeit

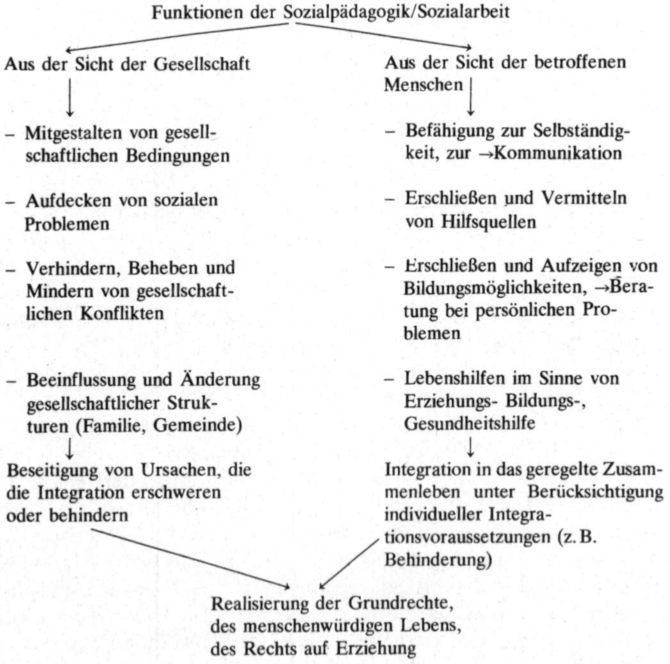

Diese Hilfe ist notwendig bei Personen, die sich im negativen, belastenden Lebensstreß befinden. Dies ist der Fall, wenn Menschen nicht mehr erwarten, daß sie ihre Lage ändern und ihre Probleme lösen können. Dabei geht es nicht um Anpassung von Personen, sondern um Änderung des *Person-Umwelt-Verhältnisses,* des Person-Umwelt-Austausches. Angestrebt wird ein Habitat oder Lebensraum (Wohnverhältnisse, Einkaufsmöglichkeiten, soziale Stützsysteme, Arbeit, Freizeitmöglichkeiten, Bildungseinrichtungen,...), der als „mein

sinnvoller Platz“ oder *Nische* erlebt wird. Das Prinzip der sozialpädagogischen Einmischung lautet immer: *Hilfe zur Selbsthilfe,* d. h. jegliche Fremdhilfe ist so zu gestalten und zu bemessen, daß sie die Selbsthilfekräfte der In-Not-Geratenen mobilisiert.
Mit dem Begriff Lebensstreß wird zum Ausdruck gebracht, daß nicht nur die äußeren Umstände und Herausforderungen (kritische Lebensereignisse, Schicksale), sondern die durch sie hervorgerufenen Gefühle von Bedeutung sind. Es wird deutlich: Für die →Gefühle und die Bewertungen einer Situation ist die Person verantwortlich. So gibt es nicht eine negative, belastende, schädliche Umwelt, sondern eine belastende Person-Umwelt-Beziehung.
Träger, Tätigkeitsbereiche und Einrichtungen. Sozialpädagogisch/soziale Arbeit wird in Deutschland von öffentlichen und freien Trägern geleistet. Nach dem →Subsidiaritätsprinzip sind die öffentlichen Träger (Kommunen, Sozialamt, Jugendamt) erst dann zur Hilfeleistung verpflichtet, wenn die Leistungen von freien Trägern, insbesondere von freien →Wohlfahrtsverbänden und den ihnen angegliederten Institutionen nicht erbracht werden.
Tätigkeiten und Maßnahmen der sozialpädagogisch/sozialen Arbeit werden aufgegliedert in die →*Sozialhilfe,* →*Jugendhilfe und Gesundheitshilfe* (z. B. Drogen- und Suchtberatung, Schwangerschaftsberatung, Hilfen bei psychischen Krankheiten, Bekämpfung von ansteckenden Krankheiten). An Fachhochschulen für Sozialpädagogik werden folgende Studienschwerpunkte angeboten: Soziale Administration (Verwaltung) und soziale Beratung, →Resozialisierung, →Rehabilitation, Jugend- und →Erwachsenenbildung, →Vorschulerziehung (→Kindergartenerziehung) und Erziehung im →Elementarbereich.
Zu den Einrichtungen der Sozialpädagogik gehören das mit dem Reichsjugendwohlfahrtsgesetz 1922 eingeführte →Jugendamt als „Erziehungsbehörde“ mit den Maßnahmen Familienfürsorge, Adoptionsvermittlung, Aufsicht über Kindergärten, Kinderkrippen und Pflegefamilien, Jugendgerichtshilfe, Erziehungsbeistandschaft, Amtsvormundschaften u. a. Weiterhin sind als Einrichtungen Kindergärten, alle Institutionen der Jugendpflege, z. B. Freizeitheime und der außerschulischen Jugendbildung, Jugendstrafvollzug, Heime, Beratungsstellen verschiedener Art, Einrichtungen der betrieblichen Sozialarbeit und Sozialämter zu nennen.
Hinweise zur Praxis. Menschen, die von Sozialpädagogen Hilfe erwarten, befinden sich meist in einer, aus ihrer Sicht ausweglosen und außergewöhnlichen Belastungssituation. Diese subjektive Einschätzung erschwert in der Regel eine →Beratung und Behandlung. Sozialpädagogen sind auf die Mitarbeit der Klienten angewiesen, d. h. die Motivation der Hilfesuchenden ist eine grundlegende Voraussetzung für eine erfolgreiche Intervention. Häufig kommen in Not geratene Men-

schen mit falschen oder überzogenen Erwartungen zum Sozialpädagogen. Sie verstehen sich als Empfänger fremder Hilfe und nicht als diejenigen, die sozusagen mit Begleitung eines professsionellen Helfers Selbsthilfe leisten sollen. Eine Klarstellung des Auftrages der Sozialpädagogik und eine behutsame Korrektur unerfüllbarer Erwartungen werden daher zu Beginn der Begegnung notwendig sein, damit der Sozialpädagoge nicht zum Gegenstand der Aggression enttäuschter Klienten wird.
Sie müssen außerdem methodisch vorgehen und sich der Erkenntnisse über das menschliche Verhalten und Erleben bedienen. Als „klassische" Arbeitsmethoden gelten: Soziale →Einzelfallhilfe, soziale →Gruppenarbeit und →Gemeinwesenarbeit. Es zeigt sich auch, daß im Laufe der Geschichte der Sozialpädagogik, wahrscheinlich infolge der weltanschaulichen, politischen und wissenschaftlichen Entwicklung, jede Epoche eine eigene Methode bevorzugt. In den 30er Jahren war es die soziale Einzelfallhilfe, nach der Studentenbewegung die soziale Gruppenarbeit und gegenwärtig geht die Tendenz Richtung Gemeinwesenarbeit und hin zur Gründung und Organisation sog. Selbsthilfegruppen.
In der Öffentlichkeit sind Sozialpädagogen als „Fürsorger" und „Wohlfahrtspfleger" (die Bezeichnungen haben einen abwertenden Beigeschmack) nicht gerade beliebte und willkommene Helfer in der Not. Oft werden auch bürokratische Schwerfälligkeit, mangelnde Planung und Kooperation zwischen verschiedenen Trägern, ideologische Ausrichtung und unzureichende rechtliche Bestimmungen beklagt. Die Politisierung der Sozialpädagogik einerseits und mangelndes politisches Gewicht andererseits machen die Praxis der Sozialpädagogen nicht gerade leichter und führen häufig dazu, daß Sozialpädagogen selbst ins Zentrum der Kritik geraten und als „hilflose Helfer" frustriert aufgeben. Daher werden vor allem im Rahmen der Gemeinwesenarbeit sozialpädagogische Teams angestrebt, so daß sich Sozialpädagogen gegenseitig beraten (→Supervision) und unterstützen können.

Soziodrama, eine Aktionsmethode, ähnlich wie →Psychodrama und →Rollenspiel, nur mit gewissermaßen anderem Akzent. Statt einer auf das Individuum zentrierten Therapie (wie im Psychodrama) geht es hier eher um eine Kollektivtherapie. Es werden dazu soziokulturelle Rollen durchgespielt, so z. B. Konflikte zwischen Arbeitern und Unternehmern, Christen und Juden usw.

Soziogramm →Soziometrie.

Soziometrie, in weiterem Sinn eine Sammelbezeichnung für alle Verfahren und Techniken zur Erfassung und Beschreibung sozialer Ereignisse und Interaktionen in einer Gruppe. Im engeren Sinn versteht man darunter spezielle Methoden zur Messung der Richtung und Intensität zwischenmenschlicher Präferenzen, z. B. den von J. Moreno entwickelten soziometrischen Test. Dabei werden z. B. Schüler in einer Schulklasse gebeten, anzugeben, neben wem sie gerne sitzen würden (Wahl) und wen sie sich auf keinen Fall als Nachbarn wünschen (Ablehnung). Aus der Gesamtzahl von erfolgten Wahlen und Ablehnungen lassen sich z. B. Gruppeninteraktionen, Führerrollen, Randpersonen, gegenseitige Sympathie und Antipathie genau erkennen. Zur Verdeutlichung dieser sich ergebenden Beziehungsstruktur der Gruppenmitglieder lassen sich die Wahlen und Ablehnungen in Form eines *Soziogramms* darstellen.

Soziogramm einer Kleingruppe

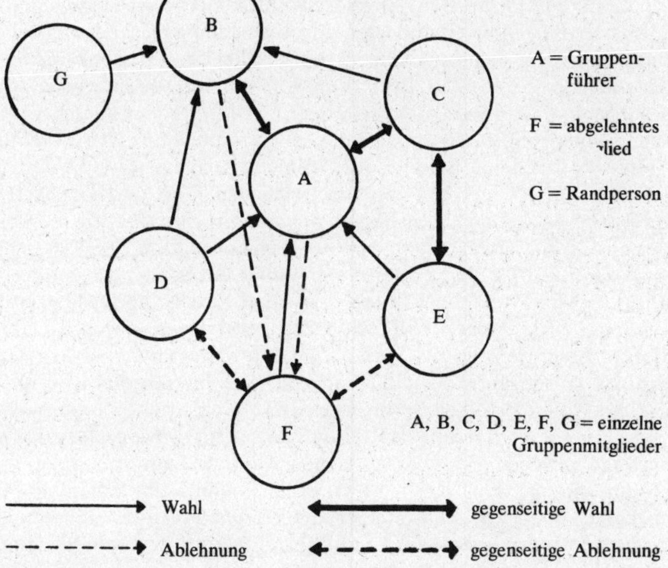

Spiel, Spielen. *Problemerörterung.* In unserer auf Rationalität eingestellten und zweckorientierten Gesellschaft steht das Streben nach Verdienst, Leistung und Gewinn ganz oben. Das Motto „Gut ist, was nützt" ist für viele Menschen Leitthema ihres Lebens. Tätigkeiten und Dinge, welche einem solchen Nützlichkeitsanspruch nicht standhalten, werden als überflüssig, als Zeitverschwendung abgestempelt. Ein solches negatives Urteil wird auch oft über das Spielen gefällt. Kinder, die viel spielen, werden als Spielkind, als verspielt, als lernunwillig oder faul und als unrealistisch bezeichnet oder eingeschätzt. Eine solche abwertende Sicht des Spiels verkennt wichtige Sachverhalte wie z. B.

- die große Bedeutung des Spielens für das Kind und seine Entwicklung;
- die Tatsache, daß das Spiel für Kinder Lernen und Anstrengung beinhaltet;
- die Tatsache, daß jedes Spiel für das Kind Realität bedeutet;
- die Möglichkeit, Probleme und Konflikte im Spiel zu bewältigen, und
- die im Spiel sich vollziehende Vorbereitung auf das spätere Leben und seine Anforderungen.

Begriffsbestimmung. Spiel ist eine relativ zweckfreie körperliche und/oder geistige Tätigkeit, die vom Organismus als lustvoll erlebt wird. Spielen bietet die Möglichkeit des Ausdrucks und der Verarbeitung von Gefühlen, Problemen, Ängsten, Konflikten, ist eine kindgemäße Form der Umweltauseinandersetzung, bietet einen Ausgriff in die Zukunft und dient der Entwicklung der kindlichen → Persönlichkeit.

Theorien des Spiels. Zur Erklärung von Spielverhalten wurde eine Reihe von → Theorien entwickelt, deren wichtigste hier kurz erwähnt seien: Von H. Spencer wurde Spielen als *Abreaktion überschüssiger* Energie betrachtet. J. Schaller sah Spielen vor allem als *Erholung* für den Organismus an; K. Groos erblickte den Sinn und Zweck des Spiels in einer unbewußten *Einübung körperlicher und geistiger Aktivitäten* für das spätere Leben. Für E. Haigis erfolgt im Spiel eine *Bewußtwerdung* der eigenen Person. K. Bühler sah Spielen begründet in einer *„Funkionslust"* des Kindes, d. h. einer Lust an körperlicher Bewegung oder geistiger Tätigkeit ohne sonst erkennbaren anderen Zweck. Eine Theorie des Spiels als *„Aktivierungszirkel"* wurde von H. Heckhausen entwickelt. Danach ist das abwechselnde, zeitlich rasch aufeinanderfolgende Auftreten von psychischer Spannung und Lösung (sog. Aktivierungszirkel) das, wonach ein Mensch verlangt. Im Spiel ereignen sich solche raschen Abfolgen von Spannung und Lösung sehr oft, z. B. das Kind ist erregt, wenn sich die Mutter versteckt hat; die Entdeckung steigert die Erregung bis zum Höhepunkt, dann tritt wieder Entspannung und Beruhigung auf. Nach Heckhausen hat das Spiel die folgenden Kennzeichen: 1. Es besitzt Zweckfreiheit, 2. es läuft als Aktivierungszirkel ab, 3. es bietet eine handelnde Auseinandersetzung mit einem Stück real begegnender Welt, 4. es hat oft eine undifferenzierte, wenig klare Zielstruktur und eine unmittelbare Zeitperspektive, d. h. im Spiel findet kein weitgespannter, sondern nur ein kurzfristiger Ausgriff in die Zukunft statt. Spielen ist hauptsächlich gegenwartsbezogen, und 5. es spielt sich in einer Art „Quasi-Realität" ab, d. h. Spiele stellen für den beteiligten Spieler realistische Situationen dar. Zusammenfassend: Die einzelnen Theorien tragen jeweils unterschiedliche Aspekte für eine Betrachtung von

„Spielen" bei. Wahrscheinlich ist es so, daß Spielen alle erwähnten Merkmale oder Funktionen (Abreaktion, Einübung, Erholung, Aktivierungszirkel) besitzt, trotzdem damit aber noch nicht völlig erklärbar oder beschreibbar ist. Eine umfassende Theorie des Spielens steht bisher noch aus.

Formen bzw. Arten von Spielen. Im einzelnen lassen sich die folgenden Hauptformen bzw. -arten von Spielen unterscheiden:

a) *Funktionsspiele.* Sie dienen der Übung körperlicher und geistiger Funktionen (z. B. Hüpfen, Springen, Plappern, Geschicklichkeitsspiele, Gedächtnisübungen).

b) *Gestaltungs- und Konstruktionsspiele.* Der Spielgegenstand reizt das Kind zur Gestaltung und zur Konstruktion (z. B. Bauen, Zusammensetzen, Figurenlegen).

c) *Rollen- und Partnerspiele.* Das Kind übernimmt die Rolle eines Menschen, eines Tieres, einer Pflanze und gestaltet sie teils nachahmend, teils neu erfindend aus (z. B. Vater-Mutter-Spiel, Kaufmann, Räuber und Gendarm).

d) *Bewegungsspiele.* Sie dienen dem Wunsch des Kindes nach sozialem Kontakt und Spiel mit anderen Kindern (z. B. „Es tanzt ein Bi-Ba-Butzemann", „Schwesterchen, komm, tanz mit mir", „Der Fuchs geht um", verschiedene Kreis- und Ringelreihen-Spiele).

e) *Regelspiele.* Hier läuft das Spiel relativ starr nach bestimmten Regeln ab, die durch das Spielmaterial oder den Spielablauf vorgegeben sind (z. B. Schwarzer Peter, Mühle, Dame, Schach).

f) *Wettspiele und Kampfspiele.* Hier geht es um Wettbewerb, aber auch um Kooperation zwischen einzelnen Spielern oder Spielergruppen (z. B. Fußball, Handball, Schwimmen, Geschicklichkeits- und Gedächtniswettstreit).

Alle einzelnen Formen bzw. Arten von Spielen lassen sich als *spontane, freie* Aktivität (von seiten des Kindes) oder als *gelenkte und gesteuerte* Tätigkeit (von seiten des Lehrers) durchführen.

Hinweise zur Erziehungspraxis. Nach I. Pichottka und G. Leinhofer gibt es für den Erzieher drei Möglichkeiten, kindliches Spielen positiv zu beeinflussen:

- *Anerkennung* als Verstärkung und Ansporn zu weiteren Spielaktivitäten (Jede intensive Tätigkeit des Kindes, nicht erst eine erkennbare Leistung, muß anerkannt und entsprechend gewürdigt werden.);
- *Anregungsrahmen* innerhalb einer leistungsfreien Atmosphäre (Zahl und Art der Spiele, Spielzimmer usw. beeinflussen die Richtung und Stärke kindlichen Spielens, bieten Anregung und Anlaß zum Spiel);
- *Angebot* durch die Erzieher (das spontane freie Spielen des Kindes bedarf der Ergänzung durch das vom Erzieher gelenkte Spiel, wel-

ches bestimmte Lernprozesse in Richtung auf bestimmte Lernziele hin aktiviert und steuert).

Weiterhin ist es wichtig, den Kindern altersgemäßes Spielzeug anzubieten, z. B. den Kleinsten eine Rassel, dem Kind, das zu laufen beginnt, ein Tier zum Nachziehen, dem Vorschulkind verschiedene Denk-, Gedächtnis- und Lernspiele, dem kleinen Bastler oder Tüftler Konstruktionsspiele, dem Künstler Pinsel und Malfarben. Zu beachten ist in jedem Fall, daß ein Spielzeug die →Phantasie und die →Kreativität des Kindes anregen sollte. Ein Spielzeug oder Spielmaterial, das sich verformen, umgestalten, zerstören und anders wieder aufbauen läßt, bietet einem Kind sehr viel mehr Anregung und wird auch viel länger von ihm verwendet als irgend etwas Fix-und-Fertiges, das nur für kurze Zeit Interesse weckt und dann weggelegt wird.

Spieltherapie, eine Behandlungsmethode für psychisch gestörte oder verhaltensgestörte Kinder, in deren Mittelpunkt spielerische Aktivitäten stehen. Im →Spiel können die Kinder unbewußte psychische und soziale Konflikte ausleben, z. B. Auseinandersetzungen mit den Eltern, Lehrer-Schüler-Konflikte, →Ängste und →Frustrationen, Überforderungs- und Versagungssituationen. Mit Hilfe des Therapeuten können diese Konflikte dann verarbeitet und bewältigt werden.

Sprachbarrieren →Sprache.

Sprache, Spracherziehung. *Problemerörterung.* Nach allgemeiner Auffassung ist die Sprache etwas, was den Menschen mit am deutlichsten vom Tier unterscheidet. Die Sprache ermöglicht dem Menschen, Abstand zu nehmen von instinkthaftem, tierischem Reagieren auf Signale oder Auslösereize der Umwelt. Sprache steht mit Kognition und →Denken in einem engen Zusammenhang; oft wird sogar Denken als „inneres Sprechen" bezeichnet. Sprache strukturiert und erfaßt die Welt. Sprache ermöglicht Kontaktaufnahme, →Kommunikation und →Interaktion. Erziehung (vor allem bewußtes erzieherisches Handeln) setzt den Gebrauch von Sprache voraus. Die skizzierten Funktionen von Sprache machen deutlich, wie wichtig die menschliche Sprache und wie entscheidend Spracherziehung ist.

Begriffsbestimmung. Sprache ist im Alltagsverständnis ein Repertoire von Wörtern oder Ausdrücken, mit denen verschiedene Gegenstände bezeichnet werden. Stellen wir dieser Auffassung die „wissenschaftliche" Definition von J. B. Carroll gegenüber: „Sprache ist ein strukturiertes System willkürlicher menschlicher Laute und Lautsequenzen, das in einer Gruppe von Menschen zur interindividuellen →Kommunikation verwendet werden kann und ziemlich erschöpfend die Dinge, Ereignisse und Vorgänge in der menschlichen Umgebung katalogisiert."

Will man das Phänomen „Sprache“ möglichst ganz erfassen, dann empfiehlt es sich, zumindest folgende Aspekte von Sprache zu berücksichtigen:

Pragmatischer Aspekt. Sprache wird eingesetzt zur Befriedigung kommunikativer Bedürfnisse; der Mensch handelt mit der Sprache und durch die Sprache, er informiert, fragt, stellt fest, fordert auf, nimmt Kontakt auf. Sprache wird in Handeln umgesetzt. Handeln und Verhalten sind ohne den Einsatz der Sprache nicht denkbar.

Semantischer Aspekt. Sprache ist ein Zeichensystem für etwas Bezeichnetes (für →Begriffe). Für alle Dinge, Sachverhalte, Vorgänge, Zustände hält die Sprache Symbole (Worte und Ausdrücke) bereit.

Syntaktischer Aspekt. Sprache stellt sich dar als geordnetes Gefüge einzelner Sprachzeichen; einzelne Wörter sind nach bestimmten Regeln zu Sätzen zusammengefaßt.

Phonetischer Aspekt. Sprache wird gehört und gesprochen in Lauten und Lautgruppen (Phonemen). Die sprachlichen Laute stimmen mit bestimmten sprachlichen Zeichen nicht immer überein (→Rechtschreibung).

Funktionen der Sprache.

- Ausdrucksfunktion: Mit Hilfe der Sprache lassen sich →Gefühle, Erlebnisse, →Lob, →Tadel usw. ausdrücken;
- Kommunikationsfunktion: Sprache dient der zwischenmenschlichen Verständigung und der Kontaktaufnahme bzw. der Kontaktbeendigung;
- Bezeichnungsfunktion: Mit Hilfe von Sprache lassen sich Dinge, Gegenstände, Sachverhalte bezeichnen und katalogisieren (→Denken);
- Beschreibungsfunktion: Sprache dient der Informationsaufnahme und -weitergabe;
- Handlungsfunktion: Sprachliche Befehle, Anweisungen, Bitten, Fragen, Antworten wirken sich auf das Verhalten oder Handeln von Personen aus;
- Denkunterstützungsfunktion: Sprache oder genauer „inneres Sprechen“ hilft mit beim Problemlösen, Aufstellen von Regeln und Plänen, Überlegen von Begründungen;
- Bewertungsfunktion: Mit Hilfe von Sprache bewerten wir Dinge, Verhalten von Personen, Meinungen und Tatsachen, geben wir Geschmacksurteile ab;
- Kulturtradierungsfunktion: Alle literarischen Werke benutzen die Sprache als Medium; Texte, Lieder, Geschichten, Verse helfen, Kultur an nachfolgende Generationen weiterzugeben und zu überliefern.

Sprach- bzw. Sprechprobleme. Da das Sprachverständnis und die Sprachausübung (= Sprechen) an das Funktionieren unterschiedlicher Gehirnteile gebunden sind, können Störungen derselben isoliert voneinander auftreten. Im ersteren Fall spricht man von einer *sensorischen Aphasie* (die Person kann zwar sprechen, versteht aber nicht mehr den Sinn ihrer Worte), im letzteren Fall von einer *motorischen Aphasie* (die Person versteht zwar alles, kann sich aber sprachlich nicht ausdrücken). Weitere Sprachstörungen sind: *Stammeln* (Auslassen von einzelnen Buchstaben), *Lispeln* (Beeinträchtigung der S-Laute), *Stottern* (zwanghafte Wiederholung von Lauten), *Näseln* (z. B. infolge einer Lähmung des Gaumensegels oder infolge eines sog. Wolfsrachens). Neben diesen ausgesprochenen Sprach- bzw. Sprechstörungen ergeben sich Sprachverständigungsschwierigkeiten auch aufgrund sozialer Faktoren. Der Soziologe B. Bernstein stellte z. B. fest, daß Kinder, die aus verschiedenen sozialen Schichten stammen, verschiedene Sprachstile erlernen und verwenden. Der *restringierte Sprachstil (restricted code)* der Unterschichtkinder unterscheidet sich vom *elaborierten Sprachstil (elaborated code)* der Mittelschichtkinder in folgenden Merkmalen: geringerer Wortschatz, einfacher Satzbau, weniger Eigenschaftswörter, undifferenziertere Ausdrucksweise, Verwechslung von Begründung und Schlußfolgerung. Die unterschiedlichen Sprachstile der Angehörigen verschiedener sozialer Schichten wirken sich häufig als gegenseitig abschirmende, soziale → Mobilität verhindernde *Sprachbarrieren* aus; vor allem deshalb, weil der elaborierte Sprachstil der Mittelschicht gleichzeitig der Sprachstil ist, der in unseren Schulen verwendet wird.

Hinweise zur Erziehungspraxis. Entsprechend der verschiedenen Aspekte von Sprache (pragmatischer, semantischer, syntaktischer, phonetischer Aspekt) geht es um eine Spracherziehung in verschiedener Hinsicht, nämlich

- das Kind muß erkennen, wie sich Sprache auf das Handeln und Verhalten auswirkt (Befehle, Fragen, Antworten, Ausdruck von Gefühlen, Kommunikation und Interaktion, Informationsaufnahme und -weitergabe, Auswirkungen auf Denk- und Bewertungsvorgänge);
- das Kind muß lernen, seinen Wortschatz zu erweitern, muß neue Ausdrücke den Begriffen zuordnen; nur so läßt sich eine differenziertere Weltsicht gewinnen;
- das Kind muß lernen, einfache und erweiterte Satzformen nachzuahmen und spontan anzuwenden;
- das Kind muß das Erkennen und Unterscheiden verschiedener Geräusche und Sprachlaute üben und muß die richtige Artikulation der Sprache erlernen.

Erzieher sollten auch über Sprach- bzw. Sprechstörungen genau Bescheid wissen, damit sie u.U. einen Logopäden zu Rate ziehen können. Ein weites Feld zur Förderung sprachlicher Kenntnisse und Fertigkeiten tut sich für den Erzieher schließlich auch in der literarischen Erziehung auf.

Sprachstörungen → Sprache.

Spranger, Eduard (1882–1963), ab 1911 Professor für Philosophie und Pädagogik in Leipzig, ab 1919 in Berlin, ab 1946 in Tübingen, großer Humboldt-Forscher.
Pädagogisches Werk: „Philosophie und Weltanschauung", „Kultur und Erziehung", „Pädagogische Perspektiven", „Lebensformen", „Psychologie des Jugendalters".
Pädagogische Ideen: Spranger war Dilthey-Schüler und ein prominenter Vertreter einer geisteswissenschaftlichen Pädagogik und Psychologie. In seiner Arbeit bemühte er sich um Weiterführung der Humboldt'schen Tradition und strebte nach einer *Verbindung von Kulturphilosohie und Erziehung*. Die von ihm begründete geisteswissenschaftliche Richtung der Psychologie weist interessante Bezüge zur Pädagogik auf. Seine „Psychologie des Jugendalters" stieß auf große Akzeptanz bei Pädagogen und Psychologen.
Wesen und Ziel der Erziehung nach Spranger richten sich auf Erhaltung und Weitergabe kultureller geistiger Werte. Am Erzieher ist es, „diese objektiven Werte in subjektives seelisches Leben und Erleben zurückzuverwandeln"; er muß „Werte in Seelen entbinden". Entsprechend geht es in der Erziehung um „totalen Sinn und die ethische Gesamtaufgabe des geistigen Lebens". Nach Sprangers Auffassung ist Erziehung Werterziehung und ethisch-religiöse Erziehung. Dementsprechend geht es auch im Unterricht weniger um materiale (inhaltliche), als um formale Bildung.
Wirkung: Spranger übte großen Einfluß auf eine große Zahl von Pädagogen und Psychologen seiner Zeit aus. Er war der wohl herausragendste Vertreter einer geisteswissenschaftlichen Orientierung der Pädagogik und Psychologie.

Sprechstörungen → Sprache.

Status, Statussymbole. Betrachtet man die soziale → Position einer Person unter den Aspekten Hierarchie, Rang, Wert, Prestige, dann spricht man meist von Status, d. h. Status bezeichnet das Sozialprestige einer sozialen Position. Da gleiche Positionen in der sozialen Wertskala verschiedener Gesellschaften einen unterschiedlichen Rang einnehmen und deshalb unterschiedlichen Status besitzen, können die Begriffe Position und Status nicht gleichbedeutend (synonym) verwendet werden. Statussymbole sind äußere Kennzeichen für Statusinhaber, z. B. eigenes Haus, bestimmtes Wohnviertel, Autotyp, Vorzimmer, Sekretärin, Chauffeur, Hausangestellte. Statussymbole sind nichts Festes und Überdauerndes; sie sind vielmehr gruppen-, gesellschafts- und zeitbedingt.

Stehlen → Diebstahl.

Steiner, Rudolf (1861–1925) →Waldorf-Pädagogik.

Stigmatisierung bedeutet öffentliche Kennzeichnung und Brandmarkung eines Menschen. Mögliche Stigmatisierungen sind: Behinderter, Idiot, Geisteskranker, Vorbestrafter, Sonderschüler, Asozialer, Alkoholiker. Die Zuschreibung negativer Merkmale führt zu herabgesetzter sozialer Anerkennung, Statusverlust, sozialem Abstieg, gesellschaftlichem Ausschluß, Abbau des Selbstwertgefühls und Veränderung des →Selbstkonzepts. Das Hauptproblem ist vor allem, daß Stigmatisierte in einen kaum mehr zu beseitigenden Teufelskreis aus →abweichendem Verhalten und sozialer Ächtung geraten.

Stillen, ein Ausdruck für die Ernährung des Säuglings mit der Mutterbrust. Stillen hat gegenüber der Ernährung mit der Flasche verschiedene Vorteile: Muttermilch ist durch künstliche Produkte nicht voll nachzuahmen; gestillte Kinder sind gesünder und widerstandsfähiger gegen Infektionen. Für die psychische Entwicklung ist der enge und häufige Kontakt zwischen Mutter und Kind von besonderer Bedeutung. Wichtig in dieser Hinsicht ist auch eine möglichst lange Stillzeitdauer und das Vermeiden eines plötzlichen und abrupten Abstillens.

Strafe, Bestrafung. Als ein →Erziehungsmittel wird die Strafe in der →Erziehung noch recht häufig eingesetzt, um das Auftreten unerwünschten Verhaltens in Zukunft zu verhindern. Gemeint ist die Anwendung eines aversiven, unangenehmen, unlusterregenden Reizes (Anordnung, Maßnahme, Einwirkung) ohne Zustimmung des Bestraften mit der Absicht, künftiges Auftreten eines unerwünschten Verhaltens zu verhindern. Strafen erfolgen wegen Nichtbefolgens von Geboten oder wegen des Nichteinhaltens von Verboten. Besonders bedenklich sind Strafen bei Unterlassung bestimmter Handlungen aus Angst oder beim Nichterbringen bestimmter (z. B. schulischer) →Leistungen. Die Strafe ist erzieherisch bedenklich und ein ungeeignetes →Erziehungsmittel, weil sie das unerwünschte Verhalten nur unterdrückt, aber nicht auf Dauer auslöscht, weil durch sie kein erwünschtes Verhalten gelernt wird und weil viele unerwünschte Nebenwirkungen zu befürchten sind. Strafe kann Aggression, Ängstlichkeit, Groll, Haß, Abneigung und Mißtrauen bewirken; sie kann generelle Passivität und Vermeidungsreaktionen (z. B. →Weglaufen, →Schuleschwänzen, Ausweichen) verursachen; sie führt über Nachahmungslernen zum Erwerb des Strafverhaltens (Aggression). Wenn es unumgänglich ist, soll Strafe unter Beachtung folgender Bedingungen angewandt werden: Es darf keine Fluchtmöglichkeit bestehen, sie soll kurz und intensiv sein, sie muß sofort und nach jedem Auftreten des unerwünschten Verhaltens folgen, sie darf nicht mit positiven oder negativen Verstärkern gekoppelt und es muß eine alternative Verhaltensmöglichkeit gezeigt werden. Strafe wird zur Anwendung kommen, wenn das Verhalten schnell unterdrückt werden muß, weil z. B. andere Personen gefährdet sind und weil alle anderen Techniken versagt haben.

Streß. In den Sozialwissenschaften verwendet als eine Bezeichnung für einen besonderen Belastungs- oder Spannungszustand, in dem sich eine Person befindet. Streßzustände lassen sich am besten nach den *Streßerzeugern (Stressoren)* unterscheiden: Grob lassen sich physische Stressoren (starke Unterkühlung, Verbrennung, Lärm), chemische (Vergiftung, Tabletten), biologische (Infektionen, Hunger, Durst), mechanische (Verletzung), soziale (Konflikte zwischen Rollen, Einsamkeit) und psychische Stressoren (→ Angst, → Frustration, psychische Belastungen) unterscheiden. Die *Reaktion eines Organismus* auf Streß läuft nach H. Selye als sog. „allgemeines Adaptationssyndrom" in drei Phasen ab: Einer anfänglichen *Alarmreaktion* folgt eine *Widerstandsphase* und schließlich bei andauerndem Streß eine *Erschöpfungsphase*. In der Widerstandsphase ist die Verteidigungskraft des Organismus am größten, in der Erschöpfungsphase erfolgt der physische und/oder psychische Zusammenbruch.
Die Streßfolgen sind außerordentlich vielgestaltig: Psychische Störungen, Verschiebung des seelischen Gleichgewichts, psychosomatische Erkrankungen und sogar Tod. Bei Schulkindern werden neuerdings auch Anzeichen registriert, die auf das Vorhandensein von „*Schulstreß*" hindeuten. Auch wenn ein gewisses Ausmaß an Streß in der Schule immer auftreten wird, etwa im Sinne eines durchaus positiven Aufforderungsgehaltes bestimmter Aufgaben, müssen Lehrer und Eltern doch sehr sorgsam auf mögliche Streßfolgen bei Kindern achten, da als mögliche Streßfolgen auch hochgradige Ängste und Panikreaktionen bis hin zum Selbstmord vorstellbar sind.

Subkultur, eine Bezeichnung für soziale Gruppierungen, deren Einstellungen und Verhaltensweisen nicht oder nur zum Teil in Einklang mit gängigen gesellschaftlich-kulturellen → Normen stehen. Beispiele für solche Gruppen sind die Beatniks, Hippies, Halbstarken und Provos der 60er Jahre. Hauptkennzeichen: Ablehnung von Privateigentum und Leistungsprinzip, Forderung nach freier Sexualität. Auf der anderen Seite aber auch, gerade in der religiösen Subkultur, rigoristische sittliche Forderungen.

Subsidiaritätsprinzip. Nach diesem Grundsatz soll → Sozialhilfe oder → Jugendhilfe durch die Gemeinde und andere öffentliche Träger erst geleistet werden, wenn diese Hilfen von sozusagen untergeordneten freien Trägern (z. B. → Wohlfahrtsverbänden) nicht erbracht werden. Das Subsidiaritätsprinzip besagt auch, daß sich staatliche Maßnahmen auf eine Hilfe zur Selbsthilfe beschränken müssen und den privaten Möglichkeiten unterzuordnen sind.

Sucht bezeichnet einen zwanghaften Drang, sich bestimmten Reizen auszusetzen oder bestimmte Verhaltensweisen auszuführen und dadurch subjektiv befriedigende Gefühle oder Zustände zu erleben. Als mehr oder weniger krankhaft ist eine Sucht dann anzusehen, wenn eine psychische oder physische Gewöhnung und Abhängigkeit auf seiten des Süchtigen existiert. Für die Entstehung einer Suchtkarriere werden diverse individuelle, soziale und gesellschaftliche Faktoren als verantwortlich angesehen (z. B. Angst, Verschlossenheit, Herkunft, familiäre Probleme, Leistungsdruck, →Streß).
Man unterscheidet *stoffgebundene von nicht-stoffgebundenen* Süchten. Zu ersteren gehören die Alkohol-, Nikotin-, Medikamenten- und →Drogenabhängigkeit, zu letzteren die Magersucht (Anorexie), Eßsucht (Bulimie), Spielsucht, Arbeitssucht, Sexualsucht, Kaufsucht und die Kleptomanie (suchtartiger Diebstahl). Bei fest etablierter Sucht ist im Regelfall eine Psychotherapie angezeigt.

Summerhill. In Summerhill (England) besteht seit 1921 eine Internatsschule für Kinder zwischen fünf und fünfzehn Jahren, deren Leiter der Pädagoge A. S. Neill war.
Neills Menschenbild und seine Erziehungsvorstellungen lassen sich kurz so charakterisieren: Der Mensch ist von Natur aus gut. Das Ziel menschlichen Lebens besteht vor allem in Glück. Glück ist gleichbedeutend mit Mut, Freiheit, Optimismus, Möglichkeit zur →Selbstbestimmung und Selbstentfaltung. →Erziehung zielt vor allem auf Freiheit und →Toleranz. Toleranz hört dort auf, wo die Freiheit anderer Menschen beeinträchtigt wird. Ziel der Erziehung ist nicht Rebellion, sondern die „Moral gegenseitiger Achtung". Besonderes Gewicht mißt Neill einer →Sexualerziehung ohne Tabus zu. Jedoch vertritt er auch die Meinung, daß Sexualität ohne Liebe (der das Kennzeichen der Dauer zukommt) nicht befriedigend sein kann.

Sündenbockrolle, eine Bezeichnung für die soziale Rolle, die man einer wehrlosen, unbeteiligten und unschuldigen Person zuschreibt, welche man als Ersatzobjekt für eigene →Aggressionen auserwählt hat. Als Sündenböcke dienen häufig Angehörige sozialer Randgruppen oder rassischer Minderheiten (Juden, Neger, Zigeuner, Asoziale, Behinderte).

Supervision (wörtlich: Beaufsichtigung, Kontrolle) ist eine Art der Praxisberatung und Praxisanleitung, die eine in der Ausübung einer Tätigkeit (eines Berufs) weniger erfahrene Person von einer anderen, erfahreneren Person erfährt. Supervision spielt vor allem in der Ausbildung von Sozialarbeitern und Psychotherapeuten eine große Rolle; dem weniger geübten Berufsanfänger erleichtert sie den Eintritt in die praktische Berufsausübung.

T

Tadel → Lob und Tadel.

Tagesmütter. Um → Hospitalismusschäden, die zu befürchten sind, wenn Säuglinge und Kleinkinder in heimähnlichen Tageseinrichtungen betreut werden, zu vermeiden, wird die Möglichkeit erwogen, nichtberufstätige Mütter als → Bezugspersonen für Kinder berufstätiger Mütter zu engagieren.

Tagträume, eine Bezeichnung für das unbeabsichtigte, von der Umwelt sich lösende Sichhingeben an die → Phantasie. Manche Schüler widmen sich während der Unterrichtszeit solchen angenehmen und wunscherfüllenden Tagträumen, die sie die Realität und deren Anforderungen wenigstens für kurze Zeit vergessen lassen.

Taubstummenerziehung → Gehörlosenerziehung.

Taxonomie von Lernzielen → Lernziele.

Team-Teaching ist eine moderne Form des Klassen- oder Gruppenunterrichts. Dabei beteiligen sich mehrere Lehrer als Leiter und Organisatoren des Unterrichts. Besonders fruchtbar erweist sich eine solche Lehrerzusammenarbeit bei fächerübergreifenden komplexen oder kontroversen Themen, welche die Mitarbeit verschiedener kompetenter Fachleute erfordern.

Tertiärbereich umfaßt nach den Vorstellungen des Deutschen Bildungsrates alle an den → Sekundarbereich anschließenden Bildungseinrichtungen (Universitäten, Hochschulen, Fachhoch- und Fachschulen, Pädagogische Hochschulen, Kunst- und Musikhochschulen). → Bildungssystem.

Test, eine Bezeichnung für auf wissenschaftlicher Basis entwickelte Untersuchungs- und Meßverfahren, welche vor allem in den Sozialwissenschaften (Psychologie, Soziologie, Pädagogik) zur Anwendung gelangen. Meist unterscheidet man verschiedene Testarten, z. B. Leistungs- und Fähigkeitstests und Persönlichkeitstests. Zu ersteren gehören etwa Intelligenztests, Entwicklungstests, Schulreifetests und Konzentrationstests; letztere sind meist Persönlichkeitsfragebogen, Einstellungs- und Interessenstests und sog. projektive Tests (d. h. Tests, in welche die Versuchsperson ihre Wünsche, Gefühle und Konflikte hineinprojiziert, z. B. in Personen, die auf Bildern dargestellt sind). Tests müssen einer Reihe von Gütekriterien genügen, z. B. Objektivität (die Testergebnisse sollen verfälschungssicher sein, sowohl für die untersuchte Person als auch für den auswertenden Untersucher), Reliabilität (der Test soll zuverlässig sein, ein Merkmal genau und sicher erfassen) und Validität (der Test muß gültig sein, d. h. er muß das Merkmal messen, welches er zu erfassen vorgibt, etwa Ängstlichkeit). Während die herkömmlichen, meist in der Psychologie verwendeten Tests sog. *normorientierte* Tests sind (die Feststellung der Leistung einer Testperson erfolgt durch den Vergleich mit der Leistung anderer Testpersonen = Durchschnittsnorm), werden von der →Erziehungswissenschaft häufig sog. *kriteriumorientierte* Tests eingesetzt (hier erfolgt die Feststellung des Leistungsstandes einer Testperson durch einen Vergleich mit einem (vorher) festgelegten Leistungsstandard = Idealnorm). →Pädagogische Diagnostik.

Themenzentrierte Interaktion (TZI). *Problemerörterung.* Zu den wichtigsten Konzepten der *humanistischen Pädagogik* zählt das von Ruth Cohn entwickelte Modell des Arbeitens mit und in Gruppen, sei es im →Unterricht, in der →Jugendarbeit, in der →Erwachsenenbildung, in der →Sozialpädagogik und Sozialarbeit, in politischen Versammlungen ebenso wie in Selbsthilfegruppen. Die in Psychoanalyse (→Psychoanalyse und Pädagogik), Gruppendynamik (→Gruppenpädagogik) und Gestaltpsychologie (→Gestaltpädagogik) ausgebildete Psychotherapeutin Cohn wollte in den 60er Jahren in Amerika ein Verfahren der „Breitentherapie", des gesellschaftlich und politisch wirksamen „Lebendigen Lernens" entwickeln, „damit Menschen nicht resignieren und sich ohnmächtig fühlen". Den Grund für Ohnmacht und Resignation sah sie in dem Umstand, daß in unseren Schulen überwiegend die logischen und verbalen Kräfte, also die linke Gehirnhälfte, geübt werden: Schreiben, Lesen, Aufsagen, Fakten lernen, intellektuelle Übungen. Energien und Kräfte der rechten Gehirnhälfte können sich in den meisten Schulen nur in unerwünschten Tagträumen, im Kritzeln und Kichern, in Frustration und Aggression, im störenden und undisziplinierten Verhalten entladen. Das dürfte die Hauptursache sein für die „große Müdigkeit, Passivität, Gleichgültigkeit des apolitischen ‚Da kann man ja doch nichts machen!' oder ‚Die da oben machen ja doch, was sie wollen!'", meint R. Cohn. Mit Freunden gründete sie 1966 in Amerika das Workshop Institute for Living-Learning, kurz Will genannt. Das 1972 in Zürich gegründete WILL Europa organisiert und überwacht die TZI-Ausbildung von Lehrern, Theologen, Sozialarbeitern, Psychotherapeuten und auch von Wirtschaftsmanagern. In deutschen Schulen wurde TZI in den 70er Jahren durch sog. Hilfsregeln wie „Störungen haben Vorrang!", „Sprich per ich und nicht per man und wir!", „Sei dein eigener Chairman!" bekannt. Leider wurden in dieser Phase solche Hilfsre-

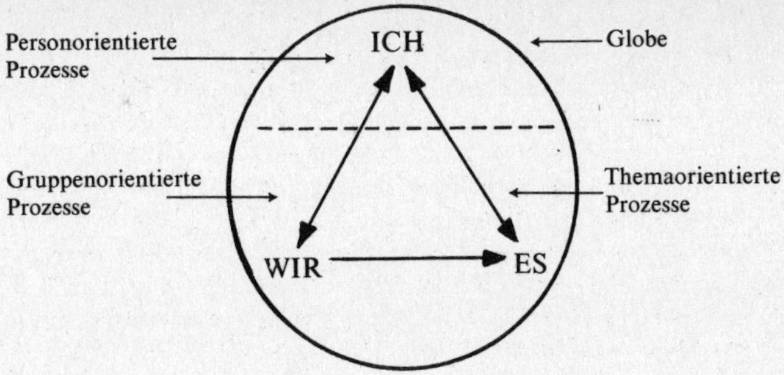

geln zur Disziplinierung von Schulklassen statt zur Organisation des lebendigen Lernens angewandt. Heute weiß man es genauer: TZI ist keine Technik, die man anwenden kann,; TZI kann nur aus einer Haltung der Wertschätzung gegenüber den Mitmenschen gelingen, die eine gründliche Ausbildung voraussetzt.

Begriffsbestimmung. Mit der Bezeichnung „Themenzentrierte Interaktion", ursprünglich „Lebendiges Lernen" und auch „Ganzheitliches Lernen" genannt, wollte R. Cohn herausstellen, daß Themen (Stoff, Lerninhalte) genauso wichtig sind wie Interaktionen (Beziehungen in der Gruppe). Es lag ihr sehr daran, sich von den gruppentherapeutischen Vorgehensweisen abzugrenzen. Die Interaktionen in der Gruppe sind auf ein gemeinsames Anliegen, auf ein Thema *zentriert.* TZI ist ein Interaktionsmodell, das die jeweilige Situation des *Ich*, der Einzelperson also (Gefühle, Bedürfnisse, Wünsche, Überzeugungen, Stärken und Schwächen), die Situation des *Wir*, d. h. die Beziehungen in der Gruppe (Rivalität und Kooperation, Sympathie und Antipathie, Geben und Nehmen, Hilfe und Aggression, Solidarität und Angriff) und die verschiedenen Aspekte des *Es*, d. h. des *Themas* (die zu lösende Aufgabe, gestellte Fragen, formuliertes Problem oder Anliegen der Gruppe, Erfahrungen und neue Informationen) innerhalb eines *Globe* (Umfeld, äußere Zwänge) stets als *gleichwertig*, als *gleich wichtig oder als gleichgewichtig* behandelt.

Theoretische Grundlagen. Eine unabdingbare Grundvoraussetzung für das humane pädagogische Handeln im Sinne des TZI sind drei von R. Cohn formulierte Axiome (wesensmäßig humane Sätze). Das *existentiell-anthropologische Axiom* lautet:

„Der Mensch ist eine psychobiologische Einheit und ein Teil des Universums. Er ist darum *autonom und interdependent*. Die Autonomie des Einzelnen ist um so größer, je mehr er sich seiner Interdependenz mit allen und allem bewußt wird." Will der Mensch etwas über sich selbst, über sein Wesen erfahren, so muß er „alle und alles" einbeziehen: Mitmenschen und Gesellschaft, Geschichte und Natur, Erde und Universum. Will der Mensch eigenständig, unabhängig, emanzipiert, also „autonom" werden, so kann er dies nur verwirklichen, wenn er Anteilhaftigkeit und Abhängigkeit anerkennt, wenn er Verantwortung übernimmt. Der Mensch kann auf verschiedenen Ebenen in Beziehung treten: mit sich selbst, mit einem Du, mit der eigenen Familie, mit einer Gruppe, mit Institutionen und der Gesellschaft, mit der Welt und dem Kosmos. Je klarer, je bewußter ihm die Zusammenhänge und Beziehungen werden, desto autonomer wird er.

Das zweite, *philosophisch-ethische* Axiom lautet: „Ehrfurcht gehört allem Lebendigen und seinem Wachstum. Respekt vor dem Wachstum bedingt bewertende Entscheidungen. Das Humane ist wertvoll, Inhumanes ist wertbedrohend." Eine Pädagogik der „linken Gehirnhälfte", die ausgrenzt, um einzufangen, die den Menschen an Logik und Rationalität bindet, vernichtet das eigentlich Humane, die Liebes- und Wertefähigkeit des Menschen, seine emotional-organismischen Kräfte, und ist damit inhuman und wertbedrohend. TZI sucht nach bewertenden Entscheidungen, nach Balance zwischen Emotionalität und Rationalität, zwischen Körpererfahrung und Denkleistung.

Das dritte oder *pragmatisch-politische Axiom* lautet: „Freie Entscheidung geschieht innerhalb bedingender innerer und äußerer Grenzen. Die Erweiterung dieser Grenzen ist möglich." TZI ist ein positiver Ansatz, TZI orientiert sich an der Fähigkeit des Menschen, sein Leben zu gestalten, für sich zu sorgen und läßt die Mängelseite des Menschen akzeptierend zu. Erkennen wir innere und äußere Hindernisse als Herausforderung an, dann geben wir uns die Chance, uns selbst und die Welt zu verändern. Wir sind weder allmächtig noch ohnmächtig.

Methodisches Konzept der TZI. Aus den vorgestellten Axiomen leitet R. Cohn methodische Postulate ab, die gewährleisten sollen, daß in das lebendige Lernen der ganze Mensch, seine Gefühle und Gedanken, sein Körper und seine Sinne, seine Gegenwart, Zukunft und Vergangenheit miteinbezogen werden. *Postulate* stellen die Grundlage der Ich-Wir-Es-Globe-Balance dar. Das erste oder das" „*Ich-Postulat*" lautet: „Sei dein eigener Chairman. Sei deine eigene Leitperson. Mache dir deine innere und äußere Wirklichkeit bewußt. Benutze deine Sinne, deine Gefühle, gedanklichen Fähigkeiten und entscheide dich verantwortlich von deiner eigenen Perspektive her." Nach Cohn ist es wichtig, daß sich der Mensch seiner „körperlichen Empfindungen" bewußt ist, daß er sich akzeptiert wie er ist, daß er Verantwortung für sein „Zupacken und sein Zurückhalten, für seine Anteilnahme und seine Zerstörung" übernimmt.

Im „*Wir-Postulat*" faßt Cohn ihre Erfahrungen zusammen, daß in einer Gruppe „Störungen und Betroffenheiten" gelöst werden müssen und zwar vorrangig, wenn lebendiges Lernen und Wachstum gelingen soll. Unterdrückte Enttäuschungen und Betroffenheiten wie Schmerz, Freude, Angst, Zerstreutheit, Antipathie und andere innere oder äußere Zwänge können das Lernen verhindern oder hemmen. Störungen müssen ernst genommen und soweit bearbeitet werden, bis die Gruppe arbeitsfähig ist. „Das Wir wird nicht stärker durch die Mitglieder, die sich selbst aufgeben, sondern durch die, die sich eingeben.„

Im *„Es-Postulat"* stellt Cohn die Bedeutung des *Themas* heraus. Das Thema organisiert die Interaktionen in der Gruppe. Das Thema ist „wie ein runder zu erkundender Raum, der viele Eingangstüren hat". Da alle Menschen unterschiedliche Bedürfnisse und Anliegen mit einer Sache, mit einem Stoff oder Lehrplaninhalt verbinden und unterschiedliche Erfahrungen mit dem Stoff (Thema) haben, muß jeder seinen eigenen Zugang suchen, „um der Sache ihr Geheimnis zu entlocken".

Der *Globe* enthält das Umfeld der Gruppe (Ort, Zeit, Zusammensetzung der Mitglieder, Hausordnung, Lehrplan) und muß bei der Planung und Durchführung der Arbeit berücksichtigt werden.

Mit *„Hilfsregeln"* wollte R. Cohn den Umgang mit Axiomen und Postulaten – vor allem in der Übungsphase – stützen. Sie können Erinnerungshilfe sein, um sich selbst zu leiten. Sie dürfen nicht vom Gruppenleiter oder von Teilnehmern zur Disziplinierung, Maßregelung oder zur Belehrung angewandt werden. Einige Beispiele:

- Werde wach für deine Gefühle. Sie sind gültig für dich und den jeweiligen Augenblick. Sie sind deine Energiespender. Sie sind nicht objektive Wirklichkeit.
- Beachte deine Körpersignale und die von anderen, gehe damit taktvoll um.
- Drücke dich klar aus. Vertritt dich selbst in deinen Aussagen. Das ist leichter zu tun, wenn du „ich" und nicht „man" sagst.
- Halte dich mit Interpretationen von anderen zurück. Sprich stattdessen deine persönlichen Reaktionen aus. Sei authentisch und selektiv in deinen Beiträgen. Mache dir bewußt, was du denkst und fühlst, und wähle, was du sagst und tust. Alles, was du sagst, soll echt sein, aber du mußt nicht alles sagen. Absolute Offenheit ist inhuman.
- Erlaube dir Pausen und Schweigen; sie gehören zu echter Kommunikation.

Als weitere Hilfsinstrumente zur Organisation des Lebendigen Lernens stellt R. Cohn die Beachtung der *Gruppenstruktur* und die *Formulierung des Themas* heraus. Durch die Struktur der Gruppe (Einzelarbeit, Gruppenteilung, Paararbeit, Plenum) lassen sich Interaktionen so steuern, daß Vertrauen entsteht, daß man sich zuhört, anerkennt, entgegnet, ernst nimmt, weiterführt und nicht recht haben muß. Wenn Offenheit schwer fällt, wenn das Thema heikel ist, die In-

timsphäre berührt, dann muß die Gruppe klein sein, um einen gewinnbringenden Erfahrungsaustausch zu ermöglichen.
Das Thema „zentriert". Das Thema aktiviert. Das Thema verbindet. Das Thema führt das Ich zu sich selbst und die Menschen zueinander. Das Thema macht vergangene Erfahrungen lebendig. Das Thema ist ein sehr wichtiges Werkzeug des Lebendigen Lernens, wenn es nicht zu eng gefaßt ist, wenn es Raum für Einfälle zuläßt, wenn es nicht zu abstrakt formuliert ist, wenn es kurz und prägnant gefaßt ist, damit es im Gedächtnis haften bleibt, wenn es niemanden ausschließt, Gefühle anspricht, aber nicht verletzt, wenn es das Alter und die intellektuellen Möglichkeiten der Gruppe beachtet und wenn es „anspricht" (gefühlsnah, sprichwörtlich, paradox, auffordernd formuliert ist).
Zur Praxis der TZI. Das „Will-Europa" unterstützt verschiedene Einrichtungen, so z. B. die Akademie für Lehrerfortbildung in Dillingen (Bayern), bei der Aus- und Fortbildung von Lehrern zum TZI-Gruppenleiter. In verschiedenen Kursen lernen Lehrer eigene Schwächen und Stärken kennen, Themen zu formulieren und in die Gruppe einzuführen, Gruppenstrukturen zu planen, die Stimmigkeit zwischen dem Thema und der gewählten bzw. der vorgeschlagenen Methode (Rollenspiel, Lesen, Erfahrungsaustausch, Schreibmeditation, Spiel, Literaturstudium, Supervision) zu beachten und das Gleichgewicht zwischen Ich-Wir-Es herzustellen. Sie lernen zu akzeptieren, daß nicht nur Themen und Sach- bzw- Lehrplaninhalte im Mittelpunkt stehen, sondern auch einzelne Schüler und die Beziehungen in der Gruppe. Sie lernen, daß ihre eigenen Gefühle, Bedürfnisse und Wünsche ebenso wichtig sind wie die der Schüler. Sie lernen, wie man Unterricht nach dem Modell der TZI vorbereiten und planen kann. Sie lernen, daß dem Nachdenken und Urteilen Wahrnehmen vorausgehen muß und daß Gefühle ebenso zum Unterricht gehören wie das Wissen und Informationen. Die Gestaltung des Unterrichts nach den TZI-Axiomen und Postulaten ermöglicht effektives Arbeiten, ohne daß die Schüler in der Furcht leben, plötzlich aufgerufen und in eine peinliche Lage versetzt zu werden und ohne daß der Lehrer ständig im Mittelpunkt stehen muß. TZI-Unterricht bedeutet, daß der Lehrer inhaltliche Angebote vorausplant, sich Mittel, Medien und Methoden überlegt, aber jeder einzelne Schüler in Selbstverantwortung mitbestimmen und die Prozesse mitbeeinflussen kann. Störungen werden akzeptiert und soweit thematisiert, daß sie die gemeinsame Arbeit nicht mehr behindern. Mit Hilfe des pädagogischen Konzepts der themenzentrierten Interaktion versprechen sich viele Politiker, Lehrer, Seelsorger, Bildungsplaner, Sozialpädagogen und viele Eltern eine Humanisierung der Schulen und der Gesellschaft.

Theorie. Der Theoriebegriff besitzt im Bereich der Erziehungswissenschaft unterschiedliche Bedeutung, je nachdem, ob er (geisteswissenschaftlich) als *Theorie der Erziehungspraxis* oder (erfahrungswissenschaftlich) als *Theorie der Wirklichkeit oder Realität* verstanden wird. Das Schema (S. 341), das auf Aussagen von W. Klafki und W. Wolf aufbaut, verdeutlicht die unterschiedlichen Verwendungsweisen.

Begriff Theorie	
Geisteswissenschaftliche Methode	Erfahrungswissenschaftliche Methode
„Theorie einer Praxis“	„Theorie einer Realität“
Praxis = alle erzieherisch wirksamen (auch nichtexistierenden) Maßnahmen, Handlungen, Institutionen, Methoden.	Realität = alle tatsächlich existierenden Objekte, Merkmale und Prozesse, die in irgendeiner Weise mit Erziehung in Beziehung stehen.
Theorie = alle – vorwiegend mit Hilfe der Hermeneutik gewonnenen – Aussagen über die Praxis der Erziehung Es handelt sich um ein System von begründeten Auffassungen (Lehrsätze, Thesen, Axiome) über *Regeln, Prinzipien* und *Grundsätze* des erzieherischen Handelns. Theorie = Aufklärung der Praxis	Theorie = alle systematisch geordneten – und gedanklich (theoretisch) konstruierten – Annahmen über Prozesse in der Realität, um die Beziehungen zwischen Merkmalen der Realität zu erklären. Theorie = Erklärung der Realität
Theorie wirkt auf die Praxis ein, indem sie Handlungen begründet und rechtfertigt. Beispiel: Erzieher soll sich so verhalten, daß er Lernen der Kinder unterstützt.	Theorie wirkt auf die Realität ein, indem sie gezielte Eingriffe ermöglicht (Prognose, Manipulation). Beispiel: Welche Beziehungen zwischen Merkmalen müssen hergestellt werden, damit Lernprozesse stattfinden?
Theorie ist das „Netz, das wir auswerfen“ (Popper), um die Praxis kritisch zu reflektieren, zu begründen und zu beherrschen.	Theorie ist „das Netz, das wir auswerfen, um die ‚Welt‘ einzufangen – sie zu rationalisieren, zu erklären und zu beherrschen“ (K.R.Popper).
Typisches Beispiel: Erziehungsstile nach E. Spranger.	Typisches Beispiel: Schichtspezifische Erziehungsstilforschung, Lerntheorien (Lernen).

Theorie-Praxis-Verhältnis in der Pädagogik. Über das Verhältnis oder auch „Mißverhältnis“ zwischen Theorie und Praxis in der Pädagogik wurde und wird viel diskutiert. Manche Klagen der Berufsanfänger über den „Praxisschock“ nach dem Übergang vom Studium in den Beruf entspringen sicher der irrigen Erwartung, man könne die „wis-

senschaftliche Theorie“ in der Praxis „direkt anwenden“. Die Theorien sind allgemeingültig, enthalten sog. *Orientierungswissen, Regelwissen, abstraktes Handlungswissen*; die Möglichkeiten der Theorie sind in einer konkreten Situation sehr begrenzt. Die Theorie muß Singulares und Akzidentelles zugunsten des Wesentlichen und Allgemeinen vernachlässigen. Schon → Aristoteles hat eindeutig erkannt, daß für die Praxis, für „kluges“ zielgerichtetes Handeln sowohl *Allgemeinwissen* als auch *Situationswissen* (Erfahrung) wichtig sind. Praktisches Handeln erfordert andere Fähigkeiten und Fertigkeiten als theoretische Überlegungen, Planungen und Reflexionen.
Daher gilt: Die einer erfolgreichen Praxis immanenten Theorien können auch falsch sein; eine funktionierende Praxis ist noch kein Beweis für die Richtigkeit der sie anleitenden und rechtfertigenden Theorie. Eine richtige Theorie ist keineswegs eine Garantie für eine effektive Praxis.
Erziehungswissenschaft als gesellschaftliche Praxis (Forschung, Lehre), die also keineswegs autonom, neutral und frei ist, kann zur Affirmation, zur Rechtfertigung und Begründung der vorgefundenen Praxis der Erziehung dienen, die Verbesserung der Praxis zum Ziel haben oder sich um Analyse, Kritik und Reflexion der vorgefundenen Praxis bemühen. Unabhängig von der Frage, zu welchem Zweck Erziehungswissenschaftler ihre Theorien entwickeln, werden diese ungeeignet sein für die Ableitung von Handlungsanweisungen, sie werden aber unentbehrlich sein für die Begründung, Reflexion und Analyse des Handelns. Die Theorie will die Kunst, den Geist und die Urteilskraft des Praktikers nicht fesseln, sondern ihn beweglicher machen. Ihre primäre Aufgabe ist, die Urteilskraft zu schärfen, das pädagogische Gewissen zu wecken und zur Verantwortung zu mahnen. Das Treffen einer richtigen Entscheidung bedarf vielfach der gültigen Erklärung und Deutung (→ Pädagogische Diagnostik). Die Praxis ist auf den Einzelfall gerichtet und *verlangt Entscheidung.* Ein Erzieher, der sich genaue Richtlinien, Handlungsanweisungen oder gar „Rezepte“ und „Ratgeber“ von der Theorie erhofft, wird unsicher, begibt sich in Unfreiheit, mißtraut der eigenen Wahrnehmung und Entscheidung. Daher wäre es wichtig, daß durch „Vermittlung von Wahrheiten“ und von Wissen (in der Ausbildung, im Studium) auch Fähigkeiten und Kräfte zur Verarbeitung und zur „Einlösung von Wahrheiten“ entwickelt werden. Schöpferische Kräfte liegen in der Praxis und nicht in der Theorie. Der Praktiker bedarf der Theorie, er wird aber nicht *durch* die Theorie zum Praktiker. So kann man z. B. → Gestaltpädagogik oder die → Themenzentierte Interaktion niemals allein durch Vorlesungen oder durch das Studium der entsprechenden Literatur erlernen.
Wenn pädagogisches Handeln nicht über Wissen, sondern über Können und Wollen gesteuert wird, wozu dient dann eine theoretische

Ausbildung und das wissenschaftliche Wissen? Der Pädagoge kann mit Wissen seine ausgeübten Praktiken nachträglich begründen und reflektieren; er kann seine Praxis planen, wobei zu bedenken ist, daß ihm durch die Theorien eine Brille aufgesetzt wurde, die seine Sichtweise der Realität (des Kindes, der Institution, der Mittel) bestimmt. Was sieht er? „Begabte“, „geschädigte“, „neurotische“, „motivierte“, „erziehbare“ oder „genetisch vorprogrammierte“ Kinder?
Es wird deutlich, daß Theorien nicht nur Freiheit und Verantwortung mehren, sondern auch die Sichtweise kanalisieren und einengen können.

Tiefenpsychologie, Sammelbezeichnung für die Auffassungen S. Freuds, seiner Schüler und Nachfolger über Erleben und Verhalten, psychische Störungen und deren Therapie. In der Hauptsache sind es die → Psychoanalyse (S. Freud), die → Individualpsychologie (A. Adler) und die analytische oder Komplexpsychologie (C. G. Jung).
Allerdings sind auch *neuere Richtungen* (Horney, Sullivan, Fromm) sehr einflußreich, weil sie deutlicher als die „klassischen“ Ansätze auf spezielle Probleme der modernen Gesellschaft und deren besondere Lebensumstände eingehen.

Toleranz, eine Bezeichnung für das Geltenlassen der Meinung anderer bzw. die Duldsamkeit gegenüber Standpunkten und Ansichten, die mit den eigenen nicht übereinstimmen. Toleranz bedeutet nicht kritiklose Anerkennung der andersartigen Überzeugung oder Einstellung. Toleranz gilt oft als eine der *Grundvoraussetzungen demokratischen Verhaltens* und als wichtiges → Erziehungsziel bzw. → Lernziel innerhalb der → Sozialerziehung. Die Akzeptierung von Mehrheitsentscheidungen besonders in kulturell, religiös und rassisch heterogenen und pluralistischen Gesellschaften ist wohl die entscheidenste Vorraussetzung des Funktionierens einer Demokratie.

Tradition ist die Weitergabe und Überlieferung verschiedenster Kulturgüter und -techniken, z. B. Rechtsgrundsätzen, Brauchtum, Dichtung, Kunst, Wissenschaft, Erziehungsvorstellungen, gesellschaftlicher Überzeugungen, von Werten und → Normen. Durch Tradition wird ein kontinuierlicher Übergang zwischen den einzelnen Generationen gewährleistet. Nur auf der Grundlage von Tradition kann sich historisches Bewußtsein entwickeln. Tradition findet vor allem in → Erziehung und → Unterricht statt, weshalb sich Erzieher und Lehrer um eine kritische Bewertung und Auswahl dessen, was tradiert werden soll, bemühen müssen.

Training, eine Bezeichnung für die gezielte → Übung geistiger, psychischer, sozialer, körperlicher oder sonstiger Fähigkeiten und Fertigkeiten.

Transfer ist Übungs- oder Lernauswirkung von früher Gelerntem auf später stattfindende Lernprozesse. Eine solche Auswirkung kann hemmend (= negativer Transfer) oder förderlich (= positiver Transfer) sein. Transfereffekte werden oft zwischen verschiedenen Fächern oder Tätigkeitsbereichen, etwa zwischen Latein und Mathematik oder zwischen Mathematik und logischem Denken angenommen; in neuerer Zeit fragt man sich nach möglichem Transfer innerhalb eines Lernbereichs, und zwar zwischen den einfacheren und den komplexeren Stufen oder Niveaus des Lernens. Inwieweit Transfer sich nicht nur auf ähnliche (identische) Elemente der Lern- und der Übertragungssituation, sondern auch auf grundlegende Regelhaftigkeit oder Strukturen von Lernprozessen bezieht, muß noch genau erforscht werden.

Trauma, eine Bezeichnung für jede körperliche oder psychische Verletzung oder Schädigung eines Organismus. Für Psychologie und Pädagogik sind besonders traumatische Erlebnisse oder Erfahrungen des Kindes wichtig (z. B. Ehekonflikte der Eltern, Verlust eines Elternteils, extreme Angsterlebnisse), weil sie sich auf die → Entwicklung des Kindes äußerst nachteilig auswirken können und u.U. den Grundstein für spätere psychische Störungen bilden.

Trotzalter → Autonomie.

U

Übung ist eine Tätigkeit, durch die bereits Gelerntes (Wissen und Fertigkeiten) durch bewußte Wiederholungen immer mehr vertieft bzw. vervollkommnet werden kann. Als *Mitübung* bezeichnet man häufig die positive Auswirkung von Lern- und Wiederholungsaktivitäten auf verwandte Lern- und Leistungsbereiche (→ Transfer). Übung sollte nicht massiert erfolgen, sondern in kurzen Übungsphasen mit häufigen Pausen. Dadurch ergibt sich eine wesentliche Steigerung des Übungserfolges.

Umschulung. Grundsätzlich wird für alle Schulabgänger in der zuletzt besuchten Schulinstanz (Berufsschule, Universität, usw.) eine berufliche Erstausbildung angeboten. Diese erfolgt entweder nebeneinander (duales System der Berufsbildung), z. B. in der Berufsschule und im Betrieb, oder nacheinander, etwa durch besondere innerbetriebliche

Trainee-Programme für Universitätsabsolventen. Durch die ständig wachsende Komplexität moderner Betriebe und die damit einhergehenden dauernden Veränderungen beruflicher Anforderungen geschieht es zunehmend, daß bereits erworbene berufliche Qualifikationen (etwa durch eine berufliche Erstausbildung oder Zweitausbildung) entweder nicht mehr ausreichen oder völlig überflüssig werden. In diesen Fällen ist eine Umschulung für einen neuen Beruf angezeigt. Diese wird in der Regel von der Bundesanstalt für Arbeit (BfA) getragen und organisiert.

Umwelt, eine umfassende Bezeichnung für die den Menschen beeinflussende physische und soziokulturelle Umgebung. Nach K. Lewin ist das Verhalten (V) eine Funktion (f) der jeweiligen Person (P) und ihrer Umwelt (U) oder: V = f (P,U). Nahezu unmöglich ist es, die Umwelteinflüsse auf das Individuum, seine Entwicklung und den Aufbau seiner Fähigkeiten und Fertigkeiten auch nur einigermaßen genau zu bestimmen und gegenüber Anlage und Vererbung abzugrenzen (→ Anlage-Umwelt-Problem).

Umweltpädagogik. *Problemerörterung.* Die Belastung der Umwelt nimmt fortwährend in beängstigendem Ausmaß zu. Gründe dafür gibt es viele: Die steigende Industrieproduktion, die stetig wachsende Weltbevölkerung mit zunehmendem Energie- und Nahrungsmittelbedarf, der vermehrte Chemieeinsatz in Gartenbau und Landwirtschaft, die ins Unermeßliche wachsenden Abfallberge, der ungezügelte private und öffentliche Konsum, das sich vergrößernde Verkehrsaufkommen und die dafür nötige Infrastruktur (z. B. Straßenbau). Mit diesen Problemen nimmt vor allem in den als „Täter“ und „Opfer“ besonders betroffenen Industrienationen ein kritisches Bewußtsein und das Fragen nach möglichen Abhilfen zu. Einen wesentlichen Beitrag zu diesem fortschreitenden Bewußtseinsprozeß leisteten die Berichte des Club of Rome über die Gefahr künftiger ökologischer Krisen und Katastrophen.
Auch nichtindustrielle Länder bleiben von dieser Problematik keineswegs verschont, da von seiten der weiterentwickelten Staaten ein mehr oder minder großer wirtschaftlicher Anpassungsdruck ausgeht. Teilweise kann man sogar von einer Art Umweltkolonialismus reden. Die Folgen sind Abholzen der heimischen Urwälder, Anbau von Monokulturen zugunsten der Devisengewinnung. Zudem sind manche Umweltschäden sowieso globalen Ausmaßes und betreffen die gesamte Welt (Ozonloch, atomare Katastrophen, Weltraum-Schrott, Klimaveränderung). Als nahezu unwidersprochene Schlußfolgerung aus diesem, sich offenkundig immer mehr zuspitzenden Dilemma ergab sich die Forderung nach schneller und wirksamer Gegensteuerung. Forderungen entsprechenden Inhalts gehören bis heute in den

meisten Industrieländern zur alltäglichen Erscheinung, sind aber über den Status von bloßen Proklamationen kaum hinausgewachsen.

Begriffsbestimmung: Umweltpädagogik richtet sich auf eine Veränderung des Bewußtseins und Schaffung von Handlungskompetenz in Sachen Umwelt. Und dies nicht etwa nur bei Schülern, sondern in der gesamten Gesellschaft.

Ansätze, Konzepte und Ziele: Die erste internationale Konferenz der UNESCO zur Umwelterziehung (1977) befaßte sich eingehend mit den Zielen, die angestrebt werden sollen: „Ein grundlegendes Ziel der Umwelterziehung ist es, den Einzelnen und die gesellschaftlichen Gruppen das komplexe Wesen der natürlichen und künstlichen Umwelt, das sich aus dem Zusammenwirken ihrer biologischen, physischen, sozialen, wirtschaftlichen und kulturellen Aspekte ergibt, verstehen zu lernen und sie die erforderlichen Kenntnisse, Wertvorstellungen, Verhaltensweisen und praktischen Fertigkeiten erwerben zu lassen, die sie in die Lage versetzen, in verantwortungsbewußter und wirksamer Weise am Erkennen und Lösen von Umweltproblemen und an der Gestaltung der Umweltqualität teilzuhaben. Ein weiteres Ziel der Umwelterziehung ist es, die wirtschaftliche, politische und ökologische Interdependenz der modernen Welt deutlich aufzuzeigen, in der Entscheidungen und Handlungen einzelner Staaten internationale Rückwirkungen haben können. Unter diesem Gesichtspunkt sollte die Umwelterziehung mit dazu verhelfen, einen Sinn für Verantwortung und Solidarität unter den Völkern und Regionen als Grundlage einer neuen internationalen Ordnung zu entwickeln, welche die Bewahrung und Verbesserung der Umwelt sicherstellt."

Auf verschiedenen Tagungen der Vereinten Nationen wurden seit 1972 Aufgaben für eine Umwelterziehung vorgestellt und zwar

- Steigerung des Problembewußtseins in Sachen Umwelt;
- Wissenserwerb über Grundzusammenhänge des Umweltgeschehens;
- Einstellungsänderung gegenüber den Problemen;
- Aneignung praktischer Fertigkeiten und Fähigkeiten;
- Weckung von Bereitschaft zur aktiven Teilnahme an der Lösung der Probleme.

Derzeit lassen sich verschiedene *Ansätze* der Umweltpädagogik unterscheiden. Grob lassen sich bei diesen zwei Gruppen mit unterschiedlicher Ausrichtung voneinander trennen:

a) *Umwelterziehung oder -bildung.* Ansätze mit dieser Bezeichnung wollen mit pädagogischen Maßnahmen zu einem rücksichtsvollen Umgang mit der Natur anleiten. Im einzelnen geschieht dies dadurch, daß über die Schaffung entsprechenden Problembewußtseins und eine Vermittlung einschlägigen Wissens eine Handlungsfähigkeit für die Umwelt erreicht werden soll. Diese Bemühungen konkretisieren sich innerhalb des Rahmens bestehender Gesellschaftsvorstellungen und eines mehr oder weniger traditionellen Technik- und Wissenschaftsverständnisses. Es geht also im großen und ganzen um eine Verbesserung bestehender Verhältnisse.

b) *Ökologisches Lernen und Ökopädagogik.* Eine eher extreme Position mit ausgesprochen kritischer Distanz zur existierenden Gesellschafts- und Wirtschaftsstruktur wird in diesen Konzeptionen vertreten. Dabei geht es im Ansatz des ökologischen Lernens um die Schaffung kleiner Lebensräume, in denen selbstorganisiertes Lernen und Handeln in Gruppen ermöglicht wird. Die Ökopädagogik distanziert sich von der Industriegesellschaft, deren Machtausübung über Mensch und Natur sowie von allen Versuchen einer alternativen Lebensform. Im Mittelpunkt steht die Kritik gegenüber jeglichem Unterricht und dessen Auswirkungen und in der Folge davon die Forderung, gängige Umwelterziehung einfach abzuschaffen.

Pädagogische Lösungen: Im Verlauf der Zeit haben sich einige Grundprinzipien herauskristallisiert, die für Umwelterziehung und -bildung berücksichtigt werden sollten. So etwa sollte Umweltunterricht

- schülerorientiert
- situationsbezogen
- problemzentriert
- handlungsorientiert und
- interdisziplinär

erfolgen.

Dies bedeutet konkret, daß Umweltunterricht

a) beim Schüler und seiner persönlichen Umwelt und Lebenssituation ansetzen muß;
b) exemplarisch auf reale Situationen eingehen muß, die für Kinder allgemein relevant sind und die von Kindern im Sinne des Unterrichtsziels gestaltet werden können;
c) auf Probleme, Interessenskonflikte, Widersprüche und gegensätzliche Positionen bezüglich Umwelt eingehen, sie argumentativ untermauern und diskutieren muß;
d) entsprechend der komplexen Vernetzung jeden Umweltgeschehens fachübergreifend, also nicht nur in einzelnen (naturwissenschaftlichen oder technischen) Fächern stattfinden soll. Umwelterziehung impliziert auch ethische, philosophische, psychologische und soziale Fragen;
e) bei der Weckung von Problembewußtsein und Einstellungsveränderung nicht stehenbleiben darf. Im Endeffekt muß es bei jeder Umwelterziehung und -bildung um die Schaffung ökologischer Handlungskompetenz gehen.

Für Umwelterziehung und -bildung lassen sich aus den in der Öffentlichkeit (Medien) bekannten oder im privaten Bereich auftretenden Umweltproblemen *konkrete Fragestellungen* ableiten, wie etwa

- Stellung des Menschen in der Welt;
- Umweltbelastungen und ihre Auswirkungen auf Menschen, Tiere und Pflanzen;
- Interessenskonflikte zwischen Ökonomie und Ökologie;
- Bevölkerungszunahme und Umweltbelastung (Landschaftszerstörung, Müll, Verkehr, Industrieproduktion usw.);
- Menschen als Verursacher und Opfer von Umweltproblemen;
- Notwendigkeit einer system- oder zusammenhangsbezogenen Betrachtung von Umweltproblemen;
- Diskrepanz zwischen Wünschen und Tun (Alle möchten eine saubere Umwelt, wenige tun etwas dafür!);
- Auseinanderklaffen zwischen umweltbewußtem Verhalten in der eigenen, näheren Umwelt und unterwegs (Müllflut auf der Autobahn);
- Zusammenhang zwischen Umweltverhalten und Zukunft;
- Verflochtenheit von Umwelterziehung und Friedenserziehung (→ Friedenserziehung);
- Müllvermeidung oder -wiederverwertung;
- Tourismus, Sport und Umweltzerstörung;
- Interessen der Politik, Wirtschaft und Umwelt;
- Vorteile und Nachteile bestimmter Energieträger (Atomkraft, Kohle, Gas, Erdöl, Sonnen-, Wasser- und Windenergie);
- Mensch und Tier (Tierschutz, Tierversuche, vegetarische Ernährung);
- Umweltschutz im privaten Bereich (Lärm, z. B. durch Walkman, Rauchen, soziale Rücksichtslosigkeit, „Mobbing“ am Arbeitsplatz usw.);
- Trinkwasser und Nahrungsbedarf in der Zukunft;
- Gefahren der Gentechnologie.

Hinweise zur Erziehungspraxis. Entscheidend ist es, in der Umwelterziehung immer wieder auf die Ganzheitlichkeit und Komplexität (Systemvernetzung) allen Lebens auf dieser Welt hinzuweisen. Dabei darf auch nicht vergessen werden, daß es auch darum gehen muß, die Umwelt in sozialer Hinsicht zu schützen oder zum Besseren zu verändern. Konkrete Erziehungs- und Unterrichtsschritte könnten bestehen in

- vorbildlichem Verhalten von Eltern und Erziehern bei Naturschutz und Abfallbeseitigung (z. B. keine Chemieanwendung in Haus- oder Schulgarten; beim Sonntagsspaziergang auf herumliegenden Abfall aufmerksam machen, oder besser noch, diesen beseitigen; Busfahren statt Autofahren usw.);
- Beteiligung von Kindern am aktiven Naturschutz (Kinder erhalten ein eigenes Eckchen im Garten, in dem sie sich ganz allein betäti-

gen können; Gestaltung und Pflege eines Schulgartens; Anlage einer Kompostierung im Schulgarten);
- Anlegen eines Waldlehrpfads; Außenwandbegrünung am Wohn- oder Schulhaus; Biotopkartierung in der nächsten Umgebung);
- Sammeln und Sortieren von Abfall zum Zwecke des Wertstoffrecyclings;
- Landschulheimaufenthalte mit entsprechenden Exkursionen in die Natur;
- Zusammenarbeit mit einem örtlichen Umweltschutzzentrum oder -verein.

Underachiever nennt man Schüler, die mehr leisten könnten, als sie tatsächlich an →Leistung erbringen. *Overachiever* leisten dagegen mehr, als sich eigentlich aufgrund ihrer →Begabung erwarten läßt. Ursachen für *Underachievement* sind z. B. →Lernstörungen, Mangel an →Motivation, →Verhaltensstörungen und Probleme der Lehrer-Schüler- bzw. Eltern-Kind-Interaktion. *Overachievement* entsteht z. B. bei überhöhtem →Anspruchsniveau oder extremem Ehrgeiz des Schülers bzw. der Eltern.

Unterricht. *Problemerörterung.* Mit der in neuerer Zeit zunehmenden Diskussion um die Erziehung (Erziehungsmethoden, →Erziehungsstile, →Erziehungsziele usw.) sind auch die Probleme, die mit der Unterrichtung und Unterweisung von Menschen in Zusammenhang stehen, in den Blickpunkt öffentlichen Interesses gerückt. Die häufig propagierte These von der nahezu unbegrenzten Lern- und Erziehungsfähigkeit des Menschen hat auf der Seite der Lehrer und der Eltern einen extremen pädagogischen Optimismus erzeugt, welcher sich auch auf das Unterrichtsgeschehen erstreckte. Man war der Meinung, durch Unterricht sei nahezu alles zu verändern, wenn man nur die entsprechenden Unterrichtsmethoden anwenden, den Unterrichtsstoff richtig anbieten, entsprechende Unterrichtsmittel einsetzen und beim Schüler eine positive →Motivation für den Unterricht wecken könnte.
Begriffsbestimmung. Unterricht ist ein Sammelbegriff für alle Arten bewußter Einflußnahme auf andere Personen mit dem Ziel, bei diesen Personen Lernen zu bewirken. In der Regel bezieht sich Unterricht auf die folgenden Phasen:
a) Formulierung und Gewichtung von bestimmten Zielvorstellungen; Festlegung von Feinzielen und Umsetzung der →Lernziele in Lerninhalte.
b) Darbietung von Lernmöglichkeiten und Gestaltung von Lernsituationen.
c) Überprüfung und Bewertung der Lernergebnisse.
Hauptaspekte des Unterrichtsgeschehens. W. Klafki nennt insgesamt

sieben Hauptdimensionen des Unterrichts bzw. der Unterrichtsmethodik:

1. Abhängigkeit der Unterrichtsmethoden von Zielsetzung und Thematik des Unterrichts. Die einzusetzenden Methoden hängen in der Hauptsache von dem angestrebten Lernziel ab. Das Lernziel „Kooperation" etwa verlangt Gruppenunterricht, Teamarbeit zwischen den Schülern, Diskussion von Lösungsvorschlägen in Kleingruppen, nicht einen lehrerzentrierten Unterricht (Lehrervortrag, starre Lenkung und Steuerung des Unterrichtsgeschehens).

2. Großgliederung des Unterrichts. Unterricht verlangt weiträumige Planungen. Es müssen Jahres-, Lehrgangs- und/oder Programmplanungen durchgeführt werden.

3. Gliederung einer Unterrichtseinheit oder Unterrichtsstunde nach Lehr- oder Lernstufen. Oft wird dieser Schritt auch als *Artikulation des Unterrichts* bezeichnet. Die meisten Unterrichtseinheiten weisen die folgende Artikulation auf:

- Problemstufe (Problematisierung des Lerninhalts und Motivierung des Schülers);
- Lösungsstufe (Bildung von Hypothesen sowie Planung und Durchführung der Lösung);
- Erkenntnisstufe (Einsichtsgewinnung in Zusammenhänge, Regeln und Beziehungen),
- Übungsstufe (Einübung des Gelernten);
- Wertungsstufe (Beurteilung und Bewertung des Gelernten; Verinnerlichung, Stellungnahme des Schülers);
- Sicherungsstufe (Notizen, Hefteinträge, Schemata und Schaubilder sichern das im Unterricht Erreichte).

4. Auswahl bestimmter Sozialformen des Unterrichts (z. B. Frontalunterricht, Einzelarbeit, Partnerarbeit, Gruppenarbeit, Großgruppenunterricht, → Team-Teaching).

5. Aktionsformen des Lehrers und Lernakte bzw. Lernformen des Schülers. Lehrertätigkeiten oder -aktionen: Persongerechte Äußerungen, verlaufssteuernde Impulse, Vorstellung einer Sache, Darbieten mit dem Wort, Anreize und Fragen.

Tätigkeiten des Schülers: Aufnehmende Tätigkeiten, Stellungnehmen und Fragen, sprachlicher Ausdruck, Handeln und Tun.

6. Technisch-organisatorische Voraussetzungen des Unterrichts (Bereitstellung von Unterrichts- und Lernmaterialien, Organisation und Planung des Unterrichtsablaufs).

7. Medien des Unterrichts (Einsatz von Lehrmitteln, etwa Film, Schulfunk, Fernsehen, Tafel, Bücher) (→ Medienerziehung).

Prinzipien der Unterrichtsgestaltung. Nach P. Brunnhuber unterscheiden wir die folgenden Prinzipien effektiver Unterrichtsgestaltung:

- Prinzip der Zielorientierung (Unterricht muß auf → Lernziele und deren Erreichung ausgerichtet sein);

- Prinzip der Motivierung (der Schüler muß, falls keine → Motivation vorhanden ist, zum Lernen motiviert werden);
- Prinzip der Strukturierung (der Unterricht und der Unterrichtsstoff müssen strukturiert, gegliedert und geordnet werden);
- Prinzip der Aktivierung (Selbsttätigkeit) (der Schüler muß aktiviert und zur Selbsttätigkeit angeregt werden);
- Prinzip der Angemessenheit (der „optimalen Passung" – der Unterricht muß kindgemäß, fachlich passend und gesellschaftsrelevant gestaltet werden);
- Prinzip der Leistungssicherung und -kontrolle (die Erreichung bestimmter operationalisierbarer Lernziele muß überprüft und kontrolliert werden).

Hinweise zur Erziehungspraxis. Es gibt eine Fülle von Anweisungen zur Organisation, Gestaltung und Optimierung von Unterrichtsprozessen und -situationen. Im folgenden seien verschiedene von B. Fittkau & F. Schulz von Thun in Anlehnung an die → Nicht-direktive Gesprächsführung entwickelten Ansatzmöglichkeiten für eine Veränderung des sozialen Interaktionsklimas und damit eine Alternative zum herkömmlichen Unterricht vorgestellt:

- Verwirklichung von Wertschätzung.
- Offenheit, Echtheit, Transparenz, Abbau von Fassaden.
- Positive Bekräftigungsverhältnisse aufbauen (→ Verstärkung).
- Positive, optimistische Erwartungen an die Schüler.
- Herstellung einer reversiblen, symmetrischen, sozial-gleichberechtigten, partnerschaftlichen Kommunikationsbeziehung zwischen Lehrern und Schülern (→ Kommunikation).
- Stimulierende, problemstrukturierende Aktivität statt lenkende, kontrollierende, determinierende Aktivität.
- Verständliche Wissensvermittlung.
- Demokratische Konfliktregelung (→ Konflikterziehung).
- Kleingruppenarbeit.
- Gegenseitiges → Feedback.
- Metakommunikation, gruppendynamische Selbstreflektion.
- Demokratische Selbstverwaltung.

Unterrichtsformen lassen sich einmal danach definieren, inwieweit der *Eigenaktivität* des Schülers im Unterricht Rechnung getragen wird. E. Kaiser unterscheidet entsprechend zwischen darstellender, erarbeitender und entdeckenlassender Unterrichtsform. Auch die *Organisation* des Unterrichts läßt sich als Definitionskriterium heranziehen. Dabei geht es dann um die Frage, inwieweit bestimmte Unterrichtsformen → Differenzierung und Individualisierung zulassen. Differenzierung kann man z. B. dadurch erreichen, daß man im Unterricht nach entsprechender → Leistung , → Motivation oder → Begabung relativ homogene Gruppen bildet und diese gezielt unterrichtet. Bei der Individualisierung geht es um eine größere Berücksichtigung des Lernzustandes und Lerntempos eines Schülers. Entsprechend werden dann die Lernbedingungen gestaltet.

Unterrichtsmethoden. Der Streit um die „richtigen" Methoden des Unterrichts ist so alt wie die Pädagogik selbst. In der Regel drehte sich die Methodendiskussion um die für den Unterricht adäquate Stufenabfolge (→Comenius, →Herbart, →Kerschensteiner).
Die Entscheidung für die Anwendung oder den Einsatz einer bestimmten Methode im Unterricht ist untrennbar mit bestimmten *Vorüberlegungen* über Erziehung und Unterricht, Lehrer und Schüler sowie Unterrichtsgegenstand und -organisation verbunden.
M. Bönsch zählt für den *klassischen lehrerorientierten* Unterricht die Methoden Vortragen, Vormachen, Vorführen auf. Zu einem eher *schülerzentrierten, entdeckenden* Unterricht führen Methoden wie Initiieren von handlungsorientiertem Lernen, Provozieren von problemorientiertem Lernen, Arrangieren von entdeckendem Lernen, Konstruieren von situativem Lernen, Modellieren von simulativem Lernen.
Die immense Anzahl unterschiedlicher Unterrichtsmethoden zeigt beispielhaft die folgende Liste von R. Winkel: Einzelarbeit, Programmierter Unterricht, Klassenarbeit, Hausarbeit, Partnerunterricht, Kleingruppenunterricht, Großgruppenunterricht, simulative Verfahren sowie Lern-, Kunst- und Sportspiele, Lehrerdarbietung, Schülerdarbietung, Experiment, entwickelndes Lehrgespräch, lockeres Unterrichtsgespräch, Diskussion, Rundgespräch, Debatte, →Team-Teaching.

Unterrichtsmittel (Unterrichtsmedien) repräsentieren den Unterrichtsinhalt. Unterrichtsinhalte werden meist anhand diverser Medien modellhafter, bildlicher oder symbolischer (z. B. sprachlicher) Art vermittelt. Unterrichtsmittel oder – medien sind äußerst vielfältig (Buch, Kopie, Foto, Film, Funk, Fernsehen, Tonträger, Dia, Video, Overheadschablone, Computerprogramm) und weisen in der Regel einen engen Zusammenhang mit bestimmten Unterrichtsinhalten, -methoden und -formen auf. Als *Lehrmittel* in der Hand des Lehrers, als *Lernmittel* vor allem vom Schüler genutzt, ist Unterricht ohne Medien nicht mehr vorstellbar. Das Basismedium jeglichen Unterrichtens ist unzweifelhaft die menschliche gesprochene und geschriebene →Sprache. Von den eigentlichen Unterrichtsmitteln werden oft sog. Hilfsmittel (etwa Kreide, Tafel, Pult, Pinnwand, Flip-Chart, Zeigestock, Projektor) unterschieden, die die Mediendarbietung stützen und absichern. Mit dem Einsatz von Unterrichtsmitteln ist eine Erleichterung und Verbesserung bestimmter Lehrfunktionen verbunden, und damit eine Freisetzung des Lehrers für andere Aufgaben (etwa: Erziehung, Beratung, individuelle Förderung und Zuwendung usw.). (→ Medienerziehung).

Unterrichtsplanung und -vorbereitung. Eine wichtige Aufgabe von Lehrern ist eine adäquate Unterrichtsplanung und Unterrichtsvorbereitung. G. Schorch verwendet den Begriff Planung für längerfristige, umfassendere, den Begriff Vorbereitung für kurzfristige, umgrenztere Maßnahmen für künftige Unterrichtsvorhaben. Vor jeder Planung oder Vorbereitung sind grundsätzliche Überlegungen didaktischer Art (→ Didaktik) zu treffen, so etwa die des Exemplarischen des zu behandelnden Themas, der Relevanz des Themas für die Person und Situation des Schülers, der mit dem Unterricht verbundenen pädagogischen Absicht und des Lernziels des Unterrichts.
Die Vorbereitung oder Planung des Unterrichts bedarf der kritischen Reflexion und Begründung. Begründet werden müssen vor allem die *Unterrichtsmethoden* (Durchführung des Unterrichts z. B. in einer Stufenabfolge, Lehr- und Lerntechniken, Unterrichtsformen und Unterrichtsmittel) und die *Unterrichtsziele* (hinsichtlich des Lehrplans, des Schülers und des Unterrichtsgegenstandes). Eine wichtige Bedingung für den weiteren Unterricht und dessen Optimierung stellt die *Unterrichtsnachbereitung* dar.

Urvertrauen, ein Ausdruck von E. H. Erikson für das grundlegende Sicherheits- und Geborgenheitsgefühl, welches sich auf der Grundlage einer engen, dauerhaften und positiven Mutter-Kind-Beziehung in frühester Kindheit entwickelt. Bei einem problemhaften Mutter-Kind-Verhältnis entsteht *Urmißtrauen*, welches auch im späteren Leben die soziale → Interaktion und → Kommunikation eines Individuums in teils entscheidender Weise beeinträchtigen kann.

V

Vater. Die Bedeutung des Vaters für die → Erziehung der Kinder wird meist unterschätzt. Es wurde festgestellt, daß der Vater nicht nur für den Jungen das Modell zum Erlernen der Geschlechtsrolle darstellt, sondern daß auch Mädchen, die ohne Vater aufwachsen, Schwierigkeiten beim Umgang mit Männern haben.
Die Relevanz des Vaters in der Erziehung für eine ungestörte Ent-

wicklung von Kindern wird durch viele Untersuchungen belegt (W. Fthenakis). Demgegenüber wird in der Rechtsprechung, etwa bei Sorgerechtsentscheidungen, der Vater weitgehend als erzieherische „Randperson“ gewertet und die Mutter als wichtigste Bezugsperson des Kindes gewürdigt. In feministischer Sicht dominiert entgegen wissenschaftlicher Erkenntnis eine äußerst negativistische Sicht der Vaterfunktion. Diese Auffassung steht einer Neudefinition der Rolle des Mannes als Vater im Weg.

Verhalten ist vor allem eine in der → Psychologie gebräuchliche Sammelbezeichnung für alle beobachtbaren Aktivitäten, für die einfache und komplexe Auseinandersetzung des Menschen mit sich selbst und der Umwelt.

Verhaltensanalyse → Verhaltensmodifikation.

Verhaltensmodifikation (systematische, pädagogische). Auf der Grundlage lernpsychologischer Erkenntnisse sowie der Erfahrungen, die mit verschiedenen verhaltenstherapeutischen Techniken gemacht wurden, entwickelte man verschiedene Verfahren zur systematischen Veränderung des problematischen Verhaltens von Schülern. Verhaltensmodifikation ist die Bezeichnung für den gezielten Aufbau erwünschten Verhaltens und den Abbau unerwünschten Verhaltens durch die systematische Kontrolle von Konsequenzen des Verhaltens, durch die Darbietung geeigneter Modelle (Nachahmungslernen) sowie durch die Kontrolle der Auslöser (Situationen) des Verhaltens. Unumgängliche Voraussetzung jeder Verhaltensmodifikation ist eine *Verhaltensanalyse.* Ziele der Verhaltensanalyse sind:

- Die genaue Beschreibung des Problemverhaltens (Handelt es sich um Verhaltensüberschuß, z. B. Wutausbrüche, Weinkrämpfe, Clownerien, → Disziplin-Probleme, oder um Verhaltensdefizite, z. B. Passivität, Unselbständigkeit, Nichterledigen von → Hausaufgaben?).
- Die Klärung der Bedingungen, die für die Entstehung und Aufrechterhaltung des Verhaltens verantwortlich sind (In welchen Problemsituationen tritt das Verhalten auf, durch welche Konsequenzen wird es verstärkt?).
- Die Feststellung des Zusammenhangs zwischen dem Verhalten und dessen Konsequenzen und dem organismischen Zustand (Bedürfnisse, Gefühle, Wünsche, Fähigkeiten). Es sollen wirksame Maßnahmen der → Verstärkung sowie Möglichkeiten der Modifikation herausgefunden werden. Die Verhaltensanalyse erfolgt meist nach einem geregelten Ablauf (Siehe Schema S. 355).

Die Verhaltensanalyse wird durch systematische Beobachtung des Verhaltens durchgeführt.

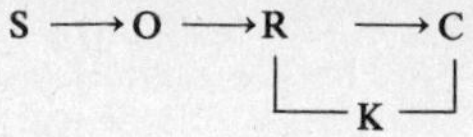

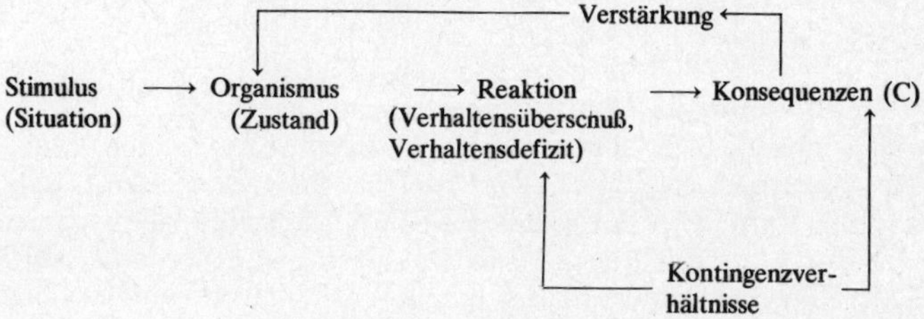

Die Strategien zur Änderung des Verhaltens unterscheiden sich kaum von den Techniken der *Verhaltenstherapie.* Gemeint sind:

a) *Shaping* (Verhaltensformung) als eine Methode zum Aufbau des erwünschten Verhaltens, bei der schon kleinste Ansätze und Schritte des erwünschten Verhaltens verstärkt werden, damit letztlich ein komplexer Ablauf entsteht;
b) die *Aversionstherapie*, die zur Behandlung von →Alkoholismus, →Drogenabhängigkeit, Rauchen und anderen Abhängigkeiten eingesetzt wird und in der systematischen Anwendung aversiver (unangenehmer, schmerzverursachender) Verhaltenskonsequenzen besteht;
c) die Methode der *Systematischen Desensibilisierung*, die zur Reduktion von →Angst eingesetzt wird. Der Klient stellt sich in einem tief entspannten Zustand den angstauslösenden Reiz in verschiedenen Intensitätsgraden vor.

Der Unterschied zwischen Verhaltensmodifikation und Verhaltenstherapie besteht nicht in der Methode, sondern resultiert aus dem Anwendungsbereich. Die Bezeichnung Verhaltensmodifikation bezieht sich auf die Anwendung verhaltensändernder Techniken auch in nicht-klinischen Fällen, etwa im Feld der →Erziehung (z. B. in der Schule). Zur Anwendung kommen folgende Verfahren:

- Verhaltensaufbau durch den systematischen Einsatz von positiver und negativer →Verstärkung. In der Praxis werden häufig →Kontingenzverträge abgeschlossen sowie Münzverstärkungssysteme ausgearbeitet.
- Verhaltensaufbau durch →Modellernen (Nachahmungslernen): Voraussetzungen sind eine beliebte Modellperson und häufiger Kontakt zwischen Kind und Modellperson.
- Verhaltensabbau durch Löschung (→Extinktion): Die durch die Verhaltensanalyse herausgefundenen Verstärker werden systematisch aufgehoben.

- Verhaltensabbau durch Aufbau „inkompatibler" (mit dem unerwünschten Verhalten unvereinbarer) Verhaltensweisen.
- Verhaltensabbau durch Bestrafung (→Strafe) ist problematisch, weil das Verhalten meist nur unterdrückt wird und unerwünschte Nebenwirkungen entstehen.

Verhaltensstörungen. Die Bezeichnungen psychische Störungen, →abweichendes Verhalten, psychische Beeinträchtigungen, neurotische Störungen (Neurosen), →Erziehungsschwierigkeiten, Fehlanpassung, werden in der →Sonder- und →Sozialpädagogik immer mehr durch die Ausdrücke Verhaltensstörung und Verhaltensauffälligkeit abgelöst. Damit wird das Problem der →Norm und der Folgen durch →Etikettierung mit „normal", „gestört", „krank" umgangen und die Aufmerksamkeit auf das „auffällige" Verhalten gelenkt. Eine Verhaltensstörung oder -auffälligkeit liegt erst dann vor, wenn ein erhebliches, dauerhaftes und immer wieder auftretendes Mißverhältnis zwischen den Normalansprüchen der Umwelt und dem individuellen Beitrag, diesen Ansprüchen gerecht zu werden, vorliegt. Die beobachteten Auffälligkeiten sind durch organische Schädigungen (→Behinderungen) nicht erklärbar. In der Regel werden folgende Arten von Verhaltensstörungen aufgeführt:
- *Funktionsstörungen* innerhalb der Körpersphäre, z. B. →Bettnässen, →Einkoten, Schlafstörungen, Eßstörungen (→Magersucht);
- *Abnorme Gewohnheiten*, z. B. →Daumenlutschen, Haareausreißen, →Nägelbeißen.
- *Störungen im Leistungsbereich*, z. B. →Konzentrations-, →Lern- und Denkstörungen sowie →Schulversagen trotz durchschnittlicher →Intelligenz;
- *Störungen der Grundstimmung* und der →Gefühle, z. B. Depression, Ängstlichkeit (→Angst);
- *Soziale Störungen*, z. B. übertriebene →Aggression, →Mutismus, →Schuleschwänzen, Streunen, →Diebstähle, →Verwahrlosung.

Die Entstehung von Verhaltensstörungen wird mit Hilfe des psychoanalytischen Modells (→Psychoanalyse) und der Triebschicksale während einzelner Phasen der Persönlichkeitsentwicklung, mit der Art und Weise, wie das Individuum versucht, die Minderwertigkeit zu bewältigen (→Individualpsychologie), mit Hilfe des Lernens und durch das →Etikettierungsmodell (→Stigmatisierung) erklärt.

Verkehrserziehung. *Problemerörterung.* Bei stetig zunehmendem Verkehrsaufkommen auf unseren Straßen stellt die Förderung der Verkehrssicherheit eine wichtige Aufgabe sowohl der Gesellschaftspolitik als auch der Pädagogik dar. Den Gefahren, die der Straßenverkehr mit sich bringt, sind besonders Kinder und Jugendliche sowie alte Leute ausgesetzt. Kinder und Jugendliche verunglücken meist als

Fußgänger, Radfahrer und Mofa- oder Motorradfahrer. International gesehen, verunglücken in Deutschland mehr Kinder auf der Straße, als in jedem anderen Land. Als Gründe für die besondere Verkehrsgefährdung von Kindern werden vor allem deren Impulsivität im Verhalten sowie eine ungenügend entwickelte Fähigkeit zur Entfernungs- und Geschwindigkeitsschätzung genannt. Zudem tragen offenbar sowieso die schwächsten und am wenigsten geschützten Verkehrsteilnehmer – und das sind nun einmal meist Kinder – das höchste Unfall- und Verletzungsrisiko.

Begriffsbestimmung. Verkehrserziehung umfaßt alle pädagogischen Maßnahmen zur Schaffung und Verbesserung von Einstellungen und Verhaltensweisen, die den Einzelnen befähigen, verantwortungsvoll, umsichtig und situationsangemessen am Straßenverkehr teilzunehmen. Manchmal wird eine Unterscheidung derart getroffen, daß man den Begriff „Verkehrserziehung" für schulische Einflußnahme reserviert, während der Begriff „Verkehrsaufklärung" für außerschulische Bemühungen verwendet wird. Die mit Verkehrserziehung häufig synonym verwendete Bezeichnung Verkehrsunterricht wird nicht nur für schulischen Unterricht gebraucht, sondern auch für die für auffällige Verkehrsteilnehmer angebotenen Lernprogramme, deren Besuch auch gerichtlich angeordnet werden kann.

Grundsätze, Ziele und Inhalte. Im Verlauf der Zeit wurde Verkehrserziehung entsprechend einer frühen Forderung der Verkehrswacht mehr und mehr auch als Aufgabe der Schule betrachtet. Einen ganz entscheidenden Schritt in diese Richtung brachte die von der Ständigen Konferenz der Kultusminister (KMK) im Jahr 1972 verabschiedete Empfehlung zur „Neubestimmung der Verkehrserziehung". Die Ziele moderner Verkehrserziehung werden global umschrieben mit Begriffen wie „kritisches Verkehrsverständnis" (A.-E. Bongard) oder allgemeine „Sozialerziehung" (W. Böcher). Die Kultusministerkonferenz bestimmte folgende Hauptlernziele für die schulische Verkehrserziehung:

- Entwicklung der Wahrnehmungsfähigkeit und des Reaktionsvermögens und Beitragen zum Erwerb von Erfahrung durch Beobachtungs- und Erkenntnishilfen;
- Vermittlung verkehrskundlichen Wissens und Einübung verkehrstechnischer Fertigkeiten;
- Hinführung zu den sozialintegrativen Formen des Verhaltens, die für die Teilnahme am Verkehr notwendig sind;
- Weckung der Bereitschaft, sich um eine humane Gestaltung des Verkehrs zu bemühen.

Inzwischen weitgehend akzeptierte Grundsätze einer Verkehrserziehung in der Schule sind:

a) Es kann keinesfalls um Zwang, Drill oder bloße Anpassung und Disziplinierung gehen, sondern vor allem um Weckung von kritischer Einsicht in die komplexen Zusammenhänge des Verkehrsgeschehens.

b) Bloßes Wissen um Verkehrsregeln ist relativ sinnlos, da es sich keineswegs auf entsprechendes Verhalten im Verkehr auswirkt.

c) Verkehrserziehung ist integrativ insofern, als sie ihrer Inhalte und Ziele wegen in sach- und sozialkundliche Fragestellungen entsprechender Schulfächer eingebaut ist und Theorie und Praxis umgreift. Vor allem letztere wird aus gutem Grund in der Regel von speziell ausgebildeten Polizisten trainiert.

Schwerpunktmäßig geht es in der schulischen Verkehrserziehung entsprechend der jeweils altersgemäßen Verkehrsteilnahme in der Grundschule anfänglich praktisch ausschließlich um Fußgänger- und Radfahrerunterrichtung; später richtet sich die Verkehrserziehung an den jugendlichen Benutzer motorisierter Zweiräder (Mofas).

Daß auch außerhalb und nach der Schule Verkehrserziehung notwendig ist, verdeutlichen die vielfältigen Regelverstöße und Unfälle, die bei erwachsenen Verkehrsteilnehmern tagtäglich registriert werden. Bemühungen außerschulischer Verkehrserziehung richten sich an die gesamte Bevölkerung (z. B. die Fernsehsendung „Der siebte Sinn") oder an spezielle Zielgruppen (Kinderverkehrsclub, Fahrschulausbildung, Autofahrer- oder „Schleuder"-Kurse von Automobilclubs oder Kurse für auffällige Autofahrer, z. B. Therapien für Alkoholdelinquenten).

Hinweise zur Praxis: Auch in der Verkehrserziehung geht es in der Regel vom Wissen zum Verständnis und schließlich zum Verhalten. Bloße Appelle sind relativ nutzlos, wie besonders frappierend das Thema „Alkohol im Straßenverkehr" beweist. Statt dessen ist es wichtig, daß

- Einsicht und Verständnis für Verkehrsabläufe („Zusammenhangswissen") gefördert werden;
- die Eltern und Erzieher sich als Vorbilder im Straßenverkehr zeigen, z. B. defensives an Stelle von aggressivem Verhalten demonstrieren;
- Kenntnisse für negative Verkehrsfolgen vermittelt werden (Umweltverschmutzung, Energieverbrauch, Landschaftszerstörung);
- das Verkehrsgeschehen auch aus der Perspektive der anderen Verkehrsteilnehmer betrachtet und dadurch der eigene Standpunkt relativiert werden kann.

Verkehrsregelung, eine Bezeichnung für die zwischen geschiedenen Ehepartnern getroffene oder gerichtlich festgelegte Abmachung über die Häufigkeit und den Ablauf der Kontaktaufnahmen zwischen dem Kind und dem nicht bei ihm lebenden Elternteil. Bei gerichtlicher Regelung steht zunehmend der Wille des Kindes und die Frage nach dem Kindeswohl im Mittelpunkt der Diskussion.

Verstärkung (Verstärker, Reinforcement, Bekräftigung) wird in den Reiz-Reaktions-Theorien des Lernens jeder Reiz und jede direkt kontingent auf das Verhalten folgende Konsequenz genannt, die zur Erhöhung (oder Erniedrigung) der Verhaltenshäufigkeit bzw. der Auftrittswahrscheinlichkeit eines Verhaltens führt.
Beispiele für Verstärker sind Bonbons, Schokolade, Lieblingsessen, Joghurt und Eintauschverstärker, z. B. Münzen, Chips als *primäre* Verstärker sowie Zuwendung, Lob, Lächeln, Anerkennung als *sekundäre* (auch soziale) Verstärker. Weiterhin kommen Tätigkeiten mit Verstärkerwert (Spielen, in die Stadt fahren, Malen, Musikhören, Fernsehen) zum Einsatz. Beispiele für *negative* Verstärker sind Aufheben von Strafen aller Art, Befreien aus einer unangenehmen Situation. Der Einsatz von Verstärkern muß nach folgenden Prinzipien erfolgen: Sie müssen sofort, unmittelbar vor oder nach der erwünschten Verhaltensweise erfolgen; will man eine Verhaltensweise aufbauen, so müssen sie nach jeder Verhaltensweise (= kontinuierlich) dargeboten werden; soll das schon gelernte Verhalten aufrechterhalten werden, so wird *intermittierende Verstärkung* (die Verstärkung folgt z. B. nach jeder dritten Verhaltensweise = *Quotenverstärkung* oder nach einem bestimmten Zeitraum = *Intervallverstärkung*) empfohlen. Im konkreten Fall sind Verstärkungspläne auszuarbeiten. (→ Verhaltensmodifikation).

	Art der Kontrolle und der Verstärkung	
Konsequenzen des Verhaltens	Hinzufügen	Wegnehmen
Positive Konsequenzen erhöhen die Verhaltenshäufigkeit	S + = positiver Verstärker (angenehm wirkender Reiz)	S̸ − = negativer Verstärker (unangenehm wirkender Reiz)
Negative Konsequenzen unterdrücken das Verhalten	S − = Strafe, aversiver Reiz	S̸ + = Strafe, angenehm wirkender Reiz, z. B. Taschengeld
Keine Konsequenzen	Weder S +	noch S̸ − = Löschung

Verwahrlosung, eine Sammelbezeichnung für → Verhaltensstörungen im Bereich des sozialen und des Leistungsverhaltens. Verwahrlosung äußert sich z. B. in Streunen, in → Aggression, in der Neigung zu → Jugendkriminalität und zu sexueller Haltlosigkeit, im → Schuleschwänzen, in der Leistungsverweigerung und im Drogenmißbrauch (→ Drogenabhängigkeit). Als Ursache von Verwahrlosung sind an erster Stelle gestörte Familienverhältnisse und ungünstige Milieueinflüsse zu nennen.

Volkshochschule ist die Bezeichnung für eine der wichtigsten Einrichtungen der → Erwachsenenbildung. → Quartärbereich.

Vorbild nennt man eine Person, die uns „ergreift", „fesselt" und sympathisch ist oder aufgrund der sozialen Macht, die sie besitzt (Eltern, Lehrer, Politiker), von uns zum nachahmenswerten Modell gewählt wird. → Leitbilder.

Vormundschaft ist die unter staatlicher (→ Jugendamt) Aufsicht stehende Fürsorge für Minderjährige und Personen, die außerstande sind, persönliche und vermögensrechtliche Dinge selbst zu regeln. Der Vormund hat – wie der Inhaber des Elternrechts – das Recht der Personensorge, der Vermögenssorge und der Vertretung des „Mündels".

Vorpubertät → Pubertät.

Vorschulerziehung. Damit bezeichnet man einerseits die gesamte → Erziehung vor der → Einschulung (→ Kleinkinderziehung) und andererseits die institutionalisierte Erziehung der 3- bis 5jährigen Kinder (→ Elementarbereich, → Kindergarten).

Vorurteil. Unter Vorurteil versteht man in der Regel eine zu positive (freundliche) oder zu negative (feindliche) Einstellung gegenüber Minderheiten, Randgruppen und einzelnen Personen, die durch hinzukommende, gegenteilige Informationen kaum geändert werden kann. Vorurteile oder stereotype Vorstellungen über andere sind besonders problematisch in pluralistischen, eher inhomogenen Gesellschaften, die sich aus unterschiedlichsten kulturellen, religiösen, rassischen oder sonstigen Gruppierungen zusammensetzen. Hier ist die Pädagogik besonders gefordert.

W

Waldorf-Pädagogik. *Problemerörterung*. Waldorfschulen sind heute, ebenso wie Montessorischulen, über die ganze Welt verbreitet. In der Bundesrepublik, vor allem in den neuen Bundesländern, werden jedes Jahr neue Waldorfschulen gegründet. Neben den Schulen gibt es auch zahlreiche andere Einrichtungen der Medizin, Heilpädagogik, Psychiatrie, Kunst, Kleidungsherstellung, Nahrungsmittelerzeugung, Medikamentenherstellung usw., die streng nach der „Lehre Steiners", die unter der Bezeichnung *Anthroposophie* verbreitet wird, organisiert sind. Bei der Anthroposophie handelt es sich um eine ganzheitliche Deutung des Kosmos und des Menschen – besser gesagt der Menschheit und der Menschheitsentwicklung –, die häufig als Mystik und nicht als Wissenschaft eingestuft wird, weil die Methode, mit der Steiner seine Lehre entwickelte, nicht oder nur schwer erlernbar ist. Da die Waldorfanhänger (Lehrer, Eltern, Künstler, Mediziner u. a.) streng an die Lehre Steiners „glauben", ihre Praxis eng an diese Lehre anbinden, werden sie häufig als arrogant, weltanschaulich blind und als engstirnige Ideologieanhänger kritisiert.

Der Philosoph Rudolf Steiner (1861–1925). Als Kind eines Eisenbahnbeamten machte Steiner 1879 Abitur und studierte zunächst an der Technischen Hochschule Berlin. Gleichzeitig befaßte er sich intensiv mit Schriften großer Philosophen und konnte von 1884 bis 1886 als Hauslehrer ein schwer behindertes Kind betreuen und unterrichten. Dazu schreibt Steiner: „Diese Erziehungsaufgabe war für mich eine reiche Quelle des Lernens. (...) Ich wurde gewahr, wie Erziehung und Unterricht zu einer Kunst werden müssen , die in wirklicher Menschenerkenntnis ihre Grundlage hat. Ein ökonomisches Prinzip hatte ich sorgfältig durchzuführen. Ich mußte mich oft für eine halbe Unterrichtsstunde zwei Stunden lang vorbereiten, um den Unterrichtsstoff so zu gestalten, daß ich dann in der geringsten Zeit und mit möglichst wenig Anspannung der geistigen und körperlichen Kräfte ein Höchstmaß an Leistungsfähigkeit des Knaben erreichen konnte." Es wird berichtet, daß der infolge der Hydrocephalie (Wasserkopf) schwer geistig behinderte Junge mit Steiners Hilfe in zwei Jahren den Unterrichtsstoff der Volksschule nachgeholt hatte und später Abitur machte. Als 30jähriger promovierte Steiner zum Doktor der Philosophie und entwickelte anschließend seine geisteswissenschaftliche Betrachtung der Menschheit, bekannt unter der Bezeichnung Anthroposophie. Durch eine beharrliche Schulung des Geistes – nach Vorbild Goethes – erlangte Steiner die Fähigkeit, höhere, nicht materielle und den Sinnen nicht zugängliche Welten direkt wahrzunehmen. Diese Methode der Erkenntnisgewinnung und die Geistschulung hat Steiner detailliert beschrieben. Da diese Methode sehr schwer – wenn überhaupt – erlernt und nachvollzogen werden kann, wird sie als Mystik eingestuft und kritisiert. Nach der anthroposophischen Weltdeutung sind Makrokosmos (Universum) und Mikrokosmos (Mensch) eng miteinander verbunden, wobei die Entwicklung von den Elementen des Kosmos bis zur Leib-Seele-Geist-Einheit des Menschen als sinnvoll aufeinander aufbauend und miteinander zusammenhängend gedeutet wird. Der Übergang oder die Umwandlung mineralischer zu pflanzlichen und körperlicher zu psychischen und geistigen Kräften wird *Metamorphose* genannt. Diese Zusammenhänge werden durch das Modell auf S. 363 verdeutlicht.

Nach der Gründung der anthroposophischen Gesellschaft baute Steiner ab 1913 in Dornach bei Basel die „Freie Hochschule für Geisteswissenschaften“ (das Goetheanum). Mit finanzieller Hilfe und auch auf Initiative des Direktors der Stuttgarter Waldorf-Astoria-Zigarettenfabrik gründete Steiner im Jahre 1919 in Stuttgart die erste Waldorfschule. Bis zu seinem Tod hielt Steiner viele Seminare und Vorträge zur Pädagogik und zu fast allen Fragen der Menschheit. Seine Lehre umfaßt mehr als 350 Bände und wird in vielen Arbeitskreisen diskutiert und interpretiert.

Die theoretische Grundlegung der Waldorfpädagogik. Grundlage der Pädagogik und Didaktik müssen nach Steiner Erkenntnisse über das Wesen des Menschen sein. Die Sinneswissenschaft (Naturwissenschaft) kann nur den Körper (Leib) des Menschen erfassen. Um auch die seelischen und geistigen Wesenskräfte des Menschen zu erfassen, entwickelte Steiner die schon oben erwähnte Erkenntnismethode der Anthroposophie. Die wichtigsten, pädagogisch bedeutsamen Erkenntnisse sind:

- Freiheit im Geist und in sozialen Situationen, Gleichheit vor dem Recht und Brüderlichkeit in der Wirtschaft sind Werte des Makrokosmos und Ideen der Schöpfung.
- Freiheit in sozialen Situationen bedarf der Phantasiefähigkeit, Gleichheit vor dem Recht der Wahrheitsliebe und Brüderlichkeit in der Wirtschaft des Verantwortungsgefühls. Damit sind die Kräfte des mündigen Menschen, eines angstfrei und selbstbewußt handelnden Menschen genannt (vgl. auch Modelldarstellung).
- Die Freiheit des Geistes stützt sich auf die Entwicklung der Ich-Kräfte (Phantasie), der Willenskräfte (Wahrheitsliebe) und der Seelenkräfte (Verantwortung).
- Der Wille ist nach Steiner „nicht leicht in den Griff zu bekommen“. Eine immer wiederkehrende Übung macht den Willen stark. Für die Entwicklung des Willens sind die Tätigkeit, das Tun, die Bewegung wichtig und nicht die Ergebnisse des Tuns. Durch Tätig-Wer-

UNIVERSUM → MENSCH → ZUSAMMENHANG
durch Metamorphose ergibt sich folgender Wandel

I. Makrokosmos	→	**II. Makrokosmos**	→	**III. Mikrokosmos**	→	**IV. Mikrokosmos**
Universum	→	Weltganzes	→	Institutionen	→	Leib
Schöpferische Ideen	→	Menschenrechte	→	Werte + Normen	→	Tugenden
Menschheit	→	Gesellschaft	→	Gemeinschaft	→	Mensch
Ebene der Mineralien und Prinzipien	→	Ebene der Systeme und der Beziehungen	→	Ebene der Gestalten und der Kräfte	→	Ebene der Lebewesen und des Geistes

Wesensmerkmale sind: Bewegung → Rhythmus → Gestalt

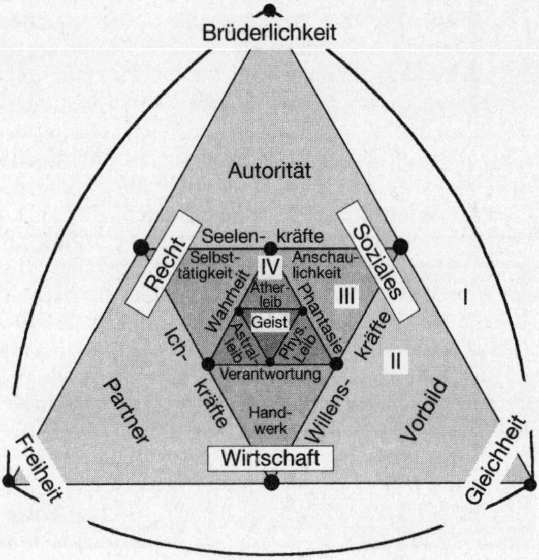

Vorbild im 1. Jahrsiebt führt zu:	**Willenskräften** durch Nachahmung, Bewegung und Rhytmik.
Autorität im 2. Jahrsiebt führt zu:	**Seelenkräften** durch Atmung, Speicherung und Erzählen.
Partner im 3. Jahrsiebt führt zu:	**Ich-Kräften** durch Anstrengung, Urteilsbildung und Arbeit.

den wird der Mensch handlungsfähig und frei und nicht abhängig von Ergebnissen, z. B. von Bildern im Fernsehen.

- Alles Lebendige hat Gestalt, alles Lebendige entsteht und vergeht, alles Leben folgt Rhythmen. Der wichtigste Rhythmus ist der von Tag und Nacht (die Vorgänge in der Nacht sind die pädagogisch bedeutsameren), ein anderer ist der des Jahres und in der Entwicklung des Menschen der Rhythmus von 7 Jahren („Jahrsiebt"). Innerhalb eines Lebensalters von 70 Jahren vollzieht sich die Entwicklung leiblicher, seelischer und geistiger Kräfte in 10 Jahrsiebten. Im ersten Jahrsiebt bildet sich über Nachahmung und Bewegung der *physische Leib* aus. Mit dem Zahnwechsel setzt über Zuhören, Speichern, Lesen die Entwicklung des *Ätherleibes* (= Träger der Wachstumskräfte, der Gewohnheiten und Neigungen sowie des Gedächtnisses) ein. Nach der Pubertät im dritten Jahrsiebt entwickelt sich über soziale Begegnung und Urteilsbildung der *Astralleib* (= Träger der Gefühle, der Lust und Unlust, der Bedürfnisse und der Intelligenz). Mit ihm ist die körperliche und seelische Entwicklung abgeschlossen, nicht aber die Entwicklung des Geistes. Als nächstes Wesensglied des Menschen entwickelt sich der *Ich-Leib* (Geist, Weisheit). Der Mensch kann sich selbst erfassen, sich von anderen abgrenzen. Er kann sich seiner Individualität, seiner Einzigartigkeit bewußt sein und kann nicht nur reagieren, sondern auch von sich aus agieren, Initiative ergreifen.
- Die vier Wesensglieder des Menschen sind von Anfang an vorhanden; sie sind aber von schützenden Hüllen umgeben. Mit der Geburt wird der Mensch aus „der schützenden physischen Mutterhülle" entlassen, mit dem Zahnwechsel aus der Ätherhülle und mit der Geschlechtsreife aus der Astralhülle. Nach Steiner dürfen die Erzieher die Hülle nicht zerstören. Sie dürfen, um eine pädagogische Überforderung zu vermeiden, erst dann entsprechend erzieherisch einwirken, wenn der jeweilige Leib aus der Hülle freigegeben ist.
- Im Organischen tritt Metamorphose (Umwandlung) an die Stelle der Kausalität (Verursachung) und ersetzt mechanisches Denken und monokausale Erklärungen. Steiner meint, daß sich Metamorphose im menschlichen Bereich oft so vollzieht, daß Seelisches sich körperlich äußert oder daß umgekehrt Körperliches seelische Folgen hat. Fertiges Wissen, sinnloses Pauken fesselt den Geist und kann langfristig gesehen sich über Metamorphose in Rheumatismus umwandeln. Es kommt auf das Zusammenspiel von Kopf und Hand, von Vorstellung und Wille, von Wahrnehmung und Gefühl an. Nur solches Tun, das den ganzen Menschen umfaßt, führt über Metamorphose zur Mündigkeit und Selbstfindung.
- Die Bewegung, Sprache und Arbeit sind Äußerungen des Menschenwesens. Analog zu diesen Wesensmerkmalen besteht der Un-

terricht in der Waldorfschule aus einem *Bewegungsteil* (z. B. Eurythmie), *Erzählteil* und *Arbeitsteil* (Handwerk, Kunst, Schnitzen, Kupfer treiben usw.). Das Ziel der Eurythmie ist, Musik, Takt, Sprache, Gefühle, das innere Wesen des Kindes durch die Bewegung sichtbar werden zu lassen. Steiner schreibt der Eurythmie psychohygienische und therapeutische Wirkung zu.

- Da sich im Kind nach Steiner eine Persönlichkeit aus der übersinnlichen Welt der Geister an die Oberfläche arbeitet, muß der Lehrer lernen, diesem mit Wertschätzung und Achtung zu begegnen. Er muß lernen, das Kind zu verstehen, er muß lernen, zu beobachten, was aus dem erfolgt, was er mit dem Kind tut.

Die Organisation der freien Waldorfschulen. Die innere Organisationsstruktur einer Waldorfschule beruht auf dem Prinzip der Gleichberechtigung aller Lehrer. Die Verwaltung ist kollegial, einen Schulleiter gibt es nicht. Die Verwaltung wird wahrgenommen von der „*Schulführungskonferenz*„. Alle Entscheidungen werden solange diskutiert, bis ein Konsens erzielt wird. Erzieherische Fragen, Probleme einzelner Kinder werden in der wöchentlich stattfinden *Pädagogischen Konferenz* behandelt. Ebenso wichtig wie das Lehrerkollegium sind die Eltern und deren Beteiligung am Schulleben. Die Bereitschaft zur Mitarbeit (Monatsfeier, Ausschüsse, Klassenelternabende, Eltern-Lehrer-Kreis, Hausbesuche des Lehrers) ist Voraussetzung für die Aufnahme des Kindes in die Waldorfschule.

Waldorfschulen haben in der Regel 12 Jahrgangsklassen mit Klassenstärken bis zu 30 Schülern (Jungen und Mädchen). Im 13. Schuljahr können sich die Schüler auf das Abitur oder auf die Mittlere Reife vorbereiten. In den ersten 8 Schuljahren werden die Schüler von demselben Klassenlehrer in den meisten Fächern unterrichtet. Danach übernehmen Fachlehrer den Unterricht. Unterrichtet wird nach dem von Steiner entwickelten, der Entwicklung der leib-seelischen Kräfte angepaßten Lehrplan. Neben den Fächern Deutsch, Geschichte, Mathematik, Physik, Biologie, Chemie, Spinnen und Instrumentalunterricht wird der Unterricht auch in den Fächern Eurythmie, Handwerk, Gartenbau und Feldmessen erteilt.

Von 8 bis 10 Uhr wird der sog. *Epochalunterricht* (mehrere Wochen lang wird ein Fach unterrichtet) immer vom Klassenlehrer erteilt.

Danach folgt bis 12 Uhr der sog. „ *Übungsunterricht*„ in einer Fremdsprache, Sport, Religion, in Eurythmie und in künstlerischen Fächern. Ziffernnoten werden nicht erteilt. Jeder Schüler erhält stattdessen ein Gutachtenzeugnis, das den erreichten Leistungsstand, die Tätigkeiten des Schülers und Möglichkeiten seiner Entwicklung detailliert beschreibt. És ist nicht die Frage entscheidend, wieviel der Schüler kann, sondern was der Schüler wie tut.

Das pädagogische Konzept der Waldorfschulen. – Erziehen und Lernen sind Lebensvorgänge, zugleich ein personales Geschehen zwischen Menschen. Phantasiebedürfnis, Wahrheitssinn und Verantwortlichkeitsgefühl sind die wichtigsten Tugenden der Lehrer bzw. die „Nerven der Pädagogik".

- Die Schule muß dem Kind die Kraft geben, sich das Leben und die Welt zu erschließen. Das bedeutet, daß jede frühzeitige Intellektualisierung und Spezialisierung zu vermeiden ist und bei jedem Unterrichtsstoff die Beziehung zum Menschen hergestellt werden muß.
- Das künstlerische Element muß alle Fächer durchdringen, der Unterricht muß ein Kunstwerk sein. In allen Fächern muß das Bild des Menschen in Erscheinung treten.
- In der Erziehung kommt es auf die Zusammenarbeit von Kopf und Hand, von Vorstellung und Wille an. Das Handeln erhält lebendig, vermittelt Kraft und Frische, daher ist Selbsttätigkeit des Kindes sehr wichtig, damit das Kind die Fächer, in denen nur Betrachtung (passive Aufnahme) verlangt wird, gesund überstehen kann.
- Wichtig sind: vielseitiger Unterricht (ein Märchen kann man malen, vorlesen, spielen, nacherzählen), Bereitstellen verschiedener Lernorte (Garten, Bühne, Werkstatt, Eurythmieraum), Gelegenheiten für freie Initiative (Basar, Monatsfeste, Feste im Jahresfestkreis). Das sind Möglichkeiten des individuellen Lernens.
- Einer Sache kann man ihr Geheimnis durch den Prozeß der Herstellung entlocken. Der Schüler kann sich den Vorgang der Herstellung anschauen: Was habe ich getan? Wie habe ich es getan? Was ist das Ergebnis meines Tuns? Dieser Weg des Sich-Anschauens führt zu selbst-bewußtem Handeln, d. h. mein Selbst, meine Eigenarten, Haltungen und Fähigkeiten, aber auch Unzulänglichkeiten werden mir bewußt.

Hinweise zur Erziehungspraxis. Das Denkmodell von Steiner und dessen Umsetzung in die Praxis durch die Waldorfpädagogik stellen eine wichtige Reflexions- und Orientierungshilfe dar in einer Zeit, in der Grenzen des naturwissenschaftlichen Denkens sehr deutlich sichtbar werden. Viele Erkenntnisse über den Menschen und Prinzipien der Erziehung werden auch in anderen Denkmodellen vertreten, aber selten so konsequent in die Praxis umgesetzt wie in Waldorfschulen. Will man das eigene Kind in den Waldorfkindergarten oder in die Waldorfschule schicken, so muß man sich mit der Anthroposophie vertraut machen und sie akzeptieren. Es ist sicherlich schwer zu verstehen, daß uns bei genauem Hinsehen das Kind mitteilt, wie es erzogen werden will, und daß schon eine vertiefte, eine Nacht lang andauernde geistige und vorstellungsmäßige Auseinandersetzung mit einem schwierigen Kind Änderungen und Wandel des Kindes bewirkt. Waldorfpädagogik ist keine Lösung für jedermann. Hier wird Mitarbeit, Verzicht, Engagement und Geduld gefordert. Alles Lebendige braucht Zeit.

In der Erziehungswissenschaft ist Waldorf-Pädagogik ein lebhaft und kontrovers diskutiertes Thema. Dabei wird vor allem in der Bewertung anthroposophischer Grundlagen der Waldorf-Pädagogik kein Fortschritt erzielt. Der Pädagoge Martin Wagenschein, der schon 1921 Waldorf-Pädagogik kennenlernte, schrieb in seiner Autobiographie (1983): „Ich kann nicht beurteilen, ob die Waldorfschulen die besten aller möglichen Schulen sind. Aber ich halte sie für die besten, die wir heute haben...".

Weglaufen. Das Fortlaufen von zu Hause kann aus einem Affektzustand (starke →Gefühle) entspringen (z. B. aus Angst wegen eines schlechten Schulzeugnisses) oder von langer Hand als Protest gegen die →Familie geplant sein. Häufig spielen auch Abenteuerlust, Erlebnisdrang und Fernweh eine Rolle. Das Weglaufen darf nicht mit dem der Leistung ausweichenden Streunen und Vagabundieren verwechselt werden. Weglaufen ist ein Problem, das in der Regel einer →Beratung bedarf.

Weiterbildung →Erwachsenenbildung.

Wert- und normorientierte Erziehung. In einer Zeit, die geprägt ist von einem „Wertewandel" oder gar einem „Werteverlust", in der ein Charakteristikum der Gesellschaft deren Pluralismus an Normen und Wertvorstellungen ist und Werte für viele nicht mehr absolute, sondern nur noch relative Geltung beanspruchen können, scheint die Frage nach dem, woraufhin eigentlich erzogen werden soll, durchaus berechtigt zu sein. Die Relevanz von Werten und Normen für die Erziehung wird auch von der modernen Pädagogik keineswegs in Frage gestellt; nach E. König ist „Erziehung explizit darauf angelegt, das Verhalten oder auch Einstellungen oder Haltungen anderer Personen im Blick auf bestimmte Normen und Werte zu verändern."

Die Geschichte der Pädagogik zeigt, wie immer wieder versucht wurde, Erziehungsnormen und -werte zu finden, und zwar als

a) *allgemeingültige Grundwerte* (in der normativen Pädagogik), die entweder der Ethik (→Herbart) entstammen oder auch aus bestimmten anthropologischen Grundannahmen oder -kategorien abgeleitet werden;
b) *wandel- und veränderbare Wertvorstellungen* (in der geisteswissenschaftlichen Pädagogik), die aus der (Entwicklungs-) Geschichte der Menschheit hergeleitet sind (→Dilthey).

In neuerer Zeit wurde teilweise auch versucht, das Thema „Normen und Werte" im Sinne der *Forderung nach einer wertfreien Erziehungswissenschaft* ganz aus der Pädagogik zu verbannen. Dies ist nicht gelungen, wie etwa die „Grundwertediskussion" im Ausgang der 70er

Jahre, etwa auf dem Forum „Mut zur Erziehung“, verdeutlichte. Diese und andere Stimmen führten dazu, daß sich die heutige Pädagogik der *Relevanz von Werten* für die Erziehung durchaus (wieder) bewußt ist. Der Prozeß der Suche nach und Findung von adäquaten und akzeptablen erzieherischen Werten und Normen bleibt allerdings nach wie vor ein Problem. Nach Meinung Königs könnte ein plausibles und pragmatisches Verfahren darin bestehen, daß bei der Festlegung von Normen und Werten das Ausmaß an „Konsens“ berücksichtigt wird, das die entsprechenden Norm- und Wertvorstellungen in der Gesellschaft haben.

Wissen. Damit bezeichnet man die von einer Person gespeicherten (→Gedächtnis) und reproduzierbaren Kenntnisse, Erkenntnisse, Einsichten, Daten und Fakten über die Beschaffenheit bestimmter Wirklichkeitsbereiche. Mit Beschaffenheit sind z. B. Merkmale, Funktionen, Beziehungen, Ursache-Wirkungs-Zusammenhänge, Ordnungen, Kategorien, Sinnzusammenhänge, Aufbau, System gemeint. Das Wissen kann sich auf Gegenwart, Vergangenheit (historisches Wissen) und Zukunft (Prognose) sowie auf Naturgegebenheiten und -vorgänge, kulturelle Inhalte oder gesellschaftliche Strukturen und Prozesse beziehen.

Wissenschaft. Nach H. Tschamler bedeutet Wissenschaft „ein über ein bestimmtes Objekt (Objekte) methodisch gewonnenes und in einen Ordnungszusammenhang (System) hineingestelltes →Wissen. Demnach gehören unabdingbar notwendig zur Wissenschaft: Objekt, Methode und System“. Das Objekt wissenschaftlicher Forschung bilden sowohl die Naturvorgänge und -erscheinungen als auch Produkte menschlichen Geistes und das vergangene und gegenwärtige Handeln der Menschen (= Praxis). Je nach Objekt der Forschung werden Naturwissenschaften (z. B. Chemie, Biologie, Physik), Geisteswissenschaften und formale Wissenschaften (Mathematik, Logik) unterschieden. Je nach der verwendeten Methode spricht man von Erfahrungswissenschaften (Empirie, empirisch) und Geisteswissenschaften (Phänomenologie, Hermeneutik, Dialektik). (→Erziehungswissenschaft).

Wohlfahrtspflege, freie. Mit dem Begriff „freie Wohlfahrtspflege“ werden all diejenigen Einrichtungen (Verbände, →Heime, →Kindergärten, Obdachlosenasyl, Einrichtungen für Nichtseßhafte), finanziellen Hilfen und psychosozialen Maßnahmen (individuelle →Beratung und Betreuung) der →Sozialhilfe und →Jugendhilfe bezeichnet, die auf freiwilliger Basis erfolgen und nicht vom Staat oder von den Gemeinden wahrgenommen werden (= Öffentliche Fürsorge oder Sozial- und Jugendhilfe). Die Leistungen der freien Wohlfahrtspflege

werden in Deutschland hauptsächlich von folgenden sechs Spitzenverbänden erbracht (= *Wohlfahrtsverbände*):
Arbeiterwohlfahrt e.V. mit Sitz in Bonn, Deutscher Caritasverband e.V. mit Sitz in Freiburg, Deutscher Paritätischer Wohlfahrtsverband e.V. mit Sitz in Frankfurt a. M., Deutsches Rotes Kreuz e.V. mit Sitz in Bonn, Diakonisches Werk (Innere Mission und Hilfswerk der Evangelischen Kirchen in Deutschland) mit Sitz in Stuttgart, Zentralwohlfahrtsstelle der Juden in Deutschland e.V. mit Sitz in Frankfurt a. M.

Wohlfahrtsverbände, freie → Wohlfahrtspflege, freie.

Z

Zensurenvergabe → Notengebung.

Ziele der Erziehung → Erziehungsziele, → Lernziele.

Zögling ist eine veraltete Bezeichnung für den Zu-Erziehenden (Kind, Jugendlicher). Der Ausdruck wurde häufig für Heimkinder (→ Heime) verwendet.

Zwang ist als → Erziehungsmittel heute öffentlich weitgehend geächtet, auch wenn zwangsähnliche Maßnahmen von seiten der Erzieher immer wieder verteidigt und auch eingesetzt werden (→ Repressive Erziehung)

Zweiter Bildungsweg soll zur → Chancengleichheit beitragen und insbesondere dazu dienen, daß auch Personen, die nur die → Hauptschule besucht haben, über → Berufsschulen und Einrichtungen wie Abendgymnasien und Kollegs (Institute zur Erlangung der → Hochschulreife) die Hochschulreife erlangen, die zum Studium an → Hochschulen berechtigt.

Zwillingsforschung ist eine beliebte Methode zur Erforschung des → Anlage-Umwelt-Problems. Man hat gehofft, durch den Vergleich des → Verhaltens und der Persönlichkeitsstruktur – insbesondere der Intelligenzausprägung – zweieiiger (ZZ) und eineiiger Zwillinge (EZ) den Anteil der Vererbung und der Beeinflussung durch die Umwelt herauszufinden. Es handelt sich um eine fragwürdige Methode, weil sich Zwillinge gegenseitig beeinflussen (R. Zazzo), in der Regel die Gleichheit oder Verschiedenartigkeit der Umwelteinflüsse nicht zu bestimmen ist, Zwillinge schon im Mutterleib bestimmten Einflüssen ausgesetzt sind und weil die Identität der Erbinformation auch bei eineiigen Zwillingen bezweifelt wird.

Literaturverzeichnis

Nachschlagewerke (Wörterbücher, Lexika)

Badry, E., Buchka, M. und R. Knapp: Pädagogik. Neuwied 1992.
Hehlmann, W.: Wörterbuch der Pädagogik. Stuttgart 1964.
Hierdeis, H. (Hrsg.): Taschenbuch der Pädagogik. Bd. 1 und Bd. 2. Baltmannsweiler 1978.
Keil, S. (Hrsg.): Familien- und Lebensberatung. Stuttgart, Berlin 1975.
Kock, P. und H. Ott: Wörterbuch für Unterricht und Erziehung. Donauwörth 1976.
Kraus, D. u. a.: Jugendlexikon Erziehung. Reinbek 1976.
Kreft, D. und I. Mielenz (Hrsg.): Wörterbuch soziale Arbeit. Weinheim 1988.
Lenzen, D. (Hrsg.): Pädagogische Grundbegriffe, Bd. 1 und 2. Reinbek 1989.
Müller-Küppers, M. (Hrsg.): Modern erziehen. Ein Lexikon für Eltern und Erzieher. München 1972.
Odenbach, K.: Lexikon der Schulpädagogik. Braunschweig 1974.
Roth, L. (Hrsg): Handlexikon zur Erziehungswissenschaft. München 1976.
Roth, L. (Hrsg.): Handlexikon zur Didaktik der Schulfächer. München 1980.
Roth, L. (Hrsg.): Pädagogik – Handbuch für Studium und Praxis. München 1991.
Schwarzer, R. (Hrsg.): Beraterlexikon. Ein praktisches Nachschlagewerk für Erziehung und Unterricht. München 1977.
Speichert, H. (Hrsg.): Kritisches Lexikon der Erziehungswissenschaft und Bildungspolitik. Reinbek 1975.
Speck, J. und G. Wehle (Hrsg.): Handbuch pädagogischer Grundbegriffe. Bd. 1 und Bd. 2. München 1970.
Wulf, Ch. (Hrsg.): Wörterbuch der Erziehung. München 1974.
Zöpfl, H. u. a. (Hrsg.): Kleines Lexikon der Pädagogik und Didaktik. Donauwörth 1975.
Lexikon der Pädagogik, Bd. 1–4. Hrsg. vom Willmann-Institut München-Wien. Freiburg/Br., Basel, Wien, 1970.

Allgemeine Pädagogik

Baacke, D.: Einführung in die außerschulische Pädagogik. München 1976.
Ballauff, T.: Systematische Pädagogik. Heidelberg 1970, 3. Aufl.
Ballauff, T.: Pädagogik Bd. I: Von der Antike bis zum Humanismus. Freiburg/Br. 1969.
Ballauff, T. und K. Schaller: Pädagogik Bd. II und III. Freiburg/Br. 1970 und 1973.
Becker, H. (Hrsg.): Anthropologie und Pädagogik. Bad Heilbrunn 1971, 2. Aufl.
Blättner, F.: Geschichte der Pädagogik. Heidelberg 1968, 13. Aufl.

Bollnow, O. F.: Erziehung in anthropologischer Sicht. Zürich 1969.
Brenner, D.: Hauptströmungen der Erziehungswissenschaft. München 1973.
Brezinka, W.: Von der Pädagogik zur Erziehungswissenschaft. Weinheim 1971.
Brezinka, W.: Grundbegriffe der Erziehungswissenschaft. München 1974.
Cube, F.v.: Erziehungswissenschaft: Möglichkeiten, Grenzen, politischer Mißbrauch. Stuttgart 1977.
Dietrich, T.: Geschichte der Pädagogik 18.-20. Jahrhundert. Bad Heilbrunn 1975, 2. Aufl.
Flitner, A. und H. Scheuerl: Einführung in pädagogisches Sehen und Denken. München 1968, 2. Aufl.
Flitner, W.: Allgemeine Pädagogik. Stuttgart 1966, 11. Aufl.
Funkkolleg Erziehungswissenschaft. Studienbegleitbriefe, Bd. 1 und Bd. 2. Weinheim 1969.
Gadamer, H. G. und P. Vogler (Hrsg.): Neue Anthropologie. 6 Bände. München 1972–1975.
Giesecke, H.: Einführung in die Pädagogik. München 1974, 6. Aufl.
Giesecke, H.: Pädagogik als Beruf. Weinheim 1987.
Göttler, J.: System der Pädagogik. München 1964, 12. Aufl.
Hederer, J. u. a.: Telekolleg für Erzieher. Pädagogik I-III. München 1973/74.
Henz, H.: Lehrbuch der systematischen Pädagogik. Freiburg/Br. 1971, 3. Aufl.
Hierdeis, H.: Basiswissen Pädagogik. Bd. 1: Erziehungstheorie. München 1976.
Hierdeis, H. u. a.: Basiswissen Pädagogik. Bd. 2: Erzieherisches Handeln. München 1977.
Huppertz, N. und E. Schinzler: Grundfragen der Pädagogik: München 1975.
Jourdan, M.: Pädagogische Kommunikation. Bad Heilbrunn 1989.
Klafki, W. u. a.: Funkkolleg Erziehungswissenschaft. Bd. 1–3. Frankfurt/M. 1970/71.
König, E.: Theorie der Erziehungswissenschaft. 3 Bände. München 1975/78.
Landsheere, G. de: Einführung in die pädagogische Forschung. Weinheim 1969.
Langeveld, M. J.: Einführung in die theoretische Pädagogik. Stuttgart 1966, 6. Aufl.
Lassahn, R.: Einführung in die Pädagogik. Heidelberg 1974.
März, F.: Einführung in die Pädagogik. München 1965.
Meyer-Drawe, K., Peukert, H. und J. Ruhloff : Pädagogik und Ethik. Weinheim 1992.
Moog, W.: Geschichte der Pädagogik. Neu hrsg. von F. J. Holtkemper. Ratingen 1967, 8. Aufl.
Novak, F. u. a.: Pädagogik 1. München 1978, 2. Aufl.
Oppolzer, S. (Hrsg.): Denkformen und Forschungsmethoden der Erziehungswissenschaft. Bd. 1. München 1972, 3. Aufl. Bd. 2, München 1971, 2. Aufl.
Pleines, J. E.: Pädagogik und Anthropologie. Saarbrücken 1973. Potthoff, W. und A. Wolf: Einführung in Strukturbegriffe der Erziehungswissenschaft. Freiburg/Br. 1974.
Reble, A.: Geschichte der Pädagogik. Dokumentationsband I und II. Stuttgart 1971.
Reble, A.: Geschichte der Pädagogik. Stuttgart 1975, 12. Aufl.
Röhrs, H.: Forschungsmethoden in der Erziehungswissenschaft. Stuttgart 1968.
Röhrs, H.: Allgemeine Erziehungswissenschaft. Weinheim 1973, 3. Aufl.
Roth, H.: Pädagogische Anthropologie. Bd. 1 und 2. Hannover 1971, 3. Aufl.
Russ, W.: Geschichte der Pädagogik. Bad Heilbrunn 1973, 9. Aufl.
Schaller, K. (Hrsg.): Erziehungswissenschaft und Erziehungsforschung. Hamburg 1968.
Schiefele, H. u. a.: Studienhefte zur Erziehungswissenschaft. Bd. 1–6. München 1973–1978.
Weber, E. (Hrsg.): Pädagogik. Eine Einführung. 4 Bände. Donauwörth 1975/78.

Wurzbacher, G.: Sozialisation und Personalisation. Stuttgart 1974.
Xochellis, P.: Pädagogische Grundbegriffe. Eine Einführung in die Pädagogik. München 1975.

Erziehungsziele und Erziehungsverhalten, Entwicklung und Erziehung

Adler, A.: Praxis und Theorie der Individualpsychologie. Frankfurt/M. 1977, 2. Aufl.
Brenner, C.: Grundzüge der Psychoanalyse. Frankfurt/M. 1978, 3. Aufl.
Brezinka, W.: Erziehungsziele, Erziehungsmittel,
Erziehungserfolg. Beiträge zu einem System der Erziehungswissenschaft. München, Basel 1976.
Brunnhuber, P. und Zopfl, H.: Erziehungsziele konkret. Donauwörth 1975.
Cremerius, J. (Hrsg.): Psychoanalyse und Erziehungspraxis. Frankfurt/M. **1970, 5.** Aufl.
Deutscher Bildungsrat: Begabung und Lernen, Bd. 4. Stuttgart 1969, 4. Aufl.
Diekmeyer, U.: Das Elternbuch. Bd. 1–6. Reinbek 1973–1976.
Fillipp, U. D. und K. A. Schneewind: Die Rangfolge globaler elterlicher Erziehungsziele und deren Einflußgrößen. Nürnberg 1974.
Geissler, E.: Erziehungsmittel. Bad Heilbrunn 1967.
Gordon, T.: Familienkonferenz. Hamburg 1977, 10. Aufl.
Herrmann, T. (Hrsg.): Psychologie der Erziehungsstile. Göttingen 1966.
Höchstetter, W. K.: Die psychoanalytischen Grundlagen der Erziehung. Starnberg 1970.
Hundertmarck, G. und H. Ulshoefer (Hrsg.): Kleinkinderziehung. Bd. 1–3. München 1972.
König, E.: Werte und Normen in der Erziehung. In Roth, L. (Hrsg.): Pädagogik. München 1991.
Lukesch, H. Erziehungsstile. Pädagogische und psychologische Konzepte. Stuttgart 1975.
Lukesch, H. (Hrsg.): Auswirkungen elterlicher Erziehungsstile. Göttingen 1975.
Lukesch, H.: Elterliche Erziehungsstile. Psychologische und soziologische Bedingungen. Stuttgart 1976.
Meves, C.: Erziehen lernen. München 1974, 4. Aufl.
Müller-Braunschweig, H.: Die Wirkung der frühen Erfahrung. Stuttgart 1975.
Neill, A. S.: Theorie und Praxis der antiautoritären Erziehung. Reinbek 1969.
Oblinger, H.: Theorie der Schule. Donauwörth 1975.
Oerter, R.: Entwicklung und Erziehung. Donauwörth 1977.
Richter, H. E. u. a. (Hrsg.): Familie und seelische Krankheit. Reinbek 1976.
Roth, H.: Autoritär oder demokratisch erziehen? München 1965.
Scheuerl, H.: Geschichte der Erziehung. Stuttgart 1985.
Spranger, E.: Erziehung zum Verantwortungsbewußtsein. Heidelberg 1969.
Stapf, K. H. u. a.: Psychologie des elterlichen Erziehungsstils. Bern 1972.
Tausch, R. und A.-M. Tausch: Erziehungspsychologie. Göttingen 1977, 8. Aufl.
Thielscher, H. und K. Thielscher: Erziehungsbasis: Partnerschaft. Paderborn 1975.
Tröger, W.: Erziehungsziele. München 1975.
Trost, F.: Die Erziehungsmittel. Weinheim 1966.
Weber, E.: Erziehungsstile. Donauwörth 1973, 4. Aufl.

Schulpädagogik und Lernen

Achtenhagen, F. und H. L. Meyer (Hrsg.): Curriculumrevision. München 1971.
Aebli, H.: Grundfragen des Lernens. Stuttgart 1976, 9. Aufl.
Angermeier, W. F.: Kontrolle des Verhaltens. Berlin 1972.
Becker, H.: Bildungsforschung und Bildungsplanung. Frankfurt/M. 1972, 2. Aufl.
Blankertz, H.: Theorien und Modelle der Didaktik. München 1977, 10. Aufl.
Blankertz, H. u. a.: Curriculumforschung. Essen 1971.
Bönsch, M.: Methoden des Unterrichts. In Roth, L. (Hrsg.): Pädagogik. München 1991.
Charlton, M. u. a.: Innovation im Schulalltag. Reinbek 1975.
Correll, W. (Hrsg.): Programmiertes Lernen und Lehrmaschinen. Braunschweig 1966, 2. Aufl.
Dallmann, G. und W. Preibusch: Erforschung von Unterrichtsmedien. Weinheim 1974.
Debl, H.: Schulpädagogik. München 1974.
Deutscher Bildungsrat: Strukturplan für das Bildungswesen. Stuttgart 1970.
Diederich, J.: Didaktisches Denken. Weinheim 1988.
Dietrich, Th.: Zeit- und Grundfragen der Pädagogik. Bad Heilbrunn 1984.
Drescher, R. und F. Hurych: Lernplanung und Unterrichtsgestaltung. Bd. 13. Regensburg 1977.
Edelstein, W. und W. Schäfer (Hrsg.): Programmierter Unterricht. Frankfurt/M. 1964.
Einsiedler, W.: Schulpädagogik – Unterricht und Erziehung in der Schule. In Roth, L. (Hrsg.): Pädagogik. München 1991.
Einsiedler, W. und H. Oblinger: Schulpädagogik. Eine Einführung. Donauwörth 1974.
Frank, H.: Kybernetische Grundlagen der Pädagogik. Baden- Baden 1962.
Fröhlich, A.: Die auditiven, visuellen und audiovisuellen Unterrichtsmittel. Weinheim 1974.
Grell, J.: Techniken des Lehrerverhaltens. Weinheim 1974.
Hanke, B. u. a.: Soziale Interaktion im Unterricht. München 1973.
Heller, K. (Hrsg.): Leistungsbeurteilung in der Schule. Heidelberg 1974.
Hesse, H. A. und W. Manz: Einführung in die Curriculumforschung. Stuttgart 1972.
Hilgard, E. R. und G. H. Bower: Theorien des Lernens. Bd. I und II. Stuttgart 1971.
Hintz, D., Pöppel, K. G. und J. Rekus: Neues schulpädagogisches Wörterbuch. Weinheim 1992.
Huber, G. L.: Lernen. Donauwörth 1975.
Hüfner, K. und J. Naumann: Bildungsplanung: Aufsätze, Modelle, Probleme. Stuttgart 1971.
Ingenkamp, K. (Hrsg.): Handbuch der Unterrichtsforschung. Teil I bis Teil III. Weinheim 1970/71.
Ingenkamp, K.: Pädagogische Diagnostik. Weinheim 1975.
Ingenkamp, K.: Pädagogische Diagnostik. In Roth, L. (Hrsg.): Pädagogik. München 1991.
Joerger, K.: Einführung in die Lernpsychologie. Freiburg/Br. 1977, 2. Aufl.
Kaiser, E.: Unterrichtsformen, Differenzierung und Individualisierung. In Roth, L. (Hrsg.): Pädagogik. München 1991.
Klafki, W.: Neue Studien zur Bildungstheorie und Didaktik. Weinheim 1991.
Klaßen, Th. F. u. a. (Hrsg.): Handbuch der reformpädagogischen und alternativen Schulen in Europa. Göttingen 1990.
Klauer, K. J. (Hrsg.): Handbuch der pädagogischen Diagnostik. Bd. 1–4. Düsseldorf 1978.

Klausmeier, H. J. und R. E. Ripple: Moderne Unterrichtspsychologie. Bd. 1–4. München, Basel 1973/75.
Lefrancois, G. R.: Psychologie des Lernens. Berlin, Heidelberg. New York 1976.
Mager, R. F. und P. Pipe: Verhalten, Lernen, Umwelt. Weinheim 1973, 2. Aufl.
Mednick, S. A. u. a.: Psychologie des Lernens. München 1975.
Memmert, W.: Didaktik in Grafiken und Tabellen. Bad Heilbrunn 1983.
Parreren, C. F.v.: Lernen in der Schule. Weinheim 1970, 2. Aufl.
Patterson, G.: Soziales Lernen in der Familie. München 1975.
Robinsohn, S. B.: Bildungsreform als Revision des Curriculum. Neuwied 1972, 4.Aufl.
Rosenthal, R. und L. Jacobson: Pygmalion im Unterricht. Weinheim 1971.
Schmitz, K.: Wissenschaftsorientierter Unterricht. München 1977.
Schnitzer, A. u. a.: Schwerpunkt: Schülerverhalten--Lehrerverhalten. München 1975.
Schorch, G.: Unterrichtsplanung und Unterrichtsvorbereitung. In Roth, L. (Hrsg.): Pädagogik. München 1991.
Schröder, H.: Leistungsmessung und Schülerbeurteilung. Stuttgart 1976, 2. Aufl.
Schröder, H.: Lerntheorie und Programmierung. München 1972, 2. Aufl.
Schröder, H.: Lernwirksamer Unterricht. München 1977.
Skowronek, H.: Lernen und Lernfähigkeit. München 1972, 4. Aufl.
Steindorf, G.: Einführung in die Schulpädagogik. Bad Heilbrunn 1972.
Steindorf, G.: Grundbegriffe des Lehrens und Lernens. Bad Heilbrunn 1985.
Stöcker, K.: Neuzeitliche Unterrichtsgestaltung. München 1970, 13. Aufl.
Strittmatter, P. (Hrsg.): Lernzielorientierte Leistungsmessung. Weinheim 1973.
Thiele, H.: Lehren und Lernen im Gespräch. Gesprächsführung im Unterricht. Bad Heilbrunn 1981.
Travers, R. M. W.: Grundlagen des Lernens. München 1975.
Tulodziecki, G.: Medien in Unterricht und Erziehung. In Roth, L. (Hrsg.): Pädagogik. München 1991.
Winkel, R. In: Gudjons, H., Teske, R. und R. Winkel (Hrsg.): Unterrichtsmethoden: Grundlegung und Beispiele. Braunschweig 1982.
Zimmermann, W. u. a.: Von der Curriculumtheorie zur Unterrichtsplanung. Paderborn 1977.
Zöpfl, H. und R. Seitz (Hrsg.): Schulpädagogik. Grundfragen, Probleme, Tendenzen. München 1971.
Zumkley-Münkel, C.: Imitationslernen. Düsseldorf 1976.

Sozialpädagogik/Sozialarbeit

Bader, K. u. a.: Handbuch für Kindertagesstätten. Informationen zur öffentlichen Kindererziehung. Reinbek 1977.
Bauer, H. G. u. a.: Forschung zu Problemen der Jugendhilfe. München 1976.
Böhnisch, L.: Sozialpädagogik des Kindes- und Jugendalters. Weinheim 1992
Böttcher, H.: Sozialpädagogik im Überblick. Freiburg/Br. 1975.
Bratt, N.: Gespräch und Behandlung in der sozialen Arbeit. Weinheim 1971.
Der Bundesminister für Jugend, Familie und Gesundheit: Zweiter Familienbericht. Köln 1975.
Der Bundesminister für Jugend, Familie und Gesundheit: Mehr Chancen für die Jugend. Zu Inhalt und Begriff einer offensiven Jugendhilfe. Limburg 1974.
Deutsche Hauptstelle gegen die Suchtgefahren (Hrsg.): Drogenpolitik und Drogenhilfe. Freiburg/Br. 1991.
Engelke, E.: Soziale Arbeit als Wissenschaft. Freiburg/Br. 1992.

Flamm, F.: Sozialwesen und Sozialarbeit in der Bundesrepublik Deutschland. Köln 1976.
Flierl, H.: Freie und öffentliche Wohlfahrtspflege. München 1992, 2. Aufl.
Flottmann, W.: Sozialhilfe. Neuwied, Berlin 1975.
Fooken, E.: Grundprobleme der Sozialpädagogik. Heidelberg 1973.
Furck, K. L. u. a.: Zur Bestimmung von Sozialpädagogik und Sozialarbeit in der Gegenwart. Weinheim 1966.
Fürst, W.: Die Erlebnisgruppe. Ein heilpädagogisches Konzept für soziales Lernen. Freiburg/Br. 1992.
Gernert, W.: Jugendhilfe. München, Basel 1975, 2. Aufl.
Giesecke, H.: Die Jugendarbeit. München 1971.
Harrer. F.: Jugendhilfe. Neuwied 1976.
Hederer, J.: Evolution der Sozialpädagogik. München 1975.
Hoffmann, N. und M. Frese: Verhaltenstherapie in der Sozialarbeit. Salzburg 1975.
Hörmann, G. und F. Nestmann (Hrsg.): Handbuch der psychosozialen Intervention. Opladen 1988.
Horn, K. und H. Heiland (Hrsg.): Systematiken und Klassifikationen in der Erziehungswissenschaft. Weinheim 1992.
Huppertz, N.: Elternarbeit vom Kindergarten aus. Didaktische und methodische Möglichkeiten in der Sozialpädagogik. Freiburg/Br. 1974.
Huppertz, N.: Supervision. Neuwied 1975.
Jordan, E. und D. Sengling: Jugendhilfe. Weinheim 1992.
Kerkhoff, E. (Hrsg.): Alltagssituationen in der Sozialpädagogik. Heidelberg 1978.
Kerkhoff, E. (Hrsg.): Alltagssituationen in der Sozialarbeit. Heidelberg 1978.
Lewkowicz, M. (Hrsg.): Neues Denken in der Sozialen Arbeit. Freiburg/Br. 1991.
Luuka, Ü.: Gemeinwesenarbeit. Freiburg/Br. 1971.
Martin, E.; Didaktik der sozialpädagogischen Arbeit. Weinheim 1989.
Martin, K.-R. (Hrsg.): Sozialarbeit und Sozialpädagogik im Grundriß. Berlin 1982.
Mollenhauer, K.: Einführung in die Sozialpädagogik. Weinheim 1974.
Nicholds, E.: Praxis sozialer Einzelfallhilfe. Freiburg/Br. 1970.
Olbing, H., Bachmann, K. D. und R. Gross: Kindesmißhandlung. Köln 1989.
Otto, H. U. und S. Schneider (Hrsg.): Gesellschaftliche Perspektiven der Sozialarbeit. 2 Bände. Neuwied 1973.
Petters, D. E.: Supervision in der Sozialarbeit. Freiburg/Br. 1971.
Pfaffenberger, H. (Hrsg.): Grundbegriffe und Methoden der Sozialarbeit. Neuwied, Berlin 1974.
Possehl, K.: Methoden der Sozialarbeit. Frankfurt/M. 1993.
Ribbert, F.: Jugendrecht – Jugendhilfe. Teil 2: Gesetzestexte. Paderborn 1976.
Röhrs, H. (Hrsg.): Die Sozialpädagogik und ihre Theorie. Stuttgart 1968.
Rössner, L.: Theorie der Sozialarbeit. München 1973.
Schilling, J.: Jugend- und Freizeitarbeit. Neuwied 1991.
Schilling, J.: Didaktik/Methodik der Sozialpädagogik. Neuwied 1993.
Schultze, A. (Hrsg.): Soziale Gemeinwesenarbeit. Freiburg/Br. 1972.
Schwendtke, A. (Hrsg.): Wörterbuch der Sozialarbeit und Sozialpädagogik. Heidelberg 1977.
Simmen, R.: Heimerziehung im Aufbruch. Bern 1988.
Skiba, E.-G.: Der Sozialarbeiter in der gegenwärtigen Gesellschaft. Weinheim 1969.
Winkler, M.: Eine Theorie der Sozialpädagogik. Stuttgart 1988.
Wolf, A.: Zur Geschichte der Sozialpädagogik im Rahmen der sozialen Entwicklung. Donauwörth 1977.

Sonderpädagogik

Aab, J. u. a.: Sonderschule zwischen Ideologie und Wirklichkeit. München 1974.
Abe, I. u. a.: Kritik der Sonderpädagogik. Gießen 1973.
Aichhorn, A.: Psychoanalyse und Erziehungsberatung. München, Basel 1970.
Asperger, H.: Heilpädagogik. Wien 1968, 5. Aufl.
Bach, H.: Geistigbehindertenpädagogik. Berlin 1968, 2. Aufl.
Beermann, U.: Erziehung von Sehbehinderten. Weinheim 1966.
Bepmann, E.: Die Erziehung soziokulturell benachteiligter Schüler. Hannover 1970.
Bläsig, W.: Die Rehabilitation der Körperbehinderten. München, Basel 1967.
Bleidick, U.: Pädagogik der Behinderten. Berlin 1972.
Bracken. H.v. (Hrsg.): Erziehung und Unterricht behinderter Kinder. Frankfurt/M. 1968.
Deutscher Bildungsrat: Sonderpädagogik, Bd. 1 bis Bd. 5. Behindertenstatistik, Früherkennung, Frühförderung (Bd. 1), Gehörlose und Schwerhörige (Bd. 2), Geistigbehinderte, Lernbehinderte und Aufnahme und Überweisung in Sonderschulen (Bd. 3), Verhaltensgestörte, Sprachbehinderte und Körperbehinderte (Bd. 4), Blinde, Sehbehinderte, Mehrfachbehinderte (Bd. 5), Stuttgart 1973–1975.
Deutscher Bildungsrat: Zur pädagogischen Förderung behinderter und von Behinderung bedrohter Kinder und Jugendlicher. Stuttgart 1974.
Dupuis, G. und W. Kerkhoff (Hrsg.): Enzyklopädie der Sonderpädagogik, der Heilpädagogik und ihrer Nachbargebiete. Berlin 1992.
Finnie, N. R.: Hilfe für das cerebral gelähmte Kind. Ravensburg 1976, 2. Aufl.
Fröhlich, M.: Einführung in die Heilpädagogik. München 1973.
Frostig, M.: Bewegungserziehung. München, Basel 1973.
Garbe, H.: Die Rehabilitation der Blinden und hochgradig Sehbehinderten. München, Basel 1965.
Goedman, M. H. und H. Koster: Was tun mit diesem Kind? Weinheim 1972.
Grossmann, G. und W. Schmitz: Sonderpädagogik verhaltensgestörter Kinder. Berlin 1969.
Hägie, H., Bürli, A. und A. Mathis (Hrsg.): Legasthenie. Weinheim 1970.
Hanselmann, H.: Einführung in die Heilpädagogik. Zürich 1967, 7. Aufl.
Hensle, U.: Einführung in die Arbeit mit Behinderten. Heidelberg 1986, 3. Aufl.
Hilsheimer, G.v.: Verhaltensgestörte Kinder und Jugendliche. Ravensburg 1975.
Jantzen, G.: Allgemeine Behindertenpädagogik. Weinheim 1987.
Klauer, K. J.: Lernbehindertenpädagogik. Berlin 1967, 2. Aufl.
Klee, E.: Behinderten-Report. Frankfurt/M. 1974.
Klee, E.: Behinderten-Report II. Frankfurt/M. 1976.
Kobi, E. E.: Die Rehabilitation der Lernbehinderten. München, Basel 1975.
Kobi, E. E.: Heilpädagogik im Abriß. München, Basel 1977.
Kuhlen, V.: Verhaltenstherapie im Kindesalter. München 1973, 2. Aufl.
Martinke, H.-J.: Die Rehabilitation der Verhaltensgestörten. München, Basel 1978.
Mehringer, A.: Heimkinder. München, Basel 1976.
Meinertz, F.: Heilpädagogik. Neub. u. erw. v. R. Kausen. Bad Heilbrunn 1968, 2. Aufl.
Moor, P.: Heilpädagogik. Bern 1969, 2. Aufl.
Morgenstern, R. u. a.: Heilpädagogische Praxis. München, Basel 1973.
Müller, R.: Leseschwäche – Leseversagen – Legasthenie. Bd. I und Bd. II. Weinheim 1974.
Presting, G. (Hrsg.): Erziehungs- und Familienberatung. Weinheim 1991.
Redl, F.: Erziehungsprobleme, Erziehungsberatung. München 1978.
Schenk-Danzinger, L.: Handbuch der Legasthenie im Kindesalter. Weinheim 1971, 2. Aufl.

Speck, O.: Die Rehabilitation der Geistigbehinderten. München, Basel 1977, 2. Aufl.
Speck, O.: Der geistigbehinderte Mensch und seine Erziehung. München 1971.
Strasser, H. (Hrsg.): Fortschritte der Heilpädagogik. Berlin 1968.
Strasser, H., Sievert, G. und K. Munk: Das körperbehinderte Kind. Berlin 1968.
Thalmann, H.-C.: Verhaltensstörungen bei Kindern im Grundschulalter. Stuttgart 1971.
Thensig, Th.: Heilerziehungspflege. Freiburg/Br. 1992.
Thompson, T. und J. Grabowski (Hrsg.): Verhaltensmodifikation bei Geistigbehinderten. München, Basel 1976.
Trapmann, H. u. a.: Auffälliges Verhalten im Kindesalter. Dortmund 1971.
Valtin, R.: Legasthenie – Theorien und Untersuchungen. Weinheim 1970.
Wendeler, J.: Psychologische Analysen geistiger Behinderung. Weinheim 1976.
Werner, R.: Das verhaltensgestörte Kind. Heilpädagogik psychischer Fehlhaltungen. Berlin 1972.
Winkel, R.: Pädagogische Psychiatrie für Eltern, Lehrer und Erzieher. München 1977.

Medienpädagogik, Medienerziehung

Appeldorn, W.v.: Die optische Revolution. Die Zukunft der visuellen Medien. Reinbek 1972.
Baacke, D. (Hrsg.): Mediendidaktische Modelle. München 1973.
Bucher, T.: Pädagogik der Massenkommunikationsmittel. Zürich 1971, 2. Aufl.
Cohen-Seat, G. und P. Fougeyrollas: Wirkungen auf den Menschen durch Film und Fernsehen. Köln 1966.
Diel, A. (Hrsg.): Kritische Medienpraxis. Köln 1974.
Feldmann, E.: Theorie der Massenmedien. Basel 1973.
Firnkes, M. u. a.: Das Fernsehen im Vorschulalter. München 1973.
Frank, H.: Bildungstechnische Medien. Die technologischen Möglichkeiten einer modernen Pädagogik. Reinbek 1974.
Heinrichs, H.: Lexikon der audio-visuellen Bildungsmittel. München 1971.
Holzer, H.: Theorie des Fernsehens. Hamburg 197..
Horn, I.: Jugend und Fernsehen. Mainz 1975.
Ingenkamp, K. (Hrsg.): Erforschung von Unterrichtsmedien. Weinheim 1974.
Kerstiens, L.: Medienkunde in der Schule. Bad Heilbrunn 1968.
Krankenhagen, G. (Hrsg.): Kleines AV-Lexikon: Begriffe, Institutionen. Stuttgart 1976.
Maletzke, G. (Hrsg.): Einführung in die Massenkommunikationsforschung. Berlin 1975.
Meyn, H.: Massenmedien in der Bundesrepublik Deutschland. Berlin 1974.
Mundzeck, H.: Kinder lernen fernsehen. Reinbek 1973.
Ronneberger, F. (Hrsg.): Sozialisation und Massenkommunikation. Stuttgart 1971.
Schwarz, R. (Hrsg.): Didaktik der Massenkommunikation. Bd. 1 und 2. Stuttgart 1974/75.
Stefen, R. (Hrsg.): Jugendmedienschutz. Bonn 1974.
Sturm, H. u. a.: Medienspezifische Lerneffekte. München 1972.
Wasem, E.: Medien in der Schulpraxis. Freiburg/Br. 1974.
Wasem, E.: Medien in der Schule. Impulse für moderne Lehr- und Lernmittel. München 1971.

Erwachsenenbildung

Articus, S. und S. Karolus: Altenhilfe im Umbruch. Frankfurt/M. 1986.
Axmacher, D.: Erwachsenenbildung im Kapitalismus. Frankfurt/M. 1974.
Brandenburg, A. G.: Der Lernerfolg im Erwachsenenalter. Göttingen 1974.
Dauber, H. und E. Verne (Hrsg.): Freiheit zum Lernen. Reinbek 1976.
Dettbarn-Reggentin, J. und H. Reggentin (Hrsg.): Neue Wege in der Bildung Älterer. Bd. 1 u. 2. Freiburg/Br. 1992.
Dewe, B., Frank, G. und W. Huge: Theorien der Erwachsenenbildung. Ein Handbuch. München 1988.
Dikau, J.: Wirtschaft und Erwachsenenbildung. Weinheim 1968.
Keim, H. u. a.: Strukturprobleme der Weiterbildung. Düsseldorf 1973.
Knoll, J. H.: Einführung in die Erwachsenenbildung. Berlin 1973.
Knoll, J. H. (Hrsg.): Lebenslanges Lernen. Hamburg 1974.
Kultusminister Nordrhein-Westfalen: Erwachsenenbildung – Weiterbildung. Ratingen 1972.
Lenhardt, G.: Berufliche Weiterbildung und Arbeitsteilung. Frankfurt/M. 1974.
Pöggeler, F.: Erwachsenenbildung. Einführung in die Andragogik. Stuttgart 1974.
Schulenberg, W. u. a.: Strukturplan Weiterbildung. Stuttgart 1975.
Schulenberg, W. u. a.: Zur Professionalisierung der Erwachsenenbildung. Braunschweig 1972.
Siebert, H.: Erwachsenenbildung. – Aspekte einer Theorie. Düsseldorf 1972.
Siebert, H.: Curricula für Erwachsene. Braunschweig 1974.
Strzelewicz, W.: Demokratisierung der Erwachsenenbildung. Braunschweig 1973.
Tietgens, H. und J. Weinberg: Erwachsene im Feld des Lehrens und Lernens. Braunschweig 1971.

Verschiedenes

(Sexualerziehung, Freizeiterziehung, moralische Erziehung, Friedenserziehung, Vorschulerziehung)

Battegay, R. und U. Rauchfleisch (Hrsg.): Das Kind in seiner Welt. Göttingen 1991.
Bayer. Staatsministerium für Unterricht und Kultus (Hrsg.): Der Übergang vom Kindergarten zur Grundschule. Donauwörth 1978, 10. Aufl.
Beck, H.: Schlüsselqualifikationen. Bildung im Wandel. Darmstadt 1993.
Beer, W. & de Haan, G.: Ökopädagogik. Weinheim 1984.
Berg, Ch. (Hrsg.): Kinderwelten. Frankfurt/M. 1991.
Berthold, M. (Hrsg.): Maria Montessori. Grundlagen meiner Pädagogik. Heidelberg, Wiesbaden 1985.
Bertsch, L. u. a. (Hrsg.): Der Religionsunterricht in der Schule. In: Gemeinsame Synode der Bistümer in der Bundesrepublik Deutschland. Band I – 3. Freiburg/Br. 1976.
Böcher, W.: Verkehrserziehung als Sozialerziehung. Z.f. Verkehrserziehung 33, 1983, S. 1 ff.
Böhm. W. (Hrsg.): Maria Montessori. Texte und Gegenwartsdiskussion. Bad Heilbrunn 1985.
Boos-Nünning, U. u. a.: Aufnahmeunterricht – Muttersprachlicher Unterricht – Interkultureller Unterricht. München 1983.
Boos-Nünning, U. und Hennscheid, R.: Ausländische Kinder an deutschen Schulen. Politische Bildung, 9, 1986, S. 64–82.
Bolscho, D., Eulefeld, G. und H. Seybold: Umwelterziehung. München 1980.

Bongard, A.-E.: Beiträge zur theoretischen Grundlegung der Schulverkehrserziehung. Heidelberg 1967.
Braun, C.: Selbstmord. München 1971.
Burow, O.-A.: Grundlagen der Gestaltpädagogik. Dortmund 1988.
Busch, M. und G. Edel (Hrsg.): Erziehung zur Freiheit durch Freiheitsentzug. Neuwied 1969.
Callies, E.: Vorschulerziehung. Münster 1970.
Calließ, J. und R. E. Lob: Handbuch Praxis der Umwelt- und Friedenserziehung. Bd. 1–3. Düsseldorf 1987/88.
Carlgren, F.: Erziehung zur Freiheit. Die Pädagogik Rudolf Steiners. Frankfurt/M. 1981.
Correll, W.: Lernen und Lehren im Vorschulalter. Donauwörth 1971.
Fend, H.: Sozialisierung und Erziehung. Weinheim 1971.
Fischer, W. u. a. (Hrsg.): Inhaltsprobleme in der Sexualpädagogik. Heidelberg 1973.
Forum „Mut zur Erziehung" am 9./10. 1. 1978 im Wissenschaftszentrum Bonn, Bad Godesberg 1979.
Fthenakis, W. E.: Väter. Bd. 1 u. 2. München 1982.
Gamm, H.-J.: Aggression und Friedensfähigkeit in Deutschland. München 1968.
Gehlen, A.: Der Mensch. Seine Natur und seine Stellung in der Welt. Frankfurt/M. 1966, 8. Aufl.
Giesecke, H. (Hrsg.): Freizeit und Konsumerziehung. Göttingen 1968.
Grauer, G.: Jugendfreizeitheime in der Krise. Weinheim 1973.
Hammerich, K.: Kritische Untersuchung zur Freizeitpädagogik. Ratingen 1971.
Hellberg-Rode, G. (Hrsg.): Umwelterziehung. Münster 1991.
Hölzel, S.: Freizeitpädagogik zwischen Gleichgültigkeit und Zwang. Neuwied 1971.
Hoemisch, N., Niggermeyer, E. und J. Zimmer: Vorschulkinder. Stuttgart 1969.
Kentler, H.: Sexualerziehung. Reinbek 1970.
Key, E.: Das Jahrhundert des Kindes. Weinheim 1992.
Koch, F.: Sexualpädagogik und politische Erziehung. München 1975.
Koch, F.: Negative und positive Sexualerziehung. Heidelberg 1971.
Köder, A. u. a.: Informationsmöglichkeiten im Freizeitbereich. Stuttgart 1976.
Kramer, W.: Umwelt im Unterricht. Köln 1988.
Kratochwill, L.: Pädagogisches Handeln bei Hugo Gaudig, Maria Montessori und Peter Petersen. Donauwörth 1992.
Kreuzer, K. J. (Hrsg.): Handbuch der Spielpädagogik. Bd. 1–4. Düsseldorf 1983/84.
Krippendorf, E. (Hrsg.): Friedensforschung. Köln 1968.
Kuckartz, W.: Sozialisation und Erziehung. Essen 1969.
Langmaack, B.: Themenzentrierte Interaktion. Einführende Texte rund ums Dreieck. Weinheim 1991.
Leber, S.: Die Pädagogik der Waldorfschule und ihre Grundlagen. Darmstadt 1983.
Lindenberg, Ch.: Die Lebensbedingungen des Erziehens. Von Waldorfschulen lernen. Reinbek 1981.
Löhmer, C. und R. Standhardt (Hrsg.): TZI. Pädagogisch-therapeutische Gruppenarbeit nach Ruth C. Cohn. Stuttgart 1992.
Mann, M. und G. Wehmeyer: Weiterbildung und Freizeit. Stuttgart 1976.
Mannheim, H.: Vergleichende Kriminologie. 2 Bände. Stuttgart 1974.
Meißner, K. (Hrsg.): Gestaltpädagogik – Fortschritt oder Sackgasse? Berlin 1985.
Mühlbauer, K. R.: Sozialisation. Eine Einführung in Theorien und Modelle. München 1980.
Müller, C. W.: Jugendpflege als Freizeiterziehung. Weinheim 1965.
Müller, R. G. E.: Vorschulerziehung. München 1971.
Nahrstedt, W.: Freizeitpädagogik in der nachindustriellen Gesellschaft. 2 Bände. Neuwied 1974.

Nahrstedt, W. und G. Mugglin (Hrsg.): Freizeitpädagogik und Animation in Europa. Zürich, Düsseldorf 1977.
Neumann, U.: Ausländische Kinder an deutschen Schulen. In Roth, L. (Hrsg.) Pädagogik. München 1991.
Opaschowski, H. W.: Pädagogik der Freizeit. Bad Heilbrunn 1976.
Opaschowski, H. W.: Pädagogik und Didaktik der Freizeit. Opladen 1987.
Opaschowski, H. W.: Freizeit und Pädagogik. In Roth, L. (Hrsg.): Pädagogik. München 1991.
Otto, G.: Texte zur ästhetischen Erziehung. Braunschweig 1975.
Rauchfleisch, U.: Allgegenwart von Gewalt. Göttingen 1992.
Röhrs, H. (Hrsg.): Friedenspädagogik. Frankfurt/M. 1970.
Roth, W. K. (Hrsg.): Ausländerpädagogik I u. II. Stuttgart 1985.
Rubner, E. (Hrsg.): Störung als Beitrag zum Gruppengeschehen. Mainz 1992.
Schilling, H.: Grundlagen der Religionspädagogik. Düsseldorf 1970.
Schur, E. M.: Abweichendes Verhalten und soziale Kontrolle. Etikettierung und gesellschaftliche Reaktion. Frankfurt/M., New York 1974.
Senghaas, D. (Hrsg.): Kritische Friedensforschung. Frankfurt/M. 1971.
Stock, H.: Beiträge zur Religionspädagogik. Gütersloh 1969.
Tillich, P.: Systematische Theologie. Bd. 1. Stuttgart 1955.
UNESCO: Bericht Nr. 4 zur Konferenz über Umwelterziehung in Tiflis 1977. Bonn 1979.
Weber, E. (Hrsg.): Zur moralischen Erziehung in Unterricht und Schule. Donauwörth 1973.
Wulf, Ch. (Hrsg.): Friedenserziehung in der Diskussion. München 1973.
Wurzbacher, G.: Sozialisation und Personalisation. Stuttgart 1974.
Zwingmann, C. (Hrsg.): Selbstvernichtung. Frankfurt/M. 1965.

Bezugswissenschaften

Bally, G.: Einführung in die Psychoanalyse Sigmund Freuds. Hamburg 1966, 4. Aufl.
Bochenski. I. M.: Wege zum philosophischen Denken. Freiburg/Br. 1969, 8. Aufl.
Bochenski, I. M.: Die zeitgenössischen Denkmethoden. München 1971, 5. Aufl.
Brunner, A.: Grundfragen der Philosophie. Freiburg/Br. 1963, 6. Aufl.
Büttner, Ch., Trescher, H. G. und W. Datler (Hrsg.): Jahrbuch für Psychoanalytische Pädagogik. Bd. 4. Mainz 1992.
Dieckmann. J.: Pädagogische Soziologie. Heidelberg 1970.
Eicke, D. (Hrsg.): Die Psychologie des 20. Jahrhunderts, Bd. III.
Freud und die Folgen (2). München, Zürich 1977.
Freud. A.: Einführung in die Psychoanalyse für Pädagogen. Bern 1965, 4. Aufl.
Fürstenberg, F.: Soziologie. Hauptfragen und Grundbegriffe. Berlin 1971.
Gage, N. L. und D. C. Berliner: Pädagogische Psychologie. München 1977.
Heckhausen, H.: Entwurf einer Psychologie des Spielens. Psychol. Forschung, 27, 1964, S. 225–243.
Heller, K. und H. Nickel (Hrsg.): Psychologie in der Erziehungswissenschaft. 3 Bände. Stuttgart 1976/78.
Hurlock. E. B.: Die Entwicklung des Kindes. Weinheim 1970.
Keller, J. A.: Grundlagen der Motivation. München 1981.
Keller, J. A.: Einführung in die Motivationspsychologie. Darmstadt 1994.
Kippert. K. (Hrsg.): Einführung in die Soziologie der Erziehung. Freiburg/Br. 1970.
Kurzreiter, J.: Pädagogische Soziologie. Wien 1971.
Lienert. G.: Testaufbau und Testanalyse. Weinheim 1969, 3. Aufl.

Mussen P. H., Conger, J. J. und J. Kagan: Lehrbuch der Kinderpsychologie. Stuttgart 1976.
Nickel, H.: Entwicklungspsychologie des Kindes- und Jugendalters. Bd. 1 und Bd. 2. Bern 1975, 3. Aufl.
Noack, H.: Allgemeine Einführung in die Philosophie. Darmstadt 1972.
Obiditsch, F.: Einführung in die Soziologie der Erziehung. Villingen 1969.
Oerter, R.: Moderne Entwicklungspsychologie. Donauwörth 1976, 16. Aufl.
Olson, W. C.: Entwicklung und Erziehung. Weinheim 1972.
Rehm, W.: Die psychoanalytische Erziehungslehre. München 1968.
Röhrs. H. (Hrsg.): Aufgabenkreis der pädagogischen Soziologie. Frankfurt/M. 1971.
Schenk-Danzinger, L.: Entwicklungspsychologie. Wien 1972, 6. Aufl.
Schraml, W. J.: Einführung in die Tiefenpsychologie für Erzieher und Sozialpädagogen. Stuttgart 1970, 3. Aufl.
Schraml. W. J.: Einführung in die moderne Entwicklungspsychologie. Stuttgart 1972.
Seiffert, H.: Einführung in die Wissenschaftstheorie. 2 Bände. München 1969/70.
Spiel, W. (Hrsg.): Die Psychologie des 20. Jahrhunderts, Bd.XI. Konsequenzen für die Pädagogik (1). München, Zürich 1980.
Spiel, W. (Hrsg.): Die Psychologie des 20. Jahrhunderts, Bd.XI. Konsequenzen für die Pädagogik (2). München, Zürich 1980.
Stern, E.: Tiefenpsychologie und Erziehung. München 1964, 2. Aufl.
Stieglitz, H.: Soziologie der Erziehungswissenschaft. Stuttgart 1970.
Strotzka, H. (Hrsg.): Psychotherapie: Grundlagen, Verfahren, Indikationen. München 1975.
Tausch, R. und A.-M. Tausch: Erziehungspsychologie. Göttingen 1977, 8. Aufl.

Literatur, auf die in den Texten ausdrücklich Bezug genommen wird

Bittner, G. und E. Schmid-Cords (Hrsg.): Erziehung in früher Kindheit. München 1976, 6. Aufl.
Bloom, B. S.: Taxonomie von Lernzielen im kognitiven Bereich. Weinheim 1972.
Brezinka, W.: Erziehungsziele, Erziehungsmittel, Erziehungserfolg. München, Basel 1976.
Brunnhuber, P.: Prinzipien effektiver Unterrichtsgestaltung. Donauwörth 1971.
Carroll, J. B.: The study of language. Cambridge, Mass. 1955. Cohn, R. C.: Von der Psychoanalyse zur themenzentrierten Interaktion. Stuttgart 1975.
Cohn, R. C.: Es geht ums Anteilnehmen. Die Begründerin der TZI zur Persönlichkeitsentfaltung. Freiburg/Br. 1993.
Fend, H.: Lernsteuerungssysteme und Schulorientierung. Monografien zur schulischen Sozialisation. Konstanz 1971.
Fittkau, B. und F. Schulz von Thun: Über Alternativen zum autoritären Unterricht. Westermanns Pädagogische Beiträge, 25, 1973, S. 422–430.
Frank, H.: Was ist Kybernetik? In: Frank, H. (Hrsg.): Kybernetik – Brücke zwischen den Wissenschaften. Frankfurt/M. 1965, S. 11–22.
Gagne, R. M.: Die Bedingungen des menschlichen Lernens. Hannover 1969.
Heckhausen, H.: Motivation: Kognitionspsychologische Aufspaltung eines summarischen Konstrukts. Psychol. Rundschau, 28, 1977, S. 175–189.
Hensle, U.: Behinderte. Eine Einführung. Heidelberg 1979.
Huppertz, N.: Supervision. Neuwied 1975.
Innerhofer, P.: Das Münchner Trainingsmodell. Berlin 1977.
Kern, A.: Sitzenbleiberelend und Schulreife. Freiburg/Br. 1951.
Klafki, W.: Allgemeine Probleme der Unterrichtsmethodik. in: Funkkolleg Erziehungswissenschaft, Bd. 2. Frankfurt/M. 1970.

Klafki, W.: Erziehungswissenschaft – Theorie einer Praxis. in: Funkkolleg Erziehungswissenschaft, Bd. 3. Frankfurt/M. 1971.
Klafki, W.: Zum Verhältnis von Didaktik und Methodik. in: Zeitschrift für Pädagogik, 22, 1976, S. 77ff.
Kleber, E. W.: Abriß der Entwicklungspsychologie. Weinheim 1974.
Krathwohl, D. R., Bloom, B. S. und B. B. Masia: Taxonomie von Lernzielen im affektiven Bereich. Weinheim 1975.
Lorenz, K.: Die angeborenen Formen möglicher Erfahrung. Z. Tierpsychol., 5, 1943, S. 235–409.
Mietzel, G.: Pädagogische Psychologie. Göttingen 1973.
Möller, C.: Technik der Lernplanung. Weinheim 1969.
Montessori, M.: Kinder sind anders. Frankfurt/M. 1981.
Pichottka, I. und G. Leinhofer: Das Spiel des Kindes. in: Bayer. Staatsministerium für Unterricht und Kultus (Hrsg.): Der Übergang vom Kindergarten zur Grundschule. Donauwörth 1978, 10. Aufl., S. 31–34.
Pongratz, L. J.: Lehrbuch der Klinischen Psychologie. Göttingen 1973.
Schäfer, K.-H. und K. Schaller: Kritische Erziehungswissenschaft und kommunikative Didaktik. Heidelberg 1973, 2. Aufl.
Schenk-Danzinger, L.: Schuleintrittsalter, Schulfähigkeit und Lesereife. in: Deutscher Bildungsrat: Gutachten und Studien der Bildungskommission. Bd. 7. Stuttgart 1969.
Schraml, W. J.: Abriß der Klinischen Psychologie. Stuttgart 1969.
Schröder, H.: Leistungsmessung und Schülerbeurteilung. Stuttgart 1974.
Schützenberger, A.: Einführung in das Rollenspiel. Stuttgart 1976.
Steiner, R.: Vom Lebenslauf des Menschen. Stuttgart 1986.
Todt, E. (Hrsg.): Motivation. Heidelberg 1977.
Ulich, D.: Pädagogische Interaktion. Weinheim 1976.
Winkeler, R.: Hausaufgaben in der Schulpraxis. Ravensburg 1977.
Wolff, R.: Kindesmißhandlung und ihre Ursachen. in: Bast, H. u. a. (Hrsg.): Gewalt gegen Kinder. Reinbek 1975, S. 13–45.
Wolf, W.: Empirische Methoden in der Erziehungswissenschaft. in: Funkkolleg Erziehungswissenschaft, Bd. 3. Frankfurt/M. 1971.

Zeitschriften

betrifft: erziehung. Zeitschrift für Lehrer. Forum für Bildungspolitik und Erziehungswissenschaft. (Weinheim).
Bildung und Erziehung. Zeitschrift für theoretische und praktische internationale und vergleichende Pädagogik sowie für pädagogische Dokumentation. (Stuttgart).
Blätter für Lehrerfortbildung. Zeitschrift für theoretische und unterrichtspraktische Weiterbildung der Lehrerschaft. (München).
didactica. (Ratingen).
Die Deutsche Schule. Zeitschrift für Erziehungswissenschaft und Gestaltung der Schulwirklichkeit. (Hannover).
Heilpädagogische Forschung. Zeitschrift für Erziehung und Unterricht behinderter Kinder und Jugendlicher. (Berlin).
Heilpädagogische Werkblätter. Internationale Zeitschrift für Erziehungswissenschaft. (Hamburg).
Kindheit. Zeitschrift zur Erforschung der psychischen Entwicklung. (Wiesbaden).
Lebendige Schule. Zeitschrift für Schulpädagogik.
Neue Praxis. Kritische Zeitschrift für Sozialarbeit und Sozialpädagogik. (Neuwied).
Neue Sammlung. Göttinger Blätter für Kultur und Erziehung. (Göttingen).

Neue Unterrichtspraxis. (Hannover).
Pädagogische Rundschau. Erziehungswissenschaftliche Monatsschrift für Schule und Hochschule. (Kastellaun).
Pädagogische Welt. Monatsschrift für Erziehung, Bildung und Schule. (Donauwörth).
Sonderpädagogik. (Berlin).
Themenzentrierte Interaktion (Arlesheim).
Unterricht heute. Zeitschrift für die Grund- und Hauptschule. (Stuttgart).
Unterrichtswissenschaft. (Weinheim).
Vierteljahresschrift für wissenschaftliche Pädagogik. (Bochum).
Westermanns Pädagogische Beiträge. Zeitschrift für die Volksschule. (Braunschweig).
Zeitschrift für erziehungswissenschaftliche Forschung (ZeF). (Nieder-Olm).
Zeitschrift für Heilpädagogik. (Nienburg).
Zeitschrift für Pädagogik. Wissenschaftliches Organ für die gesamte Praxis und Theorie der Erziehung. (Weinheim).

Stichwortverzeichnis

George H. Orvin
So richtig in der Pubertät
Was Eltern lassen sollten und was sie tun können
Band 4979

Dieses Buch hilft Eltern, ein gelassenes Gefühl dafür zu bekommen, wo sie Unterstützung geben und wo sie loslassen können.

Roswitha Defersdorf
Ach, so geht das!
Wie Eltern Lernstörungen begegnen können
Band 4955

Damit die Lust am Lernen nicht zum Frust wird: Erprobte Hinweise, wie Eltern ihrem Kind helfen können, Lernblockaden abzubauen.

Christine Buchner
„Ich will einfach wichtig sein"
Was Kinder mit ihrem Verhalten sagen wollen
Band 4927

Wenn Kinder mit irgend etwas Schwierigkeiten haben, brauchen sie Zuwendung und Beachtung. So können Eltern ihre Kinder unterstützen.

Roswitha Defersdorf
Drück mich mal ganz fest
Geschichte und Therapie eines wahrnehmungsgestörten Kindes
Band 4916

Daniel – ein scheinbar ganz normales Kind. Und doch ist er nicht in der Lage, Sinneseindrücke zu ordnen. Eine betroffene Mutter erzählt vom Weg der Therapie.

Rudolf Dreikurs/Loren Grey
Kinder lernen aus den Folgen
Wie man sich Schimpfen und Strafen sparen kann
Band 4884

Ein Erziehungsstil, der Kindern frühzeitig dazu verhilft, eigenständige Erfahrungen zu sammeln und mit Freiheit richtig umzugehen.

Roswitha Defersdorf
Deutlich reden, wirksam handeln
Kindern zeigen, wie Leben geht
Band 4829

Damit Kinder ihren Weg eigenständig und erfolgreich gehen lernen brauchen sie Eltern, die eindeutig, klar und liebevoll sind.

Xenia Frenkel
Einfach & glücklich
Leben mit Kindern
Band 4828

Der Ratgeber für Eltern, deren Alltag mit Kindern oft kompliziert scheint. Er zeigt: Einfacher leben heißt: mehr vom Leben haben.

Jamie Miller
Mit Kindern Werte entdecken
Spiele und Ideen
Band 4813

Vertrauen, Ehrlichkeit, Mut, Ziele haben, Dankbarkeit empfinden: Dies zu lernen ist wichtiger als Aufräumen oder Knöpfe annähen.

Gisela Lück
Leichte Experimente für Eltern und Kinder
Band 4811

G. Lück zeigt, wie Eltern und Kinder vom Staunen zum Begreifen der Umwelt finden: problemlos, ganz ungefährlich und mit viel Spaß!

Gabriele und Bertold Ulsamer
Spielregeln des Familienlebens
Anregungen nach dem Ansatz von Bert Hellinger
Band 4809

Ein Erziehungs- und Familienratgeber für Eltern, der die tradierten Handlungsmuster hinterfragt und den „Ordnungen der Liebe“ Raum gibt.

Peter Veith
Jedes Kind braucht seinen Platz
Geschwister in der Familie
Band 4792
Hier wird gezeigt, was Eltern über die Entwicklungsmöglichkeiten, Schwierigkeiten und Chancen geschwisterlichen Miteinanders wissen müssen.

Dorothy Law Nolte/Rachel Harris
Heute schon dein Kind gelobt?
19 gute Regeln für Eltern
Band 4790
Kinder lernen, was sie erleben und erfahren. Mit positiven Signalen geben Eltern ihren Kindern Ermutigung, Selbstvertrauen und klare Orientierung.

Mark L. Brenner
Positiv erziehen
Konsequent bleiben, ohne autoritär zu sein
Band 4783
Wenn sie sich in ihrem Anliegen verstanden wissen und Alternativen sehen, können Kinder durchaus damit klarkommen, daß sie etwas nicht bekommen oder nicht dürfen. Brenner zeigt, wie das gelingt.

Renate Feuerlein
Du kannst es
Erfolgreich lernen mit Kinesiologie
Band 4680
Übungen und Geschichten zur Konzentration, zur Beruhigung, aber auch zur Aktivierung.

Walter Pacher
Wenn Kinder ihre Macht erproben
Freiheit lassen und Grenzen setzen
Band 4793
Machtkämpfe in der Familie müssen nicht sein. Der erfahrene Gordon-Trainer zeigt, wie es ohne Niederlagen geht, wenn Kinder und Eltern unterschiedliche Vorstellungen, Wünsche und Bedürfnisse haben.